JN138788

新島襄の師友たち

——キリスト教界における交流——

本井康博 著

思文閣出版

はじめに

大いなる神の恵みに行く先々であずかれた幸いなる人――それが新島襄である。

とりわけ後半生は、次々と「好意ノ人」に出会えた。函館を出て、ボストンに上陸するまでの一年有余を見ただけでも、そうである。函館で密出国を義侠的に手助けしてくれた日本人が三人現われるかと思うと、上海やボストンまで乗船を認めてくれたり、アメリカ入国のために献身的な手助けをしたりしたアメリカ人船長が三人もいる、といった具合である。

誰ひとりを欠いても、新島のアメリカ留学は始まらなかった。彼はこうした僥倖《ぎょうこう》に、自分でも驚いている

「予ノ到ル所ニ如斯《かくのごとく》好意ノ人ヲ得ルモ、亦《また》皇天ノ恵ナル哉《かな》」

（『新島襄全集』五、三〇七頁、同朋舎出版、一九八四年）。

この言葉は、晩年、同志社大学募金運動の途次、旅先で病に倒れた新島が、旧友の夫妻から鎌倉で手厚い看護を受けたことに対して、思わず吐露した正直な想いである。彼の真骨頂は、そうした支援者との出会いを「至ル所」で、人種の壁を越えて実現させていることである。

本書は新島が各地で獲得した一連の「好意ノ人」たちの中から、キリスト教にゆかりの深い人物を三十余名、取りあげる。その中の半数近くはアメリカ人である。彼らは新島が、一八六五年七月二十日（今年は百五十一回目の記念日）にボストンに入港して以来、アメリカ留学中に獲得した同志である。残りの同志は、帰国後にキリスト教界で培った日本人人脈である。

これら「好意ノ人」は、必ずしも歴史上の著名人ばかりではない。しかし、新島の教育者・宗教者としての活動や、あるいは公私にわたる多彩な交流を見る上で、彼らは外せない存在である。

本書は、「新島襄交遊録」の《宗教編》である。今春に上梓《じょうし》した『新島襄と明治のキリスト者たち』（教文館、二〇一六年）に続いて、キリスト教界における新島の交遊の多彩さを究明する。前著が主として他教派の宣教師や指導者、信徒を取り上げたのに対し、今回は、同じ《宗教編》ではあるが、新島が属する「組合教会」（会衆派）という自派の関係者、要するに身内とも言うべき同志社系の指導者や有力信徒に焦点をあてる。

ただし、新島の教え子たちや卒業生に関しては、牧師、キリス

ト者を問わず多数に上るので、いずれ彼らだけで一書にまとめるつもりである。そのため、今回の考察対象からは除外した。

　本書には、人選に関して先の基本原則から外れる人物も一部、含まれる。津田仙や内村鑑三、新渡戸稲造がそうである。津田は、横浜、築地、熊本、札幌のいずれの「バンド」（信徒集団）にも所属しないので、四つのバンドの知名人を扱った前著からは漏れた人物である。彼は、メソジスト教会系の信徒ではあるが、家族ともども新島や組合教会の関係者との交流が深いので、ここで取り上げておきたい。

　それに対して、内村と新渡戸はすでに前著で扱っている。にもかかわらず、本書でも重ねて分析の対象とするのは、前著での記述が素描に終っただけでなく、彼らが新島との交遊の点から見ても、やはり重要人物だからである。

　同じように、かつて『新島襄の交遊――維新の元勲・先覚者たち――』（思文閣出版、二〇〇五年）で紹介した勝海舟や山本覚《かく》馬《ま》、土倉《どぐら》庄三郎も本書で再説する。『新島襄の交遊』は、「新島襄交遊録」のいわば《世俗編》で、木戸孝允や伊藤博文、大隈重信、福沢諭吉といったキリスト教界以外の、いわゆる世俗的《セキュラー》な領域で活躍した非キリスト者との交流を見るのが主旨であった。

　非キリスト者とは言え、海舟は完全な世俗者とは言い難く、一方でキリスト教の理解者でもあったので、キリスト者主体の本書にも再度、登壇させる価値は十分にある。

　さらに、土倉もまたそうである。子どもたちがほとんど同志社に学び、キリスト教徒となった点で、新島周辺の人物である。おりしも今年は永眠百年というので、出身地の奈良県（吉野郡川上村）でも顕彰が進む。先週には大々的なイベントが川上村で行なわれ、私も招かれた。改めて土倉の果たした功績を身近に知ることができたうえに、関係者との貴重な出会いもあった。

　逆に山本覚馬はキリスト者であるので、本来、『新島襄の交遊』では、除外されるべき人物であった。にもかかわらず、世俗社会での貢献も高いので、あえて先の《世俗編》でも取り上げた。けれども、彼は本来的には本書が定位置であるので、海舟同様に今回、補訂を兼ねて再び取り上げた。

　新島の周辺で活躍したこうした人物たちとの交流を子細に点検すれば、彼の思想の骨格や人間性の特異点などが、自《おの》ずから浮かび上がってくる。と同時に、新島の近辺を探索するだけでも、彼抜きには近代日本のキリスト教史（プロテスタント史）は語れないことが、明白になるであろう。

　新島襄が近代日本の宗教界で果した巨大な感化の諸側面を本書から把握していただければ、幸いである。

二〇一六年六月二十三日

本井康博

目次

Ⅲ　組合教会派との交流

I

新島襄

第一章　略歴

新島襄　にいじまじょう

一八四三年～一八九〇年。教育者、宗教家（日本基督《キリスト》組合教会牧師、アメリカン・ボード準宣教師）。同志社の創立者。

一八四三年、江戸神田一ツ橋の安中《あんなか》藩邸で新島民治《たみじ》（安中《あんなか》藩下級藩士で祐筆）、登美の長男として誕生。幼名は七五三太《しめた》。少青年時代、書道や武術、絵画、礼法などを嗜む一方で、漢学、蘭学、英学を学ぶ。その間、海外事情に多大の関心を示し、欧米文明とその基底にあるキリスト教にも関心を向ける。

その結果、閉塞した封建社会の桎梏から脱出し、自由な欧米文明を体験したいという憧れを抱き、密出国の決意を固める。一八六四年、二十一歳の折、快風丸（備中《びっちゅう》松山藩船）に便乗し、品川から函館に赴き、ロシア正教司祭、ニコライ（P. Nikolai）の日本語教師となる。

一八六四年、上海行きのアメリカ商船（ベルリン号）に密かに乗船することを許され、密出国に成功。ついで、船長の好意から上海でアメリカ船（ワイルド・ローヴァー号）に乗り換えた。船中では、キャビン・ボーイとして苦役に耐えながらも、一年余をかけてボストンに着くことができた。

そこでは、土地の名士、ハーディ（A. Hardy）家に養子同然に迎え入れられ、ニューイングランドの名門校、すなわちフィリップス・アカデミー（高校）、アーモスト・カレッジ（大学）、アンドーヴァー神学校（大学院）で学ぶ機会が与えられた。

留学中、高校時代にプロテスタント（会衆派）の教会で洗礼を受け、信徒となる。大学では、正規の学位（理学士）を得て卒業した初の日本人となる。大学院では、牧師（会衆派）や宣教師となる訓練を受けた。大学院生（神学生）の折、訪米した岩倉使節団から懇請され、一年間、団員（書記官、ならびに理事官随行）となって欧米の教育施設などを視察（その間は、大学院を休学した）。その成果は、後の『理事功程』（文部省）として結実する。

一八七四年、会衆派のミッションであるアメリカン・ボード（ABCFM）から準宣教師に任命され、十年振りに帰国。横浜、東京に暫時滞在した後、直ちに群馬県安中に帰省し、維新後に安中へ転居していた留守家族と再会した。

翌年、大阪に赴任するや、ただちに念願のキリスト教学校設立に着手するが、失敗。偶々、観光で訪れた京都で山本覚馬《かくま》（旧会津藩士で京都府顧問）と出会い、学校誘致を勧められる。

彼ら二人が、（先に神戸に赴任していた）アメリカン・ボード宣教師、デイヴィス（J. D. Davis）の協力を得て一八七五年十一月に開校したのが、男子校の同志社英学校（現同志社大学）である。新島はまもなく山本覚馬の妹（八重）と結婚し、覚馬の義弟となる。同志社は男子校に続いて、女学校をも設立するが、これが現在の同志社女子大学の前身である。

以後、男子校の大学化を目指して、大学設立募金運動に取り組む。しかし、健康を損ねたため、一年半、欧米への保養旅行を余儀なくされた。

帰国後は、仙台に同志社分校として宮城英学校（翌年、東華学校と改称）を設立。一八八八年、教え子の徳富蘇峰に執筆を依頼した「同志社大学設立の旨意《しい》」を公表し、文学部（神学部）、法学部、医学部を軸とする総合大学の設立運動を再開。

これは、日本における私立大学の設立運動としては、史上初の試みである。注目すべきは、キリスト教界でこの種の挑戦を試みたものは、同時期には皆無である。さらに、福沢諭吉の取り組みにも先行している点は、特筆すべきである。慶応義塾の大学化は、新島が火をつけた形となったが、大学の実現は同志社に先駆けた。慶応義塾大学部（発足は、奇しくも新島の葬儀の日にあたった）は、日本初の私立大学の名誉を勝ち得ることに成功した。

ただ、医学部設置に関しては、新島の生前、相当の成果があがった。同志社病院、看護学校（京都看病婦学校）を設置し、医学部の基礎を据えるまでになったものの、同志社は新島の死後、いずれも手放した。

一方、新島は、教育活動とともに日本基督組合教会（会衆派系の教団）の牧師としての活動も怠らなかった。一八七六年に京都第二公会（現同志社教会）を自宅に設置したのを始め、全国伝道に意欲的であった。東日本では、東京と群馬県の成果が顕著であった。とりわけ父親の出身地である安中には、地元の資産家、湯浅治郎らの協力もあって、早くから教会が設立された。

晩年、一致教会と組合教会の間で合同運動が発生し、新島は対応に苦慮した。その間、彼は組合教会の指導者として、他教派の「横浜バンド」や自教派の「熊本バンド」の面々と厳しい関係に置かれた。結局、合同に消極的、批判的な新島の言動も預かって、教派合同は不成功に終わった。

一方、晩年の新島が取り組んだもうひとつの運動が、同志社大学設立運動であった。そのための募金活動で、新島は病躯を押して各地を駈けずり廻った。しかし、ついに前橋で病に倒れたために、大学昇格を見ることなく、神奈川県大磯で死去した。

戦後になって、湯浅家の尽力で安中市に新島の名を冠した新島学園中高（現在は、高崎市に短大も併設）が開校した。

□参考文献
『新島襄全集』全十巻、同朋舎（一九八三年～一九九七年）
委員会編『現代語で読む新島襄』（丸善、二〇〇〇年）
同志社編『新島襄の手紙』（岩波文庫、二〇〇四年）
本井康博『新島襄と建学精神』（同志社大学出版部、二〇〇五年）
同志社編『新島襄　教育宗教論集』（岩波文庫、二〇一〇年）
同志社編『新島襄自伝』（岩波文庫、二〇一三年）

第二章　思想・行動の特色

「江戸っ子」が創った学校

新島襄《にいじまじょう》（一八四三年〜一八九〇年）は下町生まれの町人ではなかったが、広い意味では江戸っ子である。にもかかわらず、同志社は関西にある。それも、「宗教的首都」とでも言うべき京都である。そこは、「天子《てんし》」（天皇）が永年にわたって住んだ「聖なるミヤコ」でもある。だから、キリスト教や外国人（宣教師）への偏見や抵抗勢力が、日本でもっとも強かった都市である。

新島は幕末、上州安中《あんなか》藩の江戸上《かみ》屋敷（神田一ツ橋）で誕生した。現在、そこは学士会館で、「東京大学発祥の地」碑と共に、「新島襄先生生誕之地」碑が建てられている。ここ一ツ橋は、東京大学のほか、一橋大学や東京外国語大学、共立女子大学などが生まれた都下有数の文京地区である。本来ならば、この文京地区に同志社が出来てもおかしくはなかった。

にもかかわらず、同志社は京都に誕生した。不可解である。要因のひとつは、新島の身分にある。彼はアメリカ留学を終える際、牧師になると同時に、アメリカン・ボードというミッションの宣教師にも任命された。その結果、彼は組織の一員（いわば派遣社員）としてアメリカから日本に送り返された。当時、このミッションが宣教師を送り込んでいたのは、関西地方（神戸と大阪）だけであった。新島が地盤とすべき京浜地方は、すでに他教派のミッションが押さえていて、「割り込む」余地がなかった。

したがって、彼自身、江戸っ子であるにもかかわらず、赴任地としては関西以外の選択肢はないも同然であった。さいわい、京都では知事顧問を務めていた山本覚馬《かくま》（旧会津藩士）と出会うことにより、まるで府から誘致されたような格好で京都に進出できたのは、新島にとっては、予想外の出来事であった。

「自由・自治を求めて」

新島の生涯は短かった。四十六歳で神奈川県大磯で永眠した新島の人生は、居住地で見た場合、次の三期に分けることができる。

① 江戸・神田での二十一年間。

② 箱館（函館）から密出国してアメリカで留学した期間。海外（主として欧米）での生活は約十年間、そのうち、アメリカ留学は八年におよぶ。

③ 帰国後に京都で暮らした約十五年間、以上の三期である。

新島の少青年期に関して言えば、世は幕末である。力を失いつつあるとはいえ、依然として封建社会であるその中で、彼は封建的な束縛を嫌い、「家出」、あるいは、「国出」を考え始めるに至る。彼が密出国という犯罪を犯してまでも、海外に雄飛したかったのは、最終的には自由への憧れからである（拙著『元祖リベラリスト――新島襄を語る（五）――』参照）。「彼は最も不自由の時代に生れ、最も自由を愛好した」（湯浅與三《よぞう》『新島襄』七頁、改造社、一九三六年）。

さいわいなことに、彼を待っていたのは、アメリカ東海岸、すなわちピューリタンの宗教的な伝統がもっとも濃厚なボストンであった。ここで彼は自由を全身で満喫し、ついには、「元祖リベラリスト」となって帰国する（『元祖リベラリスト』参照）。身分は牧師、宣教師（教派的には、会衆派）であった。

私立大学第一号を目指して

帰国後に新島が、キリスト教（会衆派）系の学校（同志社英学校）と教会を建てた当時の京都は、都を奪われた「東京」に対抗して、「西京《さいきょう》」と自称していた。新島は唯一の官学、「東京」大学に対して、「西京」大学ならぬ私立同志社大学創りに精力を傾注した。当時、私立大学は日本には皆無であった。新島の試みは、日本で初めての私立大学、それもキリスト教系大学を目指すという一種の無謀な挑戦にほかならなかった。

そのことは、新島自身が「基督《キリスト》信徒大学ノ企ハ、日本開国已来《いらい》初メテノ事。又、民間〔私学〕ノ挙ニシテモ吾人ガ先着鞭致し候」と確信する通りである（『新島襄全集』四、二一三頁、傍点と〔 〕は本井）。「先着」しかも、「民間」の用語には、新島の先見性と先駆性が窺える。

なぜ民間立の学園（私学）か。宗教的な精神教育、とりわけキリスト教に基づく人間形成を主眼としたからである。さらには、国家にひたすら従順で、権威に盲従する「臣民」ではなく、自治・自立の「市民」を育成するには、私立大学が不可欠、との判断が、新島にはあった。一八八八年に天下に公表された「同志社大学設立の旨意」は、こう高らかに謳いあげる。

「吾人は政府の手に於て設立したる〔官立〕大学の実に有益なるを疑はず。然《しか》れども、人民の手に拠って設立する〔私立〕大学の、実に大なる感化を国民に及ぼすことを信ず。素《もと》より資金の高より云ひ、制度の完備したる所より云へば、私立は官立に比較し得可き者に非ざる可し。然れども、其生徒の独自一己の気象を発揮し、自治自由の人民を養成するに至っては、是《こ》れ私立大学特性の長所たるを信ぜずんば非ず」（『新島襄全集』一、一三七頁、同朋舎出版、一九八三年）。

「自治自立の人民」を養成することこそ、私学の特性であった。とりわけ、諸教派の中でももっともその要素が強いのが、会衆派であった。新島自身が会衆派信徒にして、「元祖リベラリスト」であった。換言すると、「彼は徹底的自由の子であった」（湯浅與《よ》三《ぞう》『新島襄』八頁）。だからこそ自由な校風の中で、自由人を再生産したかった。しかるに、惜しいかな、大学設立募金運動のさなか、新島は群馬県前橋で発病し、神奈川県大磯で力尽きてしまう。

この間、予想外の展開は、慶応義塾である。新島の動きに刺激されたのか、福沢諭吉が大学創りに参入し、設立運動にすばやく着手した。福沢人脈と卒業生の働きによって、慶応は同志社より先に私立大学を立ち上げた。聖句（「マタイによる福音書」二〇章一六節）さながら、「あとのものが先になり、先のものが後になる」のである。慶応義塾大学部が三田で開校したその日、京都では新島の葬儀が行なわれていた。いかにも皮肉であった。

「寒梅」の詩

新島の先駆性は、日本初の私立大学設立の構想と運動に明白に見ることができる。この点に関して指摘したいのは、彼の寒梅精神である。

新島は梅、特に寒梅が好きだった。開花の姿勢に自分の姿を投影していたからと思われる。そのことは、彼が作詞した漢詩二首からも窺える。

・真理は寒梅の似《ごとし》　敢《あ》えて風雪を侵《おか》して開く

・庭上之《の》一寒梅　笑ふて風雪を侵して開く　争はず又力《つと》めず
自《おのず》から占む百花の魁《さきがけ》

外界の悪条件にもかかわらず、「敢えて」、あるいは、「笑ふて」開花する、という点が、新島の共鳴を得たのであろう（拙著『敢えて風雪を侵して開く』参照）。新島の私立大学への挑戦がそうである。悪条件を押して、「敢えて」開花しようとする姿勢が、寒梅の開花に通じる（拙著『敢えて風雪を侵して――新島襄を語る（四）』思文閣出版、二〇〇七年を参照）。

創作能「庭上梅」

二〇〇五年、同志社大学能楽部の卒業生団体（紫謡会）が、新島襄をシテとした新作能「庭上梅」（ていしょおのんめ）を創作した。近代人、しかも教育者を主人公とする新作能は、あまり例がない。

すでに学内（寒梅館）、東京国立能楽堂、名古屋能楽堂で一般公演が行なわれた。二〇一六年には、学内での再演が行なわれた。

初演会場が、その名も奇《く》しき寒梅館（同志社大学）であったのは、この創作能にとっては最適の舞台であった。なぜなら、新作能は、「庭上梅」と名づけられたからである。

同志社の校地には、桜だけではなく、あちこちに梅が見られる。とりわけ、新島が「同志社の精神」と呼んだチャペル（重要文化財）の前には、紅梅と白梅が並んで植えられている。その脇には、新島の「寒梅」の詩を刻んだ石碑も立つ。凛《りん》とした寒梅の立ち姿、そこに新島の姿を重ね、想いを馳せる卒業生も多い。

一視同仁

「庭上梅」のシテは、同志社校長である。一方、間《あい》狂言の主役を務めるのは、松本五平である。初期同志社の名物用務員であった。校長と用務員――この組み合わせこそが、いかにも同志社的である。新島的である。なぜか。ひとつの学校の校長と用務員が、それぞれ同時に主役を張るドラマ、あるいは小説がほかにあるだろうか。

新島は「一視同仁」を地で行くような平等主義者であった。「人《ひと》一人ハ大切ナリ」（『新島襄全集』一、一〇七頁）は、彼が大事にしたモットーである（拙著『ひとりは大切』）。

彼は誰に対しても、分け隔てのない対応をした。あの男尊女卑の時代にあって、妻を「八重さん」と呼ぶ。「三歩下がって師の影を踏まず」が当たり前の師弟関係の中、どんな学生をも「さん」付けで呼びかけた。逆に学生たちに向かって、「私を先生と呼ばず、新島さんと呼んでほしい」と二度までも全校集会で声涙共に下して懇願したほどである。そこには、創業者（ましてオーナー）や校長としての意識や自覚は、まるでない。

五平さん

したがって、用務員に対しても「五平さん」である。かえって学生たちは、「おいっ、五平！」と呼び捨てて、威張り散らした。とりわけ、勇ましい九州出身者、しかもサムライ意識が濃厚な例の「熊本バンド」の学生たちなどには、傍若無人な振る舞いが目立つ。そんなとき、松本五平は、学生を嗜《たしな》めたという。「新島先生のような学識を見習って、粗暴な行動を改めなさい」と。

松本五平は、新島校長の姿勢に感動して、死後も新島の墓守をしたいと願った。現在、新島の墓は、洛東の若王子山《にゃくおうじ》にある。いわゆる「同志社墓地」である。その入り口付近には、門番よろしく五平さんの墓が立つ。

新島にとっては、妻、学生、用務員、同僚、すべてフラットな立場にある。チャペルの壇上中央の席に新島総長（校長）を坐らせるのは、大難事であった、という。

新島は、自分が「総長」と呼ばれることにも耐え難かった。「自分はこの名称を避けん事を願ふ。何となれば、私はかかる名称を受くるに足るものでない事を自覚せるものであるから」と告白している（森中章光編著『新島先生片鱗』三五五頁、洗心会、一九四〇年）。

根っからの民主主義者

中野好夫が、こうした新島の平等主義について、こう語っている。

新島の場合、アメリカ留学時代に「すでに在野市民のためのキリスト教的民主主義教育者として立つ決意は、牢として動かないものが見える」（中野好夫『蘆花徳富健次郎』一、八一頁、筑摩書房、一九七二年）。つまり、幕末にサムライ意識を脱して、早くから筋金入りの平民主義者になった、というのである。ここに在野、すなわち私学人として生きる姿勢が、すでに芽生えている。

教え子の徳富蘇峰が退学するにあたっても、新島はもちろん慰留に努めた。が、その功なく、送り出す刹那《せつな》、餞別として次の言葉を贈っている（拙著『新島襄と徳富蘇峰』口絵iv頁、晃洋書房、二〇〇二年）。

「大人《たいじん》たらんと欲せば、自ら大人と思うなかれ」。

これは、新島自身の自戒の言葉でもあった。中野好夫は、こう述べる。校長でありながら、「彼は生徒たちに接して、一度として自ら大人ぶったことはないようである。実もないくせに、自ら大人《たいじん》気取りでばかりいる現代の大学教授、学長などは、よろしくもって頂門の一針とすべきであろうか」と（『蘆花徳富健次郎』一、九一頁）。

新島校長に道で出会ったさい、生徒や学生は、いかに校長より先に帽子を脱いで頭を下げるか、競争したという。たいていの場合、新島は相手より先に脱帽した（『新島先生片鱗』三五五頁）。

こうしたエピソードには、「大人」ぶらない新島襄、あるいは教育者であると同時に、宗教者（牧師、宣教師）である新島の面目が、躍如としている。「元祖リベラリスト」の生き方が、ここにも鮮明に表われている。

以上のことは、新島の交遊を分析する場合においても、基礎的な視角となる

第三章　キーワード

（一）会衆派（組合教会）

新島襄が終生、信奉したプロテスタント教派。彼がそもそも会衆派（Congregationalism）と巡り合ったのは、渡米（東海岸）した一八六五年である。以後、彼はボストンを拠点とするニューイングランドで都合八年間、留学生として濃密なキリスト教的生活を享受した。

当時、この地はいわば「会衆派ワールド」ともいうべき地域で、その端緒は「ピルグリム・ファーザーズ」によるプリマス（マサチュセッツ州）上陸に始まる。彼らは、祖国イングランド（オールドイングランド）でイギリス国教会から宗教的な圧迫を受けたので、信仰の自由を求めて一六二〇年にアメリカ大陸（プリマス）への移住を敢行したピューリタンたちである。

彼ら「ピルグリム・ファーザーズ」、ならびにその子孫や後続者たちが、「新しい国」（ニューイングランド）創りの根幹に据えたのが、会衆主義である。新島がアメリカで体験した家庭、教会、学校、社会のいずれの領域をとってみても、会衆派の感化は圧倒的であった。

たとえば、新島を受け容れて「アメリカの父」となったA・ハーディである。彼は、ボストン有数の資産家で篤実な会衆派信徒であるだけに、複数の会衆派系の学校の理事長、理事を務めるばかりか、アメリカ最古のミッション（アメリカン・ボードといい、会衆派主体）のいわば理事長であった。

ハーディ家のいわば「養子」として新島が通い、洗礼を受けた教会は、したがって会衆派であった。さらに、八年間に通った三つの学校は、いずれも会衆派で、しかもハーディが理事長や理事を務めていた。こうした環境の中で育てられた新島だけに、どこまでも会衆主義者として成長し、会衆派の信徒、牧師、宣教師となって一八七四年に帰国する。

日本への会衆派の進出は、実は新島の帰国に先立つ。新島の要請も手伝って、一八六九年にアメリカン・ボードは日本へ初めて宣教師、グリーン（D. C. Greene）を派遣した。彼は神戸を拠点として会衆派の伝道に着手した。それから五年して新島が帰国し、先発の宣教師を手伝うに至る。

　彼らが広めた会衆派は、日本ではやがて「組合教会」という名で教団として組織化される。したがって、アメリカン・ボード宣教師や新島が設立に尽力した学校と教会は、すべて組合教会系である。新島にとっては、それらはニューイングランドの「会衆派ワールド」を日本に移植、定着させる試みにほかならなかった。

　会衆派は（長老派、メソジスト派、バプテスト派などの）他のプロテスタント諸教派に対して、教義上、いくつかの特異性がある。最大の特徴としては、自由・自治、民主・平等、会衆主権の三つが挙げられる。先のふたつは、帰国後の新島の活動のすべての領域で見られた特質である。その好例が、「自由人・新島襄」としての言動である。

　三つ目の会衆主権は、教会自治権（個別教会が独立）とも言い、組合教会の生命線として、新島はとくに重要視した。一八八〇年代後半に長老派（一致教会）と会衆派（組合教会）の間で教派合同運動が起きたとき、大半の指導者たちが賛成に回る中で、最後まで批判・反対したのが新島である。その根拠は教会政治の差異にある（詳しくは、拙著『新島襄と明治のキリスト者たち』二三～三八頁、教文館、二〇一六年、を参照）。

（二）同志社大学

京都市（上京区）、京田辺市にあるキリスト教系（会衆派）総合大学。一八七五年、帰国の翌年に新島襄が京都御所（今の京都御苑）東の寺町通りに設立した同志社英学校（男子校）が前身である。設立に当たっては、元会津藩士の山本覚馬（京都府顧問）や、アメリカン・ボード宣教師のJ・D・デイヴィス（J. D. Davis）らの協力が不可欠であった。

　翌年、旧薩摩藩邸跡に移転するが、これが現在の今出川校地の始まりである。おりしも熊本洋学校の廃校に伴い、キリスト教に傾斜した俊才たちが同校から入学（転入学）し、「熊本バンド」と呼ばれるようになる。同志社英学校は一八七九年に最初の卒業生十五人を出すが、小崎弘道、海老名弾正《だんじょう》、横井（伊勢）時雄、金森通倫《みちとも》ら全員が神学生、しかも「熊本バンド」であった。彼らが伝道師として各地で活躍し、教会を創立することに伴い、組合教会は初めて関西（京阪神）から地方へ拠点を拡張することが可能となった。

　一方、新島は一八八〇年代後半に、私塾同志社を大学に昇格させるために募金活動に取り組んだ。これは、私立大学を日本で設立する初めての運動であった。しかし、現実には、新島の試みに刺激された福沢諭吉が、新たに取り組んだ大学設立運動の方が、同志社よりも先に結実し、一八九〇年に日本初の私立大学（慶応義塾大学部）を立ち上げることに成功した。

　新島は元来、病弱であったため、同志社大学の設立を見ないままに一八九〇年に死去した。以後は主として教え子の「熊本バンド」の者たちが、同志社の経営と教育に尽力した。大学設立運動もそうである。運動は一時、頓挫したものの、一九一二年にいたって専門学校令による大学、一九二〇年には大学令による大学となる。いずれも日本初のキリスト教系大学である。

戦後（一九四七年）、六学部の新制大学として新発足する。六十数年後の二〇一三年には、十四学部を擁する総合大学となった。キリスト教主義大学として、教派（カトリック、プロテスタント、聖公会）を問わず、日本最大の学園である。ただし、新島が当初から念願した神学部、法学部、医学部のうち、医学部は依然として陽の目をみていない。

□参考文献

『同志社百年史』全四巻（同志社、一九七七年）

本井康博『徳富蘇峰の師友たち――「神戸バンド」と「熊本バンド」――』（教文館、二〇一三年）

（三）同志社女学校

京都初のキリスト教系（会衆派）女学校。一八七五年に男子校の同志社英学校が新島襄やJ・D・デイヴィスらにより設立された翌年、アメリカン・ボード派遣の独身女性宣教師、A・J・スタークウェザー（A. J. Starkweather）がデイヴィス宅（京都御苑内）で開いたミッション・スクール「京都ホーム」が前身である。新島夫人（八重）も同塾で宣教師を助けた。

翌年四月、新島は同校を同志社に吸収し、現在地（今出川校地）に移転させ、自らを校長とする同志社分校女紅場《にょこうば》とする。同年九月、同志社女学校と改称。一八九二年、最初の卒業生五人を出す。開校以来、女性宣教師が多数、協力を惜しまなかった。とりわけM・F・デントン（M. F. Denton）による六十年間にわたる奉仕と貢献は、特筆すべきである。

戦後、新制の女子中学校、高等学校、女子大学となる。同一の学校法人の中に共学大学と女子大学を併せ持つ学園は、極めて珍しい。新島襄以来、女子教育の伝統が、脈々と引き継がれている証左である。

□参考文献

『同志社女子大学一二五年』（同志社女子大学、二〇〇〇年）

宮澤正典『同志社女学校史の研究』（思文閣出版、二〇一一年）

（四）日本組合基督《キリスト》教会

日本における会衆派教団のかつての名称。長老派教会やバプテスト派教会、メソジスト派教会と並ぶ日本におけるプロテスタントの有力教派のひとつであった。「組合教会」は、英語の「会衆主義」（Congregationalism）の訳語にあたる。

教義、とりわけ教会政治の特質は、各個教会の自立性、独立性を重んじるところにある。すなわち、教会運営は、あくまでも会衆（教会を構成する平信徒《ひら》）が主権者となって民主的、自由主義的に運営するシステムを尊ぶ。「自治・自立」は、この教派の生命線である。

もともと会衆派は、宗教的な自由を求めてイギリス国教会から分かれ、一六二〇年以降、主としてアメリカ東海岸（とくにニューイングランドのボストン周辺）に渡ったピューリタンたちにより、同地で発展を遂げた。日本へは、アメリカン・ボードから派遣された宣教師により、一八六九年に初めてもたらされた。以後、関西（神戸、大阪）を拠点に伝道が開始され、一八七四年には神戸に同派最初の日本人教会（いまの日本キリスト教団神戸教会）が設立された。

アメリカ留学中の新島襄が、一八七四年にアメリカン・ボードの宣教師として、日本（大阪）に送り返されたのを契機に、日本人による伝道が開始された。とりわけ、一八七五年に至って新島やJ・D・デイヴィスにより、京都に同志社（神学校を含む）が創設されたことは、伝道師・牧師を養成する点で、決定的に重要である。

新島自身も、京都に移り住むや地域伝道に着手し、同志社開校の翌年（一八七六年十二月）、自宅に教会（京都第二公会）を設置し、初代牧師に就任した。現在の同志社教会の前身である。

この派の代表的な指導者としては、新島襄以外には、澤山保羅《さわやまぽうろ》を筆頭に、成瀬仁蔵、さらには同志社で学んだ「熊本バンド」の面々（小崎弘道、海老名弾正、宮川経輝《つねてる》など）がいる。彼らにより、一八八六年に全国的な教団として成立したのが、日本組合基督教会である（略称は組合教会）。以後、一九四一年に戦争統制によって政府の圧力で日本キリスト教団加入のために解散を余儀なくされるまで、約五十五年間にわたって、同志社を拠点に全国有数のプロテスタント教派であり続けた。

□参考文献
小崎弘道編著『日本組合基督教会史』（日本組合基督教会本部、一九二四年）
湯浅与三『基督にある自由を求めて――日本組合基督教会史――』（私家版、一九五八年）
本井康博『京都のキリスト教――十九世紀の同志社教会――』（日本キリスト教団同志社教会、一九九八年）

（五）アメリカン・ボード

アメリカ合衆国最古のミッション（海外へ宣教師を派遣する団体）。正式名称は、American Board of Commissioners for Foreign Missions。ボストン周辺の会衆派の牧師や信徒、神学生が中軸となって、一八一〇年に立ちあげた。本部（事務所）は、ボストンに置かれた。

ただし、日本への進出は後続の他教派ミッションに遅れをとり、最初の先行ミッションから十年遅れた一八六九年に、初めてD・

C・グリーン夫妻を横浜に派遣したのが、最初のケースである。以後、「日本ミッション」は、京阪神を拠点に、教育と伝道に精力を傾けた。

新島襄も帰国時にこのミッションの宣教師に指名され、アメリカから横浜に戻された。留学中の新島の生活を全面的に支えた「養父」ともいうべきA・ハーディは、このミッションの理事長であった。ハーディ、ならびに事務局長とも言うべきN・G・クラーク総主事（N. G. Clark）のサポートを受けて、新島は同志社や組合教会などへの支援を享受することができた。

その意味では、このミッション抜きに新島の活動、業績は語れない。学校としては、神戸女学院、ならびに同志社や梅花学園との関係が深い。

アメリカン・ボードは一九六一年に至って、他教派のミッションと合併し、発展的に解消したので、いまは特定の学校や教会、教派との親近性はない。

新島は、日本人として唯ひとりこのミッションの宣教師に任命された牧師である。「養父」とも言うべきA・ハーディの力と勧めで、新島は宣教師のミッションを帯びて帰国したわけである。

時代は、維新政府が一八七三年二月に「キリシタン禁制」の高札《こうさつ》を街中から密かに撤去してから、まだ二年が経っていなかった。大阪にいた宣教師、J・B・ヘール（J. B. Hail）は、新島が帰国した際、彼は悲壮な決心を抱いていたと回顧する。すなわち、一八七八年に神戸でアメリカン・ボード（日本ミッション）の集会が開かれたとき、新島は「アメリカから日本に帰って来た時、私は全く斬首に処せられることを覚悟してゐた。所が、私は今も尚、生きてゐるではないか」と述懐したという（佐波《さば》亘《わたる》編『植村正久と其の時代』一、四一九頁、教文館、一九三七年）。

□参考文献

J・M・デイヴィス著・北垣宗治訳『宣教の勇者　デイヴィスの生涯』（同志社、二〇〇六年）

P・F・ボラー著・北垣宗治訳『アメリカン・ボードと同志社　一八七五〜一九〇〇』（新教出版社、二〇〇七年）

本井康博『アメリカン・ボード二〇〇年――同志社・越後における伝道・教育活動――』（思文閣出版、二〇一〇年）

Ⅱ　アメリカ人との交流

第一章　総説

函館にて

新島襄が日本で最初に外国人信徒、それも教職者に出会えたのは、いつか。

一八六四年、函館においてである。それ以前、新島は誕生以後、二十一年間、江戸神田一ツ橋で生活しながらも、横浜や築地在住の宣教師との接点は、まるでなかった。自身でも、「当時は、外国の宣教師に会うというようなことは、不可能であった」と告白している（『新島襄全集』一〇、三八頁、同朋舎出版、一九八五年）。そんな彼が京浜に比べて、外国人（それも宣教師）が圧倒的に少数の函館で、初めて宣教師に会うというのも、奇しきことである。

密出国の希望を抱いてやってきた函館で巡り合ったのが、ギリシャ正教司祭のニコライ（P. Nikolai. 本名はI. D. Kasatkin）である。新島は同地でニコライの日本語教師をするようになるので、彼から聖書を学ぶ機会は、何度もあったはずである。

新島の回想録によると、そもそも函館行きの要因は、英語の聖書を読みたい一心で、「函館に行って、イギリス人かアメリカ人の聖書の教師を得たいと決意した」ことにある（同前一〇、一六頁）。その先には、その教師の手づるで外国へ逃亡するという野心があったはずである。

しかし、青年時代における聖書学習の件は、詳細が不明である。ニコライに限らず、外国人（教師）から聖書の手ほどきを受けた記録は、見あたらない。英米人が第一希望であったからであろうか。自身でも、「宣教師や英語の教師を探し求めたが、無駄であった」とか、ニコライに雇われてからも、密出国をするという新島の夢は叶えられなかったことを告白している（北垣宗治『新島襄とアーモスト大学』七二頁、山口書店、一九九三年）。

ニコライの場合は、密出国したい希望を新島が漏らしたさい、無茶なその野望に反対したために、それ以上の深い交流には進まなかったのかもしれない。くわえて、キリスト教理解がいまだ浅い段階であったにもかかわらず、新島がギリシャ正教に対しては、よい印象を持っていないことも一因であったであろうか。

その証拠に、その後、アメリカ留学中に訪ねたロンドンでは、「ニコライ潰し」とも言いかねない行動に走っている。某日、プロテスタントの有力ミッション、ロンドン宣教会（London Missionary Society）を訪ねた新島は、主事に向かって次のような「熱烈な要請」をしたことを告白している。

「函館にはプロテスタント宣教師が、まったく不在なので、複数の宣教師をぜひとも送っていただきたい」、「同地には、ギリシャ正教のロシア人司祭がひとりいるだけ」で、「私は函館から脱出する前、彼に日本語を教えていました」と強力に訴えた（『新島襄全集』六、一一三頁、一九八五年）。

要するに、「函館には真正の宣教師がいないのも同然なので、まっとうなキリスト教を伝えるためにはロンドンから宣教師を複数、なんとしてでも派遣するべきだ」という熱烈な懇請である。そのためか、帰国後に新島がニコライに再会を求めた形跡は、まるでない。一方のニコライは、日記に新島の動向を何度か記述しているにもかかわらず、である。いったいその差は、何なのか。

たとえば、ニコライは一八八二年六月二日、新島に会うためにわざわざ同志社英学校を訪ねている。あいにく新島は不在であった。けれども、ニコライは諦めず、近くの新島家（現新島旧宅）にまで足を運んでいる。やはり会えなかった。日記には、「組合教会の学校を見学に立ち寄ったが、残念ながら新島に会えなかった。〔中略。当日〕その後、新島の家を訪ねたが、ここでも会えなかった」とある（ニコライ著、中村健之介訳・解説・註解『宣教師ニコライの全日記』二、一六五頁、教文館、二〇〇七年）。

ニコライ関連で言えば、新島の密出国を函館で義侠的に助けた三人の日本人の中に、神明社神官の沢辺琢磨《たくま》がいる。彼はその後、敵対心から接触したニコライから、逆に宗教的な感化を受け、ついには信徒となった。そればかりか、日本人として最初のギリシャ正教司祭にもなっている。

この沢辺を始め、日本人三人の恩は「骨ニ徹し、忘るへからす」と自戒をしていた新島であった（『新島襄全集』五、三八頁）。しかし、帰国後の新島は、この沢辺とも一度も接触していない。これは、ニコライとの面談を避けた（と思われる）以上に、新島伝の謎として残る。

新島の渡米を助けた三人の船長

一八六四年七月、函館から密出国に成功した新島は、上海で船を乗り継ぎ翌年、アメリカ東海岸に到達できた。この間、ボストンに上陸するまでの一年有余の間、新島が世話になった船長が、三人いる。

ベルリン号（函館から上海まで）のW・T・セイヴォリー船長（W. T. Savory）、ワイルド・ローヴァー号（上海からボストンまで）のH・S・テイラー船長（H. S. Taylor）、そしてボストン海員ホーム（ボストン入港から上陸まで）のA・バートレット船長（A. Bartlett）である。

最初の二人は、井上勝也『新島襄　人と思想』（晃洋書房、一九九〇年）で詳しく紹介されている。とくに、テイラーが船中で新島を「ジョー」（Joe）と呼んだこと、それを受けてボストン上陸後は、船会社のオーナー、A・ハーディ（A. Hardy）が「ジョゼフ」（Joseph）と名づけたことは、周知されている。

大事なことは、函館から密出国した新島が、上海でワイルド・ローヴァー号に拾われたことである。この出来事を新島自身は「大幸の基」と感謝する（『新島襄全集』三、四三頁）。これこそが、新島のその後の進路を決定づけたからである。

同船は、ボストンのハーディ商会の持ち船であった。ボストンに入港後、テイラー船長は船主のハーディに新島を引き合わせて、パトロンになるように懇請し、熱烈に推薦してくれた。これによって新島は、ハーディ家のいわば六番目の「息子」になれる道が拓かれたことになる。

三人の船長の中では、最後のバートレットが、最近、あらたに「発掘」された人物である（詳しくは、拙著『ビーコンヒルの小径――新島襄を語る（八）――』一二五～一四〇頁、思文閣出版、二〇一一年、を参照）。彼は、篤実な信徒であり、元船長であったという経歴を活かして、ボストンに入港する各国の船員たちの宗教的な指導をボストン海員ホームで担当していた。言うならば、同ホームのチャプレン（宗教主事、牧師）である。

ハーディはこの海員ホームを経営するボストン海員の友協会（The Boston Seaman's Friend Society）の理事長でもあった。バートレットをチャプレンに抜擢したのも、ハーディである。彼は、突然、自分の船に舞い込んできたアジアからの逃亡者の入国準備のために、新島を海員ホームに預け、バートレットにその世話をさせた。

未知の日本人青年をハーディ夫妻がわが家に引き取ることを決意したのが、周知の「私はなぜ日本を脱国したのか」（Why I departed from Japan.）である。新島が英文で書いたこのペーパーを夫妻は、読んで感激した。英語力も不十分なうえ、キリスト教理解も浅い新島が、この時点でそれだけのものを、どうして書けたのか。これは従来から大きな疑問であった。語学力で言えば、ハーディ夫人からの問いかけに対して、新島の当時の反応は「短い音声だけ」であった（『新島襄全集』一〇、一一頁）。

その程度の英語力の持主が、人の心を動かすだけの立派な英作文をごく短期間に作成できたのは、なぜか。実はその謎を解くカギは、バートレットにある。新島は、バートレットの指導を受けることにより、初めて同書を短時間で脱稿することができた。その意味では、新島がボストンに上陸したうえ、ハーディ家に「養子」のような形で受け入れられたのは、この船長のおかげと言っていい。

以上、三人の船長は、いずれもプロテスタント信徒である。ただ、その信仰の程度においては、差がある。もっとも篤いのはバートレットである。いわば、牧師並みの宗教的指導が可能であった。それに対して、信仰的にもっとも淡泊なのがテイラーである。

その中間に位置するのが、セイヴォリーであろう。

函館を出た時点での新島には、キリスト教に関する理解がきわめて限定されていた。そのため、船長の信仰に関する評価を下すのは、性急すぎる。

にもかかわらず、後年、新島はイギリス人女性記者（I. L. Bird）から取材を受けた際に、「セイヴォリーはキリスト教について無智」といった爆弾発言が飛び出したと報道され、ちょっとした騒動にまで発展した。ここでは仮に「バード事件」と呼んでおきたい。

セイヴォリーは、アメリカではユニテリアン教会に所属している信徒である（拙著『ビーコンヒルの小径』四一頁、九九頁）。その点、テイラーの信仰が、一家が所属していたバプテスト教会における活動を含めて、いっさい不明なのと、明らかに差がある。したがって、新島は生前のテイラーとは、まっとうな信仰論議をした形跡がない。船長が熱心な信徒であるとは、考えにくい（『新島襄とアーモスト大学』二一八頁）。

以上の　三人の船長については、「バード事件」を始め、詳細は『ビーコンヒルの小径』中の「新島襄を助けた三人の船長（一）～（三）」（七九～一四〇頁）に譲りたい。

そのうちバートレットについては、その後、拙稿に続いて、布施田哲也「虎口からの脱出 ―― Joseph Neesima と Capt. Andrew Bartlett との交流――」（『新島研究』一〇四、二〇一三年三月）が追及している。

ボストンでの支援者

アメリカ上陸後の新島は、ボストンでミッションの有力者、ふたりに出会う。いずれも、ボストンに拠点を置くアメリカン・ボード（American Board of Commissioners for Foreign Missions）の役職者で、A・ハーディ（アメリカン・ボードのいわば理事長）とN・G・クラーク（同総幹事）である。

とりわけ、前者は新島にとっては「アメリカの父」、同志社や会衆派（日本では組合教会）にとっては、「日本ミッションの父」となる最有力者である。彼の支援と貢献抜きには、新島の後半生、ならびに同志社の開校、発展はありえない。それだけに、『新島襄　人と思想』（六一～七八頁）を始めとして、その研究はすでに相当の蓄積を見せている。

一方のクラークも、十年後に宣教師となって帰国する新島の後援者として重要な役割を果たすことになる。アメリカン・ボードの総幹事（事務局長）として、日本ミッション、とりわけ京都（同志社）からの懇請や要望をミッションに取り次ぐ窓口として、不可欠な存在であった。にもかかわらず、ハーディほどには研究が進められていないので、本書で概略を紹介する。

以上のふたりに次ぐのが、J・M・シアーズ（J. M. Sears）である。新島より先に「養子」同然の形でハーディ家に受け入れられた点で、いうならば新島の「義兄弟」（年齢的には義弟）に当たる。

帰国後の新島は、シアーズから経済的支援を受けているにもかかわらず、これまで本格的に取り上げられたことがなかった。そこでシアーズについては、夫人ともども、本書で論究してみたい。

高校時代の恩師

新島はアメリカ留学の八年間に三つの学校に通った。生活の拠点は、最初はホームステイ、ついで学内の寮であった。その間、勉学と生活の両面で、大勢の教員や牧師、信徒、住民からさまざまな指導や感化を受けた。

最初に入ったフィリップス・アカデミー（アンドーヴァー）では、なんといっても、校長のS・H・テイラー（S. H. Taylor）の存在が大きい。

あらかじめ断っておくと、新島在学前後のフィリップスには、三名のテイラーがいるので、峻別する必要がある。

「一八五二年から一八七一年まで、フィリップス・アカデミーは、テイラーたち（Taylors）によって管理された。〔校長の〕S・H・テイラーは、まずは〔会計の〕J・L・テイラー（John Lord Taylor）と、ついで〔後任会計の〕E・テイラー（Edward Taylor）と共に学校を支配した」（C. M. Fuess, *An Old New England School A History of Phillips Academy, Andover*, p.314, Houghton Mifflin Company, 1917）。文字通り、「テイラー体制」である。ちなみに、J・L・テイラーが会計をしていた時の理事長が、ハーディである（*Academy Hill The Andover Campus, 1778 to the present*, p.71, Phillips Academy, 2000）。

E・テイラーに関しては、『新島襄　人と思想』（四一頁、一八六～一八七頁）に紹介がある。フィリップスの会計に就任したのは、（新島が大学在籍中の）一八六九年で、在任は二十年間に及ぶ。彼は、教会役員や日曜学校校長も長年、務めた人物で、ヒデュンからの信頼も篤かった。彼は独身ということもあって、毎週木曜には、ヒデュン家（Hidden, 新島の下宿先）の夕食に招かれていたので、学校、教会、家庭（下宿）のどれをとっても、新島との接点は予想以上に多い。家族の一員に近い存在であったかもしれない。したがって、新島の当時のサイン帳（同志社大学蔵）にも、サインを寄せている。

それ以外にも、ふたりの交渉が窺えるものが、同志社に残されている。S・H・テイラー校長が亡くなった直後のことであるが、一八七一年六月二十二日と翌日に、E・テイラーから二冊の本が新島に贈られている。校長の追悼集とアンドーヴァーのオールド・サウス教会史である。

前者の追悼集（『新島襄全集』八、七三頁）については後述（本書九二頁参照）もする。後者（*Historical Manual of the South Church in Andover*, W.P.Draper, August, 1859）には、テイラーのサインが入っている。二度目の訪米時に、新島がE・テイラーと再会していることも、後述する（本書九五頁参照）。

一方のJ・L・テイラーは、これまでさほど注目されてこなかった人物であるが、究明する価値は十分にある。テイラー校長や新島との間に意外な接点がいくつもあるので、後に紹介したい。

教会や学校スタッフ以外では、下宿先での交遊が重要である。まずは女主人、M・E・ヒデュン（M. E. Hidden）。ついで同家に同居していたE・フリント・ジュニア（E. Flint Jr.）夫妻である。ヒデュンは、ハーディの依頼を受けた校長の推薦で、新島の下宿を受け入れた。彼女は、それまで下宿人を置いたことがないために、英語ができないうえに、アメリカの生活に不慣れな外国人の世話をすることなど、考えたこともなかった。

しかし、ハーディから一読するようにと手渡された例の「私はなぜ日本を脱国したのか」が、彼女の気持ちを一夜にして変えてしまった。「家族の正式の一員」として迎え入れる決断をした。彼女の判断は、自身の期待を決して裏切らなかった。新島は「侵入者」ではまったくなく、歴とした信徒であるうえに「紳士」であることが、判明したからである（『新島襄全集』一〇、五七頁、六〇頁）。温かく迎え入れられた新島もまた、「まるで自分の家にいるかのように快適です」と手放しの満足感を味わった（同前一〇、六二頁）。

一方、同じく同居人のフリントは、現役の神学生（大学院生）で、妻とともに毎晩のように新島の家庭教師をしてくれた（『新島襄　人と思想』三七～五二頁）。フリントの働きは、アカデミーのどの教員から得るものよりも、はるかに大きかった（『新島襄全集』一〇、五九～六〇頁）。フリントはいわばクラス担任の仕事を受け持ったようなものである。

とくに妻とともに新島に本格的な聖書講義を施した点は、重要である。なにしろそれ以前の新島は、聖書にしろ、キリスト教にしろ、系統的な手ほどきを直接、受けたことはいっさいなかった。

新島が当時、持っていたサイン帳には、フリントのサインもある。注目すべきことに、そこには愛唱聖句として「ヨハネによる福音書」三章十六節（「神はそのひとり子を賜ったほどに――」）が挙げられている。これこそ、新島が終生、もっとも愛好した聖書箇所である。

その点では、ここを「福音のミニチュア」と断定したルター（M. Luther）と同じである。この聖句を新島は「聖書の中の太陽」とか、「福音の要」と見なしていた（拙著『千里の志』一三二～一三三頁、一四七頁、ならびに同『元祖リベラリスト』三一～三二頁）。

実は新島は、この聖句をアカデミーに入学した直後に、日記の折り返しに書きつけている。フリントの妻から毎晩、聖書講義を受けてまもない頃のことである。新島は「十戒」や「主の祈り」などと共にこの箇所をすぐに暗記し、すっかり心を奪われた（『新島襄全集』一〇、五八頁、六一頁）。そのため、土地の教会（日曜学校）で世話になっていた教師にも、この聖句を日本語で記したカードを贈っている（『新島襄とアーモスト大学』五七頁）。

その後の彼の信仰生活は、この聖句に起点、あるいは基礎を置くと言っても、差支えなかろう。つまりは、新島の信仰は、フリント夫妻直伝ということが、サイン帳からも判明する。

フリント夫妻に次いで注目すべきは、P・F・マッキーン（P. F. McKeen）であろう。新島は、ヒデュン家が通うオールド・サウス教会の日曜学校で、マッキーンという女性（アボット・アカデミー副校長）から指導を受けたことを、彼女の姉が次のように証言している。「新島は家族〔ヒデュン家〕とともにサウス・チャーチに出席し、青年のための日曜学校のクラスにかかわって、妹のミス・マッキーンに教えられた」（『新島襄　人と思想』一三二頁）。

これを受けてJ・D・デイヴィスも、マッキーンを「新島の日曜学校の先生の一人」と見なす（J・D・デイヴィス著・北垣宗治訳『新島襄の生涯』三頁、同志社大学出版部、一九九二年）。

ただし、日曜日に新島がふたつの教会（アンドーヴァー神学校教会とオールド・サウス教会）に常時、通うには、相当の無理が伴う。あるいは、参加したのは後者の平日の集会だったのか。なぜなら、当時のフィリップスの生徒は、日曜には、校内での聖書研究会と神学校教会（校内）の礼拝に出席することが必修であった（『新島襄―人と思想』一三四～一三五頁）。

そうであれば、校外の「街の教会」であるオールド・サウス教会の日曜学校に通うことが可能なのは、日曜の午後か夕方のどちらかである。従来は、和田洋一『新島襄』（一〇七頁、日本基督教団出版局、一九七三年）に見られるように、神学校教会の礼拝に「いつも出席していた」新島は、その一方で、（別の教会の）日曜学校でマッキーンの指導を受けていた、と見なすことに、何の疑問も出されてこなかった。

もちろん歴史的には、神学校教会とオールド・サウス教会は、一体ともいうべき関係にある。フィリップス・アカデミーには開校後、四十年間というもの、チャペルも寄宿舎もなかった。そのため、神学校チャペル（バートレット・チャペル）が竣工する一八一八年まで、生徒はオールド・サウス教会の礼拝への出席が義務付けられていた（*Academy Hill The Andover Campus, 1778 to the present*, pp.4, 192 n15）。新島の留学当時も、両者は近い関係を維持していたはずであるが、すでにバートレット・チャペルが出来ていた関係から、地域の教会への依存度は低くなっていたはずである。

アンドーヴァーのオールド・サウス教会には、いまひとり注目すべき指導者がいる。J・L・テイラーである。フィリップスと神学校の双方に幹部スタッフ（前者は会計、後者は会計、教授、学長）として関わる人物だけに、その動向は看過できない。彼もまた、これまで闇の中に置かれていた人物だけに、新島との関係を後述したい。

いずれにせよ、神学校教会で洗礼を受けた新島は、高校生でありながら、神学生や神学校教授（牧師）の説教を聞いたり、宗教上の指導を受けたりする機会に、恵まれていた。中でも、パーク（E. A. Park）の感化は、群を抜いていたのではないか。

大学時代の恩師

大学（アーモスト大学）に進学してからは、J・H・シーリー教授（J. H. Seelye）の指導がもっとも大きい。同大の看板教授であり、新島の卒業後には、学長に就任する。シーリーについては、すでに良く知られてはいるが、両者の交流の深さと重要性から、あらためて個別に詳しく紹介したい。

さらに、アーモストでは、マサチュセッツ農科大学のW・S・クラーク学長（W. S. Clark）も看過できない。新島は彼からごく短期とはいえ、アーモスト大学で化学の授業を受けている。つまり、札幌で例の「札幌バンド」の学生たちを指導する以前の教え子が、新島なのである。クラーク自身、新島を「私の最初の日本人学生」と呼ぶ。

「札幌バンドの父」とも言うべきクラークと新島との交流は、すでに詳しく紹介したことがある（拙稿「W・S・クラークと新島襄」、同「札幌農学校と同志社」、いずれも拙著『ビーコンヒルの小径』所収。拙稿「新島襄とW・S・クラーク」、拙著『アメリカン・ボード二〇〇年』所収）。それゆえ、あらためて本書で再論する必要はない。ただ、新島八重との関連で、次の事実を補足する。

クラークは札幌農学校での任務を終え、アーモストに戻る時に、わざわざ同志社を訪ねた。その際、新島の最初の借家にも足を延ばし、八重にも会っている。そのことは、「洋上大学」（Floating College）を立ち上げて、その学長として再来日するはずだったクラークが、帰国して一年後に新島に送った手紙からも判明する。その一節には、こうある。

「清潔なお宅（mansion）で、あなたと素敵なご夫人と一緒に食事が再度できれば、うれしいです。一八七七年にお訪ねして以来、あなたがしてこられた高貴なキリスト教的事業が、どれほど進歩したかを見るのも、楽しみです」（W. S. Clark to J. H. Neesima, Dec. 1, 1878, Amherst, MA）。

大学院時代の恩師たち

問題は、大学院（Andover Theological Seminary）時代である。新島と入れ替わるようにアンドーヴァー神学校へ入学した学生のひとりにO・ケーリ（O. Cary）がいる。後に日本ミッションや同志社で長く働く宣教師である。彼は自伝の中で、当時のスタッフを列挙する。新島が教えを受けた教授たちとほぼ重なる、と思われるので、紹介する。

ケーリは、スタッフの中でも、次の四人は国内でトップクラスであると誇らしげに書き記す。組織神学のパーク（E. A. Park）、説教学のフェルプス（A. Phelps）、新約ギリシャ語のサイアー（J. H. Thayer）、演説法のチャーチル（J. H. Churchill）の四人である。他にも、教会史のスマイス（E. C. Smyth）、ヘブライ語のミード（C. M. Mead）、旧約学・牧会神学のJ・L・テイラーといった教授がいたという（北垣宗治「オーティス・ケーリの自伝」一一四頁、『キリスト教社会問題研究』五六、同志社大学人文科学研究所、二〇〇八年二月）。スマイスは後述するように、一八七七年から一八九六年まで神学校の学長を務めた。

この中で、新島にもっとも強烈なインパクトを与えた人物は誰か。資料不足もあって、高校時代のテイラー校長に匹敵するほどの人物は、見当たらない。まして、大学時代のシーリーほどの突出した存在も、不明である。指導教授（制度としては不明）と言える教授自身が、まず分からない。

感化を受けた教授を挙げるとすると、J・L・テイラー教授とE・A・パーク教授のふたりであろう。新島自身も、このふたり以外の交流や動向については、ほとんど言及していない。一説には、両者は時に指導教授と目される。「当時、〔新島〕先生の指導教授であったジェー・エル・テイラー博士」とか（『追悼集』二、二三六頁、同志社社史資料室、一九八八年）、「アンドーヴァー神学校時代の指導教授であったパーク」とか（『新島襄　人と思想』二二頁）、時に指摘される。もっとも、今のゼミ指導教授（主任教授）の意味とは、ニュアンスを異にすると思われるので、ひとまず指導を受けた教授（のひとり）と受けとめておきたい。

まず、テイラー教授であるが、彼から教えを受けたことは推察できるが、指導教授であったことを証拠だてる記録はない。ただ、テイラーの経歴からして、新島がアンドーヴァー・アカデミーの高校生であった頃から交流が始まっていても、おかしくない。

テイラーは、イェールの大学と神学校（大学院）で学んだ後、アンドーヴァーにある会衆派教会（オールド・サウス教会）の牧師を一八五二年まで務めた。新島がヒデュン家に下宿しながら、この教会の世話になった頃（一八六五年～一八六六年）は、テイラーは、アンドーヴァー・アカデミーの会計、ならびにアンドーヴァー神学校の会計兼理事であった。

まもなく、アンドーヴァー神学校の教授、学長（一八六六年～一八七七年）に就任している（*An Old New England School*, p.314 n1）。それゆえ、新島がアンドーヴァー（神学校）に戻った時、新島を心から歓迎したはずである。

新島は神学校に入学する直前にシーリーから手紙で、入学後の勉強に関する助言をもらっている。新島をよく知るシーリーは、神学校ではテイラー教授の指導を受けるように、と勧めている（J. H. Seelye to Joseph Neesima. Sep. 21, 1870, Amherst College）。テイラー教授とは、おそらく、J・L・テイラーを指すと思われる。新島がはたして彼の講義を受講したかどうか、記録上は判然としないが、ほかならぬシーリーの薦めであるので、受講した可能性は高い。

そのこともあったためか、帰国前の新島が、ボストン（マウント・ヴァノン教会）で按手礼を受けたさい、母校の神学校を代表して出席したのは、テイラー学長である（『新島襄全集』一〇、四〇四～四〇五頁）。

残念ながら、両者間で取り交わされた手紙は、残されていない。岩倉使節団の仕事でワシントンDCを発つ際、新島はハーディに手紙を出して、テイラーへの伝言を依頼した。「申し訳ありませんが、テイラー教授に一筆認めていただけませんか。私が当地でしていること、ならびに神学校に戻れないという諒解を取って頂けるとありがたいです」（同前六、一〇八頁）。神学校に戻れない、というのは、復学ではなく、休学、すなわち使節団の仕事のために当分、授業に出席できない、という意味であろう。

帰国後も新島は、テイラーには手紙を出しそびれている。せいぜい、ヒデュンへの手紙にこう記す程度である。「J・テイラー博士へ手紙を書くゆとりが、もっととれるといいのですが。先生にお会いになったら、くれぐれもよろしくお伝えください」（同前六、一七四頁）。新島側の記録として判明しているのは、これだけである。

J・L・テイラーが亡くなった時、葬儀で告別説教をしたのは、時の神学校学長、E・C・スマイスであった（*Address at the Funeral of the Reverend and Beloved Dr. John Lord Taylor*, Warren F. Draper, Sep. 23, 1884）。テイラーには著書が何冊もあるが、そのうちの一冊（*A Memoir of his honor Samuel Phillips, LL. D.*, Congregational Publishing Society, 1856, Boston）が、今もなお「新島旧邸文庫」（同志社大学）に所蔵されている。

ちなみに、J・L・テイラーの息子（Jhon P. Taylor）も、牧師であると同時に、アンドーヴァー神学校教授（就任は一八八三年）でもあるので、紛らわしい（H. K. Rowe, *History of Andover Theological Seminary*, p.171, Newton, MA, 1933）。

一方、いまひとりのパーク教授に関しては、時に指導教授であったと断定されるものの、これまた、決め手はない。けれども、両者の交流の痕跡は、テイラー教授に比べると、はるかに明白である。そのうえ、なによりも、新島に洗礼を授けた恩師（牧師）である可能性が高い。授洗者に関しては、これまでの新島伝では、まったく謎のまま放置されてきたが、その手がかりを得るためにも、パーク教授の動向を後に詳述してみたい。

さらに目を他大学に向けると、イェール大学のN・ポーター学長（N. Porter）との交流が、顕著である。ポーターとは、新島はすこぶる懇意であった。同じ会衆派系という共通要素はあるものの、奇しき「師弟関係」を結ぶことができた。この結果、初期同志社はイェール大学とまるで姉妹校のような温かい関係を維持する。

本来であれば、アーモストが担う役割をイェールが負うのも、奇遇である。この点は、すでに拙著『ビーコンヒルの小径』所収（二二五頁以下）の「イェールと同志社——N・ポーター学長と新島襄——」で論究した。ただ一点、付論すると、ポーターの著作が三冊、いまも「新島旧邸文庫」に保存されている（『新島旧邸文庫所蔵目録』五頁、三〇頁、四一頁、同志社大学図書館、一九五八年）。

アメリカン・ボード宣教師

帰国後はどうか。日本で新島が交わった外国人と言えば、主としてアメリカン・ボードが日本（とりわけ同志社）に派遣した宣教師たちである。新島自身が、このミッションから日本に派遣された宣教師でもあったからである。

本書では、そのうち、代表的な同僚宣教師（ミッション用語を使えば、京都ステーション所属）を取り上げる。その場合も、J・D・デイヴィス（J. D. Davis）やD・W・ラーネッド（D. W. Learned）に関しては、個別的にすでに分析を終えているので（『アメリカン・ボード二〇〇年』一六八～一八一頁）、その他の埋もれた人物に光を当ててみたい。

とりわけ、着目すべきはJ・C・ベリー（J. C. Berry）、ならびにL・リチャーズ（L. Richards）である。彼らは医療や看護の面で特殊な任務を帯びた宣教師である。京都では同志社病院や京都看病婦学校（同志社系看護学校）の指導者として、医療の近代化に貢献した。

ほかにもいる。赴任地が関西（日本ミッション）から離れていたため、新島との交遊もさほど密にはならなかったとは言え、仙台や新潟を拠点とした北日本ミッション所属のD・スカッダー（D. Scudder）やH・B・ニューエル（H. B. Newell）、J・H・デフォレスト（J. H. DeForest）らも忘れられない。彼らとの交遊は、詳しくは拙著『アメリカン・ボード二〇〇年』、同『新島襄と明治のキリスト者たち』をご覧いただきたい。

残念なことに、新島と女性宣教師との交流は、意外に淡泊である。女子教育に理解を示しながらも、女子教育を不得手としていたためか、女性宣教師を指導したり、女学校の経営に口を挟んだりすることをあえて避けていた節がある。

熊本洋学校関係

アメリカン・ボード以外の外国人としては、L・L・ジェーンズ（L. L. Janes）を落とせない。「熊本バンドの父」とでも言うべき指導者である。

彼がいなければ、あの俊才たちの同志社入学はありえなかった。さらには、彼らが同志社に失望して、総退学しようと決断したさい、彼らを説得してくれたのも、ジェーンズである。同志社発展の恩人であり、功労者であることは、間違いない。同志社の創設者のひとりに数えるべきだ、との主張さえあるほどである。

ジェーンズについては、熊本洋学校時代のことや、教え子である「熊本バンド」との交流は、比較的知られている。拙著でも、すでに取り上げたことがある（拙著『徳富蘇峰の師友たち――「神戸バンド」と「熊本バンド」――』教文館、二〇一三年。ならびに同『新島襄と明治のキリスト者たち』教文館、二〇一六年、を参照）。

しかし、後半生、とりわけ大阪時代は、究明がほとんど進んでいない。そこで本書では、大阪時代のジェーンズにも光を当ててみたい。

第二章　A・ハーディ

ボストンから見た新島襄

これまでの新島襄のイメージは、圧倒的に教育者としての面が濃い。しかし、宗教家であることを無視しては、彼の本質はとうてい把握できない。なぜ、宗教家としてのイメージが弱いのか。最大の要因は、これまでの新島研究の視点が、京都や同志社に置かれていたからである。

視点を変えて、新島が八年間、留学したアメリカから京都や同志社を眺めると、景色がかなり違って見えてくる。ボストンから新島を捉えた場合、まるで別人と思えるくらいの人格に変身する。

新島は留学を終えて帰国するさい、「ジョゼフ・ハーディ・ニイシマ」（Joseph Hardy Neesima）と名乗り始めた。「新島襄」として知られたイメージとは、明らかに違う。新島襄の場合、どこまでも教育者のイメージが先行するのに対して、J・H・ニイシマの場合は、明らかに伝道者（牧師）の要素が、圧倒的に濃厚である。

たとえば、一部の同僚宣教師たちから向けられた批判に対して、新島が次のように慨嘆することは、教育者・新島のイメージが濃厚な場合には、十分な理解が得られにくい。「近頃、我輩カ〔同志社〕大学ノ事ニノミ奔走し居候所より、或ル宣教師方ニハ誤《あやまって》而、小生ハ伝道ニ不熱心ト思フ人モアラン」（『新島襄全集』四、三〇八頁）。

新島は本質的には、宣教師であり、伝道が本来のミッション（使命）であった。それを端的に示すのが、彼の英語名である。そのミドルネーム（Hardy）が暗示するように、新島は名目的にはアメリカン・ボード理事長、ハーディの息子である。実父の民治は、長男が函館から「失踪」した時点で、実質的に親の働きを終えた感がする。

ボストンに上陸以後、大磯で永眠するまで、「肉の父」に代わって、A・ハーディ（A. Hardy）が新しく父親役を担った。彼こそ、「アメリカの父」であると同時に「米国第一之良友」でもあった（同前三、四七八頁）。

一方のハーディ夫妻にも、親である自覚はあった。新島への手紙の中で、ハーディ夫人は自分たちのことを「あなたのアメリカの両親」と明記する（S. W. Hardy to J. H. Neesima, Nov. 9, 1885, Boston）。

ハーディは、「当港〔ボストン〕指をりの金穴家」であり（『新島襄全集』三、二八頁）、ボストンに流れ着いた新島を、妻とともにいわば「養子」並みに家庭に受け容れてくれた。夫妻して生活費や教育費など、ほぼ全額を負担した。

そればかりか、新島が思いがけなくも超一流の学校、それも三校も通うことができたのは、ハーディの後見抜きには説明がつかない。すなわち、ハーディは自ら理事（長）をしていた三つの学校（フィリップス・アカデミー、アーモスト大学、アンドーヴァー神学校）に、「息子」を次々と入学させたのである。

ハーディは、会衆派に所属する篤信の信徒であった。ハーディが生活と実業の拠点としたボストン自体が、全米でも最高位に位置する会衆派世界の中枢であった。したがって、新島も当然、会衆派の信徒の家庭で生活し、会衆派の学校や教会に通った。洗礼も会衆派の教会で受け、同派の信徒になる。

おまけに、ハーディはアメリカ最古のミッション（会衆派系のアメリカン・ボード）の運営委員会の議長（いわば理事長）であった。新島は十年振りに帰国する際、このミッションから、はからずも宣教師に指名される。これは異例な出来事である。外国人として初の指名だからである。新島はボストン本部から月給をもらう形で、日本伝道のために横浜に送り返されたわけである。

以上のように、ハーディ家の一員として新島を見た場合、会衆主義者としての一面が突出する。ボストンから新島や同志社（教会）を見る視点の重要性が、確認できよう。

その点、さすがに在日宣教師（日本ミッション）の受け止め方は正当で、ハーディが死去した際に、次のような謝辞をアメリカン・ボードに送っている。「我々の信愛なる兄弟であるJ・H・ニイシマ牧師を自身の息子として養子にし、薫陶することにより、日本伝道をしようとしたこと」に深く感謝する、と（『アメリカン・ボード二〇〇年』四〇頁）。

ハーディ家の五人の「息子」

ハーディ夫妻には、四人の男児がいた（系図については、礒《いそ》英夫「アルフィーアス・ハーディーの系譜」、一六〇～一六五頁、『新島研究』一〇二、同志社社史資料センター、二〇一一年二月、を参照）。

そのうえ、もう一人の男児を「養子」のような形で預かっていた。新島より十一歳若いJ・M・シアーズ（J. M. Sears）という少年である。そこへ、アジアからの逃亡者が、ハーディ夫妻の前に現われた。

常識的に考えれば、新島が同家に入り込む隙は、限りなく小さかった。「無一文」（『新島襄全集』一〇、七四頁）でボストンに転がりこんできたアジアの流れ者、それも密出国した逃亡者である。そんな青年をわざわざ「拾う」アメリカ市民がいるだろうか。しかも、南北戦争直後の不景気な状況下である。

家族の構成を見ても、あえて六人目の男児を受け入れる義務など、まるでない。おまけに、ハーディは以前、中国人青年の世話を引き受けて、失敗したと伝えられている。

そうだとすれば、アジア人はもう避けたかったのが、正直な心境ではなかったであろうか。それまでボストンでも「宣教団体」が外国人を引き受ける例があったが、その結果は「はかばかしいものではなかった」（同前一〇、一一頁）。それだけに、教会やら篤志家が、あえて火中のクリを拾うような挑戦は、すべきではなかった。

要するに、客観的には、新島を引き取ることは、「あり得ない」話であった。それだけに、ミッションの長であるハーディにしても、「若干の躊躇がなかったわけではないが」と言われるのも（同前一〇、五七頁）、無理はない。にもかかわらず、ハーディは最終的に新島を受け容れた。しかも、いわば二人目の養子並みで、同家に引き取られたわけである。

ところが、同志社ではこれまで、京都（今出川校地）から同志社を見る視点が一貫して強かったので、別の結論に導かれやすかった。すなわち、日本人（新島襄）が創り、日本人が終始、校長（当時は社長）であった点で、同志社は最初からミッション・スクールではない、という見解やら自負である。

だが、新島の顔は、「裏返す」とジョゼフになる。ハーディのいわば「養子」（Joseph Hardy Neesima）である。この点は、けっして看過してはならない。にもかかわらず、日本ではとかく無視されやすい。「新島襄」の「襄」の字は、元来がＪｏｅ（Ｊｏｓｅｐｈの愛称）の漢字変換であることを考慮すると、同志社（学園、ならびに教会）の発足や発展に関しては、ハーディ家の力をいま少し勘定に入れるべきである。

たとえば、シアーズやハーディの従兄弟（J. Hardy）である。前者は次章で詳述する。後者は、ハーディの叔父の息子に当たり、ハーディ商会で船長として働いた後、ハーディ家の出身地、コッド岬のチャタム（マサチュセッツ州）で灯台（ツイン灯台）の責任者を一八七二年から一八九七年まで務めた（『新島研究』一〇二、口絵一八頁、右の写真）。

ボストンに入港する直前、新島はコッド岬沖でアメリカ本土の灯台を初めて目にしているが、あるいはツイン灯台かも知れない。それが事実ならば、人的ネットワークの不思議な繋がりに驚かされる。

同様に、後年、灯台の頭部に当たる部分が、アトウッド博物館（チャタム）に展示されるようになるとは、思いもよらなかったに相違ない（拙著『錨をあげて――新島襄を語る（三）――』二一五頁、思文閣出版、二〇〇七年）。同館にはワイルド・ローヴァー号の油彩画が展示されているが、これは同館の目玉商品的な展示物となっている。

ハーディ夫妻による信仰的感化

新島はボストンでハーディ家に受け容れられたことにより、恵まれた留学生活が約束されることになった。その環境は、信仰的に見ても極上の部類に入る。入国直後の新島が、最初に信仰の目を開かれたのは、ハーディの配慮で入居したヒデュン家であった。高校時代のことで、次の聖句が契機となった。

「神はその独り子を世に与え給うたほどに世を愛された」

（「ヨハネによる福音書」第三章一六節）。

新島は当時の日記に、これは「すべての星の中の太陽」とか、「福音ノ要《かなめ》」、「信仰の起因」と記している（『新島襄全集』一〇、五八頁、同前二、三〇九、拙著『元祖リベラリスト――新島襄を語る（五）――』三一頁、思文閣出版、二〇〇八年）。

新島の求道生活は、ここから本格化する。当時、新島を信仰的に指導していたのは、ヒデュン家に同宿するフリント夫妻である。夫人からは毎晩、聖書の手ほどきを受け、この聖句も早くから教材になっている。新島は、「十戒」や「主の祈り」などといっしょに、全文を暗誦した。

興味深いことに、この聖句はフリント自身が、もっとも愛好していた。一説には、フリントが最初に教えたともいう。

それゆえ、新島にとっては、フリント夫妻直伝の聖句である（本書二四頁参照）。当時、世話になっていた日曜学校の教師に対して、日本語で聖句を書いて贈ったのも、この聖句であった。フリント夫妻の善き指導もあって、新島は早くも翌年には、洗礼を受ける。

その直前に新島は、ハーディ夫人に対して、「受けるよりも与える方が幸いである」との聖句を書き送っている。先のヨハネの聖句が、信仰の「起因」（アルファ）とすれば、これは「帰結」（オメガ）と考えられる。これら二つの聖句が、新島の信仰の中核、とするならば、それを確実なものにした出来事があるに相違ない。それはいったい何かを探ってみたい。

新島にとって、「与えること」と「受けること」は、表裏一体の関係にあった、と思われる。彼は、自分が「受けた」恵みが大きければ大きいだけ、今度は人に「与える」ことを喜びとするようになった、と考えられる。人一倍、他者を愛する人になろうと決断するにいたった背景には、他者から人一倍、愛された経験があったからである。

人に「与える」といった場合、「報いを望まないで」行なう、という姿勢が要点となる。先の「神はその独り子を」という聖句にしても、新島にして見れば、一番大切な「独り子」を神から与えてもらう資格や権利など、彼を始め、どの人間にも本来、備わってはいない。にもかかわらず、無償で与えられる、というのであるから、恵み以外の何物でもない。

新島にとって、周辺の人物中、ハーディ夫妻こそ、この聖句を文字通り実践した人たちである。夫妻は、「一文一事の報酬をのそます〔望まず〕」とか、「一文《いちもん》の返還をも求め不申」といった態度で、自分の世話をしてくれた、と新島は感謝する（『新島襄全集』三、三二頁、四六頁）。

こうした「無償の愛」に基づく行為を他人から親切にしてもらえば、誰だって感謝するのは当然、と思われがちである。だが、現実は違う。聖書（「ルカによる福音書」第一七章）の例が参考になる。

イエスに病気を治してもらった十人中、わざわざ礼を言いにイエスのところに戻って来たのは、たったひとりであった。それも、外国人で、ユダヤ人から差別されていたサマリア人だった。彼にとっては、なんともありえない「有り難い」話だから、「有難う」の気持ちが、人一倍、あるいは自然に出たと思われる。

新島とてアメリカでは外国人、それもアジア人である。言うならば、差別されても当然のサマリア人のような存在である。異邦人としてアメリカに乗り込んだ新島を、暖かく受けとめてくれたのが、土地の名士、ハーディであった。事実、新島自身も自覚的に自分をサマリア人の位置に置くことがある。ハーディ夫人に宛てた手紙にはこうある。「（あのサマリア人のような）私を奥様は、みじめな境遇から救い出し、良い教育を得させて下さいました」（同前一〇、六五頁）。

運よくハーディ家の一員として迎えられ、懇切な世話を受けた、という事実とそれへの感謝の気持ちは、新島の信仰理解や信仰の進化を知るうえで、見落としてはならない点である。

ハーディは、新島を差別しなかった。いや、それ以上に社会的な差別からも彼を守ろうとさえした。その好例が、高校入学時の配慮である。ハーディは、「外国人としていろんな困難にでくわすこともあろうかと考えて」、新島を寮に入れないで、個人宅（ヒデュン家）に下宿させた（同前一〇、五七頁）。

この下宿先に、先に入居していたのが、神学生（フリント）夫妻である。おそらくハーディや家主の要請があったからであろう、彼ら夫妻は、毎晩のように新島の家庭教師役を買ってくれた。これまた無償で勉強や聖書の学習を見てくれたと思われる。新島には、自身、人から世話をしてもらう価値がない、との思いが、人一倍あったので、こうした厚遇に対しては、実にもったいない、という意識がたえずあったはずである。

これに加えて、新島の場合はさらに謙遜、あるいは、やや過剰と思われるほどの厳しい自己評価（他人から見れば、過小評価）が見られる。その好例がある。

後年、母校のアーモスト大学が新島に名誉学位（LL. D.、名誉法学博士）を贈った時の、新島の恐縮と困惑振りは、少々、度が過ぎている。自分は卒業生中、「もっとも小さな者」だ、との自己認識が、彼にはあった。したがって名誉学位は、言わば、「ネコに小判」である。

一方、贈る側の大学の方は、新島を「本学の輝かしき息子」と評価していた。両者には、越えがたいほどの大きなギャップが、現存する。

ジョゼフの父

新島は、留学中、ボストン中心の「会衆派世界《ワールド》」において、学校や家庭、教会、地域（すべて会衆派世界）を通して、一種の人間改造を遂げることになる。江戸におけるかつての「七五三太《しめた》」から、「ジョゼフ」への「脱皮」である。

「七五三太」と「ジョゼフ」では、別人格と思えるほどの劇的な変身振りである。前者ではなく、後者の上に「接木」して出来あがったのが、後年の「新島襄」だからである。

こうした「新島襄」（ジョゼフ）への人間改造の起点が、先の聖句との出会いであった。この文言は「福音ノ要」とも言うべき重要な聖句で、「神ノ世ヲ愛スル事ノ深サ」は、「人間ノ情ナキ有様」を十分に知らなければ、とうてい分からない、と新島は告白する（同前二、三〇九頁）。要するに「罪ノ深キ人」（同前）を救うためにこそ、神は独り子を世に与えられた、という理解と感謝である。

こうした信仰を身につけて、新島は日本に戻った。だから、教育と伝道の両面（！）で、「与える」ことを説く。牧師、宣教師として、教会を立て、そこを拠点にして他者に「与える」ことを説いたり、福音を語ったりする。これが彼本来の生業ともいうべき使命である。

ここで見落としてはいけないのは、学校教育の方である。ここでも、彼は基本的には教会活動や伝道と同じ精神で、取り組む。つまり、彼は「取る教育」を批判して、「与える教育」を重視する。日本では、前者を実践する学校は山ほどある、それに対して後者は実に少ない、との認識が、彼にはあった。

そのことは、彼をハーディ家の一員として見た場合、ある意味、自然な認識であり、実践であった。新島はハーディ家の期待を一身に背負って、それに応える生活を心がけた。

ハーディ自身は、若い頃、牧師になる夢を抱いていた。しかし、健康を損ねたためにそれを断念し、代わりに「実業の方面で神に仕える」道、すなわち「神様のためにお金を作ること」を「聖なる天職」であると認識するに至った（J・D・デイヴィス著・北垣宗治訳『新島襄の生涯』三六～三七頁、同志社大学出版会、一九九二年）。

一方、ハーディ夫人も、四人の息子のうち、少なくとも一人を宣教師にするのが、年来の夢であった、という。

こうした夫妻（両親）の夢を実現したのが、実子ではなく、「他人の子」、しかも外国人であったのは、皮肉である。すなわち夫妻の期待に応えたのは、日本からハーディ家に飛び込んで来た青年独りだけであった（『新島襄全集』七、三一六頁、四〇六頁）。それだけに、新島は夫妻にとって、ある意味、実子以上に期待をかけた息子であった。

それに比べると、「七五三太」が幼少年時代と青春を送った新島家は、青年期以降の襄には、影の薄い存在となった。とりわけ宗教的な感化という点では、ほぼ無力であった。それだけ「ジョゼフ」の家族である「ハーディ家」の影響力は、圧倒的であった。

後年、札幌に静養中（一八八八年八月十三日）の新島は、ハーディ死去の電報を受け取って、体調をさらに悪化させた。その日の日記にハーディの死を悼んだ文章を連ねた。「嗚呼《ああ》、氏ハ予カ日本伝道上、二比〔無比〕ノ良友、又、予カ米国ノ父トモ称セシ人ナリ。嗚呼、良友往焉。予ノ心ヲ如何ニセン。米国之慈父ヲ失フ。予ハ孤中ノ最不幸ナル孤ナルカ」（同前五、二九九頁）。

新島は力を振り絞って、札幌からハーディ夫人に弔文を送る。「私はまた、ハーディ氏は、この苦渋に満ちた世よりはるか良好な所におられのだろうと思います。けれども、いらっしゃらなくなって、哀しいです。とても寂しいです。実の父親が亡くなったように感じます。そうなのです、氏は私にとって実父以上の存在でした。この国にいる私の日本人友人すべてよりも、私のことを知ってくださっていたと確信します」（同前六、三二五頁）。

京都に戻ってから、新島は同志社チャペルで追悼記念礼拝（十一月二十日）を持ち、「予ノ亡友」、「予ノ恩人」、「予ノ米国ノ父」のために追悼説教を披露した（同前二、四〇八頁）。

そこでは、ハーディは、「慈善ノ働キヲ以テ畢生ノ目的」とした類まれな「慈善家」（フィランソロピスト）として、顕彰されている。ハーディが残した数多い慈善のなかでも「特殊ノ恩遇」を享受した者こそ、実は新島であった（傍点は原文通り、同前二、四一五〜四一六頁）。

第三章　N・G・クラーク

N・G・クラークの二大功績

新島襄がアメリカ留学を終えて、日本に帰国した時、その身分はアメリカン・ボード雇いの宣教師であった。このことが、以後の彼の活動にとっていかに有利に働いたか、計り知れないものがある。同志社にしろ、組合教会にしろ、アメリカン・ボードの援助や所属メンバー（来日宣教師）抜きに、その後の活動と発展はありえなかった、と言っても過言ではない。

それを可能にしたのが、ボストンサイドでは、ふたりのキーパーソンであった。ミッション理事長のA・ハーディと総幹事のN・G・クラーク（N. G. Clark）である。

前者が「アメリカの父」であることは、すでに紹介した。後者は、ハーディとも親交があった牧師で、新島の先輩にあたる。新島はクラークを「アメリカン・ボールドノ社長」と受け止めている（『新島襄全集』五、二七四頁）。もちろん、正確な肩書ではないが、新島がいかに「総幹事」というポストを重視していたかが、よく窺える。

クラークは、アンドーヴァー神学校で二年間学んだ後、オーバーン神学校に入学している。アンドーヴァー神学校を出た新島とは、同窓である。それだけに、新島にとっては頼りがいのある、かけがいのない指導者であった。

クラークが一八九六年に死去した際、アメリカン・ボードはその死を悼み、機関誌に長文の追悼記事を掲げた。いずれの場合にも、底流には新島の存在が潜在していた。機関誌の本文を直接、引いておきたい。

「クラーク総幹事が在任中にした働きの中で、もっとも顕著な働きは、ふたつある。ウーマンズ・ボードの組織化〔一八六八年〕と日本ミッションの創設〔一八六九年〕である。前者は、彼が総幹事になって三年を経た一八六八年のことで、彼の積極的な意見が功を奏して、一群の女性たちの気高い働きが、外国伝道の領域に加えられた。彼は彼女たちを熱烈に支持し、最大限の関心を抱いて、彼女らの活動の成果と成長を見守り続けた。

〔アメリカ留学中の〕ジョゼフ・ニイシマが、母国のために何かをしてほしいとクラークに懇請したその日から、〔新島が一八九〇年に神奈川県大磯で〕地上の生涯を閉じるその時まで、クラーク博士は日本のことをたえず胸中に抱き続けた。〔日本〕ミッションを創り、ボードの宣教師を一人ひとり祝祷して、〔日本へ〕送り出した。彼らすべては、クラークにとっては、息子であり、娘になるべき存在であった。

この帝国〔日本〕における成長を彼はおおいに喜びながら見つめていた。〔けれども、〕多くの不安が伴わなかったわけではない。

日本ミッションとその活動に対する彼の深い愛を示す出来事がある。臨終の病床に伏していたある日、彼は弱弱しい声ではあったが、ひとりひとりの内国メンバーのために祈った。最後に聞き取ることができた言葉は、たったひとつの祈願、『主よ、日本を祝したまえ』であった」（*The Missionary Herald*, Feb. 1896, p.52, ABCFM）。

クラークが主軸となって、アメリカン・ボードが日本伝道を開始し、日本ミッションを立ち上げるにあたっては、新島の個人的な懇願が、その起点となった。それに関しては、クラーク自身に証言がある。

「一八六八年、〔アーモスト〕大学が休暇の折、彼〔新島〕はもうひとりの友人と共に、わが家で一晩を過ごしたことがある。翌朝、家庭祈祷会での司会を新島に頼んだところ、その後、わが家で長く記憶に留まるような、慈愛あふれるやりかたで、彼はそれを果した。それぞれの祈りが済むと、彼は私の手をとって、ぜひ自分の国へ宣教師を派遣して下さい、と真面目そのものの熱意で懇願した。できるだけ早く、実現可能な時期に宣教師を派遣できるように努力をする、と私が返事をするまで、彼は私の手を離そうとはしなかった。この約束は、翌年に果たされ、彼を大変喜ばせた」（拙著『アメリカン・ボード二〇〇年——同志社と越後における伝道と教育活動——』二七頁、思文閣出版、二〇一〇年）。

日本びいき

この話は、もちろん日本にも伝えられ、その後、一種の伝説となった。クラークの死亡を伝えた『基督《キリスト》教新聞』（一八九六年二月二一日）は、クラークの「史伝」を掲げ、その中でこのエピソードを踏まえて、こう記述する。

「或人曰《いわ》く、ボールドの日本伝道はクラーク博士の家に生れたり、と」。続いて、記事はクラークの日本贔屓《ひいき》振りも紹介する。

「蓋《けだ》し、博士は其《その》〔日本伝道〕着手の当時より、満腔の熱心を抱ひて、之《これ》が経営に当り、其死に到るまで日本伝道の一事は、瞬間も君が胸中を離れざりしと云ふ。新島先生のアンドヴァ〔神学校〕を出でて、将《まさ》に帰朝せんとするや、先生を助けて其志をなさしめしもの、ハルデー氏と博士の力、最も其多きに居ると云ふ」。

あまりの日本贔屓振りに、時にクレームが出る。他国に派遣された宣教師から「日本ミッションばかりを厚遇する」といった批判が、クラークに出されたこともあった。こうしたやっかみを考慮してか、クラークはある時は、「これ以上、日本にばかり〔宣教師を〕派遣するわけにはいかない」と回答することもあったくらいである（『アメリカン・ボード二〇〇年』二三七頁）。

アメリカン・ボードが、日本に最初の宣教師（D. C. Greene 夫妻）を派遣するのは、新島がクラークに直訴した翌年（一八六九年）のことである。以来、一九六〇年代に至るまで三百七十四人もの宣教師が日本に送りこまれた（同前、四頁）。

その恩恵をもっとも享受したのが、京都（同志社）であることは、言うまでもない。したがって、もっとも新島の近くにいた宣教師（同志社教員）、J・D・デイヴィスも、「新島氏が占めている位置を占められる人物は、日本にはいないと確信する」と断言している（同前、二三六頁）。

こうした新島の好ポジションは、ハーディと共に、クラークあってのことである。新島とハーディとの出会いもそうであるが、クラークとの出会いも摂理と思えるような不思議な縁である。

アメリカン・ボードの総主事として

クラークは、神学校を出た後、各地の大学や教会で教員や牧師を務めた。一八六五年秋に至って、主事（幹事）としてアメリカン・ボードに採用された。その時期は、まさに新島がボストンに上陸し、ハーディ家に受け容れられた時期に重なる。

クラークは、その翌年（一八六六年）からR・アンダーソン（R. Anderson）に代わって、総主事（Corresponding Secretary）として、外国に派遣された宣教師との交信や指示、伝達などの業務を担当するにいたった。一八七九年からは、いま一人の主事（J. O. Means）が増員されたが、クラークは一八九四年に引退するまで、まさに二十九年間、その職にあった（*The Missionary Herald*, Feb. 1896, p.52）。

その期間は、新島が渡米してから永眠するまでの全期間をカバーする。新島にとって、その間の重要な出来事は、日本伝道の開始（一八六九年）、自身の宣教師任命（一八七四年）、同志社開校（一八七五年）、そしてそれ以後の宣教師派遣・資金援助である。

クラークの支援は、新島の死後も続く。今出川キャンパスのランドマークであるクラーク神学館（国指定の重要文化財）の建築（一八九三年）はその好例である（『アメリカン・ボード二〇〇年』二六五～二六九頁）。

もしも、新島の留学中に、アメリカン・ボード総主事（事務局長）の人事交代がなければ、アメリカン・ボードとの蜜月時代は危うかったかもしれない。それ以上に大事な視点は、長期に渡った前任者のR・アンダーソンとの対比のもとに、クラークの働きを評価することである。

すなわち、総幹事になったクラークが積極的に着手しようとしたことは、女性宣教師の登用と日本伝道の開始であった。いずれをとってみても、前任者の指導方針では考えられない改革、あるいは新路線であった。日本伝道はもちろん、女性の登用にしても、あらたに独身女性（宣教師）の派遣が可能となったために、日本でも「神戸ホーム」（現神戸女学院）や「京都ホーム」（現同志社女子大学）の設立が、早い時点で可能となった。

要するに、前任者が敷いた「アンダーソン体制（主義）」がなお持続しておれば、とうてい実現しなかったことが、クラーク体制では陽の目を見た。その効果をもっとも享受したのが、新島であり、同志社、日本であった、というわけである。ハーディと並んで、クラークの後見が、抜群であった所以である（『アメリカン・ボード二〇〇年』二四四頁以下）。

新島を準宣教師に任命

新島は、アジア人であったにもかかわらず、アメリカン・ボード発足以来、初の外国人宣教師に任命された。こうした特別扱いもまた、ハーディとクラークの意向と尽力無しには考えられない。ただし、身分は正宣教師ではなく、準宣教師（a corresponding member）であった。いずれにしろ、それ自体が、そもそも異例の出来事であった（詳しくは、拙著『京都のキリスト教――同志社教会の十九世紀――』三五～三九頁、日本キリスト教団同志社教会、一九九八年）。

この点は、もちろん新島自身も、早くから認識していた。すなわち、「アメリカン・ボードの方針として、宣教師志願者を彼の生まれた国に派遣することはしない、と私は理解していました」と明言する。そのため、新島は、自分の方からミッションへ志願することを見合わせていた。それには、いまひとつ、理由があった。「私にはその資格がない、と感じたからです」（北垣宗治「新発見の新島英文資料」八頁、『同志社談叢』三四、同志社社史資料センター、二〇一四年三月）。

その後、新島の帰国時期がいよいよ迫ると、アメリカン・ボードでは彼の「帰し方」（身分）が問題となった。阪神地方にいた在日宣教師からも、ボストンに新島の派遣要請が来た。クラークは、そのひとり（神戸のJ・D・デイヴィス）への返信で、「私たちは、新島氏を確保する重要性を十分に認知しております」と断言する。

ただし、アメリカン・ボードはこれまで、自国民以外を宣教師に任命したケースがないために、新島の場合は苦慮すべき事例であった。クラークでさえも、こう言わざるをえなかった。「私たちは、ニイシマ氏を確保する重要性を十分、認識しております。〔中略。ただし〕彼を宣教師にするわけには、まいりません。私たちはこれまで、外国のネイティブ〔外国人〕を宣教師にしたことは、一度もありません」（『アメリカン・ボード二〇〇年』四一頁、九二頁）。

しかし、そこはクラークである。こう判断する。「どういう立場を〔新島に〕与えるかは、困難な問題ですが、〔中略〕どんな犠牲を払ってでも、アメリカン・ボードの要求と矛盾しない形で、彼を確保する必要があります」。

クラークにとって、頼みは運営委員会議長であるハーディである。クラークは続けて言う。「運営委員会議長は、新島のためにどんなことでもしてこられました。それゆえ、引き続き新島氏が私たちと提携するのが、妥当です」（同前、四一頁、九二頁）。

ふたりの尽力は、功を奏した。ついにアメリカン・ボードは、新島の確保に成功する。ただし、「準宣教師」という特殊な身分（立場）での承認である。いわば妥協の産物であった。

こうした取扱いの背景には、ハーディの苦労が隠されている。「ハーディー氏は、毎年、新島が必要とするお金を送ることを約束した」のである（J・D・デイヴィス著・北垣宗治訳『新島襄の生涯』四六頁、同志社大学出版部、一九九二年）。すなわち、給与は直接、アメリカン・ボードが支給しないという制約をクリアするために、ハーディが個人的に負担を負うことにしたのである。

これまた、アンダーソン時代ならば、許されない処置（特例）だったであろう。「養子」のために「どんなことでもしてきた」ハーディは、帰国後の新島のためにも、給与（当初は、年額五百ドル）に相当する額をアメリカン・ボードに寄付し続けた。

要するに新島の給与に関する限り、ミッションはいわばトンネル会社であった。給与の出所が、他の宣教師とは明らかに違うので、当初、新島は宣教師としてカウントせず、名簿にも入れない、とクラークは言明する（『アメリカン・ボード二〇〇年』一〇〇頁）。いかに新島が「特別扱い」されているか、ここからも窺える。

新島のこうした任命方法がいかに特殊であったか、つまり、ハーディやクラークの独自の判断と決断が、いかに大きかったかを示す資料は、ほかにもある。新島がアンドーヴァー神学校卒業を控え、いよいよ帰国後の働きを模索するという時点（一八七四年四月）で、アメリカン・ボードは新島に次のように報告している。

「四月九日付けのあなたの手紙をクラーク博士が、〔運営委員会で〕読み上げられました。私たちは、あなたの任命を遅らせる理由は何もない、という結論を下しました。

それゆえ、昨日の午後〔の会議で〕、私たちが読んだ手紙を理事たちにも私が読み上げました。彼らは、あなたを日本ミッションの準宣教師に任命する手続きをただちにとり始めました。これは、ハーディ氏とクラーク博士が、これまであなたに説明してきた方針に基づいています」（S. B. Treat to J. Neeshima, Apr. 14, 1874, Boston）。

半月後、クラークは新島に次のように報じている。

「あなたと運営委員会議長〔アメリカン・ボード理事長〕、ハーディ氏との関係からして、この伝道領域であなたがわたしたちの協働者になるのは、とりわけて相応しいことだと思います」（N. G. Clark to H. Nee Sima. May 5, 1874, Boston）。

新島は、帰国して十年目にアメリカを再訪している。この時、ハーディ始め、かつて世話をしてもらった恩人や指導を受けた恩師たちと旧交を温める機会に恵まれた。とりわけ、クラーク総主事とは、長期間にわたって共同生活が営めた。

クラークは、自身の療養のためにニューヨーク州クリフト・スプリングスのサナトリウム（湯治場）に行く計画を立てていたが、新島がリューマチ治療で悩んでいることを知って、新島に同行を勧めた。新島の滞在は、十二月五日から翌年二月二十七日まで、およそ二か月半に及ぶが、その間、約一か月はクラークと同じ病棟で暮らした（『新島襄全集』八、三二一～三二六頁）。

新島はこの機を利用して、クラークに日本伝道や同志社への支援策をあれこれと説き、日ごろの要望も訴えた。クラークの経歴についても詳しく機会があったようで、日記にその要約を記述している。とくに彼の寛容さに感嘆している（同前七、三二〇～三二一頁）。

第四章　J・M・シアーズ夫妻

（一）ハーディ家の「養子」

ハーディ夫妻が、「アメリカの両親」として、留学中の新島を物心両面で支えたことは、よく知られている。知られていないのは、いわば「義弟」の存在と彼の働きである。名をジョシュア・モンゴメリー・シアーズ（Joshua Montgomery Sears, 一八五四年～一九〇七年）という。礒英夫氏により近年、シアーズ家の関連写真が『同志社談叢』三一（口絵v頁、二〇一一年三月）で紹介された。

J・M・シアーズは、幼児からハーディ家で育てられた。長じて実業家として大成し、ボストン有数の資産家となった。ハーディ家に新島が「同宿」するようになってから、家族で最年少のシアーズは、「義兄」とも言うべき新島に折に触れてはプレゼントをしている。

英文聖書は、その一例である。詳しくは後に述べるが、最大のものは帰国後の新島に対して贈られた建築資金、それも自宅と会堂という二棟を建てる資金である。実現したのが、「新島旧邸」と、自宅に隣接して建てられた京都第二公会（同志社教会の前身）である。前者は現存する（京都市有形登録文化財）。

会堂建築が京都府知事によって禁止されていた時代、新島の私宅は、同時に「会堂」と「牧師館」を兼ねざるをえなかった。すなわち、京都第二公会は、新島の借家で始まり、ついで新築の「新島旧邸」に引き継がれた。いずれにせよ、いわゆる「家の教会」である。その場合、私宅（借家であれ、自宅であれ）は、牧師館であると同時に、会堂でもあった。

シアーズの寄附で建てられた京都第二公会の会堂（場所は、いまの日本キリスト教団・洛陽教会の辺り）は、京都で初めてのプロテスタント教会堂となった。以後、ここが「街の教会」として八年間にわたって、新島の伝道拠点になる。同志社教会にとっては、独立した自前の会堂をもった唯一の期間である。

同志社教会の恩人

このようにシアーズは、同志社、とりわけ同志社教会の恩人である。にもかかわらず、A・ハーディほどには、社会的に、とりわけ学内でも知られていない。新島にとって、ハーディが「アメリカの父」なら、H・S・テイラー船長（ワイルド・ローヴァー号）は、「アメリカの兄」、そしてシアーズは「アメリカの弟」にあたる。

　彼ら三人は、広い意味でいわば「ハーディ家」の人たちである。年齢は、ハーディが新島より二十八歳上、テイラーは十四歳上である。それに対して、シアーズは十一歳下である。三人の出身地は、いずれもコッド岬（マサチュセッツ州）である。

　なかでも、テイラーとハーディは、コッド岬東端の港町、チャタム（Chatham）の出である。いまでも人口は約七千人という小さな村である。今は避暑地として有名であるが、当時は漁業の盛んな村であるだけに、大勢の「海の男」を産み出してきた。船会社のオーナーとして成功したハーディは、自社（ハーディ商会）の船長に同郷のテイラーを雇用した、という訳である。

　新島はアメリカ留学時代、四度もチャタムを訪ねている。ある時などは、テイラーの実家で休暇を過ごし、歓待されている。船長は「至而《いたって》深切〔親切〕なる人」にして、「私を子の如くに思ひ」と新島が書き残すように（『新島襄全集』三、三一頁、四六頁）、同家でも新島は、ボストンのハーディ家と同じように、家族同様の扱いを受けている。

　一方、シアーズは、チャタムから二十マイルほど離れたヤーマウス（Yarmouth）という村の出身である。したがって、シアーズは親子して、ハーディとは早くから面識があった。実はハーディ青年が、ボストンで名を知られた資産家、名士になるのを支援してくれたのが、シアーズの父親（Joshua Sears、一七九一年八月二〇日～一八五七年二月七日）であった。

　父親は、ゼロからスタートしながら、ボストン有数の実業家（船主）に登りつめた立志伝の人物であった。新島によれば、ハーディの父親も「航海家」で、周囲からは「甲比丹ハーディ」（Captain Hardy）と呼ばれていたという（同前二、四〇九頁）。そうであれば、小さな港町のことゆえ、ハーディの父とシアーズの父は、早くから相互に知り合っていた、と思われる。

ハーディが後見人

　そのため、シアーズの両親が、幼児を残して亡くなった時に、ハーディは遺児の後見人となった。こうしてシアーズは、二歳でハーディ家の一員（いわば五人目の息子）となった。

　シアーズが残したハーディ夫人の肖像写真には、いつの時点での記入か不明であるが、「my grand mother」と裏書きされている。これを見た子孫のひとりは、つい最近までずっと長く、ハーディ夫人を自分の実の曽祖母と信じ込んでいたという（礒《いそ》英夫「アルフィーアス・ハーディーの系譜」口絵二頁）。

　シアーズは後見人のハーディ夫妻によって、四人の実子（男児）、ならびに養子格の新島に続いてフィリップス・アカデミーに送られた。その後は、イェール大学である。卒業は一八七七年で、在籍中、一年間ほどドイツに留学をしている。

シアーズは、大学を出てから、父親同様に実業界で活躍し、巨富を手にいれる。もともと父親の遺産が、百五十万ドルもあったうえに、資産管理をしたハーディがそれを増やしておいてくれたために、毎年のようにボストン多額納税者に名前を連ねた。

新島は、シアーズ家の莫大な資産の恩恵に何度もあずかっている。そのうち代表的なものは、前に触れた私宅（現在の「新島旧邸」）や教会堂（京都第二公会）の建築費というビッグなプレゼントである。

ところで、シアーズの寄付で新島旧邸の南隣に建てられた会堂は、工費が五百円、収容人数は約二百五十人と伝わっている。やがて会衆の増加に伴い、新会堂はまもなく手狭になる。いくつかの解決案が出された中に、この際、五千円（約五千ドル）を集めて、市中に大会堂を建てる、という案が、牧師の市原盛宏から出る。建設資金は、ふたたびシアーズに懇請するというのである。

後述するように結果的には、この計画は「捕らぬ狸の皮算用」に終わった。たしかに、五千ドルは、シアーズにとっては、驚くほどの額ではない。婚約者へのプレゼントが、五万ドル（当時の為替相場では、約五万円）のダイヤ・ネックレスであったことを考えると、無理な要請でなかったかもしれない。「新島旧邸」の場合も、千ドル（千円）の寄付で、敷地が約九百坪、建坪七十余坪の「豪邸」が、京都では建てられた時代である。

シアーズは、「養父」のハーディに倣ってバー・ハーバー（Bar Harbor, メイン州）に夏の家を構えた。新島は、再渡米したおりに二度、同地にあったハーディ家の夏の家（コテッジ）で避暑をしたことがある。おそらく「義弟」の別荘にも足を運んだに相違ない。避暑と言えば、札幌で静養中の新島に、ハーディの発病、ついで死去を電報で知らせたのは、シアーズである。

現在の同志社大学には、ハーディの名前をつけたコンサートホール（ハーディ・ホール）が寒梅館に設置されている。一方のシアーズに関しては、施設（校舎）名はもちろん、彼を偲ぶものはキャンパスには何もない。今なお、まったく無名の存在である。

（二）ハーディ家とシアーズ家

両家のつながり

シアーズは、親の代からハーディ家とは知り合いの間柄であった。父親の名前も、ジョシア・シアーズという。父親とハーディとは、同郷（マサチュセッツ州コッド岬）であるうえ、ふたりとも「海の男」であった。その交流は、以下の通りである。

シアーズ（父）は自分より二十四歳も若いA・ハーディが、十七歳で一本立ちを図って事業を起した際、資金援助を惜しまなかった（井上勝也『新島襄　人と思想』六二〜六三頁、晃洋書房、一九九〇年）。シアーズその人がボストンに出たのは一八〇八年、すなわち十七歳の時であったので、奮闘する若きハーディの姿に自己の姿を投影していたのかもしれない。

父シアーズは晩婚（初婚）で、一八五四年にボストンで挙式したときは、すでに六十三歳であった。妻のフィーベ・スノゥ（Phebe C. Snow）は長男を出産してわずか数日にして、死去した。さらに不運なことに、二年後の一八五七年二月に今度はシアーズ自身が南ボストンで死去した。後にはいまだ二歳二か月の長男（父親にちなんで、シアーズと名づけられた）が残された。しかも独り息子である。この幼児を後見人として養育することを任されたのが、ハーディであった。恩人の遺児をみることは、ハーディには恩返しとなったはずである。

しかも「息子の教育は宗教的に」というのが、亡くなる前のシアーズの希望であった。その点、熱心な会衆派信徒であったハーディは、打ってつけの養父であった。百五十万ドルという莫大な父親の遺産の管理、運用も同時にハーディに委ねられた。

こうしてシアーズの長男は、ハーディ家のいわば「養子」のような扱い、すなわち五番目の「息子」（上から順に十七歳、十四歳、十歳、四歳、二歳）となった。この後、新島がいわば六番目の「息子」（年齢では次男と同年齢である）としてハーディ家に迎えられる、というわけである。

息子のシアーズは、他の兄弟や新島と同様にフィリップス・アカデミー（ハーディの母校）に送られた。大学は、アーモストではなく、イェール大学に進学した。同大を卒業したのは、新島の帰国後で、一八七七年のことである。大学を出ると、実業界に進み、ボストンを拠点に蓄財に成功。毎年のようにボストンの最多額納税者になった。彼が実業界で活躍を始めた前後にハーディは後見人たることを止めたと考えられるが、実際には、一八七八年の時点でも（シアーズが再度、在欧していたからか）依然として「莫大な遺産を管理する代理人（Attorney）」として知られていた（E. Taylor to J. H. Neesima, Jan. 19, 1878, Andover）。

父親のシアーズの願いであったのか、息子のシアーズは、イギリス国教の信徒となった。「宗教的な教育を」と言い残した父親の意を受けて、ハーディーは会衆派的な教育を息子のシアーズに授けたはずであるが、会衆派の信徒にはならなかった。

ここが、二人の「養子」の違いである。新島には会衆派以外の選択肢は、ないも同然であったが、シアーズはそうではなかった。おそらく、父親の代、あるいはそれ以前からイギリス国教会の信徒であったのであろう。

新島は、二度目の渡米のおり、ボストンのトリニティ教会（イギリス国教会）でイースター礼拝をシアーズと守っている（『新島襄全集』八、三三二頁）。後に見るように、シアーズの結婚式もケンブリッジのイギリス国教会で行なわれている。

ところで、「養父」とも言うべきハーディは一八六八年に、バー・ハーバーに最初の別荘（Birch Point, Shore Path）を建てた人として知られている。そこが次第に避暑地として俗化すると、今度はウエスト・ゴールズバラ（West Gouldsborough）に別荘を新築した。ついで一八八五年にその近くに第二別荘（Ullikana）を設けたが、おりしも保養のため二度目の渡米中の新島は、ここで避暑をした。この別荘の現在のオーナーはシアーズの孫である（『新島襄とアーモスト大学』一六八～一七三頁）。ちなみに新島はここバー・ハーバーでは、二度（一八七四年と一八八四年）にわたって避暑生活を送っている。

シアーズは一九〇五年六月に長期療養の末、亡くなった。墓は、ボストン郊外（ケンブリッジ）のマウント・オーバン霊園（Mt. Auburn Cemetery）にある。ここにはA・ハーディも家族と共に埋葬されている。

シアーズが、生前（二十世紀初頭に）夫妻して住んだ家（場所は、One Commonwealth Avenue）は、ボストン・コモンの傍に現存する。現在はハーブリッジ家となっている。

一方、妻のサラ（Sarah Choate Sears）は後述するように結婚後、絵画、写真に興味を示し始めた。長期の看病で中断された創作活動を取り戻すかのようにその後、パリにわたり芸術活動を展開した。パリで彼女は現代美術に触れると同時に、メアリー・カサット（Mary Cassatt）と親交を結び、その作品の収集に努めた。

それにしてもシアーズが青年時代、ベルリンでドイツ音楽を堪能したように、サラもパリでフランス美術に直《じか》に触れる機会を得たのは、奇遇である。

（三）新島とシアーズ

シアーズからの贈り物（一）

シアーズは豊かな財力に恵まれたこともあって、先に触れたように「義兄」の新島にいくつかのプレゼントを贈っている。代表として、三種を紹介したい。

まずは英文聖書である。新島がフィリップス・アカデミーに入学した直後の一八六六年四月に贈呈された。シアーズはいまだ十三歳であった。新島は貰った聖書を生涯、愛用したようで、書き込みが散見される。現在、新島遺品庫に収蔵されている。いつの書き入れかは不明であるが、内扉には、「此道や（須臾《しゅゆ》不可離之道なり）冥途《めいど》の旅乃導燈《あかり》可南《かな》」と書かれている。

ちなみに新島は、ワイルド・ローヴァー号の船中でH・S・テイラー船長から聖書（英文か）を貰っているが（『新島襄全集』五、四六頁）、これは現在、所在が不明である。また香港に上陸したさい、漢文聖書を買った話はよく知られているが、これも表紙の見返し――書き込みが漢文でなされている――だけが表装されて、新島遺品庫に収蔵されている。残念ながら、本体はない。

新島は、アンドーヴァー神学校を休学して岩倉使節団に協力し、「随行」という身分で田中不二麿《ふじまろ》（文部理事官）に同行してヨーロッパ教育視察にも出かけている。その際、新島はベルリンの街頭でたまたまシアーズ（十八歳）にばったり遭遇している。一八七二年八月七日のことであった。シアーズは休暇を利用して、見聞を広めるための外遊、というよりもあるいは遊学中であったかもしれない。さっそく新島は彼との再会をハーディに報じている。

「私たち〔田中と私〕は思いがけなくもシアーズさんに街頭で出合いました。彼に会えて、あなたのことを多少とも聞くことができましたので、大変にうれしく思いました」（同前六、一一七頁。〔　〕は本井、以下同）。

ふたりはベルリンで旧交を温め合った。十二月十六日に新島はハーディに「二、三日前、シアーズさんを訪ねました。彼は音楽が大好きです」と報じた（同前六、一二四頁）。シアーズがドイツを留学先に選んだのは、あるいは音楽趣味を満たすためであったのかもしれない。クリスマス・イヴも共に過ごした。新島はドイツで初めて味わった興味深い体験をハーディに伝える。

「シアーズさんと一緒に実に楽しいクリスマス・イブを過ごしたことをお伝えします。ドイツのクリスマスのお祝いを見るのは初めてことでした。あらゆる機会に歌うのが、ドイツ人たちの習慣です。祝典は歌と新約聖書の朗読で始まりました。

それから私たちは、明かりをすべて消した部屋に閉じ込められ、しばらくしてから他の部屋に誘導されました。いくつかのテーブルの上にたくさんのプレゼントが置いてありました。彼は私に旅行用のきれいな手提げかばんを贈ってくれました。

祝典は大満足でした。私にとって初めての物珍しい催物であったばかりか、部屋にいた人たちが皆、喜びに溢れて微笑んでいたからです」（同前六、一二四〜一二五頁、私訳）。

田中と新島は、ヨーロッパではドイツ以外の諸国や他都市を視察した後、ベルリンに戻り、同地に長期滞在をする。一八七三年一月三日、田中が帰国の途に着くのも、ここベルリンからである。したがって新島だけでなく、田中もシアーズとの交際を深める機会に恵まれた。そのことは、後出のシアーズの手紙からも傍証できる。

田中がベルリンを去った半年後の一八七三年六月十四日に、シアーズはアメリカに帰国することになった。このとき新島はシアーズと一緒にアメリカに帰るべきか、悩みに悩んだ。結局、八月初めまでベルリンに留まることにした。主たる理由はふたつあった。

ひとつは、すでにドイツ滞在は長期にわたっているとはいえ、最初の五か月はひたすら田中の仕事（欧米視察の調査・報告書の作成など）のために費やされたために、ドイツ語の学習や思想、科学の面での勉強が中途半端であったからである。新島は日本に帰国後、宗教的な「公人」（a public man）として立つためにも、語学や学問の面で人より一歩先を目指すことが必要であると考えていた。

いまひとつのベルリン残留の理由は、夏休みに入る六月よりも、新学期の九月に間に合う形で帰米した方が、時間利用の点で有利だと判断したからである（同前六、一二八〜一二九頁）。

シアーズからの贈り物（二）

新島が日本に帰国してからも、シアーズの贈り物は二度、続く。いずれも現金で、最初は自宅の建築費、二度目は教会堂の建築費である。一八七八年七月十日付のM・E・ヒデュン宛の手紙でそのことを新島は報じる。

「シアーズさんは昨年、自宅を建てる資金として二百ポンドを、そしてあらたに教会堂を建てるために二百ポンドを追加してくれました。自宅はこの五月から工事にかかっており、来月中には竣工いたします。工事が終了すれば、もっと詳しくご報告いたします」（『新島襄全集』六、一八九頁）。

現実にシアーズが会堂建築金を寄付をしたのは、一八七七年十月二十三日であり、新島はそれを受理した直後の十二月十二日にさっそく礼状を送っている（同前一、三二〇頁）。私宅が教会堂（京都第二公会）を兼ねておれば、なにかと不自由であろうと懸念しての寄付であった。献堂式を済ませてから、新島はこう総括する。

「我米国教友、ジェーエムシーヤス君、我カ家ニアリ多年、説教セシヲ聞キ及ハレ、家ノ為ニハ定テ不都合ナルベシト察シラレ、且神ヲ拝スル家ハ、神聖ニシテ住家ト混スヘカラスト思ワレ、我明治十年ノ秋ニ千ドルヲ寄附セラレ、別ニ拝礼堂ヲ設リヘキヲ促サレタリ」（新島襄「新島邸及第二公会建築費内訳控」、同志社社史資料センター蔵）。

プライバシー確保のほかに、「拝礼堂」は神聖であるべき、というのが、理由のひとつであることが分かる。さらに同紙によれば、坪数は五十六坪である。また、建築が遅れたのは、キリスト教に冷淡な府知事（槇村正直）のもとでは許可が得られなかったことが、明記されている。この点は、後述する。

自宅の竣工を前に、新島はかつてフィリップス・アカデミー在学中に家庭教師役を買ってくれたフリント夫人（サラトガ・スプリングス在住）にもこの件を伝えたようである。彼女の返信（一八七八年九月十五日付）は、「シアーズさんから気前の良い贈り物」を新島がもらったことに触れている。あるいは先の建築費のことを新島が伝えたことに対する返事かもしれない。

実はこの贈り物には、ハーディが絡んでいる。彼はこの年の始め、家計が決して潤っていないという新島からの情報を入手して、新島の生活改善、とりわけ家屋新築の必要を感じていた。

そこで、この件をアメリカン・ボード運営委員会に持ち出している。篤志家の寄付により健康的な新居を建てることが必要だ、とアピールした（拙著『京都のキリスト教』三九頁、同朋舎、一九九八年）。最終的にこれに応えた篤志家が、シアーズだったというわけである。これまたハーディ家の配慮であった。

さて、会堂新築への寄付が十月とすれば、自宅新築のための寄付はそれ以前であったことになる。新島の新居が竣工し、引越しが行なわれたのは九月七日であった。翌日（日曜日であった）には、さっそくここで京都第二公会の礼拝が守られた。

　当時の二百ポンドは、一千ドル（従って一千円）に相当するであろう。新島の年収が七百円とも八百円とも言われた頃、しかも土地が極めて廉価であった時代である。千円も出せば、京都ではそれなりの「豪邸」が建つ。同志社英学校の発祥の地でもある高松保実《やすざね》邸（通称は中井屋敷）の敷地（寺町通り丸太町上ル）を購入して、新島が建てたのが今も残る「新島旧邸」である。

　土地購入は一八七六年のことで、九百三坪八合四勺《しゃく》を二百七十五円（坪三十銭）で購入している（森中章光編『新島襄先生詳年譜』一三八頁、改訂増補版、同志社・同志社校友会、一九五七年）。同志社英学校の校地用に前年に購入した旧薩摩藩邸敷地が坪十銭ほどであったから、坪三十銭は相当に高い。シアーズの寄付があればこそ買えた代物であった。

　それにしても、同志社にとって由緒ある歴史的スポットを入手できたのは、誰よりもシアーズのおかげであることを忘れてはならない。二〇〇三年の同志社創立記念日（十一月二十九日）に、「新島旧邸」敷地内にある「新島会館」で深井英五（同志社卒の元日銀総裁）の肖像画除幕式が福井俊彦日銀総裁を迎えて行なわれた。かりに、「新島旧邸」に掛けるべき肖像画を選ぶとすると、まずはシアーズの肖像画であろう。ちなみに、ハーディ並びに同夫人の肖像画は、すでに新島会館別館に飾られている。

シアーズからの贈り物（三）

自宅に続く、教会堂の新築の方は、寄付を貰ってから四年後にようやく実現した。なぜ遅れたのか。槇村正直の府知事時代は、キリスト教に対する規制が強くて、許可が降りなかったからである。ところが、一八八一年二月に新知事として北垣国道が赴任するや、規制が一変して緩和され、教会堂の建築が認められるようになった。

新島はさっそく同年四月に自宅南続きの空き地（百六十坪）を大沢善助（同志社理事）の名義で購入し、五月から工事に取りかかった（『新島襄全集』八、二二八～二二九頁）。そこは「私たちの学校〔同志社英学校〕が開かれた建物〔中井屋敷〕が建っていた場所の一部」であった、と同志社の宣教師は、当時の年次報告でボストンの本部に伝える（『京都のキリスト教』二二七頁）。

　この点は、新島の同僚、ラーネッド（D. W. Learned）の手紙が、いっそう詳しい。「京都で最初の新しい教会堂が、きたる土曜日〔十月八日〕に献堂されます。新島氏の友人であるシアーズと日本人寄付者たちが、新島邸の隣に建てたもので、その敷地は、私たちの学校が六年前に開校された場所です。費用はおよそ五百ドルで、二百五十人ほど収容できます」（同前、一三〇頁）。

　同志社側の記録では、開堂式（献堂式）は十月二十二日の土曜日で、「二百有余人」の出席があった（『新島襄全集』二、五七二頁)。全体の坪数が五十六坪であるので、会堂はほぼ満員であったと思われる。この会堂は、京都で最初のプロテスタント教会堂ではあるが、京都第二公会としては三番目の集会場ということになる。後に同志社教会と改称されるこの教会にとっては、独立した会堂は後にも先にもこの建物だけである。

これ以前は新島の私邸、そしてこれ以後は学園の校舎に「間借り」するという時代が続くことになる。その意味では、シアーズはまさに恩人である。

残念ながら寺町通り丸太町時代の会堂の写真は、いまだに見つかっていない。後述するように新島は、お礼を兼ねて、竣工したばかりの会堂写真をシアーズに届けている。

けれどもシアーズの手紙類は、孫によってほとんど破棄されたとのことであるので(『新島襄とアーモスト大学』一七三頁)、シアーズの遺品の中にこれを見つける道は、閉ざされたのも同然である。それはともかく、新島から送られた写真を見たシアーズは、ひとまず満足している。

教会堂の建築費寄附に続いて、一八八二年に刊行されたシアーズの著作が、新島に送られてきた。図書目録(Sears J. Montgomery. *Catalogue of the Library of J. Montgomery Sears, including the poetical library of Ferdinated Freiligfaph*, Camb. John Wilson and Son. 1882)で、今も新島旧邸文庫(同志社大学)として大事に保管されている。

その後、新島は一八八四年から翌年にかけて渡米している。シアーズとも旧交を温めたはずであるが、詳細な消息は不明である。シアーズ側におけるこの間の大きな変化は、結婚と別荘新築である。シアーズは後述するように、すでに結婚し、家庭を設けていた。シアーズはまた、ハーディが避暑地として開拓したバー・ハーバー(マウント・デザート島)に別荘も建てていた。一八八一年の建築で、「ザ・ブライアーズ」と呼ばれた。同志社アーモスト館程度の大きさである(『新島襄とアーモスト大学』一六九頁)。

新島は一八八四年の夏をバー・ハーバーにあったハーディの別荘で過ごしたので、同地に避暑に来ていたはずのシアーズ夫妻とも旧交を暖めたはずである。

シアーズの貢献

以上のようなシアーズの贈り物は、牧師としての「義兄」には、願ってもない効果をもたらした。つまり、新島が牧師、宣教師として世に立つのに必要な、聖書、牧師館、会堂という三つすべてを揃えてくれたのが、「義弟」からのプレゼントであった。

つまり、教会発足以後の最初の十年を見れば、最大のサポーターはシアーズである。新島自身もハーディの養子格にあたることを思うと、ハーディから養なわれたふたりの養子たちが、力を合わせて推進したのが同志社教会の始まりと言えなくもない。その意味では、新島と並んで、シアーズも立派に同志社教会の創立者

（少なくともそのひとり）に位置づける必要があるだろう。

その点は、同志社創立に関しても、ある程度、当てはまる。シアーズが、ミッション理事長のかつての「養子」であることを考えると、ボストンのミッション本部は、次のように見ていたのではなかろうか。

宣教師として日本に派遣した新島が、同僚宣教師たちと共に、ミッションの資金をもとにして京都で開校した学校（同志社）は、「自分たちの学校」、すなわちアメリカン・ボードが創設したミッション・スクールだと。その際、中核になったのは、もちろんハーディその人であるが、シアーズを始め同家の人たちの協力も無視できなかった、と。

それ以後も、シアーズの厚志は続く。新島の二度目の渡米中に、シアーズの「幻の贈り物」が浮上した。この頃、シアーズの寄付で建築した京都第二公会が狭隘化し、立替、もしくは移転（新築）が必要な状況が生まれていた。新島の後任牧師である市原盛宏は、いっそこの際、校外に打って出て、都心の一等地に東京の「明治会堂」のような大会堂を建造したらどうか、という大胆な計画を立案した。建築費は五千ドルほどかかるものの、すべてシアーズから期待できそうだ、というのがその根拠であった（『京都のキリスト教』一五八頁）。

新島がすでにアメリカでシアーズと接触して、そうした感触を得ていたとでもいうのだろうか。けれども最終的にこの案は流れ、シアーズの寄付も幻に終わった（今の同志社チャペルが、アメリカン・ボードからの数千ドルの寄付で建造され、京都第二公会の礼拝堂を兼ねるのは、この直後のことである）。

そして、シアーズからの最後の通信である。ただし歓迎すべきものではなかった。ハーディの病気を知らせる電報である。新島は一八八七年の夏を札幌で送っていた。七月下旬に「ハーディ重病」との電報がボストンから届いた。ついで、ハーディの死を新島にいち早く伝えたのも、シアーズの電報であった（『新島襄全集』六、三一四頁、三三四頁）。

（四）シアーズ夫人

サラ・チョート・シアーズ

シアーズは新島が帰国した直後の一八七七年に、サラ・チョート（Sarah Choate Sears, 一八五六年〜一九三五年）と結婚した。婚約に際してシアーズが未来の花嫁に贈った贈り物は、ボストンで一時、話題になった。五万ドルのダイヤ・ネックレスであったからである（Erica E. Hirshler, The Fine Art of Sarah Choate Sears, Magazine Antique, Sep. 2001）。

おりしも相前後して、新島に総額二千ドルの建築費を寄付した年である。仮に日本で五万ドルを使えば、「新島旧邸」並みの「豪邸」（敷地九百坪、延べ建坪七十坪以上の家屋）が、百軒ほど建つというほどの大金である。

出席は始めから無理ではあるが、新島にも結婚式（一八七七年十二月十八日）への招待状（後述）が来た。シアーズの両親は早くに死去したために、招待状は花嫁の両親名で出されている。

彼女の父は、ボストン校外のケンブリッジを拠点に活動する著名な弁護士、実業家（鉄道会社社長）であったので、挙式もケンブリッジ（後述するように、イギリス国教会）である。新婚旅行は一年間にわたるヨーロッパ旅行である。

夫妻は子どもふたりに恵まれた。息子（ジョシュア・モンゴメリー・シアーズ・ジュニア、一八七九年～一九〇五年）と娘（ヘレン・シアーズ・ブラッドリー）である。新島は男児の誕生を祝い、犬のおもちゃ（toy dogs）を贈った。新島はサラとは、二度目の渡米中にボストンやバー・ハーバーあたりで交流があったはずであるが、詳細は不明である。しかし、ハーディ宛の手紙に「シアーズ夫妻によろしく」と書く以上（『新島襄全集』六、二九三頁）、なんらかの交際が見られたものと思われる。

さて、夫妻の長男、ジュニアはハーヴァード大学、ならびにハーヴァード・ロースクール（一九〇四年卒）を卒えて祖父同様に弁護士を開業したが、四年後の一九〇八年に自動車事故により死去した。二十八歳の独身であった。サラにすれば、一九〇五年の夫の死に続く打撃であった。

一九一二年にいたって母親は息子の死を悼み、ハーヴァード・ロースクールに息子を記念する「シアーズ賞」を贈った。同賞は今も毎年、優秀な学生四人（一年次、二年次学生それぞれ二名）に贈られている。

サラは結婚後、ロス・スターリング・ターナー（Ross Sterling Turner）に師事して絵画を習い、ついでボストン市内のカウルス美術学校（Cowles Art School）でデニス・ミラー・バンカー（Dennis Miller Bunker）にも師事して、本格的に水彩とパステルによる肖像画を描いた。

一八九〇年代からは関心が写真に移り、芸術写真家として成功した。ただ時に「カネに飽かした作風」と他者には映ることがあったらしく、写真専門誌で「百万ドル女の劣悪な素人作品」と酷評されることもあった。言外には、彼女の財産が創作を蝕んでいる、との揶揄が込められている（The Fine Art of Sarah Choate Sears）。

画家や写真家としての評判以外にも、豊富な蓄財を活かした美術品の収集家とか、アーティストのパトロンとしても知られるようになり、ボストンの美術界では著名人であった。

たとえば、亡き夫を記念してマネ（E. Manet）の「辻芸人」（一八六二年頃の作品）を購入している。たまたま二〇〇三年に名古屋ボストン美術館で開催された「ボストンに愛された印象派」展にもそれが「目玉商品」として出品された。キャプションには、「夫、ジョシュア・モンゴメリー・シアーズの遺品」と明記されている。

参考までに同展の図録（四〇頁、名古屋ボストン美術館、二〇〇三年）に収録されたサラの略歴（エレン・E・ロバーツ、Ellen E. Roberts 執筆）を次に転載する。

シアーズ夫人の略歴

「一八五六年、マサチューセッツ州ケンブリッジ生、一九三五年メイン州ゴールズボロにて死去。シアーズは写真家であり画家であったが、ボストンで最も洗練された近代美術のコレクションの一つを築いた。自らもボストンの名家に生まれ、別の名家〔シアーズ家〕に嫁いだシアーズは、その芸術的趣味を自分の意のままに探求することができた。

　デニス・ミラー・バンカー（D. M. Bunker）とエドモンド・チャールズ・ターベル（E. C. Tarbel）の両者に師事し、水彩の肖像画と庭を描いた風景画で賞を受けた。一八八〇年代には写真家、F・ホーランド・デイ（F. H. Day）の知遇を得、絵画同様、写真についてもその後すぐに多数の栄誉に輝いた。晩年にはパステルにも取り組み、大胆でモダンな作風の花の静物画を描いた。

　収集家としては、シアーズは常に斬新で、恩師バンカーとターベルの初期の印象派風の作品を購入している。ジョン・シンガー・サージェント（J. S. Sargent）の知遇を得、一八八五年には娘ヘレンの肖像画を、また一八九九年には自身の肖像画を彼に依頼。その後も引き続きサージェントの最も斬新な作品を購入する。

　アメリカ印象派のメアリー・スティーヴン・カサット（M. S. Cassatt）とも知り合いで、カサットから近代フランス美術への関心を鼓舞され、一八九五年にはマネの『辻芸人』をパリのデュラン＝リュエル画廊から購入した。

　またシアーズは、今回出品の『睡蓮』に似た、最も抽象的作風のモネの睡蓮連作の一点や、ドガ（E. Degas）とカサットの作品数点と、他にも実験的な印象派の作品を所蔵した。

　周囲のボストンのコレクターの比較的保守的な趣向を超越し、彼女はさらにモダンなセザンヌ（P. Cézanne）、マティス（H. Matisse）、ブラック（G. Braque）、モーリス・プレンダギャスト、チャールズ・デムス（C. Demuth）、ジョン・マリン（J. Marin）も収集した。一九一二年にニューヨークで開催され、物議をかもした近代美術国際展覧会（アーモリー・ショーとして知られる）に彼女はセザンヌの作品を貸し出すことさえした」。

　また図録（四〇～四一頁）には、「自分の作品を革新することに熱心で、前衛芸術に熱中した彼女のコレクションは、ボストンの中で最も大胆なものの一つである。おそらく友人であったメアリー・スティーヴン・カサットの奨励により、一八八五年、シアーズはエデゥワール・マネの『旅芸人』を購入した。この作品は、通常の描き方と違って、手がモデルの容貌を隠してしまっているとして、ニーヨークのコレクター、ホラス・ハブメイヤー（H. Hübmaier）が購入を拒否した作品である」ともある。

　なお、ここで紹介されたジョン・シンガー・サージェントは、ボストンの美術学校時代の級友の一人で、彼の油彩画「シアーズ夫人」（一八八九年）は現在、ヒューストン美術館（テキサス州）が所蔵する。気品あふれる傑作である。

また、サラが制作した肖像写真「ジョン・シンガー・サージェント」（一九〇三年）は、イザベラ・スチュワート・ガードナー美術館（ボストン）が所蔵する。さらにシアーズの母校、フィリップス・アカデミー（新島やハーディーの母校でもある）はジョージ・デフォレスト・ブラッシュ（G. deF. Brush）の油彩画「母と子（聖母子）」（一八九二年）を所蔵するが、これもサラのコレクションに含まれていた。生前のサラの最後の展示会のひとつは、一九二五年にウェズリーカレッジで開催されたものである（The Fine Art of Sarah Choate Sears）。

（五）新島・シアーズ往復書簡

最後に新島・シアーズ往復書簡を個別に紹介したい。現在、新島遺品庫にはシアーズからの手紙が、数通保管されている。ハーディ家の「養子」同士のやり取りだけに「養父母」の消息が、いつも盛り込まれている。

シアーズから新島へ

① ボストン発、一八七七年

シアーズの結婚式への招待状で、新婦の両親（Mr. and Mrs. Charles F. Choate）名で出された印刷物である。ちなみに父の名はチャールズ・フランシス・チョートといい、弁護士。母の名はエリザベス・カーライルという。

内容は、九月十八日午後五時にケンブリッジの聖ヨハネ記念教会（St. John's Memorial Chapel）で娘がシアーズと挙式するので、ご参加いただければありがたい、というもの。別紙には、私たち夫婦は当日、自宅（153 Brattle St.）に五時から七時まで在宅、との案内が刷られている。ということは、式そのものを三十分以内に終えて帰宅するので、（祝賀会のため、であろうか）来宅されたい、という案内とも受け取れる。

なお、結婚式場となった教会は、イギリス国教会である。シアーズ家の教派が、同教であることは、前述したが、あるいは花嫁の家族もまた同じ教派かもしれない。

② ジュネーブ（スイス）発、一八七八年五月一〇日付

新島がこの年二月二十三日付でハーディ夫妻ならびにシアーズ夫妻に宛てた手紙の返事である。ハーディ夫人がヨーロッパに滞在中のシアーズに転送したために、新島への返事は大幅に遅れた。

冒頭で、新島からハーディ夫妻とシアーズ夫妻に対して、可愛らしいプレゼントが贈られたことへの礼が記されている。帰国して拝見するのが楽しみ、とある。

ところで、シアーズ夫妻がヨーロッパに来遊しているのは、新婚旅行のためである。結婚式直後、すなわち前年九月後半にアメリカを発ち、帰国予定は十月という、約一年におよぶ贅沢な蜜月旅行なのである。

コースは「ありふれたもの」（usual one）と断っている通り、観光が主体である。まずロンドンにしばらく滞在してからパリに渡り、二、三週間を過ごした。冬をイタリアで過ごすことが今回の主眼で、ローマ、ナポリ、フローレンス、ヴェニスなどを巡回した。それからドイツとスイスを訪ね、最後はパリの博覧会で切り上げる、という内容である。

ドイツではかつて路上で新島と田中不二麿に遭遇したことを追憶している。原文には「田中氏とベルリンに来られた時を思い出しました。ヨーロッパでご覧になったものすべてが、今も脳裏に鮮明に残っているのではないでしょうか」とある。

この後、しばらくヨーロッパの政情に触れている。ボストンのことはハーディ夫妻を始めとして変わりがないと聞いている。十月にボストンに帰ったら、友人たちの近くに居を構えたい。妻からも、奥様とあなたによろしく、で締めくくられている。

③　ボストン（三十二番地、シアーズ・ビル）発、一八八二年一月三日付

冒頭、一八八一年十月二十四日付の手紙を受け取った、との謝辞が述べられている。十月二十四日と言えば、京都第二公会の新会堂が竣工した直後のことである。

すなわち五月九日に着工した工事は、九月中旬には終わり、さっそく同月十八日から日曜礼拝に使用され始めた。ただ、開堂式を正式に挙行したのは十月二十二日であった（『新島襄全集』八、二二七〜二二八頁）。それより二日後、新島は建築費を寄付してくれたシアーズに、会堂竣工を真っ先に知らせた。それへの返事がこの手紙である。

「お手紙で知らせて下さったことを大変愉快に思い、満足しています。会堂が建築されて、うれしく思います。すでに礼拝にお使いのようですね。ハーディ夫人が建物の図面を下さいました。できれば内部と外部の写真をお願いできましょうか。それがあれば、大体の感じが掴めますから。皆様の礼拝の様子や会衆の人数などを詳しくお知らせ下さい」。

両者間の音信がしばらく途切れていたためか、シアーズは「生活はいつも通りです。私は結婚し、二歳の息子がいます」と報じている。続いて、ハーディ氏とは事務所で毎日会っていることや、同氏の健康が何年か前に比べると好転していること、ハーディ夫人が去年の冬、大病をしたこと、今はよくなり去年のクリスマスには一族が集まって盛大な祝会が開かれたことが記されている。

新島は複数の記念品（remembrances）をシアーズ夫妻に送ったらしく、その礼も述べられている。さらに「田中〔不二麿〕氏が示されたご親切の数々も忘れてはおりません。どうぞよろしくお伝えください」ともある。田中とシアーズの交流は従来まったく知られていなかった。

ちなみにハーディは、後半生にはボストン三十二番地のシアー

ズ・ビルに事務所を構えていた（『新島襄　人と思想』七七頁）。所有者はシアーズであった。シアーズが「ハーディ氏とは事務所で毎日会っている」と記す所以である。新島伝では周知の「ラットランド年会」の五千ドル献金に関して、年会後にハーディが募金の窓口を開いたのもこの事務所である（*Missionary Herald*, July 1875, p.222）。

④　バー・ハーバー発、一八八二年六月三〇日付

新島はその後も引き続きシアーズ夫妻とハーディ夫妻にプレゼントを贈ったようで、シアーズはそのお礼が遅れた事情をまず述べる。交通事情かなにかの原因で、一時はパッケージの所在が不明となり、シアーズの避暑先に届いたのは、二週間前のことであったという。ハーディへのパッケージは渡しておいたので、夫妻から礼状が行ったと思う。プレゼントの置き場はすでに決めており、友人たちも褒めてくれる、とある。新島は陶器の壺のような、日本的な焼き物でも贈ったものか。

さらに新島は、前便で依頼された写真も送っている。教会堂だけでなく、母親と父親のも同時に送っている。待望の教会堂の写真に関しては、「チャペルは大変広々として（very roomy）、満足すべき建物（satisfactory edifice）に見えますね」との感想を披瀝している。褒め言葉ではあるが、仮定法（looks as if）であるのが少々気になる。意地悪く解釈すれば、現実はともかく、見た目だけは「まるで広くて立派な会堂のように見える」と読みとれるからである。

ところで、ハーディの別荘はシアーズから見ても「こじんまりとしたきれいな家」（sung little cottage）で、「我々の別荘からそう遠くはない」。ハーディは過労のため今春、かなり重病であった。けれどもヨット遊びと海辺の静寂な生活で体力はかなり回復したという。家族は皆、大変元気である。息子はもうすぐ三歳になる。

⑤　ボストン（三十二番地、シアーズ・ビル）発、一八八三年三月八日付

今度は、新島が自身と妻の写真を送ったようである。例によって記念品も何点か、シアーズの家族のために贈られている。まずはその礼が冒頭に来る。シアーズ夫人には何か一品（判読が困難。crape と読めば「ちりめん」）が、そして長男にはおもちゃの犬が贈られた。

「あなたの健康と仕事上の成功を聞いてうれしく思います。当方は皆、健康です」の一節に続いて、ハーディの健康の件が話題に上る。多年にわたる激務のために、時に疲労困憊の印象を受けもする。残念だが、かつての壮健さは失なわれている。できれば日本への旅行を、手紙で勧めて、説得していただけないだろうか。

結局、ハーディは来日の機会に恵まれないまま、一八八七年に死去する。

⑥　ボストン発、一八八七年七月二五日付電報

新島が札幌で避暑をしていた一八八七年の夏、ハーディの発病を知らせる電報が、ボストンから京都に打たれた。差出人は『新島襄全集』（八、四一一頁）では「ハーディ家より」とあるが、電報の文面には、Searとの記入があるので、シアーズ本人である。スペルミスは京都で書き写す際に誤記されたためであろう。

内容は「ハーディ氏重病」である。京都でこれを受理した七月二十六日に、同志社で新たに転写したものが札幌に転送された。新島のもとには当日中に着いている。新島遺品庫には両方の電報が残されている。

ハーディは手から落とした鋏が足に当たったのが化膿して重病となり、結局、敗血症のために自宅で八月七日に死去した。死去の知らせもシアーズからである。八月十一日付の電報（その所在は不明）である（『新島襄全集』一〇、三四八頁）。

新島は日本時間では十二日にこれを受理して、死去を知った。「米国ノ父」であり、「米国之慈父」でもあるハーディ（同前五、二九九頁）を失なった新島（札幌で静養中であった）はショックのあまり、ようやく回復しかかった体調をまた崩し、その夜から寝込んでしまった。

新島からシアーズへ

以上のシアーズからの手紙に対して、新島が発信した手紙の所在は、不明である。前述したように遺族が処分したのかもしれない。幸い、新島遺品庫には新島の下書きが、一通分だけ残されている。これは一八八六年に起きたいわゆる「アンドーヴァー神学論争」なる神学論争を踏まえて記されているので、まず背景を見ておきたい。

①　「アンドーヴァー神学論争」

新島はこの論争を（かつての教え子、徳富蘇峰に対して）次のように説明している。一八八六年にアンドーヴァー神学校で「フユーチュア・プロベーション之説」（future probation problem）——「洗礼を受けずに死んだ者は、死後に救済されるか」、あるいは「霊魂は不滅か」をめぐる神学論争——が説かれ始めた。この新傾向の神学をアメリカン・ボードは異端的神学とみなしたために、「アンドワ派之人物」（アンドーヴァー神学校の新卒者）は、すべてアメリカン・ボードから排斥され、宣教師になる道が閉ざされてしまった。

このため神学校側ではこれを「遺憾」に思い、アメリカン・ボードとは「別途ニ」日本に宣教師を派遣し、「学校ヲモ起サン」との企が浮上してきた（『新島襄全集』三、四九三頁）。

論争は新島にも飛び火した。彼にとって不幸なことに、論争がアメリカン・ボードにも波及した結果、アンドーヴァー神学校やイェール大学の卒業生が、会衆派の宣教師任命から排除されるという事態が発生した。この結果、宣教師を迎え入れる側の京都

（同志社）にも飛び火した時点で、新島にとっては対岸の火事と済ませておけない事態となった。

さらにこの時、ハーディは神学的な立場に加えて、論争の対処の仕方に不満を感じて、アメリカン・ボード運営委員会議長のポストを辞任してしまった。しかも、彼の死去はその翌年であった。

ハーディの死を悼んだ友人たちは、新島、ならびに日本伝道に大きな関心を払い続けたハーディの遺徳を偲び、日本に「ハーディ記念学校」を創立することを企画し始めた。だが、これもまた新島にとっては、由々しき事態であった。

彼にとっては同志社とは「別途ニ」学校を創るよりも、その資金を「ハーディ記念基金」として同志社に寄付してもらう方が、はるかに願わしかった。少なくとも十万ドルとも言われたその基金が入手できれば、新島は「ハーディ記念ホール」、あるいは「ハーディ記念チャペル」を新築したい、と考えた。新島はこの主張を、まずN・G・クラーク（アメリカン・ボード総主事）に手紙（一八八七年十二月二十七日付）でぶつけた。ハーディ夫人にもこの手紙を見せてほしい、との付言も忘れなかった（『新島襄全集』六、三一八～三一九頁）。

クラークに手紙を出した一週間後（十一月二十三日である）、新島はハーディ夫人にも直接訴えるためにペンを走らせた。手紙の内容は、先のクラーク宛とほぼ同文である（同前八、四一七頁）。同志社とは別個にハーディを記念するキリスト教学校を建てる案は、同志社にとってはまさに死活問題である。ハーディの「息子」たる新島の立場は、失なわれてしまう。

そこで彼はクラークを通してアメリカン・ボードに、そしてハーディ夫人とシアーズというハーディ家の人たちを動かして、アンドーヴァー神学校にも圧力をかけて、懸命の説得を試みた。

これが功を奏したのか、あるいはボストンの側に新たな展開が見られたためか、ハーディ記念学校は結局、実現にはいたらなかった。それにしても、こういう場合もまた、シアーズは新島にとっては強力な同志であった。

② 京都発、一八八七年一一月二七日付

N・G・クラークやハーディ夫人に別個に送っただけでは、不安が収まらず、効果もあがらないとみてとったのか、新島はハーディ夫人へ手紙を出したわずか四日後に、今度はシアーズにも手紙を送る。新島遺品庫には同じ手紙の二種の草稿（分類番号・下二二八〇）が残されている。清書されてはいるものも、最初の一枚目が読める程度である。そのためか『新島襄全集』（第六巻）には全文が未収録である。ここでは冒頭の部分を訳しておきたい。

「京都、一八八七年一一月二七日

親愛なるシアーズさん。

事務的な手紙をお許し下さい。つい最近、ハーディ氏の友人たち何人かが、私たちの学校〔同志社〕とは全く別個に日本に学校を設立し、ハーディ記念学校と命名するために基金を設けようと

意図されていることを聞いて、大いに〔うれしく思います、を消して〕心穏やかではありません。氏は晩年、日本に大変大きな関心を注がれましたから、友人たちが氏の名前をこの日本で後世に伝えようとされることは、実にすばらしいことだと思います。

けれども、私たちの学校とはまったく別個に学校を設立することには、疑問を感じます。氏の名前はなんとしても私たち〔同志社〕と共にあるべきだと思います。それゆえ、私は前の船便で〔N・G・〕クラーク博士には率直な手紙を、そしてハーディ夫人には急ぎの手紙を出しました。今回の船便では、ハーディ夫人にさらに長文で詳細な手紙を再度書きました。

ぜひともこれらの手紙を読んでいただくよう切望いたします。もちろん、ハーディ夫人は喜んで見せて下さると思います。お読みいただければ、なぜ私の心が穏やかでないのか、なぜ私が博士や夫人にあれほど率直に要求しているのか、がお分かりいただけると思います。

熟慮の挙句、今回のケースをあなたにお伝えしたい、との結論に達しました。どのみちあなたのお耳に入ることですから。ここに述べた事態は、アンドーヴァー〔神学校〕の人たちが起したものです。彼らはハーディが自分たちにしてくれたすべてのことに大変感謝しているのは、間違いありませんし、氏が晩年にどんなに日本に強い関心を抱いていたかも熟知しているはずです。あえて言えば、彼らがなぜ私たちの学校とは別に学校を発足させようとするのか、あなたもご存知のはずです。

二、三年前に彼らが神学校から□□□□□〔数名の立派な、という言葉が消してあるが、書き直された文言は判読不能〕を外国に〔宣教師として〕派遣しようとしましたが、アメリカン・ボードから全員が拒否されました。〔ある派の、が消されて〕死後の救い（future probation）に関する神学問題が原因でした。〔以下、判読不能〕〕。

第五章　S・H・テイラー

フィリップス・アカデミー校長

フィリップス・アカデミーに在学中、新島襄がもっとも感化を受けた学校スタッフをひとり、挙げるとすると、校長のS・H・テイラー（S. H. Taylor）であろう。ちなみに、新島の周辺にはテイラーと言う名の人物が数人いるので、紛らわしい。

そこで、彼の略歴を紹介する。一八〇七年にニューハンプシャーで誕生。ダートマウス大学を卒業後、A・B（一八三二年）A・M（一八三五年）の学位を取得する。その後、一八三七年にアンドーヴァー神学校を卒業するので、新島の先輩に当たる。

ついで、ダートマウス大学の講師を経て、一八三七年にフィリップス・アカデミーの校長に就任した。一八七一年に同地（アンドーヴァー）で永眠するまで、三十四年間、その職責を果たす。

同校は彼のもとで着実な実績を挙げ、高い評価を勝ち得た。その結果、国内でもっとも優秀な進学校のひとつに数えられるに至った。その働きが認められ、テイラー校長は、一八五四年にブラウン大学から名誉学位を授与される。

テイラーは、教育者であるばかりか、自身、古典語を専攻する学究でもあった。主要著作としては、*Method of Classical Study*（一八六一年）、*Classical Study: Its Value Illustrated by Extracts from the Writings of Eminent Scholars*（一八七〇年）の二点が知られている（*Biographical Dictionary of American Educators*, Vol. 3, Green Press, 1978）。

教育者としての特色については、井上勝也『新島襄　人と思想』（一三六～一三七頁）に記述がある。それによれば、彼は三十歳という若さで校長に就任して以来、長きにわたって校長職に留まることができたのは、手腕と人望の両方に恵まれたからである。ただ、その教育方針は、一貫して保守的であった。キリスト教主義教育の中軸は、礼拝と聖書研究にある、と固く確信した。その点は、当時の学則にも盛り込まれている。

「アカデミーのメンバーは、〔隣接する〕神学校の教会〔アンドーヴァー神学校教会〕に毎日曜日、定期的に出席しなければならない。同時に、アカデミー内の毎週日曜の朝の聖書研究会に出席することも同様である」（*Catalogue of Phillips Academy, Andover, Mass., June, 1868*, p.22）。

日曜以外の礼拝や集会も、同じく大切にされた。そうした宗教活動の中軸にいたのが、校長である。彼はニューイングランド特有のピューリタニズムを堅守するために、毎朝の礼拝（出席は義務）がすむと、トランプや喫煙、小説やダンスなどを禁止することを生徒にスピーチするのが、日課であったという。カリキュラムにしても、自身が古典語の専門家であるため、ギリシャ語やラテン語を偏重する姿勢を終生、崩さなかった。

アンクル・サム帝国での反乱

頑固一徹な姿勢は、それだけではない。もともと彼は、変化を極端に嫌った。彼が校長を辞めた頃（一八七一年）の学園と、彼が校長に就いた頃（一八三八年）の学園は、ほとんど同じであった、とさえ言われる（F. S. Allis, Jr. *A Bicentennial History of Phillips Academy, Andover*, p.189, Phillips Academy, 1979）。

まるで「鉄の手」で独裁的に学校を動かすようなテイラーは、「アンクル・サム」の異名を取る。テイラー校長時代の学校は、「彼がフィリップス・アカデミーだった」と言われるほどの専制を敷いた。その実力と人気からして、ラグビースクールのアーノルド校長（T. Arnold）に例えられたりもした（ibid. pp.188〜199）。

そのため、最晩年には、あまりにも保守的すぎる信仰や教育の姿勢に対して、周辺から批判を浴びせられ、摩擦が生じるようになった。とりわけ、一八六七年に起きた事件が有名である。卒業間近の生徒たち（新島のクラス）の過半の生徒（四十二人中、二十四人）が、隣町へサーカス見物に行った。行ってみるとサーカスはなかったので、ホテルで夕食をとって帰寮した。これが校長によって処罰の対象となり、全員が退学になった。この事件は、過酷な処罰に走る校長への反発が、影の要因となった、と推測されている（『新島襄　人と思想』一三五〜一三七頁）。

校長は、時代に取り残され始めた。「彼の名声は、時の移り変わりとともに損なわれ出したと思われる。彼の極端な保守主義や教育面の厳格さ、しつけの方法は、今日の教育的な信念とはまったく異質のものであったから」とされる（*A Bicentennial History of Phillips Academy, Andover*, p.188）。

この事件は、生徒たちがテイラー校長に刃向って起こした最後の「反乱」であった。ここに来て、厳格な教育方針も、ようやく揺らぎ始めた。これぞ、「アンクル・サム王国」終焉の始まりである。以後、これが転機となって、教育方針やスタッフ、カリキュラムなどの面で、種々の改革が進められるようになった。

新島の良き理解者

ニューイングランドの名門アカデミー（プレップスクール）に

は、「名物」校長がつきものである。ディアフィールド・アカデミー（Deerfield Academy, MA）のボイドン（F. L. Boyden）校長など、さしずめその典型である。アーモスト大学を卒業し、二十二歳で校長に就任して以来、数十年にわたって同校校長を務めた。その間、校長は巨大な権限を有する。たとえば、入学試験である。「デアフィールドへの入学選考は、伝統的に大部分が主観的な方法で行われてきた。校長が長年、ほとんど全ての志願者に個人面接に来るように求め、彼自身の印象に頼って、判断してきたためである。彼が少年を気に入れば入学を許し、それから両親にどれだけ払えるかを聞いた」（J・マクフィー〔J.McPhee〕著・藤倉皓一郎《こういちろう》訳『ボイドン校長物語――アメリカン・プレップスクールの名物校長伝』六二頁、ナカニシ出版、二〇一四年）。

独裁者、暴君と批判されるテイラー校長も、同じ型の校長であったと思われる。しかし、こと新島にとっては良き指導者であった。新島が変則的な時期に、変則的な方法で入学を許されたのも、同じような事情からではなかったか。校長は、「名物」校長の通例として、ひとりひとりの生徒の世話をやく。したがって、たとえ新島にクラス担任（不明）がいたとしても、校長はそれ以上に新島に目をかけた。

しかも、新島の場合は、その背景も特殊であった。同じキャンパス（しかも隣り同士）に住むE・A・パーク教授（アンドーヴァー神学校）の存在も、無視できない。校長と教授は共に厚い信頼で結ばれた親友であった。彼らの誼《よしみ》が、新島にとっていかに幸いしたかについては、後述する（本書九二頁）。

いまひとつの背景は、テイラーとA・ハーディとの「親密な関係」である（『新島襄　人と思想』六五頁）。あまり知られていない事実であるが、実はハーディは当時、フィリップス・アカデミーの理事長であった（*An Old New England School*, p.315. *Academy Hill The Andover Campus, 1778 to the present*, p.71）。そのハーディからのたっての要請を受け容れて、校長は新島を同校に入学させたという経緯がある。

入学時期（一八六五年十月三十一日）にしても、あまりにも変則的で、中途半端すぎる。なぜなら、学則では、新学期（秋学期）は八月三十日に始まり、十一月二十八日に終わる。その後、二週間の休暇を挟んで、冬学期が始まる。編入にしても、「古典クラス」では、編入希望者にそれなりの実力があると認められた場合は、いつでも入学が可能であった。しかし、新島が入った「英語クラス」では、そうした扱いはない（*Catalogue of Phillips Academy, Andover, Mass. July, 1866*, pp.20, 24）。

したがって、テイラーにとっては、新島は理事長から特に受け入れを懇請された特別の生徒、すなわち「理事長の息子」である。学期（年度）の途中ではあるが、特例として――あるいは、ボイドン流に「主観的な方法で」――入学を許可したはずである。それを窺わせてくれるエピソードが、ふたつある。ひとつは、新島の通学方法に関するもの、いまひとつは、成績通知である。

この学校は全寮制を敷くために、原則から言えば新島も入寮するのが当然であった。しかし、「外国人としていろんな困難にでくわすこともあろうかと考えて、〔養父たるべき〕ハーディ氏は、この高等学校の校長であるサミュエル・H・テイラー博士に相談して、個人の家庭に下宿させることにした」（『新島襄全集』一〇、五七頁、傍点は本井）。ハーディと校長との協議により、ヒデュン家にホームステイさせる話が、特例的に成立したというわけである。

いまひとつのエピソードは、最初の学期（と言っても、途中編入であるので、在籍期間は二か月を切る）が終わった時点で、ヒデュン家の女主人がハーディに宛てた手紙に出て来る。

「お言葉から察しますと、彼〔新島〕をこちらの学校にお入れになったことは、ちょっとした実験だったようでございます。あなたはきっとテイラー博士から、彼の成績について通知を受けていらっしゃることと存じます」（同前一〇、五九頁）。

クラス担任同然の配慮を校長自身が行なっている。他校の「名物」校長の場合も、同様の対応をしたと思われるので、これはなにも新島だけを特別視したケースではない。それでも校長の誠実な対応は、ハーディをさぞかし満足させたことであろう。翌年、新島が課業を「修了」（時間的にも能力的にも、「卒業」はどだい無理であろう）したときも、テイラーは、新島の努力をよく認めている。

「アンドーヴァー〔のフィリップス・アカデミー〕での彼〔新島〕の時間は、英語、自然科学、数学の勉強にささげられた。高等学校を卒業〔修了〕するにさいして、テイラー博士は新島について、『彼はやるべきことを立派にやり通した』と書いている」（同前一〇、五八頁）。校長としては、理事長からの大事な「預かりもの」から解放されたような気分となり、さぞかしほっとしたことであろう。

身近かな教師

一方、新島の側の反応であるが、入学当初から校長の姿勢や配慮に感激している。新島は、入学して四か月が経過した時点で、江戸の父（新島民治）にこう書き送っている。

「人々小子を愛敬し、大学校の頭取、聖学校の教師に至る迄も、小子を深切〔親切〕に取扱、路上に出逢候ハヽ、手を握り（此国の礼なり）、今日は如何御座ある哉、と丁寧に挨拶いたし呉候」（同前三、三五頁）。

ここにある「大学校の頭取」が、テイラー校長である。校長は、キャンパスで新島に会うと、握手し、How are you? と声をかけてくれる。こうした親切で鄭重な取り扱いに、新島はいたく感動した。実名こそ出してはいないものの、最初に名前を挙げているところに、校長との交わりの深さが窺える。

当時、新島が保有していたサイン帳（二冊）にも、校長のサインが見られる。一冊はフィリップス・アカデミーが、もう一冊は同志社（新島遺品庫）が所蔵する。両方にサインをしているのは、テイラー校長だけである。

まず、前者のサイン帳であるが、一八六七年（アンドーヴァー）から翌年（アーモスト）にかけて、周辺の人たちに名前、出身地、好きな聖句、記入年月日を書き込んでもらったもので、四十余名の名前が並ぶ。テイラー校長のサインは、まっさきに登場する。日付（一八六七年一月四日）と居住地（アンドーヴァー）の外に、Very truly yours. の一句が書き添えられている。この文言に、校長の新島観が、はからずも窺える。

後者のサイン帳でトップを占めるのは、A・ハーディである。テイラーのサインは、中程に見られる。実は新島は、こちらのサイン帳には、テイラーに二度にわたって、サインを求めている。敬愛振りが窺える。

テイラー校長の最期は、突然であった。キャンパス内で急死した。新島は神学校に進学するために、アンドーヴァーに一時的に復帰していた時であったので、リアルタイムに恩師の急死を体験できた。その旨を一八七一年一月二十九日の手紙で、新島はハーディに急報した。

「〔日本から飛び込んできた祖父、弁治の死の知らせのほかに〕もうひとつ、悲しいお知らせがあります。私たちの愛する友、サムエル・テイラー博士の死です。〔キャンパス内の校長住宅から〕朝の祈祷会〔校長主催のバイブル・クラス〕に行こうとして、アカデミーホールで突然、亡くなられました。

私たちの魂にとっては、すべて悲しいこれらの場を、主が浄《きよ》めてくださるように祈ります。葬儀は次の火曜日です。奥さま〔ハーディ夫人〕とごいっしょに参列されると思いますので、お二人にお会いできるのを楽しみにしております」（同前六、八〇頁。同前一〇、三八七頁）。

新島は、異国の高校で自分を親身になって受け容れてくれた校長の突然の死に、驚くだけでなく、悲嘆にくれたことであろう。

二月二日の火曜日に神学校チャペルで行なわれた葬儀には、新島も参列した。生徒を始め、参列者は満堂に溢れた。J・L・テイラー教授（神学校）が聖書を朗読し、パーク教授（神学校）が感動的な式辞を述べた。式後、棺はすぐ近くのキャンパス墓地に埋葬された。参列者は現場まで行列を組んで、棺に付き添った。新島もそのひとりであったと思われる。

後日、石碑が立てられたが、墓碑銘はパークが撰文した（*An Old New England School*, pp.264～265）。死後、ただちに追悼集が編まれたが、回想を寄せた三人のうち二人は、パーク、J・L・テイラーである（*A Memorial of Samuel Harvey Taylor*, Warren F. Draper, Andover, 1871）。同書は、E・テイラーが新島に届けてくれた（『新島襄全集』八、七三頁）。

ちなみに、テイラーを葬儀で見送ったパーク自身、死後には亡き校長の墓の隣りに眠ることになるのは、奇しきことである。新島死後のことなので、新島はパークの墓を知らない。

第六章　J・H・シーリー

アーモスト大学の看板教授

J・H・シーリー（J. H. Seelye）と新島襄の師弟間交遊に関しては、すでに、井上勝也『新島襄　人と思想』（六一〜七八頁、晃洋書房、一九九〇年）、ならびに北垣宗治氏の解説（『新島襄全集』六、四一六〜四一八頁）であらかた紹介されている。それらを参考に、補足を加えながら、両者の交流をあらためて取り上げてみたい。

新島がアーモスト大学で学んだ三年間、もっとも感化を受けた教員は、シーリーである。当時から、同大の看板教授であった。養父のハーディが、旧知のシーリーに新島の世話を依頼してくれたので、新島がアーモストに初めて単身で行った際、駅で新島を出迎えたのは、誰あろう、シーリーその人であった。「旧知のように迎えてくださった」と新島は感激している（『新島襄全集』六、二〇頁）。初対面のおりの温かい印象は、その後もけっして変わることはなかった。

シーリーは、新島が帰国してから、同大学の学長に就任した。シーリー学長の配慮で新島は名誉博士号を授与されたが、これは日本人初のことである。ふたりの師弟関係は、新島の永眠まで続いた。

シーリーは、アーモスト大学からアンドーヴァー神学校に進んだので、経歴の点でも、新島の先輩に当たる。さらに、オーバーン神学校にも学んでいる。同校ではN・G・クラーク（アメリカン・ボード総主事）と同級となり、相互に親友となった。卒業後、ドイツに渡り、研修を深めた点でも、軌を一にしている。シーリーといい、クラークといい、共通して新島のよき支援者となったのも、奇遇である。

シーリーの専門は哲学で、ニューヨーク州で五年間、牧師生活を経験した後、一八五八年からは母校のアーモスト大学で哲学の教授を務めた（『新島襄全集』六、四一六頁）。より具体的に言えば、一八七六年に学長に選出されるまで、十八年間にわたって、道徳哲学、ならびに形而上学を教えた（O・ケーリー〔O. Cary, Jr.〕「アーモストのシーリーと内村鑑三」一五八頁、鈴木俊郎編

『回想の内村鑑三』、岩波書店、一九六二年)。

新島は、アーモスト大学に入る前から、シーリーの授業を受講することを望んでいた。大学入学前に、E・フリント・ジュニアがシーリーに宛てた新島の紹介状には、こうある。「彼は先生のご指導のもとに心理学(Mental Philosophy)と道徳哲学(Moral Philosophy)を学びたいと強く希望しております」(『新島襄全集』一〇、七九頁、『新島襄　人と思想』一三八頁)。

哲学をめぐって

けれども、アーモスト大学では、新島はシーリーの授業を結局とらなかった。新島は、哲学的な思弁や形而上学的な論争・抽象論を不得手とするので(『新島襄全集』一〇、八二頁)、あるいは避けたのかもしれない。しかし、新島としては、哲学以上のものをシーリーの人格から学ぶことができた。

人学を卒業した直後に、新島がシーリー夫妻に出した礼状で、新島は次のような感謝を伝えている。「私は先生の元で哲学を学ぶことはありませんでした。けれども、実に長い間、お傍にいることで、ある程度、先生の信仰深い人格とキリスト教的な愛を学ぶことができたのは、実に大きな特権でした」(同前六、七五頁)。

この時、新島は自分の苦手意識をシーリーに伝えたようである。新島がアンドーヴァー神学校への入学を前に不安を表明したのに対して、シーリーは、勉学のやり方や進路について手紙でこう助言をしている。

「哲学や論理学の知識が不足していることに失望してはなりません。神は人間の教師の誰よりも、何があなたに最善なのか、ご存知なのです。そして神はご自身、選ばれた方法でこれまであなたの歩みを導いてこられました。じょじょにその理由も分かるようになり、神にそのことを感謝するでしょう」。

新島のそうした性向を熟知するシーリーは、神学校ではテイラー教授(J. L. Taylor であろう)の指導を受けるように、と勧めている(J. H. Seelye to Joseph Neesima, Sep. 21, 1870, Amherst College)。

類まれな人格者

シーリーの魅力は、哲学者としての資質の高さだけではない。むしろ、類まれな人格者として定評を得ていた点にある。新島の教え子、小崎弘道がシーリーの講演集(*The Way, the Truth, and the Life*, 1873, Congregational Publishing Society, 1873)を翻訳、出版した際、新島は序文を寄せた。その中に、次の一文がある。

「一生徒ノ〔シーリー〕先生ニ向ッテ片言隻語《せきご》ノ不平ヲ鳴ラセシ者ナク、且《かつ》先生ノ名望ヲ慕ヒ、千里ヲ遠シトセスシテ、笈《きゅう》ヲ此校ニ負ヒ、其薫陶ヲ望ム者、陸続踵《きびす》ヲ接シタリ。嗚呼《ああ》、先生ノ如キハ、啻《ただ》ニ学識ニ富ミ、教育ノ術ニ達セルノミナラス、其徳望ノ高クシテ、其品行ノ正シキ、其容貌ノ偉ニシテ、其言論ノ簡ナル、一見、人ヲシテ其風ヲ仰キ、其人トナリヲ賛歎《さんたん》シテ、措カザラシム。豈《あに》希代《きたい》ノ碩学《せきがく》ト謂《い》ハザルベケンヤ」（『新島襄全集』一、四五七頁）。

新島の紹介でアーモスト大学に入学した内村鑑三が、シーリーに対してだけは、完全に、と言ってもいいくらい脱帽していたことは、よく知られた事実である。初対面から二日後に新島にその様子を知らせた手紙には、こうある。「〔アメリカ〕国内の各地を彷徨《さまよ》ったあげく、一昨日ついに当地〔アーモスト〕に辿りつきました。ここは、神が私のために備えて下さり、〔新島〕先生の手引きによって来ることができた場所です。シーリー学長は、ことのほか私に親切な方であることが、分かりました」（『内村鑑三全集』三六、二〇二頁）。以後、内村が終生、シーリーを慕っていた秘話は、以前に紹介済である（拙著『新島襄と明治のキリスト者たち』三五〇〜三五一頁）。

家族ぐるみで新島を歓待

シーリー家は、家族ぐるみで新島を受け容れた。新島は、アーモスト大学では寮生活を送ったが、休暇や病気の時の滞在先（いわばホームステイ先）は、シーリー宅であった。もっとも長い滞在は、六週間に及んだ（『新島襄　人と思想』五三頁）。

シーリーは、在学中の新島を公私にわたって世話をした。「家族同一視ノ眷顧《けんこ》ヲ蒙リタレバ」と新島自身が回想する通りである（『新島襄全集』一、四五八頁）。

卒業した新島に対しても、「わが家」への里帰りを勧めている。「私たちの家は、いつもあなたにとってはわが家のひとつであることを忘れないでください。どんな時でも歓迎します」（J. H. Seelye to J. H. Neesima, Aug. 12, 1885, Amherst）。

シーリーその人に関して新島は、「シーリー教授は、これまで会った人のなかでは、実に篤実な信仰者（a most godly man）です」と称賛している。シーリー夫人も、新島にとっては「アメリカの母」のひとりであった。

子どもは四人（男ひとり、女三人）であった（『新島襄全集』六、四一六頁）。名前は、上から順にAnna (Emerson), Mabel (Bixler), Elizabeth (Bixler), William である（*Amherst College Biographical Record of the Graduates and Non-graduates,* Centennial Edition 1871~1921, p.77, The Trustees of Amherst College, 1939）。

このうち、当時の新島の手紙には「男児ひとりに女児ふたり」だけが登場する（『新島襄全集』六、二〇頁）。三女はまだ生まれていなかったからである。三人の子どもたちは、異国生活を送る新島には、家族の暖かさと和らぎを味わわせてくれる貴重な存在であった（シーリー家の家系については、礒英夫「研究発表レジュメ」、同志社新島研究会、二〇一五年八月八日、を参照）。

アーモスト大学を卒業する直前に、旅先からシーリー夫人に送った手紙（一八七〇年四月十九日）からは、新島がシーリー家に対して抱いている想いが、ストレートに伝わってくる。これほどアットホームな雰囲気を帯びた手紙は、ほかにはない。

「お別れして以来、しばしば貴女のことを思い出しています。お宅で楽しかったことすべてが、蘇ってきます。病気の際には、なんと優しい愛情を表わして、心のこもった面倒を見てくださったことか。冷たいアイスクリーム、とっておきのビーフスティック、そしてオイスタースープが、どんなにおいしかったことか。

毎週日曜日の夕方、貴女とお子さまたちが歌う可愛い歌の数々を聞くのが、どれほどうれしかったことか。私がゲームに勝った時に、ウイリー〔坊や〕が顔を紅潮させるのを見るのは、なんとも愉快な光景でした。〔お嬢さんの〕ベッシーとアニーが、私を誘うために私の部屋にやって来る時、どんなに優しく、可愛いく見えたことか。

すべてのことが私には実に楽しく、愉快に思えます。まるできれいに描かれた絵が、ちょうど私の目の前に掛けられているかのようです。貴女と先生が私にしてくださったことに、いつも感謝をしております。私の精神が健在である限り、いつまでも記憶に残すつもりです」（『新島襄全集』六、七四頁）。

この手紙の一節は、新島にとってシーリー家が、典型的なクリスチャン・ホームであり、まるで「実家」のような存在であったことを十分に窺わせてくれる。

新島にとって子どもを相手にする時は、自分を取り戻せる貴重な機会となったはずである。子どもたちとの交わりは、精神的な「救い」であったと思われる。同家の一家に囲まれて過ごす時間は、ほかでは得難い「癒しの時」であった。

アーモスト大学を卒業して半年後の手紙にも、同様の消息と感慨が記されている。弟の双六《そうろく》へ出した手紙（一八七一年二月十一日）である。

「『アーモスト』大学校之教師、ジューリヨス・エッチ・シーレと〔申〕者、甚心切〔親切〕なる人ニし而《て》、乃兄《だいけい》は万里の客なるを憐、自身之家へ引取り、厚《あつ》く加養し呉、且書生輩も日を夜に継き、甚丁寧ニ加養し呉候故、何一つの不自由も無之、実に王公〔王侯〕も是ニ過まし、と存る計なり。

扨《さて》、此シーレと申者は、当国ニ於《おい》而《て》、甚高名なる学者ニし而、小生を甚丁寧ニ取扱へり。乃兄修業中も七日目ニ一度ツヽ彼先生之宅へ午餐、或は晩餐ニ呼《よば》れ、先生之子供モ、乃兄彼らの兄弟同様ニ取扱呉候」（同前三、八五頁）。

新島が帰国する直前、按手礼を受けて正規の牧師資格を得る式典では、シーリーは、記念説教というもっとも重要な役割を受け持った（同前一〇、一八六頁）。

シーリーは、新島が帰国後、母校のアーモスト大学の学長に就任したが、その在任中の働きのひとつが、新島への名誉博士号（LL. D.）の授与（一八八九年）である。同級生（一八七〇年クラス）の中で、学位を受けた者は六人（D. D. が三人、Ph. D. が一人、LL. D. が二人）いるが、新島への授与がもっとも早い

(*Amherst College Biographical Record of the Graduates and Non-graduates*, p.842)。

シーリーが、新島の顕彰に果たした挿話は、ほかにもある。新島が帰国する際、ある人から新島の人となりを尋ねられたシーリーは、「金にはメッキは不要」と回答したという（『新島襄全集』一〇、八二頁）。

さらに、新島の卒業後、アーモストの在学生はシーリーから新島のことをよく聞いたという。そのひとり、ニューエル（H. B. Newell, 一八八三年クラス）は、「〔新島〕先生と信愛深かりしアーモスト大学シーリー校長〔学長〕より、幾度となく〔新島〕先生の平生を悉《かたじけな》くし、やがて私が日本〔新潟、松山、同志社理事ほか〕へ参る導きとなりました」と告白している（拙著『アメリカン・ボード二〇〇年』四三三頁、思文閣出版、二〇一〇年）。

シーリーの記憶力

来日前に新島の消息をシーリーから聞き出したニューエルが、シーリーに関する愉快な挿話を書き残している。ニューエルが、大学卒業後の一八八七年に、四年ぶりに母校を訪れ、卒業式を見学した時のエピソードである。

なぜか、彼の風貌は、四年間でみごとな変貌を遂げていた。かつてのふさふさした髪の毛は、いまや半分抜け落ちていた有様(semi-baldness)であった。バランスをとるために立派な口ひげをはやした。眼鏡もかけた。あまりの変身振りに、かつての級友は、誰ひとりニューエルだとは、気がつかなかった。例外は、クラーク学長である。

「学長主催の歓迎会の日がやってきた。私は数千の群集の群れに混じって、学長と相互に挨拶を交わすために列に並んだ。学長は、昔の卒業生たちと握手をしながら、それぞれの名前を口にされたが、間違いは、ほとんどなかった。

けれども、私の番の時は、躊躇された。私の手を握りながら、一分間、何の言葉も発せられなかった。学長はおそらく私を知らなかったに違いない、としか思えなかった。

依然として握手をしたまま、そして行列を中断させながら、学長は言われた。『ちょっと待って！　ちょっと待てよ！『間違っていなければ、君はホレーショ・Bだ』と」（Autobiography of Rev. Horatio Bannister Newell, D. D. 1861〜1943, p.32, unpublished manuscript)。

シーリーの記憶力が抜群なのは、先に学んだO・ケーリにも証言がある。自分が教えた学生の名前は、すべて覚えていたという。彼は、説教をする時も、メモを一切見なかった。シェイクスピアやプラトンからも、自由に引用できた（北垣宗治「オーティス・ケーリの自伝」一一三頁、『キリスト教社会問題研究』五六）。新島が同志社で、教え子たちの名前をよく覚えていたのは、あるいは、恩師のこうした習性が、記憶にあったからかも知れない。

ニューエルから見ても、シーリーは比類ない教育者であった。

「私自身、例外なくこう断言できる。シーリー学長は、私がかつて個人的に接触した人の中では、最も偉大な人である」と（Autobiography of Rev. Horatio Bannister Newell, D. D. 1861～1943, p.32.）。

　この点は、ケーリもまったく同様である。自分の神学や思想の基盤は、シーリーの授業から得られた、と証言する（「オーティス・ケーリの自伝」一一三頁）。

リベラル・アーツ教育の実践

　シーリーが学長として大学に貢献した一事は、リベラル・アーツ・カレッジとしてのアーモスト大学の伝統を守り抜こうとしたことである。

　「アマスト〔アーモスト〕・カレッジは、カレッジであって、ユニヴァシティではなかった。シーリーによれば、ユニヴァシティの機能は研究の促進、真理の探究であり、カレッジの本来の目的は、人格の啓発、教養と訓練であった。

　アメリカの教育者たちが、ヨーロッパのユニヴァシティを意識するようになっていた時に、彼は両者の区別を明確にした。彼のこの考えは、アマストにおいて、長く承認されていた」（鈴木俊郎『内村鑑三伝――米国留学まで』六六五頁、岩波書店、一九八六年）。

　シーリーはドイツの大学（ユニバーシティ型が主流）に学んだ経験があるので、それとは異質のやり方、すなわちリサーチ（研究、調査）よりもティーチング（人間形成）を優先するカレッジ型の大学に重きをおいた。彼の言葉を引けば、「教育は全面的にパーソナルな仕事である。書物のみから出るのでもなければ、教訓からのみから出るものでもない。それは、生きた教師の生きたインスピレーション以外の何物からも出てこない」というのが、彼の信念であった。彼にとっては、リベラル・アーツ・カレッジでは、人格の陶冶こそ先で、高遠で専門的な学問研究は次に来るものであった。

　だからと言って、シーリーはリサーチそのものに反対したわけではない。ただ、「純然たるユニヴァシティに発展させないでおきたかった」という。現状では、アーモストは少人数教育にこだわり、一般のユニバーシティに負けないほどの学者や研究者も揃えている（「アーモストのシーリーと内村鑑三」一六〇頁）。

　アーモスト大学の創立は、（アンドーヴァー神学校ほど強烈ではなかったとは言え）会衆派からユニテリアンに傾斜したハーバード大学（いわゆる「ハーバードの背教」）への対抗心と警戒心が、起因となった。シーリーもその点を意識して、こう公言する。

　「アマスト・カレッジは、ハーヴァード・カレッジが為すことに失敗した事業を為すために設立された。そして、今にいたるまでのその全歴史を通じて、州（マサチュセッツ）と国に対するその支配力は、実にわれわれが最高の学問を求めると同時に、またわれわれが、キリスト教信仰をその首石として隅石とすることを求める」(『内村鑑三伝——米国留学まで』六六九頁)。

シーリーにとっては、クリスチャン・ジェントルマンの養成こそが、カレッジの主たる目的であった。それがリベラル・アーツ・カレッジとしてのアーモストの真骨頂であった。「自由教育」そのものが主眼であった。自由を尊重する点で、シーリーは人後に落ちなかった。新島は、説教で「米国ノ鴻儒《こうじゅ》シーレ曰《いわく》、キリスト教ノ世ニ出シ時、自由ト〔イフ〕事カ世ニ出タリ」とよく説いた(『新島襄全集』二、一八五頁、傍点は原文)。

カレッジが、リベラル・アーツを目指さず、実際的で職業的な学問に傾けば、カレッジが本来目指すべき「教養と訓練」が疎かにされる。このようにカレッジとユニバーシティを峻別することは、新島の大学観やリベラル・アーツ教育論を論じる場合には、欠かせない視点である。この点は、拙稿「カレッジとユニバーシティ」(拙著『魂の指定席』所収)や、同「リベラル・アーツ教育の狙い」(拙著『元祖リベラリスト』所収)で分析を試みたので、参照いただきたい。

全米のリベラル・アーツ・カレッジで、いまもトップ級を占め続けるアーモスト大学では、人格の育成を第一の主眼とする。そのため、新島在学中のアーモストでも、カレッジ生活の主軸をチャペルに置いた。礼拝出席は強制であった。もちろんシーリーも、講壇からひたすら説教した(『内村鑑三伝——米国留学まで』六六八〜六六九頁)。彼の説教を聞いた内村鑑三は、こう回顧する。

「総長先生〔シーリー〕自身にまさって余を感化し、変化させたものはなかった。彼がチャペルで起立し、讃美歌を指示し、聖書を朗読し、そして祈ることで十分であった。余は、尊敬すべき人を一目見るというただ一つの目的のためにも、けっして余のチャペルを『カットした』(すなわち欠席した)ことはなかった。彼は神を、聖書を、そしてすべてのことを成就する祈りの力を信じた。

あの聖なる人が祈っているときに、自分たちのラテン語のレッスンを勉強したあの無邪気な連中は、天国に行って彼らの行為を悔いるであろうと思う。余には、一日の戦闘に備えるために彼の澄んだ響きわたる声にまさる何ものをも、必要としなかった」(同前、六六五頁)。

シーリーもまた、新島を信頼した。二度目の渡米のさい、新島はシーリー学長に後進の受け入れを要請した。シーリーは、その願いを聞き入れ、ラテン語、ギリシャ語、数学を習得した学生中、新島の推薦があれば、六人までは受け入れてもいい、と回答した(『新島襄全集』七、二一七頁)。その恩恵に浴した典型こそ、内村鑑三であった。

内村が、新島と同様にシーリーに心底から私淑したことは有名である(『新島襄と明治のキリスト者たち』三四九頁以下を参照)。ただし、ふたりが接触したシーリーには十五年の差異があった。

「新島がシーリーから学んだ頃、シーリーは丁度四十代に入って本働きに入る前だったが、十五年のちに内村が習った頃には、彼は学識、人格ともに円熟の域に達していたのであった」。

シーリーの円熟性を強調するケーリは、「オリンピアン」(olympian, オリンポスの神々のように堂々とした，威厳のある)という用語を使って、十五年の差をこう叙述する。

「彼は簡単には近付きにくい人だったが、人格の暖かさから来る親しさは、誰にでも通じた。オリンピアンな人格の持ち主だったということは、今〔一九五〇年代〕でもアーモスト大学に残されている話である。

内村は、新島の紹介状を持って、はじめて会いに行ったときから、非常な暖かさを感じたと書いているが、もう一つシーリーに尊敬を抱いた理由は、このオリンピアンな大きさであったろう。肖像を見ればわかることだが、シーリーの額の広さが示しているように、その精神や理知の大きさにひとは印象を與えられた。十九世紀の後半にアーモストに出入したどの人も、シーリーを忘れることができなかったという」(「アーモストのシーリーと内村鑑三」一五七～一五八頁)。

日本訪問

シーリーは一度だけではあるが、来日したことがある。一八七二年夏のことで、インドへの講演旅行の帰りに、横浜に立ち寄った。日本人教会(横浜海岸公会)の礼拝に出席し、短く挨拶をした。その場にいた植村正久は、その時の消息を次のように回想している。

「〔シーリーは〕或る日曜日の礼拝に参列して、簡単乍ら一場の演説をした。J・H・バラ〔J. H. Ballagh〕の通訳であった。通訳者は彼に付て、此人はジョセフ新島(後に襄)の在学せるアモスト大学の総長〔当時は学長ではなく、教授〕である。印度に行って帰り路だが、中々偉い人だ、と言って紹介した。

余り背の高い人ではなかったが、品の好い、慕はしそうな紳士で、随分、壮健な人のやうに見受けられた。彼が、ウイ・アアル・ブレズレン(吾人は兄弟なり)と冒頭《まへおき》して、信仰の道からすれば、東西も人種も無差別であることを高調し、大学に於ける聖書研究の席に於て、新島襄の提出した質問と其の意見とを紹介し、彼の人物を大いに推賞した」(『植村全集』八、三七四～三七五頁、同刊行会、一九三六年)。

ちなみに、この時、通訳を務めたバラも、新島とはすでに交流があった。新島が日本の家族らと交信する場合、彼はバラの手を借りることがあったからである(拙著『新島襄と明治のキリスト者たち――横浜・築地・熊本・札幌バンドとの交流――』五八頁以下、教文館、二〇一六年、を参照)。シーリーとバラは、共通の知己である新島に関し、横浜でお互いに情報交換ができたはずである。もちろん、シーリーは新島と直接、知り合っているだけに、バラとは比較にならないほどの情報を持っていた。

「海岸教会の人びとは、斯《か》くの如く、新島襄のことを紹介せられた」のである。興味深いのは、当時、横浜にいた安中《あんなか》出身の湯浅治郎も、教会に出入りし、バラから新島と新島家との通信について依頼されたこともあるという。こうした複数の情報筋からの新島情報は、横浜の信徒たちに大きな夢を抱かせた。

「彼の伝奇的《ロマンチック》の洋行談や其後の苦学、又、彼が岩倉〔具視〕、大久保〔利通〕、伊藤〔博文〕等の大使〔岩倉使節団〕一行に重く用ひられた評判等が、如何に彼の価値を昂進《こうしん》せしめたか、実に非常なものであった。海岸教会の人々は、終《つい》に議を決して、之を牧師として招聘することになった」（同前、三七五〜三七六頁、新島を横浜に招聘する件は、『新島襄と明治のキリスト者たち』六三頁以下、七六頁以下で詳述した）。

なお、来日前にシーリーがインドで行なった講演は、翌年、アメリカで出版された（Julius H. Seelye, *The way, the truth, and the life : lectures to educated Hindus, delivered on his late visit to India*, Boston, Congregational Publishing Society, 1873）。

同書は後に小崎弘道によって日本語に訳され、『宗教要論』（東京・十字屋、一八八一年）として、出版された。先述したように序文は、新島が書き下ろした。

さらに、シーリーは新島の父（民治）に会った数少ないアメリカ人である。シーリーは、横浜に立ち寄ったあと、東京に赴き、ユニオン・チャーチの献堂式で説教をした（『新島襄全集』六、一六〇頁）。その前後の八月三十日には、アメリカ公使館（東京麻布・善福寺）で新島民治と面会した。日本人では湯浅治郎が、立ち合った（同前八、一〇五頁）。治郎の立ち合いの件は、湯浅家の伝承にもある（同志社大学アメリカ研究所編『あるリベラリストの回想——湯浅八郎の日本とアメリカ』一七〇頁、日本YMCA同盟出版部、一九七七年）。

なお、シーリーが、来日時に慶応義塾で学校経営や学校教育について助言したことは、『慶応義塾五十年史』（五二九頁、慶応義塾、一九〇七年）に「シーリー、ヒッチコック両教授の来塾」として紹介されている。

「明治六〔一八七三〕年の夏、米国アムヘルスト大学の有名なる倫理学教授、シーリー氏、及び同地質学教授、ヒッチコック〔E. Hitchcock〕氏来塾、其際、学科並に教科書等に付き、注意を受けたることあり」。

外国伝道の目的

シーリーと新島は、ほとんどの場合、意気投合し、自らの職務と事業の発展に協働した。ただし、一点だけ意見の差異があった。ミッション（海外伝道）の領域で教育が占める比重に関して、両者は、所見を異にした。すなわち、新島は教育などをも重視する「文明化」路線であるのに対し、一方のシーリーは、あくまでも純粋な「伝道」路線一本やりであった（『アメリカン・ボード二〇〇年』二四三頁）。

二度目に渡米した時、新島はシーリー家に複数回、宿泊、というより滞在している（『新島襄全集』三、三四〇頁、三四九頁）。数日間、逗留した折のある日、新島はシーリーと交わした談話の一部を手紙に記す。

「シーレ先生ハ、日本ノ伝道ニ非常ノイントレストヲ置ケリ」。

これはシーリーにしては、当然のことである。注目したいのは、それに続く一節である。「又、日本教育上ニハ向来、尽力セラルヘシト楽ミ居候」（同前三、三四〇頁）。これには、多分に社交辞令の要素が入っていると見るべきであろう。

実際、ミッションの最大の使命が、伝道であることは、当然である。しかし、それ以外の、教育、医療、出版、音楽、福祉、社会事業といった分野の働きが、同様に必要なことは、海外に派遣された宣教師が、ひとしく痛感する。

とりわけ、新島は宣教師でありながら、高等教育（同志社）を伝道と並ぶ二大事業と捉えていた。彼は日本の近代化に関して、伝道だけでは効果が薄いと見て、教育事業（とりわけ私立大学の設立）にも精力を傾注した。そのために、時には同僚宣教師やミッション本部から、「伝道軽視」の批判を受けることさえあった。

新島への感化の大きさ

新島は伝道論に関しては、必ずしもシーリーと一致しなかったが、キリスト教の捉え方では、ほぼ全面的にシーリーの見解に従う。説教で持論を展開する時の強力な補強とする。以下、判明する限りでの引用例を列挙してみる。

（一）「シリー氏曰ク。基督教《キリスト》ハ人ノ心ヲ開ク鍵ナリ」（原田健編『原田助《たすく》遺集』三六頁、私家版、一九七一年）。

（二）「米国ノ鴻儒《こうじゅ》シーレ曰《いわく》、キリスト教ノ世ニ出シ時、自由ト〔イフ〕事カ世ニ出タリ」とよく説いた（『新島襄全集』二、一八五頁、傍点は原文）。

（三）「シーレ氏曰。人為ノ宗教　天啓ノ宗教」（同前二、一九三頁）。

（四）「米国ニ有名ナルシーレー先生ト申人アリ。此人、曾《かつて》曰ク。基督教ト他ノ宗教ト異ナル所ハ、要スルニ此一点ニアリ。他ノ宗教ニ於テ、人間ヨリ神ヲ探リテ之《これ》ヲ求ム。基督教ニハ神ノ方ヨリ人ニ顕ハル」（同前一、三三九頁）。

（五）「シーレ氏曰、基督教ニ於テハ、神ヨリ下ッテ人間ヲ求ム、他ノ宗教ニ於テ〔ハ〕、人間ヨリ遡テ神ヲ求ム」（同前二、四六六頁）。

（六）「世界中ノ支那人ホト、虚欺《きょぎ》ヲ云人民ハアルマシト、シーレ氏云ヘルアリ。之レ支那人ノ安息日ヲ守ラ〔ズ〕シテ醸《かも》セル所ノ悪風俗ナリ」（同前一、四二三〜四二六頁）。

（七）「或米国人〔シーリー〕ノ談ニハ、（支那程譌《うそ》ヲ云国ハナシト）」（同前二、四二七頁）。

（八）「シーレ氏、又云ヘルナリ。安息日ヲ守ルノ心機スルトキハ、公明盛大ノ規律ヲ奉スルノ心モ機スヘシ。又曰、開化ノ人民モ真正ノ教ヲ廃スレハ野蛮ニ帰リ、野蛮ノ人民モ真正ノ教ヲ加ヘサレハ、決〔テ〕開化ニ趣カサルベシト」（同前二、四二六頁)。

新島の説教草稿にこれほど頻繁に名前が挙がる識者や神学者は、シーリー以外には見あたらない。シーリーの感化の大きさが、窺える。アンドーヴァー神学校や他の神学校教授の誰もが、敵わないシーリーの独壇場である。

第七章　ミッションの「文明化」派
——C・ハムリン、G・ウォシュバーン、D・ブリス、W・E・ドッジ

海外伝道のふたつの路線

アメリカン・ボードの海外伝道は、一八一三年に数人の宣教師がインドに派遣されたことに始まる。以後、各地に派遣された宣教師たちは自身の経験から、伝道上からも本来の伝道以外の領域にも力を注ぐ必要を痛感し始めた。

こうして教育（特に読み書きや歌唱）を始めとして、医療、出版、福祉、社会事業といった「異業種」における働きが、じょじょに増大するにいたった。いわゆる「文明化」拡大路線である。

これに対して、ミッション本部を始め、純粋な伝道活動を本務とすべきだとする宣教師たちからは、疑問が呈されるのは、自然なことである。こうして海外伝道が盛んになるにつれて、「文明化」路線派と「伝道特化」路線派との間で、論争が展開されるようになった。ある意味、ミッションの歴史は、両者の闘いでもあった（『アメリカン・ボード二〇〇年』二四一〜二四二頁）。

新島は、当初から前者に軸足を置き、伝道活動のかたわら、教育活動、とりわけ私立大学の設立に尽力した。彼の立場は、ミッション内部ではもちろん少数派（非主流派）に属した。論争は、やがて抗争へと発展する。しかし、最終的には、新島が採った路線は、ミッション本部でも追認されることになる。この点は、新島の功績に属する。

ただし、彼だけの功績ではない。実は、新島以前から同様の闘いを戦った先人たちがいた。とりわけトルコ・ミッションの宣教師たち、ならびにその支援者たちがそうである。教育拠点で言えば、ロバート大学、ならびにベイルート・アメリカン大学である。

C・ハムリンとロバート大学

宣教師・新島がキリスト教主義教育機関（最終的には大学）設立に賭ける情熱は、トルコに派遣された宣教師が、かつて高等教育（ロバート・カレッジ）に力を注いだケースに匹敵する。その典型は、ロバート大学を設立したC・ハムリン（C. Hamlin）である。彼に関しては以前、論究したことがある。結論を繰り返す

と、「トルコでハムリンが果たした役割を日本で担ったのが、新島襄である」（『アメリカン・ボード二〇〇年』二五五頁。詳細は同書二四一頁〜二五五頁を参照）。

　ロバート大学と同志社の親近性を強調する人に、M・ホプキンス学長（M. Hopkins, ウイリアムズ大学）がいる。新島がアメリカン・ボードに対して、An Appeal for Advanced Christian Education in Japan（日本におけるキリスト教高等教育のためのアピール）を提示した際に、ホプキンスは賛同の署名を添えている。

　彼は書簡（宛名不明）の中で、「新島氏のアピールに心から賛同する」と明記するだけでなく、新島の同志社大学設立案は、「ロバート大学がブルガリアや近隣諸国に対して果たす役割を日本に対して果たすであろう」と確信する（M. Hopkins to someone, Oct. 26, 1885, Williams College）。

　ロバート大学設立者のハムリンは、新島のほかにも日本人に知己がいた。内村鑑三はそのひとりである。彼はアーモスト大学を経て、一度はハートフォード神学校に入学したので、ここでハムリンから指導を受けたことがある。学業を中断し、帰国を決断せざるをえなかった内村の心中と病状を懸念して、ハムリンは一八八八年二月七日に見舞状を送り、内村を感激させている。彼は「或る貴重なる書簡　第三」で手紙の全文を紹介するだけでなく、ハムリンについてもこう記す。

「米国人にして其《その》一生を土耳古《トルコ》人救済のために消費し、コンスタンチノープル附近に有名なるロバート大学を起し、バルカン半島の青年を薫陶し、バルガリヤ国興起の時に当《あた》っては、其内閣大臣数名を彼の学生中より出し、クリミヤ戦争の時に際しては、奮て土耳古兵の慰撫に従事し、四十年間一日の如く東欧に平和と光明の福音を宣伝せし博士、サイラス・ハムリン師は、確かに十九世紀の慈善的偉人の一人なり。

　余は幸にして数ケ月間、ハートホード神学校に於て先生の教訓に与《あずか》るを得、親しく先生の偉魁《いかい》なる風采に接し、屡次《しばしば》東欧に於ける先生の興味深き実験譚《だん》を聞けり。先生時に歳七十余、而《しか》も教場の一をその住居と定め、学生と共に寝食し、笑談諧謔《かいぎゃく》少しも壮者と異ならず。

　先生屡次、余を独り先生の居室に招き、日本の現在と未来とを談ぜり。先生は常に感情的宗教を口にする宣教師の類にはあらざりし。彼は人類の救済に関して、遠大なる抱世界的の企図を懐けり。彼は英人の暴横を憤り、土耳古人の為めに弁じて、涙に咽《むせ》ぶこと屡なりき。

　下に載する書簡〔省略〕は、余が病を以て学を中絶し、将《まさ》に帰国の途に就かんとする時、先生が余に送られし者、余が長く先生の膝下にありて、先生の伝道的大経画《ママ》を充分に暁得するに至らざりしを恨むが如し。

　宣教師は多し。然れども、先生の如きは甚だ稀なり。然れども、一人の先生の如きありて、百千人の無情無識の徒を償ふには足らん乎《か》」（『内村鑑三全集』七、四五七〜四五九頁）。

宣教師に不信感を抱く内村には珍らしく、ハムリンが並の宣教師でない点を高く買っているのは興味深い。

ついで、小崎弘道にも「文明化」派に関して、興味深い回顧がある。小崎は一八九三年にシカゴで開かれた世界宗教大会に参加したさい、G・ウォシュバーン博士（G. Washburn）とたまたま同宿となった。博士は、コンスタンチノープルにあるロバート大学の第二代学長であったので、小崎は彼から同大の来歴やら教育方針を聞くことができた。以下は、小崎が書き残すロバート大学の消息である。

「同カレッジは、元アメリカンボールドの設立したもので、教授は悉く宣教師であったが、此が教育を施すに当り、伝道を目的とする者と、教育を主とする者との間に争議絶えず、又、時々ボールドより種種なる干渉が来て、頗る面倒であった。

然るに、米国の有志家、ロバート氏〔C. Robert〕が一時に三十余万弗の大金を寄附して以来、財政の基礎、確立し、宣教師でない人で、教育事業の何なるかを理解し、教授上、特別の技能を有する者を教授として招聘し、此等と協力して、学校の経営を為す様になり、始めてカレッジの面目を全ふする事を得た。

されば、ロバートカレッジは、基督教学校なるもミッションスクールではなく、又、アメリカンボールドとは、友誼上の関係丈で、何等、規則上の関係はないのである。

私は、博士に向て、同志社の現状を具《つぶさ》に話した所、彼は同志社が健全なる発達を為すには、アメリカンボールドと全然関係を絶ち、純粋なる教育家を招聘して其事業に当らねば、その成功は期し難い事である、と注意を与へられた。私が同志社独立の決心をしたのは、其頃の事で、ワシボルン博士の言に暗示を得た所が多い」（『小崎全集（自叙伝）』七九～八一頁、同刊行会、一九三八年）。

小崎の回想は、極めて大事である。彼の述べるところが事実ならば、小崎社長時代（二代目校長）に同志社がアメリカン・ボードから独立を図ろうとした背景には、ウォッシュバーン（二代目学長）の助言が大いに働いていたことになる。

とすれば、同志社は、トルコの情勢を無視できない。同志社とトルコの距離は、想像以上に近いからである。

G・ウォッシュバーン

ウォッシュバーンは、時期こそ違うものの、新島と同じくアーモスト（一八五五年卒）、ならびにアンドーヴァー神学校（一八五九年卒）の卒業生である。アメリカン・ボードの宣教師であり、ロバート大学の学長という点でも、新島に近い人物である。しかも、ウォッシュバーンの学長在職期間（一八七七年～一九〇三年）は、新島の校長在任期間（一八七五年～一八九〇年）をほぼカバーする。

さらにウォッシュバーンは、同大初代学長であるハムリンの娘婿でもある。新島は、二度目の渡米のおり、ボストンでハムリンと面談したことがある（『アメリカン・ボード二〇〇年』二四九～二五四頁）。

一方、小崎もまた、ボストンで開かれたアメリカン・ボード年会に参加したおりに、ハムリンと会っている。ハムリンから、「君は聖書を信じるか」と突然、問いかけられて、論争となった。おりしもその場に居合わせたJ・H・デフォレスト（J. H. DeForest、日本ミッション）が、仲裁に入ってくれたので、ようやく中断に持ち込まれた、という逸話を残す（『小崎全集』三、八五～八六頁）。

ロバート大学と同志社とは、アメリカン・ボードを介して間接的な関係を有するものの、直接の関係はない。しかし、新島、小崎という初代、二代目校長（社長）が、ハムリン、ウォッシュバーンという同じく初代、二代目学長と交流があったのは、奇しきことである。高等教育活動の重要性をアメリカン・ボードに認知させた点で、ならびに同ボードからの独立を志向した点でも、両校は多分に共通する。

D・ブリスとベイルート・アメリカン大学

ハムリンに関連して、いまひとりの宣教師、D・ブリス（D. Bliss）の貢献についても、見ておきたい。アメリカン・ボードの伝道方針を転換させるうえで、彼が与えた影響力は、ハムリンや新島襄のそれに匹敵するだけでなく、その先陣を切った人物だからである。

新島に則して言えば、彼はアーモスト大学、ならびにアンドーヴァー神学校において、ブリスの後輩にあたる。そればかりか、教育の果たす役割をミッションに認知させた点でも、ブリスは新島の先輩にあたる。要するに、「ある意味で、新島は、ブリスの足跡を追っていたのである」（アレクサンドラ・コビルスキ〔A. Kobiljski〕「ウィリアム・E・ドッジ（W. E. Dodge）、ベイルートのシリアン・プロテスタント・カレッジと同志社」五一頁、『同志社談叢』三四、二〇一四年三月。以下、「ドッジ」）。

ブリスは、アメリカン・ボードがシリアに派遣した宣教師である。と同時に、ベイルートのシリアン・プロテスタント大学（現ベイルート・アメリカン大学）の創設者でもあった。

彼を始めとするシリア駐在のアメリカ人宣教師たちが、同地で最初に一般教育を施す大学設立を夢見たのは、一八六二年のことだった。その三年前に、同じような構想がイスタンブールで立てられた。その中軸にいたのが、べベック神学校校長のハムリンであった。彼の主張は、予想通りアメリカン・ボード総幹事のR・アンダーソンに拒否された。そればかりか、ハムリンは、結局、校長職を余儀なく辞職させられた。

長期にわたってミッションを牛耳ってきたアンダーソンの方針は、明らかに「伝道」特化路線であった。ミッションの本務は、あくまでも伝道にあり、教育（とりわけ神学以外の高等教育）や医療などは、余計なものとして切り捨てる。彼の主張を絞ると、二点に集約される。

（一）、「すべての宣教師は、人々を解放し、教育し、啓蒙することではなく、改信〔回心〕させる」こと、それがミッション（使命）である。

（二）、「ミッション・スクール」が認められるとすれば、行なうべきことはただひとつ、福音を伝えることだけである。

彼によれば、学校教育は伝道資金（献金）の「無駄遣い」である。「多くの場合、宣教師はそうした学校の助けなしに、自分のメッセージが確実に開かれるようにすることができる」と確信していたからである。

こうした「アンダーソン原則」とでもいうべ方針は、一八五〇年代には、外国の現場で働く宣教師たちの意識としだいにずれ始めた。彼らがアメリカン・ボーの伝道方針に反抗し、教育の重要性を本部に訴えた場合、返ってくるのは、「誤った宣教師たちに、自分たちがなぜその地に送られたかを再認識させる」という対応であった。

アンダーソンは、長期にわたって外国伝道地に直接、出向いて、自分が立てた原則が履行されているかどうかを視察して廻った。その狙いは、世俗的な学校を開校したいと望むような「不信心者」の心得違いを糾し、活動をひたすら伝道路線に集中、特化させることにあった。

要するに伝道最優先、教育軽視であった。そのために視察地においては、たとえ神学校といえども、神学以外の科目を数多く教授したり、卒業生の多くが伝道師になる者以上に、教員や商人になったりするような場合は、閉校を命じた。その結果、一八六〇年前後には、人的な「被害」も出た。犠牲者の典型が、ハムリンであった。ハムリンは、最終的には宣教師を辞任して、教育活動に専念するにいたった。

ブリスがハムリンと違う点は、構想から七年後の一八六六年にミッションの支援を受けた形で大学を発足させることに成功したことである。ただし、その道のりは、けっして平坦ではなかった。当初は、ハムリンと同様の対応をミッションから受けた。とりわけ、アンダーソンからは、キリスト教主義大学の設立を企画することは「悪だとみなされる」、もしも設立されたならば、熱心に伝道に励むことに「素朴に満足している」宣教師の「妨げ」になる、とまで糾弾された（以上、「ドッジ」三七～三九頁、四七～四九頁）。

W・E・ドッジ

そうした窮地に追い込まれたトルコの教育事業に対して、救済の手を差し伸べた人物がいる。W・E・ドッジである。新島研究史上、彼を最初に取り上げたのは、オーテス・ケーリ「ラットランドと新島襄と同志社」（二一四頁、北垣宗治編『新島襄の世界』、晃洋書房、一九九〇年。以下、「ラットランド」）である。関係箇所を引用する。

「William Earl Dodge（一八〇五～八三）は、熱心なクリスチャン・レイマン〔平《ひら》信徒〕であって、裕福であった家の財産を次々にキリスト教や慈善事業のために、惜しみなく出した。彼はイリー鉄道の最初の発起人兼重役であり、自分の家の富を鉄鋼、石炭の方面に向け、事業家として名がとおっていた。一八六五～六七年に国会議員に当選し、外交専門委員の一メンバーだった一方、ユニオン神学校やニュー・ヨーク市立大学の評議員、またアメリカ聖書協会の副会長をはじめ、数々の文化的、宗教的な団体に名をかした」。

近年、コビルスキー「ドッジ」により、経歴だけでなく、新島や同志社との関連も、仔細に究明されるに至った。それによれば、ドッジは、ニューヨークの実業界（石炭、鉄道、株）で成功したばかりか、同時に奴隷制廃止論者、フィランソロピストでもあった。キリスト教慈善団体や、禁酒協会（会長）、ＹＭＣＡ（創立メンバーのひとり）、ミッションなどの後援に力を注いだことから、ウォール街では「商人の貴公子」の異名をとった。死後に残された遺産は、実に五百万ドルと推定された（「ドッジ」四四～四五頁）。

アメリカン・ボードの後援者でもあったドッジが、トルコの事業にも尽力を惜しまなかった結果、ブリスはハムリンの二の舞を踏まずにすんだ。ミッションの首脳陣に近いところにいたドッジ家から、巨額の支援が得られたことにより、ブリスの構想は、一八六六年に実を結び、キリスト教大学が実現するにいたった。

それより三年前の一八六二年に開催されたアメリカン・ボード年会（マサチュセッツ州スプリングフィールド）でブリスが行なったアピールは、ようやく四年後に実現したのである。一八六〇年代に、ドッジがキリスト教主義大学の支援者へと変身したのは、「ブリスのような、新島の先輩宣教師の働きと構想の結果であった」と言えよう（「ドッジ」五一頁）。

ラットランド集会

ドッジは、一八七四年のアメリカン・ボード年会（ヴァーモント州ラットランド）にも出席していた。同志社の開校に決定的な役割を果たしたのが、このラットランド集会である。新島が声涙ともに下る大学設立募金アピールを行なった記念すべき大会である。新聞報道によれば、新島が訣別の挨拶に代えて、募金アピールをした際には、ドッジは壇上で新島の背後にいたようである（「ラットランド」二一〇頁）。

この大会に、Ａ・ハーディ（運営委員会議長）やＮ・Ｇ・クラーク（総幹事）と並んで、ドッジ（今や運営委員会の副議長であった）が参列していたことが、新島にはまことに好都合であった。ブリスもまた、この大会で、もちろんドッジに会う機会があった。

この頃になると、かつての総幹事、アンダーソンが、キリスト教大学を悪と糾弾した記憶は、人々の脳裏から薄れていた。それでも、ミッションの基本方針が大幅に転換するには、まだまだ抵抗を受けねばならなかった。にもかかわらず、大学の設立を伝道拡大と見なすことに正面から反対する者は、すでに少数派になっていた（「ドッジ」五〇頁）。

ドッジは、その後ブリスだけでなく、新島襄の支援者にもなった。ラットランド集会の席上、新島が集めた献金は、三千ドルを越えた。後日の寄付を合わせると、最終的に五千ドルにも上った。その中で最高額を寄附したのが、ドッジ夫妻（夫が千ドル、妻が二百五十ドル）である。新島のアピールは、新島の夢を公的に支援しようとした彼ら夫妻の地位と資力に大いに助けられた（「ドッジ」五一頁）。

新島がこのようにラットランドの大会で予想以上の成果を収めることができたのは、それ以前にこの方面の土壌がある程度、準備されていたからである。言い換えると、「新島〔個人〕を越えるグローバルな力」が、背後から働いたことが、有力な要因のひとつとなった。ベイルートでの大学の取り組みは、その最大の例である。

やや過剰に表現すると、「十九世紀の歴史において、ベイルートで起こったことが、ボストンを経由して、京都で〔再び〕起った」のである。具体的に言えば、ドッジがベイルートの大学構想を支援し、その運営に財的な援助を惜しまなかったことが、ラットランドでの新島の成功をもたらした不可欠の要因であることは、確実である（「ドッジ」四八頁、五二頁）。

十年後に三人の大口寄付者を再訪

新島は、二度目に渡米したさい、かつての大口寄付者を個別に訪ね、礼を述べようとした。

ドッジの外に、千ドルを寄附したのは、P・パーカー（P. Parker）とJ・B・ペイジ（J. B. Page）である。そのうち、「同志社学校の為め、第一番に金千弗を寄附し呉れたる人」であるパーカーからは、自宅に呼ばれて二泊し、歓待されている（『新島襄全集』三、三四五頁、同前七、三六〇頁）。

いまひとりは、前バーモント州知事のペイジである。絶妙のタイミングで、新島はペイジの最期に交信ができた。十月二十日、新島がペイジに同志社の写真に添えて、自分の写真を送ったところ、翌日、「重病の夫の代りに」夫人（バーモント州ラットランド在住）から返事が来た。文中には、ペイジは「あなたの依頼に答えて、自分の写真を二枚」、今日送った、とある（H. E. Page to J. Neesima, Oct. 21, 1885, Rutland, Vt）。

その三日後（二十四日）の日記に、新島は「今朝、前知事のペイジ氏、死去。金曜〔昨日〕に彼の写真を受理した」と記す（『新島襄全集』七、二六九頁）。二人は面談こそできなかったものの、手紙と写真の交換を通して、十一年前のラットランド集会に相互に想いを寄せる機会を共有できた。

最後のひとりは、ドッジであるが、すでに死去していたため、会うことは叶わなかった（同前一、一〇六頁）。ドッジは、一八〇五年の生まれで、永眠は一八八三年二月九日である（「ドッジ」四四頁）。すなわち、新島が二度目の渡米をする前年に死亡している。

こうした史実に対して、「日本語の記事は〔中略〕ウイリアム・E・ドッジ」の金銭的な貢献〔寄附〕については、まったく言及していない」とか、「新島によるラットランドの記事は、ウイリアム・E・ドッジに言及していない」と指摘されることがある（「ドッジ」四二〜四三頁）。

けっしてそうではない。刊行物で言えば、J・D・デイヴィスが一九八〇年に英文でものした新島伝（Jerome Dean Davis, *A sketch of the life of Rev. Joseph Hardy Neesima, Ll. d., President of Doshisha*, Maruya, 1890）の最初の翻訳書には、ドッジが五百ドル（実は千ドル）を寄附したことが、すでに明記されている（山本美越乃《みおの》訳『新島襄先生伝』一三六頁、警醒社、一九〇三年）。

さらに一九三〇年出版の同志社史も、「紐育《ニューヨーク》のドッジ氏（Wm. E. Dodge）も亦、一千弗を寄附された」と明記する（『同志社五十年史』四二頁、同志社校友会、一九三〇年）。ついで、これに基づいて、森中章光編『新島襄先生詳年譜』（九五頁、同志社・同志社校友会、一九五九年）が、新島の年譜の中に寄付者のひとりとしてドッジの名前を入れている。

実は、最初にドッジに触れているのは、新島その人である。彼自身がその旨を明言している文章を全文、引いておく。二度目の欧米旅行から京都に戻った翌日（一八八五年十二月十八日）に、学内で行なわれた新館（書籍館《しょじゃくかん》）新築工事の定礎式で新島校長が披露した式辞である。

「我同志社ハ、米国有志者数人ノ若干金ヲ寄附セラレシ者ニ依リテ、立ツ者ナリ。余カ米国ヲ去リ、始メテ我国ニ帰朝セントスルニ臨ミ、彼《か》ノボストンノ伝道会社大会ノ際、一弁ヲ振フテ、学校ノ必要ヲ説キシ時、彼ノワシントン府ノパーカー氏、ボルモント〔バーモント〕州旧知事ページ氏、ニューヨルクノ有名ナル商人ミストル・ドッジ氏ノ三名、各金千弗ヲ寄附セラレタリ。

余、今度、〔二度目の〕渡航ノ節、此三人ノ凡テニ面晤《めんご》スル事能ハサリシガ、パーカー氏ヲ訪ヒシ時ニ、氏ハ階上ヨリ降来リ、余ヲ抱キ、暫時互ニ一言ヲ出ス能ハス。良久フシテ、先年ノ厚意ヲ謝シタリシ。氏ハ、今日、八十有弐ノ高寿ナレトモ、真ニ矍《かく》鑠《しゃく》タル老翁ナリ。

夫《それ》ヨリページ氏ニ、ボストンノ会場ニ於テ面会シ、互ニ握手一礼ヲ呈シ、種々談話ノ末、同氏ノ真影〔写真〕ヲ我同志社ノ為メニ請フ。氏、之ヲ諾シ、帰ルヤ否ヤ直ニ病魔ノ犯ス所トナリ、自ラ筆ヲ取ル事ヲモ出来ズ、細君ノ代筆ヲ以テ一書ヲ送リ、撮影二葉ヲ贈ラレ、一ハ同志社ヽ、一ハ余ニ与ヘラル。

而シテ、余再ヒ彼ニ会フ事ヲ得ズ。其翌日、氏ハ天津神国へ逝カレタリ矣。

然リ而シテ、ドッジ氏ハ已《すで》ニ永眠ニ就カレタレバ、其細君ニ逢ヒ、其礼ヲ述ヘタリキ。

以上、我校ニ関スル事ナレバ、聊《いささ》カ述ヘテ、以テ定礎式ノ演説トナスト云爾」（『新島襄全集』一、一〇六頁）。

この演説は、新島がドッジの寄付（千弗）について明言している点で、貴重である。そればかりか、新島はドッジには会えなかったものの、ドッジ夫人に対してその礼を直接に申し伝えていることも、判明する。夫人も実は、ラットランドの大会を契機に、新島に二百五十ドルを寄付している（「ドッジ」四二～四三頁）。当時、女性の寄付者のなかでは、最高額と思われる。

第八章　E・A・パーク

エドワーズ神学の最後の後継者

E・A・パーク（一八〇八年～一九〇〇年）は、アンドーヴァー神学校を代表する教授、神学者であった。人物評としては、「一八五〇年から引退する一八八一年まで、神学校に屹立するのが、エドワーズ・アマサ・パークである。ニューイングランド神学を護る『最後の古参番兵』である」というのが、定評である。伝統的な神学の最後の代表者になることは、彼の志望でもあったという。ニューイングランド神学は、公的なシステムとしては彼によってほぼ完成され、彼の死とともに葬られた（F. S. Allis, Jr. *A Bicentennial History of Phillips Academy, Andover*, pp.144～145, Phillips Academy, 1979）。

つまり、ニューイングランド神学は、ジョナサン・エドワーズ（J. Edwards）に始まり、パークで終焉を迎えたのである（大塚節治「新島先生の思想的背景をなす新英州神学について」八頁、『新島研究』三五、同志社新島研究会、一九六八年九月）。

パークは生涯にわたって、いわば「J・エドワーズの申し子」であった。学究の面だけでなく、名前からしても、ミドルネームがエドワーズである。そればかりか、パークの妻が、エドワーズの直系（四代目）である点で、いわば、その子孫にあたる。アンドーヴァーで死期を迎えたとき、パークが手がけていたのは、エドワーズの伝記であった。パークの死でもって、エドワーズを受け継ぐ伝統もまた、終焉を迎えたことになる（*American National Biography*, vol. 17, pp.1～2, Oxford Press, 1999）。

ジョナサン・エドワーズと言えば、アメリカのキリスト教史上、もっとも著名な牧師、神学者のひとりである。会衆派の信徒・牧師を対象にしたある年の世界ランキング（一九〇四年）でも、堂々の一位を獲得している。

ちなみに、このとき、パーク自身も八位にランクインしており、その人気度がよく窺える。なお、新島襄もアジア人として唯一、二十六位に食い込んでいる（拙著『志を継ぐ』一三〇頁、思文閣出版、二〇一四年）。

パークの主要な活動舞台は、アンドーヴァー神学校であった。

教授就任（一八三六年）から離任（一八八一年）まで、実に四十五年間にわたって母校の神学校で神学を教えた。その在任期間は、新島の在学期間（一八七〇年～一八七四年）をもカバーする。

　この神学校は、会衆派によって一八〇七年に創立された。アメリカにおける会衆派系神学校の嚆矢《こうし》で、いわゆる「ニューイングランド神学」の砦としての位置を永年、占め続けた。この神学の最後の代表者として定評があったのが、パークであった。

　彼は晩年、自分の神学体系を完成しようと努めたが、不幸なことに周囲の情勢は大きな変貌を遂げていた。優れた門弟たちが、おりしも台頭してきたいわゆる「新神学」の潮流に身体を預けて、次々と自分から離れていくのを見ざるをえなかった（『新島襄全集』一〇、三九〇頁、注七三。同三九八頁、注一一三）。

リベラル派からの批判

　愛弟子とも言うべき新島にしても、パークの神学に関して、時に批判的な発言をしているのは、興味深い。

「此教ノ盛ニ開ケ、大ニ行ル、アメリカノ如キ国ニ於テスラ、立派ナル窮理学者（パーカ）、孔子ノ如キ説ヲ唱ヘテ、一〔タ〕ヒ罪ヲ犯セシ上ハ、必ス神ヨリ罰ヲ受ケザルヲ不得、又、犯シタル罪ナラハ、其罰ヲ受ベキガ当然ナリト申セシ事モアリ」。

　ここで挙げられている「パーカ」は、パークであろう。パークが説く「孔子ノ如キ説」について、新島はこの直前でこう述懐する。「我儕《わなみ》説ク所ノ耶蘇ノ妙教ヲ知ラザル者ハ、唯々、孔子ノ云レシ所ノ事ヲノミ取リ、一〔タ〕ヒ犯シタル罪ノ贖ベキ由ナキ事ヲ信セリ」（同前二、二八六頁）。

　新島の理解によれば、「仮令一度、罪ヲ天ニ得ルトモ、祈ル処アリ」とするのが、イエスの教えである。それに対し、「孔子ノ道デハ、祈ル処ナクト云」という点が、大きく違う（同前、二八七頁）。ちなみに、新島は二度目の渡米後は、恩師に反対する学説を表明する神学者を支持するにいたった、と植村正久は証言する（本書一〇三頁参照）。

　新島が恩師のパークの神学を孔子同然と批判する背景には、いわゆる「アンドーヴァー神学論争」が潜在する。この問題をめぐって、両者は立場を異にする。この論争は、後述するように（本書九七頁以下を参照）、神を知らずして死去した人間が、死後に救われる可能性があるかどうか、という問題（future probation）をめぐるもので、アンドーヴァー神学校のスタッフや、ミッション（アメリカン・ボード）の役員をも巻き込んだ。

　この論争によって、伝統的なニューイングランド神学の最後の旗手であり、保守派の巨頭でもあるパークの神学は、若手の後進からは、痛烈な批判を受けた。

　揺るぎのない彼の保守性を物語るエピソードがある。一八五〇年に神学校を卒業した学生が、三十年後のクラス会に出たとしたら、以前と変わらない同じ神学体系をアンドーヴァーで見出すであろうという（*History of Andover Theological Seminary.* p.159）。

パークの保守性は、神学校を退職する何年も前から、教義上、すでに同僚教授から批判を受けていた。とりわけE・C・スマイス（E. C. Smyth）は、「死後の救い」（future probation）に関しては、早くから肯定的な見解を示して、パークと正面から対立していた。衝突は、論争の域を越え、現実問題にまで発展した。

論争は、ついにはパークの後任人事をめぐって表面化するに至る。「彼が一八八一年に退職した時、アンドーヴァーは宗教的なリベラリズム（an evangelical religious liberalism）のチャンピオンになった」のである（D. D. Williams, *The Andover Liberals*, p.1, Octagon Books, 1970, New York）。

この時、神学校のスタッフや理事たちは、パークの後任として、N・スマイス（N. Smyth）を指名した。ところが、ビジター（客員）による別の委員会（a Board of Visitors）で、就任が拒否された（*History of Andover Theological Seminary*, pp.168~169）。票決は三人の委員（牧師二人と信徒ひとりから構成）中、二対一であった。

客員委員会は、学園の全体的な監督機関として一八〇七年に創設されたもので、いわば控訴裁判所（a Court of Appeal）としての役割を持っていた（*An Old New England School*, p.151）。そもそもは理事会（the Board of Trustees）が設けた委員会で、教授採用の是非だけでなく、採用後の任免権も保有するという広範囲にわたる権限を保有していた（*The Andover Liberals*, p.6）。

それにしても、理事会とビジター委員会が違う決定を下したのは、神学校始まって以来の異例事であった。委員会はアンドーヴァーの進歩的な発展にとって、障害物となった。こうして、学園は重大な危機を迎えることになる（S. Taylor, Future Probation：A Study in Heresy, Heterodoxy, and Orthodoxy, p.159, *American Theological Library Association Summary of Proceedings*, 58, 2004）。

N・スマイスは、教会史教授の（前出の）E・C・スマイスの弟である。出身大学こそ、ボウドイン（父親の母校）であるが、フィリップス・アカデミーとアンドーヴァー神学校を出ている点では、新島の先輩にあたる。

スマイス（弟）は、ドイツに留学し、かの地の批判的神学の感化を受けてアメリカに帰国したため、兄のスマイスと同様に、パークに代表される保守的神学に異を唱え始めた。生前に福音に触れる機会がまったくなかった死者たちを待っているのは、むしろ「永遠の堕落」ではなく、「死後の救い」である、との新しい見解を彼は提示し始めた。

かつてR・A・ヒュームが問題提起した問題（本書九七頁以下を参照）を、「フューチュア・プロベーション」というドクトリンとして、アメリカに持ち込んだ者こそ、N・スマイスであった（*The Andover Liberals*, p.66）。これは、保守神学への挑戦であった。この新説は、保守派から、海外伝道の動機を消去してしまう危険な神学と危惧され、恐れられた。パークももちろん、自らスマイスの教授任命に反対した。

こうした状況を打開するために、理事会は対応に尽力したが、それが成果を生む前に、N・スマイスはニューヘブンの教会から申しこまれた牧師招聘を受けることにした。事態はひとまず終焉した（*History of Andover Theological Seminary*, p.169）。

紆余曲折の結果、パークの後任に選ばれたのは、G・ハリス（G. Harris）であった。彼の就任演説（一八八三年）は、アンドーヴァーのニューイングランド神学に新局面を開くことになった。開校以来の改革が、いくつか着手された（*The Andover Liberals*, pp.28~29）。

一方、アンドーヴァー神学校から追われた形のスマイスであるが、後半生にはアメリカ各地で牧師、説教者として活躍した（*American National Biography*, vol. 20, p.330, Oxford Press, 1999）。一八九三年から翌年にかけて、約八か月間、イェール大学に留学した小崎弘道は、その間、スマイスと交流があった。「ニュウヘブン滞在中、私が日曜に多く出席した教会は、ニュウマン・スマイスとモンガアの教会であった。スマイスは、米国第一流の学者で、其著作も多くあったが、至って咄弁《とつべん》〔訥弁〕で、民衆には不向きの説教者であれば、その会衆は何時も少く、千五、六百の座席のある教会に、三、四百人集まるに過ぎなかった。併し、此処に来る人は、市内の最も有力なる人々であった」（『小崎全集』三、九一~九二頁）。

新島襄の受洗

パークと新島との接点は、「フューチャー・プロベイション」問題だけでない。それ以前から交遊が始まっていたことが、むしろ重要である。新島は、すでに高校生の時に、パークの指導を受けていたと思われる。この点は、見逃してはならない。

新島が、フィリップス・アカデミー時代にアンドーヴァー神学校教会で洗礼を受けたことは、よく知られている。一八六六年十二月三十日、同校に入学してから、わずか一年余りの頃である。ちなみに、この教会の会堂は、神学校の校舎であった時代、バートレット・チャペル（Bartlet Chapel）と呼ばれていたが、その後、ピアソン・ホール（Pearson Hall）と改称され、フィリップス・アカデミーの校舎に転じている。すぐ近くにバートレット・ホール（Bartlet Hall）があるので、紛らわしい（*An Old New England School*, p.149 n1）。

残念なことに、新島当時の洗礼記録が残されていないため、いまもって授洗者（牧師）は特定できていない。内村鑑三によると、「氏〔S・H・シーリー〕ハ、実ニ新島氏ニ洗礼ヲ授ケシ仁ナレバ」という（『内村鑑三全集』三六巻、二〇六頁、岩波書店、一九八三年）。内村が、何を根拠にこう断定するのか、不明である。新島とシーリーの密接な関係から臆断したのではないだろうか。

アンドーヴァー神学校教会は、学園教会（カレッジ・チャーれる。

それゆえ、アーモスト大学教授のシーリーが、特別の礼拝（たとえば、クリスマスやイースター）でもないのに、アーモストからわざわざ神学校にまで出向いて授洗をするのは、やや不自然である。内村の思い違いと思われる（『新島襄全集』八、四一頁）。

シーリーは、学長になるや、アーモスト大学の学園教会の牧師（一八七七年～一八九二年）をも兼任した。彼の学長選出は、本人の立候補ではなく、理事会決定であった。その際、シーリーは学長就任の条件として、学園教会牧師との兼任を申し出た（O・ケーリ「アーモストのシーリーと内村鑑三」一五九頁、鈴木俊郎編『回想の内村鑑三』、岩波書店、一九六二年）。

また、アンドーヴァー神学校でも、一年間だけ（一八七三年～一八七四年）講義を受け持っている（Wikipedia, 二〇一四年八月二三日閲覧）。前者は新島の帰国後、後者は高校を卒業した後のことであるので、シーリーが新島に授洗した可能性は低い、と言わざるをえない。逆に、シーリーが学園教会牧師を務めた時期は、内村のアーモスト大学在学中のことであるので、先のような臆断が生まれたのかもしれない。

当時、高校に隣接する神学校チャペル（アンドーヴァー神学校教会）では、学園教会の日曜礼拝が行なわれていた。そのために、チ）であったので、特定の専任牧師を置かず、高校（フィリップス・アカデミー）と同じキャンパスに位置した神学校の教授が持ち廻りで説教、したがって授洗もするのが、慣行であったと思われる。

新島は高校生でありながら、いや、高校生（礼拝出席は義務であった）であるからこそ、神学校の教授（牧師）たちから宗教上の指導を受ける機会は、多かったはずである。なかでもパークの存在は大きい。

「聖学校の教師」

パークは優れた神学者としての力量以上に、説教者としての才能にも恵まれていた。礼拝において、講壇から聖書の言葉を伝える姿は、実に権威に満ちていた。そのため、聴衆が彼の説教をひたすら謹聴するその静けさは、「ハエが飛ぶ羽の音が、まるで大砲のように響き渡るほど」であったという（*A Bicentennial History of Phillips Academy, Andover*, p.145）。

おそらく、新島も何度かそうした迫力ある説教を聞いたことであろう。したがって、アンドーヴァーで生活を始めてから、かなり早い段階で、パークその人とも知り合ったのではないだろうか。いや、パーク自身が、新島に目をかけたに相違ない。それを窺わせてくれるのが、（以前にも引用した）家族宛ての新島の手紙である。再度、挙げれば――

「人々小子を愛敬し、大学校の頭取〔テイラー校長〕、聖学校の教師に至る迄も、小子を深切〔親切〕に取扱、路上に出逢候ハヽ、手を握り（此国の礼なり）、今日は如何御座ある哉、と丁寧に挨拶いたし呉候」（『新島襄全集』三、三五頁）。

フィリップス・アカデミーのテイラー校長に続いて、「聖学校の教師」が登場する。神学校の複数の教授が想定されるが、おそらくその筆頭がパークと思われる。テイラー校長とパーク教授は、共にキャンパスに住む。しかも隣同士である（後述するように、実は死後もそうである）。

二人の誼《よしみ》が深かったことが、新島には大いにプラスになったはずである。新島は入学当初から、ふたりの教員の家庭には、しばしば招かれていたのではないか。

パーク教授、テイラー校長、そして新島を結ぶ絆が明確な品物が一点、新島旧邸文庫に残されている。パーク（やJ・L・テイラーら三氏）によるテイラーの追悼集（*A Memorial of Samuel Harvey Taylor, Warren* F. Draper, Andover, 1871）である。ちなみに同書は、出版直後にE・テイラーから贈呈されたものである（『新島襄全集』八、七三頁）。

さらに、新島が高校生の時から、パークに可愛がられていたことを示すエピソードがある。アカデミー在学中の夏休み（一八六七年八月）、新島はコッド岬のチャタム（A・ハーディやH・S・テイラー船長の出身地）に行こうとして、汽車の乗り換えを間違えたことがある。想定外のニュー・ベッドフォードで下車し、行く宛てがなくて困り果てた新島は、土地の教会を訪ね、牧師に宿の斡旋を依頼しようとした。

最初は、新島は牧師から胡散《うさん》臭い眼で見られた。貧しいスペインの漁師と間違われた。牧師は、新島を船員用の安宿に案内しようと連れ出した。しかし、その途上、新島がアンドーヴァーから来たことを知ると、牧師はアンドーヴァー在住のA氏（地元の教会の執事、アボットか）とE・A・パーク教授の名前を挙げた。ふたりともよく知っている、と新島が答えると、牧師は急に態度を改めた。新島に関心を抱き始め、新島の来歴と素性を詳しく聞き出そうとした。その結果、新島に対する信頼感が高まり、ついに牧師は新島を土地で最高級のホテルに案内し、ホテル代も支払ってくれた（同前一〇、七二～七三頁。同前六、一五～一六頁）。

これなどは、明らかに「パーク効果」である。パーク自身が、それよりほんの二、三週間まえに、按手礼（牧師任職式）のためにニュー・ベッドフォードを訪ねたばかりであったのも、新島には幸いした（同前）。

パークのサイン

奇しきことに、新島が留学時代に所持していたサイン帳（新島遺品庫収蔵）には、彼がニュー・ベッドフォードに迷い込んだ日の日付で、パークが認めたサインが残されている。場合によっては、当日、アンドーヴァーを発つ前に新島はパークを訪ねて、サインを所望したのかもしれない。そうであれば、ニュー・ベッドフォードの教会牧師に対しては、パークに関する最新情報を提供できたことになり、新島の信用を高めるのにおおいに貢献したことであろう。

興味深いことに、この時のパークの署名には、次の文言が添えられている。

Thanking you for your beautiful gift. I am, Dear Sir, very affectionately, your friend.

プレゼントを贈っていることから、両者の交流はすでにかなり進んでいることが、推測できる。少なくとも、高校生の時点で、すでに大学院教授と懇意な「友人」関係を築いていることは、確実である。

このサイン帳には、アーモスト大学関係者のサインが混じることはあっても、神学校の教授がサインを寄せているケースは、ほかにない。パークは、高校生の新島にとって、すでに掛け替えのない存在になっていた。

パークの授業

アカデミーからアーモストに進んだ新島は、地理的にも交遊の点でも、パークとの間には多少の距離が生じたようである。親密な関係が回復するのは、神学生としてアンドーヴァーに戻った大学院時代である。以下の書簡が、両者の関係を浮き彫りにしてくれる。

まずは、アンドーヴァー神学校に入学した翌年（一八七一年二月）、アーモスト大学の学内寮で室友であったホランド（W. J. Holland）からの手紙への返信である。

「勉学を続けるために、アンドーヴァーに戻られる、と聞いて大変うれしいです。以前に一度、神学を勉強したにもかかわらず、パーク教授の講義を受講されるとのことですが、けっして後悔はしないはずです」（『新島襄全集』七、三七六頁）。

新島が一年目にすでにパークの授業を受けたことが、ここから窺える。新島がアンドーヴァー神学校でパークの授業をとったのは、一八七一年の新学期（秋学期）と思われる。同年十一月に、その様子をボストンのハーディ夫人に書き送っている。

「私は、パーク教授の授業に出席し、新しい学派の人（a new school-man）といわれるのに十分な理論を学んできました」。

「私の勉強について、少しお知らせしておきたく思います。私はパーク教授の講義に出席し、その講義に沿う書物を読んでいます。今年は神学校でいちばん、きびしい年であるかもしれません。なぜなら、きわめて綿密な注意と思考が、必要とされるからです。今の勉強は、〔大学生の時にチャレンジした〕ホワイト・マウンテンズへ旅した時のことを思い出させてくれます。あの山に登ることは、相当つらかったです。

しかし、周囲の景色の壮大さが、私の野心と熱望を掻《か》き立ててくれました。さらに高く登って、すばらしい自然の、もっとすばらしい景色を見ようとする気になりました。そのようなわけで、私は知的・精神的な分野への最も喜ばしい旅を始めたばかりなのです。

運命が私をどこへ導いてくれるのかは、問題ではありません。

行けるところまで、そして力の許す限り、行くだけです。将来の一切は、永遠から永遠へと、この宇宙の諸事象の一切をみそなわす神の御手《みて》に委《ゆだ》ねています」（同前一〇、一二八～一二九頁。同前六、九四頁）。

新島がパークから学んだことは数多いが、そのひとつが「自由」ならびに「良心」であった、とされている。「それ〔自由〕は、何らの束縛をも、もたぬというのではなく、最も強大なるものによって束縛されている自由である。すなわち、それは良心に束縛される。良心は、神意に従うことを要求し、かつ隣人の自由を害せず、隣人に仕えることを要求する」ということを学んだ（「新島先生の思想的背景をなす新英州神学について」一二頁）。

パーク譲りの神学

以上から明らかなように、パークは神学校のスタッフの中では、新島には特別な教授のようであった。それゆえ、その点を強調して、パークを「神学校時代の指導教授」とする見解もある（『新島襄　人と思想』二二頁）。残念ながら、典拠が不明確である。もっとも、現在のようなゼミ指導教授や卒論・修論指導教授といった明確な職務が当時あったかどうか、も問題である。

しかし、パークの名は、日本の信徒間でもすでに知られていた。新島が留学から帰国する以前から、「新島はパークの弟子」といった風評が、すでに流れていた。「横浜バンド」の指導者、植村正久の次の回想は、それを窺わせてくれる。

新島は横浜に帰国した直後に、同地で複数回、日本語と英語で日曜礼拝の説教を担当した（『植村全集』八、三七六～三七七頁）。いずれの説教も、評判はよくなかった。言葉の障壁を差し引いても、最大の不満は、神学の古さにあったようである。その点をもっとも鋭く指摘するのが、植村である。彼は新島の説教に対して、辛口の批評を下した所以をあれこれ挙げた後、その要因を次のように述べる。

「此れ〔不評の要因〕は、アンドヴァルの神学校で、エドウォルド・パアク教授の神学に育てられた結果、其ままとしては、余り不思議では無かったらう。当時、新島の神学は、余程、保守的であったに相違ない」（同前八、三七八頁）。

パークの弟子であったために、その神学も師匠譲りの保守的神学、という風に即断されている。たしかに新島は、パークに心酔し、神学校の最後の学年でも、パークの授業を取ることを最優先に考えていた。

事実、岩倉使節団との契約が完了してから、新島はヨーロッパからアンドーヴァーに戻り、神学校に復学する。その要因のひとつは、中断せざるをえなかったパークの授業を最後まで受講するためであった。

「私は神学校の二年次〔一八七二年〕のときに、ヨーロッパに行ったために十五か月休んでしまい、パーク教授（E. A. Park）の科目を完了〔修得〕する機会を失ったのでした」と残念がる

（北垣宗治「新発見の新島英文資料」八頁、『同志社談叢』三四、同志社社史資料センター、二〇一四年三月）。

パークもまた神学校での学習を継続するように、早くから新島に進言している。新島が田中不二麿に同行して、ニューヨークからリバプールに向かう一か月前（一八七二年四月二十日）のことである。パークは新島に宛てて、スコットランドの関係者への紹介状を送付したさい、「無事に神学校に復学すること」（a safe return to theology）という一句をわざわざ書き添えている（E. A. Park to Neesima, Apr. 20, 1872, Andover. 下線は原文通り）。新島は、パークの科目を履修中であったことが、ここからも判明する。

パークの授業はウイットに富んでいた。ソクラテス的手法を駆使して、質問を次々と学生に浴びせかけることにも巧みであった。新島も質問を投げかけられたひとりであったであろう。

それだけに、予習は欠かせなかった。新島には、準備が厳しい科目であった。

この頃、パークはすでに説教をすることは、辞めていた。が、彼の祈りには神の臨在を思わせる荘厳さがあったという（北垣宗治「オーティス・ケーリの自伝」一一四頁、『キリスト教社会問題研究』五六）。

パークに再会

二度目の渡米中、一八八四年十月三十一日に新島はアンドーヴァーに赴き、ヒデュン家に迎えられる。さっそくパークやシーリーなどに挨拶に出向いている（『新島襄全集』五、三三四頁）。そもそもが「アンドワニシーレ、パーク先生ヲ問フ」のが、ヒデュン家滞在と共に、アンドーヴァー訪問の主目的であったと考えられるので、まっさきに「自分ガ厚ク教授ヲ受ケタルシーレ、パーク氏、其他ノ諸先生ヲ尋ネ」たのである（同前五、三三三頁）。

ただ、日付に関して、新島の記録は混乱している。アンドーヴァーに着いてすぐに「二、三の教授を訪ねた」のは、着いた翌日とも記す（同前七、二一〇頁）。三十一日にしろ、一日にしろ、パーク家の訪問が、まっさきであったことは、確実である。

八重に対しても、「以前ヨリ御懇意と申せし教師方を御訪ね申上げ」ることにしているが、「別シテパーク先生之御宅」と伝える（同前三、三〇五頁）。二日にも、新島はパーク教授宅で昼食を、そしてE・C・スマイス教授宅で夕食を振舞われている。さらに三日には、J・L・テイラー教授とE・テイラーを訪問している（同前七、二一〇〜二一一頁）。

翌年九月二十一日にも新島は、アカデミー校長のバンクロフト（F. P. Bancroft）から招かれ、アンドーヴァーを再訪している。翌日には、スマイス教授から誘いを受けて、礼拝で話をした。二十四日には、プロスペクト・ヒルでパークに会い、馬車に同乗させてもらっている。

二十八日、今度はスマイス教授の馬車に乗せてもらった。三十日には、パークからお茶に招かれ、その後、数マイル、パークの馬車に乗っている。

十月に入って一日にスマイス教授から呼ばれ、教育論の朗読を聞いた。夕方のお茶会には、G・ハリス教授（パークの後任教授）も混じっていた（同前七、二六三頁）。

新島が二度目に渡米したおりに、パークや神学校教授たちと交流した消息は、以上の通りである。アンドーヴァー論争で敵対した双方の教授と、新島が友好関係を保っているのは、奇しきことである。ここでも、パークと新島との親密さは、継続していることが、分かる。

最後にパークの墓であるが、S・H・テイラー校長と同じく、アンドーヴァーのキャンパス内の墓地（Phillips Academy Cemetery）にある。生前、親密な関係にあった両者は（本書九二頁参照）、死後も隣り通しで眠る。その場所は、生前のパークの遺志であったようである。

なぜなら、パークには、生涯の親友がふたりいたが、そのひとりがテイラー校長であった。彼の墓碑銘をパークが撰文したことは、先述の通りである。いまひとりの親友は、神学校で同級生、同僚教授であったB・B・エドワーズ（B. B. Edwards）である。彼ら三人は、奇しくも同じ場所に葬られている（Richard Salter Storrs, D. D., LL. D, *Edwards Asama Park, D. D., LL. D. Memorial Address*, p.6, Press of Samuel Usher, 1900）。

なお、パークの死は、新島よりも遅かったので、新島はパークの墓を知らずに亡くなっている。

第九章　W・H・ノイズ

「アンドーヴァー神学論争」で渦中の人

新島襄の帰国後、それも晩年にいたって、「アンドーヴァー神学論争」（一八八〇年代後半）が、アメリカの会衆派世界を揺さぶった。とりわけアンドーヴァー神学校とアメリカン・ボードの被害が大きかった。さらに、海を越えて、日本ミッションはもちろん、新島自身にも余波が押し寄せた。というより、彼が騒動の種を撒いた、という一面も否定できない。

アンドーヴァー神学校については、すでに紹介したので（本書二六頁以下を参照）、ここでは、アメリカン・ボードに主として焦点を合わせたい。

この論争は、永年にわたって、アメリカン・ボードの屋台骨を揺るがせた。A・ハーディの理事長辞任（一八八六年）を皮切りに、A・C・トムソン（A. C. Thomson）やE・K・オルデン（E. K. Alden）といった有力な運営委員の辞任（一八九三年）にも波及したうえ、さらにはN・G・クラーク総主事の辞任（一八九四年）といった結末にまで及んだ（『新島襄全集』一〇、四四二頁）。

アメリカン・ボードにおけるハーディの在職期間は、長期にわたった。評議員として三十年間、運営委員会議長としても十三年間にも及んだ。それだけに、この論争の後遺症は大きいと言わざるをえない。

問題の核となるのは、新島も指摘するように「フューチャー・プロベイション」（future probation）である。言葉本来の意味から言えば、未来の試練、つまりは死後の救済問題である。生前にキリスト教、したがって、魂の救いについての福音にまったく触れることなくして亡くなった異教徒（未信徒）には、死後に救いの機会が、はたして与えられるのかどうか、という問題をめぐる論争である。

この問題を実地の面から最初に提起したのは、ボンベイに派遣されていた宣教師のR・A・ヒューム（R. A. Hume）であった。実は彼は、アンドーヴァー神学校に在学当時は、新島も参加していたサークルのメンバーであった。「兄弟団」（The Brethren）

という宣教師志望者が加入するクラブで、しかもふたりは、最後の入会者でもあった。

ヒュームは、宣教師である父親がボンベイで伝道中に、その息子として生まれたので、アンドーヴァー神学校を一八七三年（ちなみに新島は、一年休学のために、卒業は翌年となった）に卒業するや、ただちにボンベイに赴任した。以後、半世紀にわたってインド伝道に挺身した（拙著『魂の指定席――新島襄を語る（六）――』一四〇～一四二頁。*History of Andover Theological Seminary*, pp.112, 124）。

ヒュームは、生涯、キリストのことを聞いたこともないヒンズー教徒やインド人が、死後、「二度目の救済（salvation）」に与《あずか》れるかどうか、という現実問題にインドで直面した。この問題に肯定的な反応を示すヒュームが、ニューイングランドのキリスト教界で暴風雨《テンペスト》をもたらす直接のきっかけとなった。彼を宣教師に任命したアメリカン・ボード当局が、ヒュームの姿勢をまっさきに問題にし始めたからである。

とりわけ、彼を育てたアンドーヴァー神学校が、糾弾の標的とされた。アメリカン・ボードは、伝統的な信条を否定する見解をこの神学校が生んだことを非難し始めたのである。

こうしてミッション当局は、宣教師の人選、とりわけアンドーヴァー卒の候補者に対して、がぜん神経質になった。そのために、事態は以後の宣教師候補者の任命問題に波及せざるをえなかった。なにしろ、アメリカン・ボード発足後の十年間をとって見れば、海外に派遣された宣教師は、ひとりを除いて全員が、アンドーヴァー出身者であった（*The Andover Liberals*, p.9）。歴史的にアンドーヴァー抜きに、アメリカン・ボードの働きは成り立たなかっただけに、これは深刻な事態であった。

「フューチャー・プロベイション」をめぐって論争が繰り広げられている間、アンドーヴァー神学校を筆頭に、ウエルズレイ大学やイェール神学校を出た卒業生のうち、宣教師になることを拒否されたり、延期されたりした被害者は、十二名ほどに上る（S. Taylor, Future Probation : A Study in Heresy, Heterodoxy, and Orthodoxy. pp.165～166, *American Theological Library Association Summary of Proceedings*, 58, 2004）。

なかでも論争の煽りを受けて、その最渦中に放り込まれたのが、W・H・ノイズ（W. H. Noyse, 一八六二年～一九二八年）とD・T・トリー（D. T. Torrey）の両人であった。ノイズは、日本との関係が密接であるだけに、この問題ではキーパーソンでもあった。

ノイズはアンドーヴァー神学校ではヒュームの後輩であるばかりか、新島の同窓でもある。ノイズは、ヒュームの主張を肯定した。こうしたノイズやヒュームの主張を認めた場合、異教徒への伝道、すなわち宣教師を海外へ派遣する根拠そのものが、失なわれてしまう恐れが生じる。ヒュームの問題提起は、海外の非信徒への伝道を主眼とするミッションにとって死活問題となるために、この後、数年にわたってアメリカン・ボードを悩ます火種になる。

彼の神学は「ミッションの神経を断ち切る」ものと断罪され、ミッションからは危険視された。

要するに、もしもキリスト教と縁の薄かった海外の非信徒が、死後にキリスト自身の口から福音のメッセージを聞くことができるとするならば、なぜミッションが宣教師を地の果てまで派遣しなければならないのか、というのが、根本的な疑問であった（Future Probation : A Study in Heresy, Heterodoxy, and Orthodoxy, p.154）。

アンドーヴァーを締め出す

ともあれ、ヒュームの問題提起を契機にアメリカン・ボードは、アンドーヴァー神学校の卒業生を宣教師候補者から排除するという措置に打って出た。こうして、ミッション内部の紛争は、神学校に飛び火する。

アンドーヴァー神学校の若手の教授たちは、ミッションの措置に激しく反発した。それに伴い、従来、ミッションの関係者が永年にわたって支持してきたニューイングランド神学の主要な教義を彼らは見捨て始めた。

それは同時に、それまでアンドーヴァー、いやニューイングランドの神学を主導してきたE・A・パークへの批判、反動にほかならなかった。彼の教え子の神学者たちは、もはやパークの神学を信じようとはしなかった（*The Andover Liberals, p.64*）。こうして、神学校内部で保守派神学とリベラル神学との対立が、この問題をめぐって表面化した。

神学校に隣接するフィリップス・アカデミーも、対岸の火事ではすまされなかった。学校史にも、紛争は次のように記述されている。

「一八八六年と一八八七年に起きた悪名高い神学論争は、アンドーヴァーの丘の平和を乱しはしたが、フィリップス・アカデミーには取り立てて直接の影響をまったく与えなかった。とは言え、理事たちの目を校務から逸らす結果にはなった」。

同書は、神学校内部の動向をこう伝える。スマイス（E. C. Smyth）、タッカー（W. J. Tucker）、チャーチル（J. W. Churchill）、ハリス（G. Harris）、そしてヒンクス（E. Y. Hincks）という「五人の最も有能な神学校教授に対してなされた告発の根拠は、これらの優れた学者たちが教えたり、書いたりすることが、神学校の創立者や寄付者が定めた信条に表明されている良識のある原則と一致しないというところにあった」。

しかし、理事会での賛成は、わずか一人であった。これが客員委員会（a Board of Visitors）に掛けられると、告発された五人の教授中、スマイスだけが、教授職から外された。スマイスが法廷に訴えたところ、時間はかかったものの、問題は客員委員会に戻された。かつての敵意や憎しみも消え失せていたので、最終的にスマイスの職場復帰が認められ、死去するまで教授職にあり続けた（*An Old New England School*, pp.408~409）。

アンドーヴァー論争で革新派を代表したのは、スマイスであった。「アンドーヴァーの教会史教授、E・E・スマイス〔E・C・スマイスか〕は、アンドーヴァーの『新神学』（"Progressive Orthodoxy"）のチャンピオンであった」（F. F. Goodsell, *You Shall be My Witnesses*, p.113, ABCFM, 1959）。

一方、保守派を代表した人物が、パークであった。彼は「ウースター信条」の起草者でもあった。この信条は、プリマウス組合教会で開かれたアメリカン・ボードの年会で制定されたもので、その第十二条は、死者の救いについてこう規定する。

「我らは、現世において悔い改めない罪びとたちは、〔死後も〕永遠に罪びとのまま留まることを信じる」（北垣宗治「新島襄の神学思想」、同志社新島研究会発表レジュメ、二〇〇五年一月一七日）。

こうした神学論争の中で、ノイズは数年にわたって、台風の目のような存在になる。そのノイズをそもそも海外伝道、とりわけ日本伝道へと誘ったのは、誰あろう、新島の可能性が高い。その点で、新島はこの論争では、第一線、あるいは表面には踊り出ることはけっしてないが、背後に控える影法師のような存在であった。

新島のアピールに応える

ノイズは、アンドーヴァー神学校で新島のアピールを聞いた可能性がある。なぜなら、二度目の渡米の折に、新島はニューイングランドの大学生に向かって、日本伝道の必要性を説き、未来の宣教師のリクルート活動を意欲的に繰り広げたからである。主たるリクルートの場は、アンドーヴァー神学校とウエルズレイ女子大学であった。

まずは前者で、男子学生へのアピールである。「先日来〔九月三十日〕、アンドワ〔神学校〕ニ参り、神学書生中ニ働き候処、今日、日本ニ入用丈ケの人物を得るハ、出来難き事に非らず」との手ごたえを得ている（『新島襄全集』三、三六七頁）。その後の展開では、「アンドワニハ已《すで》ニ十三名ノ上等〔上級〕生徒、連署シテ日本ニ来ルノ策ヲ立テリ」という（同前三、三六九頁）。新島がこの時、神学校の祈祷会で「東北〔伝道〕策」を語った際、新島のアピールに動かされた「二人ノ書生、起立シテ、日本ニ来タラン事ヲ求ムト開陳」して、新島を感激させている（同前五、二七五頁）。あるいは、そのひとりが、ノイズかも知れない。

続いて、新島は「ソサイティー・インコワリー」（Society Inquiry）というサークルの集会でも同様のアピールをした。その結果、賛成者が十三、四名生まれたので、「日本会」（Japan Circle）を組織して、今後の海外伝道に備えることにした（同前五、二七五頁）。

新島によると、「其内、何者カハ、是非、日本ニ行、予ヲ助クヘシト約セラル」。新島はこの時、旅行記に学生たちの「其名ヲ記スヘシ」としながらも、リストはなぜか空白のままである（同前五、二七五～二七六頁）。ノイズの名前が、本来、このリストにあってもおかしくない。新島がメンバーのリストをN・G・クラークに送ったところ、クラークも早急に神学校に出向き、彼らに接触をはかりたいという意向を示した（N. G. Clark to J. H. Neesima, Oct. 29, 1885, West Roxbury）。

学生からの手紙によると、クラークが実際に神学校訪問を実行に移せたのは十二月初旬であった（H. W. Boyd to J. H. Neesina, Dec. 21, 1885, Andover, MA）。当時、「ソサイエティ・インクワイリー」の中軸メンバーは、この手紙の発信者でもあるボイド（H. W. Boyd）のようで、学生時代にこのクラブに属しながらも、一度も海外伝道に従事しなかった卒業生と連絡をとるために新たな委員会を立ち上げたという。ボイド自身は、卒業後は折が得られたら、日本に赴任してみたいという（ibid.）。ボイドの熱心さから見て、例の「二人ノ書生」とは、ノイズとこのボイドの可能性が高い。

さて、学生へのアピールであるが、クラークだけでなく、シーリーもまた、十月二十二日にアーモスト大学の学生に対して、新島のアピールを側面から援助した。在学中の内村鑑三もそれを聞いた一人である。六日後に、「先週の木曜日、〔シーリー〕学長が、夕方の祈祷会であなたと日本におけるあなたの働きについて話された。先生のスピーチは、学生の間に強力な印象を生み出した」と新島に報告している（『内村鑑三全集』三六、二一二頁）。

ついで後者の女子大学であるが、新島は十月二十一日に訪問して、学生たちにアピールを行なった。前日に同大学長から、「明日、カレッジに来てくださり、日本でのキリスト教的活動に関心を抱く学生たちに会って下さる、と知ってとても喜んでおります」との手紙を受取っている（A. E. Freeman to J. H. Neesima, Oct. 20, 1885, Wellesley, Mass.）。

新島は翌日、小崎弘道宛ての手紙でさっそくその成果を報じている。「女生徒中ニも随分、奮発家あり。日本ニ御入用ならば、出張すべしと申す者も有之候」（『新島襄全集』三、三六七頁）。翌月にはさらに具体的に、「已ニ二十名モ日本ニ来ルヲ望ムノ女生徒アリ」と数字を挙げて、報じている（同前三、三六九頁）。

以上の二校だけでも、一八八五年秋の時点で、三十三名の志願者が得られたことになる。もっとも、新島としても彼ら全員が日本に来ると思うほどには、楽観的ではなかった。

それでも、「何レ少ナクトモ四、五名ハ来ルヘシト為ス」との期待を持ちながら、新島は東北地方におけるあらたな伝道の展開、あるいは学校建設の夢を膨らませていた（同前四、三六九頁）。とりわけ、後者の学校建設にはきわめて意欲的で、具体的には「仙台校を創設スルノ策」がその中核であった（同前五、二七五頁）。これが、帰国直後に宮城英学校（東華学校）開校運動の始動に繋がる。

ノイズの日本志望に戻ると、彼には別の動機もあった。父親（J. T. Noyes）が、アメリカン・ボード宣教師なのである。ノイズは、父親の赴任地、インド（マドラ）で生まれた。したがって、アジア伝道への関心は、新島に会う以前から、人一倍強かったはずである。彼は、アーモスト大学（一八八四年クラス）を卒業後、ユニオン神学校（一八八四年から翌年）とアンドーヴァー神学校（一八八五年～一八八七年）で学んでいる（*Amherst College Biographical Record 1963*, p.3, Amherst College）。もしも、アンドーヴァー神学校で新島のアピールを聞いたとしたら、前述のように同校に入学した年（一八八五年）のことである。

ちなみに、新島は日本に戻るや、仙台にキリスト教学校設立計画を立て、外国人教員募集にも取りかかっている。その時の頼みのひとつが、先の「ジャパン・サークル」であった。新島は、一八八六年一月中旬に、サークルに宛てて要請状を送った（『新島襄全集』八、三七一頁。草稿は新島遺品庫収蔵）。けれども、功を奏さなかった。新島の要請にこたえて、メンバーが駆けつけたという事実はない。しかし、後述するようにこれより二年後（一八八八年）、ノイズは来日する。

一方、ノイズの妻となる女性（Inez）であるが、ウエルズレイ大学を出ている。あるいは、彼女も学生時代、新島の呼びかけに共鳴して、自身の進路を決めたひとりであったかもしれない。二人の結婚は、日本に来る前の年、一八八七年のことである（*Amherst College Biographical Record 1963*, p.3, Amherst College）。

一八八六年のアメリカン・ボード年会

アンドーヴァー神学論争は、アメリカン・ボードとアンドーヴァー神学校を主要舞台に繰り広げられた。神学校に関して言えば、論争は新旧のスタッフ間の抗争でもあった。戦闘が公の席で開始されたのは、一八八六年秋に開催されたアメリカン・ボードの年会である。この日の双方の論議と応酬は、数時間に及んだ。

攻める側のリベラル派の論客は、E・C・スマイス（E. C. Smyth）である。彼はアンドーヴァー神学校教授で、しかも新神学（Progressive Orthology）の旗手として、パークの反動性を指弾する。スマイスは保守派が攻撃するヒュームを弁護するばかりか、大いに彼の資質と人格を称賛した。

口火を切ったスマイスに続いて、ミッション幹事のE・K・オルデンが立ち、反論した。彼は、「ウースター信条」への忠誠を期待、要求しながら、伝統的な保守神学（ニューイングランド神学）を肯定しない宣教師候補者の指名を拒否した。自分の立場は、ヒュームの主張に書面で抗議する牧師や宣教師たちばかりか、すでにミッションの運営委員会でも大多数の委員から支持を受けている、と強調した。

この時のオルデンの対応に運営委員会議長のハーディは、「厳しく不同意の意を評した」という。はるか後年のことであるが、オルデン自身も、永眠する前に当時の自己の誤りを認めた（『新

島襄　人と思想』七一～七二頁)。この時の年会で宣教師を拒否された候補者こそ、アンドーヴァー神学校のふたりの卒業生で、そのひとりがノイズであった。

一八八六年のアメリカン・ボード年会で目を引くのは、時代の旗手ともいうべきE・C・スマイス教授が、古参教授のパークの前に大きく立ちはだかったことである。新島は、二度目の渡米時(大会の前々年から前の年にかけて)に、スマイスと接触することで、自由神学(新神学)からかなりの感化を受けた模様である。こうした経緯を背景に、「新島の神学が、前後、相違して居る」と指摘するのが、植村正久である。その主張はこうである。

最初に帰国した当時(一八七四年)の「新島の神学は、余程、保守的であったに相違ない。然るところ、彼が二度〔目〕の洋行から帰って来たとき〔一八八五年〕には、全く其の模様が、変って居た。余程、新神学の思想を受けて来た。

彼は以前と異って、ジョセフ・クック〔J. Cook〕を非難し、エドウォルド・パアクの反対者なるエグボルト・スマイス〔E・C・スマイス〕を盛んに称揚して居た」(『植村全集』八、三七八頁、一九三二年)。

ところで、アメリカン・ボード年会での論議や対立は、一八八六年で終わらず、その後もしばらく続いた。並行して、アンドーヴァーの教授人事をめぐる対立は、訴訟にまで発展した。一八九一年、たまたまアンドーヴァー神学校に留学中の成瀬仁蔵も、この論争について聞く機会があったようで、日記(同年十二月十三日)にこう記す。

「アメリカンボードは、アンドヴァ卒業生を修道士〔宣教師〕に取らず。故ニ別に会を具し、派出スルヲ得るも、其外多く競争を始め、害ある故、時之至るを待つの傾きなり。日本ニ於て屡々別る処あり。可慎也」(『成瀬仁蔵著作集』一、五二一頁、日本女子大学、一九七四年)。

「別に会を具し、派出スル」というのは、ノイズのことで、この時にはミッション派遣の正規の宣教師としてではなく、ミッションに頼らない独自の身分で日本にすでに派遣されていた。

ノイズの日本派遣

神学論争の煽《あお》りを食らって、アメリカン・ボードから日本派遣を拒否されたノイズであるが、二年後の一八八八年、念願の海外に派遣される道が、開かれた。ただし、ミッションではなく単独教会の支援を受けて、という異例な形での日本派遣である(F. F. Goodsell, *You shall be my Witnesses*, pp.111～114, ABCFM, 1959)。要するにミッションとは関係をもたない独立した身分の宣教師として、来日するのである。

最初の赴任地は松山であった。たまたまアメリカン・ボード機関誌で、松山の組合教会が宣教師を求めていることを知り、ボストンのバークリー教会(Berkeley Street Church か)の支援を受けて、一八八八年の春、夫妻して来日した。ついで三年後に、前橋の不破唯次郎の招聘で松山から前橋に移った。

その後一八九三年十一月にいたって、ようやくアメリカン・ボードとの関係が好転し、同ボードの前橋ステーション所属の宣教師として、正規に伝道活動を展開することができるようになった。しかし、四年後の一八九七年四月、宣教師を辞任し、翌月、帰国した（『新島襄全集』四、四二七〜四二八頁）。

ノイズの日本赴任に関する消息について、新島は一八八九年一月二十六日に小崎弘道に忠告していた。

「同氏ハ御存之通、アメリカン・ボールドより来ルニアラス。一ケ之〔単独〕教会より来り候事ナレハ、何分、アメリカン・ボールドノミション〔mission〕ト共ニスル訳ニハ、当分、参ルマシ。去レハ、該ミションに関係ノナキ地方ニ一ノ新シキステーションヲ開ク方カ、当然ノ事ト存候」。

なお、新島はノイズとすでに面識があったためか、同日、ノイスにも同じことを郵便で知らせたという（『新島襄全集』四、二五頁）。その後、ノイズが前橋に転出するにあたっても、新島はアメリカン・ボードとの関係に苦慮している（同前四、六五頁、一〇二頁）。

ノイズが正規のアメリカン・ボード宣教師になるのは、新島死後のことである。その間の経緯（とりわけ、ノイズの来日問題）については、アメリカ留学中の原田助《たすく》からの次の「米国智府通信」（『基督教新聞』一八八八年十二月二十六日）が、新島にも届いていたはずである。

「近頃、日本に関係ある事にて新聞に嘖々《さくさく》たるもの二あり。一はノイス氏の按手礼、一は一致組合両会の合併に就いての議論し候。ノイス氏は、アンドワ神学校の卒業生にて、先年〔一八八六年〕外国宣教師たらんことをアメリカン・ボードに志願したるに、来世の試験（フユチラル・プロベーション）を信ずるの故を以て、採用せられざりし一人なり。右の一条は、当時、教会の一問題となり、前年及び前々年のアメリカン・ボード年会にては、之に付き激き議論の末、非採用説、議場に勝を得て、今日に至り、爾来、ノイス氏は、ボストン府バルクリー街教会の伝道を補助し居たる由に候。

然るに、去る十月上旬の頃、同教会にて伝道祈祷会の節、或る一人か〔アメリカン・ボード機関誌の〕『ミッショナリー・ヘラルド』雑誌に掲載したる四国松山組合教会信徒より宣教師を送らんことを米国の信徒に訴へたる書状を読むや、会衆は其要求の熱切なるに感じ、同教会より一人の宣教師を送らんことを発言したる者あり。

忽《たちま》ち、全会の賛成する所となり、ノイス氏に協議し、遂に同氏を派遣するの議を決し、按手礼を執行のため近傍の諸教会を招き、審問の上、異議なく按手礼を執行せしが、其式場にて衆議、今一応アメリカン・ボードへ申出でて、同社より派出する方、穏当ならんとの勧めによりて、同社に申出ることとなれり。

此事の世間に知らるるや、新神学に同感を抱ける諸新聞は、採用すべからざるの理なきを論し、反対の諸新聞にては、採用すべからずと主張したり。左れば、ノイス氏が、アメリカン・ボードに此度、採用せらるるや否は、耳目の焦点と相成たる次第に候。然る処、委員会にては前年、申出の節と同様の教義を維持するに於ては、採用しがたしとの答書を与へたるよし。左れば、ノイス氏は愈、一教会の費用を以て派遣せらるることと相成り申すべきかと存候。

斯くの如くなれ、アンドワ派の人々とアメリカン・ボードの間は、いよいよ遠ざかれるものの如し（本年、クリーブランドの年会に於て、同派の有名なる人々の多く欠席したるにても、知るべし）。此勢ならば、調和の策もますます困難なるべく、然るときは、往々《ゆくゆく》は新に伝道会社を分立することともならざるを知るべからずと考へられ候」。

アメリカン・ボード年会（一八九三年）で決着

「アンドワ派の人々とアメリカン・ボードの間」で繰り広げられた、宣教師任命をめぐる騒動にひと区切りがついたのは、一八九三年秋のアメリカン・ボード年会であった。たまたま訪米中の二代目同志社社長（校長）、小崎弘道が年会に出席しており、後にその消息をこう回想する。

「十月中旬、マサチゥセット州ウースターに於て、アメリカンボールドの年会が開かれた。此会は、同伝道会社の歴史上、特筆大書すべき大事件のあった年会である。

数年来、アンドヴァ神学校の教授等が、『死後の試練』〔future probation〕と云ふ教理を説くので、教会の間に一問題となり、殊に伝道会社〔アメリカン・ボード〕にては、若し此説が、汎く行はるゝに至らば、伝道熱を根底より冷却せしむるの結果を生ぜんとすることを憂慮して、大反対を唱へ、遂に同校の卒業生は、一切採用しないと決議した。

先年〔一八八六年〕、其卒業生ノイス氏が、日本伝道に身を献げて、出発〔派遣〕を志願した時の如き、〔伝道〕会社の拒絶する所となった為、ボストンの一教会は、特別に寄付金を募集して、同人を〔松山に〕派遣したことがある。

其後、此問題は、年々の年会に提出されたが、恰も此年〔一八九三年〕、最後の決定を為す事となり、進歩、保守、両派相対立して、堂々の論陣を張った。進歩派の代表者は、ブルックリン〔教会〕の牧師、メレディス〔Meredith〕博士、エール大学教授のフィッシャー〔G. P. Fisher〕博士等。保守派は、ボールドの当局者、アルデン〔オルデン〕、トムソン両博士であったが、投票の結果、前者の勝利に帰したので、総幹事アルデン博士、評議員トムソン博士は、連袂辞職した。

私の市俄古《シカゴ》論文が、波瀾を起した一原因には、死後の試練に就き、日本では異論はない、と云った事も、関係ないでない」（『小崎全集（自叙伝）』三、八五頁、同刊行会、一九三八年）。

ここにある「市俄古論文」とは、東海岸に来る前にシカゴの世界宗教大会で小崎が朗読した論文を指す。「日本におけるキリスト教」と題されたもので、宣教師の間では物議を醸し出し、非難が多く寄せられた。

内容を要約すると、こうである。アメリカン・ボードは、『アンドーヴァー神学』（自由主義神学）の傾向を有する伝道者をいっさい宣教師に採用しない、と厳重に警戒しているが、日本の事情は逆である。信徒は、熱心に「自由神学」を研究する。牧師や伝道師も、少数の例外を除いて、ほとんど「自由説」を愛好する。したがって、アメリカン・ボードと密接な関係にある組合教会の牧師、伝道師らは、『アンドーヴァー神学』より「一層自由なる神学を採り、これを説きつつある」（『隅谷三喜男著作集』八、一五七頁、三七四頁の注一〇）。言うならば、このシカゴ論文は、ウースターにおける年会の前哨戦となったわけである。

ところで、アメリカン・ボード年会での「投票の結果」を小崎は明らかにしていない。実は賛成が百六票、反対が二十四票、棄権数票、という圧倒的な差で「進歩派」（宣教師派遣賛成）が「保守派」を制して、勝利を収めた。ノイズにとっては、宣教師任命を七年間、待たされたあげくの遅すぎる決定であった（Future Probation : A Study in Heresy, Heterodoxy, and Orthodoxy, p.154）。

この年の記念すべきアメリカン・ボードの年会は、ボードの機関誌にも次のように報道され、世界に流された。

「我々のボードは、日本にいる宣教師たちが希望を表明していることに応えて、さらにW・H・ノイズ牧師が日本で果たしている働きが成功していることを認めて、運営委員会〔いわば理事会〕に対して、彼をボードの宣教師に任命するよう要請する」（*The Missionary Herald*, Nov. 1893, p.498, ABCFM）。

先に見たように、年会での投票の結果に不満を抱くオルデンとトムソンが、「連袂辞職」したと小崎は回顧するが、実際は、オルデンと同じく主事のE・トリー（E. Torrey）も辞職した。在職期間は、トムソンが四十四年、オルデンは十七年、そしてトリーは十七年に及んだ。従来の方針に固執する保守派のベテランスタッフや巨頭が、揃って退陣したことになる。票決は昼過ぎであったが、辞職の申し出は、その日の午後であった（ibid., pp.499〜502）。

それにしても、先の引用箇所に続く、後半部の報道は理解に苦しむ。「この決議は、いかなる面でも、フューチャー・プロベイションの問題に関する従来の発言を修正すると理解されてはならない、とボードは宣言する」（ibid., p.498）。どことなく、ボードのメンツのようなものを感じざるをえない。

繰り返して言えば、実はこの決議の数年前から、ノイズはすでに日本伝道に従事していた。アメリカン・ボードが彼の雇用を拒否したことに批判的な教会や信徒が、ミッションとは無関係に献金を募り、一八八八年にノイズを日本へ送り込んでいた。小崎の先の回想にもあるように、それまで日本におけるノイズの活動を経済的、宗教的に支えたのは、「ボストンの一教会」である。ようやく、その働きがミッション（年会）によって、事後的にではあるが、認められたというわけである。ノイズの任命には、日米双方の支持陣営からの後押しがあったことになる。

ノイズは松山に続いて前橋で、一八九七年一月まで活動した。在日期間（一八八八年〜一八九七年）は都合十年に及ぶが、一八九三年に宣教師にあらためて認定されてからの期間（一八九四年〜一八九七年）に限定すれば、三年半であった。それ以前の日本での彼の実績に関しては、日本ミッションの宣教師たちが、かなり正当な評価を下していた。ミッションに所属しない独立宣教師として、ノイズは実に満足すべき働きをしている、と（ibid., p.154）。

ようやく念願の正規宣教師に指名されたノイズが、ボストンのN・G・クラーク総主事へ公的な手紙（報告書）を日本から送り始めるのは、一八九四年一月（東京）からであった。一方、最後の手紙は、一八九六年十二月（前橋）である（『アメリカン・ボード宣教師文書資料一覧　一八六九〜一八九六年』二七三頁、同志社大学人文科学研究所、一九九三年）。

神学論争のその後

アンドーヴァー神学論争は、一八九三年ですべてが終わったわけではない。機構改革なり方針の変更が、その後も続いたからである。あるアメリカン・ボード史は、こう総括する。

> この論争は、会衆派的な伝統やそれまで容認されてきた慣行に反するものであった。コップの中の嵐ではあったが、そのコップは、実は巨大なコップであった。それゆえ、アメリカン・ボードは、信用の面で相当大きな損害を蒙った。支援者から信頼と支持を完全に取り戻すのに、少なくとも二十年はかかった。
>
> その間で目立つ改革は、時勢を反映させるために、また広く各地の動静を取り込むために、法人会員の拡大（特にハドソン川以西、ならびに西部地方）や運営委員会委員の増員、定年制の導入などに取り組んだことである。最後の改革だけをとってみても、（見解の相違とは別に）二十九年間、運営委員会で奉仕した古参委員のハーディが引退すべき時もきた。
>
> 一九〇六年以降になって、論争の終結をもたらすのに大きな力を発揮したイベントが、ふたつあった。アメリカン・ボード発祥の地（ウイリアムズ大学）で祝われたヘイ・スタック百年記念行事（一九〇六年）、ならびにブラッドフォード（アンドーヴァー周辺）でのアメリカン・ボード創立百年記念集会（一九一〇年）である。
>
> この頃にいたって、アンドーヴァー神学論争の不幸な遺産と痕跡は、ようやく消え去った（*You Shall be My Witnesses*, pp.114〜116. ヘイ・スタック集会については、拙著『魂の指定席』一三八頁以下を参照）。

論争中のハーディの対応に関しては、息子の証言がある。「彼〔父〕は神学論争にかなりの嫌悪感を抱いていた。会衆派のニューイングランドを騒がせた『アンドーヴァー〔神学〕論争』として知られている神学的なティーポットの中の嵐は、〔中略〕彼を悲しませた」。さらに、「彼はアンドーヴァー新神学（Andover new theology）に対する同情」を抱いていたという（『新島襄人と思想』七二頁）。

ハーディは、あきらかにリベラルな新神学に共感を抱いている。だからこそ、保守的な神学に固守するオルデンの姿勢に幻滅したのである。古参でありながら、彼の姿勢はかなりリベラルで、柔軟であった。

新島とアンドーヴァー神学論争

もしもこの論争が、十余年早く起きていれば、新島の帰国のありようも、ずいぶん変わっていたと思われる。なぜなら、論争発生の種を播いたヒュームが、アンドーヴァー神学校を卒業したのは、一八七三年である。もしも、新島が岩倉使節団の団員就任のために一年間、神学校の休学を余儀なくされなければ、神学校卒業は同年であったはずである。

かりに新島がこの騒動にまきこまれるか、直接かかわった場合、彼の立場や対応はどうであったのか。これに関して彼自身が述べたまとまった見解は、残されていない。しかし、論争の余波が日本（同志社）に及ぶ限り、彼の立場は、おのずと決まる。

彼は新神学の立場に立って、ニューイングランド神学（伝統的なアンドーヴァー神学）を受け入れない候補者を宣教師から排除するアメリカン・ボードの排他的な姿勢を批判したであろう。その限り、恩師のパークの神学に対しても、不同意を表明する（本書八八頁参照）。そうでなければ、同志社や日本への資金援助や人材（宣教師）派遣に支障が生じるからである。一八八七年十一月二十二日付の手紙で、新島は徳富蘇峰に対して、窮状を訴えている。

「近頃、聞く所ニよれば、米国之友人（ハーデー君之友人）中、ハーデー氏紀念之為トシテ、日本ニ一学校ヲ創立セント企候よし。是ハ御存も可有之候通、アンドワ〔アンドーヴァー〕神学校ニテ、フューチュア・プロベーション之説ヲ吐露セシヨリ、アンドワ派之人物ハ尽クアメリカンボールドヨリ、排斥セラ〔レ〕シヲ遺憾ニヤ思ヒケン。アメリカンボールドト別途ニシテ、我カ日本ニ宣教師ヲ派遣シ、且学校ヲ起サントノ企ニ候。

小生ニハ此ニ反対論ヲ提出シ、該校之為ニ募ル所ノ金子ハ、尽ク同志社ニ寄付し、敝校《へいこう》之程度ヲ高フスルニ如カス云々、痛論致し申遣候間、恐クハ好結果を得るも難計」（『新島襄全集』三、四九三頁）。

新島が「アンドワ派之人物」の主張や立場を支持していることは、立場上、明白である。ここからも、「アンドーヴァー神学論争」の裏面にある「新神学」をめぐる論争や対立の場合でも、彼が同様の姿勢をとることは、当然である。

この前後、新島は、アメリカン・ボード総幹事のN・G・クラークに対しても、自己の信念や見解を次のように訴える。

「いわゆる新神学（Progressive Theology）の人たち〔アンドーヴァー神学校卒の宣教師〕を〔宣教師に〕雇用しないほど、アメリカン・ボードは心が狭いのですか。私はそうではないと信じます。私が知る限り、アメリカン・ボードは幅広いキリスト教的な方針に立脚しています。先生のお立場も同じだろう、と確信しています」（同前六、三〇二頁）。

新島自身が二度目の渡米時に、アンドーヴァー神学校でようやく確保した数名の日本派遣希望者が、アメリカン・ボードによって宣教師候補者からことごとく排除されるという異常事に、新島はいらだった。国内の「神学上の乱闘（scuffles）」騒ぎで、日本伝道が大きな痛手を食らうのは、新島にしてみれば、とんだトバッチリであった（同前）。

先に見たハーディの辞職も、こうした新島からの抗議が、その底流にあったのではないであろうか。アメリカン・ボードの側における日本ミッションの最大の支援者として、ハーディは、新島や日本ミッションに不利な裁定は、避けたかったに相違ない。結果的にこの「父子」は、この論争でも共同歩調を取ることができた。

日本ミッションが抗議

最後に、日本ミッションから見た論争の経緯について見ておきたい。この論争によって、海外で一番大きな被害を蒙ったのは、日本ミッションである。したがって、その一部では、アンドーヴァー神学論争の種をそもそも撒いたのは、新島や日本ミッションである、との憶測が流れたが、それだけに関連性が高く、発言権もあると見られたわけである。その典型は、O・ケーリである。彼は自伝において、次のように事態を把握している。

日本ミッションは、自らが意図したわけではなく、偶然にフューチャー・プロベイションをめぐる対立の端緒を作った。すなわち、新島が二度目の渡米のおり（一八八四年から翌年にかけて）、母校のアンドーヴァー神学校で宣教師候補者としてリクルートしたふたり（トリーとノイズ）が、日本への派遣をアメリカン・ボードにより共に拒否された、この一件が紛争激化の要因であると見る。

そこで、日本ミッションは、アメリカン・ボードの決定を遺憾とし、反対論を母国のキリスト教マスメデア（*Independent*）へ寄稿した。これには、同僚たちの賛同が得られた。同紙の主筆は、掲載を認めたものの、オーナーの反対で、実際には紙面に掲載されなかった。それでも、シカゴで発行されていた別紙（*Advance*）には、掲載されることになった。

こうした日本ミッションの動向に対して、ボストンのミッション本部は疑いの目を向けただけでなく、「日本ミッションから宣教師を全員、呼び戻せ」といった強硬意見さえ、出る有様であった（「オーティス・ケーリの自伝」一二二頁）。日本ミッションの抗議は、ボストン本部との間で、紛争の火種になりかねなかった。

が、最終的には大きなトラブルに発展することなく、鎮火した。ヒュームの神学的提起（一八八六年）から始まったアンドーヴァー神学論争は、さすがに二十世紀に入るや、急速にトーンダウンした。一方の論客であったE・C・スマイスの後年の回顧によると、論争から二十五年後には誰も話題にしなくなったし、記憶している者すらほとんどいなくなった、という（Future Probation : A Study in Heresy, Heterodoxy, and Orthodoxy, p.166）。事情は、日本でも同様である。当時はもちろん、今にいたっても、まっとうな研究論究もない。

新島のアピールに感動して日本行きを決断した、と思われるノイズではあるが、赴任先が松山、ついで前橋ということもあって、日本で新島と密接に接触できたかどうかは、不確かである。前橋において、アメリカン・ボードの拠点（前橋ステーション）を作り上げたのは、彼の貢献である。

教育面でも同地の共愛女学校や清心幼稚園といった会衆派系の教育機関を資金面と人材面で支えたひとりとなった。しかし、彼が前橋に赴任して二年後に、新島は大磯で永眠するので、両者の交流は日本ではきわめて薄かった。

その後のノイズ

ノイズの宣教師在任期間は、短期で終わった。まもなく宣教師を辞任したからである。在任中、その消息や言動がアメリカン・ボードの機関誌で紹介されることは、きわめて稀であった。例外的にと言えるのは、ただ一度だけ、群馬県内の四か所を訪ねた上州伝道の報告が、そのままの形で紹介されたくらいである（*Missionary Herald*, Apr., p.156, ABCFM, 1894）。

機関誌上の最後の消息記事は、家族で帰国した時である。帰国欄に、一八九七年「五月、日本ミッションのW・H・ノイズ夫妻」と事務的に報じられた（*Missionary Herald*, June, p.247, ABCFM, 1897）。帰国理由については、一切触れられていない。どうやら信仰を失なった模様である。同僚たちのうわさでは、仏教徒になったという。帰国後、離婚に及んでいる。

妻はノイズと別れた後、ピアノ教師として生計を立てるが、ノイズの弟（Charles）と結婚し、再来日する。夫が横浜のユニオン教会の牧師になったからである。しかし、まもなく彼が熱病（波状熱）で急死したために、帰国した（Future Probation : A Study in Heresy, Heterodoxy, and Orthodoxy, pp.165～166）。こうした彼女の経歴から見ると、ノイズとの離婚原因は、夫の棄教にあるのかも知れない。

宣教師辞任（帰国）の理由については、一八九五年一月三十一日に、日本ミッションの宣教師宛てに自ら三点を挙げて、理解を得ようとしている。その後、周辺からの説得や自らの思い直しもあって、辞任をいったんは思いとどまったものの、これより二年後には、正式に辞任に及んでいる。やはり、想いは基本的に変わらなかったのであろう。そこで、参考までに彼が挙げる三つの辞任要因を紹介しておきたい。

(一) 日本人への愛情が枯渇した。私たち夫妻の努力では、限界があある。

(二) 給与分の働きをなしえていない。

(三) アメリカ本国でのほうが、有効に用いられるはずである。

以上の理由により、ここで一区切りをつけ、新たな出発を本国で挑戦してみたい、と帰国の決断を下した（新島学園女子短期大学新島文化研究所編訳『アメリカン・ボード宣教師文書――上州を中心として――』七六〜七八頁、新教出版社、一九九九年）。

帰国後のノイズは、種々の業種を手掛けるが、伝道とは無縁である。一九〇四年には、再婚し、子どもを三人設けた。一九二八年、ニューヨーク州オルバニーで死去した（*Amherst College Biographical Record 1963*, p.3, Amherst College)。

起伏に富んだ、数奇な人生であった。

第十章　J・C・ベリー

京都の医療宣教師

アメリカン・ボードが初期の同志社に送り込んだ数多い宣教師（外国人教師）のなかに三人の医師がいる。入京順に挙げるならば、テイラー（W. Taylor, 一八七六年入京）、ゴードン（M. L. Gordon, 一八七九年入京）、そしてベリー（J. C. Berry, 一八八七年入京）である。新島と同年（一八七四年）に来日したA・H・アダムズ（A. H. Adams）も医師であるが、赴任地は大阪であった。同志社に赴任した三人の中で、医師としての活動は、ベリーが群を抜く。

一人目のテイラーは、市内で医療活動をしたことが府知事に問題視され、一八七八年には同志社を去って、大阪に戻らざるをえなかった。二人目のゴードンは京都では一切、医療行為をしなかった。伝道とともに、同志社で教鞭（専門の生理学のほかに、音楽なども受け持った）をとった。

その点、ベリーは別格である。新島襄の要請を受けて、同志社の医学・医療面で絶大な力を揮った。それればかりか、新島個人にとっても、いわばホームドクター的な存在であった。旅行や手紙の執筆、人との面会など、折に触れてベリーは新島に厳しい「ドクター・ストップ」をかけた（『新島襄全集』六、三一二頁、三二七頁ほか）。後述するように新島の最期を大磯で看取ったのも、ベリーであった。

ベリーは、一八四七年一月にメイン州フィッツバーグで誕生し、ボードウィン大学、ならびにジェファソン医科大学を卒業した。彼が医師になることは、周辺の者にとっては、実は意外であった。彼は十八才で洗礼を受けてからは、キリスト教的な活動に非常な関心を寄せ、働きもした。友人たちからは、将来は牧師になるに相違ないと思われるほどの熱心な信徒であった。しかし、人前で話をすることに苦手意識を持っていたために、「聖職と殆ど同じ程度に重大なものであると思はれる」医学の研究と実践を志望するようになったという（大久保利武『日本に於けるベリー翁』一一一頁、東京保護会、一九二九年）。

こうしてベリーは、一八七二年、結婚と同時に医療宣教師として来日し、まず神戸で活動を始めた。ベリーは当地で、日本語教師として影山耕造を雇った。彼は、松山高吉の実兄で、堀俊造や前田泰一らと共に英語塾（宇治野村英語学校）を設立し、校長に宣教師のJ・D・デイヴィスを迎えた（本書一九二頁を参照）。同校の幹事を務めた松山は、新島とともにベリーの京都赴任に大きな働きを残した人物である。

神戸時代のベリーの働きで評価が高いのが、医学の面から日本の監獄改良に尽力したことである。これは、日本キリスト教史上よりも、日本監獄史ではよく知られている事実であるが、これも、ベリーにとっては、青年時代のキリスト教的活動の延長線上のことかもしれない。

ベリーは最初の赴任地、神戸と同様に、二番目の赴任地、岡山でも医療活動を活発に展開し、県庁や地域の医師や患者たちから大きな信頼を寄せられた。そうした実績を積んだ彼が、三番目の赴任地として選んだのが、京都であった。岡山での失意に加えて、新島からの熱心な招聘が大きかった。

ベリーを迎えて、同志社の医学教育と医療活動は本格化した。新島襄と共に同志社病院と看護学校を設立し、自ら前者の院長におさまったからである。彼の呼びかけによって、アメリカから複数の医師や看護師が来日し、アメリカン・ボードにとっても京都は一大医療拠点となるにいたった。

J・C・ベリーと京都

実は、ベリーは京都に赴任する以前に、京都に定住する可能性が二度もあった。もしもそれが実現しておれば、テイラーはもちろん、J・D・デイヴィスや新島襄（両者の入京は一八七五年）よりも早く、京都で活動したアメリカン・ボード宣教師第一号になっていた。

まず、最初の入京機会は、同志社開校に先立つこと三年の一八七二年のことである。来日したばかりのベリーは、京都で開催された博覧会の期間中に、先輩宣教師らに誘われて、赴任地の神戸に落ち着く前後に京都に足を運んだ。

日本からボストンのミッション本部に送った最初の通信（一八七二年六月十七日付）には、京都の府庁高官や医師たちから歓迎されたことを報じている（拙著『アメリカン・ボード二〇〇年』七三頁、思文閣出版、二〇一〇年）。ベリーは、地元の医師たちから京都での活動を大いに期待された。結果的に招聘の件は実現にはいたらなかったが、アメリカ人医師の評価が極めて高いことが窺える（拙著『京都のキリスト教――十九世紀の同志社教会――』八頁以下、日本キリスト教団同志社教会、一九九八年）。

当時の消息に関しては、招聘が流れた要因も含めて、ベリー自身が後年、自伝（一九二七年）の中で次のように明らかにしている。

「その年〔一八七二年〕、たしか日本では始めてのものだと信じますが、工芸美術の展覧会〔博覧会〕が、京都で開かれました。我がミッションに早くから参加して、當時は京都に〔博覧会中に限って認められた〕仮住居をしていたオー・エッチ・ガリック氏〔O. H. Gulick〕夫妻の客分として招待されました。

その滞在中に京都医師会が私のために一夕の饗宴を開いてくれましたが、その翌日、私に対して、當時、彼等がちやうど建設しようとしてゐた病院の医長として、京都に定住してくれるやうにと要請してまゐりました。

彼等が申出た俸給は、〔ミッションの宣教師給与と比べても〕莫大なものでしたが、私は既に京都の〔槇村正直〕知事が京都市病院の医長として、外科軍医を独逸政府を通じて招聘してゐたことを聞いてゐましたので、これは外国人によって管理される第二の病院として、〔京都医師会が〕対抗的に競争しようと云ふ魂胆だ、と云ふことがわかりましたから、私はその申出でを拒絶して、〔赴任地の〕神戸に帰ってまゐりました」（『日本に於けるベリー翁』一一五頁）。

二度目の機会は、同志社開校の前年（一八七四年）のことで、ベリーが神戸での活動を始めて一年が経つところであった。五月に京都府立の病院・医学校（療病院。現京都府立医科大学・病院）の医師となる話が持ち込まれた。月給は六百ドルという高額であったが、ベリーは開始したばかりの神戸の仕事を優先させた（田中智子『近代日本高等教育体制の黎明――交錯する地域と国とキリスト教界――』四三頁、思文閣出版、二〇一二年）。

三度目の京都招聘が、キリスト教団体（同志社）からのものであったことが、ベリーには幸いした。岡山でおりから失意と挫折の渦中にいたベリーにとっては、ある意味「渡りに船」であった。当時の彼は、岡山県病院を帝大卒の医学士たちに牛耳られ、派遣争いに敗北したために居場所を奪われ、伝道もままならぬ状況に追い込まれていた。一時は、帝大卒の院長から病院を解雇されかけた（『近代日本高等教育体制の黎明』一〇七頁）。

ベリーと新島襄

新島、あるいは同志社としては、ベリーの協力を得ることで、初めて医療部門への進出が可能となった。そもそも新島とベリーの関係は、新島の帰国時にさかのぼる。一八七四年、いよいよ十年振りに帰国という年を迎えて、新島はアメリカン・ボード日本ミッションのメンバーから手紙（同年一月一日付）を受取った。神戸と大阪に駐留するD・C・グリーンほか八名のアメリカ人宣教師たちが、新島の帰国を歓迎し、あわせて日本ミッションへの加入を希望するという内容である。

八名連記の発信者中に、テイラー、ゴードン、ベリーの名が混じる。ベリーは一八七九年に岡山へ転出するまで、神戸を活動拠点としていた。そのため、帰国して大阪に赴任してきた新島とは、さまざまな交流が見られた（ただし、ベリーは一八七七年から一年半、休暇をとって帰国）。その点、ベリーと新島の最初の会見は岡山であったとするのは（『同志社百年史』通史編一、二八九頁）、事実に反する。

大阪に新島を迎えた当時、ベリーが書いた手紙には、新島に関して医師としての所見が書かれている。「ニシマ（もしくは、ニイシマ）氏は、神経系統の疲労状態に基づくと考えられる頭痛と不眠症とに悩んでいます。リン酸塩をとって休息すれば、楽になると思います。彼は〔半年前に日本〕ミッションに加入した時も、同じような状態でした」（『アメリカン・ボード二〇〇年』一〇四頁）。

しかし、本格的な交流が開始するのは、同志社医学校の設立構想が持ち上がってからなので、ベリーの岡山時代である。ベリーは一八七九年から岡山病院の顧問に就任し、かたわら同地の医学校でも教えていた。新島と接触した当時のことをベリーは自伝のなかで、次のように回顧する。

「御存知のことでせうが、当時、同志社大学の総長〔同志社社長〕であった新島博士が大学を代表し、松山〔高吉〕牧師がその教会〔組合教会か〕を代表して、岡山に私を訪ねて来られ、英国及び米国の最も優秀なる医学を教へるために、基督教の精神に基く医学校を建設するについて、私にその指導監督の任に當ってくれるやうにと懇請されました。

この人達のいふところによれば、現在、日本の基督教信徒の親達で、その子供に医学を修めさせたいと希望してゐるものが澤山あるのであるが、しかし、當時、東京医科大学〔帝国大学〕に於けるが如き、独逸学派の不可知論の純正科学の立場に立つやうな学校へは、子供の信仰を乱すのを恐れて入学させることを望んでゐない、と云ふことでした。私はこの方面に於ける私の仕事について記した小冊子〔不詳〕を一部、お送り致しませう。

しかし、不幸にして、私達はすべての方面に於いて、心からの協力一致を見ると云ふところまでは行きませんでした。それで、私の大きな計画案は廃棄されてしまひましたが、ともかくも同志社病院と京都看護婦養成学校〔京都看病婦学校〕とが建設されました。すべてはアメリカ伝道局〔アメリカン・ボード〕の援助と協力とによって出来たものです。私は、この事業の第一回年報の写しを一部、お送り致しませう。

かのボストン市病院の看護婦長と云ふ職を辞めて、態々《わざわざ》この新しき事業を建設するために日本に渡って行ったリンダ・リヤード〔リチャーズ〕嬢は、今は病気のために体は利《か》きませんけれども、未だ生きて居られます。評議員会は、私を彼の女の相談役として任命致しました。

この学校〔京都看病婦学校〕は、御存じのやうに非常に完全に組織されてゐましたので、やがて日本に於ける他の看護婦養成学校の模範となり、またその規則とか方法とかを学ぶために、よく医者や政府の役人達が訪問してまゐったものでした」（『日本に於けるベリー翁』一二五頁）。

この自伝では、一八八二年に新島と松山が岡山に足を運んでべリーに協力を要請したとする。一方、新島の側の記録によれば、それは十一月十六日のことで、新島と松山は岡山のベリー宅で「医学校之相談」をしている（『新島襄全集』五、一六九頁）。さらに、ミッションの記録では、この年の夏、ふたりは有馬で避暑中のベリーを訪ね、医学校設立への協力を要請したことになっている（『アメリカン・ボード二〇〇年』一六四頁）。

しかし、この時期、新島は中山道を経由して群馬、山形へ出掛けているので、有馬に行けた可能性は少ない。行ったのは、前年（一八八一年）の夏である。一八八一年七月十三日、新島は神戸に向かい、松山宅で神学校のことを関係者と協議している。同日夕方、松山と有馬に出向き、避暑中のベリーにも会っている（『新島襄全集』五、二二三頁。溝口靖夫『松山高吉』一九三頁、松山高吉記念刊行会、一九六九年）。面談はしたとしても、医学校の件が浮上する前のことであろう。

新島とベリーとの間で医学校設立が話題になるのは、一八八二年秋の岡山会談からである。しかし、これ以前に動きがあった可能性も否定できない。新島自身の回顧は、同年夏に、有馬に避暑中のベリーを組合教会の代表として三名の牧師がベリーを訪ねて、協力を要請したことを、医学校設立運動のそもそもの始まりとしている（『新島襄全集』七、三四九頁）。もしもそうであれば、ベリーにとっては、この有馬会談が、京都への道の出発点になるが、その場に主役ともいうべき新島の姿はなかったことになる。

医学校設立に向けて

新島は同志社の開校当初から医学部構想を抱いていた。最初の大学設立趣意書である「同志社大学設立之趣意之骨案」には、宗教部（神学部）、法学部と並んで医学部の設置構想が、すでに表明されている（『新島襄全集』一、二八頁）。新島がこれを執筆したのは、一八八二年十一月七日であるが、先述したように、九日後の十六日には、岡山に赴いている。同地に駐在していたベリーと医学校設立の件を協議するためである。

同志社の医学校設立については、それまでに前史がある。有力な契機は、京都の医師、大村達斎が自己の病院を同志社に寄贈してもいい、と申し出たことにある。これがいつのことか、特定はできない。早ければ一八八一年十二月には医学校設置の件は、水面下で話が進められていたようである。それが窺えるのが、同年十二月二十一日に新島がベリーに送った手紙である。大村に関しての言及が見られる（同前八、二三〇頁）。

医学校設立に関して、その後の半年間の経緯は、不明である。一八八二年の六月に至って、新島は大村と「医学病院寄附金ノ相談」をした（同前五、一七九頁）。これを受けて、両者の間でスタッフの人件についても協議されたようで、ベリーの名前が院長候補として浮上する。

そこで、秋に新島からベリーに直接、打診が行なわれた。十月十五日ころ、岡山から返信が届いた。「来京」か「滞岡」か、をめぐる問い合わせである。二十日に新島は大村を訪ねて協議を重ねたうえ、ベリーに手紙を送った（同前五、一八七頁）。原物が残っていないために、手紙の詳しい内容は、不詳である。

けれども、ベリーが十月三十一日付の返信で、「病院設立につき、相談したいが、妻の出産が近いために京都へ行けない」旨を新島に伝えているところを見ると（J. C. Berry to J. Neesima, Oct. 31, 1882, Okayama）、新島は京都にベリーを呼び、直接、協議をしたい旨を書き送ったと思われる。新島はベリーの手紙を受理した二日の日記に、「予ノ参岡セン事ヲ促ス（病院ノ事也）」と記す（『新島襄全集』五、一八八頁）。

先のベリーの返信によると、新島の提案を知らされたベリーは、岡山の同僚であるケリー（O. Cary）とペティ（J. H. Pettee）と相談した結果、ともかくも京都に行って新島と直接会い、慎重に協議をするべきだという点で一致したが、出産を控えた夫人の反対で、京都行きを取り止めざるをえないという。興味深いことに、京都の医師、大村達斎（後述）が新島に同行して岡山入りをしても構わないが、必ずしも必要ではない、と付記されている。

新島はベリーの要請を受け、翌月（十一月）の十五日に岡山へ発ち、翌日、ベリー宅で同地の宣教師を交え、医学校設立について協議に及んだ（同前八、二五〇頁）。岡山在留中の二十日には、「校則ノ翻訳ニカカル」と新島は日記に記す。ベリーが作成した英文の医学校（看護学校）校則案の翻訳であろうか。

十二月十二日、ベリーから新島に手紙（J. C. Berry to J. Neesima, Dec. 12, 1882, Okayama）が送られた。同月九日に新島が送った手紙（所在不明）の返信である。ベリーが起草した規定（the proposed charter）では府庁の認可が取れないのではないか、との新島の懸念に対する返答である。京都ステーション（実態は同志社）所属の宣教師（同志社教員）の意見を聞いたうえで、外国人寄付者の信用を損ねない限り、新島と大村が自由裁量で変更をされたい、とある。官立の医学校が全国的に整備されてきたので、道徳性（morality）だけでなく、能力（ability）の点でも優れた私立学校を開くべきだとベリーは主張する。

公私立病院の廃院をめぐって

一八八三年一月十日、ベリーを京都に迎え、同志社教員がD・C・グリーン（D. C. Greene）宅で「医校之法方」を協議した（『新島襄全集』一、三二九頁）。同月十八日には、それを受ける形で大村達斎、市原盛宏、中村栄助が新島宅に集まり、「医学校設立之為結社如何」を相談した（同前五、一九二頁）。この日、委員会には欠席はしたものの、伊東熊夫がメンバーであるのは、注目すべきである（同前五、一九二頁）。

伊東は、綴喜《つづき》郡（現京都市伏見区）出身の府会議員、自由民権家で、製茶業を営む実業家である。のち、衆議院議員、伏見銀行頭取、伏見商業会議所初代会頭などを歴任した地方名望家である。

新島との関連で言えば、伊東が中軸となって立ち上げた民権私塾（南山《なんざん》義塾）に新島は支援を惜しまず、開校式に駆けつけて、祝辞を披露している（同前一、四二三～四二四頁）。義塾の開校式が正規に挙行されたのは一八八二年十月で（『近代日本高等教育体制の黎明』一四五頁）、医学校設立計画を新島が展開し始めた翌年のことである。つまり、この前後は、伊東と同志社（新島）とが、もっとも接近した時期である。

その伊東に対して新島は、明治専門学校（同志社大学）設立募金集会を綴喜郡で開催してもらいたい、との依頼状を送付した（『新島襄全集』一、二一二頁）。伊東からは快諾の返事が来た（同前九上、三九二頁）。彼は同志社大学設立運動に対しては、当初から支援者のひとりとなって、府会議員たちへも協力を呼び掛けてくれた（同前三、四九八頁）。

非キリスト教徒の伊東が、同志社系の医学校設立運動に組み込まれたのは、なぜか。あるいは、中村の仲介かも知れない。医学校設立のためには、キリスト教関係者以外の地元資産家の協力が不可欠との判断から、府会議員にアピールすることが先決と考えられたのであろう。伊東自身も、教育事業、とりわけ私学に関心が高かった。

前年の一八八二年、京都府医学校存続をめぐって、府会でおおいに論議が交わされた際、伊東は地方税支弁による学校維持にまっこうから反対した。府医学校を廃止し、私立医学校を奨励するという立場を強硬に主張した府医学校存続反対派の旗手であった。

伊東の目論みは、府医学校を新島に引き継がせることにあった。新島としては、大村達斎の医学校（私立）だけではなく、公立医学校を継承する可能性もあったわけである。すなわち、同志社医学校の設立計画は、ふたつの公私立医学校の存続を絡めた展開を見せ始めた。新島、大村、そして伊東は、それぞれの思惑で結び合わされたことになる（『近代日本高等教育体制の黎明』一二二頁以下を参照。大村の学校については、後述する）。

これより少し時期は下るが、一八八九年二月に新島は徳富蘇峰に宛てて書を寄せ、伊東を次のように推薦する。同書には、同志社大学設立募金運動にとって、有力な支援者となる期待が込められていた。

「京都之伊東熊夫ト申人ハ、御存も可有之通、南綴喜郡之一有志家ニシテ、旧自由党員ニアリ、近時ハ大ニ実業上ニ尽力、又政治上、運動之気概モナキニアラス。先府下ニ於而《おいて》、稀有之人物ニシテ、矢張、〔貴兄と同じく〕平民的之運動ヲ為ス等ノ事ハ、必ラス貴兄之御訓示ニ同意スヘキ事ト存候間、参上之節、将来之運動、又新聞紙等之御相談モ有之候節ハ、何卒、充分之御加勢被下度候」（『新島襄全集』四、四三頁）。

新島にとって、伊東はぜひとも同志に加えたい人物であった。

医学校設立運動に戻る。一八八三年一月十八日、新島宅で医学校のための「結社如何」が話し合われたちょうどその日、ベリーは岡山で新島宛の手紙（J. C. Berry to J. Neesima, Jan. 18, 1882〔1883〕, Okayama）を認めた。新島は二十日前後にはこれを受理したはずである。

この手紙の発信年次は、一八八二年と記されてはいるが、内容から見て一八八三年の誤記と思われる。とりわけ、直前の京都訪問について記述がなされているものの、一八八二年一月にはそうした事実はない。むしろ、一八八三年一月十日の京都訪問の直後に認められた、と見るほうが、自然である（『近代日本高等教育体制の黎明』一四七頁）。

京都民立医学社

これは、新島の手紙に対するベリーからの返書である。主な内容は、医学校規定と思われる草案をめぐるもので、ベリーは原案の起草を京都で新島からかねて依頼されていたようである。とくに問題とされているのは、京都府の認可を得るための規定(General Regulations)や内規（By Laws）の条文で、カンパニー（設立母体となる法人）、外国人からの寄附、ミッションの協力などの条文について、新島に意見を求めている。ベリーの手紙の文面を見る限り、これは改訂版のようであるので、これ以前に新島にはすでに原案が渡っている可能性がある。そうであれば、ベリーの関与が前年に始まっていることは、明白となる。

この手紙の末尾でベリーは、大村達斎と小野（俊二であろう）にも言及しているので、京都では大村との面談も行なわれたのであろう。手紙には大村から茶をプレゼントされたことへの謝意が記されている。一方の小野は当時、奈良病院長であったので、京都でベリーと会見する可能性は低い。そこでベリーは岡山に戻るや、小野に宛てて「もし招聘されたら、京都に赴任するように」と書き送っている。

小野は、神戸時代のベリーに指導を受けた初期の信徒で、一八七四年四月十九日、神戸公会（現日本キリスト教団神戸教会）が創立された際に、D・C・グリーンから洗礼を受けた。一八七七年には、フィラデルフィア大学医学部に入学し、医師となる研鑽を積んだ（茂義樹『明治初期神戸伝道とD・C・グリーン』一六二頁、一八八頁、新教出版社、一九八六年）。

小野は、ベリーの愛弟子とも言うべき存在で、一八七三年にベリーが最初の医療伝道に播州地方へ出向いた際、彼に同行している。アメリカ留学の際も、帰国するベリー（最初の帰米）に同行しての渡米であった。帰国後、奈良病院長に就任していた。

ちなみに、ベリーの最後となった帰国（一八八四年）の際、小野と同様にベリーに同行してアメリカ留学（ペンシルベニア医科大学）したのが、川本恂蔵である。彼は、日本に戻ると、ベリー不在となった同志社病院の副院長となった（『近代日本高等教育体制』五九、一三七、一四八頁）。小野にしろ、川本にしろ、ベリーにとっては、門弟の中ではもっとも信頼すべき日本人医師であったはずである。ベリーは同志社医学校を構想した際（一八八二年）、川本を結社メンバーの一員にすることをすでに考えていた（同前、一四〇頁）。

新島はベリーからの助言を受けて、医学校実現に向けて、さっそく動いた。規定案に適切な変更を施せば、結社の認可が取れるとの見通しがたったのであろう、一月二十三日に河原町商法会議所（山本覚馬の提唱で設立され、中村を始め彼の門下生が幹部を牛耳っていた）で会合を持った。中村、新島、大村のほかに有力府会議員ら（その代表が伊東熊夫である）も参加した。この席で次の三点が決議され、運動は一気に具体化に向けて動き出した。

（一）医学校設立のために結社する。
（二）医学校維持のために大村が二万八千円を預金する。
（三）奈良病院長の小野俊二に招聘状を出す（『新島襄全集』五、一九二頁）。

この前後に新島が起筆した書類に、「医学校規定」（医学校、看護学校、病院の設立案）がある。作成期日は未記入であるが、おそらく京都の有力府会議員たちとの会合以後に作られたものであろう。それには、社名を「京都民立医学社」とする、と規定されている。同志社医学校としなかったのは、なぜか。

「医学社」としたのは、医学校を越えた大きな機構（医学部、病院、看護学校を備えた）が考えられていたからである。新島の医学教育構想は、単なる医学校に留まらず、これら三つが三位一体のように不可分の関係にある（『近代日本高等教育体制の黎明』一三五頁以下に詳細な分析がある）。この点は、ミッションの次の記録とも、符合する。

「医学を学びたいというミッション・スクールの卒業生たちが、当時、官立学校では一般的に広く見られたドイツの不可知論〔無神論〕に影響されずに、〔英米風の〕医学が学べるような、キリスト教的感化のもとにある学校」を設立したいとの要請を最初に受けた時のベリーの反応は、こうである。「これには病院が必要であった。ベリー博士は、日本には皆無なので、看護学校も緊急に必要だ、と力説した。そこで、これら三つの事業を立ち上げる努力が払われた」（『アメリカン・ボード二〇〇年』一六四頁）。

医学校、病院、看護学校という「これら三つの事業」のために想定されたのが、先の「京都民立医学社」であった。当初の草稿では「医学校」であったが、それを敢えて「医学社」と訂正したのは、ベリーの主張が主因であったと思われる。

ついで、「京都民立」を名乗るのは、なぜか。同志社、あるいはキリスト教世界の単独事業とせずに、官庁を始め、ひろく一般（世俗）社会からの支援を得た「民間立」としたい、との期待が込められたからであろう。くわえて、同志社（キリスト教）側には、秘められた要因が窺える。キリスト教に否定的な「官立」の帝国大学（東大）医学部への対抗心である。後述するように、ベリーは同志社の名を冠しない校名案には、不満を覚えた。

新島は、商法会議所での決議を受け、さっそく小野との交渉に入った。彼からは快諾の返事が来る。ここまでは順調であった。ところが、事態は翌月、急転直下し、危機を迎える。

二月十日、大村は四名の委員（新島、伊東、中村、市原の連名）に宛てて、謝罪状（二月九日付）を送った。約束していた寄附（公債証書で二万五千円）が履行できなくなったので、新結社の組織は不可能になった、との内容である（『新島襄全集』八、二五四〜二五五頁）。

皮肉なことに、その翌日、小野からは「奈良病院に辞表を出したので、許可があり次第、京都に転出する」旨の連絡が新島に入った。新島として、「大ニ困却ス」は、当然の反応である。幸い、大村からは小野救済策（一年間の経済保障）の申し出がなされた。それを受けて、新島は「大村の違約によりに迷惑をかけたので、一年間、月給五十円で小野を雇いたい」と決断し、小野と交渉することにした（同前五、一九三頁）。

ベリーの医学校構想

四月九日になって、ベリーが出した看護学校案の検討会が、山本覚馬宅で開かれた。伊勢（横井）時雄も列席した（同前三、二三一頁）。ちなみに、校名は京都看病婦学校で一致しているが、秋（十月八日）にいたって、ベリーから校名改称案（京都看病婦学校を同志社看病婦学校と改称）が提出されたので、協議されている（同前三、四八三頁）。

四月二十五日、日本基督教伝道会社（組合教会系の全国組織）総会が開かれ、新島が法学部、ならびに医学部設置についてのアピールを行なった。後者については、「医学部ノ設置ハ、ベレー氏目下、尽力中」と述べたという（『原田助遺集』三四頁）。

翌五月の四日からは、アメリカン・ボード日本ミッションの年会が、京都のグリーン宅で開催された（『新島襄全集』八、二六一頁）。ベリーも岡山から駆けつけた模様である（J. C. Berry to J. Neesima, May 30, 1883, Okayama）。

会議さ中の五日、同志社はベリーに社員（理事）連名（新島の他に五人）で医学校への招聘状を届けた。医学校構想に賛同を得られた同志社系の日本人牧師も、同書に十四名が名を連ねる。記された招聘理由は、実に十項目にわたる。注目すべきは、同志社系教会が医学校を設立する推進力として、想像以上に大きな力を振るっている点である。招聘状を要約すると、以下の通りである。

（一）同志社普通学校を出た学生の進路として、同志社神学校以外の専攻が欲しい。他校に進学した者は、反キリスト教的な感化を受けて、本校で培った信仰を失いやすい。

（二）本校はすでに教会外部の支援者たち（土倉《どぐら》庄三郎ら）から法学部設立のための寄附を得ているので、教会関係者はアメリカの支援者からの協力をも受けて、医学校も設立したいと望んでいる。

（三）教会の信徒たちは、健康保持のために信徒の医師を必要としている。

（四）各地の教会には、少なくとも一、二名の医師が会員（信徒）として所属している。彼らは子どもたちの有力な進路先として同志社医学校を考えるであろう。

（五）伝道上、信徒の医師は牧師よりもはるかに広範囲に、しかも強い感化を市民に及ぼすことができる。
(六) 日本人医師の大半は、悲惨なほど腐敗しているので、宗教的な感化が必要である。
(七) すでに公的な医学校が各地にある以上、私立医学校は不要との反対論もあるが、いずれの医学校も宗教と倫理には何の考慮も払われていない。とりわけ外国人教授（ドイツ人医師が主体）は概して反キリスト教的である。
(八) 本校では、英語を用いて英米系の医学を教えたい。
(九) 他の医学校では病院実習が決定的に不足するので、わが校は病院をも設けたい。看護学校も同様である。
(十) 我々が計画するような純粋なキリスト教主義医学校は、国民を高度な文明の領域にまで教育するのに、大きな力を発揮する。

この文書は、ベリーに対する同志社への招聘だけでなく、日本ミッションを通して、ボストンのアメリカン・ボード本部に対して協力を要請する依頼状でもあった（『新島襄全集』六、二一五〜二一六頁）。

ベリーは、五月十六日に同志社社員宛てに手紙を出したのに続いて、三十日に新島にも返信を送った。さらに、京都のJ・D・デイヴィスにも六月二日に手紙を送ったようである。内容は、新島やデイヴィスが、ミッションの年会前に書類をミッション本部に送ることを要請したものである（J. C. Berry to J. Neesima, May 30, 1883, Okayama）。

六月にベリー宛てに新島が連名（新島、中村栄助、山本覚馬）で出した手紙（草稿につき、日付は未記入）によると、ベリーは同志社からの招聘を「快諾」している。その際、土地確保と建物建築の費用は、日本人が負担するという条件が、付された。ベリーは、ボストンのアメリカン・ボード本部の承認を取る前提として、日本ミッションでの決議が必要と判断し、そのために尽力している。

同月、ベリーは、さらにアメリカン・ボード総主事に宛てて、「数年来、我々の協議の主題」である同志社医学校について、協力を要請した。教授は病院、医学校、看護学校を合せて全部で五人を想定しているが、初年度は自分（ベリー）のほかにアメリカ人医師一名、それに小野で出発する、といった内容である（『同志社百年史』通史編一、二九二頁）。

ここで、ベリーが「病院、医学校、看護学校」と三つを併記しているのは、重要である。当初から「医学社」が構想されていることが、ここからも明白に窺える。しかし、この案が前提としていた府医学校の廃校が、結局は実現しなかったために、振り出しに戻った。前に見たように、ベリーは「私の大きな計画案は廃棄されてしまひました」と慨嘆した。秋には、新しい突破口を模索せざるをえなかった。それが新島とベリーとの再出発であった。

十一月上旬になって、新島は松村介石の按手礼（牧師となるための儀礼）のために同僚の牧師たちと岡山県（高梁）に出張する。その機会を捉えて、岡山でベリーと医学校問題について意見を交わす機会があったと思われる。

一行のうち、新島はペティー家に、澤山保羅《ぼうろ》はケーリ家に、そして横井時雄夫妻はベリー宅にそれぞれ宿泊した。こうした持て成しを受けた新島は、「岡山ステーションは、健康を損ねた人たちのアシュラム〔保養所〕になりつつある」と述べている（『新島襄全集』六、二二一～二二二頁）。その中軸に医師のベリーがいた。

一八八四年にいたって、ベリーの越後転出問題が突然、浮上してきた。越後で医療伝道に従事していたT・A・パーム（T. A. Palm, エディンバラ医療宣教会）が、自分の帰国休暇中の活動をアメリカン・ボードに代行してもらえないか、と要請してきたのである。

その後、スコットランドに帰国したパームは、結局、再来日が出来なくなったために、最終的には「パーム病院」などを他ミッションに譲渡することを余儀なくされた。アメリカン・ボードは、それまでの「日本ミッション」（京阪神を拠点に、西日本が主体）に加えて、新たに「北日本ミッション」を発足させた。

医療宣教師派遣の要請を受けたアメリカン・ボードは、当初、ベリーを派遣することにしたが、ベリーが拒否したために、あらたにアメリカから医療宣教師（D. Scudder）を送り込んだ。すなわち、ベリーは、越後伝道よりも、京都の医学教育を優先させたのである（詳細は『アメリカン・ボード二〇〇年』三七四頁、五〇〇頁他を参照）。

ちなみに、新たに赴任したD・スカッダー（D. Scudder）が、後に「パーム病院」を閉鎖した際、病院が保管する医薬品の在庫処分の一案として、京都看病婦学校に送ることが浮上した（同前、五二九頁）。

アメリカでの交流・協議

一八八四年の三月から四月にかけて、ベリーと新島は相次いで渡米する。新島の場合は、保養のための長期休暇（欧米）で、アメリカン・ボード本部がベリーとペティーからの要請を受け容れて、承認したものである（N. G. Clark to J. H. Neesima, Jan. 1, 1884, Boston）。

新島自身にとっては、休暇旅行は保養専念ではありえず、募金活動の一環でもあった。イタリアで避暑したおりの手紙には、「医学校を始めるための資金をアメリカで少しでも募りたい。そのことは、ベリー博士と共にすでにあなた〔ハーディ〕にお伝えした通りです」とある（『新島襄全集』六、二三二頁）。

三月八日、新島はわざわざ神戸まで足を運び、帰米するベリーを波止場で見送った。ベリーはアメリカに留学する川本惇蔵を同行した。新島はこの時、船中で旧知の板垣退助に会ったので、ベリーに紹介した（原田健編『原田助遺集』四六頁、私家版、一九七一年）。

翌日、新島は神戸からボストンのA・ハーディに手紙を認め、長期海外休暇のための経済的支援を感謝した。末尾には、「ベリー博士から、ただちにここ〔神戸〕から出発すべきだ、と強く勧められた」とある（『新島襄全集』六、二二三頁）。新島が、神戸を発って欧米旅行に出港したのは、四月六日であった（同前五、三二一頁）。

新島とベリーは海外でも時には郵便、時には直接面談で協議しながら、募金活動を展開した。たとえば新島は、ベリーから送られた「日本にて医学校設立の旨意書」（新島）をスイス（バーゼル）で八月二十三日に受理している（同前三、三〇二頁）。

八月になってベリーは、メイン州から新島（イタリアからスイスに移動中）に書を送り、当地ですでに募金のための組織作りに着手していることを報じている。募金目標額は巨額であるが、見通しは明るいという。アメリカン・ボードはこの冬（一八八五年冬）にも自分の京都転出を承認するはずである。自分以外にも、アメリカン・ボードと長老派ミッションは看護学校のために二名の看護婦を派遣する予定、といった内容である。ベリーの目論みは、敷地と建物は日本人の寄附に基づき、医師や看護婦の派遣はミッションが責任を持つ、というものであった（J. C. Berry to J. H. Neesima, Aug. 5, 1884, Phippisburg, Maine）。

新島の着米は九月であった。ちなみに、ベリーと再会できたのは、翌年のことで、東海岸のポートランド（一八八五年九月十六日）が最初であろうか（『新島襄全集』七、二六二頁）。ふたりは、九月二十四日にもノース・アンドーヴァーへ連れだって出かけている（同前七、二六三頁）。

渡米した年の末に、新島が受け取った今治教会牧師、伊勢（横井）時雄からの手紙は、アメリカにおけるベリーの募金活動に触れている。「もしも医学校を始めるのに必要な資金を彼が確保するならば、我々もそのためにできるだけの尽力を惜しまない」（同前六、二四二頁）。こうした日米の協力体制は、新島を激励し、喜ばせたに相違ない。

翌一八八五年一月十二日、ベリーはアメリカン・ボード本部から新島（ニューヨーク州のサナトリウムで静養中）に手紙で医学校設立事業についての途中経過を知らせた。長老派などの他教派と協調して設立する超教派方式（union plan）は、ボード総幹事のN・G・クラークも賛同しているので、日米で共同して取り組みやすい、とある（J. C. Berry to J. H. Neesima, Jan. 12, 1885, Phippisburg, Maine）。

設立・運営方式で言えば、アメリカン・ボードの方針は、終始、不動であるが、日本ミッションのそれは、変化が見られる。三月二十四日に大阪で開かれた特別会議では、ベリーを岡山から京都に異動させることとならんで、医学校を京都に設立・運営するのに、他教派の協力を得る方針（on a union basis）で取り組むことが、承認されている（『新島襄全集』八、三三〇頁）。

しかし、新島がボストン本部を訪ね、受け取った同日付のベリーの手紙は、これとは様子が違う。すなわち、日本ミッションは各派連合方式での医学校に反対している、というのである（同前

八、三三三頁）。こうした食い違いについては、新島・ベリー会談で、直接、調整なり、意見の一致が行なわれたと思われる。この会談に関しては、これまで両者は一八八五年四月にニューヨークで会った、と伝えられてきた。しかし、同月十一日にボストンのアメリカン・ボード本部で会って、手紙の受け渡しがあったとする方が、事実に近いのではなかろうか。

ニューヨーク市での会談は、五月中旬に実現した。新島は、同地に滞在中のベリーを訪ね、九日から十三日まで五日間、同じ所に宿（一泊一ドル）をとった。その間、「ベリー博士としばしば博士の将来の計画、とりわけ博士の看護学校や診療所などについて話をした」（同前七、二四〇頁）。彼から示されたN・G・クラークの所見は、新島を喜ばせた。同志社の医学校に関して「日本における偉大で挑戦的な事業」を果敢に推進したいとの表明だからである（同前七、二六六頁）。ニューヨークに滞在中、新島は同市の長老派病院を視察し、特徴や留意点などを書きとめている（同前七、二二三～二二四頁）。

超教派立か単独教派立か

医学校の設立方式をめぐっては、アメリカン・ボード内部で、多少の摩擦が生じていた。大きくはふたつの流れ、すなわち教派を問わず超教派的に取り組むか、それとも、教派（会衆派）単独で設立する、という差異があった。中心人物の新島は、教派立（具体的には会衆派立）にこだわったと思われるが、彼自身の見解や至誠は、明白に宣言されていない。

一方、ベリーは超教派立、すなわち「連合」（union）案を主張した。ベリーの娘によると、同志社大学の一部門として超教派系医学校（Union Medical School）を設立することが、ベリーの兼ねてからの夢であったという（K. F. Berry, *A Pioneer Doctor in Old Japan*, p.138, Fleming H. Revell Company, 1937）。

ただし、これには異論がある。アメリカン・ボード本部（たとえば、総主事のN・G・クラーク）が、他教派と協調する医学校設立案を支持していたのに対し、日本ミッション所属の宣教師たちは、そうした教派連合による設立や運営には総じて反対で、ベリーもそのひとりであった、という（『新島襄　人と思想』二二四頁）。

ここでもそうであるが、注意すべきことは、ベリーや新島の主張が必ずしも首尾一貫してはおらず、時期により変化が見られる点である。新島は渡米中（一八八五年一月二十三日）、同志社のデイヴィスに宛てて、「ベリーの医学校」について所見を送っている（『新島襄全集』六、二二四頁）。四日後の新島の手紙（N・G・クラーク宛て）によると、デイヴィスからの手紙の中身は、以下のようである。

「デイヴィスの手紙や彼ら〔同志社の宣教師たち〕の一致した行動から判断する限り、兄弟たち〔彼ら〕は計画中の医学校を自分たちの手〔会衆派〕に全面的に委ねることを切望しているように思われます。彼らは、ベリー博士の最近の共同案（co-operation plan）には、むしろ反対の意見を持っているに相違ありません。

私は、ベリー博士の案に賛成でした。それが唯一の案だと思ったからです。博士は、起業に必要な資金を〔身内だけで〕調達するという最初の案の実現に失敗したために、〔これからは〕共同案を押し進めるというのです。しかし、もしも京都からの要請がアメリカン・ボードで承認されるならば、私たちは事柄をまったく我々の手中に収めるだろうと思います」（『新島襄全集』六、二五六頁）。

翌月初旬に新島が受理したベリーの手紙によれば、共同案（連合方式）の中身とは、こうである。「学校の自治権は、完全に尊重されるべきである。それ以外の取り決めは、黙認されてはならない。協力する（co-operating）ミッション・ボードはいずれも、同志社が日本の法規に基づき外国人〔教授・医師〕を雇用した場合、その給与に見合うだけの贈与〔負担金〕をしなければならない。

私はどのミッション・ボードと協議する場合でもいつも、事業は同志社の管理の下に置かれることになる、と明確に了解してもらえるようにしてきた。そのことは、学校の正当な活動に対しては、政府が法に則って責任を持つことになる。それ以外のどんな取り決めも、貴方との協議なしには結ぶことはいっさいないので、安心されたい」（同前七、二二五頁）。

四月には再度、クラークに宛てて新島は、医学校の設立・運営の件に関して懸念を伝える。同僚宣教師たちが、ベリーの共同案に反対し、ベリーを京都に招くことを決めたその決め方にも、自分は多少の不信感を抱く。どれほど日本人側と腹蔵なく協議をしているのか、疑問を感じるから、という。「ベリー博士のケースが、日本人と十分な教義をしないで決定されることがないように望む」と釘を射す（同前六、二六二頁）。

長老派の姿勢

新島がボストンに着く直前のことであるが、東京の長老派教会常任員会の報告（一八八四年九月二十四日付）が、長老派ミッションョン本部に送られている。アメリカン・ボードから連合医学校案が提出されたとの内容である。ついで、ベリーはアメリカの長老派教会を通じて、キリスト教教育同友会に対して、寄附を求める請願を行なった。

同会は十一月に、応分の協力を惜しまない、と決議し、ベリーにその旨を回答してきた。ベリーは、同会の「素晴らしい決定」に感激すると同時に、「教授職の割り当て」を早めに検討されるよう要請する。しかし、その後の進展は、ベリーが望むような方向には進まなかった（亀山美和子「京都看病婦学校と新島襄」一三四〜一四〇頁、一四四頁、同志社編『新島襄　近代日本の先覚者』晃洋書房、一九九三年）。

長老派は最終的には、アメリカン・ボード（ベリー）と共同で取り組むことを拒否した。ベリーは一時、長老派の協力的な姿勢に好感を抱いていた。前述したように、自分の外にも、アメリカン・ボードと長老派ミッションが看護学校のために二名の看護婦を派遣してくれる、との期待感を持っていた（本書一二四頁を参照）。ちなみに、長老派の反対理由は、次の三つとされている。
（一）私立病院の看護婦は、日本人の生活と習慣に合わない。
（二）設備の整った官立病院が、どの市でも設立されている。
（三）医療奉仕は、もはや宣教師にとって主要な活動領域ではない（『アメリカン・ボード二〇〇年』六一一頁）。

この背景には、同派の元老とも言うべきJ・C・ヘボン（J. C. Hepburn）の占める存在の大きさが窺える。彼はかつて、横浜に着いた医療宣教師のスカッダーに対して、「医療宣教の時代は、とっくに終わった」と宣告して、スカッダーを失望させた「大先輩」の医療宣教師である（同前、三六三頁）。ヘボンは同志社医学校設立へ協力する件を照会された際、ミッション・ボードが信徒からの献金を医学校設立に投資するのは、「無駄なことに消費する」こと、と断定した。ましてや、京都というマイナーな都市に建設することには、強く反対だった（『京都看病婦学校と新島襄』一四一頁）。

教派連合方式による医学校設立構想が行き詰まったのは、ベリーが帰国中の一八八五年のことであった。長老派の態度にまるで連動するかのように、アメリカン・ボード日本ミッションのそれも変容した。それまで検討されてきた三案、すなわち①ユニオン医学校京都案、②同大阪案、③会衆派による看護学校京都案のうち、第三案を選択することが、ボストンに伝えられた。ボストンでは、キリスト教系医学校案の挫折を惜しみながらも、最終的にはこれを受け容れた。

これに対してベリーは、「長老派が細部にこだわらないのに比較して、アメリカン・ボード（日本ミッションか）の態度は、甚だ遺憾である」（『同志社百年史』通史編一、二九四頁）と慨嘆したとも、「アメリカン・ボードは、ユニオン医学校の計画に寛容な長老派のことばに耳を傾けるべき」と主張したとも言われている（小野尚香「医療宣教師ベリーの使命と京都看病婦学校」二八一～二八二頁、同志社大学人文科学研究所編『アメリカン・ボード宣教師』教文館、二〇〇四年）。

外部献金

出国前には、海外でも医学校設立のための募金活動をすることを視野に入れていた新島であるが、現実にはさしたる成果は挙げられなかった。もちろん最大の大口寄付者、アメリカン・ボードは別格として、外部資金として新島が個人的に集めたものは、意外に少ない。記録に残るのは、わずか二、三件である。

まずは、イタリア（トレ・ペルチェ）で巡り合ったスコットランド人女性（Shande）からの二ポンド、ならびにドイツ（マインツ郊外）で親しくなったドイツ人家族からの四十一マルク余である（『新島襄全集』六、二三四～二三五頁。シャンデについては、同前七、一八六頁、三一二頁をも参照）。後者は、アメリカン・ボードが新島に領収書を発行している。領収書は実はもう一枚あり、新島が保存していた。ドイツの温泉街（ヴィースバーデン）で交流したドイツ人（Schneider）と彼の友人から貰った五十フランである（ABCFM to J. H. Neesima, June 6, 1885, Boston）。

その他、ベリーが媒介したものとしては、後述するJ・T・モートン、ならびにエディンバラ医療宣教会（EMMS）からの寄附がある。ただし前者は、同志社医学校のために十万ドルの寄附を申し出たが、受け入れ側（日本）の法的条件が整わないため、やむなく他国（トルコ）の医学校創設資金に廻したという（本書一三〇頁以下を参照）。後者も、モートンの進言があったのか、同志社へ協力を申し入れてきた。日本人が建物と土地を用意するなら、「医学博士数名ヲ寄送スヘシ」という申し出である（『新島襄全集』三、四二五頁）。結果的に、人材の派遣は実現しなかったが、同会からは寄付金として五百十四円が送金されてきた（『京都看病婦学校五十年史』二〇頁）。

もともとこの医療宣教会は、バステスト教会系のミッションで、アメリカン・ボードや同志社とは教派的な関係は薄かった。しかし、かつて新潟に医療伝道師のT・A・パームを派遣して医療伝道に従事させていたが、一八八三年にパーム一家がそろって帰国するにあたって、パーム病院などの医療業務の引き継ぎをベリーに要請して来た、という経緯があった。パームの願いは、ベリー本人の出馬であった（詳しくは、拙著『近代新潟におけるプロテスタント』思文閣出版社、二〇〇六年、を参照）。

一八八六年九月に入って、同宣教会の理事長から新島に、委譲に関する手続きなどの照会があった（『新島襄全集』八、三八九頁）。「この件〔日本におけるキリスト教系医学校の設立〕に関する京都のベリー博士の実に興味深い書類」を読んで、同志社への協力を決議したという（J. Lowe to the President of the Doshisha,「同志社医学校創立ニ関スル書類」Sep. 8, 1886）。ベリーが書いたという「実に興味深い書類」が何であるのか、判然としないが、同志社（社史資料センター）に残るベリーの英文草稿「医学校・病院開設についての意見・資金調達方法についての意見」（一八八四年一二月一六日）が、参考になるかもしれない。同書は、ベリーが在米中に日本ミッションの同僚たちに書き送ったものである。

開校運動を再開

在米中のベリーや新島の懸命の努力にもかかわらず、事態は思うようには捗らなかった。彼らがアメリカに滞在する間に、キリスト教主義医学校（とりわけ教派連合方式での）構想は挫折し、結局、医学校を断念して、病院と看護学校をとりあえず先行させるという案に後退した。

新島が日本に戻ったのは一八八五年十二月、ベリーは翌一八八六年の一月であった。彼らを俟って、国内での設立運動が、再開される。主導権は時には、ベリーが握った。中軸と思われがちの新島は、「私はベリー博士の看護学校のために働いています。彼のためにいつも実に多忙です」と告白する（『新島襄全集』六、三〇五頁）。

一八八六年九月二十日、大日本私立衛生会京都支部会でベリーは新島と並んで、看護学校設立の目的について演説を行なった。残された新島の草稿（同前一、一一〇～一一四頁）は、ナイチンゲールの事績に触れ、最後は宣教師の紹介で締めくくられている。「偏ニ元来、数千里ノ波濤ヲ渡航シテ我カ国ニ来リ、我カ同胞ノ幸福ノ為ニ計ラルル米国ノ医師、ヘレー〔ベリー〕、婦人〔医師の〕バクレー〔バックレー、S. C. Buckley〕、看病婦学校女教師リチャルド氏〔L. Richards〕ノ目的ヲ体スル事ナレハ、願クハ満堂ノ諸彦ニモ克ク此点ヲ御承知アリタク」（同前一、一一〇頁）。

なかでも、新島は「看病婦ノ手ギハ」で難病（新生児結膜炎）が治った例として、同志社教授である市原盛宏の女児の看護の例を挙げる。新島自身は「リチャルド氏ノ二十分間オキ」というメモしか書き残していないが（『新島襄全集』一、一一二頁）、幸いにもベリーが今少し詳しく記述している。

それによると、この患者には入院してからの二十四時間、二時間毎の洗浄が必要であったが、日本人の担当看護婦はそれを安全に行なうことができなかった。そこでリチャーズは、ベリーに一言も言わずに患者の側に一晩中居て、洗浄を行なった。そのおかげで、翌朝、患者の両眼は調子がよくなり、失明せずに済んだという。「この出来事は、そのすぐ後の公開集会で新島博士から紹介された。言うまでもないことだが、この話しに聴衆は深く感動した。『ミス・リチャーズが日本にいた期間は短かったが、彼女の名は末永く感謝して記憶されるであろう』」（L. Richards, *Reminiscences of Linda Richards, America's first trained nurse*, p.xvi, Whitcomb & Barrows, Boston, 1911）。

同じように、新島は伊勢（横井）峰の告別式でもリチャーズの名を挙げる。告別説教の草稿に、「リチャルド、バクリー、ベレー氏ノ深切〔親切〕」とのメモがある（『新島襄全集』二、二五三頁）。彼女は二名の医師とともに、おそらく峰の最期を看取ったのであろう。新島はリチャーズの献身的な看護に関して、感謝をこめて参列者に紹介した。彼女の懇切な看護の手際よさは、さだめし評判になったことであろう。

一方、ベリーのものは、全文が佐伯理一郎『京都看病婦学校五十年史』（四頁以下、同校同窓会、一九三六年）と『日本に於けるベリー翁』（六一頁以下）に収録されたばかりか、要約が彼の評伝（*A Pioneer Doctor in Old Japan*, pp.148～149）でも紹介された。

それによればベリーは、日本の現状を痛烈に批判する。何の専門的な知識もない看護人が、患者本位ではなく、すべて利己的で身勝手な行動に走る。患者が回復すれば自分の手柄と自画自賛し、逆に死去すれば医師に殺された、と糾弾する。病室の管理もできないために、室内は見舞客の騒音や喫煙、祈祷師が繰り広げる呪《まじな》いなどが充満する。ベリーは、健康な者さえ病気になる無秩序が支配するほど現状が酷いことを指摘したうえで、ナイチンゲールや欧米の看護の歴史を語り、最後に看護が女性にとって「正当で適切な」職業であることを会衆に訴えた。

演説の効果は顕著で、「驚くべき熱心な反応」が生まれた。看護学校設立のための募金活動への波及効果も大きく、中村栄助（京都府会議員、同志社理事）の尽力もあって、募金はほどなく千ドル（約千円）を超えた。一方でアメリカからの寄附も相当な額に達した。設立機運は、まさに熟した（ibid., p.150）。

この時点では、府から正式の設立認可がとれず、独立した施設もいまだ整備されていなかった。けれども、ベリーはデイヴィスの自宅に仮診療所を開設した。と同時に、看護婦養成のための授業も開始したという（『同志社百年史』通史編一、二九七頁、同志社、一九七九年）。言わば、一種の見切り発車である。ベリーや新島たちの逸《はや》る気持ちが窺える。

この年（一八八六年）の秋に、外国からの寄附に関して、新しい動きがあった。「英国ロンドン市の有名なる缶詰商」（後出）のJ・T・モートンという資産家から、同志社の医学教育を支援したいという申し出があった。ついては、外国人による寄附に関する日本側の法的な措置や規制について知りたい、との照会が寄せられた。

それに対してベリーは、六月八日付で日本の医学教育の現状、ならびに教派連合で設立する場合の問題点、医学校の内容や予算などについて情報を送った（『同志社百年史』通史編一、三〇九～三一〇頁）。その後、十月ころ新島が、モートンの照会を府知事の北垣国道に取り次いだところ、その回答を入手する前に、二十六日に「スコッ〔ト〕ランド之医学会社」から、「モルトン氏ヨリ照会有之候趣ヲ以テ」、支援策が送られてきた（『新島襄全集』三、四二五頁）。

「スコッ〔ト〕ランド之医学会社」とは、同国首都に拠点を置くミッション・ボード、エディンバラ医療宣教会（Edinburgh Medical Missionary Society）である。モートンはその支援者か、関係者であったと思われるが、ベリーは、同会にも手紙を送っていた（『同志社百年史』通史編一、三一〇頁）。ベリーとしては、モートンへの要請と並んで、念願の超教派の支援が期待できる好機会であったはずである。エディンバラ医療宣教会への要請は、モートンからの依頼に依ったことをベリーは書き残している（「医療宣教師ベリーの使命と京都看病婦学校」二八五頁）。

なお、この時の外部からの照会に関しては、新島はベリーに回答案の作成を依頼した可能性が高い。あるいは、ベリーが書き残した英文の「キリスト教医学校設立団体規約原案の一部」や「医学校設立・維持・管理に関する意見」（同志社社史資料センター蔵）が、その時の関係資料（いずれも執筆年月日は未記入）かもしれない。そこには、寄附行為作成のために必要な、理事会の構成や、外国人寄付者、ならびに府知事らの関与などが盛りこまれている。

翌年（一八八七年）四月に、新島はモートンに手紙を認めた。それによると、モートンが同志社の医学校へ寄付することを申し出たのは、ベリーの斡旋だったという。新島は、日本でも医学校（実は法学部である）のためにひとりの支援者（土倉《どぐら》庄三郎と思われる）が五千円の予約献金を捧げてくれ、看護学校もすでに千円を確保したと報じる。注目すべきは、府立の医学校が、来年には閉鎖されるので、同志社の医学校が知事や土地の有力者から大いに支援を受けるだろう、と新島が楽観視していることである（『新島襄全集』七、三〇九～三一〇頁）。

夏には新島は妻を同伴し、北海道へ避暑にでかけた。それ自体、ベリーの強い勧めであった（同前八、四〇四頁）。八月一日、新島は札幌から、ベリーに手紙を寄せ、モートンから来たと思われる手紙を同封し、医学校設立に関する要請を伝えた。モートンからの寄附を得るためには、サブ委員会（外国人二名に日本人三名）を組織する必要があるという。

さらに外国人委員から疑問が出た場合は、自分が京都不在中の協議は、中村栄助と山本覚馬に委ねたいともある（『新島襄全集』六、三一五～三一六頁）。中村は募金の件や校地購入、府への申請でも中軸となった理事である。新島は彼に、「看病婦学校願書」の草稿を依頼したりしている（詳しくは本書二二六頁以下を参照）。

京都看病婦学校・同志社病院の発足

こうして、一年後（一八八七年十一月）の開校に向けて、さらなる準備が進められた。アメリカから新たなスタッフも駆けつけた。看護婦のＬ・リチャーズ（一八八六年一月来日）と医師のＳ・Ｃ・バックレー（S. C. Buckley）と夫（一八八六年十一月）である。新島はベリーを始め、彼らをさっそく地元の二人の区長（上京区・下京区）に引き合わせる食事会を計画した（同前三、四五八頁）。

一八八七年四月、看病婦学校設立について、新島はベリー、バックリー、リチャーズに宛てて手紙が出した。文中、当初は理解が得られなかった看護学校設立計画も、知事や主要な資産家たちから支援を受けるようになった結果、市内の指導的な医師たちからも寄付が寄せられるまでになったとある。新島が見るところ、ベリーたちの医療活動が市民から高く評価されたこと、近年のコレラの流行、さらには婦人慈恵会の支援活動による看護学校（有志共立東京病院看護婦教育所）が東京に設立されたことに負うところが大きい（『新島襄全集』六、三〇八頁、*A Pioneer Doctor in Old Japan*, p.150にも一部分が再録）。ちなみに婦人慈恵会の幹部である伊藤博文夫人（梅子）に対しては、新島も京都看病婦学校設立のための寄附を要請している（『新島襄全集』五、二八九頁）。

かくして京都看病婦学校、ならびに同志社病院は、ようやく日の目を見る。発足は一八八七年十一月十五日のことで、場所は京都御苑西、蛤門前《はまぐりもん》（現KBS京都）であった。「開業式」プログラムには、バックレーや、ゴードン、グリーンの名前はあっても、なぜか主役ともいうべきベリーの名前も出番もない。

ベリーは市内寺町通りの宣教師館（のちに新渡戸稲造も住んだという旧同志社ハワイ寮）から御苑を横切って通勤した。この住居は本格的な洋館で、ベリーがそれ以前、一年間の仮住まいの後、二千五百ドルで新築したものである。邸内では、馬一匹と牝牛を複数頭、飼った。前者は通勤用であり、後者は、自分たちだけでなく患者用のミルクを供給するためのものであった（*A Pioneer Doctor in Old Japan*, pp.141～142, 146）。ほかにも、ペットとして「弁慶」と言う名の犬を飼った（ibid., p.142）。新島も晩年にビーグル犬を飼って、同じ名前を付けている。偶然の一致とはとうてい思えないが、具体的な関連性は不明である。

アメリカン・ボードは、同志社病院の開院後、複数の看護婦のほかに女医のホルブルック（M. A. Holbrook）を病院に送り込んだ。日本人医師としては、白藤（児玉）信嘉、川勝原三、堀俊造、山崎直記、近藤恒有《つねあり》、竹内雄四郎、川本恂蔵、佐伯理一郎などが協力した（堀については本書二六八頁以下で、佐伯については同二六三頁以下で詳述する）。

佐伯理一郎の回想に見るベリー

日本人医師を指導する役割を演じたのは、もちろんベリーである。門下生のひとり、佐伯から見たベリー像を紹介する。佐伯は、帰国後のベリーに代って、彼の医療事業を京都で実質的に継承した点で、ベリーの後継者であった。それだけに、佐伯の筆になる「日本看護婦養成に対するベリー氏の貢献」と題する回想文は、記録として貴重である。

「ドクトル・ベリーは、岡山在住の頃より、とかく日本看護婦の教育が一般に低いのを悲しみ、いかにもして米国風の教養ある看護婦を養成せんため、種々工夫を重ねた結果、遂に大日本私立衛生会の会長を説き、日本全国に檄《げき》を飛ばし、各府県の衛生会支会に看病婦学校設立の必要を勧告したのである。

我が京都看病婦学校の創立されるに至ったのも、この熱烈なる勧告があづかって力あるものといってよいのである。

ちょうど明治十六〔一八八三〕年五月、同志社に於いては、社長新島襄氏をはじめ、社員〔理事〕中村栄助氏外、数名が相計り、遥かに岡山よりベリー氏を招き、同月三日を卜《ぼく》して、創立の協議会を開いたのである。この協議会の目的は、単に看病婦学校を建設するといふのみでなく、傍ら同志社に医学校を設立せんとする希望があったのである。

これより先、京都市内に於いて、一つの私立医学校を起し、これを管理せる医師、大村達斎氏は、若し同志社に於いて医学校を設立するの志あらば、自己の医学校を携へ来ってこれに投ぜんと屡々商議せられたのである。恐らくは、これが新島、中村両氏等の医学校創立の志を起す誘導となったものであらう。

この計画について、最も熱心に奔走したのは、即ちベリー氏であった。氏は最初、日本にある基督教各派の宣教師に檄《げき》を飛ばしてその賛同を得、その後、間もなく米国に航し、フィラデルフィア府を中心として各地に遊説を試み、多数の賛同を得たのである。

中にも英国ロンドン市の有名なる缶詰商、モルトン氏は、この基督教主義の医学校が日本に起らんとするを伝へ聞き、喜んで金拾萬弗の寄附を申込み、そのためその企ての殆んど成就せんとした時、當時、我が邦に於いては、法律が今日の如く完全せず、外国人より斯《か》かる多額の寄附金があっても、これを保管すべき寄付行為に関する法律がなかったため、遂にモルトン氏はこれを手離すことが出来ず、その話も中止のやむなきに至ったのである。

後、聞くところによれば、モルトン氏はこの金を土耳古《トルコ》国の医学校創設費に投じたといふことである。この一事は、ベリー氏の心をいかに失望せしめたか、知れないのであった。

かくして、医学校の創立は遂に立消えとなったのであるが、ベリー氏をはじめ、社長新島氏、及び中村氏等は、これに先立って先づ病院と看病婦学校の創立に奔走したのである。而《しか》して、ベリー氏は明治十九〔一八八六〕年九月二十日、京都に於ける大日本私立衛生支会の演説会に於いて、看病婦学校設立の必要に就いて、熱誠の籠った一場の演説を試みられた。同志社に於いては、これを印刷して、廣く全国の衛生会、又は学校等に配布したのである。

建築は明治十九年、直ちに起工せられたのであるが、その竣工までには時日を要するので、差当りその頃、教師館となってゐたデビス氏の住宅で後、診療所に用ひられたこの一棟を教室にあて、本校の授業は初められた。これ実に明治十九年十月上旬のことであった。

この時、入校せし生徒は五名にして、職員は校長として新島襄氏、教師兼院長としてドクトル・ベリー、教師兼看病婦長としてミス・リチャーヅあり、ドクトル・バックレーは続いて十一月に来着せられたのである。

斯《か》くて工事は意外に捗《はかど》り、翌年の秋には略《ほ》ぼ竣工したので、其の十一月十五日を以て、盛大なる開院式兼開校式が挙げられたのである。府知事、北垣国道氏の有益なる奨励演説あり、その他、多くの紳士、官吏、学者、医師等を始め、基督教徒の主なる人々等、無慮五百名の来賓あり、盛会を極めたのである。

式終りて後、参観に来られる人々は、凡そ三千人に上ったのである。これが日本最初の看病婦学校〔のひとつ〕で、赤十字社〔一八九〇年発足の現日赤看護大学〕のそれよりも満五年間、早かったのである」（『日本に於けるベリー翁』一八二～一八四頁）。

ベリーが診た患者たち

年間の外来患者は三千人から五千人、入院患者は二、三百人を数え、滑り出しは順調であった。当初は、市民の間にキリスト教や外国人医師に対する偏見や差別の感情が見られたが、しだいに実績がそれらを克服した。ある入院患者は、病院に送り込まれた時には、「入獄気分」であったのが、退院時には、「監獄ではなく天国」であった、と評価するに至っている。

旧士族の他の患者も、態度を一変させたケースである。通院の便宜をはかるために遠方の自宅を処分して、病院の近くに新居を構えるに至った（*A Pioneer Doctor in Old Japan*, p.151）。そればかりか、病院施設のために気前よく寄附をしたうえに、礼拝にも定期的に参加するようになり、一家そろって受洗を希望するまでになったという（小野尚香「京都看病婦学校と同志社病院（二）」巻末九一～九二頁、『同志社談叢』二九、二〇〇九年三月）。

大勢の患者の中では、ベリーの専門が眼科ということも手伝って、眼病患者が一番、多かった。

ベリーが診たすべての患者の中で一番名が知られているのは、村井吉兵衛であろう。後に「日本の煙草王」との異名をとった京都の実業家である。彼については、ベリーの娘によるベリー伝にも記述がある。後に詳述する。

同志社病院長辞職

ベリーと同志社との最後の関わりを見ておきたい。新島の死後、ベリーは同志社との関係を断ち切られる。新島が健在であれば、その関係はいましばらく継続されたのではないか、と思われるが、新島の後を襲って校長に就いた「熊本バンド」の意向もあって、アメリカン・ボード宣教師は同志社から追いやられた。

ベリーは新島にとって、ホームドクターとも言うべき存在であった。新島の臨終を看取ったのも、ベリーであった。神奈川県大磯で最後の療養を試みたさい、看護に当たったひとりは京都看病婦学校第二期生の不破雄《ゆう》（旧姓北里。北里柴三郎の縁戚で、のちに京都大学病院初代総婦長。夫は「熊本バンド」の一人、不破唯《ゆう》次郎である）であった。一八九〇年一月二十三日、急を聞いてベリーも京都から駆けつけたが、その三時間後に新島は息を引き取った。

その消息を『新嶋先生就眠始末』（一一頁、警醒社、一八九〇年）は、こう伝える。「其より一時、昏睡の有様にてありしかば、人々皆、其気息の絶るを待ち居たり。同日〔永眠当日〕十時に至り、稍々生気を回復し来り、十一時過ぎ、京都よりベーレー氏来りし時は、幾分か調子を宜しく、手を握りて挨拶をせられたり」。

これより三年後の一八九三年にベリーは、休暇（三度目である）と研修のために一時帰国する。その間、一八九五年にいたってアメリカン・ボードと同志社（小崎弘道社長）との間に学園の教育方針と独立を巡って抗争が生じた。ミッションはその余波で病院や看護学校からも手を引くことを決定せざるをえなかった。

ベリーが一時帰国をする際、同志社の側も彼の再来日を当然のように考えていた。一八九三年度の「同志社報告」には、こうある。自らの研修、視察ならびに夫人の病気のためにベリーは「凡そ一年余を期して、欧米漫遊の途に就かれし」。「同氏の不在は暫時事にして、他日帰校せらるるの日に於ては、更に益々病院、及看病婦学校の拡張を計らるるの望みある」（『同志社百年史』資料編一、七九〇～七九一頁）。

しかし、三年後には、事情が一変する。同じく「同志社報告」（一八九五年度）は、こう記述する。「病院、看病婦学校にては、ドクトル・ベルリー氏、昨年秋頃迄に帰任あるべしと待ち居たるも、氏は遂に帰られざる事となりたるのは、本院、及本校の為め、惜むべき事なり」（同前一、七九八頁）。

ベリーの帰国中に、同志社はアメリカン・ボードから経済的に独立することを図ろうとした。その結果、同志社は財政上、苦境に陥り、病院と看病婦学校とを日本人医師の佐伯理一郎に貸与して、管理を委ねた。

こうしてベリーが院長として京都に復帰する道は、塞がれた。ただし、同志社病院に復帰する可能性が、皆無であったわけではない。しかし、帰れたとしても、ベリーにとってはその立場は屈辱的であった。同志社が提示した案は、日本人の管理者のもとで、医業に従事するというものであった。すなわち、再赴任したとしても、ベリーの立場は顧問にとどまり、病院長は日本人が務める、という決議であった。

これはベリーにとっては、とうてい受け入れられなかった。彼は、当時を回顧して、日本に戻った場合、眼科と耳鼻咽喉科を主たる仕事にしたい、と考えて、帰国休暇を利用して海外で研修に励んだものの、「当時の事情は、私の日本に帰ることを許さないやうなことになって来ましたので、私はやむを得ず、そのままアメリカに留ってゐました」（『日本に於けるベリー翁』一二六頁）。

こうしたベリーの辞職騒動に関してベリーの娘は、「もし、当時、父が在日し、新島が生きていたら」と残念がる（*A Pioneer Doctor in Old Japan*, pp.197～198）。その間の消息を娘はこう記す。「彼〔父〕は、日本に戻らないと最終的に決断した。アメリカン・ボードは彼の撤退を誠に残念とは判断したものの、強く支持した。ベリーは、状況を変化させ、病院のような組織のヘッドを分けるのは、賢明ではない、と思った。病院管理の経営方針に対して支配権をまったくもたずに帰れば、自身の働きを医療行為だけに限定させることになるばかりか、キリスト教機関として同志社病院や京都看病婦学校、ならびに広範囲にわたる周辺の事業を経営してゆく、という自分の使命を実現することは、おそらく不可能であろう」。

一方で外国人を嫌悪する排外主義の蔓延、他方で日本人医師たちの力量の向上。こうした事情もまた、「事業を日本人の手に委ねる」ほうが賢明、との決断をベリーが下す要因となった。「当時、もしも父が日本にいるか、あるいは、日米両国民のことが共感でき、意見の違いの橋渡しをしたであろう新島氏が生きておれば、排外主義が過ぎ去るまで、事態を切り抜けられたであろう」(ibid., pp.197~198)。

日本人の管理に委ねられた同志社病院は、その後、経営問題を克服できず、結局は一九〇六年に閉院した。一方の看病婦学校は有償譲渡された佐伯が自分の病院に移転させ、戦後の一九五三年まで存続させた。

帰国後の医院開業

一八九三年に帰国したベリーは、マサチュセッツ州ウースターで開業医として再出発した。岡山生まれの息子とともに医院を経営し、八十八歳まで現役の開業医であった。その間、一九一二年九月十一日には日本政府より勲三等瑞寶章を受けた(『日本に於けるベリー翁』二七頁)。叙勲に先立ち、同志社社長(総長)の原田助《たすく》は、かつての同志社病院スタッフ、堀俊造にベリーの業績書の作成を依頼した。堀は一九一一年一二月二十六日付でそれを原田に呈出した(同志社社史資料センター蔵)。

ベリー夫妻は、一九二二年に金婚式を迎えた。時の同志社総長、海老名弾正は妻(みや)と連名で、祝辞を送り、ベリーの功績を讃える一方で、同志社における医療活動の挫折を惜しんだ。

> 「ただひとつ、我々が痛惜するのは、次の一事です。医学校を同志社キャンパスに建てるという先生の偉大な計画が、近視眼的な人たちの愚かな決断によって葬り去られたことです。日本にとっては、大きな損失でした。
>
> もし、先生の計画が実現し、幾多の困難な状況を潜り抜けて維持されていたら、同志社は日本における最も有益な私立大学であるのみならず、最大規模の大学になっていたはずです。先生の計画は、今なお、まったく忘れ去られたわけではありません。〔中略〕我々は、先生が我々の前に提示してくださった同じ夢を成就するような青年が現われるのを夢み、期待しております。神のこころをこころとし、理想とする何かの実現のために努力する人は、いつまでも若い気分のままです。けっして齢をとりません」(『日本に於けるベリー翁』二四一頁)。

ベリーの死去から九か月後の一九三六年十一月、後継者の佐伯理一郎は京都看病婦学校の創立五十周年式典(卒業生総数は八百五十四人)を挙行した。翌年一月、同志社は小崎弘道や海老名弾正などの肖像画とともに、ベリーの肖像画の除幕式をチャペルで行ない、その功績を後世に伝えようとした。

第十一章　L・リチャーズ

日米看護婦の母

近代看護学の教育機関は、日本では慈恵病院の有志共立東京病院看護婦養成所（一八八四年十月創立）に始まる。ついで同志社（京都看病婦学校）である。一八八六年九月に、デイヴィス（J. D. Davis）邸（京都御苑西隣の現KBS京都）の一部を仮校舎にして、L・リチャーズ（L. Richards）が開始した。

彼女は同年一月にボストンから来日し、以後、数年にわたって、医療宣教師で同志社病院長のJ・C・ベリー（J. C. Berry）の良き協力者となった。

リチャーズ（一八四一年七月二十七日～一九三〇年四月十六日）は、アメリカ本国でも看護業界の開拓者として、その名前はよく知られている。アメリカで刊行された人名事典（執筆者はE. D. Baer）にも、日本での働きについては次のように紹介されている。私訳すると、「彼女はまた、日本で最初の看護学校［のひとつ］を京都の同志社病院に設立するのに貢献した。彼女は、会衆派ミッション［Congregational Missions］と組んで、その学校で一八八五年から一八九〇年まで奉仕した」（*American National Biography*, Vol. 18, Oxford University Press, 1999）。

彼女は、アメリカだけでなくて日本においても、最初の看護婦のひとりとなった。

彼女が設立に大きな力を発揮した京都看病婦学校が、仮開校の後、正式に開業したのは、一八八六年十一月十五日であった。市民や地元政財官界の有力者たち、府会議員などからの寄附を仰ぐためにも、キリスト教主義であることを前面に押し出さず、あえて同志社の名を冠することを避けた。

一方、同日に開院した病院のほうは、別である。堂々と同志社病院と名乗った。この点は、ベリーの後継者とも言うべき医師の佐伯理一郎に証言がある。

「病院には同志社の名を冠《かむ》らせて、他日、医学部のできたる場合によろしからんとのことなりしかども、看病婦学校の方は、京都の有志者の寄附によって成り立つものゆえ、京都看病婦学校と名づけられたるなり」（『同志社百年史』通史編一、三〇一頁）。

開校と開院の六日後に、神戸の英字新聞（*Chronicle*, Nov. 21, 1885）が英語圏に向けて報道した。後年、ベリーの娘は、父親の伝記でそれを冒頭で紹介しながら、リチャーズのことを次のように記述している。

「神戸市民にはよく知られたジョン・C・ベリー博士が、院長（general director）である。彼に協力をするのが、最近、アメリカから来日したサラ・バックレー博士で、日本最初のこの看護学校の校長（head）は、ミスL・リチャーズである。彼女は、ニューイングランド病院〔看護学校〕を卒業した、訓練されたアメリカで最初の看護婦〔看護師〕である」。

「彼女はのちに『日米看護婦の母』と呼ばれ、〔中略〕それまではマサチュセッツ総合病院看護学校の校長（Superintendent）であった。のちにロンドン〔聖トマス病院他〕やエディンバラ〔王立病院〕でイギリスの看護学校の経営法を、そしてパリでヨーロッパの病院看護を研修した。帰国後、八年間、ボストン市立病院看護学校の責任を担った。

けれども看護学校がまったく不在の日本は、アメリカ以上に自分の働きを必要としていると感じたので職を辞し、京都でのこの仕事に取り組んだ」（K. F. Berry, *A Pioneer Doctor in Old Japan*, p.158, Fleming H. Revell Company, 1937）

京都看病婦学校の開校は、リチャーズあってのことであった。彼女の代名詞が、「アメリカ最初の有資格看護婦」（America's first trained nurse）であることから窺えるように、その経歴は特異であった。したがって、一八八九年に同志社病院委員の名で公表された「同志社病院附属看病婦学校口演」でも、彼女の職歴は欠かせない重要情報であった。

「リチャールド女師ハ、米国著名ナル学校ヲ卒業シタル後、一年間ハ、ニュー・ヨルク府ベレビウ病院宿直看護婦長ヲ勤務シ、次テ二年間ハ、マサチュセット州立病院附属看病婦学校ノ校長トナリ、之《これ》ニ預リテ力アリ。後、欧州ニ渡リ、ロンドン、イデンバラ、及パリスニ遊ンテ、看病婦学校管理法、及ヒ病院看病法ノ余蘊《ようん》ヲ極メタリ。

帰国後、ボストン府病院附属看病婦学校長トナリテ、之ヲ管理スルコト八ケ年。此間、此校ハ国中第一流ノ名ヲ受ルニ至レトモ、女師窃《ひそ》カニ思ヘラク。日本国ノ此業ヲ要スルノ急ハ、米国ノ比ニアラサルヘシト。斯《ここ》ニ於テ奮然、意ヲ決シ、職ヲ辞シテ我京都ニ来レリ。然《しか》レハ、リチャールド女師ハ完全熟達ノ経験ヲ備ヘテ、我校ヲ助ル者ト知ラルルナリ」（『同志社百年史』資料編一、四三一頁）。

「京都看病婦学校設立趣旨」（一八八六年）は、今少し詳しく、リチャーズを売り込む。

「我此校ヲ起スニ当リテ、看病法ノ教授、及生徒監督ノ事ナドハ幸ニ極メテ看病ニ熟達セラレ、此事ニ於テハ米国ニテモ有名ナルリンダ・リチャード女其人ヲ聘スルヲ得タレバ、彼女ニ専任セントス。

同女ハ米国ニ於テ、看病婦学校ヲ卒業シ、其後、ニューヨルク府ニアル盛大ナル病院ニ附属スル看護婦学校ニ於テ、夜間ノ看病ヲ監督シ、此ニ勤労セラルル二ケ年半。

夫《それ》ヨリ遠ク海外ニ遊学シ、ロンドン、エヂンボロ、及パリス等ニ往キ、欧羅巴諸国ニ行ハルル病院中ノ看病法ヲ視察シ、又英国ニ於テハ看病婦学校管理ノ状況ヲ精細ニ研究シ、彼《か》ノナイティンゲール其女ニモ面会シ、其経験ヲモ問ヒ、後ボストン府ニ帰ルニ及デ、同府公立病院ノ看病婦学校ノ校長トナリ、其職ニ在ルコト殆ンド八年。此際、同校ハ米国中、屈指ノモノトナルニ至リシハ、同女ノ力、蓋シ多キニ居ルモノナリ。

然ルニ同女ハ、俄《にわか》ニ其職ヲ辞シ、遠ク日本ニ来リ、遂ニ我此校ニ尽サレントスル由縁ノモノハ、頗ル同女ニ説アルナリ。同女曰《いわく》、米国ニハ既ニ多ク看病婦学校ノアルナリ。而《しか》テ、日本未ダ其一ヲ見ズ。米国ハ教師其人ニ乏シカラズ。而テ日本未ダ之ナシ。今ヤ、我務ハ米国ニ尽スヨリモ、寧ロ日本ニ尽スニ在リト。

其精神至誠、実ニ視ルベキナリ。嗚呼、此芸術アリ、此経験アル此女ニシテ、此精神ト至誠アリ。此校、豈《あに》成功セズシテ止ムコトアランヤ」（同前、資料編一、四〇〇〜四〇一頁）。

補足すると、彼女は一八四一年、ニューヨーク州ウエスト・ポツダムに生まれた。そもそも看護婦を目指す切っ掛けとなったのは、少女時代に母親を看護し、看取った経験であった、という（小野尚香「京都看病婦学校と宣教看護婦リンダ・リチャーズ」三三三頁、『来日アメリカ宣教師』現代史出版、一九九九年）。

ただ、一説には、「南北戦争ノ時ノ傷病者看護ノ良《よろ》シカラサリシヲ聞キ、自ラ進ンで理想的看護婦タランコトヲ欲シ」て、看護学校入学を決断したともいう（佐伯理一郎『京都看病婦学校五十年史』七〇頁、同校同窓会、一九三六年）。

彼女は、最初の数年間、学校教員として働くものの、満足は得られず、三十一歳の時、看護婦を目指して、一八七二年に創設されたばかりのアメリカ最初の看護学校、ニューイングランド女性子ども病院看護学校（New England Hospital for Women and Children）に入学した。

翌年、第一期生五人中、ただひとり卒業し、晴れて看護婦の資格を取得する。自ら「私はこの国ではじめて教育と訓練を受けた看護婦となった」と自負する（「京都看病婦学校と宣教看護婦リンダ・リチャーズ」三三三頁）。最初の赴任先は、ベルビュー病院（Bellevue Hospital Center）で、夜間看護監督（night supevisor）として勤務した。

その後、一八七七年にさらに研鑽を積むためにイギリスに渡り、ナイチンゲール（F. Nightingale）からも学んでいる。「教えるよりも彼女から学ぶ方が多い」とナイチンゲールから推賞されている（L. Richards, *Reminiscences of Linda Richards, America's first trained nurse*, p.ix, Whitcomb & Barrows, Boston, 1911. 以下、*Reminiscences* と略称）。

日本へ

一八八六年、ボストンの病院婦長を辞して、アメリカン・ボードの看護宣教師（missionary nurse）に志願して、来日。時に、四十五歳であった。ベリーの推挙があったことは、容易に推測できるが、ベリーがどういう経緯で彼女を知ったのかは、分かっていない。

リチャーズ本人の回想によると、ボストンの病院で働いていた一八八五年二月に「誰か」(someone) から、アメリカン・ボードが「日本人女性看護婦を養成する学校を作るために、日本に行く熟練の看護婦」を求人していることを聞いたという。当座は何の関心もなかったが、しだいにそれが自分の務めであるような気がしてきて、ついにある日、同市のミッション本部に出向き、自ら志願した。本部からは夏まで何の応答もなかったが、びっくりしたことに八月になって急に返事が来て、採用と知らされた。

彼女はただちに看護婦を辞職したと言うが、彼女の後任が決まったのは十一月の末であった（*Reminiscences*, p.66)。後任の選考や着任が遅れたのは、その間、リチャーズへの引き留め策が講じられ、辞職がすんなりとは認められなかった可能性もある。

八月に辞職しておれば、日本への出発（十二月十四日であった）は、もっと早かったと思われるからである。一説には、「多額ノ給料ヲ擲《なげうつ》テ、之ヲ顧ミズ」、また「院長、其他多くの職員等の止むるをも顧みず」退職した、との伝承もあるので（『京都看病婦学校五十年史』二二、七一頁）、八月にすんなりと辞職できた可能性は低かった、とも考えられる。

一方、京都における医療関係スタッフの人事をあれこれ考慮中であったベリーは、一八八五年五月にアメリカン・ボードに宣教師候補として彼女を推薦した。あるいは、これはリチャーズの志願書をミッション本部で見せられた時の反応かもしれない。彼は、世評からも彼女が「稀にみる才能を持った女性。看護職において十分な資質を有し、クリスチャンとして成熟した信仰をもっている」と判断した（『京都看病婦学校と宣教看護婦リンダ・リチャーズ』三二九頁）。ただ、実際の派遣は、アメリカン・ボードの女性ミッション（ウーマンズ・ボード）からであった。

そのあたりの消息は、ベリー側の記述からも窺える。「ジョン・C・ベリー博士は、病院の建設、ならびに日本人女性のための看護学校の設立に関して支援のアピールを女性ミッション(Woman's Board of Missions, Boston, Massachusetts) に対して行なった。そうした学校を開校し、管理できる看護婦長を送ってもらえないかと要請した。〔中略〕ミス・リチャーズは、このアピールを聞き入れ、それに応えた」(*Reminiscences*, p.xiv)。

リチャーズ来日の経緯に関しては、ボストン郊外のドーチェスターに存在するベイカー（E.J.W.Baker）という女性が介在していたかも知れない。来日直後から手紙のやりとりがあるばかりか、寄付の受授もある。ベイカーはこれまで新島の支援者としてはよく知られているが、リチャーズとの関係は、今後の究明課題である。

京都看病婦学校「校長」

　リチャーズは、京都看病婦学校では、指導的な立場に立った。もともと、法的な校長は新島襄であるが、実質的には彼女が校長であった。伝道にもきわめて熱心で、京都は言うに及ばず、三重県に出張したこともある。在日すること数年で、帰国するが、アメリカでもおよそ十の病院や看護学校で婦長、校長として活躍し、一九一一年に七十一歳で引退した。翌年、母校のあったニューイングランド病院で死去する。八十八歳であった。

　新島襄との接点は、公的にはともかく、個人的な交流に関しては不明確である。けれども、それぞれナイチンゲールを知る関係から、信頼感は深かったのではないだろうか。リチャーズとナイチンゲールについては、先述した通りである。

　一方、新島も留学生時代に岩倉使節団の一員としてアメリカから訪英したさい、一八七二年六月二十一日にナイチンゲールゆかりの聖トマス病院を訪ねている。「私たちは訪ねた」と日記に記すので使節団の田中不二麿（文部理事官）と共に視察したのであろう（『新島襄全集』七、六四頁）。

　世界初の看護学校が同病院に開設されてから十二年が経過していたが、この時の視察が日本人初のものではなかろうか。田中による公的な訪問（視察）であるので、この時、ナイチンゲールとの会見が設定されたとしても、不思議ではない。しかし、新島の記録にはナイチンゲールの名はない。

　新島はそれ以後、彼女の存在を忘れたことは、なかったはずである。公的に彼女の言動に触れるのは、十四年後のことである。一八八六年秋、大日本私立衛生会京都支会総会（九月二十日）が京都で開催されたおり、新島とベリーは、ともに看護教育の必要性を関係者に訴えた。新島は、看護学校の歴史から説き起こし、「此種類ノ学校」が「近来、欧米ニ行ハレ出シタルモノニシテ、一種特別、新発明ノ学校ト云テ可ナリト存ス」と述べたのち、「ナイティンゲール女丈夫」の事績を紹介する。

　彼にはこの種の学校こそ、「慈愛心」に基づくキリスト教主義がもっとも望ましかった。自分たちが新設したい看護学校は、三つの目的、すなわち「病人ノ苦痛ヲ救フ」、「熟練ノ看病人ヲ養成スル」、「病人ノ心ヲ慰ムル」ことを目指す、と力説した。

　新島の演説は、宣教師の紹介で締めくくられている。「偏ニ元来、数千里ノ波濤ヲ渡航シテ我カ国ニ来リ、我カ同胞ノ幸福ノ為ニ計ラルル米国ノ医師、ヘレー〔ベリー〕、婦人〔医師の〕バクレー〔バックレー〕、看病婦学校女教師リチャルド氏ノ目的ヲ体《てい》スル事ナレハ、願クハ満堂ノ諸彦《しょげん》ニモ克《よ》ク此点ヲ御承知アリタク」（同前一、一一〇〜一一三頁）。

　なかでも、新島は「看病婦ノ手ギハ」を推奨する。リチャーズによる機転の利いた手際のおかげで難病（新生児結膜炎）が治った例として、市原盛宏（同志社教授）の女児に対する看護の実例を挙げた。「リチャルド氏ノ二十分間オキ」としか新島は書き残していないけれども（同前一、一一二頁）、幸いにもベリーの伝記から、具体的な処理法が記述されている。

それによると、該当患者には入院してから二十四時間は二時間毎の眼の洗浄が必要であったにもかかわらず、日本人の担当看護婦はそれを安全に行なう力がなかった。そこでリチャーズは、ベリーに一言も言わずに患者の側に一晩中居て、洗浄を行なった。そのおかげで、明朝、両眼の調子はよくなり、失明せずに済んだという。

「この出来事は、そのすぐ後の公開集会で新島博士から紹介された。言うまでもないことだが、この話しに聴衆は深く感動した。『ミス・リチャーズは、日本での滞在期間は長くはないが、彼女の名は末永く感謝して記憶されるであろう』」（*Reminiscences*. p.xvi）。

リチャードの看護の手際よさが、市内で評判になったことが、窺える。一方ベリーは、同じ集会で、日本の看護の実情、ならびに看護教育の必要性、とりわけクリスチャン看護婦が果たす役割の重要性を説いた。その際、日本における看護の現状報告は、現場にいたリチャーズからの情報提供に負うところが多かった、と思われる。

ベリーから見て、当時の看護の現状は、酷かった。「何《いず》れも無学文盲の婦女子にて到底、貴重の人命を依託すべきに非ざる」ほどで、「おそらく看護技術が、これほど原始的な方法で行われている国もない」と切り捨てている（『京都看病婦学校と宣教看護婦リンダ・リチャーズ』三三〇頁）。

彼は、リチャーズの言葉を直接引いて、こう続ける。リチャーズの見解を知ることができるので、後半の関係部分を引いてみたい。

「扨《さ》て余が〔以上のように〕かく記す所の者は、米人リチャード女史の言を引用したる者であるが、同女史がまた言ったことがあるのである。即ち、夜中の看病婦には、その職分の時間中は睡眠することを罪であると教へてゐる。

また基督教を信ずる看病婦には、その先導して彼《か》の大教師〔イエス・キリスト〕の完全なる模範がある故に、その志を高尚にすべきことを訓《おし》へてゐる。これを以て、貧しき病人と雖も、等《ひと》しくこれ神の民なることを感じ、その為めにする事は、即ち神に事《つか》へることと思って、富者、貧者の差別なく、同様に患者を取扱ふべきものである」（大久保利武『日本に於けるベリー翁』六八頁、東京保護会、一九二九年）。

しだいに地域で評価を勝ち得るに至った看護学校であるが、アメリカン・ボードは、リチャーズに引続き、スミス（I. V. Smith）、ついでフレーザー（H. E. Fraser）という看護婦（婦長）を京都に派遣した。

当時の日本で、三人もの外国人看護婦が来日して、看護教育にあたった例がないだけに、京都看病婦学校スタッフのケースは、極めて異例なことである（『同志社百年史』通史編一、三二二頁）。参考までに、前出の「同志社病院附属看病婦学校口演」に紹介されているスミスの経歴を引用する。

「スミス女師ハ、米国ホリオーク〔私〕立女学校、及ヒコン子《ネ》クチカット州立看病婦学校ニテ全科ヲ終へ、暫ク同校ニ在リテ其附属病院一部ノ看病長ヲ務メタリ。後、ニューヨーク府ニ行キ、産科病院ニテ業ヲ卒へ、及ヒ該府婦人医学大学ニ於テ学ヲ勧メタリ。是ヲ以テ、スミス女師ハ前述ノ諸学校ノ卒業証書、殊ニ産科看病法卒業証書ヲ携ヘテ我校ニ来リシモノト知ルヘシ」（同前資料編一、四三一頁）。

リチャーズには、このスミスのような看護婦以外にも独身女性宣教師の協力者がいた。好例は、ガードナー（F. A. Gardner）である。大阪で教師として活動していた彼女であるが、健康上の理由で一時、京都に転出し、リチャーズと共に住んだ。看護学校がデイヴィス邸で仮開校した時のことで、二階の五部屋のうち、二部屋を二人で共有している。残りの三部屋には、五人の患者を入院させた（*Reminiscences*, p.75）。

リチャーズはガードナーとの交遊を感謝する。「ミッションの一員であるミス・ガードナーは一時、健康を損ねて通常の教師の仕事ができなくなったので、私の同労者（companion）として当地〔京都〕に留まった。彼女自身は看護婦ではなかったものの、若い女性の訓練に実に深い関心を抱いた。私たちが一年目の冬をうまくやり通せたのは、主として彼女の感化と素晴らしい助言のおかげである」（ibid., p.73）。

宣教師・リチャーズ

ふたりの交遊は、その後も続く。ガードナーは、大阪伝道では天満教会を助けていた。同教会の牧師（在任一八八五年～一八八九一年）、本間重慶・春夫妻が三重県久居《ひさい》（現津市）の出身であった関係から、同地は「〔伊〕勢州基督教の牙城」となった（望月興三郎「伊勢」、『基督教新聞』一八八六年十月六日」。天満教会は久居や津を中心に三重県伝道を一八八〇年から、熱心に取り組んでいた。その関係から、ガードナーも津に出張、駐留することがあった。

リチャーズも短期間ではあるが、同地で伝道に従事する。この点は、リチャーズの使命感を見るうえでも、看過できない。なぜなら、彼女は回顧録の中で、自身の使命について、こう述べているからである。

「理解しておかなければいけないことは、私は本来、宣教師として日本に行くように任命されたので、看護学校関係の仕事と並んで、それ以外にも、厳密な伝道をすることが期待されていたことである」と。

現に、一年後には、予定通りその方面に手を出し始めている。「二年目の初めころから、言葉にも日本人にもかなり慣れてきたので、私は通訳〔伊藤てつ〕の助けを借りて、日曜学校を始めた。

私は近くの町々へ毎週、出向いて話しをしたり、年輩の女性たちのためにバイブル・クラスを開いたりするよう頼まれた。この仕事は、実に興味深くて、私は日本に居る間、ずっとこれを続けた」(ibid., pp.81~82)。

そうした伝道をする時には、おそらくガードナーが、良き協力者、理解者であったはずである。女性ミッション（Women's Board）の機関誌にも次のように報道されている。

「ガードナー氏（Miss Gardner）は、日本語が自由に使えるので、看護婦たちと一緒に毎日の祈りを行なってきた。たいていの場合、その祈りには、多くの入院患者と外来の患者の両方が参加し、聖書の教えが、しばしば遠方にあって福音の届いていなかった家庭にも、もたらされてきた」（小野尚香「京都看病婦学校と同志社病院（一）」巻末一五八頁、『同志社談叢』二八、二〇〇八年三月）。

たしかに、リチャーズは伝道活動にも意欲的で、実際、熱心である。日曜には同志社教会の祈祷会に出るだけでなく、病棟での集会（日曜学校）も開いた。平日は毎朝、スタッフのために、夕方には入院患者のために祈祷会も開く。そして週に二度、外来と寄宿舎で祈祷会を開く、といった具合である。その結果、日曜学校の出席者は、一八八九年に入って百名を越えるようになった（「医療宣教師ベリーの使命と京都看病婦学校」二九〇頁）。

要するにリチャーズの願いは、ベリーと違って、むしろ直接伝道志向であった。看護や治療のほかに、「伝道に専念できる独身女性が必要です」が持論となった。

二年目の予算請求では、寝具と共にオルガンと聖書の購入費を挙げているのが、彼女らしい。その意味では、精神的には宣教師そのものであった。「伝道をしたいのです。私の仕事を助けてくれる人を送ってください」とミッション本部に哀願するように、看護教育の仕事をむしろ後任者に任せ、自分は伝道を主とする役割に徹したい、と望んだくらいである（「京都看病婦学校と宣教看護婦リンダ・リチャーズ」三四〇～三四二頁）。

したがって、スミスの来日は、リチャーズのそうした希望を叶えてくれる好機会と思われた。リチャーズは、校務をスミスに任せ、自分はガードナーと共に女性伝道に専念したいと考えた（『同志社百年史』通史編一、二九九頁、三〇四～三〇五頁、三一二頁）。

スミスの着任により、リチャーズの希望はある程度、実現した。リチャーズが伝道にかける時間は、増大した。それが功を奏したのか、一八八九年三月二十四日には、百三名の受洗者がいっきょに生まれた（同前一、二九二頁）。

ただし、過大評価はできない。彼女自身は、「最高の日」と称賛するものの、すべてが彼女の功績とは言えなかった。五名の同志社女学校生を除き、あとは総て同志社男子校の学生である。受洗者を生んだ教会は同志社教会で、授洗者である金森通倫《みちとも》牧師の伝道効果が大きい（『同志社教会員歴史名簿』三四～四〇頁、日本キリスト教団同志社教会、一九九六年）。

辞職と帰国

懸命の努力を続けるリチャーズではあったが、体調が優れないうえ、対人関係、とくに日本人信徒やアメリカ人同僚との関係が円滑でなかったために、物事は予期したようには運ばなかった。そのため、ついに一八八九年十月十五日、失意のうちに帰国するにいたった。

彼女の来日前、N・G・クラーク（アメリカン・ボード総主事）は、「リチャーズはその職にふさわしい女性であり、あらゆる人と喜んで朗らかに働くであろう」と期待、確信していたが、結果的にはそれは裏切られたことになる（『京都看病婦学校と宣教看護婦リンダ・リチャーズ』三三〇頁）。

彼女の辞任の理由はベリーによると、「リチャーズは、生徒や日本側委員会とのいざこざがあり、健康も優れなかったために看病婦学校を辞任した」という（『同志社百年史』通史編一、三〇五頁）。リチャーズには、日本での看護婦養成は時期尚早ではないか、との迷いもあり、五年目を迎えた時点で、辞意を漏らし始めていた。

奇しくも新島襄が大磯で永眠したその日、リチャーズはボストンのクラークに宛てて、胸の苦衷を訴えた。「今までにない試練に直面しています。私に対する誤解があるのです。私が日本にやってきたことは、大きな間違いでした。看護学校の仕事において、十分な成果はもたらされていません」（『京都看病婦学校と宣教看護婦リンダ・リチャーズ』三四五頁）。

「来日は当初、人生最大のミスとも思った」とさえ告白している。彼女の辞意が、新島の永眠と何らかの関連を有するとは、即断できないものの、新島からも大きな期待を寄せられていたことを考えると、時期的にもひと区切りと受けとめたのであろうか。辞職の決意は彼女にしても感無量であったのではないだろうか。

リチャーズの場合、人間関係も彼女の足を引っ張った。とくに、スミスとは、相当の確執が生じた。ミッションはスミスを一時、越後へ転出させ、両人の接触を回避したくらいである。ベリーによれば、「リチャーズのほうに問題がある」から、という（『同志社百年史』通史編一、三一二頁）その点、ガードナーは看護婦ではなかったにもかかわらず、リチャーズとは友好関係が保てた得難い同僚宣教師であった。

京都看病婦学校を辞職してから二十二年後（一九一一年）に、リチャーズは回想録（*Reminiscences of Linda Richards, America's first trained nurse*, Whitcomb & Barrows, Boston, 1911）をボストンで刊行した。第十章「日本」と第十一章「二年目の日本」で、日本時代を扱う。彼女は同書をかつての教え子（第二回卒業生）である不破雄《ゆう》にも贈呈した。不破の署名入りの同書は、その後、佐伯理一郎に進呈され、現在はその複写版を同志社大学図書館が所蔵する。

一九一二年九月十一日、日本政府はベリーに対して勲三等瑞寶章を贈った。京都看病婦学校長の佐伯は、それを喜ぶと同時に、リチャーズへの叙勲がないことに大いに不満を覚えた。機会を捉えて幾度ともなく所信を表明するものの、効果はなかった。そこで、思い切って「願書」（一九二五年七月）を京都府知事（大森鐘一《しょういち》）あてに呈出した。

その内容は――在日五年十一か月間にわたって「看護方ノ学術ト実地トヲ教授」した功績は大きい。なかでも「貧民施療」に尽力した実績は、顕著である、毎週、市内の貧民街を数名の看護婦を引き連れて訪ね、「衣食ナキ真ノ貧民」の看護と世話をした。これにより看護以外に「救済ノ思ヲ培養」するという「新看護学」の基礎を確立し、後発看護学校のモデルとなった。現在、七十六歳の彼女は、いまなお看護教育に従事し、アメリカでも「最稀ナル篤志家」である。

以上を考慮して、なにとぞ「相当ノ勲章」を賜りたい、という要請である（『京都看病婦学校五十年史』七〇頁）。外務省や宮内省に対しても請願したが、佐伯らの努力は実らなかった。

一方、帰国後、ウースターで開業していたベリーは、京都看病婦学校の卒業生たちに宛てた手紙（一九二六年十月五日付）で、晩年のリチャーズの近況を次のように報じている。

「彼の女《か》は大へん虚弱ではありますが、今尚ほ存命してをられます。過般二年間に三回までも卒中の発作を起され、記憶が漸次弱って来ました。そして今は、ウースター（ドクター・ベリーの現住所）から僅か二十哩《マイル》の所に住んでをられます。私は度々訪問をもし、また看護婦達からその状態、通知して貰ってゐます。あなた方もよく御存知の事と思ひますが、彼の女はアメリカに於ける最初の看護婦学校（ボストンのニューイングランド病院）を卒業した人であります。それ故に、京都の学校の看護婦に敬愛されてゐると同様に、彼等のすべての看護婦達から、アメリカの看護婦の母として尊敬せられてゐます。彼の女の生涯を通じて、十三の看護婦学校を創立、若しくは開発せられました」（『日本に於けるベリー翁』五一～五二頁）。

新島と看護教育

最後に、新島の看護教育観である。看護婦として新島の一番近くにいた宣教師が、リチャーズである。新島は彼女から、多くのことを教えられたり、学んだりしたことであろう。

ただし、彼女の在日（京都）期間は、新島最晩年の三年半に当たるので、直接的な交流があって当然であるにもかかわらず、記録の上で個人的な接触が密であったことを示す資料を欠く。おまけに新島にとっては、看護教育は専門領域外のことでもあるので、実質的な校長であるリチャーズに対しては、余分な口出しはせずに、当事者を信じて経営を任せていたと考えられる。

現実はそうでありながらも、前に見たように、病院や看護学校のスタッフに対して、新島が日ごろから深い敬意を抱いていたことは、彼の公開演説の一節からも明白である（本書一四一頁参照）。

新島は専門外ながら、看護教育に関しては、すでに一八八三年の時点で、「良い看護婦を養成したい」との願いを持っていた。その点で、彼は日本の看護史上、「特筆に値する人物」であったことは、間違いない（『京都看病婦学校と新島襄』一四四頁）。

新島が提唱した京都看病婦学校は、同志社病院ともども、その後アメリカン・ボード、さらには同志社の手を離れ、医師の佐伯理一郎に譲渡された。以来、同志社は医学教育から撤退したために、ベリーやリチャーズの名前や功績が、学内で薄れているのは、まことに残念である。

しかし、ようやく近年にいたって、医学部こそ未開拓ではあるが、関連する新設学部、すなわち生命医科学部（同志社大学、二〇〇八年）、薬学部（同志社女子大学、二〇〇五年）、スポーツ健康科学部（大学、二〇〇八年）、看護学部（女子大学、二〇一五年）が、次々と陽の目を見るに至った。今後は、これらの学部の活動を通して、先駆者の名誉回復を計ることが、期待できる。

第十二章　L・L・ジェーンズ

略歴

L・L・ジェーンズ（Leroy Lansing Janes）は、日本キリスト教史上、「熊本バンドの父」として知られる。それ以外の面は、ほとんど未知であろう。そこで、まずは、略歴である。オハイオ州ニューフィラデルフィアで陸軍大佐の子として生まれ、陸軍士官学校（ウエストポイント）に学ぶ。卒業と同時に南北戦争（北軍）に従軍し、砲兵大尉（captain）となる。そのため、退役後もCaptain Janes（ジェーンズ大尉）と呼ばれる。

戦後、メリーランド州で農業に従事していたが、一八七一年、家族三人と来日し、熊本洋学校教師となる。全科目をひとりで、しかも英語（通訳なし）で教えた。授業ではキリスト教を一切、扱わなかったにもかかわらず、教え子の中から求道者が現われたので、校務外で私的に指導を行なった。彼は宣教師ではなく、一介の平信徒であった。教派は、オランダ改革派であるが、正統的なキリスト教の教義からは、かなり自由な信仰の持ち主であった。

その彼から感化を受けて、キリスト教に共鳴、傾斜した学生たちが、生まれた。彼らは、一八七六年一月、熊本郊外の花岡山で祈祷会を開き、自分たちで準備した「奉教趣意書」に連署するという出来事（花岡山での結盟）が起きた。これが「花岡山バンド」の誕生である。

この事件は熊本ではたちまち社会問題となり、最終的に学校は廃校、ジェーンズ自身も契約満了を俟って失職した。この時、彼が同志社に託した信徒学生の一群は、のちに京都で「熊本バンド」と呼ばれるに至る。

熊本を去ってからは、大坂英語学校（後の第三高等中学校）で英語教師を半年間、務めた後、一八七七年に一家（六人）して帰国した。一八九三年、京都に移転していた第三高等中学校（後の第三高等学校）の英語教授に就任。任期半ばで鹿児島の造士館高等中学校（後の第七高等学校）に転じるが、翌年、三高に復帰した。一八九九年に帰国し、カリフォルニア州に住むが、病気や事業失敗のため晩年は不遇であった。七十二回目の誕生日に心臓発作で急死。遺言により遺灰は近くの山に蒔かれた。

「熊本バンド」の父

ジェーンズは、「札幌バンド」の生みの親、W・S・クラークと双璧をなす。二人は「外来教師の両横綱」である（徳富蘇峰『三代人物史』五〇三頁、読売新聞社、一九七一年）。おまけにいくつかの点で驚くほど酷似する。

ジェーンズは、熊本洋学校廃校後、教え子の中でキリスト教に傾斜した卒業生や学生たちを同志社に送り込んだ。彼らを受け容れた同志社は、彼らの入学よりわずか半年前に、「宗教的首都」京都にようやく開校したばかりのささやかな私塾に過ぎなかった。俊才揃いの「熊本バンド」の入学は、まさに「干天に慈雨」であった。ジェーンズはやや誇張して、こう回顧する。

教え子たちは「同志社に対して影響を及ぼしはじめ、新島（襄）氏と一体となって、〔将来の〕大学としての精神的基盤も、大学の研究教育そのものも、ほとんど彼らの手で作っていった」（『ジェーンズ　熊本回想』改訂版、一二六頁、熊本日日新聞、一九九一年。以下『回想』）。

事実、最初の同志社外国人教員（アメリカン・ボード宣教師）であるJ・D・デイヴィスは、「同志社をして今日の同志社たらしめるよう助けたのは、彼らであった」と証言する（J・D・デイヴィス著・北垣宗治訳『新島襄の生涯』九一頁、同志社大学出版部、一九九二年）。こうした「百万の援兵」（『三代人物史』五一二頁）を送り込んでくれたジェーンズに対して、新島が、「あなたの熊本の教え子たちが、同志社を救ってくれました。実際、同志社を大学にしてくれる者は、彼らなのです」と目をうるませて直接、感謝したのも頷ける（『回想』一二六頁）。

ところで、なぜジェーンズは同志社に教え子を送ったのか。それまで新島とはもちろん、デイヴィスとも面識はまったくなかっただけに、不可解である。

「花岡山の結盟」（一八七六年一月三十日）の一週間後、ジェーンズはデイヴィスに宛てて手紙を認めた。宛先表記が、はからずも両者の関係を物語っている。「日本、神戸または大阪、アメリカン・ボード（アメリカン・ボード宣教師のどなたにでも気付）宣教師・デイヴィス師様」である。実はデイヴィスは、同志社の開校に伴い、前年に神戸から京都に転出していた。

「私のことはご存知ないと存じます」と冒頭で断ってから、ジェーンズは自己紹介を始める。要件は洋学校の学生たち（のちの「熊本バンド」）の同志社転入についての問い合わせである。「彼らを必要でしょうか」、「主《しゅ》に与えられる仕事を用意していただけるでしょうか」との依頼状であった（F・G・ノートヘルファー著・飛鳥井雅道訳『アメリカのサムライ』二七〇～二七一頁、法政大学出版局、一九九一年。以下『サムライ』）。

ジェーンズは、デイヴィスだけでなく、新島にとっても、未知の人物であった。しかし、熊本の学生たちの受け容れを拒否する理由は、なにひとつなかった。

それにしても、ジェーンズは同志社情報をどこで仕入れたのか。この点は彼自身の回想録でも、やや曖昧である。「どういう縁で知るようになったのか、私は当時、京都に新島という優れた人物がおり、そのアメリカ留学で得た識見を生かして、日本の青年たちを教育したいという考えを持っていることを聞いていた。また、その同じ京都に、私と同じように南北戦争に参戦した経験を持ち、今は組合教会派〔会衆派〕の宣教師として活躍中のデイヴィス氏がいることも知っていた」と述べるに留まっている（『回想』一一七頁）。これでは、世の噂程度の情報である。

ジェーンズの記憶は飛んでいるが、実は彼は、同志社開校のことを長崎の宣教師（オランダ改革派）、H・スタウト（H. Stout）から聞いた。花岡山集会の直後に、ジェーンズがスタウトに出した返信に、「新島やデイヴィスなどが、京都でトレーニング・スクール〔同志社英学校〕を開校したことを初めてあなたから知らされた」旨の記述がある（『回想』一七〇頁）。

スタウトは、さすがに宣教師であるだけに、遠い京都の消息を含めて、他教派の動向をもいち早くつかんでいた。彼もまた、同志社にとっては、影の恩人のひとりである。

熊本を去る前に

花岡山での連署事件は、熊本洋学校の終焉、ならびに外国人教員免職の烽火《のろし》となった。失職を迫られたジェーンズには、自身の身の振り方の他に、キリスト教に傾斜した教え子たちの「後始末」が残された。洗礼、卒業、そして進学である。

時間的には、進学が火急の問題であった。スタウトの助言により、大半の学生を同志社に受け容れてもらう交渉が、早くも二月には始まった。ついで洗礼である。問題は誰が授洗するかである。

ジェーンズは按手礼（牧師任職の儀礼）を受けていないために、牧師資格を有しない平信徒《ひら》（レイマン）であった。そのため、聖礼典（授洗、聖餐式）の執行はできなかった。にもかかわらず、卒業式の前月（七月）に、三回（三日、十日、三十日）に分けて教え子たちにあえて洗礼を施した。

実は、それ以前、学生たちに洗礼を授けたいとジェーンズに申し出た正規の教職者（有資格者）が二名もいた。しかし、学生たちは「精神的父親」ともいうべきジェーンズからの受洗を切望した。ジェーンズも、それに応えたかった。

そのため、事前にジェーンズは、京都のデイヴィス牧師に相談をもちかけたところ、無資格の者が洗礼を授けないように、との忠告が返ってきた。にもかかわらず、「生徒たちの洗礼については、あなたの忠告を無視することにしました」と宣言して、ジェーンズは洗礼式をやってのけた（『サムライ』二八三頁）。

ジェーンズの信仰（キリスト教観）は、正統からすれば、外れていた。その把握は面倒であるが、教え子の代表者、小崎弘道は、こう指摘する。

「ジェーンズは、本当は異端的なキリスト教徒だった。強く宗派主義に反対し、教会組織の敵であり、福音主義的になりきった局面ですら、原典批判をはっきり信じており、ヘンリー・ワード・ビーチャー〔H. W. Beecher〕とホレース・ブッシュネル〔H. Bushnell〕を熱烈に支持していた」と。

少なくとも教会の儀式に関しては、伝統や儀礼にとらわれてはいなかった。これが典型的に表われるのが、聖礼典（洗礼と聖餐）である（同前、二八一頁）。ちなみに、「熊本バンド」が、同志社在学中に独自の聖餐式を彼らだけで執行して、宣教師たちから叱責されたのも、ジェーンズ譲りのキリスト教観が、彼らの背景に潜在していたためであることは、明白である。

洗礼式を終えた後に残された仕事は、教え子たちの卒業であった。ジェーンズは、八月十日に、二度目の卒業式を挙行し、第二期生（第三期生はくりあげ卒業）を洋学校から巣立たせた。こうして熊本での彼の任務は、すべて終った。残るは、自分の身辺の残務整理と私的な進路問題（再就職か帰国か）だけである。

彼にとって八月と九月は、小休止の時となった。身辺の整理や野々口為志、竹崎茶堂との関係回復、さらには秋からの進路を考える時として貴重であった（同前、二八四頁）。五年間、一度も帰国休暇をとることなく働いたうえに、家族を含めて健康状態は決して良好ではなかった。したがって、洋学校が閉鎖された際には、辞職と同時に帰国することが当然と自身でも考えていた。現実に辞職の時期が迫っても、その気持ちに変りはなかった。

にもかかわらず、その計画は実行されなかった。日本での再就職の可能性が出てきたからである。

開成学校への就職問題

ジェーンズに最初に声をかけたのは、東京の開成学校（東大前身校）であった。一八七六年の五月初旬のことであった。六月一日には開成学校の校長代理から熊本洋学校の卒業生のひとり（開成学校に進学していた山崎為徳《ためのり》か）を介して、教授就任はジェーンズの返事次第であること、所属部署は二つ、ないしは三つの中から選択が可能であることが伝えられた。二日後の六月三日には、ジェーンズはさっそく受諾の回答を寄せ、自分を活かせる分野ならどこででも働く用意がある旨を申し送った。

ところが、正式の契約の段になっても文部省の承認がとれず、結局、この件は破談となった。その時期を特定することはできない。しかし、八月一日付の書簡でジェーンズが、「文部省は私を開成学校には招聘しないだろう」との見通しを述べていることから推測すると、ひとまず八月中のことと考えられる。

拒否の理由であるが、彼自身、「まあ予想できないことではありませんでした。役人たちが、ここ〔熊本〕で起こったいろいろなやっかいな事に、わざわざお墨付を与えると思うのが、おそらくまちがいなのです」と書き残していることからして、熊本でのめざましい宗教活動が、マイナス材料となったのであろう（『サムライ』四三三～四三四頁、注一三二）。

同志社英学校への道

開成学校に続いてジェーンズの再就職に食指を動かしたのは、アメリカン・ボード日本ミッション（当時の活動拠点《ステーション》は神戸、大阪、京都）、とりわけ京都ステーション（同志社）であった。この点では同志社教員のデイヴィスが終始、熱心であった。

熊本からの転入生たちの実力と、彼らが伝えるジェーンズのすべては、デイヴィスをして「彼こそ当地で企画中の大学長になるべき人材」と言わせるほどであった（同前、二八八～二八九頁）。「熊本バンド」とのつながりからしても、同志社の場合はジェーンズへの期待は、開成学校の比ではなかったはずである。

そこで日本ミッションは、デイヴィスを中心に三人委員会をさっそく組織した。デイヴィス以外のメンバーはギュリック（O. H. Gulick）とゴードン（M. L. Gordon）である。検討の結果、ジェーンズに日本ミッションへの加入（したがって同志社での働き）を要請することにした。

けれども、ジェーンズは開成学校に受諾の返事を「ほんの二、三日前に」出したばかりであったので、日本ミッションからの申し出を「遺憾ながら」断わらざるをえなかった（同前、二八九頁）。その時期は、開成学校への回答が六月三日であることから見て、五月から六月にかけての頃であったと推測できる。

ただ、開成学校の任期はそもそも短期間であったので、それが終りしだい、日本ミッションへ加入することは可能だったはずであった。しかし、夏になって開成学校への就職の可能性がなくなってからも、ジェーンズは日本ミッションからのオファーには、決して飛びつこうとはしなかった。ジェーンズは前言をひるがえし、心変りしたのである。

実は日本ミッションの一員で、帰国休暇から戻ったばかりのレヴィット（H. H. Leavitt）が、ジェーンズの加入問題に猛反対して、ひそかに単独で動いていたのである。ジェーンズにしてみれば、紛争の種になりかねない自己のミッション加入は、避けるのが賢明で、帰国路線を選ぶほかなかった。

大坂英語学校の関係資料

その後、ジェーンズは、一転して大阪に留まった。官立大坂英語学校に就職したのである。しかし、同校での彼の仕事は、わずか半年間で中断された。そのためもあって、大阪時代のジェーンズの消息は、彼の生涯の中では、かなり不透明な部分に属する。研究者の間でも永い間、「大阪時代のジェーンズを知る手がかりは得られない」とされ、そのために研究上も手つかずの部分と指摘されてきた（田中啓介編『熊本英学史』一二一頁、本邦書籍、一九八五年）。実際、長い間、重久篤太郎『明治文化と西洋人』（六三頁、思文閣出版、一九八七年）にわずか四行の記述があるのが、情報のほとんどすべてであった。

同書が刊行された翌年（一九八八年）、「第三高等学校関係資料」（京都大学教養部図書館蔵、現京都大学図書館蔵）、ならびにF. G. Notehelfer, *American Samurai:Captain L. L. Janes and Japan*, Princeton University UP, 1985（日本語版は一九九一年の刊行）を使って、拙稿「大阪時代のL・L・ジェーンズ」（『英学史研究』二一、一九八八年）を発表した。これは、大阪時代に焦点を当てた初めての論考であった。その後、近年に至って、石井容子『熊本洋学校教師Capt. L. L. Janes研究——足跡と功績——』（佑啓堂、二〇一三年。以下、『熊本洋学校教師』）により、ジェーンズ研究（大阪時代を含めて）は深化された。

　ここでは、拙稿（旧稿）を手直しした上であらためてジェーンズの大阪時代を取りあげてみたい。最初に、資料紹介を兼ねて、京都大学が所蔵する「第三高等学校資料」をあらかじめ資料一覧表にして示しておきたい。各資料は標題を欠くので、引用は略称を便宜的に用いる。各行の記載は資料番号（便宜的に通し番号とする）、資料略称、作成日（発信日）、作成人（発信人）、届出先（宛名）の順とする。

○『明治九年検印簿』（大坂英語学校）中のもの。

1. 「電報」①　不明　〔大坂英語学校〕　長崎英語学校　水野遵
2. 同②　不明　同前　長崎江戸町鶴屋　甘粕鷲郎《しゅうろう》
3. 同③　九月二九日　大坂英語学校長　高良二　熊本洋学校　ケビテン・ゼームズ
4. 同④　九月三〇日　同前　同前
5. 同⑤　一〇月九日　同前　同前
6. 同⑥　一〇月一〇日　同前　東京文部省　辻新次
7. 「照会状」　一〇月一三日　同前　広島英語学校長　吉村寅太郎
8. 「電報」⑦　同前　熊本洋学校　ケビテン・ゼーンス
9. 「届」①　一〇月二〇日　同前　文部大丞　九鬼隆一
10. 同②　一一月九日　大坂英語学校　大坂府
11. 同③　一一月三〇日　同前　大坂郵便局

○『小譯證書綴（従明治九年至同十二月）』（大坂英語学校）中のもの。

12. 「受領書」　Dec. 19th　L. L. Janes.

○『本省往復簿（明治十年一月）』（大坂英語学校）中のもの。

13. 「届」④　四月二日　大坂英語学校
14. 「電報」⑧　四月一一日　大坂英語学校長　高良二　東京文部省学務課　九鬼隆一
15. 「届」⑤　同前　同前　同前
16. 「届」⑥　同前　文部大輔　田中不二麿
17. 「許可証」　四月二一日　田中不二麿　大坂英語学校
18. 「届」⑦　五月一日　大坂英語学校長　高良二　文部大輔　田中不二麿

○『明治初年以来至十四年　第三高等中学校沿革』中のもの。

19. 「教員名簿」一八七六年一二月　〔第三高等中学校〕

○『第八学年従明治九年至同十年八月年報』（明治十一年三月、大坂英語学校）中のもの
20.『年報（八）』
○『職員履歴』（明治十九年十一月、第三高等中学校）中のもの
21.「小泉敦履歴書」

大坂英語学校との契約交渉

熊本洋学校を解職されることになったジェーンズには、いったん、開成学校教員への道が開かれた。しかし、その話は頓挫した。そうしたおりに、今度は官立大坂英語学校から招聘の話しがもちこまれた。最初の打診は八月、したがって開成学校の件が白紙に戻った直後であったと思われる。ジェーンズによれば、大坂英語学校からのオファー（再就職の）が最初、しかも唯一であったというが、次にも見るように、彼の記憶は曖昧で、混乱している。

「〔熊本洋学校の〕任期を終えたら、ともかくアメリカに帰りたいと私は考えていた。ところがある時、東京から二人の役人が熊本まで私を訪ねてきて、ぜひ日本に準備した大学（大阪外国語学校）〔官立の大坂英語学校〕に助力を仰ぎたいという懇請をした。私はその新しいポスト〔大坂英語学校外国教員主任〕を受け入れることにした」（『回想』一一九頁）。

事実はこうである。この時の交渉では、大坂英語学校は教員の甘粕鷲郎を熊本洋学校までわざわざ派遣して、直接にジェーンズとの接触をはかろうと努めた。しかし、ジェーンズの意向が先に電報で大阪に知らされたために、甘粕は長崎から呼び戻されている（「電報」①、②）。帰国の予定がすでに立てられていたためか、ジェーンズはすでに電報（後出）で拒否回答をしている。同校は、しかたなくその後、「ホカノヒト」と契約を結ばざるをえなかった（「電報」③）。したがって、最初の交渉は、成約にまでいたらなかった。

ちなみに、甘粕の娘（初子）は、のちに新島襄夫人（八重）の養女となり、長じて広津友信（同志社、旧制第六高等学校、旧制山形高等学校で英語を教えた）夫人となるのも、奇遇である（拙著『八重さん、お乗りになりますか――新島襄を語る・別巻（二）――』二四五頁、二九〇頁、思文閣出版、二〇一二年）。

ところで、大坂英語学校にジェーンズを周旋したのは、いったい誰であろうか。文部省でなければ、関西のキリスト教界の関係者であろう。後者に関していえば、当時、大坂英語学校には小泉敦が英語科教員として前年（一八七五年）の五月三日から勤務していた（「小泉敦履歴書」）。彼はこの頃は梅本町公会（のちに大阪教会）において求道中で、まもなく十一月三日には受洗に至っている（「大阪教会員名簿」）。

したがって、この小泉が日本ミッションの宣教師、あるいは彼ら（とりわけH・H・レヴィット）と親しい牧師、澤山保羅《ぽうろ》――この八月にアメリカ留学から帰国し、大阪で伝道を開始したばかり。のちに小泉の義兄弟となる――あたりからジェーンズのこと

を聞き及び、当局にかけあった、とも考えられる。

いずれにしろ、大坂英語学校は、ジェーンズが帰国を取り止めたという情報を秋になって、どこかから入手した。そして九月末になって、すでに「ホカノヒト」を確保していたにもかかわらず、再度、ジェーンズと就任交渉を試みた。同月二十九日、熊本のジェーンズに宛てて次のような電報を同校は発信した。

「八月、貴方より断わりの電報ありしゆえ、ほかの人を雇うたり。しかし、貴方がアメリカへ帰らぬなれば、来月末頃より雇いたし。その返事のうえで月給、年限を決める」(「電報」③、原文はカタカナ)。

続いて翌日にも、再び(おそらく熊本からの返電を待たずに)二通目の電報が打たれた。「月給は二百五十円にて貴方を教師の頭にするつもり。年限はまず貴方の望みを聞きたし」(「電報」④、原文はカタカナ)。

大坂英語学校は、ジェーンズが帰国を取り止める可能性を本人から聞いていたのであろうか。ジェーンズが再交渉に望みを託した。帰国をとりやめた場合、同志社行きを当分の間、断念したジェーンズにとって、大阪からの申し出は、月給こそ熊本時代の四百円に比べると、はるかに低いとはいえ――それでも後述するように大坂英語学校では最高額――当面の生活を保障してくれる点で、好感がもてたのではないだろうか。

熊本から大阪へ

ジェーンズは、熊本における五年契約が満了した日、すなわち十月七日に一家して熊本を引き払い、長崎を経由して関西へ赴任のために向かった。いったんは、帰国を理由にオファーを断ったにもかかわらず、である。帰国から残留へと変更した要因のひとつは、同志社に入学した教え子たちの存在と要望であった。「大阪の仕事を引き受ける」ことにしたのは、「日本当局〔文部省〕の要請もあったが、京都にいた私の教え子達が、もっと長く近くにいてほしいと強く望んだため」と述懐している(『熊本洋学校教師』一五七頁)。

ジェーンズ一家が、十七日に神戸に着く(『サムライ』二八六頁)までの十日間にも、大坂英語学校は電報を二通、熊本洋学校気付でジェーンズに送っている。十月末の雇用をめざして、学校としては交渉を急いだのである。まず九日には、年限と住宅とに関する条件――前者は「まず一年」、後者は空いた官舎がないため借家――を提示する(「電報」⑤)。つづいて十三日には赴任予定についての照会がなされた(「電報」⑦)。

これらが発信されたころは、ジェーンズはおそらく長崎(スタウト宅か)に滞在中と思われるので、電報を実際に受信できたかどうかは不明である。にもかかわらず、大坂英語学校はすでに十日には文部省に対し、ジェーンズの雇用許可を求めている(「電報」⑥）。その一方で、すでに契約ずみの「ホカノヒト」と思われる外国人教師（月給百五十円）を転任させるため、広島英語学校にその採用を打診している（「照会状」）。

神戸に十月十七日に着港したジェーンズに対して、大坂英語学校は契約条件の細部を直接、協議した。その結果、二十日には正式契約が成立した。雇用期間は、本人の希望なのか、当初の「まず一年」が、二十一か月間（一八七六年十一月一日から一八七八年七月三十一日まで）に延長された。月給は当初の提示通り二百五十円である（「届」①）。

デイヴィスにとっては、ジェーンズの今回の動向は、自分たちの日本ミッションではなく、そもそもキリスト教とは無縁の官立学校の要請に従おうとする点で、意外としかいいようがなかった。デイヴィスには、この時点で、陰でジェーンズ赴任反対を画策したレヴィットの投じた一石について、何も知らされていなかった。したがって、デイヴィスは、ジェーンズ確保の望みを捨ててはいなかった。

ジェーンズが神戸に着く前日のことであるが、デイヴィスは彼を獲得するのは「今こそ」その時であり、「この機会を逃すと、危ない」との危機感を高めていた。彼のこうした危惧は、その後ジェーンズ本人に直接、接することにより、さらに確固としたものとなった。けれども、彼にはジェーンズの疲労ぶりが目立った。大阪に留まるどころではなく、半年か一年の予定でアメリカにすぐにでも帰るべきだと思われた（『サムライ』二九一頁）。

おそらく、これはジェーンズが十月（末か）に京都のデイヴィス家を訪ねた時の印象だろうと思われる。ちなみにデイヴィスは、十一月三日の書簡でジェーンズに会った時の印象をボストンに報じている。

ジェーンズのデイヴィス訪問は、これまでの交渉の経緯からして当然であるが、実はいまひとつ重要な任務を帯びていた。同志社に失望した「熊本バンド」――その数は十月十六日現在で二十二名。近日中にさらに四、五名が加わるはずであった（同前、四三四頁、注一三三）――は、大阪に来た恩師のジェーンズに対して苦情と不満を訴え、そろって同志社退学の意志を表明した。

このためジェーンズは、かつての教え子たちを説得するため「直に京に来り、デイヴィス氏の宅に於て相見る」必要が生じたのである（『日本ニ於ケル大尉ヂエンス氏』四〇頁、警醒社、一八九四年）。説得の結果、彼らが退学の決意を翻意し、かえって積極的に学校改革、すなわち同志社の熊本洋学校化に取り組んだことは、すでに周知のことである。新島校長はのちにジェーンズに向かって、「あなた教え子たちが、同志社を救ってくれた」ことを直接、感謝した（『サムライ』二八八頁）。

新島への信頼

教え子たちから同志社への「不満と絶望ばかり」を聞かされたジェーンズが、逆に彼らを諌めたことは、事実である。しかし、後年（新島死後の翌年）の回想では、大きな変化が見られる。一転して、教え子たちへの同情を示し始める。それはとりもなおさず、ジェーンズ自身の同志社への不満、批判である。しかし、新島への信頼自体は、不変であった。

「私は新島氏自身から聞いたことだが、彼がアメリカから帰国した時の、一生をかける、燃えるような願望は、彼の祖国の若者に、彼らの教育への熱望を満たしてやることだった。その熱望は、かつて彼自身の胸の中で燃えたぎったと同じくらい激しく、何万人もの同胞の胸の中に燃えたぎっていることを知っていたからである。彼は純粋に愛国的で、無私無欲な使命感からその事業に献身した」（『回想』一二三頁）。

ジェーンズにとって、教え子を預けるのに、新島の学校は最適であった。なぜなら、「新島氏の信条や主張が、私の教授精神とよく似ているうえに、実際に、同志社以外に私が期待できる学校がなかった」と述懐する。ジェーンズは新島を直接に知ってから、「実に非利己的で謙虚な振舞の中に、紳士的な性質が見られ、順応性もあり」、「内気だが、辛抱強く卒の無い」人であると共に、「普通教育の学校を創設した正統な神学者」でもある、と高い評価を下している（『熊本洋学校教師』一六五頁）。

ジェーンズは、新島の教育観に対しては、共感を覚える。二度目の渡米中、新島はジェーンズに手紙（『新島襄全集』には未収録）で理想の大学像についてこう伝えたという。

「私たちの大学に、神学のほかにいくつかの専門的な講座をおかなければ、これからいつまでも現在のような評価を得つづけることができないことは、火を見るより明らかなことです。ですから、私たちの同志社の教え子が、ここアメリカの大学で学び、高度の学問を身につけることができるよう、給費制度を確保したいと考えています。――そうして彼らが、教授になれるだけの学問を身につけたあかつきには、同志社でも政治学や哲学や歴史学の講義がはじまるでしょう。――

教育の真の目標は、いったい何でしょうか。私たちはそれを、ある特定の片寄った教養ではなく、すべての能力の、全面的、かつ均整のとれた発達であると考えています」。

ジェーンズによれば、この手紙で新島は人格の倫理的基礎として、「神の信仰、真理への愛、同胞愛」の三つをあげたという。ジェーンズは、新島の教育観をこう総括する。「この精神は、熊本洋学校で行われた教育の精神と、何とよく似ていたことであろう。この新島氏とその最良の協力者であった山本〔覚馬〕氏こそ、真に人間的な〝キリストのキリスト教〟であったと思う」（『回想』一二五頁）。

一方の新島であるが、デイヴィス同様、ジェーンズの招聘はいわば「夢の人事」であった。なぜか。

念願の総合大学を発足させれば、その一翼（つまりは一般教養教育を主体とする普通教育）を中心的に担うべき人物として彼に大きな期待をかけたからである。新島は「あなたが、あなたこそが、私が長年いだいてきた夢を実現させることを可能にしてくれました。わが日本国が必要とするような幅広い、かつ深い、普通教育の本当の大学を作るという私の夢を」とジェーンズに直接、告白したという（『回想』一二四頁）。

ジェーンズから見れば、問題は新島以外のところにあった。新島の周辺にいた者、あるいは後継者が新島の精神を正しく理解、継承しなかったと見る。

「新島氏と彼の有能な盲人の協力者〔山本覚馬〕の手によって始められた同志社も、残念ながら頑迷な宗派的介入を赦すことになって、その形がゆがめられてしまった。

もし、彼（新島）が、こっそり近づいて来た、つまらぬ神学者気どりの連中に、はっきり『否《ノー》』と言っていたら、またもし彼が、私に向かってあれほど熱心に概要を話してくれたとおりに、あの事業の、一般的な教育〔普通教育〕の規模と能力の高い水準を保つことができたのであれば、私の教え子たちが、あのように残念がり、失望することもなかったであろう。

私の教え子の側に罪があったわけではないことは、明白である」（『回想』一二三～一二四頁）。

新島と山本が始めた事業を変質させた者こそ、宣教師たち、とりわけデイヴィスだとジェーンズは指弾する。

「しばらく後、一八九〇年に意外なほどあっけなく、その新島氏はこの世を去ってしまうのだが、すぐその後、デビス氏は彼の伝記を著した。それはまた同時に、同志社という大学〔学園〕の歴史でもあったのである。ただ、それを彼は、新島氏が理念として抱き、その実現を目指した大学ではなく、デビス氏自身が所属する〔会衆派〕教会や伝道会社〔アメリカン・ボード〕の神学校として描いた。

そのことは、彼らがいかに新島氏を理解していなかったかを示している。私のまったくの認識不足から、人もあろうにこのデビス氏に、熊本洋学校の教え子の多数を私は託していたのだ。もっとも他にそのような学校を期待し得べくもなかったのだが——

彼ら〔教え子〕が同志社に対して感じた不満と絶望も、無理からぬことであった。しかし私は、彼らに対し当初から、『同志社にとどまりなさい。とどまって、何を信ずべきでないか、また、どんな制度と主義に奉仕すべきでないかについて、しっかりと学び、研究しなさい。その虚偽をあばき、説明し、それにまことの真実をとってかわらせるために』と諭してきた」（『回想』一二五～一二六頁）。

かつての教え子たちが同志社に対して抱いた「不満と絶望」を、はからずも今度は、ジェーンズ自身が心中にそのまま再生産することになろうとは、なんとも皮肉である。

大坂英語学校教師として

ジェーンズの大阪赴任に戻る。十一月一日、「米国陸軍第二連隊前加比丹《かぴたん》」は大坂英語学校教師として関西での新生活を始めた。家族は妻、子供（女三名、男一名）を合せて六名になっていた

(「届」②)。官舎に空きがなかったため、島町通谷町東入ル北側に借家したもようである(「届」③)。外務省の記録(『外国人雇入取扱参考書』自明治九年至明治十年)では「大阪府第五大区二小区森村第三三番地五番館内」とあるので、のちに官舎に移ったのであろうか。

就任交渉の過程で提示されたように、ジェーンズには「教師の頭」(外国人教師中の主任という意味か)にふさわしい給与(月額二百五十円)が支給された。今も十二月十九日付の彼の自筆の領収書が一枚、残されている(「受領書」)。

当時の教員は総勢二十二名、うち外国人は彼を含めて六名であった。彼ら六名中、給与の最高額はジェーンズであるが、最低の者でも月額百円をとっており、日本人の校長給八十円(ちなみに小泉敦は四十三円)を凌駕している(「届」④)。給与の点では、ジェーンズはたしかに「教師の頭」であった。

担当教科は「教員名簿」によれば「英語」である。『太政類典』第二編(自明治四年八月至明治十年十二月)でも「英語学」となっている。けれども、これは「英学」と解すべきであろう。なぜなら、『年報(八)』(六頁)に「物理化学ノ大意ヲ教授スルニケピテン〔キャプテン〕・ゼーンス氏、数年来ノ経験ヲ歴来テ、此任ニ当レリ」と明記されているからである。熊本洋学校において、すべての教科を独りで英語を用いて教授した経験が高く評価されたはずである。

一方、前述した通り、デイヴィスもジェーンズを同志社の主任(一般教養部門)として迎えることを諦めてはいなかった。デイヴィスが尽力した結果、ジェーンズは早急に帰国して健康を回復したうえ、日本ミッションに加わるという方向でミッションのすべてのメンバー(前述のレヴィットを含めて)が一致し始めていた。

十二月二十八日にはミッションは、全員一致で次のことをアメリカン・ボード本部(ボストン)に要請することを決議した。ジェーンズは大坂英語学校との関係を至急、断ち切る必要があるので、ミッションはジェーンズを同志社の科学部門の責任者(普通教育主任)とするため、できるだけ早くメンバーとして任命するよう(そのための募金活動と共に)要請する、との決議である。

翌日にはジェーンズ自らミッション会議に出席し、会を締めくくる祈祷を担当し、感謝の辞も述べた。この集会は、ジェーンズにも好印象を与えた。彼の任命(同志社赴任)はどの宣教師にとっても、あとは時間の問題と思われた。

この意味で、この時の会議は、デイヴィスの眼には、これまでにないような最高の集会と映じたのも無理はない。彼はこの席で、ジェーンズの帰国旅費として千五百ドルを貸与することさえ提案している。ちなみに、この件はのちに、支給か貸与かで帰国後のジェーンズとミッションとの間で紛争の種となった(以上、『サムライ』二九四頁)。

デイヴィスが、性急すぎるとも思えるやり方で事を急いだのは、コーネル大学がジェーンズにポストを用意していることを、この秋ごろに本人から知らされたためである。ジェーンズは健康上、帰国の必要性を感じ始めていたこともあって、母国で就職することを真剣に考慮していた。だからこそ、デイヴィスとしては、ジェーンズの帰国前になんらかの手を打っておく必要があった（同前、二九一頁）。千五百ドルは日本ミッションのいわば「手つけ金」であった。

大坂英語学校教員を辞任

デイヴィスからの強力な誘いを振り切って就職した大坂英語学校ではあるが、ジェーンズは就任まもなく失望を味わうことになった（『サムライ』二九八頁）。秋から冬にかけて彼の心が、同志社とコーネルとの間で揺れ動いたのは、健康の問題と共に、こうした事情が介在していたからに相違ない。

ジェーンズから見て、大坂英語学校は「名状しがたいほどの腐敗」ぶりを曝《さら》け出していた。彼がデイヴィスに打ち明けたところによると、「最悪とまでは言わないまでも、ひどい目にあっています。大阪の学校には四、五人の〔全部で六人の外国人〕教師がいますが、不道徳なだけでなく、つつしみなどもかなぐりすて、公然と妾をかこい、何年も生徒たちに不道徳で強欲なことを教えています」（同前、二九一頁）。

外国人教師たちの乱行ぶりは、目に余るものがあったようである。同じくデイヴィスによると、ジェーンズ以外の五人の外国人教師は、キリスト教を激しく敵視し、教義だけでなく実践の対象としても、キリスト教をいっさい認めない、という（『熊本洋学校教師』一五七頁）。

同僚との交流があったとすれば（その可能性は、彼の教会観からして少ないが）、せいぜい信徒の小泉敦くらいであろう。このため、ジェーンズの神経はすりへり始め、神経衰弱や眼にその徴候が十二月ころにははっきりと現われ始めた。ここにいたって彼自身もできるだけ早く、できれば翌春にも帰国する以外にはない、と判断せざるをえなくなった（以上、同前、二九一頁）。

ちなみに、もしジェーンズが開成学校に着任したとしても、同じ問題に直面したかもしれない。同校に進学した教え子の山崎為徳によれば、「人々は日本第一とすれとも、其内情を見れは、事が斉《ととの》わす。生徒の学業は甚た高きに非す。而して生徒の品行は甚た悪し」という有様であった（舞野尊あて山崎為徳書簡、一八七七年九月二日付、『新島研究』二二、三九頁、一九六〇年）。熊本洋学校の厳格でピューリタン的な校風に対比すれば、「熊本バンド」が転入する以前の同志社も、官立学校と大同小異ではなかったか。

ほかにも、ジェーンズ家には、健康問題が起きていた。ジェーンズだけでなく妻子にも、健康上の問題があった。冬から翌春にかけて、夫人（五人目の子を妊娠中であった）と子供（ヘンリー）とが、重い腸チフスに冒された。さらに家族の他の四人にも、その徴候が見え始めるなど、ジェーンズの神経はいやおうなく高まらざるをえなかった。夫人の健康が帰国旅行になんとか耐えられる程度に回復したのは、ようやく四月の後半であった（『サムライ』二九八～二九九頁）。

こうした内憂外患から、ジェーンズは任期途中の辞職に追い詰められた。辞職が認められたのは一八七七年四月十日であった。学校は文部省に対し翌十一日に電報（「電報」⑧）と文書（「届」⑤）で、ついで十三日にも次のような文書（「届」⑥）で報告し、許可を求めた。

「当校雇外国教員米人ケビテン・ゼーンス儀、就職以来時々病気差起リ、種々療養相加候得トモ、風土ノ適セザル故哉、兎角全治ニ不至、到底引続キ奉職無覚束、至急帰国致シ度候ニ付テハ解雇ノ儀願出、遺憾ノ至ニ候得共、事情不得已相聞候ニ付、本月十日解約仕候條、此旨御届申上候也」。

文部大臣による正式許可は二十一日に出された（「許可証」）。二年契約でありながら、ほぼ半年の勤務に終わった。学校は「然ルニ未タ学期ヲ踰《こ》ヘス、病ヲ以テ退職ス、本校ノ不幸、亦大ナリ」と彼の辞任を惜しんだ（『年報（八）』六頁）。後任には広島英語学校からカロザース（C. Carrothers）を月給百五十円（広島では二百円）、任期十か月（一八七七年五月一日から翌年二月二十八日まで）の契約で迎えた（「届」⑦）。

カロザースは、ジェーンズの辞職決定と同時に、後任候補として名前が挙げられていた人物である（「電報」⑧）。彼は在日宣教師として主として東京で伝道していたが、前年に米国長老教会を脱退し、六月十七日から広島でお雇い教師となっていた（小沢三郎『日本プロテスタント史研究』二二六頁、東海大学出版会、一九六四年）。いわゆる「築地バンド」の育ての親であり、「熊本バンド」の父たるジェーンズとは、好対照を見せていた（カロザースについては、拙著『新島襄と明治のキリスト者たち――横浜・築地・熊本・札幌バンドとの交流』、教文館、二〇一六年、を参照）。

帰国

ジェーンズの辞職が認められてから帰国までは、ほぼ一か月間であった。この間、彼と日本ミッションの間で最後の就任交渉がやりとりされた。四月五日にボストンの本部からようやく承認の許可が関西に届いた。ミッションへは、さっそくジェーンズを相手に加入交渉を開始した。

けれども、デイヴィスやレヴィットが懸念した通り、アメリカン・ボードの対応があまりにも遅かったために、ミッションに対するジェーンズのかつての熱い想いは、かなり冷めてしまっていた。気力、体力ともすでに熊本時代のジェーンズではなかった。彼はアメリカン・ボードからの申し出を感謝しながらも、この段階では受諾はできない旨の回答を四月十六日にミッションに送った（『サムライ』二九六～二九七頁）。それでも、ミッションは希望を棄てず、先述したように帰国費用として彼に千五百ドルを貸し付けた。実質は一種の手付金であった。

　そして、いよいよ帰国である。半月後の五月六日、ジェーンズは家族を引き連れて神戸を出港した。休暇で帰国する日本ミッションの宣教師、ベリー（J. C. Berry）らと同船だった。横浜寄港の際、かつての教え子（開成学校在学中の山崎為徳と横井時雄）と旧交を暖めたあと、太平洋を渡り、二十八日にサンフランシスコに着いた。六年ぶりの帰国であった。ジェーンズ家は、船酔いを直すためにサンフランシスコに残ったベリー家と別れて、ニューヨークへと発った（同前、二九九頁）。

　帰国してからの予定としては、しばらく故国で休養の後、ジェーンズは日本（同志社）に戻るはずであった。そこへ予期せぬ「離婚訴訟」の勃発である（訴訟については、『サムライ』三〇一～三一六頁が詳しい）。別の折に紹介したように、これによりジェーンズは夫人（の実家、スカッダー家）により社会的生命を断たれてしまった（拙著『アメリカン・ボード二〇〇年』四五四～四五六頁参照）。

　それは同時に、同志社への道が閉ざされたことを意味した。「この機会を逃すと危ない」とのデイヴィスのかつての危惧が、現実のものとなってしまった。

　思い返すと前年（一八七六年）の後半、ジェーンズの心はいまだ定まっていなかった。転職候補先が同志社を軸に開成学校、大坂英語学校、そしてコーネル大学と西に東に大きく振れた。それと同時に、彼の心も揺れ動いた。その煩悶は、彼の生涯の中で他に類を見ないほど大きかった。

　結局、この時の逡巡と苦渋に満ちた選択とは、彼の人生を二分する分水嶺となってしまった。光輝に満ちた前半生と悲劇に見舞われた不遇な後半生とである。

　ただし、前半生にしても、熊本時代が突出する。日本におけるジェーンズの働きの場は、熊本（熊本洋学校）を手始めに、大阪（大坂英語学校）、京都（第三中等学校）、鹿児島（造士館高等中学校。後の第七高等学校）、京都（第三高等学校）と変遷した。しかし、いずれの地でも「熊本バンド」に匹敵するような輝かしい教育的業績を上げることは、ついになかった。

　同志社との関係に限定してみても、京都・鹿児島時代には、同志社講演を唯一の例外として、他に特筆すべき事柄はない。些細な関係をあえて挙げてみれば、一八九四年の息子（フィル）の誕生くらいである。難産だったようで、同志社病院の産科医、佐伯理一郎（熊本出身）と看護婦、不破雄（京都看病婦学校二期生）が、出産に立ち会った（『サムライ』三五一頁、四四九頁の注四）。

Ⅲ　組合教会派との交流

第一章　澤山保羅

組合教会の二大巨頭

「我国の宗教界、殊《こと》に組合教会〔会衆派〕の歴史に於て、記憶すべき二大人物がある。其の一人は、同志社大学の創立者、新島襄先生であるが、他の一人は、浪花教会の創立者、殊に教会自給論の主唱者、澤山保羅《ぼうろ》牧師である。

新島先生のことは、基督教信徒は勿論、信徒以外に於ても、明治時代の大教育家の一人として、何人もこれを認めて居ないものはないが、澤山牧師に至っては、組合教会の信徒中にも、之《これ》を知らない人が少なくない。

然《しか》るに、其の人物の如何と、其の事業の効果如何に於ては、何《いず》れが上にして、何れが下であるか、其の優劣を定むることは、殆んど至難の業である」（小崎弘道「宗教界の偉人、澤山牧師」、芹野與太郎『祈の人　澤山保羅』一〇六頁、日曜世界社、一九二七年に所収）。

新島襄の教え子、小崎弘道の指摘である。見られるように、澤山はたしかに新島と並んで、組合教会指導者の双璧をなしていた。とりわけ、小崎弘道を始めとする「熊本バンド」の面々が、組合教会の幹部として成長するまでは、そうである。「横浜バンド」、すなわち長老派の総帥、植村正久も、「新島襄からはアンビションを刺激されるが、澤山保羅は確信を与える」と述懐する（笠井秋生《あきふ》他『澤山保羅』二三頁、日本キリスト教団出版局、一九七七年）。

その植村は、大阪のバルナバ病院に入院中の澤山を松村介石と共に、見舞ったことがある。澤山が聖霊に感じた信仰談を披露すると、見舞客はふたりとも共鳴し、感激のあまり、ついには泣き出したという（『祈の人　澤山保羅』一二三～一二六頁）。「傲岸不屈」で知られる植村が、澤山の面前で思わず涙を漏らした、というので、注目すべき挿話である（武本喜代蔵・古木《こき》虎三郎『澤山保羅伝』一二四～一二五頁、警醒社、一九一〇年）。

松村もまた、一時は同じ教派（組合教会）の指導者であった関係からも、澤山から大きな感化を受けたことを告白する。「新島先生には、精神的教育を受けたが、神秘的経験、即ち聖霊の感応等の宗教的極意は、全く澤山先生より伝紹《でんしょう》したのである」（同前、松村介石序文、一頁）。

澤山保羅が残した主な業績は、梅花女学校（現梅花学園）と浪花教会（現日本キリスト教団浪花教会）である。教育者としては、キリスト教主義女子教育の開拓者であり、宗教者（牧師）としては、熱烈な自給論の提唱者であった。

同じ教派の同僚として、澤山と新島は、親密な関係にあったが、業績には大きな違いがある。ひとつには、澤山の実働期間はわずか十年で、しかも、常に病弱なために十分な活動が展開できず、三十五歳で死去したことによる。ただし、新島もたえず病気に苦悩し、公的な活動は十五年で終わったので、この点ではさほどの差はない。

しかし、キリスト教教育の面では新島の活動は広範囲にわたる。澤山が女子教育に特化したのに対し、新島は、男子校と女子校を創設したばかりか、看護学校にも手を染めている。男子校にしても、普通学校では飽き足らず、当初から将来構想として大学を目指していた点も、澤山には見られない顕著な特徴である。

稀有の自給論者

教会に関しては、澤山が浪花教会、新島は京都第二公会（現同志社教会）を拠点として、伝道活動を展開した。彼らはそれぞれの教会の創設者であり、ともに初代牧師であった。しかし、ことに教会の財政的自立（自給論）に関する見解については、両者の隔たりは大きい。

澤山はアメリカで、一時帰国中のＨ・Ｈ・レヴィット（H. H. Leavitt）から自給論を吹き込まれて帰国した。日本人では典型的な自給論者となり、梅花女学校や浪花教会では、あくまでもその主義を貫こうとした。一方、新島は外国ミッションからの経済的支援を含めて、各界からの寄附を受けることにさしたる抵抗はなかった。

こうした両者の差は、時に問題視される。外部からの献金に大きく頼ったために、新島は各種の「制約」や「ゆがみ」に悩まざるをえなかった（和田洋一『新島襄』二三八頁、日本キリスト教団出版局、一九七三年）。

澤山と新島を押川方義と並べて、「日本基督教界の三傑」と高評価するのは松村介石であるが、彼にしても、こと自給論に限れば、前者の肩を持つ。

「〔澤山〕氏の意見は、先の新島氏とは反対で、日本人に伝道するに西洋人から金を貰ふてするは、最も不可である。必ず将来に拭ふべからざる不都合が起るに相違ない。不苦、独立自給で伝道すべし、と。其処で、僅か十名許の信徒を得て、小さな教会を起し、月給僅かに七円で働いた」（松村介石「日本基督教界の三傑人物評」三〇三頁、『成功』一一、三〇一～三〇二頁、成功雑誌社、一九〇七年七月）。

しかし、新島が自給論をめぐって、正面切って、あるいは名指しで澤山を批判する文章は残っていない。あるとすると、次のようなレヴィットに対する反発（レヴィットの名前は伏せられている）である。そのまま、澤山批判にも繋がる内容である。

日本の教会やキリスト教系学校（同志社を含めて）は、日本人の資金で運営、支持されるべきであるとのレヴィットの見解には、とうてい同意できない、と新島は主張する。「拙い近視眼的な政策」だからである。「我々は誰も、乞食根性は持たない。けれども、〔経済的な支援がなければ、神学校のように〕我々が十分果たすことができないことがあるのも、事実である」、「金を惜しめば、最優秀の伝道者を失う」というのが、新島の信念である（『新島襄全集』六、一九三頁）。

ちなみに、澤山が大きな感化を受けたレヴィットは、ミッション内部では極端な自給論が同僚から反感を買い、一八八一年に帰国を余儀なくされている。

一方、新島は澤山と立場を異にするだけに、集会において何かと対立する場面があった。たとえば、組合教会が組織した全国伝道組織（日本基督伝道会社）の年会（梅花女学校、一八八〇年五月）である。アメリカン・ボードからの寄附の受け入れをめぐって、両者の間で論争があった。

結果的には、純然たる独立は時期尚早との結論に至り、外部資金の受け入れは認められた。しかし、最後まで抵抗した澤山とレヴィットの主張により、大阪地区だけは、自給路線で進めることになった（『日本基督伝道会社略史』六〜七頁、同社、一八九八年）。

もともとこの伝道会社は、澤山が軸になって設立されたもので、澤山、新島、今村謙吉の三名が、最初の委員に選出された（『澤山保羅　現代日本におけるポウロ』一三七〜一三八頁）。それだけに幹部間の不一致は、澤山としても残念で、頭が痛かったはずである。

また、ある年の組合教会年会（京都）でも、自給問題が討議されたことがある。海老名弾正の回想によれば、「澤山先生は、絶対自給論者であった。新島先生始め我々は、漸進自給論者であったが、澤山先生の説には賛成者なくして敗け、我々は絶対多数で勝ったのである。この時、澤山先生は、奮然として起《た》ち、組合教会を脱会する気勢を示して去られたのである。先生は、自給論者の巨魁であった」（『祈の人　澤山保羅』一〇四頁）。

澤山のこうした主張は、新島にはあまりにも性急すぎた。

海老名と同じく「熊本バンド」のひとりである宮川経輝《つねてる》は、大阪教会で長く伝道した牧師である。「浪花教会は、始めより自給教会であった。何《ど》の派の教会も、宣教師〔ミッション〕から補助を受けてゐた真ん中、〔宮川〕先生の教会は自給であった。さらば、幾十円かの報酬を先生に与えたかといへば、僅《わずか》に幾円かのものであった。如何に貧乏しても、己の身を神に捧げて、此処に自給教会を立てられたのであった」。大阪教会も当初はミッションから補助を受けていたが、「隣の教会が自給」していた感化を受けて、自給教会になったという（同前、一〇二頁）。

澤山の「独立自給主義」の先見性に注目するのは、原田助である。自身、各地の組合教会で牧師を務めたり、同志社総長を始め、いくつかのキリスト教主義学校の教育と経営を荷った人物だけに、先駆者としての澤山を深く畏敬する。浪花教会創立三十周年と澤山永眠二十周年を記念する集会（一九〇七年）で、澤山の魅力と共に、原田はこう追憶する。

「熟《つらつ》ら回想し来れば、君が顔色憔悴、而《し》かも慈光満面の容貌、髣髴として面のあたりに在り、其朗々たる音吐に接するの感あり。紀念会上、成瀬仁蔵氏云《いわ》く、別に事業の著しきなく、而して又、著作の見るべきなく、彼れ唯、失敗と病苦に戦ひ、中道に倒るるのみ。然るに、此人にして今日、尚ほ多くの渇仰者を有するは、豈《あ》に奇ならずやと。然り、豈に其れ、然らんや。其故、他なし。蓋《けだ》し是れ、只だ君の至誠、熱切なる人格にあって存するのみ。

其神学を以てすれば、造詣敢て深しと云ふべからず。思想を以てすれば、寧ろ狭隘にして、頗る保守的なり。事業を以てすれば、単に小教会の牧師たりしにすぎず、貧窶《ひんく》と戦ひ、病苦に臥し、齢尚ほ不惑に達するに至らずして逝く。

その見るべきもの、何かある。而かも一たび其温容に接したる者、終生之を忘るる能はず。其訓戒を蒙りし者、永くその徳に化せるるは、何ぞや。実に其謙虚無私、而かも熱誠燃ゆるが如き信念の存するにあらずして、何ぞや。

君や実に主義の人なりき。その自給独立の説を摂って断々乎として動かざりしが如き。蒲柳の質を以て、己を忘れて献身友愛の生涯を送りしが如き。高邁雄秀なる人格は、年を経ていよいよ其光輝発揮し来れるを見るなり。

其独立自給主義の如き、今に至って実に其先見に敬服せざるものあり。ただ君をして、二十年後の今日、組合教会独立完成の日を見せしめざるを憾《うら》む。今や、教界漸く多事にして、熱誠の人を要することますます切なるの時に当り、澤山牧師を紀念する、蓋し偶然ならざるべし。豈に只、既往を回顧して止むべけむや。吾人は澤山牧師の志を継ぐべき神の人の続々奮起し来らむことを切望にたえざるなり（明治四十年一月）」（原田助『信仰と理想』一〇四～一〇五頁、警醒社、一九〇九年）。

恩師、D・C・グリーン

澤山保羅の前半生は、D・C・グリーン（D. C. Greene）抜きには語れない。彼の息子が著したグリーンの評伝は、「神戸でグリーンから感化を受けた者のなかで、その後のキリスト教運動史で重要な役割を果した人物がふたりいた」として、松山高吉と澤山保羅を並べて紹介する（E. B. Greene, *A New-Englander in Japan Daniel Crosby Greene*, pp.125~126, Houghton Mifflin Company, 1927）。澤山に関する記述は、こうである（松山については、本書一九一頁以下を参照）。

「神戸におけるグリーンの生徒の中で、傑出した人物の二人目は、澤山（キリスト教への回心後、彼は澤山ポーロと呼ばれることを選びとった〕である。長州地方のサムライ家系の出身で、大名は外国人排斥〔攘夷〕運動に熱心であった。少年のころ、澤山は将軍の軍隊〔幕府軍〕を相手に仲間〔藩士〕たちと戦った。

しかし、平和が回復すると、彼は古典の勉強に戻り、有名な儒教の教師の許でしばらく学んだ。しかし、やがて彼は、西洋の文明に関心を抱き始め、神戸に行き、グリーンの家に住み込んで、英語を学んだ。

この青年は、アメリカに留学し、イリノイ州エヴァンストンに住む〔グリーンの兄、S・グリーンの家にしばらく、寄寓したあと、〕グリーンの既婚の姉〔A. C. Boutell〕の家庭〔夫は弁護士のL・H・ボーテル〕に引き取られた。同地で英語の勉強を続け、公的なキリスト教信仰告白を初めて行なった。

エヴァンストンの友人たちに特に印象を与えたことが、ふたつあった。ひとつは、『素晴らしく洗練されたマナー』で、それは『単なる表面的な礼儀ではなく、人に対して役立ちたいという気持ちから〔自然に〕湧き出たもの』だった。いまひとつは、宗教的な献身を徹底させる性格であった。

『英雄的な自己犠牲心、鋭敏な良心的誠実さ、そして子どものように純粋に信じる素朴さという点で、彼は、使徒時代の精神を身に着けていたようだった』。

在米四年後に日本に帰国した澤山は、官界で立身出世するという魅惑的な道を毅然として退け、産業都市、大阪で苦闘する教会〔浪花教会〕の牧師になった。彼の指導力のおかげで、教会はとりわけ自立〔自給〕で名を知られるようになった。彼の働きは、三十代の若さで断ち切られてしまったが、おそらく会衆派グループの初期の牧師の中では、間違いなくもっとも著名な人物であろう」。

澤山はグリーンからキリスト教の手ほどきを受けてから、アメリカ留学に赴いた。グリーンの配慮から私費留学であった。洗礼は、着米してから三か月後のことで、エヴァンストン第一組合教会でE・M・パッカード（E. N. Puckard）牧師から受けた。

按手礼を受けて、正規の牧師になったのは帰国後で、新島も按手礼には参列した。国内での最初の按手礼であった。その後、澤山は組合教会では有数の指導者として、浪花教会の牧師のかたわら、梅花女学校を創設し、キリスト教主義女子教育にも尽力した。

成瀬仁蔵と師弟関係

グリーンが澤山の恩師だとすれば、成瀬仁蔵は澤山の一番弟子である。成瀬は、アメリカで澤山の英文評伝を出版し、澤山の事績を世に広めた。*A Modern Paul in Japan: An Account of the Life and Works of the Rev. Paul Sawayama*（Congregational Sunday-School and Publishing Society, 1893）がそれである。成瀬は、同書「まえがき」にこう記す。

「新島襄牧師と澤山保羅牧師とは、日本におけるキリストの二大戦士でありました。二人とも果敢に戦って、戦場に死したのであります。新島博士は、キリスト教教育の基礎を固めた人物であり、日本では教育の父として尊敬されております。澤山保羅牧師は、日本組合教会の基礎を築いた人物であり、信仰の父として敬愛されています。

私は、澤山保羅という優れた魂の持ち主と日本において親交をむすび、ともにキリスト教会の仕事にたずさわりましたので、この人物にみられる優れた性格と霊魂の働きを、日本人の特質を学ぼうとする方がたに伝えることこそ、私に与えられた格別の任務であると思うようになりました。

また、そのような書物ができれば、柔和にしてへりくだったイエス・キリストを範として、生涯を終えんとする多くの日本人の心のなかにも、新たなる可能性への光が、生まれるかもしれないとも思うのであります。

そしてまた、私は日本人の心情の奥深くに存在するものを明らかにし、若いキリスト信徒の情熱、独立独歩の力、向上を希求する若い女性たちの熱意と努力を伝えたいと望むものであります」（成瀬仁蔵著・新井明訳『澤山保羅　現代日本のパウロ』九〜一〇頁、日本女子大学、二〇〇一年）。

澤山と同郷（山口県吉敷《よしき》町）出身の成瀬は、山口で小学校訓導（教員）をしていた際、澤山と巡り合い、大きな感化を受けた。成瀬は学校を退職し、大阪に転じ、まもなく浪花教会で澤山から洗礼を受けた。

澤山と同じ教会（浪花教会）で信仰を養うかたわら、病弱な牧師を助けて伝道をした。その後、澤山が創設した学校（梅花女学校）の教諭となり、ここでも澤山校長の片腕となった。

成瀬が澤山の許を去るのは、大和郡山《やまとこおりやま》教会牧師として奈良に赴任した時である。ついで、新潟第一基督教会初代牧師に招かれて、関西を離れた。新潟に赴任する際、面会謝絶の入院患者であったにもかかわらず、澤山は病躯を押して駅まで出向き、成瀬を見送ったという。これがふたりの地上での最後の対面となった。後継者と目していた愛弟子をあえて越後に推薦したのも、澤山であった。このため、成瀬は恩師の葬儀に北越から馳せ参じることができなかった。

実は新潟は、澤山にとっては、一種の古戦場でもあった。一八八四年の夏休みに、同志社神学生ふたり（足立琢《たまき》と山中百《はげむ》）が伝道の応援（夏季伝道）に出向いた際、伝道と保養を兼ねて澤山も、娘と共に出掛けたことがある。したがって、新潟地方の特性をよく承知していた澤山は、自分と一心同体ともいうべき成瀬を同地に送り込んだ。

澤山は自らの実体験に基づいて、自給問題こそ越後伝道のアキレス腱であると認識していた。そのため、彼は自分の分身とも言うべき自給論者の成瀬以外に、適当な牧師を見出せなかった（拙著『近代新潟におけるプロテスタント』一五九頁、思文閣出版、二〇〇六年）。

ちなみに、澤山の越後伝道の中でもっとも有名な出来事は、村上での伝道集会で、澤山が僧侶や市民たちの猛烈な妨害を沈めて、演説を終えたことである。聴衆が大騒ぎをし、会場が大混乱に陥った「其時、先生がお立ちになって、聴衆を暫らく見廻された。今までいきり立った聴衆は、直ちにシーンとして静まってしまった」と、同席していた神学生は証言する（『祈の人　澤山保羅』一三一頁）。

土地の青年、武田猪之平《いのへい》（神黙）の回想でも、似たような情景が描写されている。「最後に先生は、病躯を以て檀上に立てるときも、同じく騒然、雑然として、この弁士をも葬り去らんとせり。然るに先生は、毅然として壇上に峙立《じりつ》し、粛如として手を延ばし、暫らく聴衆を静止しつつありしに、一同仰いでその風貌に接せるとき、一種の権威は先生の身体にかがやけり。驚異せる聴衆は、数分にして全然手を翻へせる如く静穏となりぬ。かくて先生は、朗々たる音声を以て、其思想を陳述さる」（『澤山保羅伝』武田神黙序文、三～四頁）。

これは劇的なシーンであるので、その後、澤山伝説として幾度も語り継がれ、各種の澤山伝でも欠かせないハイライトとなった（たとえば、『澤山保羅伝』一二四頁）。ただ、この出来事に関しては、伝説にありがちな誇大表現や美化、脚色などが混在するので、注意が必要である（拙稿「澤山保羅による新潟伝道」一三三～一三四頁、拙著『近代新潟におけるプロテスタント』）。

澤山と新島の交流

以上のグリーンや成瀬との交流に比べると、澤山と新島との交遊は、かなり希薄である。何よりも手紙のやり取りが少ない。少なくとも原物の所在が、一通も確認されていない。とは言え、相互の学校訪問はもちろん、各地の教会設立式や牧師任職式（按手礼）など、組合教会を代表する指導者として両者が接触する機会は、何かと多かった。

たとえば、澤山は一八八三年六月二十日に同志社で説教を担当している（『新島襄全集』八、二六五頁）。同年十一月二日にも、同志社最初のレンガ造りの校舎（彰栄館）の起工式（一八八三年）に呼ばれ、祈祷を捧げている（梅花学園澤山保羅研究会編『澤山保羅全集』九一八頁、教文館、二〇〇一年）。

一方、新島は一八八二年十月二十二日に浪花教会説教会に出席している（『新島襄全集』五、一八七頁）。また、澤山の死後であるが一八八八年、梅花女学校に出向き、「梅花女学校ニ於ケル女子教育」に関する講演を披露した。創立十周年記念式、あるいは新校舎献堂式のどちらかであろう（同前一、六二〇頁の注四二二）。幸い、この時の草稿が残されている。「女学校ノ起リ」から説き起こし、「澤山ノ尽力、成瀬ノ奮発」に言及している（同前一、四一九～四二二頁）。

ふたりは、経歴が似ているばかりか、その働きにも共通点が多い。両者は、教育、伝道の両面で比類ない貢献をした点で、双璧をなす存在である。ただし、出身藩の社会的位置については、天地ほどの差があった。片や長州、片や上州安中である。前者は、維新の勝ち組であるだけに、澤山が官界で立身出世できる可能性は、自ずから高かった。したがって、澤山は留学三年目までは、国費留学や仕官を志望していた。それが四年目には「精神的な大転回」を遂げ、牧師への道へと大きく舵を切った（『澤山保羅』八四頁）。

　それに対して、負け組の新島は、維新後は世俗的な出世は不透明であり、本来、冷や飯を食らうべき立場にあった。にもかかわらず、新島は留学中に訪米して来た岩倉使節団に見込まれて、出仕を熱心に請われる身となった。この点で、出仕の夢が挫折した澤山とは、対照的である。けれども、澤山も新島も、帰国時には栄達の道を自ら封印して、宗教界・教育界（私学である）で純然たる民間人として生きる決断を下した。

　その背景には、ふたりとも在米中に信徒となったことが大きい。ただし、新島襄の受洗が、アメリカに上陸してから一年後であるのに対して、澤山は渡米三か月後にはすでに洗礼を受けている。逆に、澤山の留学期間は新島の半分、すなわち四年に過ぎず、しかも神学校を出ずしての帰国である。

　したがって、按手礼を受けて、正規の牧師になったのは、新島のほうが早い。日本人初の牧師の誕生である。一方の澤山は、帰国後に按手礼を受ける。こちらは、国内で受けた初のケースである。いずれにせよ、正規に任じられた牧師の先駆者である。

　実は、澤山が神学校で系統的な神学教育を受けずに帰国することを憂慮したパッカード牧師は、彼に留学期間を延ばすように忠告したという。これに対して澤山は、「私はキリストの使徒たちが学んだと同じだけの学習を果たしました」と答え、即時帰国を優先させる決断を下した（『澤山保羅　現代日本のパウロ』四五頁）。彼の突然の帰国決意は、周囲の者を驚かせた。他に帰国の手段がなければ、手漕ぎボートで太平洋を渡らんばかりの急ぎようであったという（『澤山保羅全集』六一四頁）。

　結局、澤山の神学研究は、留学四年目の一年間に過ぎず、しかもパッカード牧師から個人的な指導を「時々」受けるに留まった（同前、六一一頁、六一四頁）。帰国を前に、澤山は自身の名前を、自分が心酔するパウロと彼の神学にちなんで、馬之進から「保羅」（Paul）に改めた（同前、六一四頁）。

　名前に関して附言すると、澤山と新島は、奇しくも留学中に名前を変えている。しかも、聖書に縁《ゆかり》の深い名前（パウロとヨセフ）を、それぞれ日本語表記して使用するという類例を見ない異色のネーミングという点でも、共通する。

民間人に終始

新島と澤山は、生涯にわたって在野性に徹した。終生、民間人に終始したことを強調するのは、両者をよく知る宣教師のＪ・

H・デフォレスト（J. H. DeForest）である。

「一八七四年の秋、新島襄氏は、自分が米国で教育を受けたような立派なキリスト教主義の学校を創立するという目的に心を燃やして、故国にもどった〔この時、デフォレストも同船していた〕。政府の高官たちは、彼のこの深遠な道徳的目標を知って、政府の国民教育体制に彼を参加させるために、彼の個人的な計画から彼を引き離そうとした。

しかし、新島氏の決意は固く、その活動に当ってはいろいろの困難な事態に直面もしたが、ついに同志社を創立した。この学校は、日本国内で名声を得ているばかりでなく、他のいかなる学校よりも、〔国際的にも〕日米をつなぐ貴重な輪としての役割を果すようになった。

新島氏が帰国して間もなく、もうひとりの熱心な若者が、米国から帰国した。澤山保羅で、彼はイエス・キリストの輝かしき福音を、自分の同胞にできるかぎり広く説きたい、という揺るがぬ目標に心を燃やしていた。

彼もまた、官界で働かないか、との誘いを受け、高い給料を提示されたが、彼はすでにただ一つのことに身を捧げていた。すなわち、『聖ポウロを範として、キリスト教を直《じか》に説くこと』である。ライフワークであるこの崇高な目標からは、いかなるものも彼を引き離すことが、できなかった」（『澤山保羅　現代日本のパウロ』一三～一四頁）。

彼らふたりの心底に共通して存在するのが、デフォレストも指摘するように、キリスト教信仰である。新島と澤山の留学生活に大きな違いがあるとすると、ホストファミリーであろう。新島の面倒を見たハーディ家（ボストン）と、澤山を引き取ったボーテル家は、共に真摯なクリスチャン・ホームでありながら、社会的な貢献度では大きな差があった。

A・ハーディは、アメリカン・ボードのいわば理事長であった。それだけに、新島個人にとって最有力の支援者であっただけでなく、後に「日本ミッションの父」となって、伝道と教育の両面で実に大きな支援者となった。澤山は、こうした公的な幸運に恵まれなかった。ただし、澤山にもアメリカン・ボードの宣教師となって帰国する可能性が、なくはなかった。しかし、持論の自給原則に反するとして、自ら申請を拒否したという（『澤山保羅全集』八七五頁）。

実弟・澤山雄之助

新島・澤山の交流の周辺に、両者を取り結ぶような人物がひとりいた。澤山の実弟、雄之助である。

一八六五年、長州吉敷《よしき》に生まれる。一八七八年、兄の保羅の廃嫡《はいちゃく》に伴い、立嫡する。同志社に学び、新島から洗礼を受ける。一八八五年、同志社を卒業後、宣教師のH・H・レヴィットの勧めで、留学のために渡米する。コロラド・スプリングスで療養の傍ら、コロラド・カレッジで一八八七年まで学ぶ。同年、アーモスト大学に転学し、一八八九年に卒業する。帰国後は、学習院教師となる。一八九〇年、中島萬子と結婚し、中島家に入るも、同年、病死する。墓は谷中《やなか》墓地にある（同前、六六三頁、注六）。

同志社普通学校への入学は、澤山の勧めでもあったものか。入学年次は特定できていないが、生徒名簿によれば、一八八四年四月の時点で、四年生に在籍している（『同志社百年史』資料編一、二六九頁）。一年次から入学したとすれば一八八一年の入学生となる。全校生徒の総数が、一八八四年でもわずか百二十九名であるので、在学中は新島から個人的な指導も受けたはずである。現に、一八八四年一月の教員会議では、「雄之助への援助（the aiding）」の件が議題に上り、ふたりの教員（新島と市原盛宏）に任せることが決議されている（*Doshiha Faculty Records 1879~1895*, p.61, Doshisha Archives, 2004）。

宗教的な感化としては、新島から洗礼を受けたことが大きい。一八八二年二月五日、京都第二公会（牧師は新島）においてである（『同志社教会員歴史名簿』六頁）。一八八三年六月には、同志社から兄に手紙を出し、病気から快復したことを知らせている（『澤山保羅全集』四四五頁）。

一八八五年六月二十五日に同志社普通科を卒業する。卒業演説は、「有神進化論」であった（同前、九二九頁）。兄である澤山は、「明日ハ同志社卒業式故、明朝、早天より当地出立之心得ニ御座候」と前日に書き残す（同前、二五八頁）。弟を祝福する気持ちが、伝わってくる。

この年八月に、雄之助は留学のために渡米する。当時は、新島も二度目の滞米中であったので、アメリカではレヴィットのほかに、新島の指導や推薦も考えられる。教会籍はコロラド教会に移した（拙著『京都のキリスト教』一五四頁、日本キリスト教団同志社教会、一九九八年）。

その後、アーモストに入学しているのは、おそらく新島の勧めがあったからと思われる。入学した年の秋（一八八七年十一月三日）に書いた手紙には、出国してからちょうど二年二か月が経ち、「無病勉学」しているとある（『澤山保羅全集』五八〇頁）。卒業は、澤山の死後の一八八九年のことで、取得した学位は、新島と同じ理学士である。

新島の説教に見る澤山

澤山保羅と新島との交流に戻る。往復書簡こそ残されていないが、教会での説教草稿は、別である。両者が、それぞれ相手の教会の教壇に立つ機会は、何度かあった。

澤山は、新島が牧師を務める京都第二公会（現同志社教会）で説教をしたことがあるが、これを含めて、澤山の説教草稿はほとんど残されていない。英文の断片的なメモが、あるくらいである。ただし、同志社で澤山がした祈祷に打たれた話をある学生が記録に残している。

「澤山先生、一日、同志社に来られ、或朝の礼拝に『感謝します』との一言を以て、祈祷されたる事有《あり》しが、学生一同は、一種荘厳の気にうたれ、幾多の学生は、その椅子《いす》より靴、雪駄《せった》等を以て、汚せる床上に滑り下り、首を汚床に伏着せるに至れりと。先生の人格には、犯すべからざる威光ありき」（『澤山保羅伝』武田神默序文、八～九頁）。

この説教がいつの年次か不明であるが、一八八三年六月二十一日の手紙に、澤山は「今朝ハ同志社学校中ニテ、書生一同ニ演説致シ、今日午に帰阪致候」と書き残す（『澤山保羅全集』二二二頁）。

たしかに、澤山の祈祷には、人を粛然とさせるものがあったようである。同志社の学生の他にも、ある教会で「祈祷を捧げらる時には、如何にも、神そこに居《いま》すが如き心地して、満堂粛として音なき有様であった。それ故、他教会の信者で、今日は澤山先生の祈祷を聴きに行《ゆこ》ふ、と云って来る者さへあった位で、霊気は氏の全身に充ちて居た」といった証言がある（同前、杉田潮の序文、二～三頁）。「祈りの人」澤山保羅の面目躍如たるものがある。

一方、新島の資料中には、浪花教会で行なった説教の草稿が三編、残されている。その一篇は、一八八二年秋（十月二十二日）の説教「初メハ大切、ヨリ終リガ大切」である（『新島襄全集』二、一五～二二頁）。大阪でキリスト教大演説会に出演した翌日のことでもあり、新島としては病身の澤山を助ける意図が込められていた。

二篇目は、それより五年後（一八八七年）の一月二十日、浪花教会創立十周年記念会での説教である。千名前後の参加者を収容するために、会場は教会ではなく、土佐堀の青年会館が選ばれた。午前の祝賀会に引き続き、午後に澤山牧師解職式と記念礼拝（説教、洗礼、聖餐）が開催された。新島はこのうち、説教と授洗を受け持った（同前二、六五二～六五三頁）。当日の主役たる澤山その人は、入院中のために欠席したので、新島はいわば代役を務めたことになる。

新島は「天父、基督ヲ十字架ニ添テ、世ニ賜ヘリ」と題して、「人間間最大ノ事件」である「基督ノ贖罪」について語った。新島は愛唱聖句、「夫レ神ハ、其ノ生タマエル独子ヲ賜フホドニ世ノ人ヲ愛シ賜ヘリ」（「ヨハネによる福音書」三章十六節）を引きながら、独り息子を「十字架ニ添ヘ賜ル」神の愛を説く。新島が見るところ、この信仰を真正面から受けとめた人こそ、澤山であった。「十字〔架〕上ノ基督、澤山〔保羅〕牧師ヲトリコ〔虜〕ニス」。

「同氏ニシテ、全ク一身ヲ基督ト共ニ十字架ニツケタレハコソ、神ハ同氏ヲ恵ミ賜ヒ、縦令《たと》ヒ多年ノ病ニカカリ、其死去ハ何《い》ツカ何ツカト人々ヲ心配セシメシモ、神ハ同氏ノ命ヲ保チ賜、今日ニ至ラシメ、身、自ラ説教セサルモ、同氏ハ毎日、祈ヲ以テ教会ヲ牧シ、真ニ我等ヲシテ祈ヲ聞キ賜フ神アルヲ知ラシメ、氏ニシテ此堂中ニ物言ハストモ、今尚、物言ヘリ。

而シテ此教会モ、同氏ノ多年ノ病ナルニ関ハラス、同氏ノ為ニ尽シ、同氏ヲ慕テ今日ニ至〔リ〕、尚、愛ノ変セサルハ、十字架上基督、此ノ教会員ノ心ヲモ擒《とりこ》ニセリト云ベシ」。

新島の説教の結語は、こうである。

「我等ノ私欲私心ヲ基督ト共ニ十字架ニカ〔架〕クルニ非ラ〔ズ〕バ、又、天国ニ入ルヲ得サルベシ。我等共〔ニ〕今日ヲ祝スルニ当リ、十字架ノ基督ヲ見、深ク基督ヲ信愛シ、自身、十字架ヲ負ヒ、永ク基督ノ忠僕、忠婦トナリ、何時カ彼《か》ノ天国ニ進ミテ、面ノアタリ基督ヲ拝謁スルノ日ヲ希図シテ止マサルナリ」（同前二、二四三〜二五一頁）。

我々も典型的な「基督ノ忠僕」たる澤山を見習って、雄々しく前進したいとの奨励である。

澤山を弔う告別説教

三編目は、澤山を告別する説教である。前回の説教から、わずか二か月後のこと（一八八七年三月二十九日）である。場所も同じ青年会館である。説教の依頼は、浪花教会の亀山昇（同志社の卒業生で、新島の教え子）からであった。その返書には、こうある。

「我等敬愛スル所ノ澤山保羅氏、已《すで》ニ永眠ニ就カレシ由。昨日〔三月二十七日〕、電報ヲ以テ御通知被下《くだされ》、又、御書面ニ以、小生説教之義、御依頼ニ被及候ニ付、俄《にわか》之事ニテ別ニ用意も出来兼候得共、何カ小生ニ所感ニテ相陳可申、右為貴答　怱々頓首《そうそうとんしゅ》」（『澤山保羅全集』五七六頁）。

新島の逡巡にもかかわらず、澤山を弔う告別説教は、新島以外に適任者はいなかった。葬儀当日、新島は、説教の中で、澤山が保有していた「平生ノ美質」を四つ、挙げる。「敏捷」、「豪気」、「主一《しゅいつ》」、そして「寛大」である。

すなわち、澤山は少年の頃から敏捷で、漢籍を早くから学ぶ。「年尚幼ナルモ」戦争にも出陣する豪気な少年でもあった。こころをひとつのことに集中させる主一の点でも優れ、「総テ物事ヲ優柔不断ニ附セス、為スヘキヲ為シ、為スベカラサルヲ為サス」。それに、「克《よ》ク人ヲ容レ、区々ノ小事件ニ汲々タラス」という寛大な気持ちを持っていた。そうした天分は、キリスト教に触れて一気に開花した。

「敏捷ナル分ハ、速ニ神ノ奥義ヲ暁《さと》ラシ、豪気、主一ナル分ハ、断然、信仰ノ道ニ進マシメ、甘シテ主ノ十字架ヲ負フニ至ラシメ、寛大ナル分ハキリストノ愛ノ如何ナルヤヲ知ラシメ、克ク人ヲ愛シ、人ヲ容レ、蕩然《とうぜん》、人ヲ感化シ得ルノ力ヲ受タリ」（同前二、二六一頁。傍点は本井）。

さらに、澤山は「良牧者」の名に背《そむ》かない、と新島は断言する。「良牧者ハ、羊ヲ愛シ、羊ノ為ニ命ヲスツ」。澤山は「良牧師ノミナラス、実に人傑」でもあった。この十年というもの、病気に冒されたうえ、妻を失なった。それでも、「決シテ苦情ヲ言ハス、非常ノ十字架ナルモ、一日モ決シテ己ノ背ヨリ下《お》ロセシ事ハナカリキ」。

澤山は、持論の自給論を実践することにも熱心であった。「自給。人ニ求メス、神ニ求ム」。「容易ニ人ヲ捨〔テ〕ス。世ノ困難ヲ仰テ、ミガク。身ヲ犠牲トナス」牧師であった（同前二、二六一～二六二頁）。

「日本のジョージ・ミューラー」

犠牲と言えば、新島は別のところで、「〔澤山〕氏コソ、日本ノミューラルト云フモ、敢テ過言ニ非ラサルナリ」と喝破している（同前二、六五三頁、注二六二）。ミューラー（G. F. Müller）とは、イギリス有数の社会事業家で、孤児院経営で名を知られている。澤山を弔う告別説教の草稿にも、新島は「ミューラル――日本ノ」とのメモを書き入れている（同前二、二六二頁）。おそらく、澤山を「日本のミューラー」に準《なぞら》えたかったのであろう。当のミュラーはこの冬に来日し、一月には同志社でも演説をしている（同前一、二七〇頁）。

澤山を時の人と併置させた説教は、聴衆の胸を打った。直接、それを聴いた一人は、「新島先生は、澤山先生を其の年に来朝したジョージ・ミューラー氏に比べ、信仰と祈の人、日本のミューラー氏なりとて、涙ながらに先生を弔はれた」と回想する（『祈の人　澤山保羅』九九～一〇〇頁）。

葬儀で新島が澤山を称賛したことに触れた『基督教新聞』（一八八七年四月一五日）も、「信仰の泰斗《たいと》にして、日本のミューレルと称するも、決して溢言《ほめすぎ》にあらじ」と報じている。

新島の告別説教は、さらに続く。

「神ハ、カカル撰器ヲ我カ日本ニ賜ハリタル。殊ニ四通八達ノ要路タル大坂ニ来タシメ、一〔教〕会ノ牧師トナラシメシハ、深キ思召ノアリタルナラント思ハルニ、此ノ良牧師、此ノ撰器ヲ三十五年ヲ一期《いちご》〔ト〕シテ、此世ヨリ取リ賜フハ、不思議ト疑フ兄弟モアランカ。予ハ曰《い》ハン、師ハ已《すで》ニ其分ヲ尽セリ。已ニ其ノ働ヲ為シ終ヘタリ。人生、長寿ヲ保ツカ幸ニアラス。一日ナリトモ、神ノ御意ニ叶フ生涯カ必要ナリ」。

「善、且忠ナル僕《しもべ》」たる澤山師は、「死シタルニアラス、永眠ニアラス。命ヨリ命ニ移リ、〔地上の〕栄ヨリ〔天上の〕栄ニ移ル。今ハキリストノ栄ヲ見テ、其ノ栄ヲ受ケ喜ラルルヘシ」。

新島は説教を次の結語で締めくくる。「嗚呼《ああ》、地上ニ此ノ良友ヲ失ヒタレトモ、天上ニ一ノ良友ヲ加ヘタリ。神ニ謝シ、師ヲ送ラン」（同前二、二六二～二六三頁）。

「浪花教会記録」には、この時の新島の説教要旨が収録されている。

「其意ハ、約翰《ヨハネ》伝十七章ヲ読ミ、感ヲ述ブ。終リニ曰《いわ》ク、氏ハ性敏捷ニシテ学事凡テ進歩セリ。主一ノ気性アリ。又、完大〔寛大〕ノ気象アリ。最善良ナル羊牧ニシテ、遂ニ羊ノ為ニ生命ヲ棄テシモノト云ベシ。常ニ苦状ヲ曰ハス、莞爾《かんじ》トシテアリシ。

今年来リシミューラル氏ノ如キ入用ト思フ者ハ必ズ、人ニ依ズ、神ニ求メシ。今ヤ、ミューラルニ先《さきんじ》テ逝ク。其屍ヤ此棺中ニアリ。去レド、決シテミューラル氏ニ劣ラズ。氏コソ日本ノミューラルト云フモ、敢テ過言ニ非ラザルナリ。
今ヤ氏ヲ送ルハ、哀シ。去レド、主ノ旨《むね》ナリ。氏ノ祈リ、無益ナラズ。必其効アルナリ。且、氏ハ安息日ニ眠リシヲ思ヘバ、此レ此世ノ天国ヨリ、彼《か》ノ天国ニ至レリ。此世ノ栄ヨリ彼ノ世ノ栄ニ至リシナリ」（『澤山保羅全集』九三八〜九三九頁）。

祈りの人・澤山保羅

ちなみに、この時の新島の草稿には、「師ノ祈（五時半）」という文言が見られる（『新島襄全集』一、二六一頁）。おそらく、澤山が毎日、早朝に祈りを捧げる習慣を、紹介したのであろう。澤山は、「当地教会ノ朝五時過ノ祈祷」と手紙に書くので、浪花教会では連日、早朝に祈祷会が持たれていたようである（『澤山保羅全集』一二一一頁）。

執筆時期、筆者とも不明のメモ「大阪日記」には、「十二日朝祈祷会　新島氏、熱心之祈祷。澤山氏は、病体を持ちながら、朝暗より信徒に先て起きたり（余、浪花ニ於て説教す）」とある（同前、五三八頁）。

祈りと言えば、澤山の死後、彼のベッドの下で発見された「祈りのカード」が有名である。祈るべき対象の人たちの名前が、日別に書き込まれていた（『澤山保羅』一五四〜一五五頁）。

「祈りの人」澤山らしい挿話は、ほかにもある。かつて新島宅に宿泊した際、澤山が真夜中に起きて祈ったところ、翌朝、そのことを新島に尋ねられた。澤山は、ある教会の信徒と祈り合う約束をしたからだ、と答えたという（同前、二四頁）。

澤山の純粋な信仰心と至誠心は、同僚の牧師間でも有名であった。大阪の島之内《しまのうち》教会牧師、上原方立《まさたつ》は、ある時（一八八四年二月二十二日）、京都第一公会（現平安教会）でこう説教した。

「澤山保羅氏ノ極度ノ信仰、恰モ神ニ於ケル童子ノ父母ニ於ケルカ如ク、金銭ノナキ事マデモ万事、神ニ告ケラルレバ、忽チ信者、金ヲ持来リ、其速功ニ金ヲ寄付ノ信者モ驚キ、念感スル由云々」（『池袋清風日記』上、七七頁、同志社社史資料室、一九八五年）。

第二章　成瀬仁蔵

（一）成瀬仁蔵と新島襄が蒔いた種

日本女子大学と同志社

澤山保羅《ぼうろ》を恩師と仰ぐ成瀬仁蔵は、新島襄からも指導を受けた。彼ら三人は、揃って同一教派（組合教会）に所属する牧師であった。成瀬が当初、受け持った教会は、浪花教会（大阪）、大和《やまと》郡山《こおりやま》教会（奈良）であったので、澤山（浪花教会）や新島（京都第二公会）の働き場と同じ都市か、あるいは近隣であった。そのうえ彼らは、伝道以外にもキリスト教教育に尽力した教育者であった。澤山と成瀬は梅花女学校、そして新島は同志社である。

しかし、成瀬は二十八歳にして、関西から越後へ活動の場を移す。新潟第一基督教会（現日本キリスト教団新潟教会）の初代牧師に招聘されたのである。彼は、同地で伝道のかたわら、新潟女学校を設立するだけでなく、男子校の北越学館の設立にも応分の働きをした。前者は、「越後の梅花女学校」を、そして後者は、「越後の同志社」を目指した感があるので、ここでも彼は引き続き、澤山や新島を恩師と仰いだ。

その後、越後で女子教育家になる決意を固めた成瀬は、アメリカへ留学し、新島の母校、アンドーヴァー神学校（ボストン郊外）などで学ぶ。帰国後は、伝道界から身を引き、もっぱら女子教育の推進者として尽力する。その成果が、目白に日の目を見た日本女子大学校（現日本女子大学）である。日本における組織的な大規模女子大学の初穂である。

以上のことから判かるように、設立経緯から見れば、梅花女学校、同志社（特に女学校）、日本女子大学はいわば姉妹校である（新潟女学校と北越学館は、設立数年後に廃校）。とりわけ、後者二校の間で近年、初期の繋がりが蘇えるような出来事が起きた。国内交換留学生制度である。

日本女子大学と同志社女子大学は、二〇〇三年四月から自校の学生を二人ずつ一年間、交換留学生として相手校に派遣することを決めた。この背景には、同志社大学が「同志社と女子教育」と題する企画展を学内で開催したことが、ひとつの刺激、あるいは契機となった。同展は同志社社史資料室（現同志社社史資料センター）により二〇〇一年十一月から二〇〇二年の二月まで「第二十回ニイシマ・ルーム企画展」（今出川キャンパスのハリス理科学館）として広く市民に公開された。企画を担当したのは、当時、同室に関わっていた本井であった。

会場は大小二部屋からなる。大展示室は、同志社の出身者が、同志社女学校（今の同志社女子大学、同志社女子中・高等学校）を始め、日本各地（一部は海外）で創設、あるいは教育活動に挺身した女学校の数々をパネル写真や一次資料などで紹介した。

同志社は男子校（英学校）として一八七五年にまず開校されたが、直後に女学校を併設しているので、女子教育の歴史も古く、したがってこの分野での貢献度も格別に高い。にもかかわらず、男子校の影に隠れて、その働きはあまり知られていないので、ニイシマ・ルームを会場に、独立した展示テーマ、「同志社と女子教育」を立てて集中的に光を当ててみた。おりしも同志社女子大学では、一九九九年から二〇〇一年までの三年間、「創立百二十五周年、新制大学設置五十周年」記念事業を展開中であった。

一方、ニイシマ・ルームの小展示室は、日本女子大学（開校時は、日本女子大学校）コーナーとして、主として日本女子大学成瀬記念館から借り出した史料とパネル類を展示した。もちろん、創立者である成瀬仁蔵の遺品は、不可欠の展示品であった。

ちなみに同志社には、日本女子大学の史料はほとんどない。それだけに学内、学外を問わず「なぜ同志社が、日本女子大学関連の展示をするのか」との疑問の声も聞かれた。

ひとつにはこの企画展はそもそも、かねて成瀬研究で個人的に世話になっていた成瀬記念館から私に持ちかけられた。日本女子大学は創立百年を迎えようとしていた。「同志社と女子教育」展に大輪の花を添える好機会なので、ご好意に感謝して企画に取り込んだ。目白には京都から二度足を運び、展示に相応しい二十数点の史料を選択し、借り出した。

この時の企画展は、同志社と日本女子大学との歴史的な交流の深さを社会にアピールできる絶好の機会であった。両者の特異な歴史的関係は、同志社の学内でもあまり知られていなかった。

これに比べると、同志社が初期の早稲田大学（東京専門学校）と近い関係にあったことは、はるかによく知られている。創立者同士、すなわち新島襄と大隈重信との間に親密な交流があったからである。その後、同志社から「頭脳流出」が続き、私学・早稲田の学風造りに貢献した。近年では両大学で実施されている学生交流（留学制度）も、すっかり定着した感がある。

歴史的交流

一方、成瀬仁蔵と新島も、大隈（日本女子大学校の創立委員長でもあった）と新島の場合に負けないほどの深い交際が見られた。教育者、牧師としての交流である。かつて新島が成瀬に贈呈した署名入り聖書が、成瀬記念館に展示されているのを見て、改めてふたりの距離の近さを思い知らされたことがある。逆に同志社社史資料センターは、新島宛の成瀬書簡を所蔵する。

新島死後の交流も、特異である。新島の教え子たちが、日本女子大学に次々と呼ばれた。なかでも麻生正蔵と塘《つつみ》茂太郎は、その先鞭であり、双璧でもある。彼らは、開校時の日本女子大学校を軌道に乗せる働きをしただけでなく、成瀬自身から後継者と目された。成瀬が臨終の床にわざわざ呼んだのは、このふたりであり、「全く安心だ。総て満足だ」と伝えたという。

彼らに続いて目白に移った同志社系の人々も多い。年齢順に挙げれば、元良《もとら》勇次郎、浮田和民、村井知至《ともよし》、服部他之助（成瀬夫人の実弟）、松浦政泰《まさやす》、松本亦太郎、村田勤《つとむ》、奥太一郎、浦口文治、大森兵蔵《ひょうぞう》、長岡擴《ひろむ》といった人たちである。これまた「頭脳流出」である。

彼らのほとんどはクリスチャンであり、何人かは新島の教え子であった。要するに、日本女子大学で働いた初期のキリスト教系の教員は、すべてとは言えないまでも、「ほとんど同志社系」であった（中嶌邦《くに》『成瀬仁蔵研究――教育の革新と平和を求めて――』一五八頁、ドメス出版、二〇一五年）。

ところで、「同志社と女子教育」展が開催されるや、予期せぬ展開が見られた。日本女子大学との学生交流の可能性を打診してもらえないか、との依頼が、同志社女子大学から私の所に飛び込んできた。

さっそく二〇〇一年十一月二十二日に旧知の中嶌邦名誉教授（日本女子大学）に電話で執行部への取り次ぎをお願いした。その後の進行は、中嶌教授や私、さらには同志社側の思惑をはるかに越えるピッチで進展した。計画は日本女子大学で熱烈に歓迎されたと聞く。

正式調印は二〇〇二年の五月十三日、同志社女子大学に東京から後藤祥子《しょうこ》学長を始めとする日本女子大学の関係者を迎えて行なわれた。社会的関心も高く、マスコミも十社近くが取材に来た。実に百年振りの交流復活である。

新島と成瀬が蒔いた種が、二十一世紀に新種の花を咲かせた感がする。

（二）成瀬仁蔵の新潟時代

越後が分岐点

成瀬仁蔵の生涯では、新潟時代は特異な時期である。彼は、一八八六年夏に大和郡山教会牧師から越後の教会に赴任した。澤山保羅の強い勧めがあったものと考えられる。成瀬は同地では、アメリカン・ボードから派遣されていた宣教師のR・H・デイヴィス（R. H. Davis）の支援を受けて、十月二日に教会を発足させ、初代牧師に就任した。

その半年後（一八八七年五月）には、梅花女学校時代の経験を活かして、「越後の梅花女学校」ともいうべき新潟女学校を市内に立ち上げることに成功し、自から校長に収まった。ついで男子校の設立にも貢献した。同年秋に地元信徒の阿部欽次郎や村上出身のクリスチャン実業家で政治家の加藤勝弥、アメリカン・ボード宣教師のD・スカッダー（D. Scudder）らが推進した北越学館の発起人となった。

このように八面六臂《ろっぴ》の活躍を見せた成瀬の新潟時代には、四つの特色が見い出せる。ひとつには、この当時の越後のキリスト教世界は、教会、キリスト教主義学校とともに、「成瀬・スカッダー時代」とでも呼べるような黄金時代を築いた。その中軸にいたのが、成瀬である。二つ目は、この期に成瀬は、牧師から教育者へと大きく転身を図った。彼の軸足は確実に移動し、この地で明らかに立ち位置は変わった。この時が彼の生涯の分岐点となったのである。

三つ目は、それにともない、女子教育の研修と視察のために、成瀬は新潟からアメリカへ渡ることを志す。最後の四点目は、スカッダーや麻生正蔵との出会いである。念願のアメリカ研修が実現したのも、前者の尽力であった。後者は、後に日本女子大学校設立の際、右腕として成瀬を助けたばかりか、成瀬死後の後継者（校長）として、その事業を引き継ぐ人物である。彼らふたりに絞ったとしても、越後での出会い効果は、成瀬にとってきわめて大きい（詳しくは、拙著『近代新潟におけるプロテスタント』思文閣出版、二〇〇六年、ならびに拙著『近代新潟におけるキリスト教教育』思文閣出版、二〇〇七年を参照）。

こうした事情を踏まえれば、成瀬が後年、越後を「第二の郷里」として懐かしむ理由が、よく分かる（『成瀬仁蔵著作集』二、一〇七頁、日本女子大学、一九七四年）。

にもかかわらず、新潟時代の資料は、意外に少ない。『新島襄全集』（九上、三二七～三二八頁）にも、新潟から新島に送った成瀬の手紙（一八八八年一月三日）が、ただ一通、収録されているだけである。

しかし、その内容は深刻である。一致教会の役員である加藤勝弥氏からお聞きと思うが、昨年、二十名の信徒が意見（自給論か）の不一致により、自分たち（組合教会）から離れて、別の教会を発足させた。その分子が今も我が教会に残っており、我々の悩みの種となっている。彼らは「一之偽善之分子」として「一之党派之如きもの」を形成して、教会の働きを妨害する。後述もするように、教会内には「非常なる不和」が存在し、前年には「破裂」騒動にまで発展していた。紛争はいまだにくすぶっているという。新潟教会は、成瀬にも手に負いかねる難しい教会であった。

そのほか、手紙には成瀬自身の「勉学之志」についての悩みが、吐露されている。教会での伝道や女学校の管理の傍ら、勉学する時間を確保することは至難であるので、「女学校ハ手を引き、全く教会ノ為、全身を入れん」と考えた。しかし、結局、非信徒の理事たちに学校を任せることは出来ないので、自分が「終《つい》ニ教会を辞」すことに決めたという。確かに新潟教会牧師の辞表が、一か月後の二月一日に出されている。結果的に、これが成瀬の転身（牧師から女子教育者）の契機となった。

さらに世間の耳目を集めた、成瀬の新潟時代の事件と言えば、北越学館事件である。とりわけ、教頭に呼ばれた内村鑑三との正面衝突は、有名である。越後以後も、内村からは批判、攻撃が絶えない。とりわけ、「キリスト教を捨てた著名な日本人」と題するコラム（一八九九年）で、内村は成瀬を次のように糾弾する。

「一時は強固な正統的信仰をもつ組合教会の牧師で、ミッションの目的を広める熱心な闘士であったが、去年、教職〔牧師職〕を離れ、今は百万長者の土倉《どぐら》氏〔庄三郎、奈良県の林業家、一八四〇～一九一七〕とともに大阪に女子大学を設立する仕事に携わっている。彼はいまや貴族富裕階級の間に友人をもとめ、もはや昔日の宗教的熱心を聞かない」（道家弘一郎《どうけひろいちろう》訳『内村鑑三英文論説翻訳篇』下、一六三頁、岩波書店、一九八五年。訳文中の〔　〕は、訳者による注）。

新資料の紹介

成瀬の資料で言えば、新島側の資料が一件、近年、群馬県で発見された。新島から成瀬（越後在）に発信された手紙（一八八七年五月二十六日付）である。『新島襄全集』には未収録である。原簡（写真は、『同志社談叢』二四、口絵一九頁、二〇〇四年三月）は、群馬県松井田町上増田六七〇の「まついだ森の家」（黒羽知代氏）が所有する。収録と写真撮影に当たっては、淡路博和氏（元・安中市市史編さん委員会近世部会長）のご協力が得られたことを感謝したい。

ちなみに「まついだ森の家」は、横浜市内の障害者家族や社会福祉関係者三十余人が出資して創立した有限会社である。黒羽氏によると、この書簡は北海道・小樽公園通教会の元牧師、上泉《かみいずみ》浩氏から人手を経て、黒羽氏が入手されたものという。現在、額装されており、額の裏面に「日能蔵」と墨書されている。「日能」については不詳である。

書簡は宛名を欠くが、文中にある「新潟教会」、「デウィス氏」(R. H. Davis)、「女子学校」（新潟女学校）、「男子学校」（北越学館）、「阿部」（阿部欽次郎）といった新潟関連の用語から見て、新潟第一基督教会（現日本キリスト教団新潟教会）初代牧師の成瀬仁蔵の可能性が極めて高い。とりわけ「御転会」という文言は、他所（他教会）から新潟教会へ教会籍を移すことを意味するので、地元信者でないことは、明白である。

　新島書簡はこうした経緯の中で、成瀬に出されたものとほぼ断定できる。したがって、書簡には年次の記入はないが、一八八七年と推定できる。

　なお、新島はこれを発信する直前の五月十八日には奈良へ出向き、甥の新島公義《こうぎ》を訪ねている。奈良での公義の任地は大和郡山であった。同地は成瀬の前任地であったので、公義は成瀬の後任者の形で組合教会から奈良伝道に派遣されていた。新島襄の奈良滞在は、一週間にも及ぶ（本書四二六頁参照）。したがって、奈良で前任者の成瀬の評判や事跡を関係者から聞き及ぶ機会には、幾度も恵まれたはずである。そうした奈良出張からもどってまもない頃、越後に向けて差し出されたのがこの書簡である。

　これを受理した成瀬はその後、これを自分に近い新潟の関係者に贈呈したのであろう。それが人手を経て、最終的に上泉氏に渡ったのは、氏がかつて新潟教会牧師を務めた経歴の持ち主であったからと考えられる。

　以下、原文を全文挙げる。解読と読み下し文は、淡路氏による。なお、句読点やルビ、改行は原文通りではなく、本井が適宜、設けた。

《原文》

　久々ニ而華墨ニ接シ、貴兄之無御恙ヲ奉欣賀候。小生事、過般来、大病ニ而、壱ケ月程モ出校致サヾル次第ナリシモ、近頃ハ大ニ快方ニ趣キ候間、御休慮可被下候。小生も、此五、六月中ニハ、是非御地方ニハ遊歴仕度存居候処、今回ハ其志ヲ難達候。何レ早晩、御地方ニハ一度参上之志願ニ候。御存之通、是迄、新潟教会ニハ宣教師デウィス氏ト或ル会員之間ニ非常ナル不和ヲ生シ、遂ニ破裂ニ立至リ候而、我輩、遠方ナカラ大ニ心配仕候。何卒向後ハ、充分ニ親和ノ行レ候様仕度候。

　近頃、女子学校開設ニ候よし、大慶ニ候。此上ハ一ツノ男子学校設クルヲ緊要ト存候間、阿部〔欽次郎〕君等ト御商量有之、是非、御開設有之候様、奉冀候。御転会之義ハ惣而、教会之方へ相託可申候。

右為貴答如此也

早々頓首

五月廿六日　　新しま襄

《読み下し》

　久々に而《て》華墨に接し、貴兄の恙《つつが》なきを欣賀奉り候。小生こと過般来、大病にて壱か月程も出校致さざる次第なりしも、近頃は大いに快方に趣き候間、御休慮くださるべく候。小生も此五、六月中には是非、御地方に遊歴仕り度《た》く存じ居り候ところ、今回は其の志を達し難く候。何れも早晩、御地方には一度参上の志願に候。

ご存じの通り、是まで新潟教会には宣教師デヴィス氏と或会員の間に非常なる不和を生じ、遂に破裂に立ち至り候て、我が輩、遠方ながら大に心配仕り候。何卒、向後は充分に親和の行はれ候様、仕り度く候。近頃、女子学校開設に候よし、大慶に候。此上は一つの男子学校設けるを緊要と存じ候間、阿部君等と御商量これあり、是非、御開設これあり候様冀《ねが》ひ奉り候。御転会の義は惣《すべ》て教会の方へ相託し申すべく候。

右貴答のため此の如く也。

早々頓首

五月廿六日　　　　新しま嚢

『新島襄全集』には、成瀬宛ての新島書簡は収録されていないので、この発見は貴重である。内容的な特徴を四点、挙げておきたい。

（一）冒頭に、久々の「華墨」（原簡の所在不明）に対する返事とある。新潟女学校の開校式が、この年の五月二十一日であるので、成瀬はおそらくそのことを新島に伝えたのではないか。これは、それに対して同月二十六日に記された返書と思われる。新島は女学校開校を祝うと同時に、成瀬が阿部欽次郎らと男子校をも設置することを望んでいる。

それが実現するのが、女学校より少し遅れて開校された北越学館である。新島は、京都でも男女両校の開校に早くから取り組んでいたが、澤山保羅にしろ、成瀬にしろ、女子教育に特化する。成瀬は男子校（北越学館）の場合、スタッフではなく、一理事にとどまった。

（二）新島は、この五月か六月には、伝道支援を兼ねて一度、越後に出向きたいと表明する。しかし、新島が越後に足を踏み入れる機会は、ついに来なかった。その後、アメリカ留学のために辞任した成瀬の後任牧師には、自身、後継者とも目した広津友信を送り込んだ新島としては、一度は現地を訪ねて、実情を把握するだけでなく、教え子たちを激励したかった。

北越学館の教員で同志社の卒業生、中島末治もこの頃、新島に関して「御光来之御評」があったので、楽しみにしていたのに残念、との手紙を新島に送っている（『新島襄全集』九上、三二九頁）。

（三）宣教師と教会員との「不和」は、教会財政をめぐるものと思われる。ミッションに金銭的にも依存する信徒たちと、自給を目指すべきだとする宣教師や成瀬の間で、衝突があったものか。R・H・デイヴィスは、関西のL・L・レヴィットばりの極端な自給論者であった。

そのため、教会内に分裂騒動が前年に発生した。紛争の結果、教会は二分し、一方は一致教会（長老派）、他方は組合教会（会衆派）という別々の教会を組織するに至った。新島が言う不和とは、それ以後の余波を指すのであろうか。

（四）新島の署名に注目したい。「新島」の読みは、「にいじま」か「にいしま」か、問題になるが、新島自身は時に「しま」と書くことがある。これがその一例である。英語名は、一貫してNeesima（ニイシマ）であるので、「新しま」と符合する。ただし、同志社の公的文書類は、現在、すべて「にいじま」に統一されている。

成瀬は、越後からアメリカ留学に旅立ったが、留学先のひとつは、アンドーヴァー神学校であった。新島の母校であることから、そこに新島による何らかの関与があったとしてもおかしくないが、記録的には判然としない。

なお、同神学校に在籍中、成瀬はアンドーヴァー神学論争について聞く機会があったようである。この論争に関しては、本書ではしばしば取り上げており、成瀬の見解も紹介済みである（本書一〇三頁参照）。

（三）成瀬仁蔵の大和郡山時代

大和郡山に赴任

成瀬仁蔵の生涯は、大筋で言えば六つのステージに分けられる。すなわち、山口、大阪、奈良、新潟、アメリカ、そして東京である。このうち、成瀬研究が最も進んでいるのは、東京、すなわち日本女子大学時代である。逆に希薄なのが奈良の大和郡山《やまとこおりやま》時代である。

資料がないわけではない。成瀬はかなり詳しい日記を残している。けれども、その記述は説教の要録や伝道論、聖書の講解などが主軸である。それだけに日記が断続的であるうえに、郡山での生活情報に欠けるために、具体的な生活の復元は至難である。

そこでの働きに関しては自身でも、前任地（大阪）や次の赴任地（新潟）に比べて、奮闘したと回顧している。「私は物事をするのに、何時《いつ》も全力を尽すのであるが、一番熱心になったのは、大阪に梅花女学校を興《おこ》したとき、その次は郡山に行った時であります。そのときは、一番困難なときであるが、私は一番望みのないときに、一番熱心になってコンセントレート〔集中〕するのでありまず」（仁科節編『成瀬先生伝』八三〜八四頁、桜楓会出版部、一九二八年）。

梅花における成瀬の尽力は、澤山の貢献と並べて新島襄も認めるところである。

「学校ノ興リ　澤山ノ尽力、成瀬ノ奮発」と証言している（『新島襄全集』一、四一九頁）。一方、郡山の方は、日本女子大学の校史が、「郡山の教化時代は、あらゆる迫害と闘って、先生の信仰が火の如く燃えた時代であった」と高く評価する（『日本女子大学校四十年史』一二頁）。にもかかわらず、郡山時代は成瀬伝では一種のブラックホールのようで、究明が遅れている。

そこで、まず問うべきは、なぜ郡山か、である。それには、ふたつの点に注目すべきであろう。ひとつは、なぜ大阪（梅花女学校、ならびに浪花教会）を去って、奈良に転進したか、が問われるべきである。着目しておきたいのは、成瀬が梅花女学校を辞職後、すぐに郡山に転出したわけではなく、「澤山牧師の下に副牧師のやうな格で」しばらく浪花教会で伝道に従事したあと、「そのうちに大和の郡山の伝道を専任に受持つことになった」のである（『成瀬先生伝』六八頁）。

梅花を辞職した理由は、よく知られているように、未信徒（土倉庄三郎）からの献金（百円）を学園が受けたことに激しく抵抗したからである。辞表には、「之〔学校〕を維持するに不信者よりも助を仰ぎ、世の力を借て此学校を盛ニせんとするものの如し」とある（『成瀬仁蔵著作集』一、二八五頁）。経済的な自給主義を頑《かたく》なまでに信奉していたことが、窺える。

この点は、後年、成瀬が女子大学を創設するときの姿勢とまさに逆であるので、着目すべきである。要するにアメリカ留学を経て、成瀬は変身したのである。女子大学の場合は、「不信者よりも助を仰ぎ、世の力を借りて」設立に及ぼうとしている。かつての自給主義を捨て、当の土倉からの寄付（五千円）や三井財閥からの寄付を喜んで受理した。

ついで、転身先が郡山なのはなぜか、である。なぜ赴任地が奈良市ではなく郡山なのか。恩師である澤山の勧めがあったのは確実である。その澤山自身が、一八八〇年の六月から古木《こき》虎三郎や成瀬らとこの地方で開拓伝道を始めている。この時、彼らが今井町に仮伝道所を設けて大阪から出張（おそらく毎週）したのが、奈良県下におけるプロテスタント伝道の始めとされている（湯浅与三『基督にある自由を求めて』一三九頁、私家版、一九五八年）。以後、郡山伝道は、浪花教会の「出張伝道地」となった（『成瀬先生伝』六九頁）。

それにしても、澤山がこの地に目を着けたのは、古木が郡山の出身だったからである。古木は大阪で勉学中に澤山の指導を受けて入信し、一八七八年三月三日に洗礼を受けていた。その古木の教友が成瀬であったというわけである。古木は一八八〇年に同志社神学校へ入学し、牧師を目指す（『天上之友』一、五八～五九頁）。

成瀬は、梅花での教師の傍ら、奈良伝道に出張する生活をしばらく続けていたが、梅花と浪花教会での仕事を辞めて、ついには郡山に移り住み、同地の伝道に専念するのである。最初に奈良に赴任する経緯を成瀬自身はこう回想する。

「浪花教会の地方伝道区域は、大和地方であった。信仰復興《リバイバル》運動で牧師になることを決意した彼〔成瀬〕の教会の一メンバー〔実は成瀬自身〕が、この地方で説教を開始した。彼は大和郡山市の劇場〔芝居場〕で何べんか説教を行った」（成瀬仁蔵著・新井明訳『澤山保羅　現代日本のポウロ』一三八頁、日本女子大学、二〇〇一年）。

その後、成瀬が郡山に定住するのは、一八八三年一月十二日のことで、郡山への出張伝道を開始してから三年が経過していた。赴任にあたっては、相当の覚悟を持っていた。「大雪の中をウエブスターの辞書を提げて郡山へ往って、五平といふ人の家で粥《かゆ》をすすって伝道しました」。給与は浪花教会から貰ったものの、月俸六円ほどであったという（『成瀬先生伝』七九頁、八一頁）。

やがて、同年九月頃からは、大阪教会も浪花教会に協力して、郡山伝道を開始する。上代知新《かじろともよし》と高木玄真が専ら担当し、他の信徒が時々彼らを応援した（『大阪基督教会沿革略史』九～一〇頁、同教会、一九二四年）。ただし、『浪花基督教会略史』（一四頁、同教会、一九二八年）は、郡山伝道の開始の時期をなぜか一八八一年四月とする。

要するに奈良伝道は、浪花教会にしろ大阪教会にしろ、大阪にある同志社派（組合教会）の教会が大和郡山を拠点にして先鞭をつけた点では、すべての資料が一致している。

大和郡山教会の設立

大阪時代の成瀬に戻ると、郡山への出張伝道を始めた翌年（一八八一年）には、郡山では大説教会（宗教講演会）を開催するまでになる。七月四日、今井町の芝居場を会場に、成瀬や澤山を始め、数名の牧師が昼夜二回にわたって熱弁を振るった。講演時間が累計で八時間半にも及ぶという未曽有の大イベントであった（『大阪基督教会沿革略史』一五頁）。

三年目の一八八二年には受洗者が出始める。澤山から四人が受洗し、錦町に仮会堂が設置されるまでになる。残された成瀬の日記でもっとも古いのは、同年夏の記述である。「勧メ（郡山）余ハ過日ヨリ毎夜毎朝、即ち常ニ神ニ祈リ」とか、「余、郡山の城跡ヨリ下の堀を見しニ」とか認めている（『成瀬仁蔵著作集』一、二八〇～二八一頁、日本女子大学、一九七四年）。

さらに一八八三年になると、成瀬が大阪から郡山に定住して、本格的な伝道が開始されるようになったことは、前述した通りである。八月の日記には朝の祈祷会での成瀬の発言が記されている。「郡山、奈良ニ於てイエスの言葉ヲ思ヒ出し、イエスヲ信ずる様祈る事」と。九月には、「郡山信者ハ未ダ幼少之小児ナリ。〔中略〕今、郡山、奈良、其他大和之人々ニイエスとイエス之福音を顕はす可きなり」とある（同前、二九六頁、二九九頁）。

一八八五年の六月から八月まで津、久居、波瀬などに赴き、三重県伝道に従事する。秋には郡山に戻り、奈良伝道を再開する。十月には夜学の小学校を設置する。「今、教会郡山の基礎となる可きもの也」との信念から、学校を開いて、妻にも英学を担当させた（同前、四五五頁）。

成瀬の奈良伝道は足掛け四年（一八八三年～一八八六年）、年齢で言えば二十五歳から二十八歳に及ぶが、その間、一八八四年一月三日（午前）に按手礼を受けて正規の牧師になっただけでなくて、同日午後、教会の設立式も挙行した（『基督にある自由を求めて』一三九頁）。最初の会員は十七名であった（『浪花基督教会略史』一五頁）。ただし、成瀬の回想では、赴任して「約一年後、三十名の会員をもつ教会が組織された」とある（『澤山保羅　現代日本のポウロ』一三九頁）。

この式典には京阪神や岡山から、組合教会系の諸教会（十一個）から十六人の代表者（牧師、伝道者）と四人の宣教師が駆けつけるという豪華さである。当然、新島襄も京都から参列する。これだけの援軍を迎えただけに、式典の夜は講演会（おそらく錦町の仮会堂で）が開かれ、新島を始め、五人が出演した。

講演会は翌日も続けられ、今度は今井町の芝居場（日の出劇場）を借り切って昼夜二回も開かれている（『基督にある自由を求めて』一四〇頁）。外国人の講演を初めて聞いた住民がほとんどだったはずである。三年前の公開講演会に続いて、キリスト教が大和郡山で再度、光り輝いた日となった。

教会の設立は、同時に住民からの迫害の始りでもあった。成瀬が、信徒の献金で一軒の家屋を購入し、会堂にふさわしく改築したのを契機に、土地の住民からの反対運動が始まった。具体的なケースを澤山も成瀬もそれぞれ記録している（『澤山保羅　現代日本のポウロ』一三九～一四三頁）。

成瀬によれば、「郡山は大和地方における伝道活動の中心地だった。この時期、仏教の僧侶たちと神道の神官たちとは、一般の人びとと同様にキリスト教に腹を立て、彼らはキリスト教をあらゆる村や町から撲滅したいと願っていた」という（同前、一四一頁）。

成瀬は、ここ郡山で伝道に腐心したあと、澤山などの推挙で一八八六年八月に新潟へ転出する。奈良や三重で伝道に専念しながらも、この間、成瀬の脳裏からは、女子教育への想いが決して消えることはなかった。伝道の傍ら、こう決意する。「余を神ハ選ンデ女子教育ニ用ゐん為めに、前より定め玉ふを知る故ニ、此の事も常ニ忘る可らず」と（『成瀬仁蔵著作集』一、三二七頁）。将来の新潟女学校や日本女子大学校の萌芽は、すでに郡山で芽生えていた。

成瀬が越後へ去った夏、夏季伝道者として郡山で伝道したのが、神学生の露無《つゆむ》文治であった。秋に同志社に戻った彼は、次のように報じている。

「郡山には四十名の信者あれど、現在《いま》員は、僅に二十七名にして、且つ三ヶ所に割居《わかれ》れり。此地は、成瀬仁蔵氏が数年労働《はたら》かれし処なるが、随分布教上、困難の地と見ゆ」（『基督教新聞』一八八六年一〇月六日)。

成瀬の後任として奈良に派遣されたのが、まずは大橋信義(一八八七年)であり(同志社大学人文科学研究所編『アメリカン・ボード宣教師』一五三頁、教文館、二〇〇四年)、ついで新島襄の甥である公義である。後者は、おそらく新島襄の差配であろう。新島としても気がかりであったのか、出張(大学設立運動であろうか)の折に公義を訪ねている。当地に九日間も滞在しているのは、出張とはいえ、異例である(『新島襄全集』一、二八二頁)。

先に紹介したように、京都に帰宅した日、新島は新潟の成瀬にさっそく手紙を認めている。現地で成瀬の働きを側聞したことが、ひとつの切っ掛けとなってはいないか。

なお、公義については、本書四二〇頁以下を参照されたい。

第三章　松山高吉

組合教会の初穂として

松山高吉《たかよし》は日本組合基督《キリスト》教会（同志社系プロテスタント教派）信徒の初穂である。同派の最初の教会は、一八七四年五月に発足した摂津第一公会（現在の日本キリスト教団神戸教会）であるが、松山は創立日に洗礼を受けて信徒になったひとりである。

松山は組合教会系の信徒としては、もっとも古くから新島を知る。新島の帰国は、松山が受洗して半年後のことであるが、松山との関係は、新島が留学から横浜に帰国した直後にまでさかのぼる。そのため、「新島先生を『新島君』と呼んで親しく昔噺をした人は、蓋《けだ》し松山翁だけ」と言われたりする（溝口靖夫『松山高吉』七頁、松山高吉記念刊行会、一九六九年）。

たしかに、新島を記念する集会でも、松山は、「長い間、御交際を願ったので、思い出が色々あります」と断って、「新島君」のエピソードを語ったりする（『追悼集』二、二四五頁、同志社社史資料室、一九八八年）。

松山は、越後糸魚川で誕生し、幼少より漢字、国学、和歌を学ぶ。京都、次いで東京で国史律令、国文学などの研究に励み、国学者として知られるようになる。もともと拝耶思想が強く、神戸に転出後も、キリスト教に直接触れる機会が増えたこともあり、「邪教」批判・攻撃の機会を探っていた。自身、「余は元来、儒教と平田派の国学で敲《たた》き込むまれて居ったから、ドウも奇蹟や十字架や復活や其他わからぬ事が多い」と告白する（同前、四七～四八頁）。

神戸では、キリスト教内偵のために宣教師のグリーン（D. C. Greene）に近づき、あえて彼の助手（日本語教師）となった。名も関貫三と改めた。

彼は、「〔一八七二年二月十八日〕午後、〔神戸で、異父兄の影山〕耕造兄ヲ訪フ。明治五年二月十九日、米国宣教師、グリーンヲ訪フ」と日記に記すので、最初の面会は、兄（影山耕造）の紹介であったのか（『松山高吉』一四頁、一七七頁）。兄は、神戸で医療活動を行なっていたので、医療宣教師のベリー（J. C. Berry）から指導を受けていたという（同前、一七頁）。

ところが、ミイラ採りがミイラとなった。グリーンに接触した松山は、ほどなくキリスト教に理解を示すようになり、グリーンに英語学校の開校を勧めるにいたった。学校の発起人は、ベリーの日本語教師を務めていた実兄の影山耕造や、堀俊造（後の同志社病院医師）、前田泰一ら八人で、各自三円を持ち寄った。松村は同年十一月三日の日記に「米国デビス氏ヲ聘シテ、英学教授所ヲ神戸宇治野町ニ開ク」と記す（『松山高吉』一七八頁）。

これがいわゆる「宇治野村学校」で、松山は幹事を務めた。校長として招かれた宣教師（神戸在住）のデイヴィス（J. D. Davis）は、英語だけでなく、聖書講義も行なった。ミッション・スクールではないものの、内実から見ればキリスト教系の学校であった。

グリーンは同校を目して、ミッションにとって「教育事業の組織化のための最初の試み」と高い評価を下す。同校は、神戸女学院や同志社にとっては「共通の母胎」である点で、いずれも宇治野英語学校の果実に相当する（同前、三六～三七頁）。

その後、デイヴィスが新島に協力して同志社英学校を開くために、一八七五年十月に京都に転じたので、同校は廃校となった。いや、廃校というよりも、移転の性格が強かった。同志社の母胎となった点で、実質的には宇治野村学校は、同志社の前身校でもある。

開校時の同志社において、最初の教員は二名（新島とデイヴィス）であったが、スタッフに占める神戸の割合の高さは、言うまでもない。生徒の割合は、それ以上である。すなわち、同志社英学校の最初の生徒八名のうち、六名が神戸のこの学校からのいわば「転校生」であった。元良《もとら》勇次郎、本間重慶、二階堂円造といった青年で、私は彼らを「神戸バンド」と仮称している（詳しくは、拙著『徳富蘇峰の師友たち――「神戸バンド」と「熊本バンド」――』教文館、二〇一三年参照）。

松山はこの間、一八七四年四月十九日にグリーンから洗礼を受け、兄や鈴木清（のちの赤心社社長）らと力を合せて、組合教会系としては最初の教会を発足させた。

その後、グリーンの聖書翻訳事業を助けるために、新婚の妻と共に一八七四年六月（同志社開校の前年）に横浜に転出した（『松山高吉』一八一頁）。そのため、同志社に入学した級友とともに京都に転出することはなかった。その代り、会衆派の日本人信徒としては誰よりも早く、横浜で帰国したばかりの新島に会えることになる。

グリーンから見て、神戸時代の松山は、「教会における真の指導者」で、アンドーヴァー神学校のどのクラスにも、彼以上の者はそういない、と称賛している。それだけに、聖書翻訳のためとは言え、グリーンが彼を横浜に連れて行くことには、教会員から猛反対を受けた。

しかし、聖書翻訳事業のために「真に良き助力者」を確保するほうをグリーンは選んだ（同前、五三頁）。グリーンの息子が記した評伝には、神戸時代のグリーンの代表的な門弟が二人挙げられている。松山高吉と澤山保羅である。関係個所を私訳する。

「ひとりは、グリーンの日本語教師となった松山（関）である。古きよき時代の礼儀正しく、上品な紳士の立派な典型である。グリーンは彼を神戸教会の『真のリーダー』と見なしたが、他の仕事に借り出されない限り、おそらく会員中、牧師に全員一致で選ばれる人物であろう。

英語はまったくと言っていいほどできないが、『稀にみる漢学者』であり、漢訳聖書や漢文で書かれた他のキリスト教文献からキリスト教の知識を得た。『〔聖書〕研究に費やした時間が、いかに短かかったかを思うと、まったく驚くべきことである』。彼は日本人信徒の間では、古典の訓練を徹底して積んだ点では、突出していた。

ある時、グリーンはこう記している。『当地にいる二、三の高官以外に、この地域全体で中国と日本の文学に関して彼以上に見識のある者は、おそらくいないだろうと思う』と。キリスト教は、基本的に精神の事柄だと信じながら、松山は当初、聖礼典〔聖餐と洗礼〕の儀礼の妥当性を疑っていた。無知で無教養の者たちに不必要な譲歩をするように思えたからである。

けれども、彼の見解は自身が洗礼を受ける時には変った。中国と日本の文学から部分的に引用した例を示しながら、儀礼を弁護するような話しをした。彼が後にイギリス国教会に入会したことは、初期の態度と比較すると際立つので、実に興味深い事実である」（E. B. Greene, *A New-Englander in Japan Daniel Crosby Greene*, pp.124~125, Houghton Mifflin Company, 1927）。

横浜時代

このグリーンに連れられて松山が横浜に転じたことで、松山は横浜に帰国してきた新島と同所で出会うことになる。ふたりを媒介したのは、グリーンである。

彼はアメリカン・ボードから日本に最初に派遣された宣教師で、当初は神戸を拠点に伝道に従事していたが、新島の帰国当時は、他教派ミッションとの共同プロジェクトである聖書翻訳事業のために松山を連れて、横浜に転出していた。ふたりは十年振りに帰国した新島をさっそく同地で歓迎したわけである。

ただ、新島が一八七四年十一月に横浜に入港した際に、グリーンが波止場で新島を迎えたのは、事実であるが、松山に関しては、その記録はない。確実なのは、翌年一月の動向である。

横浜滞在を予定よりも早めに切り上げ、東京、ついで安中（群馬県）にいったん向かった新島は、大阪赴任のために、翌年早くに横浜に戻った。自身は、一八七五年一月七日にグリーンに会うために横浜に来たと証言する（『新島襄全集』六、一六〇頁）。

この二度目の横浜訪問時に、新島はグリーン宅で松山に会っている。同家で松山を交えて、昼食を共にしたことが、松山の日記に記されている。

「其初テ横浜ニ着セラルルヤ、グリーン氏ノ宅ニテ相遇ヒ、共ニ午餐ヲ喫ス。是余《これ》が襄氏ヲ知ルノ初ナリ」（『松山高吉』二〇九頁）。この時の新島・松山の会見で重要なのは、新島が新しい日本名を名乗るのに決定的な働きを松山が果した点である。

新島は十年前の渡米の船中では「ジョー」（Joe）と、そして留学中は「ジョゼフ」（Joseph）と英語で呼ばれたので、在米中は「ジョゼフ・ニイシマ」（Joseph Neesima）と自称した。帰国時には、「養子」のように自分を受け容れてくれたハーディ（A. Hardy）夫妻への感謝を明白にするために「ジョゼフ・ハーディ・ニイシマ」（Joseph Hardy Neesima）と改称した。

新島は在米中、日本名としては、江戸での幼少青年期の名前通りに「七五三太」や「敬幹」（元服後の諱《いみな》）を名乗ったり、あるいは新たに「約瑟」（「ジョゼフ」の漢字表現）を用いたりした。帰国の前後、新島は「ジョー」の漢字表記、「譲」を使い始めたが、横浜で松山から注意され、「襄」に代えたという（拙稿「新島襄の旅した風景・横浜編」一三頁、『One Purpose』一四七、同志社大学、二〇〇六年六月）。これに関しては、松山自身に詳しい回顧が、ある。

「次に新島君の名の事ですが、あれは恩人、ハーデーさんが『ジョセフ』と名つけてくれたといふので、其発音に稍近き『譲』の字をあてはめんとして、私に相談せられた。

私は、それでは世人は『ユヅル』と訓むだらうから、頼山陽も『襄』（ただし、読みはのぼる）と称してをったから、君の名も言編を除きたる方よからんと注意した所が、新島君もそれが可ならんとて、それより『襄』の字を採用せられたのであります」（『追悼集』二、二四五〜二四六頁）。

そうした会話がグリーン宅で食事をしながらでも交わされたのであろう。これまで新島と松山が初対面した日時と場所に関しては、不明であったが、新島が一月七日にグリーンを訪ねたことは明白なので、グリーン宅（現太田町二丁目）であることも確実である。したがって、新島の新しい日本語名が決定したのも、同日である。この点は、新島の手紙に付せられた署名からも判明する。

新島は前日（一月六日）に認めた手紙には、「新島譲」とサインし、「ジョフ」とルビを振る。サインの近くに「約瑟《ジョフセフ》之略也」と注記もする（『新島襄全集』三、一二五頁）。

しかし、松山に会った二日後（一月九日）の手紙になると、ルビは同じく「ジョフ」でありながら、漢字表記は「新島襄」に一転している。ただし注は、「ジョフセフの略也《なり》」のままである（同前、一二六頁）。

以後、日本語による署名は一貫して「襄」である。その意味で、一月七日の会談は、大きな意味をもったはずである。とすると、江戸（神田一ツ橋）で生まれた新島「七五三太」は、一八七五年一月七日に至って横浜で新島「襄」に生まれ変わったことになる。松山は、半世紀後に往時を偲んで、こう回想する。

「新島先生が、初めて横浜にお上りになった（帰国して上陸した）時、私はお会ひしたことがあるが、其時、先生は『学校（立地）はどこがよからう。伝道はどういふ風にやったらよからう』といふことを尋ねられた。斯様《かよう》に先生は、教育と伝道といふ二つの大切なことを第一に注意されたのである」（『追悼集』四、二八一頁）。

帰国直後から、新島が（後年の周知のモットーで言えば）「自由教育、自治教会、両者併行、国家万歳」を目標にしていたことが、判明する。新島の生涯は、キリスト教主義による学校と教会を基盤にした精神的な近代化を目指したものであった。その宣言を最初に横浜で聞かされたのが、松山である。松山にしてみれば、新島と福沢諭吉との差は、当初から明白であった。

「当時に於きまして、我が教育界には、東に福沢氏があり、西には新島氏が居られたのですが、福沢氏は自ら物質的方面は自分であるが、精神的方面は新島氏である。然し、今日は精神的方面をのみ云って居られない。物質的方面がより急務であると云って居られた様であります。

福沢氏の此の考え方が、当時にあって全然違って居たとは、思はれないが、新島氏の代表せられた此の精神的方面が、より根本的であらねばならぬ事は、云ふ迄もありません。今回、大工原《だいくはら》〔銀太郎〕氏が〔九州帝国大学総長を経て〕同志社に〔総長として〕お出でになりまして、新島氏の御精神を継いで下さった事は、実に悦ばしい。私は、今、唯一言、私の此の喜びを申述べる次第であります」（『追悼集』四、三四一頁）。

牧師、教育者として

松山は横浜以後、牧師となる。一八八〇年には（自身が洗礼を受けた）摂津第一公会の初代牧師に、ついで京都の平安教会初代牧師（一八八七年）に就任する。前者の就任式では、同時に松山の按手礼式も執行された。新島は京都から駆けつけた。新島は平安教会の牧師就任式にも当然、出席したはずである。

さらにこの間、松山は牧師として伝道に従事するかたわら、しだいに同志社の経営と教育の業務にも関与するに至る。同志社サイドから見れば、そもそも松山の京都への転入には、市内伝道のほかに同志社での教育という期待が、最初から込められていた。その点は、同志社教員の浮田和民が、松山に来京を勧めた手紙に明らかである。

「一月三十日、浮田氏ヨリ余ニ、西京《さいきょう》〔京都〕ニ来リ、一ハ伝道ヲ助ケ、一ハ同志社ヲ助ケテ、和学ヲ教フベキ事ヲ勧メタル書ヲ贈レリ」（『松山高吉』一九六頁）。

本格的な関与となった契機は、同志社から一八八三年二月に五人の社員（理事）のひとりに指名されたことにある。それまでの同志社は、新島と山本覚馬というふたりの結社人（発起人）が、そのまま社員を名乗っていた。定員が拡大されたのは、新島の健康上の心配（不慮の死の危険性）に加えて、幅広く学外のクリスチャンからも社員を迎えて、安定化と組織化をはかろうというのである。

この時、卒業生からは伊勢（横井）時雄、京都市内の名望家（府議会議員・資産家）からは中村栄助が、そして組合教会系の牧師からは松山が、それぞれ新たに選出された。五人中、牧師は新島、伊勢（今治教会）、松山の三人である。

ついで、一八八二年、同志社に医学部を設置する計画が持ち上がった際、松山は新島とともに医療宣教師のJ・C・ベリー（在岡山）を訪ね、協力要請を行なっている。松山はおそらく、同志社系の教団（組合教会）を代表する牧師という資格で、行動したと思われる（本書一一五頁を参照）。

松山はそれ以外にも、同志社社員（理事）として永年、尽力したばかりか、社長代理を務めたこともある。一八八九年、新島の健康がいよいよ悪化したため、同志社は「代理者」をあらかじめ指名しておく必要に迫られた。その任にあたったのは、松山であった。日記にはこうある。

「明治廿二〔一八八九〕年六月七日ノ朝、同志社常議員会ヲ山本〔覚馬〕氏宅ニ開ク。社長疾病ニ付、或ハ故障等ノ起ル事アラントテ、其代理者トナルベキ者ヲ撰バントシ、常議員会常置議長ヲ立テ、之ニ当ラシムル事ニ定メ、遂ニ余ニ此任ヲ負ハシム」（『松山高吉』二二一頁）。

もちろん彼は、同志社教育の面でも、不可欠な協力者であった。得意の専門性を活かして、同志社の他に神戸女学院、平安女学院でも教鞭をとった。

一八九〇年、新島が大磯で永眠したさい、臨終との急報を受けて、松山は京都から駆けつけた。第一番列車に乗り込んだものの、大磯に着いたのは一月二十三日の夜十一時であった。「惜シイ哉、痛マシイ哉、余ガ到ルニ先立、当日、午後二時廿分、永眠ニ就カル故ニ、翌廿四日、第二番ノ汽車ニテ、遺体ヲ護シテ、帰京シ」た（同前、二二一頁）。

一月二十六日、学内のチャペルで追悼会が開かれ、大磯から戻った者が、新島の最期の消息を報じた。小崎弘道や金森通倫らと共に、松山も登壇した。翌日の葬儀で司式を受け持ったのは、松山であった（『新島襄全集』八、五七七〜五七八頁）。

新島の死の翌月から、松山は同志社に日勤し始めた。新島からの個人的な「遺訓」を実践するためであったという。生前の新島から、宗教的な働きと同時に学術的な貢献も期待されていた、と松山は明かす。

「同年〔一八九〇年〕二月、同志社ノ依頼ニ応ジ、日々、図書館〔当時の書籍《しょじゃく》館、現有終館〕総長室ニ出張シテ、校内ノ信仰ヲ励マシ、且ツ生徒ノ聖書研究ヲ助ク。

当時、平安教会ニ牧師タリシガ、曾テ新島総長ヨリ己ニ代テ校内布教ニ尽力シ、且ハ国史、国文ニ助ケヲナサン事ヲ屡《しばし》バ依仗《いじょう》セラレタレド、教会ニ故障アリテ応ゼザリシガ、総長既ニ世ヲ辞セラレタレバ、辞ムベキニ非ズ。遂ニ教会ニ説テ、社員〔同志社理事〕、教授、両会ノ請求ヲ容ル」（『松山高吉』二二二頁）。

新島への敬愛心からか、新島の死後、三年を経て、教会員の籍を平安教会から同志社教会に移した。松山は前者の、新島は後者のそれぞれ初代牧師であった。転会は一八九三年二月八日のことで、妻（つね）も同時に転入会した。ただし、四年後の一八九七年には、ふたりして市内の洛陽教会（同じ組合教会である）へ転出している（『同志社教会員歴史名簿』五二頁）。

新島との交信

松山と新島は、交遊期間が十数年にわたったので、交信も頻繁であってもおかしくない。ところが、意外にも手紙のやりとりは少ない。残された手紙は、十通ばかりで、中村栄助の数分の一である。もっとも、実際に送ったことが判明していても、原物が残っていないケースも、もちろんいくつかある。

まず、新島からの手紙であるが、『新島襄全集』（三、一八三～一八五頁）に収録されているのは、わずか三通だけである。それも、あて名は小崎弘道との連名であり、投函時期は一八八四年十二月、しかも十二月十六日から十八日の三日間に集中している。当時、新島は二度目の訪米中で、ニューヨーク州クリフト・スプリングスのサナトリウムで保養中であった。内容は、キリスト教出版社である警醒社への援助問題が中心である。

同社は、単行本の出版のほかに、小崎が編集する週刊紙、『東京毎週新報』（後に『基督教新聞』）を発行していた。しかし、同紙の廃刊問題が浮上したため、小崎を始め、松山や伊勢時雄がアメリカン・ボードからの資金援助（三年間にわたって三千ドル）を要請するに至った。彼らは当時、新島に対して、ボストンのミッション本部、とりわけ旧知のN・G・クラーク総主事に直接、アピールすることを要請した。

紆余曲折はあったものの、半年後、新島とクラークの懸命の協力が実り、アメリカン・ボードは、八百ドルの支援を決定した（詳しくは、拙稿「諸教派による警醒社経済援助問題」、同志社大学人文科学研究所編『日本プロテスタント諸教派の研究』二六三～三七五頁、教文館、一九九七年）。

新聞の継続出版の件のほかに、新島は持論の教派・教会観を松山に漏らす。「日本全洲ニ生命アル、生血アル自治教会ヲ皇張シ、三千万余同胞中、真ノモラル・レホルメーション〔宗教改革〕ヲ来ラシメハ、義ノ太陽、中天ニ達スルノ日、最早遠キニアラザルヘシ」（『新島襄全集』三、三一七頁）。

文中の「自治教会」は、時に「自由教会」と言い換えられる。新島は、「我自由主義ノ教会ヲ日本枢要ノ地ニ伝搬トセントスルニアリ」と松山に伝えると共に、自由主義に関しては、「生ハ松山兄ト御同意」と賛意を表明する（同前三、三一五頁）。

これに対して、松山から新島に宛てた手紙は七通である。内訳は一八八五年に三通、一八八六年に三通、一八八九年に一通と、これまた発信に時期的な偏りがある。最後の一通（神戸垂水《たるみ》で避暑中の新島に、神戸から発信）を除いて、六通は在米中の新島宛である（『新島襄全集』九上、下に所収）。

新島が松山に発信した手紙三通も、すべてアメリカ発であったので、国内で交わされた手紙は、ほとんど保存されていないことになる。実に不可解である。

　在米中の新島に宛てた六通は、警醒社経済援助問題が主たる話題であることは、もちろんである。ただ、それで尽きるわけではなく、同志社、ならびに日本伝道、とりわけ東北（福島）伝道や東京伝道をめぐる論議が展開されている。

　その大半は、新島から次々と送られた手紙（所在不明）に対する応答である。保養所《サナトリウム》で自由な時間が確保できたために、新島はあれこれと教育・伝道案をめぐらしていた。こうして保養中に思いついた私案を送り、所見を伺う人物のひとりに新島は松山を選んだ。

　新島はおそらく持論の伝道拡張路線を松山に吹聴したと思われる。松村はこれに同調し、東京を拠点に、福島、越後、上州に伝道戦線を拡大する重要性を説く。「東北地方伝道之事ハ、野弟〔松山〕之見る所、計画する所、皆愛兄〔新島〕ニ同じ」と全面的に賛同する。

　そのためには、他教派に先んじて「恥なき工人」を送り込むことが、まずは第一歩であると忠言する。とくに福島の状況がそうである、とする（同前九上、一九五〜一九六頁、二三七〜二三八頁）。

　同志社については、大学設立の準備として教授候補者を広く海外に送り、研修を積ませる必要があると指摘する。具体的に言えば、下村孝太郎、宇野（吉田）作弥、浮田和民などの同志社卒業生の名が挙げられている（同前九上、一五六頁、一七〇頁）。

　さらに注目すべきは、松山が「女教育之事」に並々ならぬ関心を抱いていることである。神戸英和女学校（現神戸女学院）のような「我党の女学校」において、「完全な教育」を実施するためには、「志の篤き、学才に富《とめ》る婦女」を海外研修に送り出すことが大事だと指摘する（同前九上、一五八〜一五九頁）。この点は、新島には見られない主張である。

新島に関する秘話三件

新島をもっとも早くから知る信徒として、松山は新島記念会では、しばしば新島に関する追憶談を披露した。一九二一年の一月二十一日、新島の命日の二日前に開催された初回の例会で、松山は「新島君」をめぐる秘話を三件、紹介した（『追悼集』二、二四五頁）。

　まずは平民籍に関する逸話である。

「其《そ》の頃、属籍が今の様に改められた時、私が新島君に会ひましたら、君の云はれるのには、『時に君、只だ平民と云ふ丈《だ》けぢゃ面白くないから、一つ新平民とならう』との事で、私もそれから新平民松山と云って歩いたところが、四国に参るとこであったらうか、人員を調べに来た船長が、どうしても承知しない。違ふに相違ない、と頑張るので、新島君は何処其処《どこそこ》の新平民、私は新潟県の新平民だと云って、頑張ったことがありました」。

これと同じエピソードを松山は三年後にもしている。「新島君」が「新島先生」となっているのは、編集部による修正であろうか。

「先生に就いて思ひ出す事は、先生の階級打破とデモクラシイです。先生と共に船に乗った事がありましたが、記名簿に先生が、他の同行者の名前には残らず士族を冠し、先生と私とにだけは、新平民としました。

不思議に思った船員を始め船長は、いぶかしげな面持にて、真実の事を、と言ふ。先生は、何だ、それでよいんですよ、上から下ると、下から上ると、何れにしても同じ事ではないか、と平気なもの。

〔用務員の松本〕五平さんと言った、堀〔貞一〕さんの追憶で思ひ出しますが、先生は下女にも『さん』をつけて、慇懃《いんぎん》にあしらうのは習慣でありました。今一つは、貴族的性格とでも申しませうか、金銭上の事に就いて、全く平気だった事です」（『追悼集』二、二七二〜二七三頁）。

新島の属籍が変更したのは、彼が京都に転じた翌年（一八七五年七月）であった。同志社開校に伴い、籍を移すほうが、好都合であると判断したからである。「西京に寄留」という線もあったようである。

「然《しか》しなから、寄留ニ而《て》は、不都合の事も有之候間、是非ニ住所を変へ、士族より平民に相成候共不苦、何卒、送籍状を御送被下、私儀、京師之人別ニ入候様支度候」と父親の民治に要請した（『新島襄全集』三、一二八頁）。

新島は、転籍に何のこだわりもない。むしろ「平民ハ過分ナリ」との意識すらもっていたと思われる（同前、五二二頁）。しかし、「新平民」なる文言を使った、というのは、松山の回想に出てくるだけである。新島は時に「洛陽の一平民」を名乗ることがあった。

秘話の二件目は、新島の「一視同仁」姿勢である。「それから、新島君のお宅へ盲人が訪ねて来た時のお話しを致しましょう。その時、丁度《ちょうど》、新島君は書斎にはいって本を見て居ったのだが、どうしたものか上着が見当らない。止むを得ず、上着なしで取次に出て、盲人に向って云はるるには、今、上着が何処に置いたのか分らないから、上着なしで失礼するとの挨拶に、盲人は非常に恐縮したとの事である。

大概の人なら、盲人に向ってこんなことを云ふものじゃない。私は始めて人間の真心を知った、とその盲人が話された。元来、新島君は御承知の通り、非常に人を重んじたもので、下女等も決して呼び棄てになさらなかった様であります」。

このエピソードは、他の卒業生からも紹介されているので、当時からかなり知られた挿話であったらしい（『追悼集』二、二七一頁）。

その点では、先の「五平さん伝説」と好対照である。初代の用務員、松本五平を新島が「五平さん」と呼んだことは、すでに周知のことになっている。用務員であれ、盲人であれ、新島の対応は変わらない。誰をも差別せずに、公平に見る。「人ひとりは大切なり」をモットーとしていた、新島らしい対応である。

　松山は別の集会でも、同じ趣旨のことを公表している。「先生に付いて忘れられぬことは、先生の心から謙遜で、飽くまで人を棄てず、心から人を信頼せられるといふことであります」（『追悼集』二、二五七頁）。

　三件目の話題は、「襄」と改名した由来で、これは松山だけが明かす秘話である。先に紹介したので、ここでは再言しない。

　松山は、引続きその後の新島記念会（一九二四年）でも、新島との親近性について、次のように語っている。

「私は先《ま》づ、私と新島先生とが互に意気相投じてゐたといふことを申上げたいと思ふ。先生と私とは、出身の藩は違ってゐるが、殆んど時代を同じくしてゐた。即ち、徳川幕府の政治が衰へて、国家は新しい政治組織に入らんとして乱れ初めてゐた時であったので、種々の悪弊が起ったのである。これらの悪弊に対する先生の考へと私の考へとが、実によく一致してゐた。

　当時は、旧来からの悪弊が政治上にも道徳上にも其影響を及ぼしてゐたのであるが、一番いやなことは、階級制度であった。これは、社会の進歩を妨げ、平等の福利を阻害するものである。新島先生は、基督の心を体《てい》して階級を打破し、文明の進歩を滑《なめら》かにし、真の自由、平等を来らせ、その福利を同胞に遍く得させたいと努力せられた。真に先生を記念する者は、この階級打破、真の自由、平等の福祉を人々に得させせんとする者である。

　新島先生と会ふ時は、いつも涙を流して互にこの意味を談じ合ったことは、今に至るまで忘れられない。先生は形式的の基督教を伝へやうとはせず、基督の心を心とする伝道を欲せられた。明治維新の成功も、人々の誠心誠意によるのである。基督者も、真にこの心を持って立つならば、革命、否、改善は現実に行はれると思ふ。

　新島先生に就ては、色々の興味ある逸話もあるが、そんなことはどうでもよい。先生が社会にぶちこんだ精神を体得することが、必要である。我々は、少し利巧になりすぎては居ないだらうか。願くは、先生の精神を受け継いで働きたいものである」（『追悼集』二、二九九〜三〇〇頁）。

　松山は、一八九六年七月七日に、小野英二郎、大島正健と共に同志社教員を辞職する（『同志社年表（未定稿）』四七頁）。なぜか。同志社がアメリカン・ボードから強引に独立を図ろうとしたことに宣教師が反発し、同志社から引き揚げたことが、主因である。その結果、「同志社基督教主義の旗幟が不鮮明になった」というのが、松山たちの主張であった（『追悼集』五、一三一頁、同志社社史資料室、一九九一年）。

　松山は、同志社への貢献以外にも、聖書（旧約、新約）の翻訳や賛美歌の作詞、編集に不滅の功績を残した。なかでも、「神のめぐみ、主イエスの愛」と「わが大和の国をまもり」の二曲の賛美歌は戦前、戦中に最もよく歌われ、後者はときに「教会の君が代」とさえ呼ばれた。現行の『讃美歌二一』（一九九七年）にも彼の作詞になる賛美歌が、一曲（五五六番）収録されている。

新島を追悼する歌も長歌、短歌とりまぜて何首かある（『追悼集』一、八五〜八六頁、一二五頁）。その一首は、永眠二十周年記念に詠まれた「神のため人のためにと語らひし　昔をひとりしのぶ悲しさ」である。

最晩年、同志社（組合教会）との関係が途切れる。一九二七年一月に至って、田村初太郎などと共に、組合教会（洛陽教会）から日本聖公会に転会した（『松山高吉』二〇八頁）。「同志社を中心とした日本組合教会の熾烈なる自給独立運動」に対して、違和感を覚えたからだという（同前、八〜九頁）。

したがって葬儀も京都聖三一大聖堂（アグネス教会）で行なわれた。墓も松山家が独自に用意した。けれども、同志社理事会は、彼の墓を若王子の同志社墓地内に設けることを遺族に要請した。彼の功績に報いたいとの配慮が働いたのであろう。

同志社が創立五十二年を迎えた時（一九二七年）、松山は新島との十五年近い交流を振り返って、こう総括する。

「私は先生が帰朝された時、先ず第一にお目にかかった一人である。それ以来、私の如き者も屢、御相談に与ったのであるが、おかくれになった後も、形はなくとも、其御精神が残ってゐることを感じてゐる。

同志社といふ大きな形があっても、精神がなければ、死骸同様である。佛教に於ても形あって精神の絆はないものを屢、見受ける。

新島先生が其生命を賭してお建てになった同志社は、いつまでも先生の生きた精神を有する同志社であらしめたい。今日、我国に於ては、政治界、実業界、教育界を問はず、何れも危機に迫ってゐる。今朝の海老名〔弾正《だんじょう》同志社〕総長のお話の如く、新時代に貢献すべき人物を続々この学校より出したいものである」（『追悼集』二八一〜二八二頁）。

「志を継ぐ」という新島の主張を代弁するかのような松山の述懐である。これが、実質的には同志社に対する松山の遺訓となった。

第四章　湯浅治郎

新島襄との出会い

　初期のキリスト教は、自由民権運動と親和性をもつ。各地の資産家や実業家の中で、教会に繋がる自由民権家が、何人もいた。弘前の本多庸一《よういつ》、越後の加藤勝弥や森山信一、東京の中島信行、島田三郎、岡山の柴原宗助、土佐の坂本直寛《なおひろ》、武市安哉《たけちあんさい》、片岡健吉、岡山の立石岐《ちまた》などの名が知られている。しかし、群馬の湯浅治郎もけっして人後に落ちない。

　このうち、新島との交流が見られたのは、本多、加藤、柴原、片岡、そして湯浅である。本多については、拙著『新島襄と明治のキリスト者たち』（教文館、二〇一六年）で、加藤については、拙著『回想の加藤勝弥――クリスチャン民権家の肖像――』（キリスト新聞社、一九八一年）や拙稿「新島襄と加藤勝弥」（『同志社談叢』創刊号、一八八一年。北垣宗治編『新島襄の世界』晃洋書房、一九九〇年、に再収録）などで紹介済である。片岡も、板垣退助絡みで、取り上げたことがある。本書では、柴原（本書二三一頁以下）と湯浅治郎を個別に取りあげる。

　まず、湯浅であるが、新島の父（民治《たみじ》）と同郷で、群馬県安中の人である。家業は醸造業（有田屋）で、治郎は三代目の当主であった。隅谷三喜男は、「群馬自由民権運動は群馬キリスト教会と密接な関係をもっていた」とか、全国的に見て、「当時の有力な〔地方〕教会員のなかに、自由民権運動に活動した『酒屋』を家業とする者が、数多く見出される」としたうえで、その典型として柴原や湯浅を挙げる（『隅谷三喜男著作集』八、五七頁、五九頁の注七、二五八頁、岩波書店、二〇〇三年）。

　ただし、湯浅家は醸造業ではあるが、酒造は手掛けず、もっぱら醤油味噌製造であった。酒屋の場合、入信の結果、自身が禁酒するだけでなく、酒の醸造をも止めるケースが多く見られた。越後の加藤勝弥は、その典型である（拙著『回想の加藤勝弥』九四頁）。

　湯浅治郎と新島襄の出会いは、横浜であったと言われる。事実ならば、松山高吉とともに、帰国後の新島にもっとも早く接触したひとりである。湯浅は「〔新島〕先生御帰朝第一に、先生の腹心となった翁である」との証言もある（柏木義円「憶ひ出づるまま」一三〇頁、『追悼集』五、同志社社史資料室、一九九一年）。しかし、事実は、それ以前からすでに、（面談はともかく）留学中の新島との交渉が見られた。

湯浅は、若い頃、「横浜港に往来して、南京米や魚油等の輸入販売をも為した」。さらには、一八七四年の春のことであるが、商用で横浜に行った際、高島学校で英語の初歩を学んでいる（湯浅三郎編『湯浅治郎』六～七頁、九頁、一九三二年）。暫時、同地に滞在した時には、横浜海岸教会の礼拝にもしばしば参加したようで、その関係から、在米の新島への通信に関し、「バラ〔J. H. Ballagh〕に依頼せられたこと」もあった、と伝えられている（『植村全集』八、三七五頁、同刊行会、一九三六年）。

新島が帰国する一年前（一八七三年十一月十三日）に、新島民治は留学中の息子との交信のため、横浜に宣教師のバラを訪ねた。この時、民治はひとりの青年を同伴しており、翌日は田中（不二麿であろう）に会うつもりだったという。ふたりのバラ訪問は、これで二回目であった。青年は、安中で学ぶための宗教書をバラに請求している。

この青年の名前は、特定されてはいないが、湯浅治郎の可能性が高い（J. H. Ballagh to J. Neesima, Oct. 14, 1873, Yokohama）。ちなみに、この時、湯浅がバラから「宗教書」を購入していることから、すでに横浜でキリスト教や教会に近づいていることが窺える。

以上の消息が事実ならば、湯浅は、アメリカ留学から帰国する新島その人の名前を、新島が帰国する前から、バラなどを通じてすでに知っていたことになる。子息の湯浅八郎によれば、湯浅家には次のような伝承があったという。「わたしの父は、同郷の先輩、新島襄先生が日本にお帰りになったその時に、横浜にお迎えをして、故郷の安中にお伴をしました。また、安中における新島先生の帰国第一回の講演会も、父がお世話をして龍昌寺という禅寺で行われたのです。そのような関係をとおして、父は新島先生からキリスト教を教えられ、明治十一〔一八七八〕年に新島先生から洗礼を受けたのです」。

ただし、横浜での出迎えに関しては、確実な史料の裏付けを欠く。その点を突かれた時、八郎はこう確答する。「まちがっているかも知れませんが、わたしはそのように聞いていて、思い込んでいるのです」（同志社大学アメリカ研究所編『あるリベラリストの回想――湯浅八郎の日本とアメリカ』一二頁、一六九～一七〇頁、日本ＹＭＣＡ同盟出版部、一九七七年）。

一八七四年十一月末、アメリカから帰国した新島は、横浜からすぐに安中に向かい、十年振りに家族と再会し、団欒を楽しんだ。しかし、彼の帰国の目的は、伝道と教育であったので、住民に対してさっそくキリスト教講話を開始した。そうした際の最大の協力者が、湯浅であった。湯浅は求道者・信徒集団の中軸として働き、新島とのパイプ役となった。

翌年一月、新島は大阪に赴任するが、湯浅から『明六雑誌』を数冊、借り出している（『新島襄全集』三、一二三頁）。おそらく便覧舎《べんらんしゃ》（後述）備え付けの蔵書であろう。湯浅は、その新島の後を追うように三月に大阪に新島を訪ねている。出張（商用）のついでかもしれないが、キリスト教や教会に関して尋問する絶好の機会でもあったはずである。湯浅が安中に戻る時には、新島は父親への一円を託している。卵を毎日取るために、鶏を二、三匹購入する費用である（同前三、一三一頁）。

それから三年後の一八七八年三月三十一日には、湯浅は便覧舎で新島から受洗して、同志たち（二十九名）と安中教会を組織した。これをアメリカに報じた新島は、湯浅を特筆してこう記す。

「〔三十名の〕会員の中に一人、富裕な実業家がいます。まだかなり若いのですが、この土地では最も影響力のある人物です。彼は牧師を自宅に泊め、牧師が快適にやっていけるように骨身を惜しみません。彼はまた、無料の読書室を開いており、そこには日刊紙、週刊誌、月刊誌が、宗教的なものも、そうでないものをも含めて、備わっています」（同前一〇、二三四頁）。

ここにある「無料の読書室」とは、湯浅が有田屋の向かいに、私財を投じて一八七〇年に設置した「便覧舎」である。いわば私設図書館で、新島の帰国後は教会堂代わりにも使用されていた。最初の受洗者三十名が生まれたのも、同所であった。

当時の消息は、湯浅の自伝稿によれば、次の通りである。

「〔明治〕七年ニ新嶋先生ノ帰朝アリ。キリスト教ヲ聞キ、藩士ノ四、五ト共ニ其研究ヲ始メ、其以前ヨリ便覧舎ナル図書ノ縦覧ヲ開キ、福沢先生ノ出版物、其他新書、漢書ヲ集メ、殊《ことに》福沢先生ノモノハ、殆ト読マサルモノナキニ至ル故ニ、物質的ニハ福沢先生ノ門人、精神的ニハ新嶋先生ノ弟子ト云フヲ得。併《しか》シ、慶応義塾ノ門ヲ入タルコトナシ。同志社ニ学ヒタルコトモナシ」。

「十一年〔一八七八年〕ノ春、男女三十名ノ同志、多クハ藩士ト安中教会ヲ創立シ、新嶋先生ヨリ受洗シタリ。〈独力ナリ〉自給独立碓氷《うすい》会堂〔養蚕場〕ナルモノ設ケ、教会ノ建設物ニアラサルコトヲ明ニセリ」（土肥昭夫『思想の杜――日本プロテスタント・キリスト教史より』五一頁、新教出版社、二〇〇六年）。

以来、湯浅は終始、同教会の大黒柱であった。とりわけ、現在の会堂は、湯浅の尽力なしには、ありえなかった。自身、「我生涯に於て、何も為した事はないが、唯安中教会の会堂を献ぐることに、聊《いささ》か尽くすことが出来たのは、何よりの満足」であった、と自負する（『追悼集』五、一三八頁）。

永年、安中教会の牧師を務めた柏木義円は、「新島先生と〔湯浅〕翁とは、実に我教会の創立者である」と断定する（同前五、一三九頁）。幸いにも湯浅には自伝的なメモが残されているので、教会創立当時の消息を窺うことができる。

洗礼を受けてからの心境の変化について、湯浅はこう回顧する。

「基督ニ依テ救ハレタル自覚アリ。心中ニ一変スル処アリ。無神者ナリシニ、有神論者トナレリ。神ハ自分ノ父ナルコトヲ知レリ。神ノ常ニ共ニ在《い》マシ玉フコトヲ悟レリ。良心ハ神ノ声ナルコトヲ覚ヘタリ。神アリトスルト、神ナシトスルハ、一大変ナリ」

（同前、五四頁）。

以後、湯浅は安中伝道に腐心し、「各派ノ宣教師ヲ招キ、〔龍昌寺など〕寺院ノ仏前ニ於テ説教ヲ為タルコト一再ナラス」であったという（同前、五一頁）。こうして、京浜地方からは、宣教師に限らず、奥野昌綱や植村正久、C・M・ウイリアムズ（C. M. Williams）、D・C・グリーン（D. C. Greene）などが、伝道に招かれている（太田愛人『上州安中有田屋――湯浅治郎とその時代』四六頁、小沢書店、一九九八年）。

群馬から東京へ

安中伝道の開拓者、湯浅治郎の略歴をあらためて見ておきたい。彼は醸造業を営む商家の子として一八五〇年に安中に生まれ、長じて有田屋を継ぐ。進取の気性に富み、横浜で学んだ生糸製法を安中に導入し、養蚕業を起こした。一八八〇年、若くして群馬県会議員となり、四年後には早くも第二代県会議長を務める。

在任六年に及んだ議長時代、彼の力量が最も発揮されたのは、全国に先駆けて廃娼を実施した時である。当時の県会では副議長の宮口二郎も信徒（原市教会所属、後に第三代議長）であった。それればかりか、常置委員六名中、なんと五名が信徒であった。彼らの働きが功を奏して、日本における廃娼運動の先鞭がつけられたのである。要するに、「群馬県の廃娼運動は、自由民権思想を背景とし、キリスト教信仰に推進されて、成果を収めた」のである（『隅谷三喜男著作集』八、八三頁、一一六八頁）。

その後、湯浅は一八九〇年に第一回衆議院総選挙に当選し、財政通の議員（所属は立憲自由党）として活躍する。当時、帝国議会において「予算案が本当に分る者は、恐らく湯浅翁以外に其人は少なかったであろう」と推測するのは、義弟の徳富蘇峰である（『湯浅治郎』一〇〇頁）。財界では日本鉄道会社理事として活躍する一方で、文化活動に対する見識も高く、公共図書館としては先駆的な便覧舎を安中に独力で創立した。

また同郷の宗教家・教育家である新島襄への支援も大きかった。一八七一年、新島の留学中のことであるが、彼が卒業したアーモスト大学のJ・H・シーリー教授が来日した折、新島の父母と共に都内麻布善福寺にあったアメリカ大使館に彼を訪ねて、新島の消息やアメリカ事情などを聴取した。

その後、新島は帰国した際、暫時、安中で伝道したことがあるが、その際に、湯浅はいち早くキリスト教に入信し、一八七八年、便覧舎の二階で新島から洗礼を受けて信徒となった。

以後、新島の推薦で安中教会初代牧師に迎えた海老名弾正《だんじょう》らと安中教会の創立に尽力したばかりか、後に安中教会の牧師として四十年近く、この地で伝道に励んだ柏木義円（新島の教え子）にも、物心両面にわたる支援をした。柏木自身を新島の忠実な継承者と見なしたからである。支援の典型が、会堂建築である。「新島記念会堂」を建設して、安中教会堂（現在、市の指定文化財）とした。非戦論者としても著名な柏木は、新島と共に湯浅を生涯の恩人とみなす。

湯浅は一八八六年以後、東京に居を移し、霊南坂教会で教会生活を守った。その間、同教会牧師の小崎弘道らと東京基督教青年会（ＹＭＣＡ）を創立した。また小崎や植村正久などと計ってキリスト教系出版社、警醒社を立ち上げ、キリスト教書籍や新聞、雑誌の出版、発行に尽力した。

さらに義弟の徳富蘇峰を助けて民友社（一八八七年～一九三三年）を東京赤坂榎坂《えのきざか》に立ち上げ、副社長格として『国民之友』の刊行などに貢献した。湯浅こそ、青年ジャーナリスト・蘇峰の社会的飛躍を側面から可能にした人物である。

教会合同運動で対立

彼ら湯浅、小崎、蘇峰の三人は、新島晩年に発生した教会合同運動では、立場を異にした。小崎は推進派のリーダーとして新島に対抗する運動を強力に展開した。湯浅も小崎に同調し、推進運動を陰で支えた。残る蘇峰は、合同反対を唱える新島を陰で支えた。いわば新島派として自身の民友社を挙げて、新島による反対運動を支援した。

つまり、教会合同運動では、新島と湯浅は、対極的な位置に立った。これは、ふたりの数少ない対立である（『上州安中有田屋』一五〇～一五五頁）。

新島は推進派の動向に神経を尖らせ、前橋教会牧師の不破唯次郎（「熊本バンド」では数少ない反対派）に対して、推進派の動向に関して注告を発する。「多分手分シテ、伊勢〔横井時雄〕ハ番町〔教会〕、小崎ハ榎坂〔霊南坂教会〕牧師〔で、反対派に組する〕古荘〔三郎〕ニ、湯浅〔治郎〕ハ上毛ニ行キ、〔反対派教会を〕降伏セシムルノ相談ノヨシナレハ、上毛ニハ充分ノ御用意アレ」と（『新島襄全集』二、五三四頁）。

同じく上州富岡の教会（現日本キリスト教団甘楽《かんら》教会）を受け持つ奈須義質へも、新島は同じ注意を書き送る。推進派の委員は「今ハ大ニ奮発シ、各手ヲ分チ」、伊勢、小崎、湯浅などが「今ニモ出発スヘキ」様子である。とりわけ、湯浅は「上毛教会征伐ノ事ニ取極」めたようなので、安中（原市《はらいち》）や高崎あたりは、「湯浅氏ノ出向ハサル内ニ、充分、延期説ヲ固フセシメ」てほしい、と急告する（同前三、六五四～六五六頁）。

上毛地方に隠然たる勢力を有する湯浅だけに、彼の「出馬」には、新島はさぞかし苦々しい思いを味わっていたに相違ない。

新島との交信

一時の対立はあるものの、湯浅による新島への支援は生涯にわたる。浮田和民は、湯浅と新島に内村鑑三を加えた三者を「上州の三傑」と呼んだ（『湯浅治郎』八七頁）。湯浅は七歳年長の新島によく仕えた。湯浅は、とりわけ新島最晩年の同志社大学設立運動を義弟の蘇峰と共に支えただけでなく、安中伝道を始めとする地方伝道でも新島によく協力した。

　新島との間に交わした往復書簡は、九通が残されている。そのうち六通が、一八八〇年末に集中している。発信順に挙げると、次の通りである。

（一）新島から湯浅へ　（一八七七年六月九日、『新島襄全集』三、一四七〜一四八頁）
（二）同前（一八七七年六月一九日、同前三、一四八〜一四九頁）
（三）湯浅から新島へ（一八八三年六月一日、同前九上、一一六頁）
（四）新島（他四名）から湯浅へ　（一八八八年一月九日、同前三、五一〇〜五一一頁）
（五）新島から湯浅へ（一八八八年三月一二日、同前三、五三四〜五三五頁）
（六）湯浅から新島へ（一八八八年三月一七日、同前九上、三八二頁）
（七）新島から湯浅（他四名）へ（一八八八年一一月二三日、同前三、六八四〜六八七頁）
（八）湯浅から新島へ（一八八九年二月七日、同前九下、六九八頁）
（九）同前（一八八九年二月二四日、同前九下、七四三頁）

　両者の交流の機微《きび》が窺われるので、以下、それぞれの手紙の内容をかいつまんで紹介する。

　まず（一）であるが、前便（所在不明）に続くもので、伝道者派遣要請に対する京都からの返書である。人材不足につき、「横浜ニ在ル信者」を考えているが、未定である。とりあえず、同志社学生の平野文《ぶん》は、どうか。彼は東京の教会から昨年、同志社に入学し、私共の教会に転会した。夏休みには前橋に帰省し、暫時、高崎、安中で伝道に当たりたいというので、私からも勧めたい。この書を持たせる云々。

　平野について補足する。京都第二公会の教会記録によれば、彼は一八七七年五月十三日に東京メソジスト（監督）教会から、ソーパー（J. Soper）の推薦で転入会している。夏季伝道の消息は、いっさい、不明である。なお、彼は二年後（一八七九年二月）に、第二公会から除名されている（『新島襄全集』三、七六八〜七六九頁）。

　次に（二）は、（一）の十日後に京都で記されている。上州伝道を荷う適任者として、海老名喜三郎（弾正）を推薦したい。中国地方（岡山か）に行くことが内定していたが、それを取り消しての上州行きである。交通費や滞在費（湯浅家に滞在）を負担していただけて感謝である。海老名は、「学校〔同志社〕中、一、二を争ふ程之者」で、とりわけ歴史に詳しく、聖書にも精通している。自分（新島）が行くよりも、かえって好都合と思われる。

　なお、海老名は当時、学生であったので、安中伝道は一時的なものであった。本格的な活動は、同志社を卒業後（一八七九年）、安中教会初代牧師に正式に就任してからのことで、彼の貢献により教会の基礎が築かれた。一八八五年に前橋に転任し、一八八六年まで上州伝道の中軸として活躍した。その後は本郷（東京）、神戸、熊本などを歴任し、一九二〇年には同志社総長（第八代）に選出される。

（三）は、東京から京都の新島へ送られた湯浅の手紙で、新島からのハガキ（所在不明）に対する返書。上原（方立《まさたつ》か）氏から回送されたものは、別紙の通りとあり、「御命之葬儀ニ関スル布達」、すなわち「外人之死亡（葬儀）ニ関スル布告布達」（葬儀に関する太政官布告、教部省通達）を同封する。

（四）この日、山本覚馬宅で開かれた社員会（理事会）で、社員を五名から九名に増員することが決定した。新たに選出された湯浅に対し、五名の現職社員から連名で就任依頼状が送られた。それが本状である。差出人は、山本覚馬、中村栄助、松山高吉、伊勢（横井）時雄、新島襄である。

（五）前欠なので、内容は把握しにくい。一年前に創刊された『国民之友』の予約申し込みのことか。同社は、湯浅が義弟の蘇峰のために経済的な支援をして立ち上げた出版社で、湯浅が切り盛りをしていた。新島は湯浅・蘇峰兄弟の事業を全面的に支援していたことが、窺える。

（六）東京の湯浅から京都の新島へ送られた手紙。新島からの手紙（所在不明）に対する返信で、二十八円二十銭五厘を受取った、費用に関しては代言人などの経費が必要ではあるが、この金額内で支弁したいとある。状況的にこの費用が何を指しているかは、不明である。

（七）宮川経輝、海老名弾正、小崎弘道、伊勢（横井）時雄、金森通倫、湯浅治郎（以上、連名）に宛て、教会合同問題に関する所見を送る。この日（一八八八年十一月二十三日）から、大阪教会（宮川牧師）で組合教会の臨時総会（二十八日まで）が開催され、合同問題が討議された。新島は病欠のため、主要メンバー（いずれも推進派）に対して、自己の見解を文書で伝えたのが、本状である。

要点は、合同に対する準備が不足するので性急に結論を出さないこと（つまり、延期が望ましい）、アメリカン・ボードは合同に反対している、の二点である。結果的に、合同延期説が勝利を収め、新島を安堵させた。

（八）東京の民友社から、神戸で静養中の新島へ発信された。「別紙之通リ申来リ」で始まる文面であるが、肝心の別紙が欠けているので、具体的な内容は不詳である。ただ、井上馨や大隈重信の名と共に、「義捐金」や「御出金」の文言が出るので、明治専門学校（同志社大学）設立募金に関係するものと推定できる。そうであれば、前年（一八八八年）七月十九日に大隈外相邸で開催された募金集会で、出席者から寄せられた寄附（義捐金）予約が、その後、実際に納入（出資）されたかどうか、をめぐる問題を指すのであろうか。この募金集会には、同志社側からは新島のほかに、徳富蘇峰、湯浅治郎、加藤勇次郎が出席した。

この集会に関して、準備段階で特に奮闘したのが、蘇峰と湯浅である。新島は早々と四月十七日夜に横浜に入港し、翌朝早く東京に赴いて、まず湯浅に会っている。その後、陸奥宗光、ついで井上馨を訪ねている（『新島襄全集』五、二九九頁）。

（九）東京の湯浅から京都の新島へ送られた手紙。過日、渋沢栄一に面会した折、原六郎の寄付金（六千円の予約）について、「自分からは催促しかねるので、新島から直接かけあってほしい」旨の要望が出たとの趣旨である。これまた、同志社への寄付金予約の納入の件である。ちなみに、この手紙は、全文が赤インクで記されている。おそらく新島の眼病に配慮してのことと思われる。

新島永眠一年前には、両者の交信はなぜか、ない。ふたりの最後の面会は、新島が臨終を迎えた大磯であった。義弟の蘇峰に遅れて、湯浅も病床に駆けつけた。この時、湯浅は看護婦を同伴したという（同前八、五七五頁）。新島の最期を看取った看護婦は、不破雄と鈴木菊であることが、知られている。

そのうち鈴木は、湯浅の孫（治郎の六番目の子、ろくの娘）であるので、湯浅が同伴したのは、鈴木であろう（鈴木限三「臨終の新島先生の看護婦」八頁、『新島研究』三一、一九六五年八月）。ただし、鈴木は「〔山龍堂病院長の〕樫村〔清徳〕博士に随伴して大磯入りをしたとの伝承もある（『新島襄先生詳年譜』改訂増補版、三九八頁、同志社・同志社校友会、一九五九年）。

当時、鈴木は東京慈恵医院（現東京慈恵会医科大学附属病院）の看護婦（後に看護婦長）であったので、樫村ではなく、湯浅の誘導が大きかったはずである。湯浅としては、新島の最期をできるだけ一族（蘇峰や鈴木）で看取りたいとの思いもあったのではないか。とすれば、久保田米僊《べいせん》が描いた新島臨終図（同志社編『新島襄　その時代と生涯』一四五頁、晃洋書房、一九九三年）に見る看護婦は、（従来から言われていた）不破に加えて、鈴木ということになる。

同志社理事として二十年

新島の死は、残された者たちの人生を変貌させたり、狂わせたりした。なかでも、たまたま赤坂霊南坂に移り住むようになった三人、すなわち「赤坂三人組」とでも言うべき小崎、蘇峰、そして湯浅の人生は、それぞれ大きく捻じ曲げられた。（『上州安中有田屋』一三四頁、一四二頁）。

そのうち湯浅は、主軸を失なった同志社の経営を危惧し、新島の死後まもなく、同志社に転じる。新島の後を継いだ同志社社長（総長）・小崎弘道を助け、財政的に窮地に陥った同志社を救済するため、家業を息子（三郎）に委ね、京都に赴く決断を下した。湯浅自身の回想には、「〔明治〕二十四年、同志社ニ小崎先生ノ御手伝ニ両三年ノ積ニ行、遂ニ二十余年ニナリ」とある（『思想の杜』五二頁）。

「両三年」のつもりが、二十年近くにわたって、財務担当理事として無償の働きを続けることになった。同志社の経営を担当する資産管理委員（いわば財務担当理事）に専念するため、一八九二年には衆議院議員をも辞した。

もっとも代議士を辞任する気持ちは、早くからあったと考えられ、同志社への赴任以外にも、議会政治への不信が、底流にあったと言われている。要するに議会における不正不義の存在やら妥協や譲歩を強いられるという居心地の悪さが、湯浅を京都に追いやったという一面があったようである（『隅谷三喜男著作集』八、二六二頁）。

同志社は、新島が夢見て取り組んだ事業だけに、政界とくらべて俗世間性が多少とも少ない、と思われたのであろうか。湯浅自身は、京都転出の理由として、さらに別の理由を挙げる。あまり知られていないことだが、山本覚馬から招聘されたという。本人の証言によると、「山本覚馬氏より社員〔理事〕の中には会計事務の出来る者がなく、甚だ困るから、資産管理委員として京都へ来て貰いたいと懇請された。そこで小崎社長と共に行った」という（『追悼集』五、一二二頁）。

湯浅に助けられた小崎にも、湯浅に関する回想がある。「私の同志社〔社長〕就任後、間もなく、東京より京都に移り来て、同社の会計事務を管理したのは、湯浅治郎である。

彼は、上州安中の信徒で、私共が東京にて〔基督教〕青年会を組織するや、之に加はり、又、警醒社を創立した時は、会計事務を担当した特篤家である。郷里に於いては、県会議長となり、且《かつ》、大多数を以て最初の衆議院議員に選挙され、日本鉄道会社の取締役をも務めた。

斯《か》る人物が、私を輔《たす》けられたことは、非常な幸福であったが、数年の後、意見の相違より、私の反対に立たれたことは、誠に遺憾である」（『小崎全集』三、六〇頁）。

それにしても、同志社への奉仕に対する報償は、いたって少なかった。息子の湯浅八郎は、「父が同志社からいただいたものは、退職の時にいただいた銀時計一個です」と証言する（『あるリベラリストの回想』四三頁）。浮田和民によれば、湯浅はまるで「新島先生の形見」のようであり、同志社への永年の奉職は、「新島先生の霊に奉仕」したことにほかならない（『追悼集』五、一二五頁）。深井英五もまた、「新島先生の事業を維持する為に身をぬきん出て、当る御決心」であったという（同前五、一四五頁）。

一方、一九一三年、日本組合基督教会が、朝鮮総督府の機密費によって朝鮮伝道を開始、展開した時には、吉野作造や柏木義円（安中教会牧師）とともに異議を唱えた。時代の潮流に流されないマイノリティの気概をもった信徒であった。

湯浅は、永眠する四年前（一九二八年）に「同志社に対する意見」を発表した。同志社へのいわば彼なりの「遺言」で、九項目から成りたつ。参考までに最初の四項目を列挙する。（一）量よりも質を尊重すべき。生徒・学生の定員は、千名以下の小規模にし、質的には、高等普通を本体にして、キリスト教精神に基づく人格教育を第一とする。いわゆるリベラル・アーツ教育の徹底である。（二）同志社教育は、神学、宗教を中心とする。（三）同志社としての神学と信仰を明白にしておく、(四) 同志社総長は、信徒であるべき (同前五、一三三〜一三四頁)。

永眠

一九三二年、湯浅は八十一歳で世を去った。夫妻の墓は、多磨霊園 (七区一種一五側) に設けられた。

湯浅は、信仰を生涯にわたって貫いた。自身も、「基督教を信じたことを悔いたことは、一度もなかった」と断言する (『追悼集』五、一一八頁)。「己は、いろいろの苦難、さまざまの災難に逢ふたが、案外平然として居られたのは、基督教を信じて居たからである」とも感謝する (同前)。

その生き方は、影の働きに徹する、いわば「縁の下の力持ち」であった。彼のモットーは、「不言実行」であり、けっして「自己宣伝をしない人」であったと徳富蘇峰は、証言する。

さらに蘇峰は、「湯浅翁から嘗《かつ》て未だ、慈善の話を聞いた事はない。人の世話をしたと云ふ話を聞いたことはない。然し、実によく世話をされたのである」と称賛する (同前五、一四九頁)。これぞ、「天に宝を積む」ことにほかならない。

信仰の披瀝にしても、そうである。説教や感話、スピーチをしない信徒として、定評があった。「基督教は議論ではなく、実行であると思ったから、三十年間、人の説教を聴いたが、人に説教したことはなかった」(同前五、一一八頁)。

こうした湯浅の永眠は、多くの人から悼まれた。安中教会は、追悼記念号『上毛教界月報《じょうもうきょうかいげっぽう》』(四〇五、一九三二年七月五日) を発行し、教会の恩人を追悼した。同志社校友会もまた、『同志社校友同窓会報』六七号 (一九三二年一〇月一五日) を追悼号とした (『追悼集』五、一一〇〜一五六頁に再録)。

同紙は続報で、こう報じた。「同志社財政史上の大功労者。初代帝国議会第一の財政通。忠実なる実業家。確乎たる信仰の人。教会、及び基督教文化の偉大なる保護者。公娼廃止の急先鋒であった翁を偲ぶ言葉を募り、本会報上に掲げ度《た》いと思ひます」(『同志社校友同窓会報』六五、一九三二年六月一五日)。

死後二年にして、安中教会の敷地に、湯浅を記念する石碑が建立された。碑文を記したのは、蘇峰であった。「雲外」と号して漢詩をよく詠んだので、記念碑には「湯浅雲外」と刻まれている。

家族

湯浅を取り巻く家族関係は多彩で、しかも、新島や同志社との関わりがいくつも見られる。湯浅は最初の妻、真下茂登子と死別した後、徳富初子 (蘇峰・蘆花の姉) と再婚した。二度の結婚で設けた子どもは多く、茂登子との間には六人が、そして初子との間にも八人の子どもが生まれた。合わせて十四人にのぼった子どもたちの命名も独特で、十人目までは男女を問わず一律に一から十までの数字 (男児は漢字、女児はひらかな) をつけた。十一人目以上は、娘二人を挟んで、男児には「余三」（余る三人目の意）、「餘四郎」（余る四人目）と命名した。

長男（湯浅一郎）は洋画家として大成し、新島の肖像画も二枚、描いている（それぞれ安中教会蔵、同志社大学蔵）。長女（にい）は、後に同志社総長を務めた大工原《だいくはら》銀太郎の夫人となった。次男（三郎）は安中の家業（有田屋）を引き継ぎ、町長や県会議員をも歴任した。三男（四郎）と四男（五郎）は早くに亡くなった。次女（ろく）は海軍少将・福田一郎に嫁いだ。三女（しち）は実業家の鈴木春と結婚した。先述したように、夫妻の娘、鈴木菊は、新島を大磯で看取った看護婦であった。

五男（湯浅八郎）は京都帝国大学教授の後、同志社大学教授となり、ついで同志社総長、新島学園理事長（初代）・校長、ＩＣＵ大学長（初代）などを歴任した。同志社総長は二度にわたるが、これは類例がない。同一家族からふたり（湯浅八郎と大工原）というのも、珍しい。同志社の歴代総長は熊本県人に次いで群馬県人（新島襄、湯浅八郎、住谷悦治）が多い。ちなみに八郎夫人は鵜飼猛牧師の長女で、日本キリスト教女子青年会（ＹＷＣＡ）副会長などを務めた。

四女（くめ）は教育者である浅原丈平の夫人となった。六男（十郎）はブラジルに渡り、伝道者となった。五女（かずよ）は教育者、平坂恭介と結婚。六女（なほよ）は若死にした。七男の與三《よぞう》（与三）は牧師として、また八男（餘四郎）は関西学院大学教授として活躍した。

このほかにも、実弟に詩人、牧師（京都・平安教会）、教育者（京都帝国大学講師、同志社大学教授）であった湯浅吉郎（号は半月）がいる。三つの三角形からなる同志社の徽章（校章）の制作者でもある。府立京都図書館の創立にも関与し、初代館長を務めた。奇しくも便覧舎を設立した父の遺志を継ぐ事業となった。

妻・恒子（安中・黒川昌寿の四女）との間に直代、光吉が生まれた（彼ら三人の墓は、若王子山の同志社墓地にある）。再婚した辰子（川本泰年の長女）との間に設けた永年（湯浅永年）と春代は、ともに同志社女子大学教授となった。

治郎の後妻、初子はキリスト教婦人矯風会などで活躍した社会事業家としても著名である。若い頃の初子に犬養毅との縁談が持ち上がった時、男子の節操に対して両者の見解が相違したために、初子から破談を申し入れたという。若き日のこうした彼女の持論は、その後も一貫し、東京キリスト教婦人矯風会が、一夫一婦制に関する建白書を元老院に提出する動きにまで繋がって行く。

この点、早くから廃娼運動に取り組んだ夫、治郎との思想的距離は極めて近い。彼女は治郎と共にクリスチャン・ホームを築くことに意を用いる一方で、社会的にも女性に対する社会教育や矯風運動（とりわけ廃娼運動）に力を入れた。

湯浅治郎の遺徳は、孫にも及ぶ。三郎の長男、正次は家業、有田屋の経営を受け継ぐとともに、一九四七年、湯浅家と安中教会が主軸となって、安中にキリスト教学園（男子校）を立ち上げた際の中軸となった。初代理事長には、湯浅八郎（同志社総長と兼務）を据えた。校名は新島の名前をとって、新島学園とした。現在は、中高（共学）、ならびに短大（共学、所在は高崎市）にまで発展している。正次はその後、安中市長に選出され、二十年にわたって市政に従事した。

安中の湯浅家とともに記憶すべきは、原市の半田家である。「半田家は、上州教界切っての富豪」で、地元前橋の共愛女学校（現共愛学園）だけでなく、「代々、同志社の熱心な後援者」でもあった（『隅谷三喜男著作集』八、二七八頁の注五）。

研究と資料

湯浅治郎に関する文献として、まず挙げるべきは次男による最初の伝記、湯浅三郎編『湯淺治郎』（一九三二年）である。「伝記叢書」一〇三として復刻版（大空社、一九九二年）が出版されている。評伝としては、武田清子「湯浅治郎」一、二（『福音と世界』一九五八年十一月号、十二月号。改題のうえ、武田清子『人間観の相克』弘文堂、一九五九年に収録）がある。この評伝により、湯浅は一躍学界で注目を集め始め、以後、研究対象として定着したと言えよう。

そのほか、「雲外」と号して発表された多くの詩稿（漢詩）が残されている。それらを含めて、湯浅の第一次資料は、同志社大学人文科学研究所が所蔵する。内容は同研究所編『柏木義円関係資料目録』（同志社大学人文科学研究所、二〇〇五年）、ならびに同編『湯浅与三関係資料目録』（同志社大学人文科学研究所、二〇〇五年）によって把握できる。

そのうち、前者には、柏木義円に宛てた書簡を始めとする湯浅書簡が数十通、収録されている。一方、後者に収録されている「自伝稿」、「憲法私案草稿」、「関税全廃徴兵廃止等政策私案稿」など主要資料八点は、土肥昭夫「湯浅治郎」一～四（『レゴー』一七～二〇、同志社大学宗教部、一九八九年～一九九一年）に翻刻された後、加筆され、同『思想の杜』四六頁～八五頁、新教出版社、二〇〇六年）に再録されている。

さらにそれらを含め十五点を改めて収録（一部、口語訳）したのが、半田喜作編著『湯浅治郎と妻初』（あさを社、一九九四年）である。この書には、ほかにも湯浅八郎宛書簡や遺言書（夫人のものを含めて）、詩歌、漢詩などが紹介されている。

その他の資料や文献などに関しては、本井康博「湯浅治郎」（伊藤隆・季武嘉也《すえたけよしや》編『近現代日本人物史料情報辞典』第三巻、吉川弘文堂、二〇〇七年一一月）を参照されたい。

第五章　大沢善助

クリスチャン実業家

大沢善助は、湯浅治郎、中村栄助と共に初期同志社の経営を理事（当時は社員）として支えたクリスチャン実業家である。

このうち、地元、京都の政財界を代表する同志社社員が、大沢と中村の二人で、ともに山本覚馬の門弟である点も共通する。大沢の推挙で同志社総長に就任した牧野虎次は、こう回想する。

「初代同志社を語る者は、新島襄、山本覚馬両先生の名と共に、大沢善助、中村栄助両氏の名を忘れることは、出来ぬ。善助翁は、初め山本先生に師事して居られ、その紹介で新島先生の知遇を受けらるることとなった」（大槻喬編『大澤徳太郎』一五四頁、一九〇頁、大沢商会、一九五三年）。

大沢善助は、侠客・大垣屋音松の次男として一八五四年三月七日に京都で誕生した。のち本家の大沢清八《せいはち》・ぬい夫妻の養子となる。こうした家系から、善助は清八親分の跡目を継いで侠客になる定めにあった。

しかし失明した清八の跡目を譲られたのは、会津の小鉄であった。小鉄は、かつての若親分である善助の遺志を尊重して、同志社の学生を援助したり、時には教会にも出入りしたという（詳しくは、拙著『京都のキリスト教』二六八～二六九頁）。

善助は、侠客を継がず、米屋や古着屋を手始めに実業を手掛けた。一八九〇年には京都時計製造会社、次いで二年後には大沢商会を開く。

さらに電気事業にも乗り出し、京都電灯や京都電気鉄道を起こし、この業界での先覚者となる。京都商工会議所会頭を始め、政財界の要職を占めて活躍するかたわら、クリスチャン理事として同志社を支援する。一九二七年、実業界から引退した。

その七年後、比叡山に設けた別荘で倒れた大沢は、市内左京区関田町《せきでん》の自宅で療養したが、十月十日、息を引き取った。同月十四日、同志社は、葬儀を学内の栄光館で学校葬として執り行なった（杉田博明『近代京都を生きた人々――明治人物誌』二九九～三〇三頁、京都書院、一九八七年）。

山本覚馬を介して同志社に接近

大沢善助は維新後の京都近代化を担った山本覚馬の門弟である。その点は畏友の田中源太郎を始めとして、高木文平、中村栄助、内甚《ないき》甚三郎、浜岡光哲《こうてつ》、雨森《あめもり》菊太郎、垂水《たるみ》新太郎といった一連の実業家と同列である。いわば「覚馬派」のひとりである。その中でもキリスト教徒は、中村と大沢のふたりに限定されるので、同志社への協力という点では、両者は別格であった。

大沢と同志社との繋がりは、同志社男子校（同志社英学校）の開校直後（寺町時代）に遡る。先に牧野が証言するように、山本覚馬を介して、新島との交流が始まった。

大沢の養父は、維新前から會津屋敷に出入りしていたので、山本とは相識の間柄であった。そこへ、新島が大阪から転居して来た。幸いにも大沢の店は、開校当時の同志社や新島家に近かった。新島の両親は、大沢の店で茶碗などの生活用具を賄ったことがあったという（青山霞村《かそん》『同志社ローマンス』一三五～一三六頁、からすき社、一九三一年）。ほどなく同志社との取引も始まった。最初の同志社入学生の本間重慶によれば、まずは米の取引である。

「寺町丸太町ノ角、同志社〔英学校〕ヨリ反対ノ角家ニ一軒ノ餅屋アリ（曾《かつ》て貴君〔海老名弾正〕ノ義父、横井平四郎〔横井小楠〕ガ殺害セラレタル処。加害者ハ此店ニ待伏セシテ居タリト聞ク）。此処ヨリ同シ側、約一丁程下《しも》〔南〕ニ一軒ノ搗米屋《つきごめや》アリ。即チ、大沢善介〔善助〕ノ米店ナリ。

此米屋ハ、同志社ニ最モ近キ米屋ナレバ、便利ナルヲ以テ、〔同志社学生のひとりで、〕時ノ賄《まかない》監督者タル二階堂円造氏ハ、同店ヨリ生徒ノ用米ヲ買入ルルガ縁トナリ、夫《それ》ヨリ漸時、同家ハ同志社ニ接近シ来リテ、遂ニハ全家、基督者ト成リ、后チ大ニ同志社ノ発展上ニ力ヲ尽シテ、新島先生ノ事業ヲ盛ニ保佐〔補佐〕スルニ至レリ」（海老名弾正宛本間重慶書簡、一九二六年六月七日）。

同志社側で寄宿生のために大沢米店から米を買い入れる窓口となったのが、二階堂（旧姓は横山）であった。彼は本間重慶、ならびに元良《もとら》勇次郎とともに最初に同志社に入学した三名のひとりで、開校直後の同志社では、学業のかたわら、いわば事務職員とでも言うべき「賄監督並びに会計」を勤めていた（拙著『徳富蘇峰の師友たち――「神戸バンド」と「熊本バンド」――』二〇頁、教文館、二〇一四年）。

新島襄から洗礼

以上のように、大沢は青年時代に米屋を営んでいたことが、新島襄やデイヴィス（J. D. Davis）と早くから知り合う契機となった。彼らとの交流の結果、大沢はキリスト教の感化を次第に受けるに至った。

新島夫人（八重）によると、彼女が新島とプロテスタント式結婚式（京都初である）を挙げたさい、大沢が列席したことが彼の信仰を深める機会にもなった。八重の回想には、こうある。

「〔大沢は〕デビス氏のコック等の飯米を供給して居られた関係で、デビス氏から道〔キリスト教〕を聞いたり、自然、新島とも懇意になり、種々基督教の真理を聞いて、固い信者になって居られた処へ、恰《あた》かも新島と私の結婚式を見て、非常に感激せられ、道の為めに大いに尽すようになられた、と聞いて居ます」（拙著『京都のキリスト教』二六七頁、日本キリスト教団同志社教会、一九九八年）。

その直後、京都第二公会（いまの同志社教会）が、一八七六年十二月二日に新島の自宅を集会場として発足した時、養父母の大沢清八・ぬいが、新島から洗礼を受けて、入会した。続いて大沢自身も、翌年三月四日に新島から洗礼を受けた。

その後、大沢は両親と京都第三公会（いまの平安教会）に転じるが、同志社に対する支援は終生、変わらなかった。すなわちキリスト者実業家として同志社社員を多年（一八八八～一八九八年、一九〇九～一九一一年）務めた。

社員就任のいきさつについては、「同志社社長〔総長〕新島襄氏の依頼を受けて」受諾した、と自身は回顧する（大沢善助述『回顧七十五年』五六頁、私家版、一九二九年）。同志社社員としての彼の貢献を具体的に言えば、大学設立募金を始め、経理、外国人教師館の借り入れ、校地買収交渉などに力を発揮した。その他、今出川沿いの校地に松並木を植えたり、同志社女学校「大沢寮」（六十人収容、一九二五年）などを寄贈したりした。

土地買収で言えば、設立運動中の大学用地として、市内寺町鞍馬口下ルの彦根藩邸跡地（約七千坪）を同志社が一八八九年一月に購入したが、新島によれば、この件は「大沢之手ニより」初めて実現したという（『新島襄全集』四、二九頁）。ただし、同志社は、同地を大学設立を見る前の一九一〇年に手離し、医師の佐伯理一郎に売却せざるをえなかった（『同志社年表（未定稿）』、二七頁、六五頁、同志社社史史料編集所、一九七九年）。

女学校への大沢の貢献も素晴らしい。とりわけ、一八八六年に廃校の危機に直面した同志社女学校の幹事となって、女学校の立て直しと復興に尽した。教育面の責任者はいたが、経営面での責任者が見当たらなかったので、「そこで私に〔新島から〕是非、責任を負ふてやって呉れとの事であった」。やむをえず、同年、幹事に就任して、経営責任を負うことを決意した。「この時、月給二十五円を受けて、日勤した」というから、本格的な経営担当者である。

大沢の尽力の結果、危機を脱することができた。すなわち、数十名であった生徒数が、百名以上に増加したのに対応して、校舎の新築、増改築にも取り組んだ。一、二年で事態は好転したので、中島末治を校長に据え、万事、彼に責任を持たせた。かくして「私は、元の一商人になった」（『回顧七十五年』五八頁）

一八八七年、新島や澤山保羅《ぼうろ》らが、全国伝道のために同志社系の教会を結集して日本基督《キリスト》伝道会社を設立して以来、大沢は十年間にわたり会計主任としてこれを助けた。その功績を讃えて、時の伝道会社社長（長田《おさだ》時行）から感謝状を授与されている。こうした点を捉えて、新島は大沢を自分の「右腕」ないしは「懐刀」として厚く信任していた、と中村栄助は見る。

大沢の実業家としての最大の貢献は、電気事業である。日本初の電灯会社は東京電灯株式会社（一八八七年）であるが、大沢は同社に次いで、一八八九年に京都電灯株式会社を発足させ、その社長を四十年近く務めた。

その背景には、北垣国道京都府知事の畢生の事業、琵琶湖疏水工事（一八八五～一八九〇年）がある。大沢は府議会常務委員として、当初よりこの事業に協力的で、完成後は疏水による水力発電（京都が日本の嚆矢《こうし》）の利用で範を垂れたいと願っていた。

電気事業の先駆者

京都電灯株式会社に続いて一八九四年には、高木文平らと京都電気鉄道を創設した。同社はわが国初の電気鉄道事業で、以後、大沢は取締役や社長として活躍した。その他、京都商工会議所副会頭や大沢商会社長などの要職を占める一方で、府議会議員・議長や市会議員として政治にも関与した。

また一九一三年には、少年更生施設として「大仁義塾」を市内に設け、同志社神学校を出たばかりの田崎健作にこれを委ねた。

政治家としての大沢は、国政に進出することなく、もっぱら京都府政のために活躍した。府議会議長時代の最大の貢献と自ら認めるのは、府立療病院（現京都府立医科大学・附属病院）の存続である。一八九九年、京都帝国大学に付属病院が出来た時、同院が無料治療を実施したために、府知事や警部長を始め府庁幹部たちは、療病院の将来を悲観して、これを大学へ寄附することを内議で決定した。

これに対して、大沢は同僚議員ふたりを説き伏せて、三人で反対運動を展開した。その結果、知事たちは自らの提案を取り下げるという一幕があった（『回顧七十五年』一〇七～一〇八頁）。

大沢の畏友としては、田中源太郎が挙げられる。彼もまた山本覚馬の門弟であり、同志社の後援者でもあった。ふたりを取り結んだものこそ、新島であった（詳しくは、『京都のキリスト教』二〇六～二〇八頁）。次はその田中が、大沢の金婚式で述べた祝辞の一部である。

「抑《そもそ》モ、予ノ君ト相識リシハ、故新島襄氏ノ同志社ヲ京都ニ創設セシ当時、共ニ其議ニ賛シ、又、其ノ〔京都〕第三基督教会堂ヲ市内ニ建設スルニ際シ、府尹《ふゆん》〔府知事〕槇村〔正直〕氏ノ排斥ニ遭ヒ、経営至難ナルヲ見ルヤ、予ハ其ノ教義ニ賛シ、府尹ノ抑圧ヲ排シ、新町三条ナル邸舎ヲ譲渡シタルニ始ム。

爾来、互ニ来往、各其ノ胸襟ヲ吐露シ、遂ニ共ニ府政機関ニ干与スルニ至リ、公私互ニ膠漆《こうしつ》ナラザルノ交誼ヲ訂シ、四十余年ノ今日ニ馴致《じゅんち》セルモノナリ」（『回顧七十五年』二二八頁）。

一九〇一年、大沢は脱疽《だっそ》の治療のために一時、高松に出向いたことがある。田中は医師の佐伯理一郎を京都から同伴して、同地を訪ね、療養中の大沢を見舞って、彼を感激させている（同前、一二二〜一二四頁）。

信徒としての大沢善助

新島と大沢の交遊に関しては、新島側に見るべき資料や記録が、ほとんどない。幸い、大沢の自伝には、関連した消息が記述されているので、摘記してみたい。

大沢は、最晩年に自らの人生を振り返り、キリスト教信仰をこう総括する。「私の今日あるは、キリスト教の信仰に基づく神の恩寵と聖代の賜物であるが、之《これ》と共に、『天は自ら助くるものを助く』との信条により、独力以て根限りの勤勉、力行を持続し来たった其の報ひに外ならないと云って差支ない」（『回顧七十五年』自序四頁）。

キリスト教との出会いを可能にしたのが、同志社であった。大沢は、こう回顧する。

「明治八年（一八七五年十一月二十九日）、京都に始めて耶蘇《やそ》教主義の学校、同志社英学校なるものが設立せられ、寺町丸太町上《あが》ル、元の中井屋敷で開校された。是《これ》が即ち現在の同志社大学の前身で、創立者である新島襄先生が校長であった。世間の人々は、これを耶蘇の学校と称して居《お》った。

この時、塾舎に白米を売込んで居ったのが縁故となり、耶蘇教を始めて聞き、之《これ》がやがて斯《こ》の道の信仰に入る端緒となった。即ちこの時、播《ま》かれた種が、幸ひに枯れずして、たとひ百倍の実を結ばざりしと雖《いえど》も、其《その》芽生えによって、培ひ養はれた信仰の力が基となり、其後、幾多の艱難にも堪え忍び、心に安定を保ち、常に幸福な生涯を送り得る訳である」（同前、四〇〜四一頁）。

大沢は、以後、求道に努め、ついには入信に至る。直接の契機となったのは、次の説教であったという。おそらく新島の説教ではなかったか。

「或《あ》る時、基督教の説教を聞き、『神は霊体にして、肉眼を以て観るべきものに非《あら》ず。又、偶像を作るべきものに非ず。人間は萬物の霊長なれば、猥《みだ》りに偶像を拝す可《べ》からず』等の真理に感じ、基督教信者になる決心をした。私は素《もと》より酒を嗜《たしな》まず、結婚後、一切他の婦人に接せず、信者となって益々この主義を堅くしやうと誓った。この頃、世間では基督教を邪教と称し、信者を売国奴の如く攻撃したが、何等憚る処なく、信仰の道に入った。又、幸ひに何等の迫害も受けなかった」（同前、四五頁）。

入信に当たって、大沢が心掛けたのは、自身に先だって両親（養父母の大沢清八・ぬい）を導くことであった。養父は、猛烈な金毘羅《こんぴら》信者で、自宅の裏にお堂を建て、そこに安置した木像を毎朝、一時間かけて一心不乱に看経読経《かんきんどきょう》するという熱心さであった。彼をキリスト教に改宗させることは、「至難中の至難事」であったが、大沢はその難事に果敢に挑戦した。

「其頃の〔京都第二公会の〕集りは、新島襄先生の宅で開かれた故、兎《と》に角《かく》、其席へ同道を勧め、漸く出席をさせた。処が当時の耶蘇教信者は、書生〔学生〕か又は外国人の使用人位であった故、それに私が養父母を同道して行った事は、所謂《いわゆる》信者のレコード破りで、新島先生始め、デビス〔J. D. Davis〕先生夫婦が、大変に喜ばれた。殊に〔養父は〕盲人の事故《ことゆえ》、デビス夫人が手を取って椅子《いす》に座はらせるなど、非常に親切な取扱をせられた。

この事があってから、父は大に感動したらしく、クリスチャンと云ふものは、誠に親切なる愛の深いものである、と云ふ事を先づ感じ、これが信仰の道を求める端緒になって、新島先生の説教を喜んで聞く様になり、新島先生から養父母共に受洗して、キリスト教信者になったのである。

斯《かく》の如《ごと》、養父母を信仰に入れて置かないと、私の信仰に妨げの起る事を心配し、両親を先きに受洗させたのである。私は、明治十年〔一八七七年〕三月四日、〔京都〕第二教会に於て、新島先生より洗礼を受けて、教会員となった。当時、〔同じ市内にあった同系列の京都〕第三教会（今の平安教会の前身）は、会員少なく、教会維持が困難であったから、これを助けるため、明治十四年に第三教会に転じた。妻も明治十五年二月五日、第一教会に於て新島先生より洗礼を受け、第三教会員となった」（同前、四六～四七頁）。

大沢の父、清八は五十歳の頃、全く失明したので、夫人（ぬい）は、彼の死までおよそ二十数年間、介護に徹した。その間、幕末には夫を連れて諸方へ逃げ回るなど、いっさいの世話を引き受けた。「夫の没後は、教会のためによく働いた」とは、善助の評である（同前、三〇頁）。

大沢は受洗以来、市内有数の実業家信徒として、半世紀を越えて、大きな働きをした。たとえば、社会事業面での働きでは、一九一二年頃から永く、京都感化保護院の理事、理事長を務めた。先にも触れたように一九一三年には、市内初の少年免囚保護事業として、独力で「大仁義塾」を立ち上げ、同志社神学校を出た田崎健作に管理を託した。同塾は、公的な施設が各地に設置されるに及んで、一九二七年に閉鎖された。この間、百四十四人の少年を世話した（同前、一六七頁、二四二～二四三頁）。

もちろん、所属する教会への貢献も、言うまでもない。一九一七年、平安教会の会堂建築のために一万円の寄附を捧げた。夫人もまた会堂内に設置する別珍張りの椅子を新調する費用（千五百円）を寄附した（同前、一八一～一八二頁）。

こうした貢献に対しても、大沢はあくまでも謙虚である。

「私が二十三、四歳の頃、神様が私を選び出し給ふて信者となし、神様の御栄《みさかえ》をあらはす道具に御使ひ下さったものと信じる。それは京都のクリスチャンの内でも、一人の成功者を造って、神様の御栄をあらはせ給ふ事は、伝道上にも必要であったのである。それ故、神様は私を選んで、其の道具になさったのである」（同前、二六一～二六二頁）。

家族

大沢善助の家族には、同志社ゆかりの者が多い。まず、善助の長男、徳太郎である。同志社との繋がりは、以下の通りである。

「徳太郎氏が同志社に在学したのは、明治二十年（一八八七年）から二十五年に至る僅か四年間に過ぎなかったが、しかし氏は、この同志社に於て天地宇宙の創造主にして、萬物の父である神に対する確乎たる信仰を得、また基督教に基く世界観を獲得した。いはば氏にとって、同志社はその心の故郷であった。従って、氏は、六十七年の生涯を実業家として終始したのであるが、他面、同志社を通じて、教育事業に関心を深め、若くして同志社の理事に選任され、その教育事業に参画し、その発展に貢献するところ、大なるものがあった」（『大澤徳太郎』六七～六八頁）。

彼の学歴は、同志社の四年間に過ぎなかったが、勉学以上の収穫を得た。すなわち、同志社普通学校に在学中、同志社教会（京都第二公会の後身）で新島から受洗した。

徳太郎の信仰は、生涯を貫いたが、後半生の信仰生活は、洛陽教会が拠点であった。自身、「私は在学中に同志社教会で洗礼を受けましたが、自分の宅が洛陽教会の近所、寺町丸太町下《さが》る御霊《ごりょう》の図子《ずし》突き当りにありましたので、自然と洛陽教会に出席するようになり」、転会してから「四十数年間、執事を続け」ている、と述懐する（同前、一一九頁）。

「まことに信仰は、氏にとって光明であり、希望であり、心の糧であり、力の源泉であった」。この点は、彼の長男（善夫）の証言とも符合する。「父よりも以上に大きい成功をなし、功徳を残した事業家や政治家は、世の中にたくさんあります。併《しか》し、父程、真剣に神を信じ、人間としての正しい道を歩んで来た人は、他に甚だ少ないと思ふ」（同前、一一六頁、一一八頁）。

同志社以後の徳太郎の歩みであるが、卒業後は、財界活動の傍ら、同志社理事を長期間（一九一四～一九一九年、一九二一～一九四二年）にわたって、務めた。善助・徳太郎父子の任期を合わせると、理事在任はほとんど四十年にも及ぶ。その間、貴族院議員にも二度（一九三二年、一九三九年）選出され、国政に尽力した。加えて、公共事業や教育方面への功労も忘れられない。

同志社への貢献に限っても、徳太郎は善助が保有していた旧邸を新たに発足した同志社大学厚生学（現同志社大学社会学部社会福祉学科）の実習施設として同志社に寄贈した。この施設は、その後、厚生館（現保健センター）や法学部・商学部学習室となって永年、活用されたが、近年、スクールバス・プール建設のために取り潰された。同志社女子大学の大沢寮ともども、大沢家を偲ぶことができる建物は、今はキャンパスからすべて消えた。目に見える形では、わずかに、今出川沿いの松並木に附せられた石碑に由来と大沢の名前が刻まれているだけである。

一方、徳太郎夫人（幸恵）は、神戸の鈴木清（赤心社社長）の長女で、神戸英和女学校（現神戸女学院）の卒業生である。鈴木は神戸教会の熱心な信徒であった関係から、大沢は同社の取締役をも務めていた。同様に、新島も鈴木との交流があり、北海道開拓を手掛けた赤心社の株を保有していた。

鈴木夫妻の結婚式は、新島死後のことで、一八九五年に小崎弘道司式で祇園の中村楼で行なわれた（『回顧七十五年』一〇一頁）。一説には、この結婚は、「新島氏の斡旋」によるという（『大澤徳太郎』一〇六頁）。両家との交遊があったことから、考えられないことではない。とりわけ、新島はある夏に、神戸の鈴木家に寄遇した際、幸恵を伴って垂水《たるみ》に避暑をしたという。新島夫妻が幸恵を可愛がったことも、徳太郎との縁談に繋がったと伝わっている（『大澤徳太郎』一三頁）。

大沢善助は赤心社取締役として北海道開拓事業に従事した関係から、新島も鈴木のために書を揮毫した。その偏額は先年、大沢家から同志社大学に寄贈された。長男の徳太郎も、父親同様に同志社の理事として、物心両面にわたって同志社の経営に尽力した。田中源太郎は、徳太郎の銀婚式の祝辞でこう語る。

「徳太郎君、資性敦厚《とんこう》、夙《つと》ニ業ヲ同志社ニ卒ヘ、宗教ヲ信ジ、造詣殊ニ至リ、多年、同志社ノ理事ニ任ジ、大イニ、力ヲ教育ニ尽セリ。

又、海外ニ遊ビ、貿易上ノ視察ヲ遂ゲ、得ル所ノ裨益《ひえき》、尠《すくな》カラズ。斯《か》クテ、父子提携、輸出入ノ業務ニ努メ、現ニ京都多額納税者ノ一人トナリ、又、其ノ徳望ノ遍《あまね》キ、少壮京都商業会議所副会頭、及京都取引所ノ理事ニ挙ゲラレ、令名都下ニ噴々タルノミナラズ、資本金参百万ノ株式会社、大沢商会ハ、京都ヲ本社トシ、大阪、東京、神戸、香港、濠州《ごうしゅう》シドニー、京城《けいじょう》等ニ支店ヲ設ケ、旭日昇天ノ勢ヲナス」（『回顧七十五年』二三〇～二三一頁）。

銀婚式は、大沢善助夫妻の金婚式と合同で、一九一九年に行なわれる手筈になっていた。しかし、事情により一九二一年に延期された。合同の祝賀会は、市長や知事を始め、来賓九十余名を招き、京都ホテルで盛大に開かれた。来賓の中には、海老名弾正やM・F・デントン（M. F. Denton）、新島八重子ら同志社関係者の顔も見られた。新島八重はもちろん、デントンも大沢家とは懇意であった。一九一九年、義夫のアメリカ留学を斡旋した者こそ、デントンであった（同前、二二五～二二六頁、三〇〇頁）。

徳太郎の最期は、衝撃的な突然死であった。一九四二年五月二十日、出張中の列車内で急死した。長男の義夫は、父親の遺志にしたがって、遺産のうちから五十万円を同志社職員の厚生基金として同志社に寄贈した。

寄付と言えば、徳太郎自身も生前、一万円を二度（一九三四年、一九四一年）にわたって寄附したのを始め、その寄附は累計五万円にも及ぶ（『大澤徳太郎』七五頁、一九三頁）。

葬儀から半年後の秋には、帝国ホテルで有志の追悼会が開催され、樺山愛輔《かばやまあいすけ》が追悼の口火を切った。「同志社の関係を通じて、故人と私は早くから御縁があった」。アーモスト大学における新島先生の後輩でもある私には、大沢氏の普段の言動は、帰するところ、私と同じ信念であると思える。それは、「私がアーモスト大学より受けた教育と、大沢さんが、同志社を通じて受けられた精神とが、全く同じものであるからだ」と（同前、一四五頁）。

同じく、大久保利武（大久保利通の三男）は、こう評する。「御先代、善助翁は、新島先生親友の一人で、最も有力なる援助者で、同志社の今日あるを致した功労者であったと承《うけたまわ》って居りますが、故人はよく先代の志を継いで、時には随分、難局に逢着した同志社の経営に苦心惨憺《さんたん》された」と（同前、一五四頁）。

ちなみに、徳太郎の死去に伴い、同志社大学社会事業教育後援会理事長の職は、大久保利武が継ぐことになった。

一家して同志社へ

徳太郎の次男、清治もまた、同志社（大学経済学部）に学ぶ。その後、療養を兼ねて、アメリカへ渡って勉学にも取り組んだ。帰国して、大沢商会に入社したものの、父親の永眠後、まもなく病死した（同前、一一五頁）。

徳太郎の娘たち（前田恵以《えい》子、津下《つげ》満寿子、末正芳子、武間《ぶま》富貴子）は、四人して同志社女学校に学んだ。そのうち、三女の芳子は、一九二八年に同志社女学校を出てから、ニューヨーク州のエマ・ウイラード・スクールに学ぶ。三年後に帰国し、結婚した（同前、一一六頁）。

さらに孫（徳太郎の長男）の善夫は、一九一九年に同志社中学校を卒業後、ニュージャージー州に留学し、最後はプリンストン大学で学位（B・A）を得て、卒業した（同前、一一三〜一一四頁）。帰国後は大沢商会を継いだ。彼も同志社の理事を十年以上（一九四七〜一九五九年）務めたので、親子三代にわたっての支援者である。

善助の孫のひとり、富貴子は、京都府立第一高等女学校（現京都府立鴨沂《おおき》高等学校）を卒業後、同志社女子専門学校（現同志社女子大学）英文科に学んだ。その後、アメリカにわたり、約一年間、資産家の家庭にホームステイした。帰国後、三井物産の武間《ぶま》亭一と京都市公会堂で結婚式を挙げた。司式は、同志社総長の海老名弾正であった（『回顧七十五年』一一三頁）。彼女は、同志社理事、評議員ならびに同志社幼稚園長、同志社〔女子部〕同窓会長（一九四一〜一九七六年）などの要職を務めた。

いまひとりの孫、満寿子は、同志社女学校を出てから、留学し、コネティカット州のヒルサイド・スクールを卒業した。帰国後に津下《つげ》紋太郎（同志社卒業生で同理事）の長男、統一郎と結婚する（同前、一一四頁）。

第六章　中村栄助

信仰に生きる

中村栄助が、維新以後の京都の政財界、ならびに国政の面での開拓者、功労者であることは、比較的知られている。けれども、それを支えたのが、キリスト教信仰であることは、とかく看過されやすい。

彼の信仰生活のすべては、新島襄との邂逅から始まった。「顧みれば、私の今日あるは、全く新島先生のお蔭である」――最晩年の中村は、新島襄と自分の関係をこう告白する（中村栄助述・森中章光編『九拾年』一二四頁、私家版、一九三八）。

中村の生涯は、新島抜きには語れない。この点は、孫（高山寛《ゆたか》）に証言がある。「祖父の生涯は、新島先生を師と仰ぎ、同志社に尽くすことを無上の喜びとし、キリスト者として信仰に生きた」（杉田博明『近代京都を生きた人々――明治人物誌――』四四九頁、京都書院、一九八七年）。

一九二〇年代、同志社創立五十周年を機に、同志社では新島襄の永眠記念日（一月二十三日）当日か、その日に最も近い日曜日に、神学館（クラーク記念館）などで新島記念会が催され始めた。出席者は新島八重のほか、新島から直接に教えを受けたり、接したりした人が中心で、相互に新島の思い出を披露し合った。

この会合に毎年、ほぼ欠かさず出席していたのが中村栄助である。一九二七年一月の記念会では、新島の思い出を語ったさい、こう述懐した。「京都ではヤソの中村、ヤソの大沢〔善助〕といへば有名なものであるが、来年は私も八十（ヤソ）になるので、真にヤソ教徒となって働きたいと思ふ」と（「同志社史料（十二）」、『同志社校友同窓会報』六号、一九二七年二月）。

「耶蘇の中村」は、彼にとっては、誇るべき尊称であった。その起点を据えたのが、新島であった。

一八四九年、中村は京都に生まれた。酒造業の高山家から分家した商家の長男で、幼名は栄次郎であった。中村がキリスト教を知るのは、維新直後に石油の貿易を手がけたときである。

石油価格の下落のために契約破棄を考えていた中村と商売仲間は、相手の外国人商人に約束違反の行為があったと、契約破棄を裁判所（当時、外国人がからむ裁判は、外国領事館でなされていた）に訴えた。しかし、予期に反して敗訴となった。憤懣《ふんまん》やるかたない中村に対して弁護人は、キリスト教を信仰する外国人商人は嘘の証言をしないのに対して、あなたは駆け引きが多すぎた、それが敗因だと語った。

中村の略伝（葬儀で配布された）は、この時の敗訴が彼の人生に方向転換をもたらしたと指摘する。

「神戸の英国領事館に於ける石油訴訟の敗訴は、翁（中村）をして基督教に関心を向けしむるに至った最初の動機となった。而して其後、間もなく、新島襄先生の人格に接した翁は、遂に信仰の途に入り、爾来、終始一貫、基督の忠僕となったのである」（『故中村栄助翁略伝』三頁、私家版、一九三八年）。

新島襄との邂逅と受洗

中村が、「基督の忠僕」となった経緯は、次の通りである。それまでは嘘も方便、いや、商売に嘘はつきものと心得ていた中村は、敗訴に驚き、本当に嘘をつかずに商売ができるものなら、その秘訣を知りたいと考えた。好き好んで嘘をついてきたわけではない。

中村はキリスト教の謎を解くために、すぐに神戸に赴き、元町にある耶蘇教講義所（伝道所）で外国人宣教師の説教を何度か聴いてみた。おそらく摂津第一公会（現日本キリスト教団神戸教会）の礼拝か集会に足を運び、アメリカン・ボード宣教師（J・D・デイヴィスあたりか）に接触したのであろう。

彼らの語る説教は、覚束ない日本語だけに、中村には要領を得なかった。諦めて神戸通いを辞めてしまったところへ、自宅近隣の者から、京都に洋行帰りの日本人「キリシタンの先生」が近所（新島丸頭町《からすまかしら》）にいると聞いて、訪ねて行った。それが新島襄であった。

「授業料を払うから、嘘をつかずに商売をする秘訣を教えてもらいたい」という中村に、新島は笑みを浮かべて、こういった。しばらく「耶蘇《やそ》教そのものを研究」しなさい、授業料はいりません、と（『九拾年』三五～三八頁）。

これが二人の出会いであった。

以後、中村は終生、新島を師と仰ぎ、新島が興した事業の維持発展を自からの使命とした。中村の生涯を見渡す時、新島が及ぼした感化の大きさに驚かされる。さらに政財界における中村の足跡を見る場合、山本覚馬の存在も見逃せない。中村はいわゆる「覚馬派」とでも呼ぶべき門弟集団の一員である（拙著『京都のキリスト教』二〇〇頁以下を参照）。

これら二人の恩師に関して、中村は後年、こう回想する。

「霊的方面では、新島襄先生の感化を蒙って、だんだんと信仰の途に這入《はい》り、遂に明治十六〔一八八三〕年には洗礼を授けられて、『嘘をいはぬ研究』に熱中したのが、一つの機縁となって、だんだんと信仰の途に這入り、遂に明治十六〔一八八三〕年には洗礼を授けられて、公然と基督者《クリスチャン》になったのであるが、智的方面に於ては、山本覚馬先生に師事して、大いに指導啓発されるところがあった」。中村を山本に紹介したのも、新島その人であった（『九拾年』五〇～五一頁）。

覚馬は京都の政財界では、隠然たる地位を占めていた。身体障がい者であったこともあって、彼の身辺の世話を始め、手足となって動く人材が、周辺にはたえずいた。

初期の同志社学生（本間重慶）によれば、「〔山本〕先生ハ盲目ノ人ニテ、総テ外部ニ対スル交渉ハ、他人ノ手ニ由ル必要アリ。従テ、不絶《たえず》、同家ニ出入リセル親戚ノ〔会津出身の〕窪田義衛氏、及、当時、先生ノ門下生タリシ中村栄介〔栄助〕、浜岡光哲氏ノ如キハ、多分、何カニ手伝ニ、又ハ聞キ込居タルコトヲモアラント思フ」（海老名弾正宛本間重慶書簡、一九二六年六月七日）。

中村にとっては、同志社は新島だけの事業ではなく、いまひとりの恩師、山本覚馬の事業でもあった。一八八三年二月、中村は同志社社員（現理事）に選出された。それまでの社員定員二名が、五名に増員されたのに伴う選出であったが、おそらく新島と山本の推挙によるものと思われる。その時の消息は、中村の回想によれば、次のようである。

「明治二十二、三年頃〔実は一八八三年〕、突然、新島先生が私の宅〔五条大橋東〕においでになって、『是迄《これまで》、自分と山本とが結社してゐたのであるが、今度、社員の数を五名とすることとなり、松山〔高吉〕、横井〔時雄〕の二君とあなたを加へたい』と申された。私は其時、自己が其任にあらざることを申上げてお断りしたが、先生は私に〔学校会計をお願いするのが主眼で、〕学問のことをお頼みするのではないから、是非やれとの事で、遂にお受けすることになった（「同志社史料（十二）」）。

就任にあたっては、信徒であることが、条件であったと思われる。彼自身はまだ未信徒であったが、キリスト教主義学校を十全に補佐する意味からも、早急に洗礼を受けることを望んだはずである。

受洗したのは、新島家を初めて訪ねてから七、八年後（一八八三年二月十八日）のことであるので、相当の時間がかかった。ただし、社員就任からはわずか五日後であった。場所は、もちろん新島が牧師を務める京都第二公会（現在の「新島旧邸」南隣。現洛陽教会の所）で、宣教師のJ・D・デイヴィスから洗礼を受けた（『同志社教会員歴史名簿』八頁、日本キリスト教団同志社教会、一九九六年）。

中村の告白によると、信徒になる際、禁煙して不要となった煙草入れを売り払って得た代金二十円足らずを、新島に対して伝道用にと差し出した。新島はその日の夜の祈祷で、中村が禁煙したことを感謝する言葉を連ねたという（河野仁昭『中村栄助と明治の京都』一二二～一二三頁、京都新聞社、一九九九年）。

なお、中村は、この二年後（一八八五年）に新設された京都第四公会（現日本キリスト教団京都教会）に転出する。理由は、中軸会員として新設教会を軌道に乗せるという役割が、期待されたからである。宣教師のD・W・ラーネッドは、「教会員のひとりは、府議会の指導的な議員です」とボストンに報じている（『京都のキリスト教』一五三頁）。

中村と同志社との関係が密になるのはこれ以後であるが、京都教会の設立を始め、京都YMCAに対する貢献（創立委員、後に第三代理事長）なども、新島に対する敬慕の念と無関係ではなかったであろう。

新島の指導によりキリスト教に入信して以来、中村にとって「生命を賭し、全霊を打ち込んで援けんとした人物は、唯新島先生一人のみ」であった。とりわけ、新島晩年の同志社大学設立運動や同志社病院・京都看病婦学校の設立運動では、有力府会議員として持てる力をおおいに発揮して、「実に先生の片腕」のような形で恩師を支えた（『故中村栄助翁略伝』五頁）。

京都看病婦学校の設立と運営

中村が、同志社大学設立運動で果した役割は、よく知られている。それに対して、同志社病院・京都看病婦学校の設立にあたって、彼がキーパーソンであったことは、晴れの開業式で「歓迎の詞」を述べたのが中村であったことからも、推測可能である。しかし、彼の貢献はあまり知られておらず、その究明も遅れている。

その点、さすがに当事者の医師である佐伯理一郎は、違った。京都看病婦学校設立に関して、「最も感謝すべき恩人」として四名の名前を挙げる。主役として、新島襄とJ・C・ベリー、そして彼らふたりを側面から助けたのが、L・リチャーズと中村栄助である、と。それぞれが関与した期間を見ると、順に四年、六年、五年半、二十年となり、がぜん中村の働きが最も長期間にわたっている（佐伯理一郎『京都看病婦学校五十年史』一頁、京都看病婦学校同窓会、一九三六年）。

期間だけでなく、設立募金に関しては、中村あっての活動であった。募金活動は、「中村個人の行動に多くを負いつつ始まった」と指摘される通りである（田中智子「京都看病婦学校開設運動の再検討」一八頁、『キリスト教社会問題研究』六一、二〇一三年一月）。たとえば、約九十名の府会議員中、寄附を寄せた者は約五十名に上る。もちろん田中ひとりの功績ではないものの、彼の働き抜きには、考えられない数字である（同前、一九頁）。

広範囲にわたる中村の尽力は、新島・中村間の交信からも立証が可能である。両者の間では、数多くの手紙が取り交わされた。日本人同士の交信で、最多の手紙を新島から受け取ったのは徳富蘇峰で、百三十通前後に及ぶ。それに次ぐのが中村で、百二十通を数える。両者の密接な関係がよく窺える（河野仁昭『中村栄助と明治の京都』七二頁、京都新聞社、一九九九年）。

最近も中村宛ての新島書簡（一八八七年一月一八日）が一通、存在が確認された。内容は京都看病婦学校の「願面」を至急、竹内（安部）磯雄に廻してほしいとの依頼である（『同志社談叢』二八、口絵⑫、一二頁、二〇〇八年三月）。

徳富蘇峰に宛てた新島の手紙は、師弟間の交信だけに、基本的に恩師が教え子に与えた体裁をとる。新島にとっては、胸中の想いや苦衷を吐露する相手として、蘇峰は格好の存在であった。

それに対して、中村宛てのものは、おおむね短信で、内容も基本的に事務的である。要するに、代表的な地方名望家である中村を見越して、「土地の買収、その他俗務に関する仕事は、多く中村氏に依頼」したからである（青山霞村『同志社五十年裏面史』一〇五頁、からすき社、一九三一年）。

中村に宛てた手紙は、内容から分けると、三種となる。（一）政財界の要人の接待や彼らへの陳情、ならびに地元有力者（とりわけ府会議員）への支援要請・募金アピールなど。一例を挙げれば、来京する井上馨外務大臣を接待する件である（『新島襄全集』三、四三六頁）。これは中村の独壇場であった。（二）各種の集会や委員会の案内、ならびに同志社内部の校務や式典への、社員（理事）として対応やら指示。（三）同志社大学設立運動、ならびに同志社病院・京都看病婦学校の募金運動。

ここでは、（二）の病院と看護学校の募金活動に関するやりとりが記録された手紙の中から、十数通を発信順に例示し、主な内容を拾ってみたい。発信日は一八八六年一月十八日から一八八八年五月十一日に及ぶ。

・「過日、御依頼申上置候看病婦学校願書之下書」の件（同前三、三八〇頁）、
・「ベルリ〔J・C・ベリー〕先生之企候看病人学校之事」で明日、相談会を山本宅で開催予定（同前三、三三一頁）、
・「看病婦学校ヘノ寄附」八十五円を受理（同前三、三八三頁）、
・病院・看病婦学校用地の購入依頼（同前三、三九三〜三九四頁）、
・看病婦学校寄附の件（同前三、四一八頁）、
・「看病婦学校之委員会」会場の件（同前三、四三一頁）、
・地代の立て替え分（三百五十円）返却の件（同前三、四三六頁）、
・「南禅寺之墓地」の件、並びに「看病婦学校理事委員」承諾の件（同前三、四四四頁）、
・本日の「同志社社員相談会」（山本宅）で「予備校之事」と「看病婦学校之事」を協議する予定（同前三、四五〇頁）、
・ベリー夫妻接待のために、「看病婦学校ニ関スル人々」を招待するなら、E・バックレー（医師）夫妻やL・リチャーズ（看護婦）も（同前三、四五八頁）、
・「看病婦学校并病院設立之願書」と「病院規則」の件（同前三、四六四頁）、
・わが家で「看病婦学校ノ決算、支度候」、合わせて「ヘレー氏相談会」も（同前三、四八一頁）、
・「京都看病婦学校之名称」の件（同前三、四八三頁）、
・「ベルリー氏演説、数百部」配布の件（同前三、四八六頁）、
・来阪中の植村正久と奥野昌綱を病院・看病婦学校の「開業式」に招待する件（同前三、四八九頁）、
・「看病婦学校之事」で要件があれば、わが家に来られたし（同

前三、四八九頁）、

・高松彝《つね》を「看病婦附属之病院、幷学校等之書記計〔会計〕」として呼ぶ件（同前三、五二一頁）、

・「看病婦之事ニ付、赤十字ヘ照会之事」は東京滞在中に手配する予定（同前三、五七〇頁）。

以上、書面中の主な項目を挙げるだけでも、京都看病婦学校の設立をめぐって、新島がいかに中村を頼り、信頼しているかが明白である。この分野で新島がこれほど頼りにしている人物は、ほかにはいない。

京都府医学校の廃校問題

同志社に医学校を設置したいという新島とベリーの当初の構想は、「京都民立医学社」であった（本書一一九頁以下を参照）。医学校、病院、看護学校の三者を一体として考える「医学社」構想である。おりしも、市内で私立医学校（洞酌《けいしゃく》医学校）と公立医学校（府医学校）の存続・引継ぎ問題が発生したことが、新島にとっては追い風となった。

前者については、設立者の大村達斎から同志社に委譲の申し出があったことが、新島が医学校計画を具体化させる直接の契機となった。もっとも最終的には、大村の「違約」により、委譲は実現しなかった。

前者と相前後して、一八八二年の府会で、後者（府医学校）の廃校問題（医学校費全廃問題）が発生した（以下、『近代日本高等教育体制の黎明』一二六～一三五頁）。賛否に関しては、議会が二分されるような緊迫した状況となった。「廃校派」の代表的な論客は、伊東熊夫である。対する「存続派」の議員は、田中源太郎、浜岡光哲、中村栄助らで、その中軸を占めるのが、府会議長の田中源太郎である。

攻める伊東の側には、府医学校を廃校して、同志社に継続させるという腹案があった。「中学校であれ、医学校であれ、地方税を用いるのは、自分の大いに嫌忌するところであって、徹頭徹尾、廃棄説を主張する」、「府医学校を存続させれば、たまたま有志が私立医学校を起こそうとしても、その挙が妨害されてしまう」というのが、彼の主張であった。

伊東は、公の場では名前こそ挙げないものの、すでに私立医学校を起こそうとする有志（新島）の了解を得ている、との確信すら匂わせていた。伊東は、もとから私学教育の理解者で、この後、同志社の看護学校設立運動の熱心な支援者となることは、先に見た通りである（本書一一七頁以下を参照）。その兆しはすでにこの時点で芽生えている。

紆余曲折はあったものの、府医学校は最終的には、存続されることになった。府議会では、いったんは廃棄案が可決されたにもかかわらず、知事の裁量で存続が決まったのである。新島の期待は、大村の「違約」に続いて、またもや裏切られた。新島はベリ

ーと組んで、同志社独自の医学校案を構築する方向に転じざるをえなかった。それが「京都民立医学社」構想である。

府議会の論議に戻れば、興味深いのは田中源太郎と中村栄助の主張、態度である。中村は、最終局面で「突然翻意」し、医学校費全廃を建議して「廃校派」に転じた。これを受けて、浜岡も中村に同調した。

その背景には、諸種の事情があったと思われるが、そのひとつが同志社への配慮である。「同志社に近い彼らが、新島による引継ぎ計画を知り、援護射撃した可能性がある」との推測は、的を射ている。

中村が、新島による京都看病婦学校の設立運動に（伊東ともども）精力を傾け始めるのは、これ以後のことである。

新島の遺志を継ぐ

中村と新島の最後の面談は、一八九〇年一月、湘南であった。新島が大磯で臨終を迎えた際、中村は新島公義と共に駆けつけた。しかし、着いた時には「もう駄目であった」。

中村に対しては、個別の遺言書はなかったものの、私的に「中村さん、同志社を頼みますよ。今後は同志社のため、私に代わって十字架を負ふて下さい」との言葉を新島から与えられた、と中村は受け取めた（『九拾年』一一二頁、一一四頁）。

同志社が出した新島の死亡通知には、中村は発信人として金森通倫や小崎弘道、徳富蘇峰と共に名を連ねた。葬儀では、応接掛りを務めた。柩が若王子山頂の墓地に運ばれ、埋葬式が執り行なわれた際、司式を担当したのは、中村であった。

新島の没後、中村は先の私的な「遺言」を胸中に刻みこんで、同志社を支える。同志社の難局のときには、まるで「新島に代わって」対処するかのように、切りぬけるための重要な役割を果たす。その一例が臨時社長（総長）としての働きで、次の四回にわたってその職を務めた。同志社の長い歴史の中で、異例なほど多いワン・ポイント・リリーフ役を見事にやってのけた。

（一）一八九七年四月一五日〜同年五月三日。
（二）一九一九年一月一七日〜同年三月三一日。
（三）一九二八年一一月二五日〜一九二九年一〇月三一日。
（四）一九三四年三月一〇日〜同年三月二五日。

いずれも、同志社の浮沈にかかわる極めて深刻な事態のときである。まさに救世主であった。同志社の非常時や騒動の際には、中村はモーニングを身に着けて出校した。そのズボンは、「実は先生から頂いた遺品《かたみ》」であった（『九拾年』一一三頁）。そうした祖父の消息を高山寛は、こう回想する。

「後年はほとんどを恩師、新島襄を助け、師なきあとも、その遺志である同志社に力を捧げた。新島への傾倒ぶりは、何か学校にことがあると、師からもらったかたみの洋服で登校したことでもわかる」（『近代京都を生きた人々』四四六頁）。

一方、彼は地元の政財界でも重鎮であった。政治方面への進出は、「京都府顧問・山本覚馬翁の知遇を得てより、政界に多大の関心を抱き」始めたのが、端緒となった（『故中村栄助翁略伝』三頁）。山本の感化からであろう、中村は青年時代（一八八一年）から京都府会議員（のち副議長、議長）として北垣国道府政を支え、琵琶湖疏水事業の完成に導いた。

ついで衆議院議員として二期にわたり国政にも参画した。初回の総選挙では、「佛教徒の猛烈なる妨害運動のただ中に、悪戦苦闘の末」の当選であった。中村の政治熱は、「単なる道楽や野心ではなく、「徹底した信仰」がもたらしたものであるという。「神の御用の為に」という一念こそ、同胞と国家のために尽す姿勢を生んだ（同前、三〜四頁）。

最初の選挙で彼が嘗《な》めた「悪戦苦闘」は、本願寺から仕掛けられた。中村の立候補に驚いた佛教勢力は、「遽《にわ》かに妨害運動を起した」という。本願寺は、名古屋の門徒たちから「お膝下から耶蘇が立候補したのに、本山は無策」と突き上げをくらった結果、きゅうきょ僧侶出身の弁護士、山崎恵純《けいじゅん》（帝大卒、京都弁護士会会長）を対抗馬として立て、激しい選挙戦を挑んできた。市民は、「耶蘇と坊主の戦ひ」と囃《はや》したてた（拙著『京都のキリスト教』二四九頁）。

政界以外でも、中村は実業家として電気、鉄道など新しい京都づくりに貢献した。京都の近代産業の担い手として活躍し、「市民のために」がモットーだった。

主な肩書を挙げると、関西貿易株式会社専務取締役、京都鉄道会社創立委員取締役、京都電灯会社監査役取締役などで、職種は銀行、紡績、倉庫、生命保険など多岐にわたった（『故中村栄助翁略伝』三頁）。

後半生は、政治からも事業からも身を引き、専ら同志社と京都教会のために大部分の時間を捧げた。一九三五年十一月、同志社創立六十周年記念式には、腹部に注射を施して参列した。以来、体調は完全に回復するには至らなかった。

一九三七年の初夏、死期を覚悟した彼は、痩せた病躯を車に横たえて同志社に別れを告げに行った。最も心にかかる存在だったからである。

翌年九月十七日、中村栄助は八十九歳で世を去った。同志社は、学内講堂（栄光館）で社葬（学校葬）を執行し、その功績に報いた。

墓は、自身が埋葬式を司式した新島の墓（現同志社墓地）の側にある。

第七章　柴原宗助

自由民権家からキリスト教へ

柴原宗助（一八六四～一九〇九）は、岡山県の地方名望家であると同時に、同地のキリスト教界、とりわけ高梁《たかはし》教会の柱石であった。その働きは、上州安中の湯浅治郎とまさに双璧をなす。

隅谷三喜男の指摘をあらためて挙げると、維新後、全国的に、「当時の有力な〔地方〕教会員のなかに、自由民権運動に活動した『酒屋』を家業とする者が、数多く見出される」なかで、その典型が柴原であり、湯浅〔治郎〕である（『隅谷三喜男著作集』八、五七頁、五九頁の注七、二五八頁、岩波書店、二〇〇三年）。

岡山県と群馬県は、関西（京阪神）を拠点とする組合教会（会衆派）が例外的に支配的な地域であるが、それは、柴原や湯浅のような、現地において中核となる信徒が受け皿となったからである。要するに、彼らは組合教会（会衆派）に所属する信徒である点で、同志社や新島襄との繋がりが共通して密である。伝道だけでなく、同志社大学設立運動の展開に関しても、新島にとっては有力な支援者であった。

柴原宗助は備中《びっちゅう》（後月《しつき》郡井原《いばら》村）出身で旧姓は柳本という。のち高梁で醸造業を営む柴原家の養子となり、西江原村（現井原市）の興譲館で阪谷朗蘆《さかたにろうろ》らに学ぶ。早くから自由民権運動に従事し、国会開設運動にも取り組む。

その間、一八七九年には岡山県会議員となり、県政に貢献する一方で、岡山伝道に従事する金森通倫《みちとも》や中川横太郎、J・C・ベリーなどの感化でキリスト教に触れ、信仰を深めた。

一八八〇年二月二十日に新島襄が高梁伝道に出張した際には、ともに講壇に立ったことがある。これが新島との交流の始まりである。新島は当夜の演説会について、次のように八重に書き送っている。

「其夜ハ人心改良社と中社員ノ親睦会あり而《て》、私も出席候処、七、八十人も参り、県会議員ニ選レタル有名之平民、柴原宗助と申人、幷《ならび》ニ教員ノ教員《ママ》、二ノ宮〔二宮邦次郎〕と申人、余程、此《この》教え感し候て、甚面白き演説いたし、私も一時間あまり、演説いたし、十字〔十時〕半ニ而、其夜、散会いたし候」（『新島襄全集』三、一七一頁）。

柴原は、同年四月から一八八二年二月まで高梁町町会議員を務めるかたわら、高梁安息日学校を開いて、キリスト教伝道に尽力した。同年四月に高梁教会が設立されると、その創立式典で金森通倫から妻（勢以）と共に洗礼を受けた。

受洗と同時に醸造業を廃業し、本屋兼雑貨商を商う文明堂を開業する。教育事業にも関心が高く、キリスト教主義学校（順正女学校）の開校にも尽力し、初代校長を務めた。一八八六年、新島の勧めで京都に転じて同志社の事務に携わる（同前三、二七九頁）。

京都移転と同時に、寺町丸太町通下《さが》ルに「撫子《なでしこ》花書院」を開き、出版・書籍販売を始めた（同前九下、七二一頁）。

新島の死後八年にして、柴原は一八九八年、岡山へ帰省し井原町長、ついで一九〇六年から上房《じょうぼう》郡有漢《うかん》村長を務めた。退任後は高梁に戻り、引退生活を送った。井原には功績を称えて彼の銅像が建てられたが、今は碑文しか残っていない。

同志社大学設立運動をめぐる交信

柴原と新島との交流であるが、新島宛に出された柴原の書簡が『新島襄全集』（九上、下）に全部で十通、収録されている。その時期は、なぜか特定の時期に集中する。

すなわち、一八八六年に京都に転出する直前に高梁で書かれた一通を除いて、すべて京都時代、それも一八八八年十一月末から新島が死去する一八九〇年一月までのわずか一年余りに限定される。年次不詳のもの（同前九下、一三〇七～一三〇八頁）も、住所（撫子花書院）、内容から判断して、京都時代のものである。双方が一八八〇年に知り合ってから数年間というもの、岡山と京都の間で交わされた手紙がほとんど残っていないのは、不自然である。

ふたりは京都では、寺町丸太町の交差点を挟んで北（上《あが》ル）と南（下《さが》ル）に近接して住むので、徒歩でも数分という至近距離である。それを考えると、通信も不要のはずであるが、実際には年賀状のほかに、新島の出先に手紙を送るというケースが多い。

『新島襄全集』に収録されている十通の中身で重要な話題は、

（一）同志社大学設立運動
（二）教会合同運動
（三）坂田丈平（一八三九～一八九九年）辞任問題

の三つである。

まず、（一）であるが、神戸で避寒する新島に一八八九年二月十六日付で投函されている（同前九下、七二一～七二三頁）。おりしも、十一日に大日本帝国憲法が発布されたところから、その印象から書き下ろされている。

注目すべきことに、冷静な指摘がなされている。「稍《やや》遺憾ヲ覚エ候ケ条も、往々相見へ候へ共、何分、今日之国体上、欽定之憲法ゆへに、国法学抔ニ照し、彼是《かれこれ》批難出来場合も有之」といった具合である。

ついで、佛教界の動向が取り上げられる。H・S・オルコット（H. S. Olcott）は、「米国産ノ印度製ナル半俗半僧」、鳥尾得庵（小弥太）は「武蔵坊弁慶之再来」、そして新設の尊皇奉仏大同団が「木ニ竹ヲ接《つが》ント試シタル有様ハ、恰モ小児ノ戯レ」と断言する。

なかでも鳥尾に対する批判は、厳しい。人物「野鄙《やひ》」にして「小人」、おまけに「心ノ狭隘」なる点は、「真ニ賤ム可キ輩《やから》ニ御座候」。鳥尾が『保守新論』という機関誌を創刊し、同志社大学設立運動への批判を始めたことが、許せなかった。「彼レ同志社大学ニ迄、無用ノ弁ヲ費シ、無礼至極ノ攻撃ヲ試シタリ」。柴原は、同誌に掲載された「国家ノ教育ヲ論ジ、併セテ同志社大学設立ノ事ニ及ブ」と題する鳥尾の論考を新島に告知している。

同志社大学設立案への批判や反応は、佛教界や極右勢力だけではない。教育界からも出る。その典型が、福沢諭吉である。柴原は記す。「〔新島〕先生ノ御大学校ト呼ブ、其声四境ニ限ナク反響セリ。為めニ私立大学ノ計画ヲナス輩、其数、今哉、二、三ニ及フ。福沢翁モ亦タ此計画ヲナシ居ル由。何ニシテモ国家ノ為め、慶事ニ御座候」。

こうした情報をもらうまでもなく、新島は早くから正確に情勢を把握していた。柴原がこの手紙を認める三日前（二月十三日）に新島は神戸から民友社（東京）の徳冨蘇峰にこう伝える。

「何ニカ例の国粋保存家ナル日本人ニも、大学之企、有之候よし。又、慶応義塾ニも、大学之御企（福沢氏ニハ、少々遅マキト可申カ）可有之候。

又、上方《かみがた》地方ニは、僧侶等カ大学之企をなし、已《すで》ニ先日ナド相国寺之得庵僧カ、大坂之〔財閥、〕藤田〔伝三郎〕方へ被参、大学ノ寄附ヲ乞ヒ居りしよし。

加斯、大学が又々一時之流行之如ク相成リ、縦令《たとい》、完全之者ハ出来サルニ致セ、自然、吾人計画之邪魔ニも可相成候間、成丈《なるたけ》、吾人ハ長足を為し、全天下之賛成家ヲ握取スルコソ、必要ナリト存候」（『新島襄全集』四、四八～四九頁、傍点は本井）。

新島が公表した「同志社大学設立之旨意」（一八八八年十一月）は、期せずして大学設立が「一時之流行」となる機縁となった。「国粋保存家ナル日本人」（国粋主義者たち）が、反キリスト教を旗印に、日本主義的な大学を設立しようとしたことは、その好例である。

主導者としては大内青巒《せいらん》が発起し、参謀として井上哲次郎を担いだ尊皇奉仏大同団は、さだめし強力なプロモーターであった。機関紙は、「吾党は固《もと》より同志社大学を喜ばず」と堂々と宣言する。そのため、同団は、佛教に理解を示す福沢の大学設立計画を支援し、福沢の募金活動に積極的に協力をした。

これに対し新島は、同年四月の私信の中で、尊皇奉仏大同団に対して、珍しく怒りを露《あら》わにする。

「御存知之通、近来ハ僧侶輩、大ニ安眠ヲ醒《ざ》マシ、尊王奉仏大同団とか奇々怪々之事を発明し、愚民を篭絡《ろうらく》し、我大学之計画を妨げ申候は、實ニ不徳千万、不見識千万、吾人を呼而、乱心賊子なとと申候得共、吾人ハ一身をも抛《なげう》ちて、我同胞之利福を計候に、彼等無礼ニも之を妨けんとするは、彼等こそ国家之進歩を防害〔妨害〕する俗物と申而、可なるべし」（『京都のキリスト教』二五〇頁）。

　新島は『保守新論』に対しても、応戦する姿勢を隠さない。皇室主義者として高名な鳥尾は、二回にわたって同誌で同志社批判の社説を掲載した。とくに創刊号（一八八九年一月二〇日）では、「同志社大学〔設立〕の旨意は、尤も急激なる国家破壊主義者なり。彼《か》の翼賛者の眼中にも国家無し。我が国家を糞土視して、之を破壊せんとするの計画は、日本人たるもの、豈《あに》之を与《くみ》せんや。豈之を許さんや」と攻撃した。

　これに対して、新島はさっそく同月二十六日に、小崎弘道に対してこう指示する。

　「保守新論ニ大ニ同志社大学ノ計画ヲタタケリ。願クハ、貴紙〔『基督教新聞』〕ニ於テ、充分ノ辺駁〔反駁〕ヲ御試ミ被下度候。何レ〔徳富蘇峰の〕国民ノ友ニモ、試ミ呉レベシト存候」と（同前四、二五頁、四二七頁。『京都のキリスト教』二四九頁）。

　新島はここでは述べてはいないが、実は京都の佛教寺院も、同志社大学設立案に対抗して、宗派合同で佛教系の大学設立を企画し始めた。

　けれども、最大の強敵は、なんと言っても福沢諭吉であった。新島の大学案が、福沢に先行したことは、新島が「福沢氏ニハ、少々遅マキト可申カ」と見なす通りである。

　新島の動きに触発された福沢の慶応義塾大学設立構想が、「吾人計画之邪魔」の最たるものになったことについては、すでに論じた（拙著『新島襄と徳富蘇峰――熊本バンド、福沢諭吉、中江兆民をめぐって――』二一五頁以下、晃洋書房、二〇〇二年）。その際、福沢が、ユニテリアンに肩入れして、神学部を含めた「日本のハーヴァード」を目指す大学構想を抱いたことも、興味深い（詳しくは、拙著『新島襄の交遊――維新の元勲・先覚者たち――』三〇五頁以下、思文閣出版、二〇〇五年）。

　柴原は、こうした福沢による大学設立の動きを、「国家ノ為め、慶事ニ御座候」と歓迎する。しかし、その一方で新島の計画に一肌脱ぐ決心も固めていた。

　たとえば、病気に倒れた新島公義に代わって、「大学校寄付金募集遊説」に出張する気持ちがあることを新島に伝えている。ちなみに、この時は、「坂田〔丈平〕先生」（後述）から、二度にわたって遊説反対の所見が寄せられている（『新島襄全集』九下、一〇〇一頁）。

教会合同運動をめぐる交信

　次に（二）教会合同運動である。まずは一八八八年十一月二十五日に出された柴原書簡である（『新島襄全集』九上、五四一頁）。それによれば、彼は新島と同じく合同反対、もしくは合同批判という立場に立っている。その点、新島にとっては、柴原は大事な同志であり、彼の支援は心強かったはずである。

この手紙が記されたのは、合同問題を論議するための組合教会臨時総会（十一月二十三日〜二十八日）が、ちょうど大阪教会を会場にして開催されている最中である。新島は体調不良のため、欠席した。結局は、新島が望んだように、最終的には合同延期説が勝利を収めた。

臨時総会の消息を知らせた柴原の手紙によると、総会参加者のひとりがこの日、来訪して言うには、「延期説は大多数にて決定」したという。しかし、宣教師たちが次々と合同の利益を弁明するのを聞いた代表者たちは、延期に「躊躇」したり、「半信半疑」の様子であったりしたという。

その要因は、彼らが合同憲法案（とりわけ教会政治）に通じていないために、合同是非の判断が自身では出来ず、とかく付和雷同しがちだからである。とりわけ、「長老教会之政治」（長老主義）と「我教会之主義」（会衆主義）に関しては、いずれも「闇の中」で、両者の決定的な差異が、分かっていない。

それだけに、ひとまず延期されたとは言え、現状では「一致説」（合同案）が依然として有力な気配である。そのため「今日の急務」は、各地の教会に対して、「今日之憲法之採用ス可カラザル趣意」や「我が主義之重ンス可キ」ことを周知させることにある。

この点、新島もまた、同意見であった。前者の合同憲法に関しては、基本的に長老主義に傾斜しているために、合同が実現した場合は、我が組合主義（会衆主義）が大きな打撃を受けるのは間違いがない、と踏んでいた（新島の反対根拠について詳しくは、拙著『新島襄と徳富蘇峰』一五五頁以下を参照）。

教会合同問題について、柴原はさらに別便でも言及する。先便の四か月後の一八八九年三月六日に、神戸で避寒中の新島に宛てた手紙である（『新島襄全集』九下、七七三〜七七四頁）。新島から販売を依頼された「会衆政治之書物」、すなわち『会衆派教会政治摘要』は、利益を度外視して自分の店（撫子花書院）で取扱いたい、という申し出である。

同書は、アメリカの会衆派系の神学者、H・M・デキスター（H. M. Dexter）が教科書風に著した会衆派の概説書（入門書）で、原書は *A Handbook of Congregationalism* (Congregaional Pub. Society, 1880, Boston) という。著者は、会衆主義こそがすべての教会政治の中で最も民主的なもの、との結論を出す。

新島は、教会合同の是非を判断できる資料として、同書は日本人信徒にとっても最適の教科書と確信した。全国の組合教会の会員（信徒）たちが、会衆主義の要点を把握できるように、新島はこれを徳富蘇峰が率いる民友社の社員、池本吉治（霊南坂教会の信徒でもあった）に翻訳を、そして小崎弘道（同教会牧師）に監修を依頼した。

ところが、池本が教会合同反対派であるのに対して、小崎は推進派であったことも手伝って、出版作業はなかなか進まなかった。原稿は早々と脱稿したものの、小崎の監修は手間取った。

同書については、拙著『新島襄と徳富蘇峰』（一七四頁）でも紹介したことがある。一点、補足すると、翻訳書は原書のタイトルをそのままとらずに、あえて「教会政治」を前面に出しているのが、特徴である（拙著『新島襄と明治のキリスト者たち』三一〜三二頁）。新島には、教会政治こそが、神学面で他教派（とりわけ同じくカルヴィニズムである長老派）の神学と決定的に相違する特色である、と考えたからである。

この点に関して、新島の見解がどの程度、柴原に理解され、支持されたかは、不明であるが、教会合同運動で両者が協同歩調をとろうとしたことは、事実である。

そこで、新島は柴原に対して、この書の販売を前年（一八八八年）から依頼に及んでいた。その時点で柴原は、さっそく池本と交信してみたものの、「未だ出版できない」との返事が来たまま、何か月もそのままに放置されたという。

そのため、柴原はこの手紙で新島に、自分からも依頼はしてみるが、「京都ハ小店〔撫子花書院〕へ一手ニ売捌キセヨト、先生ヨリ池本氏へ御文通願上度候」と依頼に及んだ。同書の「抄訳」が警醒社から出版されたのは、一八八九年一月であるので、この手紙の時点では、すでに陽の目を見ているはずである。なんらかの事情で販売が、遅れたのであろうか。

いずれにしても、柴原は新島の意を汲んで、「商人ノ資格」を棄て、合同反対派の一員として運動の盛り上がりを期そうとしたわけである。

坂田丈平の辞任をめぐる交信

最後に（三）坂田丈平辞任問題に移る。

坂田は号を警軒《けいけん》とする漢学者で、出身は柴原と同じく備中（川上郡九名《くみょう》村）である。備中興譲館に開校と同時に入学し、伯父の阪谷朗廬《ろうろ》などの指導を受ける。のち江戸へ出て、安井息軒に師事する。

帰郷後、一八六八年に興譲館長（二代目）に就任する。坂田は山田方谷《ほうこく》の門下でもあり、閑谷黌《しずたにこう》でも教鞭を執った。一八七九年、岡山県議会議員に当選し、議長に選ばれるが、翌年に辞職する。一八八六年、柴原の「推挙」で同志社普通学校教員に招かれ（同前九下、七七五頁）、漢文学を担当した。

しかし、一方で政治家志向の夢を捨てきれず、一八八九年に第一回総選挙に岡山県から立候補して当選し、代議士となった（京都では、中村栄助も当選した）。

立候補に伴い、坂田は同志社教員を辞職するが、新島・柴原間で交わされた交信で、その件が大きな話題になった。新島から出された手紙が、所在不明なため、ここでは、柴原が一八八九年春から夏にかけて、新島に宛てた三通の手紙から窺える同志社辞職の消息を紹介する。

坂田の同志社教員辞職については、当事者でもある同志社教員の森田久萬人《くまんど》が、新島（神戸で静養中）に宛てた書簡（一八八九年三月一日付）が、ひとまず参考になる。森田は坂田ならびに柴原から、坂田が同年六月限りで辞職することを知らされ、それを新島に急報した。

辞職理由として坂田が上げたものは、「帰省して未見の山野を蹟渉したいから」という曖昧なものであった。その一方で、森田は柴原から、もしや「総選挙に立候補のため」ではないか、ということを聞かされている。

いずれにしろ、坂田を失なうことは同志社にとっては大変な痛手で、「向後《こうご》漢文学科ノ為、大損害ヲ来ス事ハ照々タリ」であった。そのために、新島自らから翻意するように説得してほしい、と森田は新島に懇請した（同前九下、七六二～七六三頁）。

森田書簡より五日後に今度は柴原が、新島に坂田の真の辞職理由を伝えている。本人は「断乎辞職之義」を申し出ており、やはり「国会議員ニ被選セラレン事」が辞任理由の真相である、というのである。先述したように、坂田は生徒に人望があり、漢学教師としては「至極適当ニテ、殊ニ同志社ニ適スル人物」であるだけに、新島からも留任の説得をお願いしたい、と柴田は望んだ（同前九下、七七五頁）。

三月三十日に避寒先の神戸から帰宅した新島は、さっそく阪田に面会して、留任を要請したはずである。新島の説得が功を奏したためか、あるいはかねて岡山で柴原を宗教的に指導したことのある金森通倫（いまや同志社教員であった）が新島に加勢し、説諭に乗り出したためか、一時は政界入り（政界復帰）の志望を翻意させることに成功したかに見えた。

同志社サイドにとってその後の事態は、思惑通りに進展したようで、四月十五日付の柴原書簡（新島宛）によれば、「最早辞スルノ道を失フ」かに見える状況となっている。

柴原は、代議士と同志社教員との兼務を認めれば坂田は留任するであろう、と推測する。同志社教員のJ・D・デイヴィスが、「国会議員をやりつつ同志社で辛抱してもらいたい」と進言したことが柴原の心を大きく動かしたのだという。ちなみに、柴原自身も郷里の同志たちから立候補を勧められたが、「一応ハ辞退」しているのは興味深い（同前九下、八五七頁）。

しかし、事態は急転直下し、最終的に坂田は同志社を去った。当初の決心通り、六月末（年度末）で辞職することになった。新島も翻意を諦めたのか、坂田のために送別を兼ねた慰労会を計画するに至った。

そのことは、柴原宗助宛の新島書簡（一八八九年五月二十五日付）から明白である。同書簡は、柴原の曾孫にあたる金沢豊治氏（京都市北区在住）が近年、同志社に持ち込まれた（その写真は、『同志社談叢』二四、口絵二〇頁、二〇〇四年三月で紹介した）。本文は、すでに『新島襄全集』（四、一三九～一四〇頁）に収録済みであるが、内容が坂田の辞職に係わるので、あらためて原簡からの読み起こしを以下に紹介する。

「粛啓、陳者《のぶれば》今午后五時比《ころ》より坂田先生と貴兄之御来車を

仰き、三本木茨木屋ニ而晩餐を奉呈候間、御操合御光来賜ラハ幸甚之至ニ不堪候、右得貴意度、艸々敬具

五月廿五日　　新島襄

柴原宗助兄　梧下

尚々、四時半比より拙宅へ御越し被下候ハ、御同行仕度候、尤坂田先生ニハ直ニ三本木ニ御越被下候様申上置」。

坂田の働きに感謝して、新島は坂田と柴原のふたりを料亭、茨木屋（鴨川西畔、丸太町通北側の三本木にあった。新島旧邸からは極めて近い）に招こうとした。こうした経緯から、この書簡は年次を欠くものの、一八八九年のものであることが明白である。『新島襄全集』でも、年次は同年と特定されてきた。

新島が招待状を坂田に送ったところ、坂田（住所は一条室丁西入ル青山方）はすぐさま返書を認めた（同前九上、三一二頁）。それには「余リ御無沙汰仕居候ニ付」今朝、お宅を同僚と訪ねることにしていた、とある。茨木屋へは歩いて行くので、車（腕車）の心配はご無用、ともある。

この文面からは、ふたりは三月から四月にかけて相互に協議して以来、面談の機会が持てなかったことが窺われる。ちなみにこの坂田書簡は年次の記入がなく、「五月二五日」とあるだけである。『新島襄全集』（九上、三一二頁）では、なぜか「一八八七年」と特定されている。しかし、行論上、明らかなように一八八九年の書簡であらねばならない。

さらに、以上のほかに坂田に関連して注目すべきは、漢文学者が高梁と同志社を繋ぐ太い絆となっていた、という事実である。すなわち山田方谷《ほうこく》の門下生たちが、相次いで初期同志社の漢学教師になっている。

その中でも最大の「大物」が、ここで話題となった坂田丈平であった。坂田を始め都合数名の漢学者が、あいついで同志社で教鞭を執ったという事実は、看過されてはならない。

こうした絆が生まれた背景には、新島の恩師、川田剛《たけし》（甕江《おうこう》）の存在が大きかったであろう。江戸の青年時代、新島は川田から漢学を学んだが、恩師の川田は備中高松藩（高梁）の藩士で、三島中洲《ちゅうしゅう》と並ぶ山田方谷門下生であった（詳しくは、拙著『マイナーなればこそ——新島襄を語る（九）』一四六〜一七五頁、思文閣出版、二〇一二年を参照）。

なお、坂田は同志社のほかにも慶応義塾、東京高等師範学校、哲学館などでも教鞭を執った。

第八章　柚木吉郎

笠岡教会

岡山県は、組合教会にとって西日本最大の拠点となる地域であった。伝道の送り手としては、宣教師（アメリカン・ボード）や牧師・伝道師（その代表は、金森通倫《みちとも》）の貢献が高い。一方、受け皿としては、高梁の柴原宗助のような地方名望家の存在が大きかった。

岡山県西部で言えば、柚木《ゆのき》吉郎（一八三四年十一月二十九日～一九〇一年五月一日）である。彼は、岡山県笠岡の人で、いまの笠岡教会（日本キリスト教団）の実質的な創立者でもある。現在では地元でも忘れられた存在であるが、幸いにも息子の柚木小太郎が著した『種麦』（私家版、一九六八年）で、概略は掴める。

同書は、さながら笠岡教会創立史でもある。新島襄もまた、この教会の創立に関わった関係から、『種麦』には新島襄書簡が三通、紹介されている。いずれも柚木吉郎に宛てた私信である。三通はすべて『新島襄全集』（同朋舎、一九八三年～一九九六年）に未収録であるので、紹介しておきたい。

柚木は、当時はそれなりに名の知られたクリスチャン実業家であった。山口信太郎編『職業名鑑』（大阪基督信徒実業名鑑事務所、一八九五年。柿本真代氏提供）は、全国の代表的な信徒実業家を列挙するが、その中に彼の名も収録されている。それによれば、柚木吉郎は岡山県小田郡笠岡町二七二番地に住む笠岡教会員で、「陶器乾物商」を営む（同書、二七頁）。

『種麦』の著者、柚木小太郎（一八七二年九月十四日～一九四二年九月二五日）は、吉郎の独り息子で、一八八五年に同志社英学校に入学する。熱心な信徒であったが、商売は肌に合わなかった。それでも、独り息子として、仕方なく家業の陶器乾物商を継いだという。七十年に及ぶ生涯において、商売の余力は挙げて笠岡教会に注いだ。五人の子どもには、それぞれ適当な教育を身につけさせて、社会に送り出した（『種麦』六七頁）。

そのうち、ふたりの子息（柚木真吉、文雄）が、父親が残した手記原稿を『種麦』として出版した。手記は一九二八年ころに執筆された、という。

新島書簡の探求

柚木小太郎が翻刻した新島書簡が、『種麦』という形で日の目を見たのは、『新島襄全集』（一九八三年〜一九九六年）の刊行以前である。にもかかわらず、なぜか、三通とも全集に収録されなかった。そこで、新島書簡の調査のため、二〇一〇年七月十六日に日本キリスト教団笠岡教会を訪ねた。柚木の遺族は、笠岡には誰ひとりおられないことが判明した。

そこで、同教会の水谷顕牧師から教会所蔵の古い教会員名簿を見せてもらい、遺族の有無と所在を調べた。その結果、曾孫にあたる柚木保之氏が、埼玉県（さいたま市浦和区常盤　九の二三の三）に住まわれていることが分かった。保之氏は、柚木真吉の子息である。

手紙で新島書簡の件を尋ねると、三通ではなく、全部で五通、たしかに保有している、との返事が来た。同時に、今後の保管場所についても意見を伺えた。

何度かの手紙のやりとりの後、二〇一一年十一月二十四日にさいたま市を訪ねて、新島書簡を拝見、確認した。これを期に、原簡は同志社大学に寄贈したい、とのお気持ちも披瀝されたので、同志社大学社史資料センターで保管することを約束して、持ち帰ることができた。後日、①同志社社史資料センターの機関誌、『同志社談叢』三二、二〇一一年一二月）に私が「資料紹介」する、②お礼として学長名の感謝状を作成し、柚木家に持参する、という二点を約束して、帰校した。

笠岡伝道への胎動

笠岡に限らず、同志社（新島襄、アメリカン・ボード）と岡山の距離は近い（拙著『マイナーなればこそ――新島襄を語る（九）――』所収の「岡山における同志社水脈」、ならびに「山田方谷《ほうこく》人脈と同志社」を参照）。岡山には、西日本では一番早く同志社系（会衆派、組合教会）の教会が生まれた。

その際、「熊本バンド」のひとり、金森通倫の岡山赴任（一八七九年）が、起爆剤となったことは、よく知られている。アメリカン・ボードの宣教師たちや県庁関係者（高崎五六県令や中川横太郎課長など）の協力もあって、岡山、高梁、笠岡、落合、天城《あまき》、倉敷といった街に次々と教会が建てられた。

それぞれの地域には、核となる人物がいる。高梁の柴原宗介がもっとも有名であるが、近年、クローズアップされたのは、落合の堀俊造である（拙稿「堀俊造」七三頁、『同志社時報』一三二、二〇一一年一〇月一日）。笠岡の場合、中心人物は柚木吉郎（一八三三年?〜一九一〇年）であった。略歴は、事典からも把握できる。

「一八七五（明治八）年頃、岡山県笠岡町に新知識を求める風潮が起り、森田思軒ほか数名が、宣教師を迎え、キリスト教思想を聞く夕べを開いた。

また同じ頃、大阪に行商に出かけた柚木吉郎が、キリスト教に接し、同志社に新島襄を訪ね、伝道開始に尽力と応援を求めたと伝えられる」（藤田真佐子「笠岡教会」、『日本キリスト教歴史大事典』、教文館、一九八八年）。

最初に岡山に足を踏み入れたアメリカン・ボード宣教師は、W・テイラー（W. Taylor）という医療宣教師である。一八七五年のことである。ただ、テイラーの伝道は、今の岡山市に限定されたので、笠岡にいた柚木との接点は、なかったであろう。柚木の場合は、商用で大阪に出向いたおりに、キリスト教に初めて接触したという。その間の消息を『種麦』（六六頁）は、次のように伝える。

「明治初年の或夜、祖父〔吉郎〕が大阪の宿に着き、市内を散歩していると、大きな提灯《ちょうちん》に、『真の神様の話し、どなたでも御入り下さい』と書いて軒下に吊した家が有り、入って聞いたのが、基督教《キリストきょう》の説教であったと云ふ」。

大阪でプロテスタント伝道が開始されるのは、一八七四年五月以降である。具体的に言えば、一八七四年五月に西区本田梅本町の宣教師、M・L・ゴードン（M. L. Gorden）宅に梅本町公会（現日本キリスト教団大阪教会）が設置されたのが、起点となる。したがって、柚木が大阪でキリスト教に接触したとすると、一八七四年以降のことである。先に見たように、伝承では一八七五年とするが、おそらく一八七四年前後であったことは、確実である。

ちなみに、新島がアメリカ留学から帰国し、大阪に赴任するのは、一八七五年一月である。その後、六月に京都に転出するまで、宣教師（ゴードン）の借家に仮寓して、梅本町公会の伝道を応援している。柚木は、後に京都に新島を訪ねたというので、大阪では直接に触れる機会はなかったようである。

笠岡伝道の始まり

それから二年後の一八七七年五月には、神戸在住の宣教師、J・L・アッキンソン（J. L. Atkinson）が、いよいよ笠岡に乗り込み、開拓伝道に着手した。彼の手引きをしたのが、柚木である。彼は「宣教師を笠岡へ招き、堂々と説教会を開き、宣伝した」と伝わるからである（『種麦』一頁）。

この時、アッキンソンは、同志社の在学生、小崎弘道と二階堂円造を伴い、笠岡の山陽製糸場で講演会を開催したという。夏には、同じく同志社の学生、吉田作弥《さくや》が笠岡で夏季伝道を行なった。ついで一八七八年には、アッキンソンが今度は女性独身宣教師のJ・E・ダッドレー（J. E. Duddley）らを連れて、笠岡に出張伝道をした（同前）。

これら両度にわたる笠岡伝道の主軸は、いずれもアッキンソンである。彼は愛媛県今治の信徒たちの要請に応えて、四国に渡るが、その途上、笠岡に立ち寄った。今治出張が、一八七七年五月であること、ならびに翌年春に既述のメンバーで再度、今治伝道が行なわれた事実とも符合する。

ついで一八七八年夏には、夏季伝道者として同志社神学生の不破唯次郎が、京都から笠岡に派遣された。吉田作弥と同じくいわゆる「熊本バンド」の一員である。

送り込まれた不破を笠岡で支えたのが、柚木吉郎、江浪喜平、桑田定吉といった中軸信徒たちである（『種麦』一頁）。このラインアップは、湯浅与三『基督にある自由を求めて』（一四三頁、私家版、一九五八年）にも明記されている。

たとえば、不破に集会所を提供するのは、柚木家、江浪家、西岡家である。宿泊に関しても、ほぼ同じである。とりわけ、柚木家に関しては、岡山市に定住するJ・H・ペティー（J. H. Pettee）やO・ケーリ（O. Cary）といった宣教師が笠岡に出張した場合にも、彼らの常宿となった、と家族が追憶する（同前、七頁）。後に見るように、新島もまた笠岡では柚木家の世話になっている。

新島の感化

一八七九年の初め頃、柚木は京都に新島を訪ね、前年の夏に不破を派遣してくれた礼を述べた。おそらく、不破の派遣要請のために、柚木は前もって京都に新島を訪ねていたはずである。一八七九年の会見の席では、もちろん、この年の夏季伝道の要請も合わせて行なったはずである。柚木が新島宅を訪問した際のエピソードが、柚木の子息に語り継がれている（『種麦』五頁）。

「父は、笠岡の人で、京都にて巡査を奉職して居た一青年を伴ふて、先生の宅を訪問した。やがて帰る時、門を出ると、「その青年は」『おじさん、アノ先生は温厚な君子だネ。そして、非常に親切だ。僕は今迄にアンナ人物に遭った事が無い。ナンダカ帰るのが惜しい心地がした』と感嘆したと云ふ」。

新島の人柄と性格が、よく窺える挿話である。さらに、いつの面談か、時期は定かではないが、新島の「辱知姓名簿」には、柚木の署名が残されている。

新島は、後に柚木に宛てた手紙で、「御身を主《しゅ》に御捧げ被成候事と希図仕居候」と、柚木に受洗を熱心に勧めた。柚木が洗礼をO・ケーリから受けるのは、一八八三年五月四日であった。息子の小太郎もいっしょである。これは、笠岡での二回目の洗礼式であった（同前、三五頁、四六頁）。

柚木吉郎の受洗が遅れたのは、なぜか。本来ならば、真っ先に信徒になるべき経歴と資格の持ち主であった。

理由は、ふたつ考えられる。ひとつは、家業が陶器乾物商であったので、杯《さかずき》や徳利《とっくり》などピューリタン倫理に相応しくない商品をも扱っていたこと、いまひとつは、父親が地元の寺の檀家総代を務めていたことである（同前、四一頁、六六頁）。

柚木が、こうした障害を克服して入信するには、非常な決意を要したはずである。そのため、笠岡教会での二回目の洗礼式で、ようやく受洗に至った。晴れて信徒になれたのは、「主として新島先生の熱心さ、感化力に依った」と伝聞されている（同前、六七頁）。

笠岡教会の設立

そして一八八四年三月五日、いよいよ笠岡教会の設立である。午前十一時から八軒屋町の仮会堂で、笠岡基督《キリスト》教会の設立式が挙行された。「新島先生は伝道開始以来の関係者なる故、是非出席されんことを懇願したが、先生は病気のため出席出来ない旨、書面で申し来られた」（『種麦』四二頁）。それが、後出の新島書簡（三）である。

設立式当日の夜には、街の芝居場（西の浜劇場）を借り切って、キリスト教大演説会が催された。出演したのは、上代知新《かじろともよし》（落合教会牧師）、ペティー（岡山在住宣教師）、横井時雄（今治教会牧師）、金森通倫（岡山教会牧師）の四人で、「空前の盛況」であった（同前、四五頁）。新島が出張しておれば、当然、演壇に立って、会衆に大いにアピールしたはずである。

当時、この教会で牧師を務めていたのは、（後述もするが）同志社神学校で学んだ真鍋定造《さだぞう》である。彼は、教会設立後まもなく、神学の勉学を深めるために牧師を辞任し、同志社に戻った。笠岡教会は、同志社系の教派（会衆派、組合教会）のものとしては、日本で二十二番目にあたる（『基督にある自由を求めて』一二七頁）。

新島襄書簡四通（柚木吉郎宛）

それでは、柚木家から同志社大学に寄贈された新島書簡を以下、個別に紹介したい。『種麦』ですでに活字化されて紹介されているのは、時系列で言えば、以下の（一）、（三）、（四）の三通である。今回、初めて公開されるのが、（二）と（五）の二通である。

読み起こしについては、既発表のものは『種麦』収録のものを転載する。未公開だった（二）は、柚木保之氏の読み、そして（五）は本井の読みによる。全般的に、読みの確認を竹内くみ子氏（本学人文科学研究所職員）にお願いした。本文中の〔　〕は、本井による注である。句読点と段落は、適宜、設けた。

（一）一八七八年六月一五日付　柚木吉郎・三村玄菴宛（封筒あり）

「同志社生徒　不破唯次郎
右者、今度伝道会社より其御地へ伝道之為派出可致候間、
可然御周旋被下度、偏ニ奉願上候。　已上
六月十五日　西京新烏丸頭丁四十番
伝道会社々員
新島襄
笠岡
柚木吉郎様
三村玄菴様　」

宛名のひとり、三村については、『種麦』（二頁）が、次のように述べる。

「三村氏は成羽《なりわ》（現高梁市）の人で、笠岡で開業していた医師で、可なり新知識の所有者なりしと思ふが、如何《いか》なる関係なりしか能《よ》く判らぬ。但し、三村氏の妻女、及び子息は、明治廿一（一八八八）年、受洗（して笠岡教会に）入会したり。多分、アッキンソン来笠以来、基督教を研究して居た人で、新島先生へ伝道者の派遣を依頼して居た事と思ふ」。

手紙にある新島の住所（西京《さいきょう》新烏丸頭丁四十番）は、「新島旧邸」に移る以前のもので、新島が市内で最初に借りた住宅である。一方、封筒には、宛先の住所が記入されておらず、「笠岡　柚木吉郎様」とあるだけである。不破に持たせた可能性が高い。

その意味では、形は書簡であるが、内容的には人物紹介状である。文中の「伝道会社」とは、新島（同志社）が所属する教団（日本組合基督教会）が設置した伝道師派遣のための全国組織（日本基督伝道会社）である。毎夏、同志社の神学生を全国の組合教会派の教会へ「派出」して、実地に伝道経験を積ませる。と同時に、地方教会の伝道の補助をさせた。そのための費用は、この会社が負担した。

（二）一八八二年六月二七日　柚木吉郎宛（封筒あり）

「過日、一書差上堀氏、出張之事ニ付、費用等之事なり申上、少々位ハ此方より御立替可到よし、申上候得共、京都区ニテ段々金ヲ募ルニ、一切金ハ寄リ不申、金子相集、例之四分ヲ出サナレハ、六分ヲ受取能ワス。当区ヨリ福井、大津、亀岡、〔近江〕八幡《はちまん》等ノ地へ伝道者ヲ派出スルニ中々（カ）当区之力ニ及ワス、甚困却仕候。依テ申上兼候得共、堀氏ノ費用ハ一切貴地之信者御連中ニテ御支弁被下様仕度候。

尤、同氏之入用ハ、多分ノ事ニ非ラス。発足之時、少々物品等入用ニ候得者、二円程ヲ要スルヨシ。仮令、御地ニテ信徒方之御家ナリ、又ハ宿屋ナリ、止宿之上、宿料、食料等ハ御支弁被下候共、別ニ少々之小遣ハ入用タルべシ。京都区よりハ、出張スル伝道者ニ、月ニ二円位ノ小遣ヲ遣シ申候。

右之外、往復旅費ヲ加へサルヲ得ス。先年ハ、六円六十銭カ、リ申候。右之費用ハ、乍御面倒、貴地之信者方ニテ御支弁被下度奉存候。尤、金子御差支之節ハ、笠岡ハ多分、岡山区ニ属可申候間、何卒、金森〔通倫〕ト懸合、可遊ト奉存候。

右ハ先日、申上候分へ逐加トシテ申上候間、御一統様ト御協議之上、宜御取斗被下度奉希候。早々頓首。

六月二十七日　　新島襄

柚木吉郎様

堀氏へノ御手紙ハ、小生方迄御遣シ被下度候。堀氏ハ来月七日頃ニ、当地出発ノ様子ナレバ、乍御面倒、旅費等、同氏迄御遣シ被下候ハバ、幸甚、出社ニハ更ニ裕余なし。又、小生モ大分、書生帰省ニ付、旅費ヲ立替へ、大困却ノ場合ニ有之候間、左様思召被下度候。若シ金子、間ニ合兼候ハバ、宣教師ヨリ何トカ申、借用可仕候。
〔欄外の余白に〕
二円　出立費
二円
二円　小遣い
六円六十銭
往復費
食料、宿料ノ他、十二円位ハ必ず入用タルベシト存候」。

これは、『種麦』未収録の新島書簡である。冒頭に「過日、一書差上」とあるのは、六月九日に手紙を出したことを指す（『新島襄全集』五、一七九頁）。現在、同書の所在は不明である。

その手紙の中で触れられているのが、堀貞一の笠岡伝道の件である。堀は、京都府下丹波の出身で、開校直後の同志社英学校に入学したひとり。卒業後は、同志社神学校（神学科）に進み、学業の傍ら伝道にも尽力した。神学校を出てからは、長浜、彦根、京都（四条）、新潟、横浜、前橋、ハワイ、同志社などで牧師を務めた。

金森は、周知の「熊本バンド」の一員で、一八七九年六月に同志社を卒業するや、岡山伝道に派遣され、岡山教会をまもなく立ち上げるなど、地方伝道で目覚しい成果を挙げていた。横井（当時は伊勢）時雄と並んで地方伝道で目覚しい成果を挙げていた。

この書は、堀の笠岡伝道に係わる経費を地元で負担してほしいとの依頼文である。堀の出張が七月七日に予定されていることから見て、神学生による夏休み中だけの一時的な伝道、すなわちいわゆる夏季伝道を指す。なお、堀の笠岡夏季伝道については、後述する。先に見た不破の場合と同様に、人選は、柚木と新島の信頼関係の上に成り立っている。

ちなみに、これより二年後（一八八四年）の夏季伝道は、同志社から神学生の松尾敬吾が派遣されている。彼の感化が大きかったからであろう、九月の新学期には笠岡から三人の青年（江浪亀四郎、藤田求義、塩見孝次郎）が同志社神学校（別科神学科と呼ばれた邦語神学科方か）に送られた（『種麦』四六～四七頁）。あるいは、松尾に連れられての入学であったか。

（三）一八八四年一月二十日　柚木吉郎宛（封筒あり）

「新年目出度奉賀候。

其後ハ、存外之御不音申上、何とも申訳ナキ次第、小生も帰京以来、脳病よろしからず。貴君よりハ、早々御丁寧之御書面被下候処、其後、御回答ニ怠り候条、不本意千万之至。小生ニハ御地之兄姉を忘却したるニ非ず。兎角多病なるにと、又、多事なるにより、如斯も御無沙汰ニ及候也。

其後、御地之御都合は如何。未タ御受洗ハ無之候哉。貴君ニハ定て不遠内、御身を主ニ御捧被成候事と希図仕居候。先達御尊宅ニ御厄介ニ預り、御手厚く御世話被下、難有奉存候。何卒、御賢妻様ニ御到声之程、奉希候。且乍憚、江浪御老母様に宜しく御伝言被下度候。

右、為新年祝詞如此候也。早々頓首。

一月廿日　新島襄

柚木吉郎様

江浪、辻、黒田、西岡、林、浅野、其外三十九人之諸愛兄姉ニ漏なく新年之祝詞、御陳述被下度奉希候。真鍋兄ニハ、其後御地ニ御働きの事と存候。何卒、同兄ニ宜しく御致声之程、奉仰候。お亀様、不相変、御勉強被成居候間、御母様にも御安心被下度、愚妻よりも宜しく申出候」。

封筒表には、「大至急用」とある。文中で名前が挙げられた面々のうち、辻は、金三郎であろうか。そうであれば彼は、笠岡教会設立式で、信徒から提出された教会維持法についての質問に、教会を代表して答弁している。教会のキーパーソンのひとりである（『基督にある自由を求めて』一四四頁）。

この書簡により、新島が笠岡に赴いた節には、柚木家に宿泊したことが、分かる。また、新島が名前を挙げる真鍋（定造）とは、今治出身の伝道師で、同志社に学んだ後、笠岡に赴任した。まもなくこの後、牧師を辞任して、同志社に復学する。彼については、『種麦』（三六頁）がこう記す。

「真鍋氏は今治教会員で、音声の非常にきれいな天才的な雄弁家であった。其の上、風采も堂々として立派であり、江浪氏の宅で世話して居られた。当時、教会の集会は毎回、盛況で、又、雄弁滔々《とうとう》たる氏の説教は、多数の聴衆を引き付けるに充分であった。当時の会堂は普通の民家であったから、堂内は素《もと》より、街上にまで多数の群衆が立って、聴聞して居た。

初めの内は一、二の野次が多少、説教の妨害をしていたに過ぎなかったが、その内、段々、野次の連中が増へて、跳梁跋扈《ちょうりょうばっこ》甚だしく、集会に対し、又、説教に対して非常な妨害を加ふるに至った。真鍋氏は、随分元気な人であったから、委細かまはず説教を進めて行く。すると、野次の連中が次第に数を増し、面白半分、毎回出掛けて来て、喧々囂々《けんけんごうごう》盛んに妨害する。

又、或る時は、当町某寺院住職を中心に数名の僧侶、多数の檀家連中や野次の輩が殺到し、遂には小石を投げ込む、塵芥《じんかい》の類を投げ付ける、ランプを破壊するなど、言語に絶した狼藉《ろうぜき》になった。危険を慮《おもんぱか》って火を消したところ、堂内は暗黒で咫尺《しせき》を弁ぜず、果ては真鍋氏の身辺に危険を感ずる状態となったので、横の出入り口から氏を連れ出したこともある。

又、或る時は、かなりの目方のある大石を集会の最中、表の戸へ投げ付けた。板戸に大穴を開けた事もあった。この様な状態は、一年以上も続いたであらふ」。

真鍋について詳しくは、柿本真代「初期同志社英学校に学んだ真鍋定造の軌跡――伝道師から児童雑誌の編集者へ」（『新島研究』一〇二、同志社社史資料センター、二〇一一年二月）を参照されたい。新島がこの書簡を出したのは、真鍋が笠岡に赴任した翌月のことであった（同前、一二〇頁）。

「お亀様」については、『種麦』（三六頁）に「辻氏の令妹にて、当時、同志社女学校在学中なり」との注がある。辻亀に関して判明しているのは、これだけである。

ちなみに、柚木家で同志社に関係する者としては、ほかに柚木真吉（同志社大学法学部経済科を一九二〇年に卒業）、小門《こかど》（柏木）紀久（真吉の妹、同志社女子専門学部家政科を一九二三年に卒業。同志社女子中・高等学校教諭）がいる。小門については、『同志社女学校期報』にも記事が散見される。

（四）一八八四年三月三日　柚木吉郎・辻友次郎・江浪亀四郎宛

（封筒あり）

「一書拝呈仕候。陳ば、来五日ニハ御立会〔笠岡教会設立〕之事ニ御決議有之、態々《わざわざ》小生迄も御招キ状被下候間、感佩《かんぱい》之至、是非とも参上、兄姉の御怡《よろこび》ニ預り度希図仕居候処。

此両三日前より気分不宜、昨日ハ別て不出来、一日臥床仕候次第。笠岡立会之為、諸方より来会セラレタル兄弟方迄も一書差上候通り、明日にも快気に趣き候へば、参趨《さんすう》仕度奉存候。且、諸方之兄弟ニ相願候一事件も有之候間、万一御相談ニ相成候はば、兄姉御協議之上、可然御賛成之程、奉仰候。右は御断旁々《かたがた》、御立会之美挙ニ祝し度、如此也。早々頓首。

三月三日　　新島襄

笠岡教会設立委員

柚木、辻、江浪、三愛御中

尚々、前文之趣、諸兄姉方へ宜しく御通知被下度。別て御立会之御祝詞、小生ニ代り、御陳述之程、奉希候」。

前に触れたように、笠岡教会は一八八四年三月五日に設立式を挙げた。それ以前から関わりをもっていた新島にも、もちろん招待状が出された。しかし、健康上の理由で、新島は出席できなかった。本状は、その断りの手紙である。

なお、この年の秋（十一月十九日）、岡山県天城《あまき》に教会が設立された際、笠岡教会を代表して式典に臨んだのは、柚木吉郎である（『基督にある自由を求めて』一四五頁）。

（五）一八八六年五月　〔柚木吉郎宛〕（封筒なし）

「別紙趣旨書〔欠〕ニ陳述セシ如ク、我等同志社、今回、京都府下ニ於テ、看病婦学校并ニ該校附属ノ病院ヲ創設シ、我カ同胞ノ疾病、苦痛ニ罹レル者ヲ看護療養スル方法ヲ実施スル事ヲ企タリ。

然ルニ、此事業タル廣ク江湖慈善家ノ賛成ヲ得ルニ非サレハ、決シテ成功ノ幸ヲ見ルベカラサルナリ。依テ京阪神、其外各地ニ於テ、我社友中、然ルヘキ人ニ京都看病婦学校寄附金募集委員ノ名義ヲ以テ、寄附金募集ノ事ヲ委託シタレハ、此集金簿ヲ制為シ、各地方委員ニ送致ス。願クハ、江湖ノ諸友、幸ニ応分ノ金ヲ投シ、以テ此挙ヲ翼賛シ賜ヒ、此簿中ニ其ノ姓名并ニ寄附金額ヲ記載セラレン事ヲ。

明治十九年五月

同志社員

京都府　新島　襄　㊞

仝　山本覚馬　㊞

仝　中村栄助　㊞

新潟県　松山高吉　㊞

熊本県　伊勢時雄　㊞　」。

これは、『種麦』未収録の新島書簡である。「京都看病婦学校設立趣旨」（一八八六年）の送り状で、新島襄を始め、五名連名で送付されている。そのうえに、異筆であるので、厳密に言えば、新島書簡とは言い難い。この時、柚木に送られた設立趣意書の原物は失なわれている（『同志社百年史』資料編一、三九九頁以下に収録）。

堀貞一の笠岡伝道

『種麦』は、新島書簡以外に、さらに二通の書簡を収録する。同志社英学校教員の森田久萬人《くまと》、同じく市原盛宏の書簡である。いずれも柚木吉郎宛である。それらは、そろって堀貞一の動向を伝える内容だけに、あわせてここで紹介しておきたい。

一八八二年、同志社神学校在籍中の堀は、夏休みいっぱいを笠岡伝道に費やすことになっていた。先に（二）一八八二年六月二十七日付の新島書簡（柚木吉郎宛）で見たように、七月七日に笠岡へ発つばかりになっていた。

現に『七一雑報』（一八八二年七月一四日）の「京都報知」では、夏季伝道神学生のリストの中に、「堀金太郎〔貞一〕は備中笠岡へ」とある。ところが、この予定は直前になって変更され、堀は滋賀県八日市《ようかいち》へ転じた。

堀の伝記に、「此《こ》の〔一八八二年〕年の夏、先生は、江州《ごうしゅう》〔滋賀県〕八日市に夏期伝道に行った」とある通りである（菅井吉郎『堀貞一先生』六四頁、基督教書類出版、一九四四年）。

これを裏付ける新島書簡もある。旅先の福島県（会津若松）から堀に出した手紙（七月二十三日付）である（『新島襄全集』三、二三一頁）。封筒を欠くが、堀はこれを八日市で受理したはずである。堀の八日市伝道の件は、新島が福島へ向けて京都を発った七月三日以前に、新島と堀との間ですでに話し合われている。それが確認できるのが、この手紙である。

この間の経緯は、『種麦』に収録された森田と市原の手紙が、決定的な証拠となる。まず。森田久萬人書簡（一八八二年六月十日付、柚木吉郎宛）である。これによれば、柚木は岡山からわざわざ京都に赴き、新島に対して伝道師派遣の要請をしている。その結果、「神学生堀金太郎〔貞一〕」が、七月十日ころ、笠岡に向かうことになった（『種麦』二六～二七頁）。

ところが、堀の出発直前になって（六月から七月にかけてか）、事態は急転直下する。それを明示するのが、次の市原盛宏書簡（一八八二年七月十三日付、柚木吉郎宛）である。堀は笠岡に向かうために「旅装まで相整え候処」、岡山在の宣教師、J・H・ペティーから滋賀県へ廻るよう「御示談」されたという。

予定変更の理由はふたつある。ひとつは、笠岡はすでに岡山から丸毛真応《まるげしんおう》（岡山教会信徒）が転じて、伝道していること、もうひとつは、滋賀県の伝道所（彦根、八日市）を応援するための夏季伝道に急に欠員が生じたことである。

このため、柚木から新島に郵送された赴任費は、新島がすでに返却したはずだ、ともある（同前、二七～二九頁）。ちなみに、丸毛が笠岡に居を移し、腰を据えて伝道に従事し始めたのは、同年四月のことである（『基督にある自由を求めて』一四三頁）。

以上のことを考慮に入れれば、新島の思惑と新聞報道の間には「齟齬」がある、との指摘（『新島襄全集』三、七九四頁）は、根拠を失う。

なお、丸毛は岡山の出身で、金森通倫から岡山教会で洗礼を受けた信徒であった。その後、同志社神学校の短期コースに何度か学んだ後、岡山教会役員、宣教師秘書（日本語教師）、伝道師などとして活躍していた（『天上之友』二、一〇三頁、日本組合基督教会教師部会、一九三三年）。

それにしても、笠岡伝道の人材派遣を同志社、あるいはミッションに要請する役割は、もっぱら柚木が引き負った。彼は手紙、あるいは面談で直接、新島に懇請に及んでいる。この点は新島の日記からも窺える。

それによれば、新島はこの年（一八八二年）六月七日に柚木から伝道師派遣の要請を受けたことを認めている。「備中笠岡中町、柚木吉郎ヨリ、伝道者送致ノ委頼書ヲ遣セリ」。二日後の九日の日記には、「笠岡ノ柚木吉郎へ返書ヲ出ス」とある（『新島襄全集』五、一七九頁）。

ちなみに、新島はこの日、彦根教会の本間重慶が同教会の牧師を辞任する件に関して、宣教師にも手紙を送り、協議している。さらには、六月十四日に自ら彦根に足を運び、現地の信徒とこの件で相談に及んでいる（同前五、一八一頁）。

彦根（八日市）は、笠岡と連動していたのである。

第九章　大村達斎

新出書簡

大村達斎は、近代京都における西洋医学の開拓者として、比較的名を知られている。けれども、新島襄との交流についての論究は、蓄積が少ない。とりわけ、同志社大学の内部ではそうである。同志社の医学教育や医療活動、さらには新島襄の医学教育を見る場合には、不可欠の人物であるにもかかわらず、である。医学関係の専門家の不在に加えて、資料不足が阻害要因であった。

そこへ、二〇〇七年、大村（達斎）宛の新島嚢書簡が、古書市場に出た。幸い同志社大学はこれを購入することができた。新出書簡である。これまで、大村宛の新島書簡はもちろん、大村からの書簡も『新島襄全集』には全く収録されていない。

そこで、新資料を手がかりに、従来の研究不足を少しでも是正してみたい。まずは露口卓也氏（同志社大学名誉教授）による読み下し文である（句点と改行、及びルビは、本井）。

「過日貴書を以て御尋被下候問、早々御返書可呈之処、彼是延引ニ及候間、御海涵《かいかん》被下度候。

扨《さて》、小生も同志社之授業等、無■受持其レカ為、多忙ニ有之参上仕兼居候。今晩者何とか都合仕参上可仕候間、可相成者御在宅之程奉仰候。

右、御回答被下候ハ、幸甚。

二月廿日

新島襄

大村先生、若《も》し御病家御巡回之御序ニも有之、今夕七、八時比■ニ御来車被下候御都合も有之候ハ、先生之御都合次第ニ可仕候。小生ニハ此大事件ニ而、餘程心配も仕居候間、何トカ早ク所分をいたし、實際着手仕度候」。

大村達斎

書簡の宛先人、「大村先生」とは、大村達斎である。京都で私立病院・医学校を経営する有力医師である。彼の略歴と新島襄との係わりについては、これまでは京都府医師会編『京都の医学史』（八〇六頁、京都府医師会　一九八〇年）に次の簡潔な記述があるくらいであった。

「明治十四年（一八八一）一月には大村達斎が洞酌〔洞酌《けいしゃく》〕医学校を設立し、最初、堺町通二条上《あが》ル亀屋町に開かれたが、南禅寺塔頭《たっちゅう》久昌院に移し（久昌院は上知《あげち》令で売却され、現在、花見小路《こうじ》あたり歌舞練場の場所）、さらに夷川《えびす》土手町東入《い》ル元舎密《しゃみ》局跡（現在銅駝《どうだ》中学校敷地内）に移転した。

同志社医学校を計画した新島襄〔の同志社〕と合併する話が頓挫し、明治十六年（一八八三）には廃校になったが、同志社病院と並んで試みられた私立医学校であった」（〔　〕は本井）。

文面は以上である。内容に関して何点かを補足する。まず、京都の医学史で、大村と言えば、「洞酌医学校」の創立者として知られてきた。しかし、「洞酌《けいしゃく》医学校」が正しい（田中智子「京都府下大村達斎の医学校の名称について」『ニューズレター』四一、一八八〇年代教育史研究会、二〇一三年四月一五日）。

大村は早くから近代京都の西洋医学界ではパイオニア的な存在であった。一八七三年、最初の刑屍体が解剖所（粟田山中）で行なわれた際、執事は明石博高《ひろあきら》が、そして明役は大村始め数名の医師が担当した。この時の解剖は、府下近隣の医師、数百名が参観したという（『京都の医学史』一〇一五頁）。

さらに翌一八七四年には、区長や戸長に匹敵する医務掛・医務取締に明石などと並んで京都府から任命されている（同前、八三三頁）。その後、一八八三年に至って、業医（家族を含めて）の懇親・親睦団体として養神館なるものが設立されたが、しだいに医師会としての性格を強めていった。そこで、一八八七年、医師会規約草案を作成するための委員会が組織されたが、その委員長を務めた人こそ、大村である（同前、八三七頁）。

新島との関係を含めて、洞酌医学校については、田中智子『近代日本高等教育体制の黎明――交錯する地域と国とキリスト教界――』四三頁、思文閣出版、二〇一二年）によって、ようやく概略が明らかにされるようになった。

新島襄との交流

大村とキリスト教との関連について言えば、森中章光はデイヴィス（J. D. Davis）が著した『新島嚢の生涯』（北垣宗治訳、同志社大学出版部、一九九二年）に出てくる「京都の南の郊外にあたる伏見の医師」（七〇頁）を大村と断定する。この洛南に在住する医師は、デイヴィスや新島が京都で伝道を開始したころ（具体的には一八七四年後半から、せいぜい二、三年間である）、キリスト教に共鳴し、自宅に宣教師や新島を呼んで説教をさせたりするほどの支援者になったという（『新島襄の生涯』七〇頁）。

この指摘に基づき、『京都の医学史』（八七六頁）は次のように断定する。「大村達斎がキリスト教に好意を寄せていたことが、デイヴィスの『新島襄の生涯』の中にエピソードとして語られていることを、同志社の歴史に詳しい森中章光が考証している」。
大村がはたしてキリスト教、したがって同志社の支援者であるかどうかについては、にわかに即断は許されない。なぜなら、大村は京都府から三度も呼び出しを受けて、伝道集会を禁止されたりしたために、彼の医院には患者が来なくなり、ついには「彼自身もキリスト教に対する興味を失ってしまった」とされているからである（『新島襄の生涯』七三頁）。

それが事実ならば、後に見るような支援を同志社（新島やデイヴィス）に対して申し出ることと齟齬しないであろうか。その意味では、この日本人医師をにわかに大村と即断することは、留保すべきであろう。むしろ、大村が新島や同志社に自ら進んで接触した、というより、共通の知人、たとえば中村栄助や後出のJ・C・ベリー（J. C. Berry）を介して交誼を結ぶに至った、と考えるほうが、自然ではないだろうか。

ベリーとの交流（一八八一年）

新島と大村との初期の交流で確かな資料は、一八八一年十二月二十一日付で新島が認めた書簡である。そこに大村の名前が、初めて現われる。新島は岡山にいた医療宣教師、ベリーに宛てて、大村のことを報じる（J. H. Neesima to J. C. Berry, Dec. 21, 1881, Kiyoto）。

この手紙は『新島遺品庫収蔵目録』上（同志社社史史料編集所、一九七七年）には、「上一一八五」の番号で登録されてはいる。ただし、殴《なぐ》り書きの下書きらしく、残念なことに冒頭部分以外は、判読が困難である。そのためか、『新島襄全集』六にも収録されていない。せめて最初の部分だけでも読み起こしておきたい。

「今月二十六日付のお手紙をいただいてから、先生に友人の大村氏のことをお伝えしたい、といつも思っておりました。しかし、彼は先生からの手紙のせいで、多少、落ち込んでいたようでした」。

新島がベリーに対して、どういう情報を流したかは、これだけでは不明である。あるいは、この時点で病院や医学校の設立の話が出ていたのであろうか。いまは、ひとまずそれを置くとして、この手紙から窺えるように、すでに一八八一年十二月の時点で、大村とベリーは、相互に交流を始めていたことだけは、確かである。

同志社医学校・病院計画（一八八二年）

さて、新島「日誌」に大村の名前が出るのは、一八八二年である。六月七日の条に、「大村氏ト医学病院寄附金ノ相談ヲ為ス」とある（『新島襄全集』五、一七九頁）。「医学病院」とは、大村が経営する私立病院なのか、新島が企図していた後の同志社病院であるのか、判然としない。文脈から言って、前者の寄附が、後者の構想を生んだと見ることも可能である。とするならば、この時点で、同志社病院を開設する夢を新島は抱くにいたったことになる。ただ、実際の開設は、これより六年後の一八八八年のことなので、新島にとっては、長い道のりの起点にすぎない。

ところが、当初、大村との面談で話題となった「医学病院」の話は、それ以後はしばらく何らの進展も見られない。同年九月二十五日には、「大村氏モ来ル」と新島は「日誌」に記しはするが（同前五、一八五頁）、面談の中身は全く不詳である。

十月に至ると、新島は岡山の医療宣教師、ベリーにこの件の相談を持ちかけている。同月中頃のことであるが、ベリーは「来京スルカ、滞岡スルカ」、新島に打診してきた（同前五、一八七頁）。新島はさっそく岡山に大村を訪ねて、意見を聞いたうえで、自身の判断を後日（二十日に）、ベリーに書簡で伝えた（同前五、一八七頁）。

ところで、ベリーとの往復書簡で協議された内容とは、何か。具体的に言えば、病院に関する協議をどこで行なうか、会談場所についてのやりとりと思われる。新島が伝えるところによれば、十一月二日に彼が受理したベリー書簡には、「病院ノ事」について協議したいから、岡山まで出張してほしい、との要請が記されている（同前五、一八八頁）。ベリーが「来京」できないのは、夫人の出産が迫っていたからであった（同前八、一二九頁）。

ところで新島自身は、この書簡内容を病院の件と受け取っているが、一方のベリーは、「京都医学校ならびに病院」（Kioto Medical School and Hospital）を問題にしている。前出の「京都民立医学社」構想である（本書一一九頁以下を参照）。なお、ベリーの手紙には、大村のことがしばしば言及されている。たとえば、十月末の手紙である。

「このことで〔新島〕先生と大村医師〔の計画〕は、われわれ〔アメリカン・ボード〕の共感を呼ぶと思います。もしも大村医師が、先生に同行するならば、私たちは喜んで会うつもりです。ただし、彼が来ることは必ずしも必要ではありません。というのは、先生と懇談した後で、私は自分の所見を書面に認め、先生に託しますから、先生はそれを日本語に訳して、彼に説明してください」とある。さらに追伸にも、大村への言及がある。「先生が早急に来ていただけるのなら、大村医師と彼の友人たちにも、私の提案を考慮してもらえると思います」（J. C. Berry to J. H. Neesima, Oct. 31, 1882, Okayama）。

同志社の病院や医学校の計画は、ベリーには常に新島と大村の共同事業として受け取られている感がある。とするならば、大村は新島主導の事業に対しては、不可欠な同志であったことになる。ここで注目すべきは、大村自身の医学校と、京都府医学校とが、同志社の計画と連動している点である（詳しくは、『近代日本高等教育体制の黎明』一二二頁以下を参照）。

大村から医学校寄附の話しが同志社に持ち込まれた時期は、実は府医学校の廃校問題が府議会で論議された時期でもある。府が地方税を支弁することに反対したことに対して、府会議員の伊東熊夫らが私立医学校への引継ぎを妥当とする意見を提出した。それが府議会で多数の支持を受けるに至ったため、いったんは、医学校費全廃が決議された。しかし、最終的に知事の裁量で、府医学校は廃校を免れた。

興味深いことに、伊東を筆頭とする廃校派の議員たちは、医学校廃校の代案として、新島にこれを引き継がせるという腹案を持っていた。知事の反対がなく、医学校が同志社に委譲されていたとすると、現在の京都府立医科大学は存在せず、逆に同志社大学医学部が、早くに実現していた可能性がある（同前、一四二頁）。

洞酌学校、ならびに府医学校両校の引継ぎが頓挫したことで、新島は新たな活路を見出そうとした。それが、ベリーを抱きこんでの「京都民立医学社」計画である。さっそく新島は、一八八二年十一月に岡山にベリーを訪ねた。おりしも、府会が終了し、府医学校問題が一段落した時を選んだもの、と思われる。新島は岡山に数日間、滞在する間に、もちろん、ベリーと協議した。ベリーは、新島の健康を気遣い、むしろ一か月ほど、岡山に滞在して保養することを勧めた（『新島襄全集』八、二七四頁）。

この時の岡山会談で、同志社医学校構想は実質的に具体化したと言えよう。さっそく、ベリーが規約作成に着手する。十二月九日に新島がベリーに送った手紙（所在不明）の返書で、ベリーはこう答える。

「十二月九日の手紙で、私が提出した規約案の文言では府庁の承認が取れないのでは、との懸念を先生は抱いておられます。そのことに多少ともお答えすることにもなるのですが、先生と大村医師は〔アメリカン・ボード〕京都ステーション〔実態は同志社〕のメンバーからの助言をもとに、計画の成功にとって障害になると思われるものは、自由に変更していただいて結構です」（J. C. Berry to J. H. Neesima, Dec. 12, 1882, Okayama）。

ここからは大村を始め、アメリカン・ボードや府庁を取り込むための方策が、あれこれと考慮されていることが、窺える。

京都民立医学社発起人会（一八八三年）

ところが、翌年（一八八三年）には、病院案は消え、代わりに医学校設立計画が浮上してくる。一月十日、ベリーを京都に迎え、同志社の教員たちがD・C・グリーン（D. C. Greene）宅に集まり、「医校之法方」を協議した。同月十八日には、それを受ける形で大村達斎、市原盛宏、中村栄助が新島宅で、「医学校設立之為結社如何」を相談した（委員の伊東熊夫は欠席）。

この会合では、結社として「京都民立医学社」を目標とすることが、大筋として認められたと思われる。とすると、これは同社にとっては、最初の発起人会であったと推測できる。なお、この十八日は、ベリーが新島宛ての手紙を岡山で認めた日でもある。文末に「大村氏にお茶の礼を伝えておいてほしい」との一文が見られる（本書一一九頁を参照）。

それから五日後の同月二十三日に、今度は河原町の商法会議所で二度目の発起人会議が持たれた。五人の委員のうち、市原が欠席した。「弥《いよいよ》結社ノ事ニ決ス」と新島が伝えるので、医学社設立案は正式に承認されたことになる（『新島襄全集』五、一九二頁）。ちなみにこの日の会合では、結社のほかに、さらに次の二点も決定された。

（一）翌二十四日に大村と新島が、それぞれ小野俊二（奈良病院長）に招聘状を出す。小野の月給は五十円とする。

（二）大村は医学校のために二万八千円の公債証書を差し出す（同前五、一九二頁）。

この日に医学校への招聘が決まった奈良の小野であるが、一月二十七日には彼からさっそく、快諾の回答が新島のもとに寄せられた。

伊東熊夫

ところで、発起人中、異色なのは伊東熊夫である。彼は府下綴《つづ》喜《き》郡普賢寺村で茶業を営む資産家で、府会議員でもあった。一八八一年に喜多川孝経らと私塾・南山《なんざん》義塾を起こして、自ら社長となり、地方の子弟教育に尽力した（『京都府議会歴代議員録』六七七～六七八頁、京都府議会、一九六一年）。

伊東と新島との関係は、よく分らない。新島が残した演説草稿の中に、「南山義塾ニ望ム」（仮題）がある。「祝言」とあるので、同塾の開業式（一八八一年八月十六日、『京都府百年の年表』五、八二頁、京都府、一九七〇年）か、正規の開校式（同年十月）のどちらかで披露されたのであろう。新聞報道によれば、後者であることが判明する（『近代日本高等教育体制の黎明』一四五頁）。

この件は一八八一年のことなので、すでにこの時点で新島と伊東の間には、かなりの交流があったことになる。その延長線上に京都民立医学社の設立運動、さらには同志社大学設立運動における伊東の協力が見受けられる。

ちなみに、中村と伊東は同じ府会議員同士ということもあって、親交があったと思われる。しかし、伊東は中村と違って信徒ではないので、なぜ伊東がキリスト教系の医療事業計画にここまで協力的なのか、は不明である。先述したように、南山義塾を介する繋がりが、新島と伊東の間ですでに出来上がっていたのは確かであろう。そうでなければ、大村に対する影響力が強い点を中村から見込まれて、伊東は同志社支援者になることを熱心に懇請されたのであろうか。

一方、大村にしてもたとえ信徒ではあっても、他教派の信徒（プリマス派の同信社教会）であるため（『近代日本高等教育体制の黎明』一二四頁）、同じ疑問が起きる。同志社系の医学社設立計画が浮上してきた背景には、大村のキリスト教（同志社）支援というよりも、彼自身が校長を務める洞酌医学校の経営問題が潜在していたのではないか。

最終的にこの年で同校が閉校されたことを思うと、すでにこの時点で経営悪化が進み、同志社への移管、あるいは譲渡の可能性が模索されていたのかもしれない。

事態は急転

さて、初回の発起人会以後の動向である。医学社設立計画は、順調な滑り出しを見せた。ところが、翌月（一八八三年二月）に入って、事態は急変直下する。新島は十日の「日誌」に、「大村氏違約ス」と記す。にわかに設立運動に暗雲が垂れ込め始めた。一旦、公債証書を寄付すると申し出た大村であるが、それが難しくなった、との連絡が、この日、新島に入ったのである（『新島襄全集』五、一九三頁）。

二万数千円の資金が得られなければ、話は振り出しに戻りかねない。医学社の設立計画は、宙に浮いたも同然である。大村からの通達を受けて、新島はただちに大村の破約の件を小野に伝えなければならなかったはずである。ところが、その後の経緯を見ると、どうもそうではない。

大村の違約連絡から十一日を経た二月十一日には、小野から次のような連絡が新島のもとに届いた。小野は大村の違約の件をいまだ知らされていないかのようである。というのは、小野は、すでに奈良病院に辞表を出し、同志社病院の設立認可が降りしだい、京都に向かう、と言って寄越したからである。新島は苦境に陥った。「之ニ依テ大ニ困却ス」というのは、掛け値なしの心情であろう（同前）。

新島襄が激怒

ところで、大村の違約を知った時の新島の対応であるが、彼にしては珍しく、激怒した。そのことは、新島の側近であり、病院発起人のひとりであった中村栄助に証言がある。

「京都看病婦学校の設立せらるゝに至る迄には、幾多の困難がありました。其次第を述ぶれば、明治十六年の春早々、大村某なる医師が、建仁寺の中の一寺院を借りて、建設したる汎愛医学校〔洞酌医学校〕なるものを同志社の医学部として用ひられたし、といふ事を新島先生に申出でました。それには夥敷金をも副《そ》へて、提供せんとの事でした。

新島先生は実に遠大の志を以って〔持って〕居られた方で、此時分から既に同志社を総合大学にせん、との御志がありましたので、機会あらば、先づ其医学部を初めに建てんとの御志がありしと見へ、大に此話に興味を持たれ、数回、協議の末、頗る有望と認められ、当時、京都の有力者中にて府会議員の伊藤〔伊東〕熊夫、河原林義雄、商業会議所長の浜岡光哲他に小生を集め、立合の上、愈々契約をなさんとせられしに、何ぞ図らん、其座に於て俄かに大村氏は、提供せんといひし金は、現金に非ずして公債証書なり、しかも、其公債証書も他人のものなれば、今茲《ここ》にて御渡しする訳には行かぬ、と申出でたれば、我等一同の驚き、譬へんに物なく、中にも新島先生に於ては恐らく其御一生涯中、此時程、憤激せられたことはなかりしならん。

『我、若しクリスチアンならずば、彼と決闘を辞せざるなり』と語られ、如何にも古武士の典型的容貌を呈せられ、傍観の我々をして窃《ひそか》に冷汗淋漓《りんり》たらしめられた。

其翌朝、誰にも云はず、岡山に急行せられて、ベリー氏を呼び来り、直に（明治十六年五月三日）理事会を開き、病院と看病婦学校とを興すことに決しました。是がそもそも当看病婦学校設立の始めでありました」（中村栄助「京都看病婦学校創立五十年を祝して」二五九～二六〇頁、『助産看護之友』五の五、京都産婆学校・京都看病婦学校同窓会、一九三七年六月）。

中村栄助から見た大村の違約

なにしろ数十年後の回想だけに記憶違いが散見されるのは、やむを得ない。たとえば、大村の違約の話は、会議で大村が直接に公言したことになっている。が、新島は「日誌」に、大村がその旨を「中来レリ」、と明記するので（『新島襄全集』五、一九三頁）、書簡で知らせてきたと考えられる。

また、発起人会議が「明治十六年の春早々」開催されたというのも、誤解を生みやすい。確かに「早春」（暦の上では）には違いないが、先にも見たように、現実には一月二十三日である。さらに、その会議の翌朝、新島が「誰にも云はず、岡山に急行」した、というのも、根拠が定かではない。新島が岡山に出張したのは事実であるが、時期が違う。さらに、病院と看護学校の設立が決議されたという「（明治十六年五月三日）理事会」についても問題があることは、後に考証したい。

このように種々の思い違いや問題点が含まれるとはいえ、中村の回想は当事者のものだけに、新島の「憤激」振りを如実に伝えている。

ところで、大村の違約に関しては、別の資料からもその消息が窺える。『京都の医学史』（八七五頁）は、次のように記す。

「大村は自分が校長である洞酌医学校（明治十四年一月設立）から二万五千円の公債証書を引揚げることができず、この件は破談となってしまった。この提携案は、大村側に見返りのない一方的なものであり、洞酌医学校側〔会計や教員〕も大村校長に出した反対意見書の中で、このことを指摘している」。

ちなみにこの書も、中村の回想が不確かであることを指摘する。たとえば――

従来は、当事者の一人であった中村栄助が、昭和十一年（八十八歳）に語ったこと（同年の京都看病婦学校五十年記念式典に寄せた祝辞も、同内容である）をもとにして、大村達斎が契約の席で食言をし、新島が激怒して破談になった、とされてきた。しかし、同志社の新島遺品庫には、大村が事情を説明して、約束違反を詫びた手紙（明治十六年二月九日）が残っているので、それと照合すれば、また当時の他の書類と比べても、中村栄助に記憶違いがあることは、明らかである。

大村達斎は、後に同志社の病院・看護学校の設立に際しては、寄付に応じているので、その点を捉えて、「両人の間に悪感情が残っていたとは、考えにくい」確実な根拠とされてきた（『京都の医学史』八七五〜八七六頁）。確かに寄付に関しては、そうである。大村は同志社の看病婦学校の設立のために五円を捧げている（佐伯理一郎『京都看病婦学校五十年史』一二頁、同校同窓会、一九三六年）。

ほかにも、中村の記憶は不正確である。発起人会議の席上、「其座に於て俄かに」大村が約束を反故にした、とするのは、事実ではない。けれども、新島の激怒まで事実無根、とするのは、もちろん行き過ぎである。当事者の回想として、これは無視できない証言である。

大村から新島らへの書簡

ところで、『京都の医学史』は、前に見たように、「同志社の新島遺品庫に、大村が事情を説明して破約を詫びた手紙（明治十六年二月）」が保管されている」と指摘する。ここで言う手紙とは、「洞酌医学校関係書類」（新島遺品庫目録番号で言えば、上〇一五五）を指す。

この書類綴りには、大村からの詫び状（二月九日付け）が含まれている。宛名は、新島（新嶋とある）を筆頭として、伊東（熊夫）、市原（盛宏）、中村（栄助）の四名連記である。本来は『新島襄全集』第九巻に収録されるべき書簡であったが、なぜか未収録である。したがって、実質的に新出書簡であるので、露口卓也教授による読み下し（句読点、改行は本井）を紹介しておきたい。

「新嶌先生迠内情申上置候通以来、校員之紛議、百出ノミナラス、会計部之公債ハ、取纏メ方無之千万苦心罷在候得共、何分、巨額ノ公債、一時都合難相成去リ連各位ニ対シ、一、二回之集合、御迷惑相掛ヶ候段、恐縮之至ニ付、百方尽力候得共、小生ニ於テモ実ニ進退維谷《きわま》リ、今更如何共方策無之、尚紛転之末、校員ヨリハ書面ヲ以テ相迫リ候様仕合ニテ、紛議、終ニ家族井親族迠之混雑ヲ醸シ、到底結社難相成事情ニ相成候。甚タ以テ遺憾之至候得共、前条之通ニ付、実ニ今般不都合之始末ハ、平ニ御宥恕被下度。

右ニ付、再会相開内情可申陳順序ニハ候得共、無功之事ト被存候間、不取敢以書面謝罪労前陳候。

不悪御承知被下度。尚一両日内、参座萬端可申上候。尚々、別紙入貴覧候も、不都合至候得共、内情御洞察、迫ニ差出候、幾応も御憐察所希候也。

二月九日　大村達斎　㊞

新嶋様
伊東様
中村様

市原様
　　各御中　」。

　さらにこれには、洞酌医学校サイドの資料も添付されている。会計惣代たち、ならびに校員らが、異議の申し立てを述べた意見書である。『同志社百年史』は、これらの一次資料を使って、紛争の消息を明らかにしようとしている。

違約の顛末

　ところで、大村から四人の発起人に宛てられたこの詫び状によると、彼はこの時点でいきなり約束を反故にしたわけでないことが、判明する。冒頭には、あらかじめ新島には内情を郵便で知らせた、とある。当の書簡が所在不明なので、詳細は不明であるが、少なくとも洞酌医学校の内部で反対運動が起きた、という「内情」だけは、いち早く同志社側に伝えられた、と思われる。

　その結果、発起人側も対策を練るために「一、二回之集会」を余儀なくされたようである。したがって、新島にとっては、この詫び状を受理したことが大きなショックであったことは事実としても、まったくの「青天の霹靂」というわけでもなかったことになる。

　また、「不取敢」書面で、とある点にも、注目したい。ということは、他日、面談の上、詳しく説明し、諒解をとりたい、という含みである。内容があまりにも重要であることに鑑みれば、とても一方的に郵送で送りつけたり、代人に持参させてすむべき代物ではない。大村は書面だけでなく、口頭でも新島に事情を十分に説明する必要があったはずである。

　もしも口頭で釈明する場が、実際にあるとすれば、二月十三日のことか。当日は、大村が新島を訪ねたようである。しかし、その折には、すでに別の問題が発生していた。小野俊二の赴任の件である。新島は、同志社病院に招聘した小野から、京都に赴任することを二月十一日に知らされた。大村が新島を訪ねたのは、それより二日後（十三日）だったのである。

　新島と大村は、膝を交えて善後策を協議した。主たる協議題は、違約問題から派生した小野赴任問題の処理であったであろう。約束違反のために小野に迷惑をかけた償いに、向こう一年間、小野を自分が雇い、五十円の月給を支払いたい、という申し出を大村が小野に対してする、という結論に落ち着いた。新島も、同日、小野に書簡を出すことにした（『新島襄全集』五、一九四頁）。

　新島の「日誌」から推測すれば、大村と面談したその後、二月下旬に至って、新島は医療宣教師のテイラー（W. Taylor）に会うために、また同時に、「小野ニ面談セン為」、大阪に出向いている（同前五、一九五頁）。小野との面会が実現したとすれば、新島の口からも謝罪と釈明の言葉が出たであろう。

違約騒動のその後（一）

ところで、違約をめぐる紛争は、これで一件落着したのか。残念ながら、詳しい消息は、資料不足のために不詳である。その後の新島の「日誌」にも、関連記述はまったく見られない。

ただ、翌三月、岐阜に出張した際、新島は小野俊二の父親を訪ねている。すなわち、十四、十五日の両日、岐阜女学校を視察した際、小野俊二の父が同校で受け持つ「女礼」を見学した模様である。

さらに十五日には小野の家を訪ねて「老人」と面談までしている。ここでも、小野俊二への謝罪めいた言葉が、経過報告とともに新島の口から出たのではないだろうか。

それはさておき、新島は岐阜では、学校だけでなく、病院をも視察している（『新島襄全集』五、一七三頁、一九六頁）。新島遺品庫には、「岐阜県医学校規則」や「岐阜県医学校附属病院規則」といった資料などが残されている（遺品庫番号は上〇一五四）。おそらく、この時の出張で蒐集した資料、と思われる。来たるべき同志社病院のための参考資料であろう。

ちなみに、四月二日の「日誌」には、狩猟のために新島公義と共に京都を発ち、「小野氏ト共ニ大津ニ至リ」とある（同前、一九七頁）。『新島襄先生詳年譜』（一九八頁、同志社・同志社校友会、一九五九年）や『新島襄全集』八（年譜）は、ともに「小野氏」を小野俊二と特定する。が、教え子の小野英二郎（後の興銀総裁）ではなかろうか。

なお、その後の洞酌医学校であるが、間もなく廃校される。すなわち、同校は、「同志社との連携に失敗すると、同年〔一八八三年〕中に廃校」と伝承される。したがって、医学校側にも相当な事情があったことが、推測される。その一因として、前年五月に政府から出された医学校通則が、学校内容の一層の充実を求めている点で、小規模の医学校にとっては、厳しい規定であったことも考えられよう（『京都の医学史』八七六頁）。

一方、新島襄であるが、四月八日には中村栄助に宛てて、「ベルリ〔ベリー〕先生之企候看病人学校之件ニ付キ」協議するため、明日、山本覚馬宅に新島、横井時雄が赴くので、中村も同家に来てもらいたい、との依頼を申し送っている（『新島襄全集』三、二三一頁）。

ここから判明することは、今度は純粋に「身内」だけで、事を運ぼうとする意思や姿勢が鮮明になってきたという点である。大村や伊東といったかつての発起人は、地元の有力者ではあるが、同志社にとっては、外部の人間である。彼らを排除するわけではないが、新島は同志社の「社員」（理事）を信頼すべき発起人として結集しようとしたのである。

こうして、洞酌医学校と絶縁した新島は、今度はミッション（アメリカン・ボード）を中軸に病院や看護学校を設立する運動に切り替えて、運動を再起動し始めるのである。

新出書簡から分かる新事実

さて、今回、新出した大村宛の新島書簡に戻りたい。日付は、二月二十日とあるだけで、年次の記載はない。けれども、同志社病院設立運動最中《さなか》に作成されたものと考えるのが、最も妥当であろう。その点を、書簡の内容から検証してみたい。

まず、書簡の冒頭に「過日貴書を以て御尋被下候問」とあることに注目したい。ここから、これ以前に大村は、わざわざ新島宅、あるいは同志社を訪ね、書簡を手渡していることが、判明する。

「過日」とは、先に見たように二月十三日であろうか。そうであれば、新島との間で、小野俊二の処遇に関して合意が成立したその日の会談のために、大村は書類（書簡）を持参したことになる。

新島が続けて、返事が「彼是延引ニ及候間」と詫びているところを見ると、両者の間には、しばらくの間、音信がなかったようである。資料的にも、二月十三日から二十日までの一週間というもの、相互に音信不通であった。

次に、追って書きに「此大事件」とか「何トカ早ク所分」したい、といった文言がある。「此大事件」とは、小野をめぐる違約問題と見てよいであろう。前に見たように、二月の下旬に新島が「小野ニ面談セン為」大阪に出向いているところから判断して、書簡の往来だけでは、事は決着しなかった可能性が窺える。

つまり、今後一年間、大村が小野を雇用して給与も支給する、という提案に対して、小野は快諾しなかったのではなかろうか。そのために新島は小野に直接会って、何らかの「所分」を決めようとした、と推測できる。極論すると、新島は大村の「尻拭い」をさせられた可能性さえ、否定できない。

三番目に、この追って書きから、この後、すぐに新島・大村会談が設定されたことが、窺える。書簡からすれば、二十日の晩、新島が大村宅に出向いている。

以上のことから、この書簡は同志社病院をめぐる大村の違約騒動そのものに関連していることが、明白である。したがって、一八八三年に書かれたものと断定しても、まず間違いない。

違約騒動のその後（二）

さて、この事件の処理が一段落した後、新島は大村（洞酌医学校）とは完全に手を切り、ミッション（ベリー）との提携を中軸にして病院、看護学校を設立する計画に切り替えざるをえなかった。中村の回顧にあった次の一文は、このあたりの消息を指すのであろう。

新島は、「其翌朝、誰にも云はず、岡山に急行せられて、ベリー氏を呼び来り、直に（明治十六年五月三日）理事会を開き、病院と看護婦学校とを興すことに決しました」。

ここでは理事会（当時は社員会）が重要案件を決議した日が、五月三日とされているが、その典拠は明らかではない。しかし、佐伯理一郎（京都看病婦学校や同志社病院の後継者）も同じく（典拠を示さずに）、次のように、この日を京都看病婦学校の「起源」と見ている。

「我京都看病婦学校の起源に遡りて之を考ふるに、頃は明治十六年五月のことにてありき。同志社に於て、社長新島襄氏初め、社員中村栄助氏外、数名相会して、ドクトル・ベリーを遥かに岡山より招き、其月三日を卜《ぼく》して、創立の協議会を開けり。此協議会の目的は、曩《さ》きに医師、大村達斎氏より、其建仁寺内に設立する汎愛医学校（洞酌医学校）（生徒凡そ五十名）を同志社に提供せんとの申出ありしに、愈々《いよいよ》、契約と云ふ場合に、大村氏に一大食言あり」（『京都看病婦学校五十年史』三頁）。

これによれば、五月三日には理事会ではなくて、創立協議会が開催されたことになる。いずれにせよ、京都看病婦学校の実質的な発足とも言うべき会議（発起人会）が開催されたことは、確実である。さらに佐伯の回想からは、この日の会議の席上で大村に食言（約束違反）があった、と受け取れる。この点は、その後何日かして、と解するべきであろう。

続けて佐伯は、大村の違約に対して、新島は最終的に態度を決めた、と回想する。

「為に新島社長は、大に感奮する所あり。断然、之を謝絶して直にベリー氏を呼び、以て病院と看病婦学校とを先ず設立して、徐《おもむろ》に医学校を創めんと決心し、ベリーの同意を得るに在りし。ベリー氏は、一も二もなく立《たちどこ》ろに之を賛成し、直に日本に在る各派の宣教師に檄《げき》して、大に其賛成を得、〔以下、省略〕」（同前）。

こうして、新島が発案した病院と看護学校設立計画は、以後、ミッションの協力を頼みの綱として、進行することになる。

五月三日の集会（発起人会）での決議を受けて、二日後の五日には、同志社理事が連名でベリーに招聘状を送った（『新島襄全集』八、二六一頁）。さらに、アメリカン・ボード日本ミッション会議でも、同様の決議がなされた。その時期に関しては、従来は七日とされてきたが（『同志社年表』一五頁、同志社社史史料編集所、一九七九年）、ミッション議事録によると九日である。

新島はこの間、すなわち八日から東京で開催される第三回全国基督信徒大親睦会に出席するために、すでに京都を出発していたはずである（『新島襄全集』八、二六二〜二六三頁）。

以後、新島はベリーを窓口に、アメリカン・ボードの協力を得ながら、病院と看護学校の設立に向かって精力を傾注することになる。新島念願のこれら両者が日の目を見るのは、彼が大村達斎と手を切ってから四年後の一八八七年のことであった。

第十章　佐伯理一郎

同志社医学の貢献者

二〇〇八年四月、同志社大学に生命医科学部が誕生した。この領域では、同志社系看護学校（京都看病婦学校）と同志社病院が廃止されてから、百二十年ぶりの出来事である。

　この歴史的な学部の誕生に関して、想起したいのは、医師の佐伯理一郎である。佐伯は、日本における産婦人科の先駆者である。と同時に、クリスチャンの医師・教育者としても高名である。同志社出身者ではないが、同志社の医学・看護教育に果たした役割は、絶大である。

　具体的に言えば、新島襄やベリー（J. C. Berry）、リチャーズ（L. Richards）らが一八八七年に創設した同志社系看護学校・病院に当初から関与した。佐伯は同志社病院に院長として奉職するかたわら、京都看病婦学校でも教えた。

　もしも、同志社に医学部が誕生しておれば、義兄の川本恂蔵（医師）とともに、佐伯は間違いなくその支柱となっていたであろう。

　一九〇六年に医学部構想が破綻し、同志社が関連施設を手放さざるをえなかった時、それらを買収して、事業を継承したのが、佐伯である。彼は看護学校のほかにも、佐伯病院、京都産院、京都産婆学校をも開設、運営した。

　佐伯の貢献は、医学教育に止まらない。同志社理事（一九一八年～一九一九年）を務めたほかに、女性宣教師のデントン（M. F. Denton）を助けて、同志社女学校（現同志社女子中高・大学）や出町幼稚園（現同志社幼稚園）をも財政的に支援した。

　さらに、新島が将来の大学用地として買収、確保しておいた旧彦根藩屋敷跡（京都市内寺町鞍馬口の七千四百三十一坪）を一九一〇年に、同志社が財政難から売却したとき、それを五万二千円で購入したのも、佐伯であった（拙稿「佐伯理一郎」一一〇～一一一頁、『同志社山脈』晃洋書房、二〇〇二年）。

　町医者にしては、異例の資金力である。資金の出所は、判然としない。あるいは、後述する夫人の実家（土倉《どぐら》家）が、陰のスポンサーであったのか。

「熊本バンド」の後裔

佐伯は、一八六二年に熊本県阿蘇郡一ノ宮宮地《みやじ》（現阿蘇町）に生まれた。生家跡には彼の和歌、「生まれいでし処《ところ》ときけばなつかしき　己《おの》がたらちねに逢ふ心地して」を刻む歌碑が立つ。

父は阿蘇神社付の宮侍であった。生家は「熊本バンド」の宮川経輝《つねてる》、市原盛宏《もりひろ》の家と並ぶ棟続きであった。宮川たちは、熊本洋学校から帰省すると、佐伯にキリスト教情報を流すことがあった（佐伯義一メモ「佐伯理一郎と横須賀」、未刊）。

その結果であろう、「私は明治七〔一八七四〕年、甫《はじ》めて十三歳の時から神を信じました」と、自身、証言する（佐伯理一郎「幕末及明治に於けるアメリカ医師の活動に就いて」六九頁、『基督教研究』二四の一、同志社大学神学部、一九五〇年一月）。

一八七八年九月、阿蘇山麓から県立熊本医学校へと進み、浜田玄達（日本産婆学の開拓者）らに学んだ。一八八二年七月一日、卒業と同時に「内務省免状」（医師免許）を授与された。

十一月、「東京遊学」に旅立ち、有斐学舎（熊本県人寄宿舎）に入った。ドイツ語の学習に取り組む傍ら、熊本医学校の先輩、北里柴三郎から「アナトミー」を習ったが、「僅《わずか》一日ニテ中止」と日記（同志社社史資料センター蔵）に記す。

そのほか、氷川町の赤坂病院医師、ホイットニー（W. N. Whitney）の知遇も得た。彼はフィラデルフィアのペンシルバニア医科大学を一八八〇年に優等で卒業したクエイカー（フレンド派）の宣教師であった（同前、七五頁）。佐伯は、聖書友会の中心メンバーでもあったホイットニーから感化を受けたからであろう、同会に一八八三年十二月に入った、と日記に記す。

キリスト教の求道で言えば、聖書友会に入る以前から、求道の機会があった。

一八八二年に熊本から東京に赴く途上、京都で叔父の後藤清熊に会った時のことである。後藤は当時、同志社に在籍中で、伝道心が旺盛であった。その熱心さに驚いて、佐伯は「略々《ほぼ》、受洗の決心をなすことができた」と（真偽のほどは定かではないが）伝えられている（『横須賀日本基督教会五十年史』三頁、同教会、一九三五年）。

確かなことは、同郷の旧知、宮川経輝から、同じ「熊本バンド」の小崎弘道の紹介を受け、東京で小崎の指導を受けたことである。その結果、一八八四年三月二日、小崎が牧師を務める第一基督《キリスト》教会（麻布仲町の粟津高明宅が仮会堂であった）で小崎から洗礼を受けるに至った。

その半月前の日記には、朱点を振って「新島襄氏ノ熱心ナル説教ニ感ズ」と記す。新島の説教は、入信への有力な追い風になったことであろう。

同志社で学ぶ経験がまったくない佐伯と新島の交流は、浅い関係で終わった。言うならば、新島とは先輩格にあたる「熊本バンド」を介した交流にとどまった。

フィラデルフィアに留学

一八〇四年十月、海軍軍医補（海軍少尉）に任じられた佐伯は、横須賀の海軍病院に赴任する。同地では、キリスト教伝道にも励んだ。

彼の働きを支援してくれたのは、小崎のほかに、海軍機関学校で英語を教えていた歯科医のギュリック（T. C. Gulick）や、横浜の宣教師、ピアスン（L. H. Pierson）らであった。彼らの協力を得て地域伝道に務めた結果、ついに伊藤藤吉を牧師に迎えて、横須賀教会を立ち上げることができた（同前、七五頁）。

その後、共立東京病院へ転出し、そこから研修のために欧米に派遣された。横浜の宣教師、ヘボン（J. C. Hepburn）の紹介で、彼の母校、ベンシルバニア医科大学に入学した（同前、七〇頁）。幸いにも、当時の看板教授のオスラー（W. Osler）から指導を受けることができた。

日本人の教え子としては彼一人であったので、近年、日本オスラー協会（日野原重明会長）からは、大きな注目をされている。が、当時の佐伯の手紙には、世話になった五人の教授の名が挙げられているにもかかわらず、なぜかオスラーの名前はない。

内村鑑三や新渡戸稲造との交流

さて、佐伯のアメリカ留学生活で目立つことは、医学研修以外にもある。内村鑑三や新渡戸（太田）稲造との交流である。

実は、内村とは、東京で開かれた第三回基督教徒親睦会（一八八四年一月）ですでに邂逅していた。当時、内村は小崎弘道や長《おさ》田《だ》時行が、杉田玄端の出張所（尊生舎）で開いていたキリスト教集会（東京第一基督《キリスト》教会講義所）を支援していた。佐伯もそれを手助けしていた一人である。佐伯日記には、教会の集会では「内村氏最モ勉ム」とある（鈴木範久『内村鑑三日録』一、一五五頁、教文館、一九九八年）。

内村との交流は、アメリカで再開する。一八八七年の夏にノースフィールドで開催されたムーディー（D. L. Moody）の夏期学校に共に参加し、旧交を温めている（同前一、二三九頁）。

ついで、新渡戸ともフィラデルフィアで知り合った。その後、ふたりは期せずして渡独する。新渡戸がクエイカー教徒のエルキントン（M. Elkinton）と結婚するさい、周囲の多くが反対した。なかでも畏友の内村鑑三は、「西洋ノ女」との結婚に手厳しい。

住谷天来が聞いたところでは、「農学校ヨリ今日ニ至リ、彼〔新渡戸〕カ内村氏にミッションニテパンヲ得ル勿レト嘗《かつ》テ忠告セシニ不係《かかわらず》、自ラハ西洋ノ女入レテ妻トナシ、而モクエーカーノ信者ナル婦人ヲ向〔迎〕ヘ、大事生涯一半ヲ其為メニ消費セルヲ聞キ、夫ノ武士道ノ著者、日本魂ノ主張者ノ相場ヲ大ニ下ケタル ノ心地シテ、帰レリ」（鈴木範久『内村鑑三日録　一九〇〇〜一九〇二』九八頁、教文館、一九九四年）。

そうした中で、佐伯はあえて賛意を示した。佐伯は、ドイツ留学中の広井勇（札幌農学校で新渡戸と同級。後に帝大教授）と共にただ二人、新渡戸から結婚の件を内密に相談された仲であった。新渡戸がドイツからアメリカに戻ってから挙げた結婚式に、日本人として出席したのは、後に佐伯の義姉となる土倉《どぐら》政子（同志社女学校卒。内田康《やす》哉《や》外務大臣夫人）だけであったのも、奇しきことである。

ちなみに、佐伯も新渡戸の後を追って、ドイツに渡った。ドイツでは、在留日本人の行状が芳しくないことを見聞した新渡戸は、佐伯にしみじみと述懐したという。

「純潔を通して来たのは、君と僕だけだ」と（拙稿「新渡戸稲造と同志社」三四〜三五頁、『新渡戸稲造研究』一三、二〇〇四年）。

同志社病院へ

ドイツでの研鑽を終えて帰国した佐伯は、海軍軍医を退き、恩師の小崎（新島の後を襲って、同志社の二代目社長に就任していた）の斡旋で同志社病院に奉職し、院長のベリーを助けた。

以後、新渡戸や内村との交流も復活する。新渡戸にしろ内村にしろ、いずれも京都に居住する時期があっただけに、佐伯との旧交を温める願ってもない好機会となった。

佐伯は内村には毎年のようにクリスマス・プレゼント（金銭）を贈り、経済的に不遇な内村を陰で支えた（拙稿「佐伯理一郎と内村鑑三」一三六頁、『同志社談叢』一九、一九九九年三月）。

佐伯の回想によると、「鑑三君とは、私が麻布中町の教会を小崎弘道君等と創設した時分の同教会員であったが、米国留学をも共にし、爾来《じらい》十五年間の親友で、常に彼の指導を受けて居るが、殊に妻〔小糸《こいと》〕の最大の愛読書は、彼の『聖書之研究』で、同誌を手に入れると、幾度も幾度も繰返して耽読している」（佐伯理一郎「我家庭に於ける宗教教育」、『基督教世界』一九一二年七月一一日）。内村への心酔は、ついには「内村会」誕生にまで発展した。

一方、新渡戸との交流であるが、彼の同志社理事就任は、佐伯と同時であった。おそらく佐伯の推薦が、陰であったのでは、と推測できる。デントンを新渡戸に紹介したのも、佐伯であろう。デントンのサイン帳（同志社女子大学史料室蔵）には、新渡戸の立派なサインが残る。

佐伯は、医療活動のほかにも、京都ＹＭＣＡの初代理事長を務めるなど、社会教育にも貢献した。なかでも伝道にはすこぶる熱心であった。自邸内に独力で教会（現キリスト伝道隊・清和キリスト教会）を立ち上げ、家族や教職員、学生たちの信仰育成にも心を砕いた。

その際、夫人の小糸の協力は不可欠であった。佐伯家における宗教教育は、「全然妻に一任している」と佐伯は告白するほどである（同前）。

伴侶・土倉小糸

妻の小糸は、土倉庄三郎の四女で、双生児の姉（本名は糸、通称は大糸《おおいと》）と共に同志社女学校に学んだ。土倉は「大和《やまと》の山林王」と呼ばれた資産家で、自由民権運動のパトロンでもある。同時に、新島の同志社大学設立運動にもいちはやく共鳴し、法学部設立を期待して、真っ先に寄付（五千円）をした後援者である。

自身、入信こそしなかったが、精神教育（したがって宗教教育）に理解が深かった。そのため、十人を超える子どものうち、大半を新島に預けた。子息は同志社英学校（男子校）へ、娘たちは梅花女学校、ついで同志社女学校へと送った。小糸は姉の富子、政子、大糸に続いて同志社女学校を卒業する。

理一郎と小糸との結婚式は、原田助《たすく》（「熊本バンド」の後裔）の補助を受けて、海老名弾正《だんじょう》（「熊本バンド」）が司式を、そして媒酌人をデントンが務めた。

原田、海老名のふたりはともに熊本出身で、後にいずれも同志社総長を務める人物である。妻の小糸は、デントンと共に一九二四年には同志社理事に選出された。夫妻して理事となった例は珍しい。

ちなみに双生児の大糸は、妹の小糸と結婚式も同日であった。それればかりか、大糸の夫となった川本恂蔵は、佐伯とほぼ同時にペンシルバニア医科大学を出た医師であるのも奇遇である。

川本は、義弟の佐伯と違って同志社に学んだ。しかし、アメリカ留学をして同じ医科大を出たことを始め、帰国後、同志社病院副院長や同志社理事に就任した点は、理一郎とまさに軌を同じくした。

同志社病院と佐伯邸の跡地（京都御苑西側のＫＢＳ京都裏）には、石碑がひっそりと佇《たたず》む。佐伯が永眠する三年前の一九五〇年に米寿を記念して設置したもので、「受《う》るよりも與《あた》ふるは福《さいわい》也」と刻む。佐伯の教育観、人生観をよく示す聖句（「使徒言行録」二〇章三五節の文語訳）である。

理一郎・小糸の子どものうち、次男（信男）は同志社大学陸上部の初代主将を、そして四男（厳）は第三高等学校野球部の主将を務めた。

三高は一高との野球定期戦（一九一七年）で、当時、好投手と評判の高かった内村祐之《ゆうし》（鑑三の長男）を打ち込んで、快勝した。鑑三は「敵の大将を友人の家に持つことは、止むを得ざる次第」と慨嘆した。

第十一章　堀俊造

同志社の医学教育

医学部まで、あと一歩であった。同志社病院と京都看病婦学校の設立までは、ほぼ順調であった。しかし、本丸は幻に終わった。医学部（医科大学）が実現しておれば、帝大（東京大学）のドイツ医学に対して、特異な欧米医学の導入が、図られたはずである。ドイツ医学に換えて英米医学の導入を計ろうとする点では、J・C・ベリーと新島襄は、一致していた。

帝大のドイツ人教授（医師）は、概して反キリスト教的な懐疑主義や不可知論（無神論）を抱いていたので、「東大ドイツ医学は、ベリーのアメリカ医学の壁」であった（小野尚香「医療宣教師ベリーの使命と京都看病婦学校」二八〇～二八一頁、同志社大学人文科学研究所編『アメリカン・ボード宣教師』教文館、二〇〇四年）。

同志社から医学・看護部門が姿を消してから一世紀を経た二〇〇八年、同志社大学に生命医科学部が誕生した。文科省による医学部設置解禁を受けて、次は医学部「復興」の夢が、再度、キャンパスを駆け巡る時代が来るのであろうか。そう言えば、新島襄が宿志とした大学は、文（神）学部、法学部、医学部で出発するはずであった。鼎の一足は、今も欠如したままである。

十九世紀の古都を慌ただしく駆け抜けたキリスト教系病院・看護学校は、今ではまったく影が薄い。かろうじて名前が残るスタッフは、J・C・ベリー、L・リチャーズ、佐伯理一郎くらいである。『同志社山脈――百十三人のプロフィール』（晃洋書房、二〇〇三年）に彼らを収録したのも、せめて風化防止に繫がってほしいとの願いからである。

医師は、もちろん佐伯だけではない。開院当初からベリー院長を助けただけでなく、ベリー帰国後、病院の終焉を見届けたのが、堀俊造（俊三）である。彼の功績は、出身地の岡山県落合町（現真庭市）で辛うじて知られているにすぎない。それも、尾崎蘭青『落合町史』（二六三～二六四頁、落合町教育委員会、一九五四年）や『落合町史』通史編（九一四～九一五頁、落合町、二〇〇四年）が、触れる程度である。

堀俊造の同志社デビュー

近年、落合町ゆかりの外科医（元落合病院医師・落合教会役員）、山代寛《ひろし》教授（沖縄大学人文学部福祉文化学科）が、堀を再発掘された。「タバコのHistorical Accidentに関わったキリスト者医師『堀俊造』について」（『日本禁煙学会雑誌』第二巻第七号、二〇〇七年一〇月）、ならびに、「禁煙活動と落合教会――落合教会創設者・堀俊造について」（『医学と福音』第五九巻第九号、二〇〇七年一〇月）である。

ただし、同志社との関係は、依然として不透明のままである。そこへ、新資料の出現である。最近、京都市在住の村井正三氏が、永年、保存されていた祖父（堀俊造）の写真や書類など数十点を提供された。眼を見張るのが、『照引 新約聖書』（米国聖書会社、日本横浜印行、一八八四年）である。

村井正三氏は、洛北にある日本キリスト教団京北《きょうほく》教会の信徒（会員）である。資料の一部は、同教会の今井牧夫牧師（当時、同志社大学大学院神学研究科にも在籍中）の斡旋で、二〇一一年春、同志社大学に寄贈された。

なかでも一次資料として重要なのは、堀俊造の「履歴書」である。解説を交えながら、全文を紹介する。原文は今井氏の読み起こし（一部、本井が加筆）によるが、元々は、毛筆縦書きの漢字・カタカナ表記である。旧漢字は新漢字に変え、句読点を加えた。改行も適宜行なった。〔　〕は本井による注記である。

履歴書包み紙の裏面には、「堀惇一　所有」との記述がある。書かれた日付と署名から判断して、これは堀俊造の葬儀で、次男の惇一が朗読したものである。

履歴書（故堀俊造之履歴）

「弘化四〔一八四七〕年十二月、岡山県真庭郡落合町字垂水、医師、堀尚賢の長男に生る。代々医を業とするを以て、故人も亦、其《その》家業を継げり。長じて勝山藩医、合田剛に就きて医業を学び、更に転じて長崎に到り、蘭学を修むると共に、蘭法医学を研究して、後、神戸病院に勤務し、患者の医療に従事して、日夜、斯学《しがく》の研究を怠らず、業績、大に挙る。

明治八〔一八七五〕年、再び郷里落合町に帰りて、自宅開業を為す。当時の医師は、何れも皆、漢方医なりしを、独り故人は、洋医として修業したるを以て、患者は皆其門に集り、其診療を受けたり」。

この記述により、これまで不明であった医学修行の形跡が判明する。神戸病院に勤務、とあるが、従来は、神戸で修行と伝えられてきただけである。結果的に、神戸は堀の人生を変えた。アメリカン・ボード宣教師のD・C・グリーン（D. C. Greene）からキリスト教の感化を受けたからである。

とくに、大事なのは禁酒の教えである。自身、酒豪であったが、これを契機に禁酒を断行したばかりか、帰省後、一族の大酒飲みに禁酒を勧めるに至った。キリスト教の力を借りれば断酒ができる、と説き伏せて、ともに聖書研究を始めたという（尾崎蘭香『落合町史』二六三頁）。

医業に関しては、自宅で開業の後、一八七九年二月に、岡山県から「公立病院雇医」を申付けられている。

落合教会を設立

履歴書は、続く。

「明治十四〔一八八一〕年、基督《キリスト》教を信仰するに至り、当時、備中高梁《びっちゅうたかはし》の伝道師、二宮邦治郎〔邦次郎〕氏を聘して説教会を開き、同志相集りて、斯教《しきょう》の研究を積むに努めたり。之《こ》れ実に、落合教会の嚆矢とす。今日、同地方に於《お》いて四教会の設立を見るに至れるは、実に先の落合教会の設立、其《その》基礎を為せり。

同年十一月、旧三田《さんだ》藩士、河村正馬長女、良子と結婚〔夫婦とも再婚〕し、次来〔爾来〕、男子三人、女子六人の多数子女を挙ぐるに至れり。

其後《そのご》、基督教牧師、渡邊源太、上代知新《かじろともよし》氏を聘して、熱心に其布教に尽す所あり。作洲〔美作国《みまさか》〕に基督教の種子を移入したるは、専ら故人の力に拠る所少からず」。

洗礼を受けたのは、一八八二年、高梁教会であった。以後、自宅を開放して、伝道集会を開く。これが、落合教会の始まりである。先輩格の岡山や高梁、笠岡、天城《あまき》の諸教会に次いで、県下五番目のプロテスタント教会（いずれも同志社系の会衆派）である。県北部（美作《みまさか》地方）では、もちろん第一号である。

堀と新島襄の出会いも、この前後と思われる。新島旧蔵の「辱知《じょくち》姓名簿」は、一八八三年からの使用であるが、一頁目の四番手に、上代知新と並べて堀（堀俊三、とある）の名が記されている。この年十一月に新島は高梁教会に出張しているので、あるいは同地で上代牧師から紹介された可能性が高い。

「故人は、此《こ》の宗教的教化に力を尽くせし外、女子教育の為めには、高梁順正女学校より河合久子女史を聘して、自個所有の別宅に於《お》いて裁縫学校を新設し、続いて相愛女学校を創設し、更に勝山町に共愛女学校を設立する等、郷土婦女子の為めに教化を助くること、甚大なると共に、青年男子の為めには夜学を設け、大いに向学の風を養成奨励し、地方風教に資すること、少なからず」。

地元での教育、とくに女子教育に対する堀の貢献は、従来、知られていなかった。この点は、今後、究明すべき課題である。

同志社病院

「明治二十〔一八八七〕年、京都同志社病院長、ベレー〔ベリー〕氏の招聘に応じ、〔母の豊を始め〕一家を挙げて此地《この》〔京都〕に移住し、ベレー氏の許にありて、新進医学を研究し、専ら同氏の片腕として同病院の名声を挙ぐること、少なからず。

又、同志社病院勤務の傍ら、同校に於いて生理学、衛生学の講師を嘱託せられ、尚、校医として、医術および教育の任に従事せり」。

ベリーは、アメリカン・ボードの医療宣教師で、岡山での医療伝道活動が長かった。彼の紹介で岡山から同志社に転じた堀は、病院だけでなく、学園での講義を行なっていることが、判明する。堀には一度（一八八九年に）、同志社スタッフ辞職の話が持ち上がったことがある。夏に同郷の伝道師（同志社神学校卒）、馬場種太郎が、衰微した落合教会のためには、「友人堀」の帰省が最善、と新島襄に申し入れた（『新島襄全集』九下、一〇三一頁）。しかし、堀はこの時、帰省しなかった。彼は落合、京都双方にとって不可欠な人材であったことが、判明する。

一八九〇年には、同志社病院の近く（上京区室町上長者町《かみちょうじゃ》）に土地・建物を購入して、そこに移り住んだ。その後、河原町今出川や上京区小山堀池町で開業した。最後は下鴨松木町に落ち着いた。

堀の自宅が、新島の自宅（京都御苑東の現新島旧邸）に近かった時には、堀が新島家の「ホームドクター」的な位置にいた。とりわけ、一八八九年（京都御苑西に住んでいた）頃は、新島登美（襄の母）にとって、掛かりつけの医師であったことが、新島の手紙から判明する。

たとえば、九月二十六日、登美が昼食後、にわかに寒気を覚え、震え出したので、新島は車（人力車）を差し向け、堀に往診を依頼している。翌月七日もそうである。夜になって彼女がまた体調を崩したので、堀は往診に駆けつけた。翌々日は多少、好転したものの、相変わらず力がないので、新島は再度、往診を要請した（『新島襄全集』四、二一八頁、三七二～三七三頁）。

ちなみに、これら二通の新島の手紙（堀俊三宛てとある）は、年次を欠くので、全集では「年次未詳」扱いにされているが、一八八九年と断定しても間違いはない。新島が大学設立募金運動のために最後の関東出張を敢行するのは、二通目の手紙を堀に発信してから、三日後である。翌年一月に大磯で臨終を迎えた際、八重が看病に来るのを新島が押しとどめた話しは、よく知られている。老母の看病を優先させたからである。新島は八十代の登美の治療を堀に託して、あえて関東に赴いたことになる。

なお、堀に宛てた新島の手紙は、この二通のほかにも、同年六月二十四日付の一通がある。内容は事務連絡で、卒業式の案内（招待）である（同前四、一六一頁）。

堀の履歴書に戻る。

「明治二四（一八九一）年、岐阜県美濃大垣の震災に際しては、其惨害を耳にするや、率先して医術器械を携え、災害地に到り、多数の傷害患者の為めに尽力し、後日、同県知事より表彰せられたり」。

濃尾地震の際、ベリーは、同志社の学生を引率して、現地で治療活動を展開した。無料奉仕、あるいはボランティア活動の先駆である。堀もベリーの一行に加わった。

村井兄弟商会

「之《これ》より先き、村井吉兵衛《きちべい》氏は、村井兄弟商会を設立して、煙草《たばこ》製造工場を起すや、ベレー氏を介して、外国煙草の輸入を村井氏の為め尽力し、同時に同工場顧問医を兼務したるを以て、故人は幾多無職の青年を、続々、右煙草会社に入社せしめ、一方、彼等の向上心を誘発して宗教的に善導し、為めに郷里青年にして、故人より直接、間接の援助を受けて、今日相当の地位を得、活社会に立ちて成功したる者、十指に余れり。以《もっ》て故人が、教化方面に貢献せし所、少なからざるを知るに足らん」。

堀俊造は、「煙草王・村井吉兵衛」生みの親のひとりであった。ちなみに堀の孫、村井正三氏は、村井吉兵衛とは血縁上のつながりを持たない。堀は、村井の会社に岡山の地元の青年たちの就職を斡旋したばかりか、村井家の養子縁組にも係わっている。すなわち、守田家の息子を村井の養子に斡旋した。養子となった青年の兄が守田幸吉郎である。守田は、のちに落合教会の牧師に就任する人物である（尾崎蘭香『落合町史』二六四頁）。

守田牧師と言えば、一八九六年に現在の落合教会堂を竣工させた功労者である。その会堂新築のために吉兵衛は、多額の寄附をした、とこれまで伝えられてきた。守田牧師が、村井家に養子として入った弟を介して、吉兵衛から多額の建築資金を引き出すことは、大いにありえる。吉兵衛の寄附金は、堀とのパイプだけでなく、守田兄弟の存在を考慮すると、がぜん、蓋然性が高まる。

一説には、新島も堀同様に、村井が煙草産業に手を染める前から交遊があったという。同志社理事の実業家、中村栄助によると、彼が土曜に同志社から新島を始め、教員や学生を呼んで、家庭集会を開いた時など、同じ町内の村井もよく聞きに来たという（『同志社と中村翁』、一九三三年、同志社大学人文科学研究所、マイクロ・フィルム）。

村井は、新島からそうした折に聞いた話が事業繁栄の基礎になった、と感謝していた。新島の死後のことであるが、村井は、工場完成の祝宴で、「本日、正座に坐るべき人は、新島先生」と言って憚らなかった（『追悼集』一、一一六頁）。「煙草王」になれたのは新島のおかげ、と終生、村井は感謝していた、との伝承もある。

ほかに恩人がいるとすると、ベリー、中村栄助、堀俊造である。そもそも村井に対して、同志社病院に入院することを勧めたのは、中村であると言われている。村井が煙草に「開眼」するのは、この入院中のことである。ただし、従来の伝承は、錯綜しており、真相は捉えにくい。たとえば、こうである。

入院中の村井に、ベリーが煙草の害を説いた本を三、四冊、貸し与えたところ、英書が読めないので、村井は堀に対して、「誰か読んでくれる人を紹介してほしい」と依頼したという（『追悼集』一、一一六頁）。一説には、堀自身が翻訳をしたともいう。

入院中の村井は、「堀俊造医師にかねて頼んでいた英書の翻訳の出来上がりを待っていた」というのである（杉田博明『近代京都を生きた人々――明治人物誌――』一五六頁、京都新聞社、一九八七年）。

さらに別の伝承では、こうである。「二十歳すぎのころ、風邪にかかり、今出川〔烏丸《からすま》通り〕の同志社の病院に入院、宣教医ベリーに出会う。ベリーから洋書『百科製造法秘伝』を借り受け、担当医堀俊造の翻訳の助けを得、新しいたばこのつくり方の知識を得た。明治二十四（一八九一）年『サンライス』を売り出す」（『朝日日本歴史人物事典』一六七三頁、朝日新聞社、一九九四年）。

いずれにしろ、英語の読めない村井は、誰かに助けを求めたはずである。あるいは、ベリーの推薦があったであろう。そこで登場するのが、「担当医堀俊造」である。自分で読み聞かせたり、翻訳を試みたりすることはせず、おそらく同志社の学生を紹介したはずである。

さらに入院中に村井が読んだとされる煙草関係の本についても、異説がある。

『百科製造法秘伝』であるとするのは、『近代京都を生きた人々――明治人物誌――』（一五六～一五七頁、一六〇～一六一頁）である。そこでは、風邪をこじらせた村井が、中村の紹介により同志社病院に入院した際、ベリーから同書を借りて読んだ、とある。村井資長「東京へ出た京都人」（同前、一六八頁）もこれを踏襲する。

しかし、入院中のことにしては、不自然である。彼が煙草の製造に乗り出すのは、病院を退院してから六年後のことである。ベリーが貸したのは、別の本である可能性が高い。現に中村の回想では、ベリーが貸し与えたのは、「煙草の害を説いてある書物を三、四冊」である（「中村翁伝未定稿　第一号」マイクロフィルム、同志社大学人文科学研究所蔵）。この点に関しては、ベリーの娘、カティ（K. F. Berry）が著したベリーの評伝の方が、信憑性が高そうである。そこでは、次に見るように伝道パンフレットとある。

「一八八〇年代の末のある朝、木綿のホームスパンを着た十八歳くらいの青年が、下駄を履いた足を引きずり、路地のちっぽけな煙草屋を出て、住宅街の〔同志社〕病院に向かった。街の噂では、そこへ行った人たちは、病気が快復するという。また、院長のアメリカ人医師は、医学的な魔法使いで、『その力は、旧い漢方の日本人医者のまじないと薬をはるかに凌駕する』と。

村井青年は、病人であった。彼は、そこに入院すれば病気が治った、という幾人かのことも耳にしていた。たしかにそのような事実は、外国人が『超人的な』知識を持っていることを証明していた。〔中略〕

びくびくしながら、村井は病院の戸を叩いた。病院で彼はさまざまな手当てを受けた。医師は青年の治療を済ませると、煙草が病気を悪化させているので、禁煙を勧めた。退院の際に医師は、村井に伝道トラクトを手渡した。アメリカの矯風団体が発行したもので、青年に与える煙草の悪影響、ならびにアメリカにおいて喫煙がもたらす莫大な金銭の浪費について記されていた。

　若き村井は、注意深く熟読し、その内容にショックを受けた。しかし、衝撃を受けたのは、けっしてアメリカにおいて煙のように消え去る金銭ではなくて、この業界で消費される金銭の額の方であった！『これは事業としては大きい』と自分に言い聞かせた」。その後、まもなく彼は渡米し、煙草製造法を習得した。帰国後は成功を収め、のちに「煙草王」と呼ばれるまでになった（K. F. Berry, *A Pioneer Doctor in Old Japan*, pp.170～171, Fleming H. Revell Company, 1937）。禁煙パンフレットは、彼にとっては反面教師となったわけである。

　したがって、『百科製造法秘伝』がかりに事実とするならば、退院後に煙草製造を志すようになってから、ベリーから借りたのではなかったか。「彼は早速、翻訳を堀俊造医師にたのみ、和訳をむさぼり読んだ」というこれまでの伝承も（『近代京都を生きた人々』一五七頁）、もしも入院中だとすると、伝道トラクトである可能性が出てくる。

　村井による煙草製造に関しても、ベリーの協力があったという。やっとのことで新しい煙草を完成させた村井は、仮につけた商品名の「太陽」について、ベリーに相談したという。「日の出は英語で〝サンライス〟。吉兵衛さん、これでは」と助言した、と伝わる（同前、一六一頁）。村井の煙草に関しては、どこまでもベリーがついて回る。なお、ベリーと「煙草王」に関しては、このほかにも、後日談がある（本書二七七頁以下を参照）。

　以上見て来たように、煙草と村井に関するエピソードに関しては、諸説いろいろ伝えられており、必ずしも一致しない。それでも、堀が村井の担当医であったことは、明白である。それだけに、後年、村井が堀に自社の「顧問医」を委嘱するに至るのも、きわめて自然である。

晩年の信仰

堀の履歴書は、なおも続く。

「更に故人は、終始一貫、勤倹を守り、自ら持すること甚だ薄くして、以て多数子女に、各々相当の教育を施し、親として其子女を養育するの義務を完ふしたる点に於いても、亦、故人の家庭の人と為りを察するに足る可《べ》し。

かくの如《ごと》く、故人の基督教に対する信仰は、終始渝《かわ》らず、頽齢《たいれい》に及んでは、日夜聖書を手にして、自ら修養を積むを以て唯一の楽みとせり。然《しか》も一昨冬以来、健康勝れざりし故人は、漸次、体力の衰頽を来したるも、未だ嘗《かつ》て日曜の教会礼拝を怠らず、時として教会の往復の途中、卒倒したること数度に及びたるも、尚之を不止」。

　残された堀愛蔵の『照引 新約聖書』には、赤ペンによる細字の書き入れが、多数見られる。たとえば、表紙の余白には、「教会に二種ノ人民アリ。一ハ、宗教家ニテ、正義ヲ行ハント欲シ、神ヲ愛セント務メル者也。一ハ、真正ノ信者ニテ、神ヲ愛スルノ心ヨリ、義務ヲ尽スニ熱心ナル者ナリ」と記されている。

臨終

「遂に病床の人となるに及んで、已《や》むなく聖書を繙《ひもと》くに留め、信仰、愈々厚きを加へたるも、体力漸を追ひて衰頽を来し、昨年九月以来、著しく食餌《しょくじ》の減退を見るに至り、十一月中旬に至りては、自ら其立たざるを覚悟したるが如きも、家人に対しては、其憂慮をおそれて、努めて其然《しか》らざる風を装ひ、偶々《たまたま》、身体苦痛を感ずる事あるも、家人に対しては、自ら忍んで之を公言することなく、十二月中旬、愈々其死期の迫りしを覚るや、其子女全部を病床に招き寄せ、徐々に永久の別れを告げ、十二月卅日午後六時廿五分、眠るが如く安らかに、永遠に上天の人となれり。

大正十五〔一九二六〕年一月二日」。

以上が、葬儀で読まれた故人履歴、ならびに本井による注記である。それにしても、信仰の篤さは、半端ではない。

履歴書では、肝心の同志社病院における堀の働きは、招聘の経緯を始めとして、依然として不透明である。正式の招聘は、新島からであろうか。かつては、新島から堀に宛てた何通もの手紙が、遺族のもとにあったという。

一方、一八八二年六月に堀は新島に手紙を認《したた》めている。発音に障がいを持つ落合のある少女を、盲唖院（現京都府立盲学校）へ入れてほしい、との依頼状である（『新島襄全集』五、一八二頁）。当然、返書が書かれたはずである。新島からの手紙は、さる新聞社の記者が村井家から持ち帰ったまま、現在も所在不明という。

では、同志社病院の記録は、どうか。新島の死の直後、同志社病院が近隣の土地と建物を購入した時に、病院側の代表者として交渉に当たったのは、堀である。そのことは、売買契約書の宛て名が堀であることから、明白である（「同志社病院土地関係書類」同志社社史資料センター蔵）。

また、一八九二年三月の「同志社病院第六年報」には、外来部門に堀の名が出る（『同志社百年史』資料編一、二一三頁、同志社、一九七九年）。ちなみに、『同志社百年史』通史編での取り扱いは、極めて軽い。同書の「京都看病婦学校と同志社病院」（長《なが》門谷《とや》洋治執筆）の章には、初期看病婦学校の日本人スタッフに関して、「川勝原三は、東京大学卒の若い医師であった。他に病院助手として堀俊造がおり（〔看病婦〕学校には関係なし）、のちミシガン大学卒の白藤（児玉）信嘉も教師として加わった」とあるばかりである（通史編一、三〇〇頁）。

ちなみに、川勝の学歴（東大卒）については、確認がとれない（田中智子「京都看病婦学校開設運動の再検討――地域の支持形態に着目して――」三七頁の注二七、『キリスト教社会問題研究』六一、二〇一三年一月）。また、児玉は、同志社の授業をも受け持った。女学校の上級生を男子校の授業に呼んで、「生理学」を講義している（『創設期の同志社』一九四頁、同志社社史資料室、一九八六年）。

人情家

堀は人情家で、同志社の学生を可愛がった。彼の人間性が窺えるエピソードがある。堀が濃尾震災の救済に出掛けた際に、同行した学生の中に、古谷久綱がいる。彼がある時、病人の友人を連れて同志社病院に行った時の回想がある。健康そのものの古谷が、「今度は僕を診て下さい」と頼むので、堀は「君はどこが悪いのか」と尋ねた。

古谷は、「ボートレースが迫っているのに、寮の食事が不味《まず》くて仕方がない。この際、入院して静養方々、旨《うま》い食事にありつきたい」と答えた。堀は一驚した。「処が堀氏は御人好し」であった。「善《よ》し、善し、それはよからう。入院して二人分位、喰ひ玉へ」と、入院を許可してくれた。その日の夕食には、「シッカリ丈夫になって、是非、大勝利を占め給へ」と「西洋料理の大した御馳走」を出してもらえた、という。満腹したふたりは、これで体調も回復した、とばかり、入院を取りやめ、意気揚々と寮に戻った（『創設期の同志社』一七五頁）。

対外的には知られることが少ない堀ではあるが、彼の人柄がよく窺える。さらに夫人の働きも忘れてはいけない。堀夫妻を同志社に迎えたベリーは、こう感謝する。

京都看病婦学校の宗教活動に関して、「私たちは、先に神戸で医学を学んだ堀氏と彼の素晴らしい妻に大変、助けられた。彼らは二人とも、昨秋〔一八八七年〕から病院と看病婦学校に関わるようになった。彼は医療アシスタントとしてのすばらしい役割を果たし、また妻は、当面のあいだ京都看病婦学校で講義も受けている」。彼らは日曜学校では、それぞれがクラスを受け持っている（小野尚香「京都看病婦学校と同志社病院（二）」巻末八九～九〇頁、『同志社談叢』二九、二〇〇九年三月）。

同志社病院の閉鎖をめぐって

最後に堀と同志社病院との関わりについて、まとめておきたい。堀は、同志社病院閉鎖の際は、病院を代表する立場にあった。たとえば、一八九六年十二月に、同志社病院が京都府知事から受取った表彰状の宛名は、「同志社病院代表者　堀俊造」となっている。

堀は病院の代表者として、いわば、幕引き役を負わされた。一八九六年六月、同志社社長（総長）の小崎弘道は、堀宛ての公文書で、病院と看護学校の「継続」を約束する。が、二か月後（八月）の同志社社員会（理事会）は、できるだけ早期に寄附金を元の寄附者に返却する、と決議し直した。翌年の公文書（月日不詳）で小崎は堀に、佐伯理一郎（一八九一年に着任）を校長にするのを了解して欲しい、と伝えた。

その後も、堀は医師の近藤恒有《つねあり》（一八九三年に赴任）と共に、病院を実質的に管理する立場にあった。一八九七年四月に開催された同志社社員会の議事録には、病院の継続を望む三人の医師が、それぞれ条件を出した、とある。三人とは児玉（白藤）、佐伯、それに「現今従事セル医員、堀俊造氏」である。社員会は協議の結果、佐伯の出した条件を容れて、彼を病院長、看護学校教頭として招くことにした（『同志社談叢』一、一六二頁）。

五月にいたって、病院管理は佐伯に引き継がれ、堀と近藤の退職が、社員会で決定する。堀と近藤には、慰労金として、それぞれ五十円、三十円が「贈与」された（同前一、一六八〜一六九頁）。

その後のベリー、村井との交流

先に見たように、村井にとって「煙草王」誕生に至る起点をもたらしたのが堀とすると、堀は立身出世の恩人のひとりである。これには、後日談がある。

一九一八年にベリーが再来日した際、同行したベリーの娘（カティ）も久しぶりに村井に会った。村井は、彼女を京都岡崎（円山公園）の別宅、長楽館に招待した（ただし、村井自身は都合があって欠席した）。このとき、村井は新島八重、佐伯理一郎と共に、堀俊造も招待している（*A Pioneer Doctor in Old Japan*, pp.221〜222）。

村井は他の会合でも、周囲にいた銀行頭取たちにカティをこう紹介したという。「この方は、私の健康を回復し、財産を作ってくれた人のお嬢様です」と。こうした機会を捉えて、カティが村井から聞いたと思われる話題を、彼女は父親の評伝で次のように公開している。

「村井吉兵衛は、路地で煙草を吸う貧しい青年にすぎなかったが、ずっと昔に治療のために同志社病院のアメリカ人医師のところにやってきた。医師は彼に煙草〔喫煙の害〕に関する伝道トラクトを熱誠こめて与えた！　いまや財界で大立者になり、全東洋ばかりか、諸外国全体への関心を広めている村井であるが、自分の蓄財――彼が言うには、『煙となって消えなかった』――は、青年のころ、自分を助けてくれたアメリカ人医師のおかげであるという」。

さらに村井は、カティに「あなたのお父上は、私の病気を治してくださった。それ以来、私は禁煙しています。それればかりか、私の財産を作ってくださった」と微笑みながら、語ったという(ibid., p.170)。

ちなみに、同書には、帰国後のベリーに宛てて堀が送った手紙の英訳が、掲載されている。私訳で紹介する。

「京都、日本　一九〇五年一月二十七日

拝啓

先生は同志社病院院長として、日本の医療事業に偉大な功績を残されました。同胞に代わって、心からお礼を申し上げます。私たちは、先生が当地に戻って来てくださり、もう一度、熱意をもって私たちを鼓舞し、閃きの恩恵を私たちに与えて下さるよう熱望しております。

わが国のために先生がしてくださった素晴らしいお働きは、光輝に満ちています。日本国民は誰しも、未来永劫、けっして忘れることはないと思います。日本における看護婦養成校の最初の創立者として、尊名は近代日本の医学発展史上、特別な輝きを放っています。

実際、たとえ先生の肉体が（他日）永眠によって私たちから取り去られたとしても、先生の偉大な功績は、先生の名声を不死のものにしてくれるだろう、と言っても過言ではありません。

私は、先生が家族と私に示して下さった実に温かいご親切をけっして忘れはいたしません。私の気持ちはたえず先生を慕い、ご親切をいつも感謝しております。こうした想いが、決して変わらないことをお約束いたします。

敬具　S・堀、医学博士」(ibid. p.239)。

堀は終生、ベリーを敬慕し、その厚恩を忘れなかったようで、ベリーの詳伝を二種（一種は下書きか）作成している。その中から、ふたりが共に働いた京都時代の記述を抜粋する。

「明治十七〔一八八四〕年、再ビ郷国ニ帰リテ、ニューヨーク府大学院撰科ヲ修メ、翌年秋、三タビ我国ニ来リテ京都ニ任ジ、同志社学校生徒ニ生理学、衛生学ヲ教授シ、尚、同志社社員〔理事〕ト議シテ、同志社病院、及看護婦学校ヲ設立シ、明治廿七年秋ニ至ルマデ、同院院長ノ職ニ従事セラレタリ」（堀俊造「ジョン・シー・ベレー氏小伝稿」、同志社社史資料センター蔵）。

堀がベリーについて記した記録が、もうひとつ残されている。一九一二年九月十一日にベリーが日本政府より勲三等瑞寶章を受賞した時のものである（『日本に於けるベリー翁』二七頁）。叙勲に先立ち、同志社社長（総長）の原田助《たすく》から叙勲関連の資料を求められた堀が、一九一一年十二月二十六日付で原田に呈出した書類である。引用は省くが、先の小伝には触れられていない事柄（特に医療関係の）にも言及されている（同志社社史資料センター蔵）。

さらに二十世紀の初頭になって、日本組合基督教会は、教会史編纂のために関係者に記録や資料の提示、呈出を依頼した。同志社病院・京都看病婦学校の記録に関して指名されたのが、堀である。その時の回答（一九〇六年五月、無題）が残されているが、残念ながら、わずか二十行からなる断り状である（同志社大学人文科学研究所蔵）。

かいつまんで言えば、自分に照会されたこと自体は、「名誉」とは思うが、創設当時からほとんど十年以上「職員ノ末席」を汚したものの、主たる仕事は外来患者の施療補助と看病婦の養成であったので、別段、呈示するような資料は自分の手許にない。退職に際し、関係記録は同志社事務所に引き渡しておいたので、当時事務を司っていた加藤寿氏（現大阪ブラシ製造会社）に照会されれば、正確で明瞭な回答が返ってくるのではないか、といった内容である。

同志社以後の働き

一方、同志社サイドの記録であるが、英文の教授会記録（*Doshisha Faculty Records 1879–1895*）は、「堀博士」（Dr. Hori）に関して四か所（一八八八年から一八九一年まで）で、断片的に言及する。プレゼントを贈与したこと（一六八頁）、十円で雇用したこと（一九五頁）、夏休み中の校医のサラリーの件（二三七頁）、欠勤の件（二六五頁）である。

同志社病院退職後の堀は、京都市内で開業（眼科医か）したかたわら、教会生活を熱心に送った。

所属教会は、若い時は、京都教会であった。同教会では一八八九年の時点で、日曜学校スタッフとして、活躍している（『京都教会百年史』九六頁、九九頁、日本キリスト教団京都教会、一九八五年）。後半生は不確実であるが、今出川教会（移転後は洛北教会）へ籍を移したと思われる。

医院は、晩年まで継続して開業された。知事への「醫業異動届」には、一九二四年三月一日に廃業、とある。が、「目下休業中」（一九二三年）ともあるので、七十数歳で現役から引退したと考えられる。

家族について言えば、堀は二度、結婚している。最初の妻の名前は、不詳である。

子どもは合わせて十一人で、九人が女児であった。子息はともに若くして亡くなったので、遺品は長女（静子）の息子である今井正三氏が継いだ。次男の惇一は、同志社大学に学んだ。同期の友人によると、優れたスポーツマンであった。

「堀惇一君は、同志社病院の医員をしておられた堀俊造の令息で、相撲取りかレスラーか、あるいは柔道家のような大きな体をしていた。その彼が野球をやり、ピッチャーをつとめていた。剛球を投げる点においては、彼の右に出る者はなかった。ボールの遠投を競っても、彼が一番遠くへ投げることができた」（加藤延雄『わたしと同志社――回顧八十年――』一七二頁、加藤延雄先生遺稿集編集発行会、一九八〇年）。

堀俊造の墓は、洛東・若王子山の京都市営墓地にある。市内最大のキリスト教墓地で、その一部が同志社墓地である。

堀の墓は、同志社墓地の外側ではあるが、その前面に立つ。キリスト教徒として、有終の美を飾るかのように、新島襄の墓（同志社墓地）に近い所に埋葬された。「自分程、先生に近づいてゐた者は、他にありますまい」と自負する堀には（『追悼集』二、二七二頁、同志社社史資料室、一九八八年）、相応しい永眠の場である。

第十二章　土倉庄三郎

同志社大学構想

土倉《どぐら》庄三郎は信徒ではなく、仏教徒（浄土宗）であった。それゆえ、分析対象をキリスト者に特定する本書では、彼本人に関しては個別に深く掘り下げることはしない。ひとつには、拙著『新島襄の交遊――維新の元勲・先覚者たち――』（一九九～二一〇頁、思文閣出版、二〇〇五年）の中で、木戸孝允や伊藤博文、勝海舟などと並べて、すでに考察済だからである。

例外的な存在としたのには、いまひとつの理由がある。子どもや孫を含めて、一族の中から同志社に学び、信徒となり、同志社の良き理解者、支援者となった者が、続出したからである。三代にわたって同志社理事として貢献した大沢家、あるいは、夫妻して理事となった佐伯家に匹敵する家系である。

庄三郎と妻（寿子）は、六男五女に恵まれた。一九一七年に庄三郎が永眠した時点で、孫は三十四人、曾孫は六人であった（「逝きし土倉庄三郎翁」四、『家庭週報』四二九、一九一七年八月一七日）。そこで、ここでは庄三郎その人というよりも、土倉家の人びと、すなわち彼の近親者を新島（同志社）と関連づけて論じてみたい。

土倉は、「大和の山林王」と呼ばれたように、奈良県を代表する資産家である。同時に民権運動家でもあったので、「自由民権運動の台所は、大和にあり」とまで言われた。板垣退助や中島信行を始め、時の自由党幹部からの信頼も篤く、自由党への政治的寄付も潤沢であった。

新島との繋がりも、その延長線上に生まれてくる。一八八一年十月中旬、土倉は古沢滋《しげる》（自由党系の『日本立憲政党新聞』主幹）と共に新島を自宅に訪ねて、子息の教育を委ねる相談をした。それが契機となって、土倉は新島の大学構想に共鳴し、五千円の資金提供を真っ先に申し出ることになる。政治教育を施すための法学部がぜひとも必要、という願いからである。言うならば、彼は新島の大学設立運動の火付け役となった。その意味では、医師の大村達斎が、自身の医学校・病院を同志社に寄贈すると申し出たことが、新島に医学校（医学部）構想を夢見る契機を与えることになったのと好対照である。

新島が土倉に宛てた手紙のうち、『新島襄全集』に収録されているのは、一八八一年十一月十七日付（『新島襄全集』四、三八七〜三八八頁）から、一八八八年八月二十二日付（同前四、六二七〜六二八頁）までの九通である。

土倉の葬儀は、一九一七年七月、吉野郡川上村で挙行された。同志社総長の原田助《たすく》は、同村に足を運び、同志社の「社友」を悼む弔詞を披露した。

「翁ノ我新島先生ニ於ケル交遊、甚ダ厚ク、友情最モ濃《こまや》カナリキ。先生ノ同志社大学創立ノ挙アルヤ、翁、衆ニ率先シテ之ヲ翼賛シ、応援大ニ勗《つと》メラレタリ。而《しか》シテ、先生ノ没後、今日ニ至ル迄、社友トシテ本社〔同志社〕同情者ノ一人タリシガ、今ヤ即チ亡シ。嗚呼、哀哉」（『新島襄の交遊』二一〇頁）。

長男・土倉鶴松

庄三郎の長男、鶴松（一八六七年生まれ）に対しては土倉家では点が辛い。とりわけ庄三郎の次弟（平三郎）の孫（梅造）に嫁した土倉祥子氏による評価は辛辣で、同家では、「男の子の中の優秀なのは夭折し、俊敏なのは若死にしたために、大廈《たいか》がくずれたとも言える」（土倉祥子『評伝　土倉庄三郎』一九七頁、朝日テレビニュース社、一九六六年。以下『評伝』）。

そのうえ「周知のように、土倉家は庄三郎の死とともに没落した。それは長男の無謀な事業の失敗で、莫大な資産を蕩尽《とうじん》した結果であるとしても、庄三郎自身の過当な支出、各方面への支援にも一半の責任がないとはいえない」とする（同前、二〇一頁）。

同書はさらに、「無謀な事業の失敗」を次のように例証する。

「誰もが庄三郎晩年の経済状態をききたがる。それは長男、鶴松が、日露戦争の直後、復員してから家業の植林を好まず、村外の仕事に手を出し、内地大陸を通じて十幾種類かの仕事に莫大な投資をしたものの、全部失敗しているからである」（同前、一九四頁）。

他にも「蒙古王」と言われた佐々木安五郎に一万円を出資し、金鉱探りよろしく蒙古を探検させた失敗例を指摘する人もいる（三島海雲「私の履歴書」一六〇頁、『私の履歴書』経済人一〇、日本経済新聞社、一九八〇年）。

鶴松は長男であるゆえに、庄三郎から大きな期待を寄せられた。庄三郎は、一八七九年に鶴松の教育のために屋敷に隣接して私塾をわざわざ建設したほどである。そこへ村内の児童をも集め、漢学と武道を教えた。が、収容しきれなくなったので、一八八二年にそれを私学校に発展させ、「芳水館」と命名した。主として漢学、算術、英語、武道を教える傍ら、精神教育にも力点を置いたのが、庄三郎らしい。ただし、鶴松はここに学んでいない。

このころには鶴松は大阪に出ており、藤沢南岳（恒太郎）の泊園書院で勉学中であった（『評伝』六四〜六五頁）。藤沢は庄三郎より二歳年下の儒者で、両者はかねてから親交があった。藤澤は後年、大阪名物「通天閣」の命名者として名を残すことになる。

さて、新島が土倉庄三郎と初めて接触した一八八一年十月中旬は、時期的には鶴松の大阪遊学と重なる。新島が鶴松（十四歳であった）に初めて会ったのも、大阪である。

翌年一月十日、大阪に出張中、新島は庄三郎が大阪に来ていることを聞きつけ、小泉角兵衛宅（新町通二丁目沙場南入《い》ル）を訪ねるが、会えたのは鶴松だけであった。あるいは同家が鶴松の下宿先であったのかもしれない。

それはともかく、鶴松から「親父は近々東京へ赴く」との情報を入手したので、新島は「期、失ベカラス」と急きょ、「吉野ノ大滝村ニ出発ス」ることにした（『新島襄全集』五、一二二頁）。これが新島の最初の大滝村（現吉野郡川上村大滝）訪問である。

鶴松の大阪での修学に関しては、詳細が不明である。不可解なことに、庄三郎は幼い次男と三男を早くに同志社（新島）に預けながら、長男の同志社入学は、なぜか時期的な遅れがある。そのうえ、鶴松が同志社で正規に学んだ形跡は極めて薄い。唯一の記録は、旅先から妻（八重）宛に出された二通の新島書簡である。関係箇所を摘記すると——

「鶴松之方ハ〔自分が、家を出発する前に伝えることを〕遂ニ相忘申候間、お前様ヨリデビス様に懸け合ひ、私留守中丈ケハ宣教師方ノ御相談ニテ、何ニトカシテ毎期ノ初メノ月謝ト、又毎月ノ食料之分、一円二十五銭丈、御都合被下様度候。尤モ、私ヨリハ食料ヲ助クル為メ、月ニ一円ツ、相助可申候」（新島八重宛書簡、一八八四年四月八日付、長崎で投函（『新島襄全集』三、二六八頁、〔 〕は本井、以下同）。

「前便ニも申上候通、何卒、六ヶ敷鶴松之事ハ、デヴィス様ニ御相談被下度候」（同前三、同月一四日付、香港から、同前三、二七〇頁）。

「デビス様」、あるいは「デヴィス様」とあるのは、同志社教員で宣教師（アメリカン・ボード）のデイヴィス（J. D. Davis）を指す。新島は一年半にわたる第二次海外旅行に旅立ったところである。文面から推測すると、鶴松（十七歳）の学費・寮費は、新島が全額負担していた模様で、今後、自分が留守の間は、アメリカン・ボードが応分の負担をしてほしい、との文面である。

不思議なのは、多額の寄付を同志社にした庄三郎が、なぜ長男の学費に関しては新島に負担させていたのか、である。あえて推測すると、奨学金を出すから長男を同志社に送るように、と新島の方から申し出たものか。それにしても、「鶴松之事」は「六ヶ敷」と正直に告白するほど、彼の教育はけっして容易ではなかった。結局、同志社生活も長続きはしなかったようである。

鶴松は社会に出てからは、種々の事業を手掛けた。弟（龍《りゅう》次郎）の同志社時代の元級友、津下《つげ》紋太郎は、鶴松について次のように温かい眼差しで往時を回顧する。

鶴松は「体軀堂々、身長五尺八寸、体重二十六貫の偉丈夫である。鶴松君は父、庄三郎翁の素質を承けて、事に処して決行果断、夙《つと》に天下四方の志を抱き、財を散じて有為の人材を索《もと》めてゐた」

（『津下紋太郎自伝』七三～七四頁、玉川大学出版部、一九八二年）。

「今にして憶えば、土倉兄弟、殊に兄の鶴松君は、大きな夢を見る人であった。そして大きな夢を実現すべく、果断決行する人であった。その事業の計画や経営やは、当時に於ては夢であった。故に、営利的の成功を見るに至らなかった」（同前、七五頁）。

「土倉兄弟は這《こ》の意味に於て、夢を見るもの、夢に楽しみ、事業は自己の生涯に成功を見なかった」（同前）。

「かくして大きな夢の実現に多くの家財を賭けて、今は土倉の名家も絶え果て、鶴松君は京都に老いの身の侘住居。龍次郎君は東京の郊外に隠棲して、メロンやカーネーションを栽培して余生を送って居る」（同前、七六頁）。

晩年の鶴松は確かに社会的には不遇であった。京都に出たのも家郷を出奔せざるをえなかったからである。一九一〇年に妻（容志）に先立たれ、六人の子どもが残された。すぐに再婚したものの、土倉家の面々から「承認できない再婚」と糾弾された。

そのため、翌年、子ども六人を置いて川上村を出た。以後、六年間というもの、庄三郎が亡くなる前日まで、実家との交渉はまったく絶たれてしまった（『評伝』一七四頁、一九五頁）。

孫・（田島）麻

土倉鶴松には二人目の妻、修子との間に五人の子どもが生まれた。第一女が麻であった。運動能力に優れ、京都府立第一高等女学校（現府立鴨沂《おうき》高等学校）に在学中、第十回ロサンゼルス・オリンピック（一九三二年）に陸上選手として参加し、女子四百メートルリレー（第三走者）で五位に入賞した。ちなみに、この大会には同志社高等女学校の生徒、横田みさをも水泳選手として参加した。

陸上選手として鳴らした田島直人（山口県岩国市出身。後に京都大学に進学）も、同じくロサンゼルス・オリンピック選手で、この大会のため太平洋を渡る航海中、麻と知り合った。

彼は次の第十一回ベルリン大会（一九三六年）の男子三段跳びで、史上初めて十六・〇〇メートルの世界記録を出して優勝し、一躍その名を知られるに至った。帰国後、かねて婚約中の麻と結婚した。五輪カップル第一号である。田島は三井砂川鉱山勤務を経て、中京大学ドイツ語教授となり、一九九〇年に九十歳で死去した。

二〇〇二年六月二十九日、母校、岩国高等学校の前庭に植樹されたオリンピック優勝記念樹（オーク）の傍に記念碑が建立された。二年後の二〇〇四年十月十日、山口市の陸上競技場で「第一回田島直人記念陸上競技大会」が開催された。

孫・土倉九三《くぞう》

鶴松・修子の最初の男児で、麻の弟にあたるのが土倉九三である。一九二一年、父親が「京都に老いの身の侘住居」をした折の誕生である。今出川幼稚園（現同志社幼稚園）卒園後、京都師範学校付属小学校、京都府立第一中学校（現洛北高等学校）で学ぶ。京都高等蚕糸学校（現京都工芸繊維大学）中退後、陸軍に入隊した。今でいうフリーターを経て、一九五〇年、同志社大学二部経済学部に入学する。

在学中、桑原武夫（京都大学教授）夫妻の媒酌で松下美佐子と結婚する。印刷業に従事し、大阪で新美印刷を起こす。後、京都に移転し、一九八二年に社名を土倉事務所と改称する。一九九六年、死去（土倉九三氏追悼文集編集委員会編『土倉九三』七〜八頁、同会、一九九七年）。

九三は印刷業者としてよりも登山家、ないしは探険家として名を知られた。京都一中山岳部や洛北高等学校山岳部、京都大学山岳部関連の交友は多かった。今西錦司《きんじ》との交際はとりわけ有名で、九三自身が「今西錦司・その光と影」を『淡水魚保護』（一九九二年）に寄稿している。その末尾に後日、編集者が付記した筆者紹介をここに引く。

「土倉九三氏、京都市出身、一九二一年生の七一歳。大和の山林王として有名であった土倉庄三郎翁の令孫にあたる。身長六尺丁度の偉丈夫。性狷介《けんかい》なれども純粋。京都高等蚕糸学校（現京都工芸繊維大学）中退。一九四二年の興安嶺探検に参加、以後登山家として活躍。京大学士山岳会に加盟するも、裏方に徹して今日に至る。

一九五九年、新美印刷を設立。周囲の人はみな、直ぐに潰れると信じたが、奇跡的に持ちこたえ、その後、土倉事務所と改称して、安定した事業を営む。周囲の人は、よくどうなられているのに、いざとなるとこの人を助けるのが、何とも不思議の極み。

長い間、今西錦司氏に師事して、その馬廻《うままわ》り役を務めたが、今西さんが世間的に有名になって、世俗的関心が強くなったため、堪え切れず離反。何回も今西さんから、人を介して仲直りの申し入れがあったが、応じなかった。今西さんも淋しかっただろうが、土倉さんも哀しかったに違いない」（『土倉九三』二八〇頁）。

ちなみに、今西夫人は画家の鹿子木《かのこぎ》孟郎《たけしろう》の娘（園子）で、同志社女学校の卒業生である（拙稿「同志社の肖像画を描いた人たち」一二八頁、『同志社談叢』二二、二〇〇二年）。さらに今西の娘（上田まど子）は、九三が早くから今西家に出入りしていた関係から、同志社女学校在学中からすでに九三を知っていたと述懐している。

現在、土倉事務所（京都市北区小山西花地町一―八）の経営は、九三の長男、土倉大明《たいめい》氏（一九五五年生）に引き継がれている。

三人の孫――恭子、廣子、友子

鶴松には娘が三人いた。彼女ら恭子（長女）、廣子（次女）、友子（三女）は、母親（容志）が死去し、父親が村から転出した後は、祖父の土倉庄三郎が直接に手塩にかけて養育した。

孫たちによると、庄三郎の躾は厳しかったという。彼女らは

「京都の学校」（同志社女学校）へ送られた。幼い心に刻まれた祖父、庄三郎の印象は、いつまでも彼女たちの心に残る。宗教に対する姿勢は、次のようであったという。

「祖父は宗教心が強く、私は御祖先の戒名を全部覚えさせられて、閉口致しました。祖父が御仏前で読経《どきょう》する時は、孫等は皆その後に座って、共におまいり致しました。又、澤山の神棚に毎晩、お灯明《とうみょう》をあげさせられました」（辻井英夫「郷土の先覚者　土倉庄三郎翁」一〇頁、川上村教育委員会、一九六八年）。

ちなみに、「子女たちも親戚のほとんども、熱心な基督教信者であるのに、庄三郎は、宗教の極地は宗派の別がない、と確信していた」という（『評伝』一七六頁）。

長女・土倉（原）富子

土倉富子は、庄三郎の長女である。彼は男児ふたりを同志社（男子校）に送った同じ年（一八八一年）に、娘四人を大阪の梅花女学校に入学させたという（『評伝』六五頁）。同志社にもすでに女学校が存在していただけに、やや不可解である。彼女らはすぐに梅花から同志社女学校に転校するだけに、一層その感がする。

一説には、六歳の末娘を受け入れてくれる女学校が、梅花はもちろん、どこにもないので、娘たちを揃って同志社に転校させたという（「内田伯爵夫人政子刀自《とじ》の面影」三頁、『西海医報』二二九、一九六七年七月）。さらに、庄三郎は一八八〇年に「同時に児女七人を遊学させた」との伝承もあるが（「郷土の先覚者　土倉庄三郎翁」六頁）、入学年と人数の点で先の資料と食い違いが生じている。

それはともかく、同志社女学校へ転校した先発隊は、長女の富子と次女の政子である。一八八二年の新学期（すなわち秋学期）のことである。富子は一八六九年の生まれなので、十三歳前後の入学ということになる。

彼女らを受け入れた新島は、九月二十八日にさっそく土倉に宛てて、「万事老婦人ニ託し置候間、何も不都合はあるましと存候」と書き送る（『新島襄全集』三、二二六頁）。なお、この時、土倉は娘たちとは「別ニ、御一名」を同時に女学校に送り込んでいる（同前）。ここでは姓名は挙げられていないが、川上村の出身者、しかも梅花女学校からの転入生と推測できる。

その点は『梅花学園百十年史』（六〇頁、梅花学園、一九八八年）からも確認が可能である。同書には一八八二年の時点で、土倉が娘と親戚の娘を梅花女学校に入学させていたとある。

この「親戚」の娘とはいったい誰か。梅花女学校の一卒業生（山岡春子）、ならびに実質的には同校校長、成瀬仁蔵の回想を手がかりに人物を特定してみたい。まずは、前者である。

「其後、大和の吉野郡大瀧村の豪農、土倉庄三郎氏が、子女の教育の必要を感じられてか、御令息を大阪の藤沢塾に、令嬢達四人と〔中略〕親戚の佐久間お菊（シャム公使、吉田作弥氏夫人）に館おせいさんと六人の方を〔梅花に〕同時に寄宿させられて、大変賑やかになりました」（『創立六十年史』一三頁、梅花女子専門学校、梅花高等女学校、一九三七年）。

後者（成瀬）の回想は、合計では「六人のお嬢さん」という点では一致する。内訳は、庄三郎自身の五人の娘と「今一人六歳になる娘さん」で、後者は現在、「吉田作弥夫人で、閑院宮妃殿下《かんいんのみやひでんか》の御用掛を勤めて」いる女性だという（『評伝』七四頁）。

同志社女学校に転校したのは、佐久間か館のどちらかであるということになる。結論を先に言えば、決め手に欠ける。まず「佐久間お菊」であるが、実は作間栄子（えい）が正しい。栄子は作間猶斉・亜野の長女で、後述する綱太郎の妹である。父は大滝小学校長を務めた（「吉田作弥年賦」同志社社史資料センター所蔵）。栄子は一八七五年に奈良に生まれ、一八八〇年に梅花女学校に入学する。本科への入学は一八九一年、卒業は一八九五年であった。翌年一月四日に吉田と結婚した（同前）。

これが事実ならば、同志社女学校に来た可能性は低い。ただ、後述するように兄の綱太郎が、同志社に入学しているので、兄妹揃って同志社に来たとしても不思議ではない。なお、吉田作弥は、「熊本バンド」の一員で、後に外交官になる人物である。一方の「館おせい」（せい）に関しては、何の資料もない。

ちなみに、土倉は梅花女学校に関しては、最初から強力な支援者であった。信徒でなかった彼が、女学校に寄付を捧げたことが要因で、成瀬仁蔵が同校を辞職したことは、よく知られている。

その成瀬も後年（とくにアメリカ留学から帰国後）は、女子大学の創立のためには、未信徒からの寄附を歓迎する姿勢に転換した。土倉は引き続き、成瀬の事業に支援を惜しまなかった。そうした成瀬に対して、内村鑑三はこう批判する。

「かつて強い正統信仰の組合派教師にして、熱心な宣教師主義の主唱者。去年〔一八九八年〕教職〔牧師職〕を去って、今は百万長者の土倉氏と手を組み、大阪に女子大学を計画中である。貴族と富豪階層と親しくなることを求め、以前の厳格な正統主義については、全然聞かれない」（『内村鑑三日録　一八九七～一九〇〇』二二六頁）。

大阪での女子大学設立に失敗した成瀬を助けて、目白に日本女子大学校（現日本女子大学）を創設するのを資金的に援助したのも、土倉であった。

さて、同志社女学校に戻る。

土倉家の娘たちを受け容れた同校寄宿舎では、彼女らを世話するために「老婦人」が抜擢された。おそらく、新島の義母、山本佐久（寮母）と思われる。新島としては、親身になって訓育できる最善の女性であったはずである。もちろん新島自身が、（後述する政子の証言にあるように）土倉家の息子たちの場合と同様に、娘たちの場合も、保証人となったのは、言うまでもない。彼らの実際の指導に関しては、一八八四年二月二十七日付の書簡で、庄三郎に報じているケースが、参考になる。

この書簡は、庄三郎への返信である。どうやら庄三郎は、同志社女学校の女性教師（宣教師か）から手紙で、娘たちの「不都合」（不始末）を知らされたらしい。そのため彼は、この件を校長であり保証人である新島にすぐさま伝えた。

新島がただちに動いたことは、もちろんである。「昨日は八重が、今日は自分が女学校へ出向いて、両嬢〔娘さんたち〕から直接に事情を聴取し、本人たちを説諭した」ことを父親に報じた。教師たちには「向来、反則あらば直ニ小生迄通知」するように、と言い渡したことも付言した（『新島襄全集』三、二五九頁）。

ちなみに富子の名前が、一八八七年に作成された同志社文学会（学内サークル）の最初の名簿に、弟の龍次郎と共に載っている（『同志社文学雑誌』一、五一頁、一八八七年四月三〇日）。

土倉富子と原六郎の結婚

富子は同志社女学校の卒業を待たずに、原六郎（横浜正金《しょうきん》銀行頭取）と結婚する。式は一八八八年二月二十五日に祇園・円山《まるやま》の老舗料亭、中村楼で挙げられた。新島が司式し、北垣国道（京都府知事）夫妻が媒酌を務めた。北垣が名目だけの媒酌人でないことは、庄三郎宛の彼の手紙（出されたのは前年。天理図書館所蔵）から容易に窺える。

「昨日は推参寛く御話承り、今朝尚又、罷出で御妨げ申候段、万々御海容被下度候。午前九時、上りの汽車にて帰京、今朝御談しの通り、令嬢を拙宅に御招き致し候所、折悪しく学校の都合にて、今夕は差支へありと御伝言の趣、明朝御面晤《めんご》の事に致し候。併し原氏は、是非、明日十二時、山城丸に乗船の心組に付き、小生夫婦同伴、女学校に参り、授業一見を乞い、ゆるゆる授業場に於て、修行の体裁等、熟覧致し候に付、今朝申上候。

体格に於て令嬢、年齢は十八歳御未満なれども、健康と容姿とは十分二十歳くらいの所に適し申すべく。原氏は勿論、小生夫婦に於ても御身受け申し候間、何卒、御家族御当人へ御相談の程、懇請之至りに候。去り乍ら、本人に於ても修業の事は御同感にて、同志社女学校は女子教育に適実の学校と信じ候間、成るべく同校に於て業を遂げられ候様、冀望《きぼう》之事に御座候。

右次第に付き、御家族御当人御承諾の上は、此後二年の内に御貰ひ申候事に御相談下され度候。

右は原本人の懇請に由り、深く及御依頼候。　早々敬具。

〔一八八七年〕三月四日　国道

土倉庄三郎殿」（『評伝』七〇〜七一頁）。

そもそも原に富子を紹介したのは、原の「竹馬の友」、北垣であった。原は一度、結婚しており、娘もあったが、一八八五年に離婚していた（原邦造『原六郎翁伝』中巻、五三五頁、原邦造、一九三七年）。二度目の結婚式の消息は、原日記に詳しいので、紹介しておきたい。

二月二十三日、原は入洛して、中村楼で新島と打ち合わせを行う（同前、五三七頁）。「同〔二月〕二十五日　土倉一同、十二時来る。其人員二十六名。此時富子は、目舞《めまい》〔眩暈〕したる為めか、吐き且つ頭痛を催したるに付、土倉夫婦の心配少なからず。

依て余は、之れを保護し、助けたり。二時半に至り快方、衣服を着するに至る。三時、来賓揃ふ。式場は正四時に之れを開く。四時卅分、式了する。

来客は芝、Wedding Cake 並に立食の席に着す。我々新夫婦は、休息室にて富子の服を替えしむ。更に立食室に夫婦出席し、Cake を切る。結婚式は全く洋式にして、新島襄氏之れを執行せり」（同前、五三七～五三八頁）。

三日後の二十八日、四、五十名の人たちに見送られて、新婚夫妻は、七条駅（京都駅）を発つ。見送り人のうち、新島を始め四十余名が大津まで同乗し、波止場で新婚夫妻と別れる（同前、五三八頁）。

式典が曲型的な洋風であるのは、新島の提案であろうか。それにしても、時代とはいえ、大仰な式典、新婚旅行である。そのために、庄三郎ら土倉家の面々は、式後も三月一日まで京都に滞在したもようである（『新島襄全集』三、五二〇頁）。新島もまた、結婚式の華やかさと壮大さを遠くアメリカにまで報じた。

「一週間前に私は、われわれの親友である横浜〔正金《しょうきん》〕銀行の頭取を結婚させました。同君は昨年の夏に私たちの予備校のために一千円を寄付してくれたうえ、先週にも寮を竣工するために四百円を支出してくれました。その寮には、同君の名前がつくことになっています。

同君の若い妻は裕福な実業家の長女で、以前、京都ホーム〔同志社女学校〕の生徒でした。結婚式は市内最大のホテルで挙行され、大盛会でした。結婚式の行列も、相当華やかなものでした。花嫁は、われらの知事夫人と六人の乙女にかしずかれ、隣の滋賀県の元副知事が、つきそいました。多数の名士が出席するなか、キリスト教による厳粛な結婚式は、参加者に深い感銘を与えました」（同前一〇、三三二頁）。

結婚から三年後の一八九一年、原は富子を同伴して欧米に出張した。アメリカでは、ジェームズタウンでモリス家にホームステイして、先に留学中の土倉政子と再会、またブラックアイランドではJ・N・ハリス夫妻（同志社ハリス理化学館の寄付者）に会うことができた（『原六郎翁伝』下巻、一三二頁、一三七頁）。

モリス（Wistar Morris）夫妻は、フィラデルフィア郊外に住む、篤実なクエイカー教（フレンド派）信徒で、内村鑑三や新渡戸稲造を始め、何人もの日本人留学生の世話をしたことでよく知られている。そのひとり、三島弥太郎は次のように記す。

「当市〔フィラデルフィア〕から四、五マイル離れた所に、モーリスという鉄道会社社長が住んでおります。社長夫妻は大変日本人びいきで、毎月一回、集会を開いては、当市および近辺の日本人を集め、夫人自から耶蘇教を説き、そのつど夕食を馳走されます。〔中略〕モーリス氏は、資産が一千万ドルある人です」（三島義温《よしやす》『三島弥太郎』九七～九八頁、学生社、一九九四年）。

土倉家の関係者で、アメリカにおいてモリスと接触したのは、政子のほかにも、佐伯理一郎と川本恂蔵がいる。いずれもフィラデルフィア医科大学に留学中のことである。

モリス夫妻は、一八九〇年春に訪日している。その折、留学中の川本（と思われる）医学留学生が家族に出した手紙（原文は漢字カタカナ混じり文）には、こうある。

「モリス氏夫婦は多年日本人を愛遇し、其懇篤なる、筆紙に尽す能はさる程にて、既に費府〔フィラデルフィア〕に於て仝《どう》氏夫婦の厚遇を受けし〔日本人は、〕八十余名の多きに至ると聞く。小生も亦非常に恩遇を忝《かたじけ》なうし、必す毎月一回、其招きを被れり。殊に昨夏の如きは、殆んど一周日も仝氏の宅に滞在、殊遇を受けたり。

仝氏夫婦、三月十一日、桑港〔サンフランシスコ〕解纜《かいらん》、我日本に漫遊せらるゝや、仝夫人はフレンド派〔クエーカー〕婦人伝道会々長にして、其漫遊の目的も日本伝道の模様を視察し、且つ日本上流の婦人に面会して、伝道の一助を与へんとの由に聞けり云々」（『基督教新聞』一八九〇年四月二五日）。

後述もするが、このモリス夫妻が日本から帰国する時に、留学生にするために同伴したのが政子である。また、アメリカでモリスの世話になった佐伯と川本は、後に土倉糸・小糸（双生児である）とそれぞれ同日に結婚することになるのも、奇遇である。

富子に戻れば、政子やモリス夫人の勧めもあって、アメリカに一年位、そのまま留まって英語などを修学する計画が、急きょ浮上した。六郎はむしろイギリス留学を勧めたが、結局、彼女をモリス夫人に託すことにして、六郎は独り渡英した（『原六郎翁伝』下巻、一三八〜一三九頁、一四一頁）。

アメリカに残った富子は大学などには入学せずに、高平小五郎領事宅にホームステイする方を選んだ（同前、一八五頁、一九〇頁）。帰国する時には、西海岸まで青木鉄太郎（後述）が同行した（同前、二〇〇頁、三五五頁）。日本に着いたのは夫の六郎より五か月遅れた一八九二年七月の頃である。

土倉富子・原六郎の信仰

富子は原に種々の感化を与えたが、その典型はキリスト教信仰である。原は晩年の一九二二年一月三日に至って洗礼を受けた。それについて、伝記は次のように記述する。

「抑々《そもそも》翁がキリスト教へ関心を持ちはじめた最初は、明治初年の米国留学時代に遡る。即ち当時、翁が下宿してゐた家の主婦は、敬虔な清教徒《ピューリタン》で、彼女は機会ある毎にこの東洋の一留学生をとらへて、キリスト教の精神を鼓舞し、信仰の種子を植ゑ付けて置いて呉れたのである。

帰国後、地上の営みに忙しかった翁は、とかく信仰の事は忘れ勝ちであったが、明治二十三〔二十二〕年、同志社女学校において新島襄氏からキリスト教的精神主義の薫陶を受けた富子夫人と結婚するに及び、かつて翁の胸中に植ゑ付けられてあった信仰の種子は、夫人の尊い愛によって次第に培はれはじめた。

晩年、閑暇の境遇に入ってからは、よく〔東京〕大手町の教会で内村鑑三氏の説教に聴き入る翁夫妻の姿が見られた。その後、柘植不知人《ふじと》師が熱海に病気静養に趣いた折、翁夫婦は師の純福音の説教を聴いて共鳴し、その熱心な信者となった。かくて大正十一〔一九二二〕年一月三日、即ち翁が八十歳の春、父なる神を信じ、御子《みこ》イエスキリストの贖を信じた翁は、熱海の別荘において木村清松師〔組合教会派牧師〕によりて洗礼を受けた。神の恩寵に恵まれた翁の晩年は、全く幸福そのものであった」（『原六郎翁伝』中巻、五五一～五五二頁）。

富子は生涯、信仰を堅持し、学校や教会への寄付にも積極的であった。たとえば、前者では、津田塾への寄付（一九〇六年）が好例であろう。設立者の津田梅子は、大山巌（捨松夫人と梅子は、かつての留学仲間であった）の仲介を示唆するが、もちろんブリンマー大学に梅子と同時に留学した政子の口利きがあってのことである。

梅子は記す。「さてと！土倉〔政子〕さんのお姉さんの夫である原氏から、すてきなプレゼントを頂きました。土倉〔政子〕さんとはかつてブリンモアー大学でご一緒でしたので、覚えていらっしゃると思います。さてと！原さんは隣接地を買うために千円を下さいました」（*Yoshiko Furuki The Attic Letters*, p.442, Weatherhill, 1991）。

後者の寄付の例としては、藤村勇（姪の佐伯忠子の夫）が伝道を受け持つ教会への支援が挙げられる。牧師館や修養施設などの建築資金を寄付した（日本キリスト教団渋谷教会・教会創立七十周年記念誌小委員会編『神の恵みによって――藤村勇師、忠子師、壮七師の生涯――』五四頁、七四頁、同教会、一九九六年）。

ところで、原六郎夫妻の信仰を忠実に受け継ぐのは、夫妻の長女（多喜《たき》）と結婚し、養嗣子となった原邦造（旧姓田中）である。大阪の高槻市に生まれ、京都百万遍の寺院（知恩寺）に下宿して第三高等学校、京都帝国大学法科大学に学んだ。満鉄に勤務していた時代（一九〇九年）に原多喜と結婚した。

実業界で幅広く活躍するかたわら、先代同様にキリスト教信徒となり、晩年は日本キリスト教団芝教会長老を務めた。一九五八年三月三十日、母富子（前年八月二十三日永眠）の後を追うように永眠した。葬儀は明治学院礼拝堂で日本銀行葬として挙行された（『原邦造』、原多喜、一九六〇年）。

夫の追悼集『原邦造』を出版した多喜は、二十年後の一九七八年六月七日に永眠した。四人の娘たち（原梅子、山本澄子、松井以都子、島田喜久子）――他に長男・俊一がいた――は遺稿集、原多喜『はなかへで』（原梅子ほか、一九八〇年）を出版して、母親を偲んだ。

同書によれば、多喜は一八八九年生まれで、華族女学校（学習院女学部）を卒業二年後に結婚している。遺稿集は彼女が生前に嗜んだ和歌の集大成で、「キリスト教信仰に基く神への感謝・讃美の心をよみこんだもの」が含まれるのがいかにも原家らしい。目についたものを挙げてみると――

あめつちの則にたがはぬ国にこそ
　神のめぐみはゆたけかるらめ
浮きしずみ神にまかせて彼の岸に
　つくを願はむ波あらき世に
しづけくもきよめらるゝかしろしめす
　神のみまへに祈るひとゝき
敵味方わかちをつけずいつくしむ
　ひろき心をたまへ われにも

次男・土倉龍次郎

龍次郎（戸籍では龍治郎であるが、龍二郎、竜二郎、辰二とも表記される）は、土倉庄三郎の次男である。同志社に入学したのは、兄弟の中では弟の亀三郎と共に一番早い。すなわち、新島によれば一八八一年の十月中旬に庄三郎は「其実子」を伴って新島宅を訪ね、「二子教育ノ事ヲ委託セラル」という（『新島襄全集』一、一八五頁）。

この「二子」が、龍次郎と亀三郎であることは、学校記録からも明らかである。ただ、あまりにも二人とも幼少であったために、入学が認められたけれども、実質的には仮入学ではなかったか。

龍次郎は一八七〇年十月の生まれなので、入学時はやっと九歳になったばかりである。ただ龍次郎自身は「明治十三（一八八〇）年、私満十一歳にして同志社の幼年組の一員とせられた」と後年、回想するが、記憶違いであろう（土倉龍次郎「五十二年前象を見に」三九五頁、『追悼集』六、同志社社史資料室、一九九三年）。

新島は最初から龍次郎を高く買っていた。同志社に受け入れた直後の十一月十七日に庄三郎に宛てた手紙には、「辰二郎（龍次郎）君ハ、不遠シテ予備門ニ御加入ハ相叶可申」とある（『新島襄全集』四、三八八頁）。

学籍簿では、龍次郎は一八八六年、「普通校一年」に入学し、一八九二年六月（二十二歳である）に「全課卒業」とある（「明治廿五年起　同志社各学校原籍簿」第一号）。やはりそれ以前の同志社での学歴は、五年間にも及ぶものの、カウントされていない。在学中の一八八七年四月十七日に同志社教会で洗礼をうけている（『同志社教会員歴史名簿』二〇頁、同志社教会、一九九六年）。

土倉兄弟が独《ひと》り立ち出来るまで、新島は親代わりを務め、何かにつけて彼らへの配慮を忘れてはいない。例えば、一八八六年三月のことである。龍次郎は漢学の学習進度が遅いため、学内の寄宿舎から市内の漢学塾へ通学して個人指導を受けている。

しかし、効果があまり上がらなかったようである。塾を経営する石井忠敏から、龍次郎が同志社「本科」に「加入」するまで自宅に引き取って漢学を教えたい、との申し出が新島に出されている。新島は、夏休みまで龍治郎を石井宅に「委託」することを承認した（『新島襄全集』三、四〇〇頁）。これは、校長独自の特別配慮かもしれない。

さらに春休みに、京都在住のコールポーター（聖書販売人）、「中尾ナル人」が奈良に出張するついでに息子たちを同行させ、帰省させたい、との願いを庄三郎が新島に寄せたことがある。これには新島は強く反対で、その旨の返信を庄三郎に送っている。中尾某が「八合目位ノ人物」で、「愚ニシテ」、往々、キリスト教の評判を落とす行動に走ることがあるから、というのが反対理由である。

有力な反対理由がいまひとつあった。庄三郎とはその前に大阪で会っているが、中尾に引率させる件は話題に出なかったうえ、その後も新島には何の連絡もなかった。自分ではなく、中尾に直接「御委託トハ如何ノ事ソ」と新島は不信感を表明し、「此は間違ヒニハ無之候哉」と強い調子で問うている（同前）。新島は責任上、「委託者」に徹したかったのであろう。

一八八七年に至って、龍次郎はようやく普通学校本科に入学できた。在学中の回顧として彼が挙げるのは、運動、とりわけ剣道と柔道である（『創設期の同志社』三二二頁、同志社社史資料室、一九八六年）。よほど得意であったようだ。

だからといって文学活動には無関心、というわけでもない。校内サークルの同志社文学会の最初の会員名簿に、すでに名前が出る。しかも「トノ部」で徳冨健次郎（後の蘆花）と並ぶ（『同志社文学雑誌』一、四九頁、一八八七年四月三〇日）。二年後の名簿にも名前が載る（同前、二二、四三頁、一八八九年五月三〇日）。

さて、一八八八年に至って、新島は医師の診断の結果、寿命が長くはないことを覚悟し、独り残された場合の夫人（八重）の生活保障を土倉に依頼した。マッチ用材の植林に共同投資したいという提案で、将来、利益が上がれば折半して八重に供与してもらいたい、というのである（『新島襄全集』三、五六九頁）。

土倉がこの案を承諾したので、新島は三百円を送付する代わりに同志社で預かり、「御子供衆之御学資」に転用したい旨を土倉に知らせた。なお、この時の新島書簡によれば、龍次郎は「通帳」を持たされ、学校会計の担当事務員から現金を受け取るというシステムをとっていることが判明する（同前三、六二七頁）。

一八八九年二月十一日、同志社病院から龍次郎は、新島八重（神戸諏訪山・和楽園で静養中の新島に付き添っていた）にハガキを出している（新島遺品庫蔵）。内容は入院中の妹（政子）を八重が見舞ってくれた礼である（『新島遺品庫収蔵目録』上、一三三頁、同志社社史史料編集所、一九七七年）。

看護宣教師のリチャーズ（L. Richards）も、新島に政子の回復振りを手紙で報告している（L. Richards to J. H. Neesima, Feb. 14, 1889. 同前下、一七八頁、一九八〇年）。新島夫妻が、土倉家の子どもたちの世話を特別にやいていることが、判明する。

新島が大磯で臨終を迎えようとしていた一八九〇年一月九日、同志社の教員会議で土倉兄弟のことが議題に挙げられている。堤本熊太郎という人物（不詳）が土倉兄弟の面倒を見るので、兄弟が校外に下宿することを認める、ただし場所は校長が認める場所に限る、との決議である（*Doshisha Faculty Records1879-1895*, p.241, 同志社社史資料室、二〇〇四年）。なぜ校内の寄宿舎を兄弟揃って出なければならないのか、詳細は分からない。

土倉龍次郎の仕事・結婚・信仰

龍次郎の同志社卒業は一八九二年であった。『評伝』（一三三頁）は「同志社経済学部」卒とするが、同志社普通学校卒である。「捧呈新島をば様」と裏書された同月二十四日付の龍次郎の肖像写真（京都で撮影、『同志社談叢』二五、「口絵」六頁の⑮、二〇〇五年三月。以下、「口絵」）が新島八重の遺品の中に残っている。卒業記念に八重に贈呈されたものであろう。

卒業直前の五月十八日に龍次郎は、庄三郎に長文の手紙（土倉正雄氏所蔵）を寄せて、「南洋諸島」へ雄飛したいとの希望を縷々《るる》述べている。若くして密出国してまで外国に飛び出した「尤モ敬愛スル新島先生」に倣いたい、というのである。

卒業当初は家業を手伝っていたが、南洋拓殖の夢が捨てきれず、陸軍大尉の長野善虎を頼って一八九五年に台湾に渡った（『評伝』一三三頁）。同年の『同志社文学』（八五、三五頁、一八九五年二月二三日）は、彼が二月三日に同志社に立ち寄った後、「朝鮮及び支那」へ一年の予定で「何か取調べの廉《かど》ありとて」単身「遠征」する、と報じている。

視察の結果、大陸から台湾に方向転換でもあったものか。いずれにせよ、龍次郎は同志社普通学校を一八九二年に出た村山令蔵（三田《さんだ》出身）と共に、元級友であった津下《つげ》紋太郎をも台湾開拓の協力者に迎えている。津下は、龍次郎の要請に応えて占領直後の台湾において一八九六年から八年間、植林事業に尽力した（『津下紋太郎自伝』六二頁）。主たる事業は、一万町歩の借地に吉野から運び入れた二百万本の杉苗を植えることであった。現在でもその一部（亀山地区）は「土倉山」と呼ばれているという（同前、一三七～一三八頁）。

龍次郎の事業は植林に止まらず、一九〇三年には台北電気株式会社を立ち上げ、社長に就いた。津下もまた取締役として同社の経営に参画している（「旧亀山電廠再利用―亀山文史研討会」研討手冊、二五頁、二〇〇四年四月六日。土倉正雄氏提供）。

台湾における事業は順調に行くかに見えたが、頓挫した。事業は一九〇九年十一月に三井合名会社に二十万円で譲渡された。龍次郎の四男（正雄氏）は、その理由として、鶴松の事業失敗を挙げる。

国内や中国北部、朝鮮における金山や炭鉱の開発、あるいは人工皮革工場の建設など、十数種類に及ぶ投資の失敗、さらには、仏教関係者による探検隊への莫大な協賛金の支出も響いたという。事業の売却は、そうした巨額の欠損を埋めるためであった。一九〇七年、失意のうちに龍次郎は東京に引き揚げた（同前、八頁）。

ちなみに津下は、事業家としての龍次郎を次のように見ている。

「龍次郎君は私と〔同志社での〕同窓の友であるが、兄鶴松君とは異なり、温厚篤実の君子人の風格を有してゐる。体格に於ても兄に劣ってゐたが、生来、創業の事に趣味と才能を持ってゐた。しかし、柔道の技に於ては殆ど天分的に優れてゐたし、それに胆剛の点に於ては兄鶴松君を凌いでゐた。之等の資格が台湾蕃地に乗出さしめた所以であった」（『津下紋太郎自伝』七四頁）。

しかるに土倉兄弟は、そろって事業運には見放された感がある。晩年の兄弟の境遇に関する津下による記述を再び引用すれば、「鶴松君は京都に老いの身の侘住居。龍次郎君は東京の郊外に隠棲して、メロンやカーネーションを栽培して余生を送って居る」（同前、七六頁）。

ここにあるように、龍次郎は後半生には園芸業を営んだ。一九二三年、目黒に五万平米《へいべい》の土地を購入し、二万平米もの巨大温室を建設した。日本では珍しいカーネーションやメロン、トマトなどの栽培に取り組んだ（「旧亀山電廠再利用――亀山文史研討会」八頁）。

とりわけカーネーション栽培では先駆的な存在で、大日本カーネーション協会の会長を務めた。副会長の犬塚卓一との共著、『カーネーションの栽培』（修教社、一九三六年）がある。

龍次郎の結婚は一九〇五年頃で、相手は同志社女学校（高等普通科）生徒であった和田りゑ（りゑ子）であった（『同志社女学校期報』二二、三八頁、一九〇五年一二月一六日）。

彼女は、在学中の一九〇三年十二月二十一日に古木《こき》虎三郎から洗礼を受けている（同前、一九、七頁、一九〇三年六月二二日）。一九〇四年に卒業予定であったが、女学校を四年で中退しての結婚である。一九〇八年には長男・富士雄が生まれた（同前、二六、二五頁、一九〇八年一二月一〇日）。子どもは全部で八人（娘は四人）であった。

龍次郎の信仰について付言すれば、同志社在学中の一八八七年六月十九日に同志社教会で洗礼を受けている（『同志社教会員歴史名簿』二〇頁）。その後、教会から離れる時期があったようだが、後にいわゆる「純福音」信仰に転じている。

その契機は叔母にあたる佐伯小糸が、かねて師事していた純福音系の伝道者、藤村荘七との巡り合いにあると思われる。具体的に言えば、一九二九年に藤村の遺児、藤村勇が渋谷（富ヶ谷）で開拓伝道を始めたことにある。藤村の妻、忠子は佐伯理一郎・小糸夫妻の長女であった。この間の消息を龍次郎の娘、静子は次のように記す。

「父と私は早速、富ヶ谷の礼拝に出席いたしました。勇先生が礼拝をお持ちになって、三回目位の日曜日だったように思います。ほんの七、八人位の礼拝でありました」（『神の恵みによって』四六頁）。四郎の旧友（三島海雲）によれば、「竜治郎は非常な人格者で、〝ノーブルな〟という形容詞がいかにもぴったりする人柄であり、親族、その他の人々から、たいへん尊敬されていた」という（『私の履歴書』経済人一〇、一八三頁）。

晩年の龍次郎は東京の郊外で園芸業に従事していたが、一九三二年の時点で、「私は様々の変転に遭ふた末、今は無限の御恩寵の下に一小園の園主として感謝の奉仕に当らせて頂いて居るのであります」と述懐する（「五十二年前　象を見に」三九五頁）。「無限の御恩寵」の文言から、信仰を回復させていることが判明する。

次女・土倉（内田）政子

庄三郎の次女、政子が長女と一緒に同志社女学校に入学したことは前に見た。令嬢の教育を委託された新島は、最大の配慮を惜しまなかった。政子は、「私の保証人は、新島校長でありました」とか、「新島先生の夫人が保証人であった」と証言している。

ただ、女学校では新島は名目的な校長、という面が強く、実態は女性独身宣教師が主役（影の校長）であった。そのため、女学校内では往々「校長先生の言はれる事さへ通らなかった」ことを富子は、暴露している（『創設期の同志社』三七四～三七六頁）。

富子と政子の在学は、新島や同志社にとっては、心強かった。一八八五年、二度目の渡米中に、新島はミッションに対して次のように報じた。

「〔京都の〕学校から少し離れたところ〔奈良〕に住んでおり、私たちとは全く面識のなかった或る金持の商人〔土倉庄三郎〕が、数年前〔一八八一年〕に京都〔のわが家〕を訪問し、学校の理事者〔新島〕とはじめて会ったときに、もし私たちが同志社につらなる法学校を創設するならば、少なくとも五千円提供することを約束致しました。

それ以来ずっと、彼は私たちに好意を示し、現在、彼の娘二人はミッションによって支えられている京都ホーム〔同志社女学校〕で教育を受けています」（『新島襄全集』一〇、二九九頁）。

新島は富子の結婚に尽力したように、政子の結婚にも深く関与した。最初の候補者は大山綱介《つなすけ》であった。新島が一八八八年四月に東京で井上馨に面談し、同志社大学設立募金の要請をした席で、井上の方から「政子さんを大山に世話してほしい」と依頼された（同前三、五六四頁）。大山は井上とは肝胆相照らす仲であった。

一方、新島は井上とはすでに相互によく知る間柄であったが、大山とは面識がなかったかもしれない。

この縁組は井上主導で進められた。新島によると、井上は大山の「品行」を「非常ニ賞讃」し、政子との結婚を「非常ニ御懇望」した。しかし、新島は同志社女学校の「校長之身として」（おまけに政子の保証人でもあった）、ふたりの結婚には消極的であった。会談の席上、井上には「一応御断ハ申上候」と、後日、新島は庄三郎に報告した。

しかるに、親に代わって即断したことを多少懸念したのか、その後、やや態度を和らげた。本人たちが直接に会った上で、彼ら自身が下す判断を尊重する、いざ結婚するとなっても決して急がず、来年の卒業を終えてからにする、いずれ大山がそちらに参上する、といったことを申し送った（同前三、五六四～五六五頁）。

理由は定かではないが、結局この縁談は最終的に成立しなかった。大山は一八八八年八月九日付の書簡で、井上に「土倉一条高配感佩《かんぱい》」と礼を書き送っている（「井上馨関係文書」、国会図書館憲政資料室所蔵）。

政子の卒業は一八八九年六月であった。山口昌男『「敗者」の精神史』（二〇六頁、岩波書店、一九九五年）は日本女子大卒とするが、もちろん同志社女学校（本科）である。この時、新島は北垣国道知事を卒業式に招待した。当日の卒業生五人のひとりが政子であることをもちろん新島は府知事に伝えた（『新島襄全集』四、一五六頁）。

新島が永眠したのは、翌年一月二十三日のことであった。政子は二十七日の葬儀に参列して、亡き恩師を偲んだ（『新島遺品庫収蔵目録』上一〇二頁、一三八五番）。

卒業後、彼女は一年近く市内土手町の女学校（現府立鴨沂《おうき》高等学校）で古典や裁縫、料理を習う傍ら、「デントン塾」で英語を学んだという（「内田伯爵夫人政子刀自の面影」三頁）。

デントンとは、同志社女学校教員のM・F・デントン（M. F. Denton）である。このデントンの書簡によると、政子は「一年間病院で自分と一緒だった」という（M. F. Denton to Miss Fay, Jan. 17, 1894, Kyoto. 坂本清音氏提供）。「病院」とは同志社病院を指すが、二人して入院していたわけでない。病院付設の看護学校（京都看病婦学校）ともども、政子はデントンの手伝いをしたのであろうか。デントンは、学生や看護婦たちに病食調理法や英語を教えていた。

政子のアメリカ留学

卒業後の進路として、政子はアメリカ留学（女学校）の道を選んだ。渡米は一八九一年のことで、デントンの勧めによった。デントンは政子を「私たちの学校を昨年卒業した十九歳の女性で、大変な美人のうえ性格も良い。非常に調和のとれた謙虚な人」と絶賛している（M. F. Denton to N. G. Clark, July 21, 1890, Kyoto. 坂本清音氏提供）。

さらに「中島〔力造〕博士が滞米中、彼の家族を支援した土倉さんの娘です。土倉さんがなぜクリスチャンでないのか、私は理解できません。彼はかつて〔亡き〕新島先生の親友で、並のクリスチャン以上にキリスト教の支援者です。政さんは来年、渡米しますが、そのことを私はずっと心から願っておりました」と付言する。土倉家はすでに半ば洋風の生活をしているので、生活面の適用は心配ないともデントンは見た。

ところで、政子の留学は私費留学で、少なくとも五年間、という目論見であったが、一八九一年にモリス夫妻の入洛が直接の契機になった。夫妻はフィラデルフィアの有名な知日家（クエイカー）として知られた。彼らが自分たちの帰国に併せて政子を同行したいと申し出たので、政子の留学準備は、わずか三週間という慌ただしさであった。

アメリカで英語学習の後、ブリンマー大学（Bryn Mawr College）へ入学することをモリス夫人は望んでいた。いずれの大学であれ、デントンは帰国後の新島が男子のために尽くしたのと同様に、政子が将来、日本女性のために尽力してくれることを願った（ibid.）。

政子をアメリカに同行したモリスに関しては、京都に滞在した折、政子に英語を教えたとの伝承がある。それが事実ならば、夫妻は京都ではデントン邸に逗留したのであろう。政子は渡米後、当然のようにモリス家にホームステイをする（「内田伯爵夫人政子刀自の面影」三頁）。モリスはもちろん、同志社女学校にも多額の寄付を惜しまなかった。

渡米した政子は、フィラデルフィアで英語を磨いたうえで、ブリンマー市の名門女子大学、ブリンマー大学に入った。留学費は一年間でおよそ千円を要した（『評伝』一九七頁）。この大学は熱心なクエイカー教徒が創立したクエイカーの大学であったので、政子も多少の感化を受けたようである。

彼女の渡米三年後に認められたデントン書簡には、「ブリンマー大学二年生に私たちの学生がひとりおります。土倉政子さんです。父親の〔経済的〕負担で同地におりますが、よくやっております。今日、きれいな手紙を貰いました」（M. F. Denton to Miss Fay, Jan. 17, 1894）。

ちなみにブリンマー大学にはこの間（一八八九年〜一八九二年）、津田梅子も（二度目の）留学をしている。当時の留学生のひとりが、「津田梅子、土倉政子の二婦人がブリンモア女子大学に在学中であった」と回想する通りである（清宮一郎『松本健次郎懐旧談』六〇頁、鱒書房、一九五二年）。政子と津田との交流は、津田塾大学に保存されている梅子宛の手紙の中に、政子の手紙が混じることからも判明する（山口芳郎『積善の家』一九三〜一九四頁、私家版、二〇〇一年）。

手紙はジェームズタウンから発信された一八九三年八月六日付のものと、ブリンマーのミッションハウスから投函された一八九六年一月一七日付のもの、合わせて二通（津田塾大学所蔵）である。前者では松田道（後に同志社女子専門学校長）のブリンマー留学のことが話題になっている。

松田は日本婦人米国奨学金により留学した第一号の留学生である。この奨学金は、梅子がモリス夫人の協力を得て作った八千ドルの基金を運用した果実をもとにする。

松田に続いて河井道子や鈴木歌子、岡田たきなどがこの恩恵に浴した（大庭みな子『津田梅子』二〇七頁、朝日新聞社、一九九〇年）。デントンは松田にも多大の期待をかけ、「日本女性のための新島先生（the Neeshima）」になるだろう、と望んだ（M. F. Denton to Miss Fay, Jan. 17, 1894）。

さて、政子に戻ると、留学中の政子の生活に関して上述したこと以外で見るべきは、一八九〇年七月十三日付で新島八重（かつての保証人である。新島襄は半年前に死去）に宛てた便りくらいである。これはフィラデルフィアのモリス家で書かれたもので、八重の姪である山本久栄（同志社女学校生徒）にもよろしくとある（『新島遺品庫収蔵目録』上一三四頁、一八四一番）。

このモリス家にホームステイしている時に、政子は新渡戸稲造と知り合ったのであろう、彼の結婚式に唯一の日本人として参列している（拙稿「新渡戸稲造と同志社」、『新渡戸稲造研究』一三、新渡戸基金、二〇〇四年九月）。また原六郎と共に渡米した姉の富子に再会したのも、モリス家の別荘であった（『原六郎翁伝』下巻、一三〇頁、一三六頁）。

この時、原は一八八九年六月以来、義妹が世話になった礼に「寄宿料」としてモリスへ五百八十円を差し出した。しかし、モリスはそれを受けとらず、宣教師のコサンド（J. Cosand）が一八八七年に東京に開いたクエイカー系女学校（普連土《フレンド》女学校）へモリス名義で寄付するように指示した（同前、一三七頁）。

政子の留学は七年に及んだ。本人はさらにフランスに渡り、ソルボンヌ大学に留学する夢をもっていたが、庄三郎からの督促で、急ぎ帰国することになった（「内田伯爵夫人政子刀自の面影」三頁）。横浜着は一八九七年七月二十六日であった（『同志社女学校期報』九、一七頁、一八九七年一二月二四日）。

帰国するやすぐに奈良に向かい、八月六日に実家に戻った。その日、たまたま弟、六郎の同級生、川田順が夏休みを利用して東京から土倉家に遊びに来ていた。川田と言えば、後年、歌人として名をなすに至るが、父親の川田剛《たけし》は元備中松山藩（現高梁市）の漢学者で新島襄の師に当たった。その川田の息子も、土倉家と縁が深かった。彼は後に政子が帰省した日の出来事を次のように回顧する。

「第二女まさ子は二十歳の娘の頃、ミス・デントンの紹介でアメリカに渡り、ワシントンかボストン〔実はフィラデルフィア〕で長らく勉強していたが、まことに偶然にも、私の大滝逗留中、七年ぶりに帰って来た。出迎えの日の模様を精しく覚えている。酷暑の午後、土倉一家の人々は五社峠の頂上まで迎えに出たが、私もついて行った。峠には巨木の杉が数本立って、どの木にも蝉が鳴いていた。とかくするうちに、ミス・ドグラが数人の男女に導かれて、宮滝の方から峠へ上って来た。

パラソルをさし、純白の洋装をした彼女は、たけ高く、美しかった。当時の東京でさえ、このような女性を見ることは珍しかった。皆へ一々握手し、私の前に来て、『六さんですか』といった。『僕はここにいます』と六郎が微笑しながら寄って来た。

彼女は六郎や私に、アメリカの話をしてくれた。厳冬の最中にストーブをドンドン焚《た》いて、薄着になってアイスクリームを食べるという話などを、私たちは珍しそうに傾聴した」（『評伝』一九八〜一九九頁）。

身内から見ても、「土倉氏は美人系で、男も女も概して器量よしであるが、まさ子はとくに美しかった」という（同前、一九九頁）。後に川田は政子とは、もう一度面談する機会があった。一九三二年二月に下関から大連へ渡る船中でのことで、政子は夫である満鉄総裁の内田康哉《やすや》に同行していた。

その折の川田の回想録には、「彼〔内田〕の夫人政子さんは、吉野山林王の豪族、土倉氏の娘で、ボクの〔城北〕中学の親友、土倉六郎（二十歳で病没）の姉である。六郎及びボクよりも十歳歳上だから、船中で逢った時は、六十一歳の筈である。早くからアメリカに留学し、八年後に二十七歳で帰国した」とある。

会談の中で政子は川田にこう言ったという。「五社峠のことはわたしも覚えてゐます。ひぐらしがたくさん鳴いてゐたのを珍しく思ひました。あなたと六郎をまちがへたので、あとで六郎から不満をいはれました」。

ただ、政子との会話は「それっきりで、政子さんは土倉家の思ひ出を語るのを避けるやうにした。この時、この豪族は全く没落してゐたからだらう」（川田順『葵の女』一〇二～一〇三頁、講談社、一九五九年）。

土倉政子と内田康哉

この政子の魅力に一目で魅了されたのが、後の外務大臣、内田康哉であった。帰国の挨拶のため政子が庄三郎に連れられて外務省に行った際、応対したひとりが通商局長の内田であった。彼は上司の陸奥宗光を介して結婚を申しこんだが、返事を待ちきれずに大滝村を訪ね、直《じか》談判を試みた。

結婚式は一年半後の一八九九年であった。政子は外交官の妻として最適のベターハーフであった（『評伝』二〇〇頁）。結婚の媒酌人は原六郎夫妻（姉夫婦）、そして司式は同郷（熊本）の牧師、小崎弘道であった（「内田伯爵夫人政子刀自の面影」四頁）。

内田は外務省でも有数の英語力の持ち主で、求婚の手紙も英語で書いたほどである。けれども、流暢な発音と会話力では政子に到底及ばない、ともっぱらの評判であった（内田康哉伝記編纂委員会・鹿島平和研究所編『内田康哉』五七頁、鹿島研究所出版会、一九六九年）。ちなみに内田の評伝には政子の記事は極めて少ない。次の記述は、さだめし例外に属する。

「政子夫人は同志社女学校卒業の後、二十歳で渡米し、ブリンマー大学を卒業し、その習得した英、独、仏語を活用して社交方面において大いに活躍して、内助を怠らなかった。

ことに北京駐在中は、西太后《せいたいごう》を始め、広く清国朝野の大官名士、または外国使臣やその夫人らと常に親密な交際を行ない、北京社交界の中心として、内田が日本の代表として錯綜した対清外交を遂行するに対し、側面より不断の貢献をした内助の功は、大なるものがあった」（同前、五八頁）。

にもかかわらず政子の影は薄い。「内田康哉伯は、明治、大正、昭和三代に渉り、東西の外交界に活躍した有名人であるが、その夫人、政子女史に就きては、現代では知る人が尠いであろう。

その天賦の人柄と、高い教養と、勝れた理智と、三拍子揃った稀に見る良い外交官夫人であったばかりでなく、公私両面に内助の功極めて大きい賢夫人であった」（「内田伯爵夫人政子刀自の面影」一一頁）。

政子の遺品の中には、北京時代に撮った集合写真がある。そのなかに、西太后と並んで撮っているものがある（「口絵」九頁、⑳参照）。あるいは彼女から贈呈されたものか。

西太后は欧米人の非礼を常に梗概する一方で、「内田康哉夫人によって代表される日本婦人の淑徳を奨揚《しょうよう》おかなかった」と言う。現に本人の発言として、「ほんとを言ふと、私は内田夫人（北京駐箚《ちゅうとう》日本公使夫人）はとても好きですよ。あの方はいつも上品だし、ちっとも馬鹿げた質問をしませんからね」というのが知られている（徳齢《とくれい》著、大田七郎・田中克己訳『西太后に侍して――紫禁城の二年――』四頁、二二八頁、生活社、一九四二年）。

内田夫妻の結婚生活は、内田が死去する一九三六年まで、三十七年間に及んだ。内田の葬儀は同年三月十六日、青山学院礼拝堂で挙行された。「夫人の信仰するキリスト教式」に則った（『内田康哉』三九〇頁）。

同志社で内田の先輩に当たる小崎弘道は、その日の日記に「午後一時頃より内田伯爵の葬儀に参列した。司式者は、夫人所属教会の牧師、藤村勇で簡単なる基督教式であった」と認めた（『小崎全集』四、一九八頁、同刊行会、一九三九年）。

宗教界に理解の深い土倉家の一員として、政子は後半生、「純福音」に接近し、姉の富子同様に、藤村勇が牧する教会に通った（『神の恵みによって』五一頁）。この藤村は、後に政子の姪と結婚する伝道師であるが、その結婚にも政子の勧めが大きかった（同前、一三三頁）。

政子は、キリスト教や教会のための寄付も惜しまなかった。とりわけ藤村のためには、姉の富子と共にたびたび大口の献金を行なった。たとえば、一九三一年には教会堂敷地の購入のため一万円を（この時、牧師館新築費を富子が負担したことは先述した）、そして一九三七年には同じく富子とふたりで、千円ずつ、藤村の教会の修養施設建築に捧げた（同前、五三頁、七四頁）。

三男・亀三郎

土倉庄三郎の三男、亀三郎が、兄の龍次郎と同時に同志社英学校に入学したことは前に見た。兄でさえ九歳であったから、亀三郎は文字通り児童であった。入学直後に京都で撮った彼の写真（「口絵」一〇頁、㉗参照）を見ると、実に幼い。

この写真は、おそらく新島夫人が、兄の龍次郎と共に京極に象を見物に連れて行ってくれた時に撮影したものであろう。龍次郎によると、同行した亀三郎はこの時やっと「六歳の弟」（しかも数え年なので、実年齢は五歳か）であったという（「五十二年前象を見に」三九五頁）。

亀三郎は入学するにはあまりにも幼かったため、保育よろしく同志社女学校生徒が世話をする必要があった。だから宿泊は女学校寄宿舎、ついで女性独身宣教師、パーミリー（H. F. Parmelle）の自室であった。

龍次郎も、弟は「パミリー女教師に預けられて居った」と証言する（同前）。担当の女子学生には、月額二円五十銭（寮食費に相当）が土倉から支給された。こうした特別の配慮は、新島書簡（庄三郎宛て）に詳しいので、関係箇所を引いておきたい。

「亀三郎様ニハ御出発之翌日、少々不元気ニ有之候得共、其後ハ老婦人〔新島の義母の山本佐久か〕ニ克ク御なじみ被成、別ニ一女性を付け御世話被致置、小生も両三度御尋申候処、殊之外御元気ニ而、一昨夜よりハ御自身ニ而、パームレー氏之室ニ寝度旨御発言アリ。

朝夕之挨拶ハ、最早英語ニテ御談アリ。昨日ハ騎馬ニ御乗被成、且行儀も殊之外宜シキ所ヨリシテ、パームレー氏大ニ喜居、往々ハ役ニ立人物トナシ度モノナリト被申候。

小生も段々心配仕色々相尋候処、パームレー又老婦人之申所ニヨレハ、何之御不都合も無之由ナレハ、何卒御放慮有之度奉願候」（『新島襄全集』四、三八八頁）。

パーミリーが新島八重に贈った亀三郎の写真（「口絵」一〇頁、27参照）には、“My little boy”との書き込みが裏面に見られる。しかし、亀三郎の同志社生活は、卒業まで続かなかった。中退後の消息は、紀州の滝野家の養子となったこと以外、不明である（『評伝』一六六頁）。

三女・土倉糸（大糸）と川本恂蔵

土倉庄三郎の三女（糸。通称は大糸）と四女（小糸）は、双生児である。梅花女学校入学、同志社女学校入学、そして結婚式も同時であった。配偶者の経歴もよく似ている。

すなわち糸が結婚した川本恂蔵と小糸の配偶者、佐伯理一郎は、共にペンシルバニア医科大学に学んだクリスチャン医師で、帰国後は同志社病院の院長や副院長を務めた。野上氏のHP（www.nogami.gr.jp）に従えば、川本の略歴は以下の通りである。

三田《さんだ》藩医、川本泰年と妻、操子の長男として一八六五年に生まれる。神戸小学校を終えてから、大阪専門学校予科に進学する。在学中、キリスト教に魅かれ、天満教会でアメリカン・ボード宣教師、カーチス（W. W. Curtis）から洗礼を受けた。一八八二年、同志社英学校に転じたが、二年後に医療宣教師、ベリー（J. C. Berry）の帰国休暇に同行して渡米した。オベリン大学で理学士を得て帰国。一八八八年、糸と結婚し、弘人、裕二、年子が誕生する。

その後、再渡米し、フィラデルフィアのペンシルバニア医科大学で四年間、医学を研修する。一八九一年に帰国し、ベリーが創設した同志社病院の副院長となる。一八九八年、父親の要請で同志社病院を辞して神戸に転じ、父の医院を手伝った。

なお、川本の留学に関する消息は、同級生の日記からも窺える。それによれば、一八八四年三月、同志社の宣教師、グリーン（D. C. Greene）の紹介により、最初はオベリン大学へ入っている。自費留学である（『池袋清風日記』上、六六頁、八五頁、八七頁、同志社社史資料室、一九八五年）。ついで医科大学に進学したのであろう。留学は約七年に及ぶので、一八八四年、教会籍を京都第二公会（同志社教会）からアメリカの教会に移している（同前下、一六四頁、一九二〜一九三頁）。

四女・土倉（佐伯）小糸

土倉庄三郎の四女、小糸は、土倉家の中では宗教活動が群を抜いて顕著である。とりわけ後半生は、「純福音」の忠実な信徒に終始し、同派の伝道師を夫（佐伯）と共によく支えた。そればかりか、長女の忠子が伝道師となったうえ、同じ教派の伝道師、藤村勇と結婚するに至った。小糸は身内の龍次郎や政子、富子などを誘って、「純福音」の普及に腐心した。

こうした小糸の信仰や伝道の消息は、彼女の追悼集、『みあしの跡』に遺憾なく記録されている。同志社大学図書館には、佐伯が署名して寄贈した同書がある。その冒頭には次のような彼女の略歴が記されている。

小糸は梅花女学校に一八八〇年（実は一八八一年）に姉妹たちと入学するが、在学一年にして退学した。帰省して村の小学校に学ぶ。校長は親戚筋に当たる作久間猶斉であった。一八八六年、姉たちが学んでいた同志社女学校に入学する。在学中、同志社教会で一八八八年六月十一日に金森通倫《みちとも》牧師から洗礼を受ける。在学すること八年、一八九三年六月に卒業するや、同年十一月二十三日にデントンの媒酌で佐伯理一郎と結婚した（西條彌市郎編『みあしの跡』一〜二頁、京都基督教伝道館出版部、一九三五年）。

この書は小糸が後半生、いかに熱心に「純福音」の信仰に打ち込んだか、を示して余りある。その感化は肉親一同に及んだ。

理一郎も家庭教育、とりわけ宗教面では「全然、妻に一任」といった状況で、彼女こそ「家庭の主人公」であった。朝は必ず午前五時に床を抜けて自室で聖書を読み、祈祷を捧げる。夜は夜で夕食後、家族集会を司会し、一家して聖書を読み、信仰上の話題について話し合う。

かくして九人の子どもすべてに宗教的感化が及ぶ。彼女は理一郎の旧友、内村鑑三が編集する『聖書之研究』の愛読者でもあった（佐伯理一郎「我家庭に於ける宗教教育」、『基督教世界』一九一二年七月一一日）。

土倉小糸と佐伯理一郎

小糸の夫、佐伯理一郎については、長門谷《ながとや》洋治「佐伯理一郎と京都」（一〜一一、『啓迪《けいてき》』七〜一八、京都医学史研究会、一九八九年〜二〇〇〇年）が詳しい。その点、略伝である松崎八重編『阿蘇が嶺のけむり』（佐伯よし子、一九七一年）は、記述が不正確である。

佐伯の略歴は先述（本書二六三頁以下）、あるいは別の折に紹介したので（拙稿「佐伯理一郎」、同志社山脈編集委員会編『同志社山脈』一一〇〜一一一頁、晃洋書房、二〇〇三年）、ここでは長女（忠子）の追悼集に収録された彼の略歴を、小糸のそれと共に引いておきたい。

「彼女の父上（＝佐伯理一郎）は、熊本県阿蘇の出身で、少年時代より熊本バンドの感化を受け、〔熊本〕医学校卒業後、上京して東京第一基督教会（現在の霊南坂教会）で〔熊本出身の〕小崎弘道牧師より受洗。日曜午後は内村鑑三氏に協力して、神田で学生伝道に励んだ由。明治十九〔一八八六〕年、海軍の医学留学生として欧米に学び、帰国後、海軍の方針変更により、産婆看護婦教育のため学校と病院を京都に建て、生涯その道に貢献した人です」（『神の恵みによって』一三〇頁）。

佐伯が残した「日誌抜粋」（同志社社史資料センター所蔵）で、結婚に関する記述を摘記すると、以下の通りである。一八九二年六月二十一日、「土倉氏入洛」。おそらくこの時、デントンの紹介で小糸と面談したのであろう。八月二十日、「大滝行二泊」。この訪問が、実質的には見合いに相当したのであろうか。「婚約成」は、十一月四日であった。

翌年六月二十日、小糸の卒業式（同志社女学校）に父親（庄三郎）も参列した。七月一日、龍次郎、糸、小糸、末子（庄三郎五女）、川本恂蔵（医師で、大糸の婚約者）を自宅に招いて、饗している。

十一月二十三日、大滝で結婚式を挙行。日記には記述されてはいないが、実は糸・川本の結婚式と同時である。「熊本バンド」の海老名弾正（神戸教会牧師。後に同志社総長）が司式し、原田助《たすく》（一年前に川本夫人の妹と結婚したばかり。後に同志社総長）が介助した。二人とも熊本出身である。

十二月十五日、京都で結婚披露宴を催す。姉妹の同時結婚は、世間的にも大いに注目を浴びた。『読売新聞』（一八九三年一一月二七日）は、奈良の豪家の双子姉妹が、合同結婚式を母校のアメリカ人教師（デントン）を仲人にして挙げた、との報道を流している。

なお、佐伯と内村鑑三や新渡戸稲造などとの交流については、別の折に紹介済みである（拙稿「佐伯理一郎と内村鑑三」、『同志社談叢』一九、一九九九年三月、ならびに拙稿「新渡戸稲造と同志社」）。

医業は子息の義男（同志社卒）、ついで孫の義一が継いだ。

佐伯忠子と藤村勇

佐伯小糸の信仰が熱烈なのは、先述した通りで、ついに長女の忠子（戸籍では忠）が伝道師に「献身」する結果を生むに至った。忠子は「純福音」系伝道師の藤村勇と結婚し、生涯を伝道に捧げた。この意味では、忠子は小糸の信仰的系譜をもっとも忠実に引いたことになる。

忠子・勇夫妻の生涯は、『神の恵みによって』に詳しい。佐伯忠子は、同志社女学校在学中に木村清松牧師から受洗した（一三〇頁）。同校を主席で卒業した後、安井哲を慕って東京女子大学に進学し、日曜日には（父母と交流のあった）内村鑑三の集会に参加した。

女子大在学中、両親と有馬の修養会に参加して「献身」を決意し、以後、伝道師を志すに至った。そのため東京女子大学を中退し、「純福音」の指導者、柘植不知人に師事した（一三一頁）。その後、開拓伝道に従事中の藤村勇と結婚し、牧師家庭を築いた（一三三頁）。

忠子との結婚に、藤村は当初、逡巡したという。「自分は旧制中学校卒の一介の伝道者。彼女の方は、京都の医学界の重鎮にして、基督伝道隊の信徒の第一人者、佐伯理一郎の長女で、同志社女学校から東京女子大学に入学した才媛、一才年上でもありました」（七三頁）。

彼女の感化は肉親にも及び、代々木富ケ谷で藤村が、「基督伝道隊渋谷伝道館」の看板を掲げて開拓伝道を始めた頃（四五頁）、土倉龍次郎と娘・静子がさっそく集会に駆けつけた（四六頁）。内田政子（外相夫人）も群れに加わった（五一頁）。

後に政子は教会移転費用として一万円を匿名で献金し、忠子たちを喜ばせた（五三頁）。前述したように、富子もまた寄付を惜しまなかった。要するに佐伯一族の貢献は、大なるものがあった（五六〜五七頁）。

四男・四郎と五男・五郎

土倉庄三郎が一九〇〇年に還暦を迎えた際、四男・四郎は東京帝国大学に、五男・五郎は同志社大学に、そして六男・六郎は第七高等学校にそれぞれ在学中であった（『評伝』一六六頁）。ちなみに三人とも同志社に学んだが、いずれも卒業には至っていない。

まず四郎は、同志社から帝大に進学し、卒業後は銀行家として活躍した。同志社総長、原田助が一九一九年に渡米した折、六月にシアトルで原田を迎え、自宅に泊めた上、自宅で同志社校友会を開催した。当時の四郎の肩書は、正金銀行支店長である（原田健編『原田助遺集』二一四頁、私家版、一九七一年）。

将来を期待されながらも、翌年、惜しくも病死した。『同志社時報』第一七九号（一九二〇年一〇月）の訃報には、「〇土倉四郎君〔明治四十五年校友会入会〕七月下旬、病気の為め米国より帰郷の途中、横浜に於て逝去せらる」とある（『追悼集』三、一二七〜一二八頁、同志社社史資料室、一九八九年）。

次に五郎であるが、同志社の学籍簿では原籍が「川上村大字大滝六十九番地」、生誕日が一八七九年六月二十六日、入学は一八九四年一月、コースは「幼年科」と記されている。ただし、卒業には至らず、一八九六年十二月末に「除名」とある（「明治廿五年起　同志社各学校原籍簿」第一号）。後に姉の政子（内田康哉中国公使夫人）を頼って北京に行き、東文学舎に入った（『追悼集』

三、五五頁）。

庄三郎が亡くなった時、「雲の峰　父は仏となり給まう」と追悼の句を詠んだ（『評伝』一八八頁）。大滝村にある土倉屋敷は最終的には原六郎の所有となり、五郎一家が住み込んだ。しかし、一九六五年に倒壊の危険があるため取り壊された。現在、その跡地に庄三郎の銅像が再建されている。

この土倉五郎と「兄弟以上の親しい間柄」となったのが、三島海雲（後にカルピス食品工業社長）である（『私の履歴書』経済人一〇、一五五頁）。三島は五郎に限らず、「土倉一族の人たち」を事業上の恩人に数えている（同前、一三二頁）。彼は「西本願寺が新島襄の同志社に刺激され、対抗するために設立した」文学寮（一八八八年設置）を出て、北京の東大学舎に入った（同前、一四二頁、一五一頁）。同地にいた公使の内田も、同舎の趣旨に賛同して、毎月二百円ほどを機密費から補助してくれたという（同前、一五二頁）。

この内田の夫人を頼って北京に来たのが五郎である。彼女は公使と相談して、弟を東大学舎に預けた。ここで三島は、五郎と同室となった（同前、一五五頁）。ふたりは意気投合して「日華洋行」という店を新たに構えたが、原政子はそのために一万円を出資してくれた。

五郎は北京公使の縁者、というので、周囲からは絶大な信用を得、業績も上がった（同前、一五七頁、一六七頁）。ついで蒙古で軍馬の買占めに乗り出した。この時、兄の四郎が一肌脱いで、東京で陸軍省などに働きかけてくれた（同前、一六〇頁）。

清国の滅亡ですべてを失なった三島海雲は、一九一五年に帰国し、「カルピス」の開発、販売に取り組んだ。その際、助言者や協力者になったのが、佐伯理一郎や土倉龍次郎であった（同前、一八〇～一八三頁）。後者（土倉）の紹介により三島のために二十五万円で会社（後のカルピス食品工業）を起こしたのが、同志社神学校出身の津下紋太郎（宝田石油専務）であった（同前、一八三～一八四頁）。

津下は元来、牧師・教育者志望であったが、日清戦争後、龍次郎が台湾（阿里山）で林業経営を手掛けた際、彼から支配人になるよう懇請されたことが、財界への転身の契機となった（同前、一八三～一八四頁）。

六男・六郎と五女・末子

庄三郎の六男、六郎は同志社の学籍簿によると、生誕日が一八八二年十二月二十三日で、「幼年科」への入学は、兄の五郎と同時である。しかし、兄より早く一八九五年三月十一日に同志社を「退校」している（「明治廿五年起　同志社各学校原籍簿」第一号）。

ついで東京へ出て、城北中学校（東京府立第四中学校）に進学した。同校在学中は、中島力造（帝大教授）宅に寄宿した（『私の履歴書』経済人一〇、一九八頁）。なぜ中島宅か。

実は中島は、同志社英学校を中退後、一時、津田仙の学農社で教鞭をとり、その後、アメリカ留学を経て、帰国後は帝大の倫理学教授として活躍した人物である。中島と土倉との接点を作ったのは、新島襄である。

アメリカから新島に出された中島の手紙によれば、留学中、彼の両親の生活費は土倉が支弁している。この点は、先に見たデントン書簡中のデントン証言が傍証となる。土倉へは新島の口利きが効いたようである。

ところが、中島の留学は当初の予定よりも延びたので、一八八八年初頭に中島は改めて新島を通して土倉に生活費の立替を要請している。返済は帰国直後に果たすから、ともある（Rikizo Nakashima to J. H. NeeSima, Jan. 2, 1888, New Haven）。新島の口添えは再度功を奏し、中島は一八九〇年まで留学を延長する計画を立てることができた（ibid., Apr. 22, 1888, New Haven）。

中島の帰国は、新島が死去した二か月後の、一八九〇年三月であった（『原田助遺集』七五〜七六頁）。帝大に勤務することになったので、六郎を自宅に寄宿させることが、可能となった。それが、土倉家への恩返しとなった。六郎は東京で修学した後、一九〇二年に鹿児島の第七高等学校に進学した。

しかし、翌年一月二十日、泉州浜寺の病院で死去した。臨終の床では義兄の佐伯に、受洗に至らなかったことを遺憾に思うと伝えている。

葬儀は大滝村において仏式で行なわれた。同志社からは、デントンや中瀬古六郎などの信徒が多数、参列した。その折、庄三郎は「諸君が斯《か》くまで御出で下さるならば、葬儀は基督教式に致したものを。六郎は全く耶蘇教信者でした」と語ったという（中瀬古六郎「土倉六郎君の永眠」『基督教世界』一九〇三年三月五日）。

この六郎と城北中学校で同級であったのが、川田順である。彼がひと夏を大滝村で過ごしたことは先述した。歌人となった川田は、吉野への思い入れが人一倍強かったが、一九〇三年に吉野を再訪した際、二十歳で死去した六郎の墓参のため、わざわざ大滝村に足を運んだ（川田順『吉野之落葉』一五九頁、養徳社、一九四五年）。

五女・末子は、実業家の青木鉄太郎に嫁した（『評伝』一六六頁）。青木は義兄の原六郎の斡旋によったのか、横浜正金銀行に入行し、ロンドンや（『私の履歴書』経済人一〇、一八五頁）、ニューヨーク、サンフランシスコなどでも支店長として勤務した。義姉の原政子が帰国する際には、ニューヨークからサンフランシスコまで付き添った（『原六郎翁伝』下巻、四三五〜四五五頁）。

晩年の住まいは東京で、義兄の土倉龍次郎と隣りあわせであった（『私の履歴書』経済人一〇、一八五頁）。

次弟・平三郎と三弟・喜三郎

平三郎は土倉庄三郎の次弟で、庄三郎の住居の近くに分家して林業経営を行なった。三番目の弟、喜三郎は、庄三郎の生母の実家である大阪の植田家を継いだ（『評伝』一六六頁）。

彼ら兄弟ふたりは、新島が最初に大滝村を訪ねた際に、新島とも面談したと思われる。なぜなら同地で記された新島の日記（一八八二年一月十二日の条）に、「二弟兵三郎、三弟喜三郎、佐久間猶斉、川本見達」の名前が見受けられるからである（『新島襄全集』五、一二三頁）。

その後、喜三郎は一八八九年六月二十七日に行なわれた同志社普通学校の卒業祝賀会（祇園の中村楼）に、土倉庄三郎と共に新島から招かれて、参加している。招待客は新聞記者が主であったが、土倉兄弟は特に「同志社賛成家ナルヲ以テ招ク」と新島は記す（同前五、四六七頁）。

甥・愛造

愛造は平三郎の長男である。同志社側の記録には名が出ないが、愛造は同志社に学んだ可能性が高い。ただ、入学時期に関しては、従来の伝承、すなわち「同志社と庄三郎の関係は、明治十三年（一八八〇）に次男竜二郎（龍次郎）、三男三郎（亀三郎）、甥愛造の三児をつれて入学させた日に始まる」（『評伝』六五頁）は、必ずしも正確ではない。

というのは、前にも見たように時期が一年早い上に、土倉が同行したのは実子、それも「二子」（次男と三男）であったことを新島が記録しているからである。ただ、愛造がその直後に入学したとすれば、ほぼ同時と言えなくもない。

愛造は、庄三郎から実子同様に可愛がられた。富子、政子、龍次郎らと一緒に撮った写真（「口絵」三頁、③参照）が一枚残っているが、おそらく同志社在学中に京都で撮ったものであろう。彼は新島の葬儀に土倉政子と共に参列している（『新島先生遺品庫目録』上一〇二頁、一三八五番）。ここから、新島に世話になったことが、窺える。息子は二人で、梅造、平造と名づけた。

親戚・作久間綱太郎

作久間綱太郎は、土倉庄三郎の親戚に当たる作久間猶斉（大滝村の小学校長）の長男である。土倉家の子女同様に川上村から同志社に遊学した（『新島襄全集』三、二六〇頁）。妹の作久間栄子が梅花女学校に学んだこと、のちにシャム公使となった吉田作弥と結婚したことは前述した。

新島は一八八二年に大滝村で、綱太郎の父親（「佐久間猶斉」と記す）と面談した可能性がある（同前五、一二三頁）。彼の息子、綱太郎は、時期は不明であるが、同志社に入学する。しかし、ほどなく東京大学予備門へ転校した。一八八四年二月二十七日付で新島が土倉に送った手紙の追伸には、「作間《ママ》綱太郎君ニハ、東京遊学之趣」とか、「猶斉君へ宜御伝言を奉願候」との一節が見受けられる（同前三、二六〇頁）。

同志社在校生の日記によれば、翌三月、同志社英学校五年生の作久間は、東大予備門受験のため吉野へいったん帰省している

(『池袋清風日記』上、九三頁)。六月には東京から旧友に、手紙で東京の消息を伝えてきた(同前上、二五三頁)。ついで第四級に合格したとの便りが、九月に同志社に届いている(同前下、一六四頁)。

こうした経緯から、土倉庄三郎の援助があったと推測できる。というのは、土倉は「大滝小学校長作間猶斉先生の息、綱太郎氏を東大工学部を卒業せしめ、後工学博士として鉄道省に入り、これまで外国の輸入に俟《ま》っていた鉄道機関車その他を日本で製作したりした」と伝承されているからである(「郷土の先覚者　土倉庄三郎翁」一二頁)。

恩師の新島が死去した際、作久間鋼太郎は弔文を遺族(公義)宛に送って弔意を示した(『新島遺品庫収蔵目録』上、九七頁、一三五五番)。

参考までに土倉家の系図を下記に示しておく。

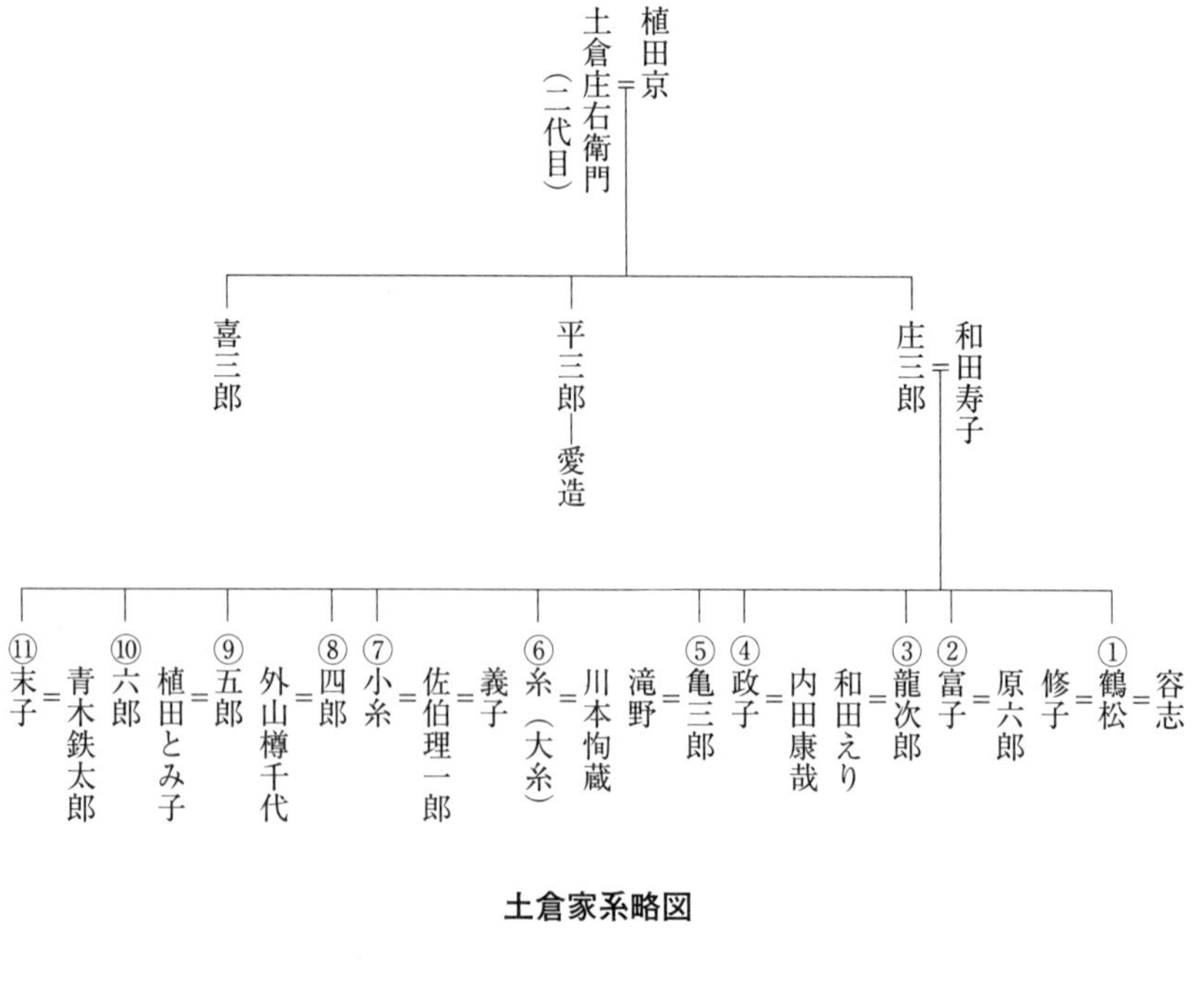

土倉家系略図

Ⅳ　他教派との交流

第一章　第三回全国基督教徒大親睦会

「十年ならずして」

キリスト教界における新島襄の交遊を見るには、全国基督《キリスト》教徒親睦会（以下、大会）は欠かせない。それは新島も属する組合教会（会衆派）の牧師たちだけでなく、他教派の指導者たちとの交流の消息を考察する場合、有力な画期となった出来事である。

そのなかでも、とりわけ東京で開催された第三回大会は、ある意味、新島の全国デビューにも匹敵する。綺羅星のような各派の代表者に伍して、新島の名前が認知され、彼の名声がいわば全国区に押し広げられる契機となった感がある。

大会は、一八八三年五月八日から五日間の日程で、新栄《しんさかえ》教会などを会場にして、東京で開催された。全国各地の教会が、教派をこえて大会に送りこんだ代表者は、百名を超えた。地元東京からは、植村正久や井深梶之助、小崎弘道、津田仙、海老名弾正らが、京都からは新島襄や市原盛宏らが、仙台からは押川方義が、そして内村鑑三も札幌から駈けつけた。

大会を記念して撮られた参加者の集合写真が残されている。中央には、半身《はんみ》に構えて、天下を睥睨《へいげい》する男がいる。津田仙である。前列中央に陣取って、圧倒的な存在感を示す。内村鑑三は二列目中央、その隣りには新島襄が立つ。内村と新島が並んで映る写真は、これ以外にはない。

第一回は、これより五年前（一八七八年）に同じく東京で開催され、そこでも津田は議長を務めた。ふたつの集会は、初期のプロテスタント教界で占める彼のスタンスを象徴的に示すイベントである。

津田は、一八七五年、J・ソーパーから洗礼を受けた築地明石町のメソジスト教会員であった。農業指導者、北海道開拓者、禁酒・社会運動家として、種々の社会活動や、雑誌発行などの啓蒙活動を展開する一方で、キリスト教教育者として学校も設立した。

新島もまた、期待された指導者のひとりと目され、大会初日の閉会祈祷に続いて、二日目の午後に井生村《いぶむら》楼で「伝道論」について講演することを求められた。講演はこれを聞いた人たちの間で、評判を呼んだ。

辛口の新島評をするのが通例の植村正久も、この時ばかりは例外的に温かい。後年、この時の新島の印象と消息を感動的にこう回顧する。

「其《そ》の前日か次の日〔実は五月九日〕であったか、浅草須賀町、井生村楼の演説会に於《おい》て、彼〔新島〕が其年に於ける伝道進歩の割合を指摘し、斯《か》くの如くならば、然まで多くの年数を経ざる中に、日本は基督教の国たることが出来るであらう、と呼ばはった時、聴衆、之《これ》に感激して、意気天を衝《つ》くが如き趣を呈するに至った」（佐波亘編『植村正久と其の時代』八、三七九頁、一九六六年、教文館）。

植村は別のおりに、こうも述懐する。

「第二〔三〕回全国基督教徒親睦会のあった節、基督教伝播の勢、甚だ盛んであったので、新島の熱情燃え上り、彼をして伝道の成績を単算的に予想せしめ、国会〔帝国議会〕開設の暁〔一八九〇年十一月〕に於ける基督教の勢力云云なるべし、と絶叫せしめたのである」と（『植村全集』七、五三〇頁、一九三二年、同刊行会。傍点は本井）。

植村の記憶には混乱もあるが、新島が「絶叫」した説教は、まさに二日目の説教であることが、草稿（後述）からも、明白に読み取れる。植村にとって、大会で新島の説教が醸し出した光景は、よほど印象的であったらしい。

新島はこの時、ひとりの信徒が一年に一人を導いて信徒にすれば、日本国民全体が信徒になる日は近いと訴えて、会衆の共感を呼んだ。単純化すれば、その結論は、「十年ならずして、我国は基督教国になるであらう」であった。新島の皮算用では、七年後に開かれる最初の帝国議会では、選出される代議士の多数は、信徒が占めるであろうとの見込みであった。

この時の「伝道論」草稿が、残されている。「基督教皇張論」と題されており、日付と場所を欠くものの、文中に「予モ今回、此《この》大親睦会ニ臨メル諸兄弟ノ末席ニ列シ」とあるのが、決め手である（『新島襄全集』一、三九七頁）。

かつて、旧稿「押川方義と新島襄――出会いと仙台伝道とをめぐって――」（『同志社時報』九一、七〇頁以下、同志社、一九九一年三月）で「伝道論の草稿はない」と即断したのを訂正しておきたい。演題は一致しないけれども、内容的には両者の同一性を裏づける記述が見られる。とりわけ、文末がそうである。

「此時ヲ以テ、我国伝道ノ維新トスベシ。

国会開設前ニ五千ノ信徒、一年ニ二人ツ、導カハ、開設ノ年〔一八九〇年〕ニハ三千二百八十万五千人ハ信徒トナル。今、東京ニアル二千ノ信徒、毎年、二人ツ、導カハ、六年ヲ出テ〔ズ〕シテ、東京ノ人民ハ、皆信徒トナルベシ。此事、難事カロ《ママ》。神ノ力、聖霊ノ助ヲ受ケハ、事成ルベシ」。

講演最後の結語は、「我カ日本ヲキリストノ為ニ我輩ニ与ヘヨ。我カ同胞ヲ天国ノ民トセヨ」である（『新島襄全集』一、四〇六～四〇七頁）。

この時の異常に高潮した大会の雰囲気は、新島が当日の説教の中で用いたと伝えられる次の言葉、すなわち「十年ならずして我国はキリスト教国となるであろう」（『植村正久と其の時代』二、五六四頁）によく窺える。聴衆の多くは、これに共鳴した。

「聖晩餐式に列席したる四、五百の会衆、一人として感涙に咽《むせ》ばざる者なし。一同、十年を出でずして、我国を基督教化すべしとの希望を以て散会したり」という状況が、生み出されたのである（高木壬太郎《みずたろう》『基督教大辞典』九八七頁、一九一八年、警醒社）。

新島の教え子のひとり、小崎弘道も、発信者の名前こそ挙げてはいないものの、「此会合にて来会者一同に与へた信念は、十年ならずして我国は基督教国となるであらうと云ふことであった。又、少なくとも二十三（一八九〇）年に開かるる最初の国会に選出さるべき代議士の多数は、基督信徒であらうとの確信であった」と証言する（小崎弘道『七十年の回顧』七一頁、一九二七年、警醒社）。

この会場で新島の説教に耳を傾けた植村は、感激する一方で、むしろ冷静であった。後年の回顧とは相違して、現場では多少とも疑心暗鬼であった。ネズミ算式に新しい信徒が生まれる、というアピールには、必ずしも肯定的ではなかった。「あゝはゆくまい」と同席の海老名弾正に耳打ちする。海老名も「俺もさう思っとる」と応諾したという（『植村正久と其の時代』一、五六五頁）。

この時の新島による「基督教皇張論」は、「伝道論」という演題として、佛教系の新聞でも報道された。そのひとつ、『明教新誌』（一八八三年五月一四日、小沢三郎編「明治十六年の基督教」所収）には、会場にもぐりこんだ一仏教徒が、次のように演説の要旨を紹介している。

「新島襄氏（西京《さいきょう》）が、伝道論と云ふ題にて伝道に二〔通り〕あり。第一、直接伝道とは、吾人の精神なり。第二、間接伝道とは、著書、新聞誌、学校の三にして、著書を以ては基督教の主義を、下は世間の学士より、上は口より耳へ直に教化し能はざる九重の天にまで布教し、新聞誌を以ては、基督教真理を寒村僻邑《へきゆう》に住する翁媼《おきなおうな》に至るまで知らしめ、且つ今日、世上の新聞が日々に道義を失し其猥褻《わいせつ》なる、親子相対して読むに忍ひさる如き事を記載したる新聞のみなれば、此弊を一洗し、世人の徳義を振起することを勧め、学校は世の少年子弟を養生し、他日少しく学識あるものは悉ゝく《ことごとく》基督教の信者たらしめんことを期す云々と、其言論、最と心切〔親切〕に聞へたり」。

「弟子たちの足を洗うイエス」

ついで、大会四日目の説教である。都内の教会で、礼拝と聖餐式が執り行なわれ、新島が説教をした。陪餐者は、内外人合わせておよそ四百人であった（『七一雑報』一八八三年五月一一日、二五日）。これに関しても、植村の回顧がある。

「明治十五、六年の頃か〔実は一八八三年五月十一日〕と覚ゆ。全国基督者の大親睦会が東京に催された時、築地新栄橋《しんさかえ》〔新栄〕教会に開かれた聖餐式《せいさん》に於て、彼〔新島〕は説教したのであるが、満場の聴衆、感極まりて、涙に咽《むせ》ぶ者、甚だ多数であった。源平屋島の戦に、那須與市《よいち》宗高〔宗隆〕が、平家の掲げた扇子を射るべく波間に馬を乗り入れ、心に神明の冥助を祈りつゝ弓を引き絞りたる時の心事、如何であったか、吾人基督者の胸中、亦斯くやありなん、と彼が双眼に涙を湛へつゝ、沈痛なる語調を以て喝破した時には、聴衆の感動は其の高調に達したのである」（『植村正久と其の時代』八、三七九頁）。

植村の記憶は、確かではない。那須与一を例示して新島が説教したのは、大会二日目、すなわち先述した井生村楼での話である。なぜなら、残された新島の草稿を見ても、与一を話題にしたのは、「基督教皇張論」と題された説教の方である（『新島襄全集』二、四〇五頁）。

この草稿では、「奈須〔那須〕ノ与一ハ、源家ノ弓取ニナラスヤ」に始まり、「風波ノ少シク穏カナリ〔シ〕カハ、直ニ矢ヲ放テ、古今未曾有ノ面目ヲ握取セリ」まで、数行の下りがある（同前）。「神ヲ知ラス、神ヲ聞カサル三千ヨリ〔三千余《あま》リ〕ノ的《まと》アリ。神ノ為、之ヲ射落サセンハナラヌ時ナリ」ともあり、新島の切羽詰まった気持ちが窺える（同前二、四〇六頁）。

この日の新島の説教の主題は、決して那須与一ではなく、イエスである。イエスが弟子たちの足を自ら洗ったことが、主題に据えられている。新島は、キリストが弟子たちの足を洗ったという聖書の箇所（「ヨハネによる福音書」十三章十二節〜十四節）をテキストにして赤心を吐き、「会衆一同に最も大なる感動を与へた」のである（『植村正久と其の時代』二、五六四頁）。大会中、会衆一同にもっとも大きな感動を与えた点で、最大の盛り上がりを見せた集会となった。

ある参加者は、そのことを率直に告白する。親睦会での聖餐式は、「予の心に非常の感銘」を与えた、とりわけ「新島氏の講説の如きは、予が心胆を寸断に細截し去れり。神よ、願はくは、此の善良なる感格〔感銘〕を永久、予が心に保存せしめたまへ。江湖の兄弟中、必ずや予と同感の君子、多からんと信ず」と書き残す（『六合雑誌』三四、三二四頁、一八八三年五月三〇日。カタカナはひらがなに代えた）。

平常は恩師の新島に必ずしも全面的に敬服しない小崎弘道も、この大会での新島の説教だけは、別である。その説教は、「最も大なる感動を会衆に與へた。〔中略〕当日の聴衆、凡て四百余名、皆感激に咽ばざるものは、なかった」とまで称賛する（小崎弘道『日本組合基督教会史』七五頁、同教会本部、一九二四年）。

今少し、詳しい消息も小崎は残す。

「明治十六〔一八八三〕年の頃に当ッて、東京で基督信徒の大親睦会があった其時も、築地の会堂〔新栄教会〕で、其誠意誠心を以て、イエス・キリストが弟子の足を洗ッたと云ふ説教があッた。色々自分の実験上から、基督の謙遜、即ちヘリクダリの話しをされた。

其時、私も其席に列《つらな》って居りましたが、其述べらるゝ所を聞き、満場の人は涙を流し、一言の語《ことば》も出ず、満場唯だ袖を濡らして、自身の父母、舅姑《きゅうこ》の喪に預りしが如くであった。と云ふのは、何であるかと云ふに、其心には何もない。唯だ唯だ、至誠を以て満たされて居るからのことで、ありませう」（ゼ・デ・デビス『新島襄先生伝』三五一頁、警醒社、一九〇三年。

植村も同様に、新島の説教に感動したことを吐露している。植村にしては、異例のことである。彼の周辺にいた人の証言がある。「植村正久の如き、新島に対しては、〔日ごろから〕かなり峻烈なる人物評を試みた」にもかかわらず、この日に新島の説教から受けた印象は、三十年を過ぎても、昨日のように語り続けたという。

植村発言を要約すれば、会場内で植村は、「基督がその席に立ち給ふことを〔しばしば〕深く感ぜしめられた」とか、「基督の咫尺《しせき》に侍《はべ》るの思ひを、その時ほど深く、且強く感ぜしめられたことはない」と告白する（『植村正久と其の時代』一、五六四頁）。

同席していた海老名弾正と植村との会話も、興味深い。海老名は、この時の恩師の説教を次のように回想する。「新島は、例の渡航〔函館からの密出国〕の際、〔乗船を許された外国船のアメリカ人〕船長に足蹴りにされたくやしさに、一度は彼を暗殺しようとしたけれども、それを断腸の思ひで思ひ止まった事情を語ったやうに記憶する」（同前二、五六四頁）。

新島が残した当日の説教草稿、「基督、弟子ノ足ヲ洗ヒ賜フ事」（『新島襄全集』二、一〇七～一一一頁）によれば、海老名の記憶が曖昧であることが、判明する。実は、説教草稿ではその下りは、次の通りである。

「予ハ船中ニアリ、甲比丹ノ足ヲ洗ヒシトキノ心持チ、愛ヨリ其人ノ足ヲ洗ヒシニアラス。僕《しもべ》ノ位ニアリ、命セラ〔レ〕シヨリ、其足ヲ洗ヒタリ。心平ナラス」（同前二、一〇八頁、傍点は原文）。

海老名らに強烈な印象を与えた聖書のこの箇所は、説教の全体構成からすれば、単なるひとつの例話にすぎなかった。けれども、おそらくこの時の新島の姿は、弟子の足を洗うキリストのそれと二重写しになって、聴く者の目に焼きつけられたのであろう。

また、植村が回想するように、はたして新島がこれを「絶叫」したかどうかも、確認する術がない。かりに事実とすれば、新島は会衆の熱気に煽られてか、アドリブ的にこれを挿入したことになる。

教派の一致・協力

さらに、説教草稿から判明することが一点ある。説教の力点が、「宗派異ナルモキリストヲ学得ヘシ、一致シ得ベシ」、すなわち、今回の大会は「競進会ノ類」では決してなく、キリストの愛を学んでお互いに遜《へりくだ》れば、教派をこえて「一致」が可能である、という確認にあったと思われる。新島からこの日付で大会の報告を受けとった宣教師、M・L・ゴードン（M. L. Gorden）によれば、用意した説教が不要なほど、集会はすでに熱狂的に「一致の理想」に燃えていた、ともいう（*Missionary Herald*, Aug. 1883, p.456, ABCFM）。

後に植村は、海老名に向かって、この時の新島の演説に関して、「Devotional Sermon をやれるのは、誰であろう。新島こそ、その標本だね」と語ったという。これに対して、海老名も「自分もそう思う」と答えている（『植村正久と其の時代』一、五六四頁）。

内村鑑三もまた、大会で同様の感動を受けたひとりである。大会の終了時に、あふれ出る感動を日記に率直に認めている。

「五月十二日、大会終了。素晴らしい効果を得た。教会は信仰復興し、良心は試練され、愛と一致は著しく強められた。大会は一般にペンテコステ的であった」（益本重雄・藤沢音吉『内村鑑三伝』九九頁、一九三五年、同刊行会。傍点は本井）。

「ペンテコステ」の文言が目につく。新島が用意した草稿にも、「ペンテコステハエルサレムニアリ、東京□（ニモアリ、か）」の一句が、入っている（『新島襄全集』二、一一二頁）。新島が講壇でこれを現実に口にしたかどうかは、不明である。

いずれにせよ、内村にとっても、この大会はまさに中央デビューとなった。彼は九日（予定では十日）の演説会で新島の「伝道論」の前に、「空ノ鳥ト野ノ百合花」を披露した（『七一雑報』一八八三年五月一一日、一八日）。この時の演説筆記は、後に『六《りく》合《ごう》雑誌』（三五、三七）に採録され、全国的に広く読まれることになった。

その他、大会では、押川方義《まさよし》の積極的な発言も、目についた。初日の津田仙による歓迎演説に対して、地方の代議員を代表して答辞を述べたのが、押川であった（『七一雑報』一八八三年五月一一日）。

この年、三月頃から京浜地方の教界では、リバイバル（信仰復興）の熱風が吹き荒れていた。それに煽られたことも手伝って、大会は「我国未曽有の盛大なる会合」となった（小崎弘道『七十年の回顧』七一〜七二頁）。その結果、予定のプログラムを消化した後も、参加者たちは余勢を駆って、十四日から十九日まで、連日、教会や劇場にくり出しては、説教会を展開するほどであった。もちろん、押川もその中心人物の一人であった。

押川は、十日の午後、井生村楼（浅草）で「一致の説」を講演したのを皮切りに、十六日（横浜海岸教会）――演題は「基督教に適するものを教ふ」（『東北学院百年史』一三〇頁、一九八九年、同学院）――と十八日（東京・久松座、「神の存在」）にも登壇して、熱弁を振るった（『七一雑報』一八八三年五月二五日）。

押川も大会のさなかに、自分が牧する仙台教会（伝道師は吉田亀太郎）に宛てて次のように打電したことが知られている。

「御霊《みたま》下り、非常の時来た。大説教をなす。励みて祈れ。信じて祈れ。皆集りて祈れ」（『東北学院百年史』一二七頁。原文はカタカナ文で、句読点なし）。押川の行為は、あるいは新島の説教に触発されてのことではなかったか。

「すべての人が声をあげて泣き出した」

さて、新島が説教の中で、教派間の一致の精神が必要であることを力説したことは、彼が大会直後に、京都の教会員たちに宛てて報じているところからも確認できる（『新島襄全集』三、二三六頁）。英文書簡ではその点は、さらに明瞭に示されている。

　新島は、五月十一日と十二日、すなわち、自分が説教した当日とその翌日に、同志社の外国人教師（宣教師）たちに送った書簡の中で、二つのことを強調している。聖餐式が大会中の「最も恵まれたプログラム」であったこと、ならびに、説教中「すべての人が声をあげて泣き出した」ことである。これにより、新島の説教自体が、声涙ともに下るものであったことが窺える。

　この書簡は、すでに『新島襄全集』六（二一九頁、一九八五年）に収録済である。ただし、部分（断片）である。J・D・デイヴィスが引用した文に基づき、わずかに冒頭の部分しか再引用されていない。そのうえ、原文とは多少の差異（修正）が散見される。そこで、ここにあらためて全文を、アメリカン・ボードの機関誌（*Missionary Herald*, Aug. 1883, p.299, ABCFM）から引いておきたい。

Dr. Gordon has forwarded the following extracts from a letter of Mr. Neesima to the missionaries at Kioto, dated Tokio, May 11th : —

“I am anxious to write you a few lines telling how the Lord blessed us in our great fellowship meeting. We commenced it on Tuesday with a one-hour prayer-meeting. It was the most impressive service I ever attended in my life. A spirit of union was greatly manifested in that meeting. In the afternoon we had reports from the delegates. It was a most enjoyable part of the conference. I can assure you that the Lord blessed us far more than we asked for. On Wednesday we had a prayer-meeting from eight to nine A. M. ; business meeting, nine to twelve A. M. ; public meeting for speaking, in the afternoon. About seven hundred were present. Thursday's programme was just the same. I preached this morning at the communion service. There was an hour of prayer-meeting before the communion. Mr. Okuno served at the communion table. It was the richest part of the meeting. All the people burst into tears.

“For this afternoon, topics on personal faith, education of preachers, and selfsupport were brought out for discussion, but I found myself so exhausted I did not attend. There is, a perfect union between the native brethren and the missionaries, and these two united parties are happily united in the Lord.

“May 12th. I will add a few more lines to my yesterday's note to you. I attended the union prayer-meeting last night. The house was completely filled for the largest prayer-meeting I ever attended in Japan. It commenced promptly at eight P.M., and closed at ten P.M. No vain and useless words were uttered either in remarks or prayers. Three or four persons stood up at once, and the leader of the meeting was obliged to ask others to wait until one finished. At the same time they seemed calm and serious. There was no undue excitement. The sprit of union was wonderfully manifested then. Numbers of our native brethren confessed that they have been very ungrateful toward the missionaries, and begged their pardon for it. A few missionary brethren made very impressive remarks, and seemed so glad and happy.

Yesterday's plan was, if it should rain today, to have a regular jolly shimboku-kuwai (social meeting), but some moved to change it to a thanks-giving and prayer-meeting, and the motion was carried by the claps of hands. The meeting for lectures on Monday was also changed to a regular preaching service. I can assure you that the Lord has given us far more than we asked for."

第二章　津田仙

（一）新島襄と津田仙

交流の始まり

新島襄と津田仙とは「公私共に浅からぬ関係」にあった。そのことは、都田豊三郎『津田仙――明治の基督者――』（七六頁、一九七二年）が早くに指摘し、数頁にわたって例証した通りである。さらに、津田は「中村正直、新島襄らと並び称せられた」とか（府馬清「津田仙」、『千葉県大百科事典』、千葉日報社、一九八二年）、あるいは中村、新島とともに「明治基督教界の三傑」とか言われたりする（吉川利一『津田梅子伝』改訂版、二八三頁、津田塾同窓会、一九五六年）。

たしかに、後述するように津田と中村とは近い関係にある。

津田と新島では、齢は津田の方が六歳上である。ふたりの交流は、意外に古い。教え子主体の「熊本バンド」はもちろん、「札幌バンド」や「横浜バンド」、「築地バンド」の面々と比べても、付き合いは一番古い。そのうえに、類似点が多い。

ふたりとも関東（佐倉藩と安中藩《あんなか》）の下級武士の出身で、早くにサムライから信徒へと転身した。共に士族を捨て、平民となったことに、こだわりはない。さらに、若くして海外生活（津田は視察・出張、新島は留学）を経験し、後半生は民間人としてキリスト教伝道や私学教育（男子校ばかりか、女子教育も含めて）だけでなく、社会教育の分野でも特異な働きを残した点で注目すべきである。

それだけにふたりが共有する世界は広く、また共通の知人や教え子も多かった。

にもかかわらず、津田の研究は、立ち遅れている。都田豊三郎『津田仙』（一九七二年）や高崎宗司《そうじ》『津田仙評伝』（草風社、二〇〇八年）が目につく程度である。津田と新島襄の交流の考察となると、さらに貧弱である。両者の関係を正面から取り上げたものはきわめて少ない。

高道基「津田仙と新島襄」（『同志社時報』九一、同志社、一九九一年三月）を含めて、『新島襄全集』を始めとする新島側の資料をもとに彼らの交流の消息を詳らかにした論稿は、皆無である。拙稿にしても、「同志社と学農社」（『キリスト教社会問題研究』四九、二〇〇〇年一二月）、ならびに「新島襄と津田仙」（同前五〇、二〇〇一年）くらいである。

そこで、本章では二つの新資料、すなわち新島書簡（拙稿「新島襄と山田三川《さんせん》・亨次――新出の新島書簡をめぐって――」、『同志社談叢』二〇、二〇〇〇年三月）、ならびに津田書簡などに基づいて、あらためて両者の関係を掘り起こしてみたい。

津田と新島の最初の出会いは、おそらく手塚律蔵の蘭学塾であろう。同塾は幕府により九段坂下の牛が淵に設けられ、手塚が蘭学の教授にあたった。津田は同塾に一八五七年の春に入学し、およそ一年間、在籍した（『津田仙』五頁）。

一方、新島も同年（十四歳のおりである）、それまで蘭学の指導を受けていた田島順輔《じゅんすけ》が、八月に長崎に遊学したのを受けて、（夏から秋にかけて）手塚の塾に転じた。自身、同塾で「有数月」学習した後、蘭学を廃して、漢学の学習に専念した、と述べる（『新島襄全集』三、五頁）。とすれば、津田とはしばらく同門（兄弟弟子）であったことになる。

その後、津田の親友にあたる杉田廉卿《れんきょう》が、新島にキリスト教を勧めたので、漢籍が得意な吉田賢輔《けんすけ》らとともに英訳、漢訳の宗教書を新島は研究するにいたったという。このとき津田もそのひとりであったはずである。なぜなら津田は、杉田の勧告でキリスト教の良さを知った、と告白しているからである（「津田仙氏の信仰経歴談」、『護教』一八九八年二月二六日）。新島襄の年譜では、この出来事を一八六三年（二十一歳）のこととする（『新島襄全集』八、一六頁）。

ちなみに杉田廉卿は杉田成卿の養子で、杉田玄端の義理の甥にあたる。新島には杉田成卿は既知の人物で、彼に関しては、「彼有名杉田成卿ノ如キ医ニシテ、和蘭ノ軍法ヲ講シ、数十巻ノ訳述アリシモ」と述べている（同前八、一〇頁、同前一、一一八頁）。

津田の回想に見る初期の交流

こうした事柄を含めて、津田は青年時代の新島を次のように回顧する。

「新島氏とは〔彼の〕渡米以前からの知合で、氏が渡米してから親御へ手紙を送るにも、又、親御から米国に手紙を送るにも、皆、老生の手を経たものである」（宕峯生「津田仙氏と語る」、『護教』一九〇四年一二月三日。〔　〕は本井、以下同）。

新島は一八六四年に函館から密出国して渡米留学したので、ニューイングランドに着いて以来、しばらくの間、故国の家族とは自由に交信ができなかった。正規のパスポートを得るまで、日本側の窓口のひとつを津田が務めてくれた。津田自身の回想が、これを裏づける。

「今はむかし、新島先生が国禁を犯して外国に赴きしのち、初めて安否の消息が、横浜なるバラ〔J. H. Ballagh〕氏の許に達した。すると之を聞きたる津田先生は、新島先生とはもと蘭学時代の朋友とは云ひながら、わざわざその書簡を持参して、新島先生の故郷なる上州の安中まで出掛けて、之を新島先生の厳君の手に渡されたとの事である。

それから後ちには、外国へ文通の時には、必ず安中より特に飛脚を立てて、津田先生の許までよこしたとの事である」（山鹿旗之進「亡き人の面影」、『護教』一九〇八年五月九日）。

この点は、新島の側の資料とも照合する。すなわち、新島がドイツから安中の父親に出した書簡には「御書状之儀は、津田様なり田中〔不二麿〕様なり、或いは川田〔剛〕先生なり、御願被成候」とあるのがそれである。ちなみに新島は、ドイツで津田からの書簡を受理している（『新島襄全集』三、一一六頁以下）。津田の回想は、なお続く。

「〔新島〕氏は始め、吉田賢輔《けんすけ》、杉田廉卿と共に聖書を研究した。始めは蘭文の聖書を読んで居ったが、何分解しにくいと見え、後には吉田氏の漢文に長けたるを幸ひ、漢訳の聖書に就て学んだやうであった。

其後、函館に行き、ニコライ氏〔Nikolai〕の弟子〔日本語教師〕となり、遂にアメリカに渡ったのである」。

津田はここで明白に、聖書（蘭文、ならびに漢文）を読んだとか学んだ、と断言するが、新島の側にはそうした記述はない。おそらく、聖書に関する書物や記事ではなかろうか。函館を出るまで、新島は聖書本体を見たことはないと思われる。

ついで津田は、青年期の新島について赤裸々な人物評を披瀝する。若い頃の新島をよく知る津田ならではの証言である。

「氏の伝記などを読んで見ると、始めから品行方正なる君子人の如く書いてあるが、それは事実に相違して居る。浅草花川戸《はなかわど》町の仮宅に居ったときなどは、随分放蕩《ほうとう》したものである。

しかし、其の頃より宗教心に富み、且つ義気の盛なる人であった。板倉藩主〔板倉勝殷《かつまさ》〕の妾《めかけ》某、邪慾なりしを以て、之を刺殺《さしころ》さんと企てたこともあったけれども、同藩の人々に戒められ、之を中止したのであった。氏が十四歳のときから老生がよく之を知って居った」（「津田仙氏と語る」）。

この一節は、早くに『新島研究』二一（二八頁、一九六〇年四月）に引用され、紹介されてはいるが、「浅草花川戸町の仮宅に居ったときなどは、随分放蕩したものである」との一文は、新島（先生）らしからぬ、との配慮からであろう、引用者〔森中章光〕によって無断削除されている。

留学中の新島襄

津田の回想は、留学中の新島の動向にも及ぶ。

「時の米国公使〔少弁務使〕なりし森有礼氏から、北海道開拓使長官〔次官〕なる黒田清隆氏の許に、新島氏のことを詳しく書いて来たとの事で、老生が黒田氏に面会したときに、お前は新島と云ふ人を知って居るかとのことであったから、至って親密な間柄であることを申し上ぐると、それぢゃその新島を開拓使の通弁に頼みたいと云ふので、其旨を老生から新島氏に相談してやったところが、御厚意は辱《かたじ》けないけれども、其の目的に副《そ》はないからとて断って来た。そのとき老生から黒田氏に頼んで、新島氏の籍を開拓使に入れて貰ったのである」（「津田仙氏と語る」）。

津田がここで森有礼や黒田清隆のことに言及しているのは、資料的には興味深い。森は少弁務使として「米利堅交際事務」のほかに「留学生管轄」という業務を課せられていたので、留学生の新島に関する情報は、いち早く収集していたはずである。

また、開拓使次官の黒田が渡米したのは、例の岩倉使節団より も一年早い一八七一年のことであった。新島の年譜は、先の「津田仙氏の信仰経歴談」に基づいて、渡米した黒田に森が新島のことを紹介したのは、一八七一年の五月ころ、としている（『新島襄全集』八、七二頁）。ただ、津田の回想にはその旨の記述はないので、あるとすれば（前出の）「津田仙氏と語る」の方である。

しかし、後者を注意深く読めば明白なように、当時、津田と黒田とは、ふたりとも日本にいる。すなわち森は、アメリカから黒田に書簡を寄せて、新島に関する情報を伝える。それを受けて黒田が津田に頼み込む。依頼を受けた津田が新島に「開拓使の通訳にならないか」とアメリカに申し送った、と考えるのが自然である。その時期は、黒田の渡米（一八七一年二月）前であるのか、帰国（一八七一年七月）後であるのか、定かではないが、渡米中でないことだけは確実であろう。

この件に関して、津田の関与がどの程度のものであったのか、必ずしも明白ではない。けれども、黒田の帰国後、開拓使が新島を雇用しようとしたり、新島を開拓使管轄としたりしたことは事実である（同前八、七九頁、八二頁）。ちなみに津田は、開拓使が一八六九年七月に設立されてすぐにその嘱託になり、一八七一年十二月まで在職している（『津田仙』二〇頁、二二五頁）。

以上の事を考慮に入れると、次の新島の「略伝」（無署名）は、比較的、正確にその間の消息を伝えている。

「是より先き、北海道に始めて開拓使を設けらるゝや、黒田清隆君は主として先づ、四方の人才を招集するに尽力せらる。新嶋氏の米国大学に在るを聞き、之を招聘せんとして、其知人津田仙氏に内命を伝へ、津田氏よりして新嶋氏に向ひ開拓使に優待せんことを通じ、新嶋氏は脱走人なれば、今ま日本に其籍を存せざるべし故に、今度更に開拓使に入籍すべしとの旨をも通ぜられしに、〔新島〕先生は共に其好意を拝謝し、唯官の禄を食《は》ん為に帰朝するは、素志にあらざることを報じ越さる。而して先生は、此時始めて開拓使平民の籍に就かれたり」（池本吉治編『新嶋先生就眠始末』三〇頁、警醒社、一八九〇年）。

ところで、新島が留学中にも津田と手紙を交わしていたことは、確実であるが、該当する手紙の所在が不明のために、以上の詳細を資料に基づいて明示することができないのは、残念である。

他の件で言えば、一八六九年五月に新島の父、民治が新島に宛てた書簡に、津田に関する記述が見い出せる。すなわち、民治が尺《せき》振八（横浜北方村に在住）に依頼して留学中の襄に発信した際、津田仙の隣家の植木屋に集めさせた草花の種の送付をも尺に依頼した、と伝えている（『新島襄全集』九上、四二頁）。

　おそらく津田の協力も不可欠であったであろう。

北海道にかける期待

黒田清隆と津田仙は、北海道の開拓にかける熱意という点では、共通して篤かった。相互に刺激し合った感があり、それが新島の開拓使雇用問題につながったとも言える。

　津田が北海道開拓使の嘱託であった時の出来事である。当方の新島には「政府の奴隷」になる気持ちなど、まったくなかった。おまけに、「ヤソ嫌い」で有名な黒田のこととて、この話は最初からミスマッチではなかったか。ただし、帰国後のことではあるが、新島も北海道への思い入れは深かった。いわば「北海道を日本のニューイングランドに」との想いが、強かった。

　その点では、津田の方が先駆者であった。津田は、自身が設立した学農社を拠点に、『農業雑誌』を発刊したが、それに続けて、一八八〇年には『北海道開拓雑誌』を創刊している。日本のピューリタンたちは、ニューイングランドとの類似性から、総じて北海道には早くから親近感を抱いていた。津田と新島も、北海道を見る視座では一致する。

　『北海道開拓雑誌』の創刊は、北海道開拓次官、黒田清隆の発案で、資金（百三十円）もそこから出た。印刷人は、安中出身の山田亨次（『農業雑誌』二代目編集者）である。山田は、安中藩で新島を教えたことのある山田三川《さんせん》の息子で、同志社を中退している（拙稿「新島襄と山田三川・亨次」、『同志社談叢』二〇、二〇〇〇年三月）。さらに、黒田が岩倉使節団に津田梅子を始め、五名の女子留学生を随行させたのも、将来、北海道に女学校を作るためだった、とも言われている（津田梅子「洋行の夢」、『読売新聞』一九〇二年四月六日）。

　津田は、『北海道開拓雑誌』を通して、本土から北海道への移住を熱心に奨励した。ピルグリム・ファーザーズによるアメリカ開拓が、モデルである。そこで津田は、ニューイングランドから来日したW・S・クラーク学長にも面会したり、雑誌で彼の小伝などを紹介したりした。クラークは、アメリカ時代の新島の恩師でもある。クラークの感化もあって新島は、津田以上にニューイングランド志向であった（拙著『ビーコンヒルの小径』参照）。

　津田の北海道開拓アピールに真っ先に反応したのが、神戸の同志社系教派（会衆派）の信徒たちだった。摂津第一公会（現日本キリスト教団神戸教会）の創立者のひとり、鈴木清が中軸となって、「赤心社」という団体を組織して、津田仙を顧問役に据えた。鈴木の同志たちは、一八八一年に北海道の元浦河《もとうらかわ》に入植し、元浦河教会を立ち上げた。新島襄もこれに共鳴し、赤心社の株主となって、支援した（『創設期の同志社』二五二頁。この鈴木の娘、幸恵が、後に大沢徳太郎夫人となることは、本書二二〇頁以下を参照)。

同志社系の北海道開拓組織としては、ほかにも「インマヌエル村」がある。信徒たちが、今金《いまかね》(瀬棚郡今金町神丘《かみおか》)に一八九一年に入植し、インマヌエル教会(現日本キリスト教団利別《としべつ》教会)を組織した。牧師には同志社出身の志方之善《これよし》が就いた。妻の荻野吟子は、本郷教会(現弓町《ゆみちょう》本郷教会)の信徒で、日本初の女医として名を知られている。

津田梅子

新島は大学院生(神学生)の時、アメリカで津田の次女と出会う機会があった。一八七二年春、襄二十九歳、梅子六歳の時で、場所はワシントンDCであった。新島は少弁務使の森有礼の要請で、岩倉使節団に協力するために、神学校のあったアンドーヴァーから呼び出されていた。

一方の梅子は、使節団に連れられて渡米した五人の女子留学生のひとりである。わずか六歳の女児をアメリカに送り出すとは、なんと残酷な父親か、との批判があった。新島は梅子に会った翌日(三月八日)、さっそくハーディ(A. Hardy)夫妻宛に、その消息を伝えた。

「私の今の下宿は、数名〔五名〕の日本の娘たちの滞在先からすぐ近くです。昨日、〔そのうちの〕ふたりに会いました。ひとり〔吉益亮子〕は十五歳〔数え歳〕くらい、もうひとり〔津田梅子〕はわずか八歳です。後者は、いまは母国で名の知られた官吏になっている私の旧友〔津田仙〕の次女です。

彼女は、私がこれまで見たことがないほど、可愛くて賢い少女です。彼女たちと実に楽しい会話をしたり、一緒に食事をしたりしました。ふたりは、受け入れ家族〔ランマン家(C. Lanman)〕の女性たちから話しかけられても、理解できません。

だから、私が会いに行くと、大喜びします。そして私に、実にたくさんの質問をたえずします。彼女たちは私には大変、友好的で、恐れずに質問をしてきます。というのも、質問をすることをためらうようでは、はなはだ残念だ、と言っておいたからです。

彼らに説教をすることはありません。ですが、楽しいやりかたで、倫理的な原則を教えています。だから、しょっちゅう訪ねているにもかかわらず、彼女たちは、私のことを女好き(a lover of girls)とは見ないで、親切な教師である、と見てくれていると思います。と言うのも、私が話しかけるたびに日本式の礼を恭しくしてくれるからです。

彼らに少しでも役にたつことができて、私は本当に感謝で一杯です」(『新島襄全集』一〇、一三六〜一三七頁、訳文を一部変更)。

それから十年後の一八八二年に、梅子は山川捨松と帰国する。そのさい、シカゴから彼女たちを同伴したのは、帰国休暇から同志社に戻る途中のデイヴィス(J. D. Davis)夫妻であった。梅子たちはデイヴィス夫妻にかなり窮屈な思いを抱いたようで、捨松などは夫妻から咎《とが》められるのを恐れて、トランプ遊びは控えるようになった（古木宜志子《ふるきよしこ》『津田梅子』六七頁、清水書院、一九九二年）。

帰国後に梅子が創設した女子英学塾（現津田塾大学）を最初から援助したひとりは（後出の）義兄、上野栄三郎である。彼は同志社開校と同時にまっさきに入学した生徒のひとりである（山崎孝子『津田梅子』一〇一頁、一七八頁、二一五頁、吉川弘文堂、一九六二年）。

新島と梅子との交流は、総じて深くはない。在米中も帰国後も、そうである。ただ、一度、新島が熱海に伊藤博文を訪ねた際、同家で英語の家庭教師をしていた梅子と再会したことがある。ただ、詳細は不明である（拙著『新島襄の交遊』三四頁）。

梅子が創設した女子英学塾と同志社との関係も薄い。ひとつには、梅子は（父親の仙と同様に）ミッションや宣教師に対して批判的であった。

一方の新島は、自身がミッション派遣の宣教師であっただけに、ミッションに対する評価は、極めて高い。同志社との関係で言えば、梅子が交際したのは、元良《もとら》勇次郎と上野栄三郎くらいである。後述するように、ふたりは、津田仙に近い。

受洗

ところで新島は、梅子に会う六年前にすでにアンドーヴァー神学校教会で洗礼を受けて、会衆派教会の一員となっていた。

津田仙の場合は、新島よりも八年も遅い一八七四年になって、ようやく妻と共にキリスト者になった。授洗したソーパー（J. Soper）の教派は、アメリカ・メソジスト監督教会である。ソーパーとの出会いの契機は、娘の梅子によって生まれた。

ソーパーは来日したさい、すぐに麻布新堀町の津田宅を訪ねている。梅子をホームステイさせていたランマンの紹介状を持参していたからである。このランマンは、新島ともアメリカで交流があった（『新島襄全集』六、九六頁、一〇〇頁、一〇五頁）。ランマンの感化を受けて、梅子は両親の諒解を得ないまま、アメリカで洗礼を受けていた（「津田仙氏と語る」）。

来日したソーパーから新たにキリスト教の指導を受け始めた津田夫妻は、一八七四年一月三日に、そして長男の元親《もとちか》、次男の次郎、それに三女のふき子はそろって同年十一月三日にそれぞれソーパーから洗礼を受けた（『津田仙』四七～五〇頁）。

ついで一八七七年四月九日には長女の琴子が、遠縁（実質的には養女）の岩村千代と共に、同じくソーパーから洗礼を受けた（同前、二二八頁）。彼らはソーパーとの関係から、麻布メソジスト教会に所属した。

洗礼を受けた津田の子どもたちは、幼児洗礼であった。そのため、後に同志社に入学した元親は、一八八三年六月二十四日（二十九日が彼の卒業式であった）に京都第二公会（のちの同志社教会）で改めて信仰告白をして、入会している。教会の記録には「津田元親　東京ニ於テ小児洗礼ヲ経、此度認罪入会」とある

（『新島襄全集』二、五八〇頁）。

次郎もまた、元親同様に同志社に送られるが、彼の京都第二公会入会は一八八六年十二月十七日である。記録の上では築地・メソジスト教会からの転入会である（坂本武人編『同志社教会員歴史名簿』一八頁、同志社教会、一九九六年）。おそらく兄同様に信仰告白による入会と思われる。

ちなみに津田仙は一八八三年九月二十一日、朝鮮視察旅行の帰途、京都に立ち寄り、京都第二公会において新島から紹介を受けて説教を行なった。

隣席した学生（原田助）の記録によると、「同志社設立ノ我日本ニ肝要ナルヲ述ベ、新島先生ヲ弘法大師ニ比シ、朝鮮ノコトニ及ンデハ、京城《けいじょう》ノ実況、其不潔、女子ノ虐待等ニ至ル迄、演述シ、日鮮関係ヲ述ベテ終ラレタリ」という（原田健編『原田助遺集』四〇頁、私家版、一九七一年）。

宣教師帰化問題と津田仙

以上のことから鮮明なように、津田はメソジスト派の宣教師とは親密な協力関係にあったが、その反面、新島や同志社を支援したアメリカン・ボードの宣教師とは一線を画していた。同志社教員のJ・D・デイヴィスによると、「津田氏はすべての宣教師、とりわけわれわれのミッションの宣教師を憎んでいる」と慨嘆する。

たしかに、一八七八年にアメリカン・ボードのグリーン（D. C. Greene）との間になにか紛争があったらしく、津田はグリーンに対し、「人間ではない。アメリカに帰国せよ」などと攻撃した。しかし紛争は、新島を始めとする五人の調停委員が同年冬に解決したという（J. D. Davis to N. G. Clark, July 14, 1879, Kyoto）。

要するに、信徒でありながらも宣教師、あるいはミッションに対する態度は、新島と津田とでは好対照である。アメリカン・ボードの宣教師を嫌悪する津田は、新島（身分はアメリカン・ボードの準宣教師である）を「宣教師の奴隷」と言って揮らなかった。宣教師とは絶縁するように、と新島に何度も忠言したという。

このことは、同志社の資金源がアメリカにあるのではないか、との疑惑を政府が抱いて問題視する事件（後述）の際には、とりわけ強調された（ibid.）。

ただし、宣教師の帰化に関しては、賛成であった。この件が一八七八年から翌年にかけて起きた時、津田は新島に協力的であった。この問題は同志社教員（宣教師）が京都滞在許可の延長願いを申請したときに発生した。外務省は、許可を出し渋った。そうした政府の強硬姿勢を見て、デイヴィスやラーネッド（D. W. Learned）は、「許可がおりなければ、帰化してでも残りたい」との決意を固めた（D. W. Learned to N. G. Glark, Feb. 8, 1879, Kyoto）。

彼らの熱意に動かされ、新島は政府にかけあった。そのさい、依頼すべき仲介役としては、政府要人に顔が広い津田が最適であった。津田は一八七八年三月二十七日、新島を同行して、寺島宗則外務卿の自邸を訪ねた。あいにく寺島が病床に伏していたために、要件を果たすことはできなかった（『新島襄全集』五、八一頁）。この時、新島が提出した書類であろうか、外交資料館に「外国人帰化ニ関スル伺雑件」（三九五二単）なる書類が保存されている（『津田仙』七三頁、七六頁）。

翌年にも、津田は新島の意を汲んで動いている。すなわち、「外国人転籍之儀」に関して、外務省大書記官の宮本小一（津田は小一郎と誤記）に数回、面談した。津田によると、（九月二十五日の時点で）「伝教師等之転籍ハ、事実は此上も無き美事なれとも、未た評議中ニ而、相決兼候」との回答が外務省からあり、「周旋ハ至極宜敷奉存候」との手ごたえが得られた（『新島襄全集』九上、九三頁）。

この件は当局も判断に苦慮したのか、一八八〇年になっても最終的な公式回答はなされていない。九月二十五日に駐日アメリカ公使から外務省へ、「外国人日本国入籍兼、宗教伝護之義ニ付」いて照会状が提出されている（『津田仙』七三頁）。もっとも現実には、宣教師の滞在許可は一八七九年二月に正規に延長されたために、帰化の必要性はすでになくなっていた。

宣教師に対する津田の姿勢は、その後、多少の変化が見られた。たとえば、一八八四年にはドイツから優秀な宣教師が来日することを希望した、と伝えられているからである（『池袋清風日記』上、一八五頁、同志社社史資料室、一九八五年）。

ところで、梅子もまた宣教師やミッションに対しては、父親譲りなのか、点が辛い。たとえば、最初の帰国のさい、船が揺れた理由を船長が冗談まじりに「宣教師がたくさん乗っているから」と言ったのをわざわざ書き留めている。また、船中の宣教師を見て、「彼らはたしかにいい人たちだが、善い人たちや良い行いのことばかり聞いているのは退屈です」と漏らしている。

さらに帰国後、国内で活動する宣教師にも失望を隠さない。「アメリカ人はあまりにもお高くとまっていて、充分日本人と交わろうとはしません」と批判する（古木宜志子『津田梅子』六六～六七頁、七九頁）。

だからであろう、梅子は学校経営の面でもミッションへの依存を好ましいとは思わなかった（同前、二〇三頁）。同志社と津田塾との関係が、極めて希薄な一因は、あるいはこの辺りにあるのかもしれない。

新島帰国後の交流

新島と津田仙との交流に戻る。新島の帰国後、津田仙との交流が再開されたことは、言うまでもない。その消息を時間を追って紹介する。

一八七六年四月一日、津田は新島に苗を送っている。おそらく新島が注文をしたのであろう。平菓苗と梨苗がそれぞれ二十本、ストローベリー二種を各十本、アスパラガス十本、それに西洋種物五種である（『新島襄全集』八、一五四頁）。津田ほどではないにせよ、新島にも植物（特に食材としての西洋野菜）に対する関心は強かった。

一八七八年三月二十二日、新島は津田の自邸を訪ねた。帰国して初の顔合わせと思われる。その後ともに連れだって、富田鉄之助を訪問している。

ちなみに新島は富田とはすでにアメリカで面識があった。富田は一八七四年に杉田成卿（杉田玄白の孫）の長女（縫）と結婚していた。縫は実はそれ以前に一度、杉田家に養子となった杉田廉卿と結婚をしている。新島は廉卿とは、かつて江戸でともに聖書を研究した間柄であったので（吉野俊彦『忘れられた元日銀総裁——富田鉄之助伝——』三四頁、東洋経済新報社、一九七四年）、彼女は新島にとって、まったくの赤の他人ではなかった。

それはそれとして、富田を訪ねた翌日は日曜で、新島は午後に麻布メソジスト教会（津田の教会である）に行っている。二十七日には津田の案内で、寺島宗則（後述）の自宅を訪ねた（『新島襄全集』八、一七三～一七四頁）。

四月十六日、津田の尽力でメソジスト系の男子校、耕教学舎（青山学院の前身）が築地に開校した。招かれたスタッフは和田正幾《まさちか》、元良《もとら》勇次郎、長田《おさだ》時行で、いずれも同志社の出身者である（詳細は拙稿「同志社と学農社」、『キリスト教社会問題研究』、四九、二〇〇一年三月を参照）。

この学校での同志社出身者の働きが、津田に改めて認められたからであろう。津田は新島に学農社農学校のスタッフの派遣を要請するにいたる。新島はそれに応えて、教え子ふたり（中島力造、上野栄三郎）を送りこむ。

六月二十九日、同志社を中退して学農社に就職する彼らふたりの教え子に託して、新島は津田への書簡を認めた。津田からの返信によれば、彼らの就職は、津田からの「欠員」補充の要請に基づくものであったこと、ならびに新島がブドウの苗代に言及していることから、津田からブドウを購入したことが判明する。

また津田が議長となって東京築地の新栄《しんさかえ》教会で開催される第一回全国基督信徒大親睦会には、新島は出席できないことも伝えている（『新島襄全集』九上、八六頁）。

ついで同年夏、津田は長男を同志社に送ったが、この点は後述する。

「カタルパ伝説」の謎

以上から分るように、津田仙の多面的な活動のひとつが、農業指導や西洋野菜の普及活動であった。『農業雑誌』の編集、発行以外に、欧米品種の輸入や普及、さらには販売にも力を入れた。洋食党の新島にとっては、アスパラやブドウなどの西洋野菜を入手する点でも、津田の存在は不可欠であった。

津田は、野菜類のほかにもアカシアや神樹《しんじゅ》（ニワウルシ）、ポプラなどの街路樹の普及にも力を入れた。カタルパもそうである。新島ゆかりのカタルパと言えば、熊本の徳富記念館のものが、有名である。記念館は、邸内のカタルパ（現在は三世）は、「新島襄がその種をアメリカから取り寄せて、淇水《きすい》と蘇峰〔父子〕に送った」ものと伝える。

その一方で現地では、蘇峰の大江義塾の開校（一八八二年三月）を祝って、新島が蘇峰に贈った、との「伝説」も流布している。この場合、送った年は、ほぼ一八八二年に限定されることになる。

では、当事者の蘇峰はどうか。別の由来をこう伝える。「新島先生が、其《そ》の種子数粒を書翰袋の中に入れ、淇水翁に、米国から齎《もた》らし来りて贈られたもの」とする（徳富蘇峰『烟霞勝遊記』上巻、二二五頁、民友社、一九二四年）。

いずれも、細部では不一致が生じており、不審な点が残る。まず、種子に関しては持ち帰りと取り寄せの両説が並立する。贈る相手も蘇峰であったり、蘇峰と父親であったりする。届ける手段も郵送の可能性が一番高いが、直接に手渡したかもしれない。

こうしたバラツキは、熊本のカタルパが同志社に逆移入された場合、さらに増幅する。近年、同志社女子大学に熊本から移植されたカタルパには、新島がアメリカから持ち帰った種子を徳富兄弟に贈った、との説明板が付されている。

では真相は、どうか。

新島は、アメリカ（オハイオ州デイトン）の種苗商（Barney & Smith MFG Co.）にカタルパについて注文や問い合わせを日本からしている。一八八〇年一月八日付でバーニー（E. E. Barney）から送られてきた返書が新島遺品庫に保管されており、新島はカタルパの種、ならびにカタルパの植え方を記したマニュアルを受取っている（これを最初に指摘したのは、末光力作「新島襄と植物」一九三～一九四頁、北垣宗治編『新島襄の世界――永眠百年の時点から――』晃洋書房、一九九〇年、である）。マニュアルのタイトルは、「カタルパ二種の育て方」である（『新島襄全集』八、一九七頁）。

この返書によると、新島が問い合わせの手紙を送ったのは、前年の十一月二十四日のことである。バーニーは何粒かの種を同封した上で、カタルパ栽培のベテラン（R. G. Waukezan Ⅲ）を紹介してくれた。そのベテランが新島に手紙を寄こして、カタルパ百本を送ってくれるだろうと附言する。しかし、実はその手紙は新島家に保存されていないので、カタルパ百本が来ることもなかったと思われる。

これが事実ならば、一八八〇年にアメリカ（バーニー）から送られてきたカタルパの種を（伝承で言う）一八七二年ころに熊本へ送った可能性が大きくなる。その反面、新島がアメリカから持ち帰ったものを蘇峰に送った、とする伝承は成り立たない。新島が留学を終えて帰国する時（一八七四年）、すでにカタルパの種子を帯同していたと見るのは、事実に反するからである。持ち帰りが出来たとすると、二度目の渡米を済ませて帰国した一八八四年から一八八五年にかけてのはずである。

それ以外の可能性として、新島の依頼（注文）により、アメリカの業者が熊本へ種か苗を直送したケースもありえる。さらにいまひとつ考えられる経路としては、蘇峰の父、淇水（一敬《いっけい》）が、津田から取り寄せたかもしれない。学農社は、カタルパの苗を一本二十銭ですでに売り出していたからである。

徳冨蘆花の『みゝずのたはこと』によると、「彼の父は津田仙さんの農業三事、農業雑誌の読者で、出京の節には学農社から、ユーカリ、アカシア、カタルパ、神樹などの苗を仕入れて帰り、其他種々の水瓜《すいか》、甘蔗《さとうきび》など標本的に試作した」（『みゝずのたはこと』二八頁、福永書店、一九二四年）。

したがって、蘇峰の父が東京でカタルパの「苗」を買いつけて熊本に持ち帰ったことも十分考えられる。淇水はカタルパの育成に関して、再渡米する新島に現地調達を頼んだ人物かもしれない。新島の場合、樹木がカタルパでなければいけない理由は、見当たらないからである。

そうした推測に関連する事実がひとつある。二度目の渡米中、新島はボストンに滞在中の一八八五年十月二十一日に、ニューヨーク州ロチェスターの種苗商（J. V. Seedman）に樹木のカタログを請求している。同月二十三日に受理した返書（ハガキ）によると、樹木リスト（Tree Guide）は刊行していないので、取扱い商品のカタログ（Guide）を送る、ただし希望する樹木の種類を特定してくれれば、価格の見積りはできる、という。

これを受理した翌日、新島はハーディ夫人とマーケットに行き、野菜の種子などを購入している（『新島襄全集』七、二六九頁）。一週間後（十月三十日）にボストンを去って、帰国する予定の新島としては、日本に持ち帰るための買い物であったはずである。ただし、カタルパの種子がここで購入できたとも思えない。やはり別の折に別のルートで入手したのであろう。

以上、カタルパ伝説ミステリーの解明と真相である。なお、津田がらみの新島伝説には、カタルパ以上に有名な「同志社完成には二百年伝説」がある。これについては、あらためて後述したい（本書三四三頁以下を参照）。

新島逮捕の危機

新島と津田との交流に戻る。一八七九年にとつじょ同志社に存亡の危機が発生するが、学園の外部で廃校を食い止める働きをしたのが、津田仙である。事件の中身はこうである。

同年二月、同志社の資金の出所をめぐって日本政府（外務省）が同志社に疑念を覚え、同志社を糾弾し始めた。もしも同志社の運営が外国（アメリカン・ボード）からの資金に依るのであれば、同志社は外国の学校となるので、「新島校長が外国人教師（宣教師）の給与を支払う」という開校時の約束に違反するとして、廃校処置をちらつかせる、という重大局面が発生したのである。新島はきゅうきょ東京に陳情に赴いて、旧知の森有礼外務大輔に直訴した（『新島襄全集』一〇、二四三頁）。

ところがそれでも事態は収束せず、新島が九州を伝道旅行中の夏に問題が再燃した。「新島は詐欺罪で逮捕か」との噂まで流れる始末であった。敏感な宣教師たちは、これを同志社の「パニック」とか「暴風雨（Tempest）」と受け止めた。

新島は度々の電報で九州から呼び戻された。実はその際、津田も一枚咬《か》んでいる。すなわち最初の情報は森から津田に漏らされた。それが学農社教員の中島力造（同志社出身者）、さらには横浜の宣教師、グリーン（D. C. Greene）に伝えられた。あわてたグリーンは、神戸のギュリック（O. H. Gulick）に「新島を九州から呼び戻せ」との電報を打った。かくして津田を通して同志社へと情報が流されたのである（拙稿「新島襄、詐欺罪で逮捕か」一～三、『基督教世界』一九九六年五月一〇日～七月一〇日）。

事は津田から始まった。同志社のデイヴィスも「森氏が江戸の農学校に関係する津田氏に話した」と証言する（J. D. Davis to N. G. Clark, July 14, 1879, Kyoto）。新島もまた、「彼〔森〕は私の東京での友人のひとりを通して私に一言し」た、と言う（『新島襄全集』六、一九八頁）。その「友人」が津田を指すのは疑いない。

結局、この事件は、アメリカン・ボード（ボストン）からの送金を（神戸在住の日本ミッション会計担当の宣教師ではなくて）新島校長宛てに変更することで、ようやく窮地を脱することができた。

津田の力は、高知伝道に関しても発揮された。一八八二年六月十九日、松山（高吉か）が新島を訪ね、「宇野〔吉田〕作弥ノ進退」に関して協議したところ、新島から津田に問い合わせることになった。そこで、新島はさっそく翌日に書簡を認めた（同前五、一八二頁。同前八、二三九頁）。

協議の内容は不詳であるが、前年の夏に吉田を高知伝道（夏季伝道）に派遣する約束がなされているので（同前八、二二四頁）、あるいは高知伝道に関する動向かもしれない。そうであれば、津田は仲介役として、期待されたことになる。高知伝道に関しては、自派（組合教会）と長老派との間で競合が生じていたからである（拙稿「新島襄の教派意識」三七五頁以下、同志社大学人文科学研究所編『日本プロテスタント諸教派史の研究』教文館、一九九七年）。

新島が東京に赴いた時は、津田との交流がよく見られた。たとえば、一八八二年九月七日、新島が東京において東京第一基督教会（牧師は小崎弘道）の創立式典に臨み、「教会員への勧め」を行なった際、津田も植村正久らと共に祝詞を述べた。翌日、新島は津田の招待を受けて、伊勢（横井）時雄夫妻らと紅葉館で夕食を饗された。さらに九日には、津田は新島を勝海舟の自宅へ案内した（『新島襄全集』五、一八四頁）。

新島と海舟との面談は、都合五回、実現する。それぞれが興味深い対面であるので、詳しくは後述する（本書三四一頁以下）。とりわけ、海舟の問いかけに対して、「同志社の完成には二〇〇年」と新島が答弁したという「新島伝説」については、その真相を探る必要がある。

海舟と初対面した翌年、一八八三年五月、第三回全国基督信徒大親睦会が東京で開催された。新島が行なった説教、「基督弟子の足を洗ひ賜ふ事」が会衆に深甚な感化を与えたことは有名である。また大会の最終日（五月十二日）に主要な指導者たちが、津田仙と李樹庭を真ん中にして撮った記念写真も周知のものである。新島は二列目で、内村鑑三と並んでいる。

この大会で津田が果たした貢献が大であることは、集合写真からも窺える。大会の終了後、津田はとくに新島のために一肌脱いでいる。十四日に新島は津田に案内されて、海舟を訪ねた（同前八、二六二頁）。

さらにその日の朝、津田と新島とはクララ・ホイットニー（C. A. N. Whitney. 後に海舟の庶子、梶梅太郎と結婚）を訪ねている。クララは「新島氏は全く聖人だ。私は日本人に対してこんな風に感じたことは、今まで一度もない」と新島を激賞する（クララ・ホイットニー著・一又民子訳『クララの明治日記』下、二二四頁、講談社、一九七六年）。

ところでクララの父、ホイットニー（W. C. Whitney）は森有礼の招きで先に来日し、商法講習所（後の一橋大学）の教師となったが、解雇された。そのため津田は、彼のために銀座に簿記夜学校を開設した。同校はいわば学農社分校で、ここでも杉田（元良）勇次郎や上野栄三郎、三輪振次郎などの同志社の出身者が教鞭をとった（詳しくは拙稿「同志社と学農社」）。

さらに、一八八四年にも新島は東京で津田に会う。二月四日のことで、津田は新島を宿舎（山城軒）に訪ねた。大雪であったが、前日に急病で床に伏した新島を見舞うというよりも、後述するような重要案件の打ち合わせのためであったと思われる。二日後（六日）にも、「津田先生来ル」と新島は日記に記す（『新島襄全集』五、二四六頁）。

またこの前後、津田の斡旋で地学会社において東京府下の紳士を対象に第一回の説教会が開催された。フルベッキ（G. H. F. Verbeck）が説教を担当したが、参加者は少数であった、と新島は日記に認める（同前五、二四七頁）。

それより二年後の一八八六年、津田の六女（清子）がジフテリアで死去した。たまたま東京で療養中の新島は、同伴していた八重を葬儀に参列させた（同前五、三四二頁）。新島と清子とは、さして深い交流があったとは思えないので、津田仙への弔意を表わしたかったのであろう。

学農社

津田仙の働きの中で、同志社に最も近いのは、学農社である。同志社開校の二か月前（一八七五年九月）に、麻布に学農社農学校（男子校）も開校された。キリスト教主義を採り、普通学や徳育（精神教育）も重視した。学内には日曜学校を設け、人物の養成に努めた。

　このために津田は、新島に適当な教員の派遣を要請した。津田の要請に応えて、同志社初期の入学生、中島力造と上野栄三郎が、ついで元良《もとら》勇次郎が学農社農学校に赴任した。その後に窪田義衛、岡田松生《まつお》、小崎弘道、山田亨次らが続く。

　このうち、窪田はこれまでまったく知られていなかったが、実は彼は山本覚馬の長女（宇良《うら》）の子である（『同志社女学校期報』六、二頁、一八九六年六月）。最初の入学者（本間重慶）の回想には、同志社に在学中の窪田は、「不絶、同家〔山本家〕ニ出入セル親戚ノ窪田義衛氏」と出る。身体に障がいのある山本覚馬のいわば書生役を務めたのであろう（海老名弾正宛本間重慶書簡、一九二六年六月七日、同志社社史資料センター蔵。窪田母子については、拙著『八重さん、お乗りになりますか――新島襄を語る・別巻（二）――』二二三～二二五頁、思文閣出版、二〇一二年、を参照されたい）。

　農学社に結集したこれら同志社系の人びとは、教育、伝道、出版などの領域で津田を補佐した。とくに同志社を中退した山田が、学農社から発行されていた『農業雑誌』の編集を担当したことが、近年、見出された山田宛新島書簡から判明した。

　山田はまた、東京の奇正社が一八八四年一月三十日に創刊した『兵事新報』の編集人をもしばらく兼務している（拙稿「新島襄と山田三川《さんせん》・亨次」一二四頁、『同志社談叢』二〇、二〇〇〇年）。

　ちなみに、新島は当時の日記に同誌の誌名を書き留めている（『新島襄全集』五、二四七頁）。

　津田は、学農社が発行する『農業雑誌』を毎年のように同志社の図書館に寄贈している。あるときになどは、『精密正確兵要清韓新地図』とともに同誌を寄贈する（『同志社明治廿七年度報告』二〇頁）。

　山田の前後に教師や『農業雑誌』の編集者として活躍したのが、渡辺譲三郎である。信徒ではあるが、非同志社系である（星野達雄「農事改良の先駆け――新潟県の渡辺譲三郎――」、『新潟キリスト教史研究』八、新潟県キリスト教史研究会、一九九九年六月参照）。

　学農社は同志社から多くの人材を受け入れたが、もちろん逆の場合もあった。学農社で学んだ三輪振次郎はその後、同志社に転校する。越後与板の旧家である三輪家からは、彼に続いて三輪源造始め十人近くが、同志社に入学する。新原《にいはら》俊秀のように、一八八三年に学農社が廃校された際に、同志社に転学するケースもあった（『津田仙』五九頁）。

　ほかにも、中島、元良、上野らは、学農社からアメリカ留学の道を歩む。斡旋したのは、いずれも津田である。中島と元良は、帰国後、帝大（東大）教授に就任するし、上野は財界で活躍する（上野については、吉崎雅俊「Who is Mr. Eizaburo Ueno?」、DAC Vol. 59, 2003. 9. 1。拙著『徳富蘇峰の師友たち』二二一～二二五頁）。

　学農社のスタッフで異色なのは、内村鑑三である。動物学を教える傍ら、雑誌編集を手伝う。しかし、まもなく学農社が閉鎖されたので、失職する。彼の前には、農商務省、大日本水産会、同志社という三つの進路があった。そのうち彼が選んだのは、農商務省であった。

　学農社農学校が、財政難から結局は廃校に追い込まれたのに対して、青山学院は好転、存続した。メソジスト派の信徒として、津田は青山学院の創立にも、大いに貢献した。前身校の耕教学舎で最初に教員となったのは、元良、和田正幾、長田《おさだ》時行である。いずれも津田の息がかかり、しかも同志社出身者である。

霊南坂教会と小崎弘道

　伝道の面でも、同様である。学農社スタッフの大半を同志社出身者が占めたので、京橋肴町《さかなちょう》に設置された学農社分校（銀座簿記夜学校）は、同志社の東京拠点となった。彼らの多くは、同志社系の会衆派信徒であったので、「群羊社」の名のもとに独自に礼拝を開始し、会衆派教会の建設を夢見た。

　そこへ、同志社第一回卒業生、小崎弘道が水沢（現奥州市）での開拓伝道を目指して同地に赴任の途上、東京に立ち寄った。群羊社の信徒たちは、小崎に牧師となるように熱心に懇請した。

　小崎が応諾した結果、生まれたのが、新肴町《しんさかなちょう》教会、今の霊南坂教会である。設立には津田も協力的で、教会設立式では、祈祷を受け持った。新島もわざわざ京都から駆けつけ、小崎の按手《あんしゅ》礼を司った（詳しくは拙稿「同志社と学農社」参照）。

　以後、小崎自身も、公私共に津田の指導を受けることになる。その結果、小崎は津田の養女ともいうべき岩村千代を配偶者にした。この時、学農社分校で合同結婚式を挙げたのが、上野である。先述したように、花嫁は津田の長女、琴であった。小崎、上野のほかにも、津田の紹介で結婚した者に元良（旧姓杉田）がいる。相手は、小崎夫人と同級であった元良米子である。

津田の子女の教育

　津田が男子校の学農社農学校を開校したのは、同志社英学校が開校された直後（二か月後）のことである。彼は自分の学校に息子たちを学ばせることなく、わざわざ遠方の同志社に留学させた。農学校とはいえ、学農社は普通教育にも力を注いでいた、にもかかわらずである。長男（元親）を新島に託したことは先述したが、津田はその後、次男（次郎）をも同志社に送った。そのことを思うと、同志社女学校が早くに開校していたら、あるいは津田は梅子を京都に留学させたかもしれない。

　長男の同志社入学について、補足すると、一八七八年八月十二日、津田は新島に十二歳間近の元親の教育を託す書簡を送っている。「英学、漢学とも少々ハ学ひ候得共、元来、遊ひすきニ而、勉強不仕候間」、同志社で鍛えてほしい、というのである。元親は同月十日に高津柏樹《はくじゅ》という僧侶に連れられて、すでに東京を徒歩で出発しており、同月末には京都につく予定であった。高津は、元親の漢学教師を務めていた。

ちなみに元親の英学の方は、アメリカ・メソジスト監督教会ウーマンズ・ボード派遣の女性宣教師、D・E・スクーンメーカー（D. E. Schoonmaker）に指導を委ねていた（『新島襄全集』九上、八七頁）。彼女は津田の協力を仰いで、一八七四年十一月十六日に築地に女子女学校という名のミッション・スクールを開校していた。後の海岸女学校（青山女学院の前身）である（『津田仙』九八頁）。女子女学校設立にあたって、津田はスクーンメーカーの雇用主となった。東京府への届け出によると、契約期間は一八七五年十一月一日から一八七七年十月三十一日までで、月棒は二百円である（『東京都史紀要（東京の英学）』一六、付表八頁、都政史料館、一九五九年）。

同校はその後、津田の私宅、ついで廃寺などに移転している。当初は生徒が集まらず、男女共学で、津田夫人も息子ふたり（おそらく元親と次郎）と共に宣教師から教わったほどである（同前、一二九〜一三〇頁）。

ところで新島は、先の高津柏樹（日本の近代盲・聾教育の開拓者でもあった）とは、翌年に再会する機会があった。津田は翌年九月二十五日に新島に書を寄せ、高津と大内青巒《せいらん》とが、楽善会訓盲院（現筑波大学付属盲学校）の要務を帯びて京都に赴いたこと、ならびに新島宅に落ち着くために荷物を船便でそちらに送ったことを伝えた（『新島襄全集』九上、九二～九三頁）。

ちなみに新島の葬儀に際し、大内が僧侶ながら心あふれる弔辞を送ってきたことは、新島伝では良く知られた事柄である（たとえば、『新島襄全集』一〇、三五八～三五九頁）。ふたりの出会いを取り持ったのが、津田であった。

「自責の杖」事件

さて、高津に連れられて同志社に入学した元親であるが、まもなく例の「自責の杖」事件（一八八〇年四月）に巻き込まれる。事件の背景となった学生ストの要因は、元親や徳冨健次郎（蘆花《ろか》）の二年生上級組が引き起こした無届け欠席（スト）であった（事件の詳細は、拙著『新島襄と徳富蘇峰』二一～一一〇頁を参照）。

元親は、同志社初の学園紛争といわれるこの事件の当事者であった。ある学生は、「不平家の主な人達は、新島公義《こうぎ》君、赤峰久蔵君、津田元親君等で、随分大騒ぎしたものである」と証言する（『創設期の同志社』四〇頁、同志社社史資料室、一九八六年）。

紛争がひとまず収まると、元親は黒幕の徳富猪一郎（蘇峰）と共に退学することを決意した。しかし「同氏〔の退学〕は、新島先生が仙君より同氏を託されてゐるからとて、強ひて止められたから、思い止まる事となった」と蘇峰は回想する（徳富猪一郎『蘇峰自伝』一二〇頁、中央公論社、一九三五年）。

結局、退学を決行したのは、蘇峰始め、少数に止まった。元親は、新島の説得が功を奏したからであろう、退学を取りやめた。しかし、新島はよほど懸念したのか、徳富たちが退学をした直後の夏休みに、東京に戻る元親を神戸までわざわざ見送るため、同地に一泊している（『新島襄全集』三、一八一頁）。

こうした経緯をさらに明白に示すのが、当時、津田が新島に認めた書簡である。書簡の複写が、北垣宗治氏により一九九二年に同志社社史資料室に寄贈されたので、全文を紹介しておきたい。

「此春来上野氏に御投し被成置□□也

一筆啓上仕候猶御清適被為段奉拝賀候扨先般御出京之節者何之風情も無之奉拝謝候種々御地産之陶器御恵投被成下御厚情奉拝謝候○上野氏者俄途中与御報知被下難有同氏神港ニ而阿片官之□不都合之処□□事済ニ相成帰京之由大慶仕候

扨元親与是非急□帰東仕度私与免れ得度申越候如何之次第ニ仕居候哉湯浅吉郎氏と同行仕度申越候固より先生ニ相願置候事故先生之□ひニ而帰東之方宜敷仕度候□湯浅氏同行仕候様御通し被成下度候□学農社内に農学予備学校を設普通英漢等教授仕候様仕候外国教師も壱人相雇候積りに相談決し申候故元親之処如何ニ而も宜敷候間先生之御決談ニ任可申尤本年土用休中ニ一度帰東被致兼而岡田氏に伝言仕候同氏出府之節召連可候様申居候□も□□□候○教師一条未た御指令無之候哉□御用も御座候ハ、御伝下度候杉田〔元良勇次郎〕小崎〔弘道〕様其外等御話残無之被申上度　敬拝

五月十八日　　津田仙

新島老兄

悟北尚々折角御自愛専一奉祈候上帝之深慮ヲ以て同志社の繁栄を奉希上候　敬拝」。

書簡は年次を欠くが、元親の退学の件が問題となっていることから、一八八〇年であることは疑いない。新島は女性宣教師の雇用許可をとるために四月に東京に出張したばかりであったが、文面から陶器（清水焼か）を手土産に津田を訪ねたことが判明する。この時、新島は東京で勝海舟や井上馨外務卿に面談している（『新島襄全集』八、二〇三頁）。津田の斡旋により可能となった、と見るべきであろう。

書簡中の「上野氏」は、上野栄三郎、「岡田氏」は岡田松生《まつお》である。岡田はこの年に学農社教員を辞職して、熊本に帰省しているので、あるいはこの時は、すでに熊本にいたのかもしれない。とすると、「教師之一条」とは、その後任者の推薦依頼である。

蘇峰、元親らの退学騒動

書簡の後半は、元親からの要請である。同志社を退学して（徳富猪一郎ではなくて）湯浅吉郎といっしょに帰省してもよいか、との問い合わせである。元親らの退学が、四月の学園紛争にからんだものであることは事実である。

しかし、その後に徳富らが繰り広げた退学騒ぎは、やはり四月十三日の「自責の杖」事件が直接の要因ではなくて、その後に事件の余波として五月ころに発生した別の紛争（教会紛争）に起因するものと考えられる。以前、提示した「仮説」（本井による）の正当性が、ここからも窺える。

それはそれとして、新島は東京出張から戻って間もなく受理したこの津田書簡を読んで、すぐさま元親の説得にあたったはずである。あるいは津田書簡を受理するまでもなく、説得工作はすでに進行中であったかもしれない。いずれにせよ、その結果、元親は退学組から脱落せざるをえなかった。

この月（四月）二十二日に徳富が認めた書簡には、退学決行組として徳富、湯浅、河辺久治、新島公義の四名の名前が挙げられている（拙稿「新島襄と山田三川・亨次」一四三頁）。注目すべきは、元親の名が、すでに欠落していることである。この時点で、元親に対する新島の説得が成功していることは確実である。それに対して、公義の名前が残っているので、彼への説得はさらに時間が必要なようであった。

最終的には、湯浅、徳富、河辺の三名が、新島の説得を振り切って、同志社を共に退学し、東京に向かった。五月二十五日のことであった。新島は、元親と公義を「脱落」させることに成功したわけである。その後、前述したように、元親が六月（夏休み）に帰省するおりには、新島は彼をわざわざ神戸まで同行して見送った。その背景には、この津田書簡の存在が大きかったことが窺える。

結局、元親は同志社に残留したが、父親の津田仙の心配は、それでも止まなかった。翌年（一八八一年）二月一日に津田は新島に再び書を寄せ、元親が「不相替いたつら仕、御厄介相懸仕候義と奉存候。信仰と勉強とよろしく御督教奉懇請候」と重ねて依頼におよんだ。合わせて、小崎弘道を始めとする同志社出身者たちが、津田宅や教会、同人社（中村正直の私塾）において伝道に励んでくれていること、長女の琴子を同志社出身者の上野栄三郎と婚約させる話が、ほぼまとまったこと、同じく親類の娘（岩村千代）を小崎と婚約させる話もあらかたまとまったことなども報じた（『新島襄全集』九上、九九頁）。

ところで、新島の配慮が功を奏して、元親は一八八三年には、無事に同志社英学校普通科卒業に漕ぎつけた。その間に津田は、「書物料之助分」として九円八十七銭を同志社に寄贈している（同前五、一八六頁）。ただ、元親に関して、卒業後の動向は不詳の部分が多い。判明していることは、鉄道関連の仕事に就いたこと、渡米して鉄道について研究を進めたものの、帰国後（一九〇一年一月二十八日）に若死にしたことくらいである（『津田仙』二二六頁）。

一方、次郎は新島の死去直後、社会科学系学部の立地をめぐって、学内の学生が「東京派」と「京都派」に分かれて抗争したさい、後者の運動家として活動した。この紛争が原因で、「中途退学」したとも、「退校処分」になったとも伝えられている（『創設期の同志社』一五五頁、一九三頁）。しかし、現実には一八八八年に卒業している。

その後、マサチュセッツ農科大学（現マサチュセッツ大学）に留学した。新島の推薦でもあったものか。W・S・クラーク学長が、札幌農学校の教頭を兼務したことからも判るように、札幌農学校は北海道開拓のモデル校であった。

次郎は帰国してからは『農業雑誌』などの編集、発行に尽力した。父親の引退に伴い、一八九七年からは、すべての事業を引き継いだ（山崎孝子『津田梅子』一七六頁）。学農社が一九二〇年に閉鎖されてから、次郎は再渡米している（同前、二八二頁）。カリフォルニアで実業に就いたり、日米新聞を手掛けたりするものの、日米戦争で帰国を余儀なくされ、まもなく死去した。

なお、元親と次郎は同志社に在学中、上級生で歌人の池袋清風に和歌を習っている。その消息は『池袋清風日記』上、下（同志社社史資料室、一九八五年）に散見される。

中村正直

ところで、先にも新島と勝海舟、井上馨との接触について触れたように、津田は帰国後の新島に対して、政官界の要人の紹介に努めるなど、新島の事業を側面より支援するのに骨折っている。新島にとって政官界に接触するルートとしては、岩倉使節団に協力した折に知り合った関係者、すなわち木戸孝允、森有礼、田中不二麿などのルートがもっとも太いパイプである。それに次ぐ位置にあるのが、この津田をめぐる人脈である。

たとえば、中村正直（敬宇）である。中村は津田より早く、一八七三年にカナダ・メソジスト派宣教師、カックラン（G. Cochran）から洗礼を受けたキリスト者（メソジスト牛込教会員）である。津田とは楽善会訓盲院（一八七四年五月創設）や明六社（一八七三年十月創設）などで共に活躍した間柄である。また津田が、柳沢信大《しんだい》や大井謙吉との共訳で『英華和訳字典』を刊行したさい、同書の監修をしたのが中村であった（『東京都史紀要（東京の英学）』二二〇頁）。

新島は一八七四年に帰国後、おそらく津田の仲介であろう、中村との交際を始めた。中村は自分が創立した学校（同人社）に新島を招聘する気持ちが強かったらしく、その旨を一八七六年に新島に伝えている。ようやく念願の同志社を設立したばかりの新島にとっては、もちろん受諾できる話ではなく、拒絶の回答を送り返している。その追伸に新島は、「津田仙君ニ御面会有之ハよろしく」との伝言を依頼している（『新島襄全集』三、一四六頁）。

さらに一八七九年二月に新島が津田の自宅を訪問した際、中村はわざわざ同家まで足を運び、新島に「多分之御餞別」を贈っている（同前九上、一六三頁）。また一八八二年には、新島は東京で中村から「為善最楽　中村正直」との揮毫をもらった（『原田助遺集』三一頁）。

中村との交際は、その後も続く。四年後（一八八三年）に新島は、東京に出た折に、津田と面談したり、中村宅を訪ねたりしている。後者にはその直後に書簡で、「先生が大久保一翁《いちおう》氏とお親しいことを津田君から聞いたので」と断って、大久保への添書を懇請している（『新島襄全集』三、二二五頁）。

同年秋には、今度は津田が京都に新島を訪ねている。その際、九月十八日の朝七時（出勤前）であるが、ふたり連れだって、北垣国道知事を自宅に訪れ、何やら協議に及んでいる（塵海研究会編『塵海』一一〇頁、思文閣出版、二〇一〇年）。

さらに中村は、一八八六年十月に新島が仙台で開校した同志社分校（宮城英学校、のちに東華学校）のために「実徳を修め虚栄を求むるなかれ」と揮毫した額面（現在は仙台市博物館所蔵）を贈っている（『二女高九〇年』一六頁、宮城県第二女子高等学校、一九九四年）。

要人の紹介

この中村のほかにも、津田が新島に紹介した人物に、外務卿の寺島宗則がいる。津田と寺島は、一八五九年に横浜の福地源一郎の塾で共に学んだ仲であった（『津田仙』八頁）。その寺島宅を新島は、津田の案内で一八七八年三月二十七日に訪ねた。女性宣教師の同志社雇用について陳情するためであったが、寺島の病気のために面談できず、むなしく引き返している（『新島襄全集』五、八一頁）。

またそれ以前の同月二十三日にも――『津田仙』（七二頁）では「期日は不明」とある――新島は、同じく津田と富田鉄之助（後に日本銀行総裁）を訪ね、同じ件を陳情している（『新島襄全集』五、八一頁）。ちなみにこのとき新島は、二十四日の日曜礼拝を津田が所属する麻布メソジスト教会で守った（同前）。

次に前にも触れたが、一八七九年九月二十五日には津田は、京都に向かう高津柏樹と大内青巒（ともに楽善会）とを手紙で新島に紹介し、「有用之人物」ゆえに面談するように、と助言している（同前九上、九三頁）。小崎もまた、同志社卒業後に東京に出るや、津田から大内を紹介されたという（『七十年の回顧』四〇〇頁）。

さらに伊藤博文である。津田梅子はかつて岩倉使節団に連れられて渡米したよしみで、伊藤から依頼され、一八八三年十一月から翌年六月まで伊藤家（官邸）に住み込んで、伊藤夫人の通訳や、娘の家庭教師を務めたりした（『津田仙』一二四頁）。

ちょうどその間のことである。一八八四年の二月四日、津田は（先にも見たように）大雪を押して東京・京橋の山城軒に新島を訪ねた。おそらくこの日の会談、あるいは二日後の六日の会談のどちらかで、新島・伊藤会談の日程調整の件が出たであろう。協議の結果、面談日は八日と決まった。

当日、新島は五時半に起きて、伊藤への陳情書を草したが、津田から文書が寄せられ、「午前十時までに来訪するように」と伝えられた。まもなく津田も山城軒に足を運び、そこで落ち合った両者は、連れ立って伊藤邸に向かった。(『新島襄全集』五、二四六頁、二五〇頁)。

　続けて十日にも新島は熱海に伊藤を訪ね、五時間近く、宗教談義を交わした(会談内容の詳細については拙稿「新島襄と伊藤博文」一～四、『基督教世界』一八九七年六月一〇日～九月一〇日、拙著『新島襄の交遊』所収)。

　それより六日後の二月十四日には、今度は新島が小崎と津田邸に足を運ぶ(『新島襄全集』五、二五六～二五七頁)。さらに十八日にも新島は津田を訪ねるが、津田は不在であった。帰宅後にそれを知った津田は、その日のうちに新島を宿舎に訪ねている(同前五、二五九頁)。ただし、この時の用件は不明である。同年十二月二十九日、新島は小崎に宛てた書簡で「津田氏へよろしく」と伝言を依頼している(同前六、二四七頁)。

　そして一八八八年。六月二十七日、たまたま東京にいた新島は病床の津田を見舞った(同前五、三四五頁)。新島はこの二年後に他界するので、これがふたりの最後の会見となった。

　一八九〇年一月中旬、新島が大磯で臨終を迎えた時、新島の秘書役を務めていた永岡喜八は、関係者数名に危篤の電報を打った。もちろんその中に津田仙も含まれている(『新島遺品庫収蔵目録』上、一三三一番)。翌日、津田から見舞状がきたのは言うまでもない。また告別式に際しては、同志社社員(理事)宛に津田から弔文が寄せられた(同前上、九四頁、九七頁)。

　新島と津田とは教派を超えた刎頸《ふんけい》の友であり、その交流は日本のキリスト教史上、異彩を放っている。

第三章　勝海舟

数回の面談

新島襄に津田仙が紹介した要人は何人もいるが、なかでも異色なのは勝海舟である。新島は勝とは前後数回、勝の自宅で歓談しているが、いずれの場合も津田が同行している。竹中正夫『勝海舟と新島襄』（九〜一五頁、同志社、一九九九年）で挙げられているのは、次の五回である。

（一）一八七九年二月十一日、十二日
（二）同年十一月二十九日
（三）一八八二年九月九日
（四）一八八八年九月一日
（五）同年十月十二日

しかし、実は全部で六回に及ぶ。（四）は一八八三年五月十四日が正しい（『新島襄全集』八、二六二頁）。見られるように、十年にわたる交流である（詳しくは、拙著『新島襄の交遊』二二六〜二三四頁、思文閣出版、二〇〇五年）。ただ、その間、実際に面談が実現したのは断続的で、回数もわずか六回というのは、相互の場所が離れているとはいえ、やはり少ない。それでも、それぞれの面談の中身は濃い。

とりわけ、新島伝で必ずと言ってよいほど言及されるが、最初の訪問（一八七九年二月十一日、十二日）である。二日続けて会っている。この時の面談が有名なのは、二日目に両者間で交わされた問答が、いわば「新島伝説」として、今にいたるまで広く伝承されているからである。

それに次いで興味深いのは、それより三年後の三度目の面談（一八八二年九月九日）と（四）の面談である。後者については、後述するが、前者の（三）では、この時も津田に案内されて、新島が勝宅を訪ねている。新島はこの時、奈良の土倉《どぐら》庄三郎と自分のために揮毫を依頼した。

「書ハ余程見事ニ出来ス。先生之気象〔気性〕ヲ見ル〔ニ〕足ル」と新島は日記に記す（『新島襄全集』五、一八四頁）。今も

「新島旧邸」の応接間に懸けられている「六然《りくぜん》の書」（六然訓）が、そのとき貰った作品である。ちなみにこの文言は勝のお気に入りで、門弟の富田鉄之助にも贈っている（吉野俊彦『忘れられた元日銀総裁』三二四頁、東洋経済新報社、一九七四年）。

学生時代、新島の自邸を何度も訪ねたことがある徳富蘇峰は、「応接間には何時も勝先生の額がかかってゐた。それは新島先生も余程その高風を欽慕してをられたものと思ふ」と述懐している（徳富蘇峰『我が交遊録』二六一頁、中央公論社、一九三八年）。ここからも新島・海舟の交遊の深さが窺える。

「〔新島〕先生の口からも勝先生の話を時々聴いたことがある」と蘇峰は回顧するが（徳富蘇峰『蘇翁感銘録』八三頁、実宝舍、一九四四年）、ふたりの間では、応接間のこの額も当然、話題になったことであろう。

最初の面談

それでは、ふたりの初対面の消息を詳しく見てみたい。六回の面談のうち、有名な新島伝説が生まれたのが初回の時だからである。その折の消息について津田は次のような談話を残している。

「故津田仙翁が、警世記者の為めに語られたる談話中、新島先生に関する一節に云く、

新島襄君が同志社大学を設立せんと欲して東京に出て来た時、私〔津田〕に勝海舟先生に紹介して呉れろと云ふから、直ちに先生の所へ同道した。午前十時頃であった。其の時より夜の十時迄、勝は喋り続けに喋りて、私にも新島にも何も云はせなかった。勿論、昼飯も夕食も一所に食した。

依て其日はその儘帰り、新島君は、翌朝は直ぐ西京へ帰ると云ふたから、定めて其まま帰って仕舞ただらうと思ふて居た。

然るに両三日経て勝の処へ行くと、勝が云ふには、お前が此間伴れて来た新島襄と云ふ男は、ヒドイ奴だと云ふから、其訳を聞くと、新島はあの日は勝ばかりに喋らして、己れは一言も云はなかったが、その翌朝六時頃より勝の処へ出掛けて行き、勝がまだ寝て居るに面会を申し込み、昨日は先生の御高論を拝聴したが、今日は少々私の方より御噺申上度く罷出たと云ふのを冒頭に置き、夫れより目下、我国に是非とも宗教を土台とする一大学校を設立する必要あり、と云ふ議論を滔々と演べたて、是非とも勝に賛成して貰いたひ、と熱心を込めて説いたそうだ。

そうすると勝も動かされて、然《しか》ばお前の希望の教育を日本全国に普及するには一体、幾年位にて成就する積りかと尋ねたら、新島君は直ちに答へて、凡《およ》そ三百年の積りなりと答へた。

そこで勝も、善し、夫れなら賛成をしてやる、と云ふたとの話であった。而して勝曰く、新島の熱心には実に驚いたよ。近来、我家を訪問する人の中にて最も珍しき人物である」（原田助『信仰と理想』八八～八九頁、警醒社、一九〇九年。『原田助遺集』三七二頁に再掲）。

ちなみに、この時の新島の訪問に関しては、初日は来客が多数

いたために勝に面会できず、翌日にあらためて出直したと憶測されることがある（山鹿旗之進「亡き人の面影」二、『護教』一九〇八年五月一六日）。前半の理由はともかく、問題の新島発言が「翌日」（二月十二日）であることは、ここからも裏付けられる。

いったいに海舟には、初対面の客を迎えるのに独特の流儀がある。「はじめて来訪するものは、是非大ていは一度、一喝を蒙るのが例である」。「ある人の如きは、逃げ出してブルブル震えて、再び前に出ることが出来なかった」（『勝海舟全集』一一、一四頁、勁草書房、一九七五年）。海舟による確信犯的な対応である。自身、「ひどく言ってやると、怒って帰るが、二、三年すると分るとみえて、また出てくるよ」と述懐する（同前一一、一六頁）。

新島の場合も初回は似たような対応をされたと思われる。海舟は回想の中で、どの面談の時かは分からないが、「新嶋〔襄〕には、ひどく言ってやったが、怒ってしまった」とか、「新島〔襄〕は少しは出来る男だと思ったから、それで、ひどく言うてやったのサ。初めから、〔同志社は〕とても出来やしないと言うたのサ」とか告白する（同前一一、四二頁、七一頁）。

初対面のおりも、さだめしひどく言われたはずである。しかし、新島の場合、それに懲りないところに特異性がある。初回の場合のように、翌日、再度押しかけるというのが、新島らしい。

さすがの海舟もこれにはあきれ顔だったようで、前に引用したように、「新島の熱心には実に驚いたよ。近来、我家を訪問する人の中にて最も珍しき人物である」と脱帽したという。

「同志社の完成は二百年」伝説

この時に生まれたエピソードは、新島永眠の翌年に早くも活字になっている。こうである。

「二百年の後を期す　〔新島〕先生の始めて勝伯に面するや、伯、先づ問て曰《いわ》く。同志社ハ何年を期して成らしめんと欲するやと。先生、答へて曰く、之れ真神の事業なり、先《ま》づ二百年の後を期せざるを得ざるべしと。是に於て、伯、大いに先生を信ずるに至りしと云ふ」（石塚正治編『新島先生言行録』一二五頁、福音社、一八九一年、傍点は本井）。

残念なことに、典拠が明示されていない。津田の名前も出ない。この『新島先生言行録』に次いで、同じ出来事を紹介したのが、先に紹介した原田助『信仰と理想』（一九〇九年）である。同書中に収録された「勝海舟と先生」と題した小文の中で、原田は石塚が紹介したのと同じエピソードをさらに詳しく紹介する。

今のところ、これら二冊以外には、勝海舟への答弁記事はない。竹中正夫『勝海舟と新島襄』も、津田の発言については触れていない。また、世間周知のこの挿話は、なぜか『勝海舟全集』にも『新島襄全集』にも出ない。それだけに、石塚と原田が書き残す記事だけが、今のところ関連する資料、文献である。

ちなみに、原田の「勝海舟と先生」は一九七一年に原田の息子、原田健が出版した『原田助遺集』の中に再録されたので、いまでは『信仰と理想』に比べると、はるかに簡単に目にすることができる。

　にもかかわらず、百二十数年前の『新島先生言行録』にくらべて、「勝海舟と先生」は、人目に触れないのか、あるいは看過されやすいのか、読者の印象に残らない。いまだに新島の発言として世に流布しているのは、最初に世に紹介された『新島先生言行録』の記事のほう（だけ）である。それだけに、そこには無視できない問題が生じている。

新島伝説の真相

『新島先生言行録』と『信仰と理想』では、新島の発言に大きな違いがある。前者は、「二百年」と言い、後者では「三百年」と語ったという。

　しかし現在、流布する伝承は、なぜかすべて「同志社の完成には二百年」である。はたして、真相はどうか。検討の価値はないのか。活字になった時期から見ると、新島の死期に近い前者の方が、正確であるような印象を受けるだけに、考証が必要である。

　問題は、前者の「二百年」説には、情報の出所（ニュースソース）や出典が明記されていない点である。したがって、伝聞情報のまま記述されている可能性もある。いったい誰がこの種の話しを最初に語ったのか、いまだに不明である。編集者の石塚正治が聞き出した話でないことは、明白である。この書が成立した背景や経緯については、山室軍平の証言がある。

「〔新島先生が永眠されたのは、〕私が〔同志社〕予備校の一年生の時であったと思ひます。クラスで色々の人を招《よ》んで来て、九回ばかり追悼のため、種々の話をして貰った事がある。殊に二回もお出でを願って話して戴いたのは、此処にござる堀〔貞一〕先生であった。

　其当時、私は其の色々のお話を書きとめて置いたものであるが、其後になって石塚正治君がそれを貸して呉れと云ふので、貸し与へたるところ、石塚君は其の大部分をとって、あの『新島先生言行録』の資料としたやうな次第である」（山室軍平「新島先生御永眠四十周年記念講演」三二九頁、『追悼集』四、同志社社史資料室、一九九一年）。

　山室はほかにもこちらから出向いて取材もしている。たとえば、新島旧邸に新島八重を訪ね、新島のことをあれこれ語ってもらっている。

「今から四十二年前〔一八九〇年〕、新島先生が世を去られて後、当時の予備校生であった私共が、先生を慕ふのあまり、代る代る先輩諸君を招聘して、先生に関する逸事、逸話の如きものを拝聴し、之によっていささか先生を追慕する心を満足させようと試みたのである。

　その際、一日、私は夫人をそのお宅に訪ねして、そのお若い時に会津の戦争に出会され、いかに城中に立籠もて傷病兵の看護をせられたかと云ふ様な話を伺ひ、その雄々しい精神に感動したのである。

これこそ、バプテスマを受けた女丈夫と云ふものであったらうと感じたのが、今も猶、胸に残っている。四十年後にこの事を思ひ出して、今更のやうに感慨に堪へません」（山室軍平「バプテスマを受けた女丈夫」三八五頁、『追悼集』六、同志社社史資料室、一九九三年）。

このように、新島が永眠した直後、新島をよく知る関係者から新島の逸話を聞き出し、それらを一本にして出版する企てが学内生の間で湧き起った。その中軸とも言うべき山室は、時間をかけて取材に奔走した。

しかし結果的に、収集した回想やエピソードを借り出して出版したのは、石塚であった。了解をとらない無断出版であったかも知れない。出版の経緯を暴露する山室軍平の回想の背景には、「トンビに油揚げを浚われた」悔しさが、滲んでいる。

それにしても、「同志社の完成は二百年」とのエピソードは、新島、海舟、津田の三人だけが知る話だけに、『新島先生言行録』に収録された記事の出所（出典）が気になる。海舟や津田仙を同志社に招いて話を聞く機会はなかったと考えられるので、生前に誰かが新島から聞いていたか、それとも海舟や津田から情報収集するか、のどちらかである。後者の場合、蘇峰あたりが海舟に接触するか、津田次郎を介して津田仙から情報を求めるか、のいずれかである。

当時、津田の次男である津田次郎が同志社を退学後もしばらく京都にいた（津田道夫『津田仙の親族たち』四三頁、私家版、二〇一二年）。山室と津田次郎は意気投合する関係で、同志社在学中に学生間で起きた内紛、東京移転論争では「京都派」として共に戦った仲であった。そのため、山室の要請を次郎が聞き入れて、父親から情報を得たのかもしれない。

結論として言えるのは、三つのルートのうち、どれが確定的かは特定できない。これに対して後者の「三百年」説は、当の新島発言の現場に立ち会った当事者である津田仙の「直話」がベースになっている。それだけに信憑性は、高い。

情報の提供者である津田に関しては、先に全文を引用した記事の冒頭に明記されている通りである。くり返すと、「故津田仙翁が、警世記者の為めに語られたる談話中、新島先生に関する一節」とある。

津田からこれを直《じか》に聞いた「警世記者」とは、誰か。『警世』とは警世雑誌社（東京巣鴨）が一九〇〇年十月に創刊した刊行物で、発行人は原安治郎、編集人は住谷弥作である。主幹は、キリスト教ジャーナリストとして高名な松村介石（一時、同志社系牧師であった）が務めたので、個人雑誌の色彩が濃厚である。

松村は越後の北越学館教頭を辞めて東京に戻ると、キリスト教青年会館の講師に呼ばれたが、その傍ら、「『警世』と云ふ月刊誌をも発刊した」と述懐する（松村介石『信仰五十年』二六九頁、復刻版、大空社、一九九六年）。したがって、津田が語ったという「警世記者」とは、松村を指すと思われる。彼は、紙面によっては、肩書を「記者」とする場合がある。

松村の証言によれば、警世雑誌社は『警世』の発行の件で何かと別の出版社、警醒社と「関係をつけて居た」ので、毎月「若干の生活費」を後者から送ってもらっていた（同前、二七一頁）。キリスト教出版社の警醒社を支えた中軸は小崎弘道や湯浅治郎、植村正久、である。前二者は、同志社系である。しかも、小崎を海舟に紹介したのは、津田である。小崎、津田両者の間で、海舟のことがしばしば話題になったとしてもおかしくない。その場合、津田の証言は、小崎を介して、原田へ伝承された、という道筋も成り立つ。

さらには、原田その人が、津田から話を聞き及んだと推定することも、完全には否定できない。なぜなら、原田と警醒社との繋がりは、きわめて強いからである。彼は一八九一年十一月にアメリカ留学から帰国後は、東京の番町教会の牧師を務めながら、一八九五年まで『基督教新聞』や『六合《りくごう》雑誌』の編集に従事している（『原田助遺集』四九七〜四九八頁）。これらの出版元が、警醒社である。原田の『信仰と理想』が、一九〇九年に同社から出版されているのも、自然なことである。

原田はジャーナリストとしての才能にも恵まれ、一九〇五年に至って、組合教会機関紙『基督教世界』の編集所を自宅に移している（同前。一一九頁）。ちなみに、原田は『警世』五号（一五〜一七頁、一九〇〇年一二月二五日）に「週遊雑感」を寄稿しているが、その肩書は「社友」である。

さて、原田が活字化した津田の語りは、『新島先生言行録』ではわずか四行に過ぎなかった実に簡単な記事よりもはるかに詳しく、しかも臨場感に溢れている。原田自身が記録者とすると、その理由も明確である。ただ、警醒社の記者は原田ひとりではない。けれども、津田が自身で見聞した新島に関する逸話を披露する場合、新島の直接の教え子である原田は、警醒社の社員の中では最適の対象であったはずである。

新島伝説の発信源が津田仙であることが確実であれば、このエピソードは同志社の関係者（しかも新島の教え子）を通して学内に持ち込まれたと思われる。そうであれば、『原田助遺集』が伝える話は、津田の直伝である可能性が高い。

以上の理由から、海舟の問いかけに対して、「新島君は直ちに答へて、凡《およ》そ三百年の積りなり、と答へた」という方が、事実に近いと思われる。近年の高崎宗司《そうじ》『津田仙評伝』（三八頁、草風社、二〇〇八年）も、「およそ三百年のつもり」との新島の答えが海舟の信頼を得た、と明記する。

これに対して、「お前の財産を残らず学校へ寄付してしまえ」と海舟に言われた福沢諭吉は、「いずれ、とくと勘考のうえ、御返事致すべし」と答えたという（三八頁）。両者の対応の違いが、興味深い。

海舟の目は五百年スパン

繰り返すと、二百年と三百年の差は、決して小さいとは言えない。典拠の信憑性から言えば、現場にいた津田の証言（三百年）は、無視できない。そのうえ、海舟の側にも、二百年より三百年のほうが、受け入れやすい要因があったはずである。三百年との回答を得て、「勝も、善《よ》し、夫《そ》れなら賛成をしてやる、と云《い》ふたとの話であった」という点も、看過すべきではない。

海舟は「日本を良くするのには五百年位かかる。それにあんなに急いでは〔新島の〕命が短い」と後に、蘇峰に漏らしたという（拙著『新島襄の交遊』二二一頁、傍点は本井）。「五百年位」とは、海舟の目は驚くほど遠くを見ている。

さらに、蘇峰の別の回想にも、海舟は新島に「あせるな、急ぐな」と、しばしば進言した、とある。同志社から（新島八重、小崎弘道、金森通倫、徳富蘇峰の連名で）新島永眠の通知を送られた時の海舟の反応がそうである。彼は、発信人たちにこう返信する。「新嶋師遠行の旨、為御知被遣驚入候。兼て師の思慮、度に過ぎ事業盛大を期するに急なる、乍不及御忠告申述候処、此の訃音に接し、遺憾に不堪候」（『我が交遊録』二七五頁、傍点は本井）。「急ぐな」というのが、新島に対するかねてからの最大の忠告であった。

海舟は小崎弘道にも、同じような忠言をしている。「伝道は急いではならぬ」というのである。小崎は証言する。「信仰上のことに就き〔海舟に〕数々話した事があるが、伯は老荘の自然主義で、伝道の事など急いではならぬと私共〔小崎、津田〕を諫《いさ》められた。新島先生に警告されたのも、之《これ》と同様であった」と（『小崎弘道全集』二、二九八頁、全集刊行会、一九三八年）。

「伝道は急いではならない」、「時間をかけてゆっくり」が海舟の持論であった（同前三、三九頁）。『氷川清話』にも、似たような発言が出る。要するに、海舟の視線は、五百年スパンである。

ちなみに、蘇峰は、自らの墓碑（多磨霊園）に「待五百年之《の》後」と彫《ほ》り込んだ。「日本を良くするのに五百年位かかる」と宣告した海舟への共鳴と心酔振りが、窺える。こうした海舟の持論は、新島にもよく浸透したようで、海舟への最後の手紙に「又、今日〔勝〕先生之御賛成ハ五年、十年、否、数百年之後之美果ト相成可申候間」と記す（『新島襄全集』三、六八〇頁）。五年や十年では話にならず、「数百年」を経て初めて美果を生むというのである。

時間をかけてゆっくりと、が海舟の流儀であることを示す挿話がある。ある時、徳川慶喜から「お前は何年でやるかェ」と問われて、海舟はこう答えている。「左様です。先ず、あれ〔海舟〕のした事は、道理があると言われるのは十五年、もっともだと言われるのは二十五年、四十年経《た》たなければ、なりませぬ」と。それを聞いた慶喜は、「途方もないことを言う」とお冠であったという（『勝海舟全集』一一、六六頁）。

両者の間で何が話し合われていたのかは不明ではあるが、慶喜にすれば、たかだか一、二年、長くても数年で出来ると思っていた節がある。

天命を待つ

さらに蘇峰の碑名であるが、「待」の一字にも、海舟の感化が及んではいないか。

海舟側近者のひとり、巌本善治がこう記す。「『人事を尽して天命を待つ』という語があるが、〔勝海舟〕先生において真によくこの実行を見た。なかんずく、天命を待つの『待』の一字は、先生の特色で、およそ。待つといって、先生の如く、辛棒〔辛抱〕強い待ち方は、ただ驚嘆するのほかはないのである」（『勝海舟全集』一一、二一一頁）。

ちなみに、「待つ」ことに関して、海舟のほかに新島や蘇峰の周辺には辛抱強い人物がいた。村上作夫である。大分出身の漢学者で、同志社英学校で最初に漢文学を教えた教員である。新島は校長として、彼を鄭重に迎えた。

蘇峰は同志社でこの村上から漢文を教わった。アメリカ（宣教師）臭さにいささか辟易していたこの十四歳の少年は、村上の授業によって勉学意欲を満たされた。同志社の学科に不満が多かった彼にしては珍しく、「文章の評論にかけては、頗る明快、痛切の感を与へた。少なく共、予は氏に依って作文に於る新たなる光明を与へられたる感じがした」と称賛している（拙著『マイナーなればこそ——新島襄を語る（九）』一五八頁以下、思文閣出版、二〇一二年）。

村上は、一八八五年七月、三十八歳で亡くなる。その直前に、七ページにわたる小冊子を刊行した。そのタイトルが、「二百年後ノ世界ヲ待ツ」である。この文言は、彼の墓碑銘（南禅寺天授《てんじゅ》庵《あん》）にも彫られている。同書は新島遺品庫にも収蔵されている。

新島はこれを丁寧に読み、誤字を正したうえ、冒頭に英語でKeep!（保存せよ）、と朱書きする。同書の存在は、おそらく蘇峰も承知していたであろう。

村上のことはさておき、以上のことから、海舟に答えた新島の回答は「三百年」であったと思われる。とすれば、これまでの通説（常識）、すなわち「同志社の完成には二百年」は、根拠を失う。二〇七五年（同志社創立二百周年）は、単なる通過点に過ぎない。これは重要なポイントである。

この件に関して、私は今から十余年前に問題提起を試みた。「二〇〇五　同志社東京・春の集い」のガイドブックに、「同志社二百年」と題して寄せた短文がそれである。この寄稿は、二〇〇五年三月二十九日に同志社校友会東京支部HPにも再掲《アップ》されたので、現在もアクセス可能であるが、反応は極めて鈍い。今に至るまで誰一人、「三百年」説に共鳴する者は、出ない。

要するに、海舟の問いかけに対して、「同志社の完成には二百年」と新島が答えたとするこれまでの新島伝説は、「カタルパ」

伝説（本書三二八頁以下を参照）と並んで、津田仙が絡む新島伝のミステリーである。

海舟のキリスト教体験

津田の証言で、いまひとつ注目したいのは、海舟の宗教観である。時に海舟のキリスト教観が問題視されることがあるが、その場合、海舟をよく知る信徒である津田の発言は重い。たえず勝の近くにいた津田は、一八八三年の時点で勝の信仰に関して、こう推測する。

「今は未だ受け入れてはおられないが、やがてはクリスチャンになられるだろう」とか、「勝さんは宗教に関しては、ホイットニー〔W. C. Whitney〕夫人の宗教〔キリスト教〕以外は嫌だ、と発言された」というのである（『クララの明治日記』下、二二七頁）。

ホイットニーは、森有礼の招きで来日し、商法講習所（後の一橋大学）の教師となったが、解雇された。窮地に陥ったホイットニーに自邸内の家屋を提供するなど、生活の面倒を見たのが、海舟であった。海舟は、息子の梅太郎とホイットニーの娘、クララの結婚を認め、邸内に住まわせるだけでなく、梅太郎が失職した時には、月額六十円を毎月、クララに手渡している（『勝海舟全集』一一、五一頁）。ちなみにホイットニー家の教派は長老派であった（渋沢輝次郎『海舟とホイットニー――ある外国人宣教師の記録――』五四頁、ティービーエス・ブリタニカ、一九八一年）。

ここから海舟と蘇峰の交流も始まる。蘇峰の妻がホイットニーの娘、クララに英語を学び始めたことが契機となり、蘇峰は一八八七年頃、「予も亦た何やら勝先生に近付きたい様な気持ちになり」、交際が始まったと回想する（『我が交遊録』二六一頁）。以後、新島が永眠する一八九〇年までは、津田と並んで新島と海舟を繋ぐ太いパイプとなったのが、蘇峰である。

海舟とホイットニー家との交流は、相当に密であった。同家に出入りした小崎の回想には、こうある。

「彼〔海舟〕の邸内に寄寓して居た米人ドクトル・ホイットニーの所では、毎週一回づゝ聖書の講義会を催したが、始め之を担当したのは、〔帝国大学〕工部大学教授である英人、ディックソン〔J. M. Dixon〕で、〔同志社出身の〕岡田松生《まつお》が通訳した。此会には、勝伯の家族も加はり、中にも後日、目賀田《めがた》種太郎男〔男爵〕に嫁した令嬢は、よく出席された。

曾て明六社の連中が、三河屋に〔海舟〕伯を招待したことがあつて、私〔小崎〕も之に参席したが、席上、福沢諭吉翁は基督教を論じて、『その倫理は、大体に於て称賛すべきも、只親子間の道徳には欠点がないでもない』と唱へた処、伯は早速之を反駁して云はれるのは、『それは卿等が基督教の家庭習慣を審かにせぬよりして起る誤解である。真に教を奉ずる人の親に孝なることは、日本人の遠く及ぶ所でない。

一例を挙れば、予の邸内に長く住へるホイツトニーの如き、先般、母親が大病にて遂に死亡したが、其看護の親切なること、到底我国にては見ることの出来ない程で、死後、其子等は一箇月間、毎日墓参を為し、今日に至るも猶、一週一回は怠らず継続して居る。親子間の徳義の厚い事は、我国民に例を見ない所である』と。

同席の森有礼も西洋の事情に精通せる所から、伯の此言を裏書した」（『小崎全集』三、三九頁）。

福沢諭吉と海舟では、キリスト教に対する考え方が好対照であるのは、興味深い。海舟の親キリスト教的な姿勢は、ほかにも表われている。勝は一時期、門に「耶蘇教」の看板を掲げて、ホイットニーに自邸でキリスト教集会を開かせていたので、勝の屋敷内には教会がある、という評判が長い間、勝家の周辺では消えなかった（『クララの明治日記』下、一二八頁）。海舟の子、梅太郎はその教会で洗礼を受け、クララと結婚する。海舟も時々は、礼拝に顔を見せたという。

海舟の場合、こうした親キリスト教的な姿勢を驚くほど早くから堅持している。その有力な証拠を新島は直接、海舟の口から聞き及んでいる。四回目の対談（一八八三年五月十四日）を終えて京都に戻った新島は、帰宅した日の翌朝（五月二十日）、さっそく全校礼拝の席で学生たちに海舟の座談を語った。これは人目に触れない学生の日記に記された記事であるので、全文を引いておきたい（『原田助遺集』三四〜三五頁）。

「上京中、勝安房君ヲ訪ネタルニ、氏曰ク、『余ハ十四、五年前、米国ニ赴キタルトキ、基督教ハ米国ノ精神ナルコトヲ見タリ。帰国スルヤ之ヲ防止セザルベカラザルコトヲ政府ニ建言シタリシガ、其後、追々国交進ミ、其到底防グベカラザルヲ知レルヲ以テ、又、其必ズ入ルベキコトヲ知レルヲ以テ、再ビ建言セシコトアリ』」。

これは勝海舟が遣米視察団に加わって、咸臨丸船長としてアメリカに渡った一八六〇年のことである。キリスト教国を初めて実地に見て、それに対処する態度を固めた点で重要である。伝承では、アメリカで下宿していた家主が熱心な信徒だったので、海舟も毎週、礼拝に通ったという。

海舟自身も、「アー、西洋では、いつも礼賛堂《らいさんどう》（教会）へ行ったよ。大層、褒められたよ。世話をしてくれた親仁《おやじ》が、ごく熱心だったから、その息子などと一緒に行くとネ、ホーリー・ゴースト、ホーリー・ゴースト、で固めて祈ってるよ」と告白もするが（『勝海舟全集』一一、六八頁）、真相は不明である。

ついで一八六二年に起きた横浜天主堂事件についての対応である。「『横浜ニテ天主教会堂ヲ建テ、外国人ノミ集ルコトヲ許シケルニ、一日本人之ニ入リ、教ヲ奉ジケレバ、政府之ヲ形ニ処セントシケルトキ、余之ヲ宥《ゆる》シ、彼ニ金三円ヲ与ヘタルコトアリ。其後、天主教僧侶、余ノ許ニ来リ、貴下ハ非常ノ日本人ニアラズヤト言ヘリ。

然レドモ、余一巳ニ就テハ、未ダ信仰ハセズ、余ノ信ズル所ハ天ニ真アリ、其真ハ基督、孔子、釈迦等ナラン。真ハ天ノ道ナリ。之ヲ真ニスルハ、人ノ道ナリ。余ノ今信ズルトコロハ、之ナリ』ト」。

こうした対応にも宗教的な寛容の精神が発揮されている。一説には、このとき収監された日本人を海舟は残らず釈放したうえに、銘々に百両ずつ手渡したという（『植村正久と其の時代』二、三三九頁。『勝海舟全集』一一、六七頁）。

海舟発言の三点目は、いうならば彼のキリスト教への期待感、あるいは信仰告白である。

「又曰ク、『早晩、日本社会ノ基礎タルベキハ、基督教ナルベシ』ト。余（〔新島〕先生）惟《おも》フニ現今日本ニハ人物ト云フベキ者、殆ンドナシ。独リ勝安芳君ノ如キハ、真ニ活眼ノ士ト称スベキカ。余ハ敢テ勝君ノ言ナリトテ之ヲ根拠トシテ基督教ヲ信ズベシト云フニハアラズ。唯々、如此人物ノ言ナレバ、軽ンズベキニアラズト考フルノミ」（『原田助遺集』三五頁）。

海舟が新島へ語った言葉は、西郷隆盛への答弁とも符合する。キリシタン禁制の考察が撤去される二年前、一八七二年のことであるが、西郷から「西教の事、その処置如何にして可ならんか」と問われた海舟は、「ただ黙許あるのみ」と答えている（『勝海舟全集』一一、三七九頁）。

以上三点が、新島が礼拝講話（五月三十日）で学生達に披露した海舟発言である。新島は、続いて六月二十四日の礼拝（自宅に開いていた京都第二公会）でも海舟のことを語った。

先月、東京にいた間、「一友ヲ伴ヒ、勝安芳君ヲ訪ネタル際」の談話であることをまず断る。「一友」とは津田仙である。この席で海舟は、「世ノ公義、輿論ナルモノハ、世ニ紳士ト称セラル人ニアルニアラズ、却テ井戸端、理髪店、風呂屋ノ如キニアリ」と発言した。

さらに「其友人〔津田〕、勝君ニ対シ彼ノ子息」についてこう語り出した。「子息」はおそらく長男の元親であろう。元親は、弟の次郎と共にやがて同志社に送られて、新島の教えを受けることになる。「子息、未ダ年幼ナレドモ、基督教ヲ聞キタル後、学業ヲ励ミ、又、憚ル所ナク基督教ヲ老若男女ニ説キ伝フル由ヲ語リシニ、勝君ハ成程、真ニ力アリ子供デモ判ルベシト申サレキ。流石ニ活眼ノ士ノ言ナリ」（『原田助遺集』三六頁）。新島は、再び「活眼ノ士」の発言に感服している。

この件については、幸い、新島自身が関連原稿を残しているので、詳細がさらに明確になる。六月二十四日の説教に続いて、二十九日の同志社卒業式における校長式辞「宗教ハ万民ノ望ム所也」で、新島は再度、同じ話題を披露する。

「予ハ先日〔五月十四日〕、東京ニアッテ一紳士〔勝海舟〕ヲ尋ネタルニ、其ノ人ノ吐カルニ、天下ノ輿論ハ天下ノ学者ニアラスシテ、却テ井戸辺、カミユイ〔髪結い〕所、湯屋ニアルベシ。天下ノ学者ノ論説、僅ニ屈指ノ人ニ限ルヲ以テ、輿論ト称スヘカラス。宗教心ハ天下ノ輿論ナリ。

勝安芳先生〔津田ト同伴〕ニ面会シ〔た折〕、〔津田が〕或ル少年〔津田の息子〕カ此キリストノ道ヲ信セリト話セシカハ、成程妙ナリ、真理ナレハ少年ニ分カル筈ナリト答ヘラレタリ」（『新島襄全集』二、一二八〜一二九頁、傍点は原文）。

これは海舟の座談が、いかに新島の心を強く捉えたを示す挿話である。海舟は、世の識者たちがキリスト教を嫌悪したり、切り捨てたりする風潮とは、まさに対極的な位置にいると新島は見る。海舟の活眼と見識は突出している、という訳である。

彼と比較した場合、「我日本ニ於テ自ラ称シテ学者ヲ任ズル輩ガ、往々宗教ヲ度外視スルハ何ゾヤ。一ニハ元来ノ偽宗教ヲ見聞シテヨリ、宗教トハ総テ斯ノ如キモノナリト無視スルモノアリ。又、欧米ノ二、三ノ学者ノ喋喋スル所ヲ丸呑ミニシ、之ヲ信ジ、敢テ問ハズ、之ヲ欧米ノ痛論ト見做ス。豈誤レルモ大ナルモノナラズヤ」と慨嘆する（同前三六頁）。

同じような知識人批判の例としては、「当今日本ノ学者等ニハ高慢、無恥ノ輩多シ。諸君ヨ、己レヲ修メズシテ人ヲ修メ得ベキヤ。〔中略〕己レヲ修ムルモノハ、基督教アルノミ」というのがある（同前二五頁）。

海舟と対極的な位置にいた当時の代表的な「学者」として、東京大学総理補（後に東京大学総理、文部大臣、枢密院議長）、浜尾新《あらた》のキリスト教観を参考までに挙げる。

熊本洋学校から帝大（東大）に進学した山崎為徳《ためのり》が、同大の反キリスト教校風に反発して、同志社への転校を決断した時、彼の才能を見込んでいた浜尾は、山崎の将来を惜しんで、熱心に説得した。山崎は、その時の「門答の顛末」を書面にして、熊本洋学校時代の元級友、小崎弘道（同志社在学中）に示したが、小崎によるとその大意は次のようである。

「〔山崎は〕将来、其身を宗教に委ね、布教に従事せんと志し、大学を辞して京都同志社に至り、神学を研究せんと決心し、一日、その決心の次第を当時の副校長、浜尾新氏に吐露したるに、同氏の驚愕一方ならず。

山崎氏の決心を翻さんとして之に告ぐるに、宗教は愚夫愚婦の玩ぶものにして、士君子の信ずべきものにあらず。殊に欧米に於ける基督教は、過去はいざ知らず、現今は日々に衰退に赴きつつあるものにして、日新の文明と並行すべきものにあらず。且、現今の学者は概ね之を排斥する所たり。

然るに、我国革新の時期に於て、将来、大望を有する青年にして、此の如きことに其身を委ねんとするは、心得違の最も甚だしきものなることを以てせり」。

浜尾の説得は、結局実を結ばず、山崎は「奮然、袂を拂ひて大学を辞し」、一八七七年新学期（九月）から同志社で神学を学び始めた（『小崎全集』二、四六六～四六七頁）。

海舟とキリスト教

勝とキリスト教との距離は、意外にも近い。先の新島の講話では振れられていないケースをひとつ追加する。いわゆる「静岡バンド」の誕生にまつわる件である。

一八七一年、海舟は静岡学校の教員としてアメリカからE・W・クラーク（E. W. Clark）を招聘した。クラークは日曜日には自宅に学生有志を集めてバイブルクラスを開いた。その中から生まれた信徒（「静岡バンド」）のひとりが、今井信郎《のぶお》である（『日本キリスト教歴史大事典』四五九頁、六一二頁）。その今井の改宗は、友人の津田仙によると、「ミイラ取りがミイラになった」典型である（『勝海舟全集』一一、二〇三〜二〇四頁）。

津田仙同様に、小崎弘道も海舟とキリスト教の親近性を強調する。海舟は「隠れたる基督教の賛成者」であり、「日本は将来、基督教国とならねばならぬことを認めて居た」と小崎は理解する（『小崎全集』三、三八頁、小崎全集刊行会、一九三八年）。

先の『海舟とホイットニー』（一三五頁）には、「早くから欧米との接点に立って活躍したこと、富田鉄之助や津田仙らキリスト信仰をもつ人たちを身近にもったこと、長男小鹿《ころく》の米国留学、日本人キリスト者との交流などをみると、彼〔海舟〕の処世のなかにキリスト教の影響が皆無だとは言い切れないものがある」との指摘がある。

さらには一歩踏み込んで、「晩年にはキリスト教の信仰に入っていたという」見解さえある。そのひとつの例証は、勝の臨終一週間前に、彼の子どもが聞いた言葉である。「勝がキリストを信じるとつぶやく信仰告白の言葉をはっきり聞いたという」（大橋昭夫・平野日出雄『明治維新とあるお雇い外国人――フルベッキの生涯』二〇八〜二〇九頁、新人物往来社、一九八八年）。

新島との交流の視点で見れば、海舟のキリスト教観はどう見えるのか。新島は海舟を「真ニ活眼ノ士」と評して高く買っていたことは事実であるが、信徒として認めていたわけではない。新島は先のような海舟座談に接することができて、海舟がキリスト教の大いなる理解者であることは、了解できた。

新島は時に説教で、海舟に言及することがある。さすがに教義に直接かかわる事ではなく、例示として海舟の話しを引く。たとえば、安中教会での説教草稿「古キ人　新シキ人」（一八八三年五月二〇日）には、「洗濯屋ノ譬へ　勝先生ノ話　中村〔正直〕」とある（『新島襄全集』二、一一二頁）。六日前の面談（冒頭で示した四回目の面談）の時に出た話題をさっそく利用していることが判る。

新島が死去した際、彼の墓碑銘「新島襄之墓」を認めたのが勝海舟であることは周知の事柄である。蘇峰によれば、「珍しく謹厳な楷書」である。裏面の文言は漢文で、読み下すと「友人勝安芳、新島氏之長眠を悼み、追想之餘之書す」である。自分を新島の「友人」と見ているところが、興味深い。蘇峰によると、これは彼と新島八重とが直接に海舟を訪ね、銘文を依頼に及んだ結果という。

海舟は、これ以外にもあれこれ同志社関係者の世話をやいていた。蘇峰はこう回想する。海舟は「新島先生の死なれた時も、何くれとなく予等に後始末について注意の書簡を送られ、さらに葬式の際には、先生に二個の旗に揮毫を戴いた」（『新島襄の交遊』二三六頁）。

この時の、旗（幟《のぼり》）に書きこまれた文言は、「自由教育、自治教会、両者併行、国家万歳」と「彼らは世より取らんとす、我らは世に与えんと欲す」の二文である。おそらく依頼者の蘇峰が撰文したと思われるので、新島のキリスト教主義教育観がよく表われている。したがって、海舟の宗教思想を明示したものではない。けれども、他の場合に海舟は聖句やキリスト教世界観を示す文言を揮毫することがあるのも、事実である。

海舟は揮毫を楽しんだ。「揮毫は、全紙一枚に半分間〔三十秒〕とかからぬ程早くて、しかも話をしながら、チョイチョイと書かれるのであるが、書かれる時は、気の満ちた時ばかりであったらしい。一ト月に七百枚書位書かれたこともあった」(『勝海舟全集』一一、一一九頁)。

その中には、聖句を揮毫した例が幾つもある。牧師である小崎弘道のために書いた「途也、真也、生命也」(ヨハネによる福音書、十四章六節)や、同じく牧師である長田《おさだ》時行に与えた「すべて労《つか》れたる者、また重きを負ふ者は我れに来れ、我汝らを息《やす》まさむ」(マタイによる福音書、十一章二十八節)など、少なくとも五種類が確認されている。調査した竹中正夫は、「こうしたところからも、勝海舟は漢訳聖書を座右において読んでいたと推察されます」と記す(『勝海舟と新島襄』三三～四一頁)。

海舟は聖句に親しんだだけでなく、讃美歌の翻訳も試みている。菱本丈夫の研究に基づき、竹中正夫は海舟が詩編の賛美歌をオランダ語から日本語に訳したことを紹介する(同前、一二〇～一二九頁)。

第四章　新渡戸稲造

新渡戸稲造と京都

新渡戸稲造は、比較的、京都に近い。ひとつには、二年間、京都帝国大学法科大学の教授をしている。いまひとつは、新島襄、したがって同志社との関係が深いからである。

しかし、これら両面とも意外に調査や研究は進んでいない。たとえば、京都大学であるが、目につくものとしては、いまだに清水善仁（当時、京大文書館）による「京都帝国大学法科大学教授・新渡戸稲造　その着任と転任の一駒」（上、下）（『京都大学大学文書館だより』一一、二〇〇六年一一月、二〇〇七年四月）があるくらいである。

その点、新渡戸は、同志社にとっては親しい人物である。彼自身は同志社の卒業生でもスタッフでもないが、新渡戸と身近に接した人物が同志社には複数いたので、新渡戸が言及される度合いは、京都大学に比べると今少し多い。新渡戸と深く関わった主な同志社人には、創立者の新島襄を始め、医師であった佐伯理一郎、それに女性宣教師のM・F・デントン（M. F. Denton）がいる。もちろん、新島がすべての起点であった。

新渡戸と新島の交流については、すでに拙稿「新渡戸稲造」（編集委員会編『同志社山脈――百十三人のプロフィール』五四～五五頁、晃洋書房、二〇〇三年）や拙著『新島襄と明治のキリスト者たち――横浜・築地・熊本・札幌バンドとの交流――』（教文館、二〇一六年）で取り上げたが、補充かたがた改めて紹介してみたい。

新島と新渡戸の出会い

新渡戸と新島の出会いは、アメリカである。新島は一八七五年に同志社を立ち上げてから十年後に、もう一度渡米する。保養の必要性から「アメリカの父」A・ハーディ（A. Hardy）が資金を提供してくれたので、一年半にわたって同志社の校長職を空けて欧米各地を旅行した。アメリカ滞在が一番、長期にわたったことは、もちろんである。

その間、アメリカ東部に滞在中の五月六日に、新島はジョンズ・ホプキンズ大学を訪ねる。この大学は、新島とは直接の関係がないが、同志社を中退した元良《もとら》勇次郎（同志社英学校の最初の入学生）が留学していたので、彼に会うのが目的のひとつであった。同時に、当時、取り組んでいた同志社大学構想を固めるために、種々の大学を視察しておきたいという意図も、あったと思われる。なかでもこの大学は、ドイツタイプの研究主体の大学院大学としては、アメリカで初の大学（university）である。

それ以前のアメリカの大学（college）は、新島の母校であるアーモスト大学（カレッジ）を典型として、基本的にはリベラルアーツ教育を主体とした人間形成（人格教育）のための高等教育機関であった。新島としては、将来、実現すべき同志社大学のモデルとして、総合大学タイプのジョンズ・ホプキンズ大学をつぶさに視察しておく必要があったものと推察できる。

新島はこの大学でギルマン学長（D. C. Gilman）に会う。この時、学長は日本人留学生たちを自宅に呼ぶが、そのひとりが新島の教え子、元良勇次郎であった（彼は帰国後、帝大心理学教授になり、「日本心理学の父」と呼ばれる）。その他、数名の留学生に会った中に、新渡戸（当時は太田姓）稲造と佐藤昌介がいた。

新渡戸は、新島のためにわざわざキャンパスツアーのガイドをしてくれた。翌日、新島は新渡戸から、友人の内村鑑三が進路問題で悩んでいるので相談に乗ってもらえないか、と持ちかけられた。新島はすぐに承知して、彼と連絡をとるように新渡戸に勧めた。

翌朝（八日）一番に、内村は新島の所に飛んで来た。朝飯前だったというから、内村の切羽詰まった焦慮感が窺える。内村から進路に関する悩みを打ち明けられた新島は、最終的に自分の母校、アーモスト大学への入学を進言した。

さっそく、新島はシーリー学長（S. H. Seelye）に推薦状を書いた。内村がアーモスト大学に入学できたのは、本人の力に加えて、新渡戸の友情と新島の推薦があったからであった（『新島襄全集』七、二三八～二三九頁）。

進路で言えば、実は新渡戸にも、この時、帰国後の就職の話しが持ち込まれている。新島との出会いにより、思い掛けなくも同志社の教員になる道が拓かれたのである。これは、新島と新渡戸しか知りえない秘話である。新島はこのことを誰にも告げずに、また何も書き残さずに亡くなった。新渡戸もまた、それを長らく公開せず、何十年もの間、伏せ続けた。その経緯について詳しくは、後述する。

ジョンズ・ホプキンズ大学での数日は、新島、新渡戸、内村それぞれにとって、意味のある日々だった。ただ、不思議なことに、七月十五日の時点で、内村は新渡戸の信仰に失望したことを新島に書き送っている。

「太田に数回、会いました。しかし、得るものは多くはありませんでした。今でも彼のキリスト教を理解できません。はっきりと言ってしまえば、先生、私はむしろ彼に失望いたしました。彼の評価によれば、私は実に低いですすので、彼は宗教的な話題に関しては、私に対して完全に口を閉じます。それでも、彼が宗教的な話題には明らかに実に無関心であったことを証明することは、私には不可能です」(『内村鑑三全集』三六、一八五〜一八六頁)。

内村によれば、新渡戸はクエーカーのことを含めて、宗教を論じることをことさら避けているかのようであった。

幅広い宗教活動

新渡戸はアメリカでクエイカーに改宗してから、日本に帰国する。日本における活動に関して、新島と新渡戸は、かなり重なる部分がある。とりわけ、キリスト者、教育者、国際人という共通点では、ほぼ社会的な評価が定まっている。もちろん、仔細に見れば、完全に重なるわけではない。

まず、キリスト者という点では、両者は共通するものの、新渡戸は「札幌バンド」のひとりであり、新島襄は「熊本バンド」の指導者である。新島自身はもちろん「熊本バンド」ではないが、宗教的な立場で言えば、このバンドとほぼ一体と見られている。

一方、「札幌バンド」の生みの親は、W・S・クラークであるが、彼は、マサチュセッツ農科大学の学長時代に来日し、札幌農学校で日本人学生を教えた。しかし、実はそれ以前にアメリカ(アーモスト大学)で日本人を一人教えている。それが新島襄である。すなわち、クラークは新渡戸と新島にとって共通の恩師である。

したがって、クラークは札幌農学校での務めを終えて、アーモストに帰る時、わざわざ同志社に立ち寄っている。新島や宣教師たちに会い、同志社を視察することが、主目的であったが、同時に日本に残して行く「札幌バンド」の指導を関係者に要請することもまた、大事な用件であった。

この時、クラークは同志社の学生たちに「新島はアーモスト在学中、真面目だったけれども、今でも真面目か」と尋ねたり、「君たちの先生は、私が最初に教えた日本人である」などと語ったりした(『新島襄と明治のキリスト者たち』三二五頁、三三六頁)。

クラークは、宣教師ではなく、会衆派(Congregationalism)の平信徒《ひら》であった。しかし、同じクラーク門下生でありながら、新渡戸と新島は教派を異にする信徒となった。「札幌バンド」の面々は、函館のハリス(M. C. Harris)というメソジスト系の牧師を札幌に呼んで洗礼を受けたが、ほとんど誰もが、メソジストには属さなかった。卒業後は独自の道を選び取り、教派にこだわらない独立教会という形で独自の教会を札幌に立ち上げる。

それに対して新島襄は留学中、A・ハーディらの感化を受けて、会衆派の教会(アンドーヴァー神学校教会)で洗礼を受けた。以後、彼は一貫して会衆派で押し通す。一歩のぶれもなく終始、会衆派の信徒、そして牧師であった。日本へも、会衆派の宣教師として送り返された。

一方の新渡戸は、二、三の教派を渡り歩く。教派的に揺れと変化がある点は、程度の差こそあれ、「札幌バンド」に共通する特徴である。典型的なのが内村鑑三である。教派的な遍歴を重ねた結果、結局、苦渋の選択の末、独力で独自の教派（無教会派）を立ち上げざるをえなかった。

クラークの門下生で言えば、「札幌バンド」の中で最も同志社に近いのは、新渡戸ではなく大島正健である。大島は新島の死後、生前に新島から指導を受け、個人的に可愛がられた恩義を感じて、同志社の教授となる（『新島襄と明治のキリスト者たち』三六六頁以下を参照）。

その他のメンバーはと言えば、佐藤昌介もアメリカや札幌で新島に出会っている（本書三五六頁を参照）。さらに教派的に一番、会衆派に近いのが、伊藤一隆である。「札幌バンド」は同志社系ではないが、狭いキリスト教世界ゆえに、同志社（会衆派）とは、色々な繋がりがあった。新渡戸もその輪の中にいたひとりである。

新渡戸は新島ほど直接的な宗教活動には、挺身しなかった。新島は、牧師、ならびに準宣教師としてミッションから日本に送り返された手前、伝道が本職《ミッション》であった。それに対して、新渡戸は、ひとまずその必要がないため、説教する新渡戸というイメージは、極めて薄い。さらに、牧師の資格（もとより、クエイカーでは不要）を持たなかったので、人に洗礼を施すこともなかった。

それでも、新渡戸の後半生は、幅広い宗教活動（社会運動）が目につく。その場合でも彼は、特定の教派に縛られることはなかった。好例は、「帰一《きいつ》教会」や「日本教会」（道の会）である。これら二つの団体は、本来の（正統派）キリスト教組織から見ると、周辺、あるいは外郭団体といったイメージは拭えない。キリスト教をベースにして、様々な宗教を総合し、理想の宗教を創る、という壮大な意図から始まった一種の修養組織であった。新渡戸はこうした宗教団体の活動にも、積極的に関わった。

帰一教会の創始者は、日本初の総合女子大学、日本女子大学を創った成瀬仁蔵である。一方、日本教会を立ち上げたのは、松村介石である。成瀬、松村双方とも、元来は会衆派の牧師であった点で新島の後輩に相当する。ふたりとも後半生は、牧師としての活動から離れるものの、意識の底流には、キリスト教思想が根づいていた。

クエイカー教徒の新渡戸も、積極的にこれらの活動にコミットした点で、純粋な会衆派牧師、新島に比べて、他教派への包容力は、はるかに大きい。同じ信徒でも、ふたりは完全に重なることはない。

教育者としての側面

次に教育者として新渡戸と新島を比較してみたい。新渡戸は、生涯にわたって実に多くの学校を渡り歩く。一方の新島は、あくまでも同志社が主軸である。仙台に同志社分校（宮城英学校、後の東華学校）を創り上げたことは、例外に近い。

新渡戸は、自分でも学校を創りはしたが、大半は国が創った学校、あるいは他者が創った学校において教員や学長をした。公私立の区分で言えば、圧倒的に公立・官学主体である。札幌農学校（後の北海道大学）、京大、一高、東大など一流の諸学校・大学で教授や学長、校長として、枢軸的な働きをした。教育行政家として、手腕も振るった。その点、新島は私学（それも一校）一辺倒で、在野の教育家に終始した。

それでは、新渡戸は私学に無関心だったのか。決してそうではない。官学主体とは言え、信徒として、キリスト教系の私学をもサポートする。たとえば、札幌の遠友夜学校。同校は、キリスト教の看板こそ、掲げてはいないが、札幌独立教会（「札幌バンド」の流れを汲む教会）の青年たちがサポートするという点で、外から見れば教会付属の学校に映ったと思われる。しかも、新渡戸が校長に就任したので、限りなくキリスト教的な色彩を帯びた学園であった。

同じことは、東京女子大学にも当てはまる。主義からして、キリスト教の学校ではないものの、実際にキャンパスに入ると、ミッション・スクール的な雰囲気が感じ取れる。初代学長を新渡戸が務めたこともあって、キリスト教の香りが、いまだにどことなく消えずに残っている。

とりわけ、新渡戸が起用した最初の学監、安井哲の存在が大きい。彼女は、海老名弾正が牧師を務める本郷組合教会（現弓町《ゆみちょう》本郷教会）で、海老名から洗礼を受けた信徒（教会員）である。この教会は、東大の真向かいにあるという地理的条件を活かして、かつては日曜礼拝に東大生を大勢集めた教会として有名である。安井は、官立学校（女子高等師範学校）の教授であり、同志社系（会衆派）の教会員である点で、会衆派の影響が彼女を通して東京女子大学に流れこんでいるとも言えよう。

この教会は、『新人』と『新女界』という月刊誌を出していたが、安井哲が後者の主筆を担当した。彼女を学監に迎えた関係上、創立期の東京女子大学は、どことなくキリスト教的だったと言えよう。彼女の存在は、新渡戸以上に大きかったと思える。

津田塾の場合も、同様である。同塾は津田梅子が帰国後に立ち上げた学校であるが、キリスト教主義の学校とは、自ら謳わない。が、津田仙・梅子父子が信徒であったところから、精神的にはキリスト教主義的な学園である。

したがって、新渡戸は津田塾をも開校当初からサポートし続け、顧問にもなった。津田塾の学生や教員たちは、新渡戸のことを〝Ｕｎｃｌｅ　Ｎｉｔｏｂｅ〟（アンクル・ニトベ）と呼んだと伝わっている。安井が母親なら、新渡戸は親戚のおじさん、といった雰囲気で親しまれていたようである。

他にも東京の私学では、普連土《ふれんど》学園を看過してはならない。今でも日本で唯一のクエイカーの学校である。新渡戸は表にこそ立たなかったが、数少ないフレンド教徒（クエイカー）として常に強力な支援者であった。フレンド女学校として開校された同校が「普連土」女学校と改称されたのは、新渡戸の発案によるという。

同志社と新渡戸

最大のキリスト教学校である同志社に対しても、新渡戸は及ぶ限りの援助を尽した。新島が亡くなってから二十三年後の一九一三年秋（十一月二十一日）に、新渡戸は同志社の「社友」になることを承諾する。この年の春（四月）に東京帝国大学（法科大学）教授に就任したばかりであった。社友とは、一種の顧問、あるいは名誉理事のようなポストであった。

社友になった六年後の一九一八年五月十八日、新渡戸はさらに一歩を進めて、同志社の理事に就任し、実質的な経営責任を引き負うに至る。前月に東京女子大学の初代学長に就任した直後のことであった。

現実的には、新渡戸は理事に就任してから、欧米旅行、ついで国際連盟事務次長としてすぐにジュネーブに赴任するので、京都での理事会に出席するのは、ままならなかった。しかし、ジュネーブに行ったから理事を辞めるというわけではなく、五年間、その地位にいた。

かの地で国際連盟事務次長を務めた間、秘書（書記局員）として「影の形に随うがごとく」新渡戸を助けたのは、原田健であった。原田は、同志社総長・原田助《たすく》の長男で、同志社普通学校の卒業生であった（後の宮内庁式部長官）。そのため、同志社に関する種種の情報は、原田父子を通しても、ジュネーブに届いていたものと思われる。新渡戸が社友を辞任したのは、一九二三年十一月三日で、その後任は金子堅太郎が継いだ（『同志社年表（未定稿）』一〇一～一〇二頁）。

さらに驚くことには、新渡戸には同志社総長になる可能性さえあった。海老名弾正が第七代目総長を不本意に辞任せざるをえなかった時、後任総長の人事は、大いに揉《も》めた。卒業生の一部からは、卒業生ではないが新渡戸稲造を呼んではどうか、という声が上がった。あくまでも希望的な人事であって、実現に向けて具体化したものではない。

現在の十七代総長（大谷《おおや》實氏）まで、同志社卒業生以外の者が総長に選出されたのは、わずか三人だけである。新渡戸の名が挙がったこの時も、本決戦前の番外編で終わった。

この時の総長人事で徳富蘇峰の具体的な動向は不明確であるが、有力校友としては無視できない。彼と新渡戸との直接交流も不明確であるが、蘇峰は新渡戸を買う点では、人後に落ちなかった。ただし、信徒としての点数は、低かった。

「クリストを本当に見たものは、日本では内村ひとりといっても差支えないのじゃないか。新渡戸稲造という男があるが、これは内村さんに比べれば、ある程度いい意味の俗物だといっても差支えない。これも一種、優れたものをもっていたにはいたね」（徳富蘇峰「思い出」五頁、鈴木俊郎編『回想の内村鑑三』、岩波書店、一九五六年）。

国際人

「太平洋の架け橋」なる文言でよく知られているように、新渡戸は日本を代表する国際人である。新島襄もまた国際人である。活動を始めた時期としては、新島の方が多少、早い。

幕末から明治にかけて、かなり多くの青年が海外に留学し、欧米の大学で学んだ。その中で、学位を取得して、正規に大学を卒業した者（学士）は、新島が初めてである。新島は一八七〇年にアーモスト大学からB・S（バチェラー・オブ・サイエンス、理学士）の学位をもらって、卒業した。

ちなみに、新島の紹介で同じ大学に入学した内村鑑三も、同じくB・Sであるが、新島が三年かけた学位を二年で取得している。二人は、ネイティブの学生ほどギリシャ語、ラテン語を履修していなかったために、古典語の学習（単位）は免除された。要するに特別コース（選科生扱い）である。他の学生たちは、四年をかけて古典語にじっくり取り組むので、ほとんどの卒業生はB・A（文学士）である。

一八七〇年以前に日本、外国を問わず、大学を正規に卒業した日本人は、いない。大学出の国際人としては、新島が第一号である。その点では、新島は「元祖国際人」と言っても過言ではない。

新渡戸の経歴もそれに近い。

留学期間に関しては、新島も新渡戸もほぼ同期間である。在米期間は、新渡戸が七年、新島は八年だった。それだけに、日米間の交流に限れば、ふたりが果たした功績は、甲乙つけがたい。

S・リチャーズ

新渡戸と新島はそろって国際人であるが、妻（M. Elkinton）がアメリカ人という点では、新渡戸は新島よりもはるかに国際的な地点に立つ。新島夫人の八重（会津出身）は海外経験がゼロなので、国際性では新渡戸夫人とは、比べようがない。

国際結婚をしたことからも、新渡戸は、最初からグローバルな活動を宿命づけられていた。現実に新渡戸は、国際連盟、太平洋問題調査会、フレンド平和奨学会といった国際的な組織や運動で、大事な働きを果している。新島は、この種の外部団体にはあまり関わっていない。彼は会衆派教会の普及と同志社を発展させること、そのための伝道活動と募金運動だけで、ほとんど一生を終えている。

なお、フレンド平和奨学会（The Friend Peace Scholarship）とは、一九一一年、ハワイの資産家であるリチャーズ（S. Richards）の出資により創設された。日本人奨学生をアメリカに送り込むための団体である。フォード財団の先駆けとなるような組織であった。

この奨学会を日本で運営し、奨学生選抜などの業務を遂行するための委員会では、大隈重信が委員長に就任する。他にも成瀬仁蔵ほか、様々な人が委員になるが、新渡戸も委員に選出されたひとりである。これによって、同志社出身者もアメリカに留学できるようになった。

奨学会発足二十五年後（一九三六年）には、日本での記念事業のために、リチャーズ財団は京都で洋館一棟を購入し、それを同志社に寄贈した。

この洋館は、アメリカン・ボードが京都に派遣したJ・C・ベリー（J. C. Berry）という医療宣教師が、かつて住んでいた宣教師館であった。奇しきことに、ベリーが住んだ直後にここに住み込んだのが、新渡戸である。新渡戸は京都帝大教授時代、二年間、京都御苑のすぐ東に立つこの洋館に住んだことがある。洋風建築なので、メリー夫人向きでもあった。

一方、寄付を受けた同志社は、この洋館を学生寮にし、「同志社ハワイ寮」と命名した。つい最近、名称を往年の旧称、「同志社フレンドピースハウス」に戻し、外国から招いた教員や留学生の宿舎に充てている。

さらに、日本人学生と外国人留学生が共に寄宿する国際寮（女子寮）を同じ敷地内に建て、「リチャーズハウス」と名づけた。フレンド平和奨学会を立ち上げたリチャーズその人の名前は、こうして同志社に定着するようになった。

新渡戸は、国際的な平和運動にも熱心であった。そのひとつが日本婦人平和協会（一九一二年発足）で、これには、メリー夫人や成瀬仁蔵も参画した。メリーがこうした平和運動に従事したことは、ようやく近年、研究者により明らかにされ始めた。詳しくは、中嶌邦・杉森長子編『二〇世紀における女性の平和運動』（ドメス出版、二〇〇六年）の中に収録された、小塩和人「婦人平和協会へ向けて：新渡戸稲造夫婦と成瀬仁蔵」を参照されたい。

佐伯理一郎やM・F・デントンとの交遊

同志社関係者で新渡戸と親交を結んだ人物は、新島のほかにもいる。佐伯理一郎とM・F・デントンである。

とりわけ、前者は新島以上に、新渡戸と親密な交際をした。佐伯は、「熊本バンド」の後裔とも言うべき人で、熊本医学校出身である。同校は、「熊本バンド」を生んだ熊本洋学校に隣接して建てられた学校で、ここからは、佐伯の先輩に当たる北里柴三郎や大久保真次郎などが、東京帝国大学（医学部）に進学している。佐伯も東京に出て医学の勉学を深めた後、海軍の軍医になり、さらに官費留学生としてペンシルバニア医科大学産婦人科に送られる。

この大学のあるフィラデルフィアは、クエイカー教徒が集中する町として知られる。同地の信徒の中に、熱心な親日家のモリス夫妻（Wistar Morris）がいた。この地方に留学した日本人はほぼ全員、モリス家から手厚いもてなしを受けたことから、同家は日本人留学生の溜まり場になっていた（本書二八八頁以下を参照）。佐伯が新渡戸と初めて会ったのも、このモリス家であった。

二人はたちまち、意気投合する。新渡戸はその後、ドイツに渡り、最終的にハレ大学で学ぶ。佐伯もまた、新渡戸と一緒に住みたいからと後を追い、ハレ大学に入学する。二人の繋がりの緊密さが、よく窺える一事である。

新渡戸はドイツからアメリカに戻って、エルキントン・メリーとの結婚問題で大いに悩まされる。日本の家族は国際結婚を問題視して、結婚に大反対を唱えた。片やエルキントン家は、クエイカー教徒屈指の名家である。可愛い娘を訳の分からない東洋の留学生に浚《さら》われるといった懸念を覚えたためか、こちらの家族も猛反対に出る。

困り抜いた新渡戸は、親しい日本人に相談した。札幌農学校時代の旧友、広井勇、ならびに佐伯理一郎の二人だけが、賛成に回った。新渡戸は、ドイツ留学中の佐伯にわざわざ手紙を送り、自分の結婚問題を相談したのである。佐伯は、新渡戸の気持ちをくみ取って状況を理解し、頑張るように激励した。この結果、新渡戸はメリーにプロポーズする元気が得られた、という。

しかし、結局、それぞれの家族の了解は得られないまま、結婚式は両家の両親が不在のまま決行された。賛成をした広井や佐伯にしても、ドイツ留学中であったので、式には出席できなかった。新渡戸にとっては、寂しい結婚式であった。日本人で列席したのは、土倉《どぐら》政子（奇しくも、後に佐伯の義理の姉になる）ただ独りであった。それでも、新渡戸にとっては、せめてもの安らぎとなった。

こうした佐伯との繋がりが、帰国後の新渡戸にとって、同志社女学校の外国人教員（女性宣教師）、デントンとの交流を生むことになる。とりわけ、新渡戸夫人のメリーにとっては、アメリカ人同士の繋がりから、夫妻としての交流が京都で実現した。

デントンの遺品の中には、新渡戸の筆跡がはっきりと残るサイン帳が残されている。筒仕立ての立派な巻紙である。そこには夫人の署名は見られないが、別の機会に手渡されたと思われるメリーの名刺が、デントンの遺品の中に残されている。“Mrs. Inazou・Nitobe”と印字されている。「新渡戸稲造夫人」を名乗るところなど、メリーは控えめな日本人になりきっていたようである。

新渡戸は東京帝国大学に転じてからも、京都時代を忘れることはなかった。一九〇八年、第一高等学校の校長時代の教え子、落合太郎（後のフランス文学者で京都帝国大学教授、第三高等学校校長、奈良女子大学学長）が東大法科に入学許可されていたにもかかわらず、新渡戸は京大への入学を強く勧めた。

落合によると、新渡戸校長はこう説得したという。

「京都のT教授が手紙をよこし、一高からも優秀な学生を送ってくれと言って来た。君ひとつ行く気はないかといわれた。数年前まで京都の教授だった先生は、おちついて勉強するにはよいところだ、その気になるなら、東京は取消して、京都へゆけるようにおれが手配してあげるよ、といわれた」。

京大入学が決まると、新渡戸は落合のために紹介状を実に七通も書いた。大学の教授たちへの四通は当然として、残りの三通は、同志社の関係者宛てである。原田助（同志社社長）、牧野虎次（平安教会牧師）、それに佐伯理一郎（佐伯病院医師）である（落合太郎「思い出すままに」二二三頁）。

同志社への遺言

新渡戸と同志社との繋がりは、名目的な理事、社友に終わらなかった。新渡戸は同志社を数回訪ね、その都度、学内で講演を行なっている。以前、四回まではカウントし、それぞれの訪問の消息を紹介したことがある（拙稿「新渡戸稲造」五四〜五五頁、『同志社山脈』）。その後の調査で、一九一五年の卒業式（三月二十日）にも参列し、来賓として祝辞を述べていることが判明した。

注目すべきは、その日、昼食会の席上で新渡戸が披露したテーブルスピーチである。報道記事によると、新渡戸はかつてアメリカ留学中に、再渡米中の新島から、「同志社教授に招聘せんとの交渉を受けたることあり」と述べたうえ、「今や社友の一人として、此会に列するの奇遇を喜」んだ、という（『同志社時報』一九一五年四一一日）。

これに関連して着目すべきは、最後の訪問（一九三三年五月三十一日）である。この日、新渡戸は学内に前年、新築されたばかりの栄光館（講堂）で講演を行なった。後日、講演は、『同志社校友同窓会報』（一九三三年十月十五日）に「同志社の使命」と題して要約が掲載された。新聞報道以外にも同志社は、これを英訳して、パンフレットに仕立てた。タイトルは、*"Japan's Future and the Mission of the Doshisha"*（日本の将来と同志社の使命）である。

幸いなことに、これらの記事や要約のおかげで、最後の同志社講演で新渡戸がどのようなメッセージを学生たちに発信したかが、よく分かる。とりわけ、英文小冊子の方は、これまで存在が知られておらず、『新渡戸稲造全集』全二十六巻（教文館、一九六九年〜二〇〇一年）にも収録されていない。

時期的にはこれは、新渡戸が亡くなる直前の講演である。すなわち、彼は太平洋問題調査会に日本代表団団長として参加するためにカナダに渡り、まもなくそこで客死するので、活字になった講演としては、おそらくこれが最後と思われる。その意味では、新渡戸の最晩年、最後の思想の到達点を示すような講演だと思われる。

講演の冒頭で新渡戸は、「実は今日、初めて四十五年ぶりに明かすわけですが」と断って、フィラデルフィアで新島と交わしたやりとりを同志社の学生たちに披瀝する。新島先生からわざわざ同志社に誘ってもらったにもかかわらず、それを断ってしまった。もしあの時、自分が同志社の教授になっていたら、君たちの両親を教えていたかもしれない、と続ける。

けれども、ここには、新渡戸の思い違いが混じる。秘話であることは確かであり、新渡戸自身も「恐らく誰も御存じ無からう事」と限定している。しかし、先に見たように、これより十八年前に来校した際に、すでにその件は一部の同志社関係者に対しては昼食会の席上で、披露済みである。

あるいは、新渡戸にとっては昼食会での発言は単なるテーブルスピーチに過ぎず、従って私的な性格が強いと思われたのかも知れない。それに対して、栄光館（講堂）での講演は、（前回の発言を忘れ去っていないとすれば）公開の席上での公的発言と受け止めていたのであろうか。

それはともかく、今回の講演会では、前回の昼食会よりも詳しく秘話を打ち明ける。かつて、新島から「同志社で政治法律を講じてくれないか」と誘われた事実をあらためて公表する。新島先生が「私をよく買ってくれた」ことは、「日本の留学生としては、大変な名誉」であった、と新渡戸は当時、受け止めた。「新島と云ふヒーローから招きを受けたと云ふ一事は、私に非常な自信を與へた」のである。にもかかわらず、新渡戸は新島からの招聘に応じなかった。なぜか。

新渡戸が教授招聘を断った理由が、大事である。彼によると、日米の人たち、とりわけ無名の貧しい信徒からの献金で創り、経済的に支えられている同志社の経済的な苦しさを想うと、その同志社から給料を貰うのは忍びない。貧しい宗教団体から金銭を貰うことはしたくないからだ。これが、国や公金から給料が出るような学校なら、喜んで飛び込むつもりだった、と告白する。

新渡戸のこの考えは、新島とは一線を画す特異なものである。新島は在野、新渡戸は官に位置するところから、その差は来る。教育観に基本的な差異が生じている。

新島は、たとえどんなに貧しくても、官に頼らない。アメリカ留学時代に田中不二麿や森有礼のような政府高官から、文部省に入らないか、北海道にアメリカ流の学校を創ろうではないか、と誘われても、新島は最終的に断っている。もしこの時、彼らの要請を受け入れておれば、あるいは北海道大学学長、うまくいけば文部大臣になれたかもしれない（初代文部大臣になったのは、新島を誘った齢下の森であった）。しかし、新島は仕官を断って、京都のしがない私塾の校長になることで満足した。

「東洋と西洋の橋渡しになれ」

新渡戸は、逆に最初からそうした民間人の道を選ばなかった。官の世界で大いに活躍し、立派に立身出世もした。しかし、若き日に新島からのオファーを断ったことが、後々、いわばトラウマになっていたとも思われる。

だからこそ、同志社の社友や理事を引き受けて、新島に恩返しをしなければ、という気持ちが強かったのではなかろうか。新渡戸は、この講演の最後で、同志社の学生に熱意をこめて、次のように力説する。

「日本民族の使命をしっかり頭に入れなさい。東洋と西洋の橋渡しになること。これが我が日本民族の使命です。だから、同志社の使命もここにあります。アメリカで学んだ人が創った学校、アメリカの大学を出た先生の多い学校、宣教師が多い学校で、ヨーロッパやアメリカ、特にアメリカのことを中心的に学んでいる君たちのような学生から、これからの日本のリーダーが是非出てほしい」。

日本が国際連盟を脱退したのは、この年の三月である。同志社での講演は、それからわずか二か月後のことである。新渡戸は、日本が国際的にとった態度に心痛を覚えていた。

「日本は国連から脱退しました。しかし、日本は孤立しては、決して生きていけないのだということを、君たちは覚えていてほしい」と訴えた。この言葉の背景にあるのは、彼の生涯のモットーである「太平洋の架け橋になる」との決意と希望であった。彼はこの日の講演を、「これが、あなた方の関心を心から呼び覚ましたい私のメッセージです」と結ぶ。

講演終了後、会場（栄光館）の前で大工原《だいくはら》銀太郎（同志社総長）やデントンと共に記念の集合写真を撮った。大工原を次期総長の有力候補者に理事会（当時は、理事会が総長を選出）が挙げていたころ、同志社卒業生の一部に「新渡戸総長」実現への動きが、水面下で進められていた。このことは、当の新渡戸の耳目に入っていたであろうか。

同志社講演会の前後には、新渡戸は佐伯と比叡山に登り、琵琶湖畔の石山寺で昼寝を楽しむなど、忙中閑ありの一時を満喫した。新渡戸がカナダのビクトリアで客死したのは、それより五か月後のことである。国際交流の重要性を説いた彼のメッセージは、はしなくも同志社への遺言となった。それはそのまま、新島の遺訓でもあった。

第五章　内村鑑三

上州人

内村鑑三は、新島襄と同じく上州人である。

前者は高崎藩、後者は安中藩の出身である。内村に「上州人」と題する漢詩がある。最晩年に上州在住の住谷天来に与えた作品で、現在、高崎市の高崎公園隣にある頼政神社境内に立つ石碑に彫られている。

「上州無智　また無才　剛毅木訥欺かれ易し　唯だ正直を以て万人に接し　至誠神に依りて勝利を期す」。

詩の内容は自分を詠ったものと言われるが、新島を含めて上州人に共通するものが潜在していたとしても、自然である。

内村と新島は上州人に加えて、近代日本を代表するキリスト者（プロテスタント）でもある。しかし、知名度では差がある。

ふたりの母校、アーモスト大学の学長、コール（C. W. Cole）が知的交流計画の一環として初めて来日した時に受けた印象もこれと同じであった。彼は一九五三年、現職学長として初めて同志社を公式訪問した人物である（北垣宗治『新島襄とアーモスト大学』五七九頁、山口書店、一九九三年）。

日本に来てコールは、「日本で内村鑑三の名がかくもあまねく、それに反して新島襄はそれ程、ポピュラーでないことに一驚した」。なぜなら、「新島襄の名はアメリカ（少なくともアーモスト大学）に割合よく知られてゐるのに、内村さんの名を知る者はそれ程多くない」からである（長與善郎「貧しい追憶」三五頁、鈴木俊郎編『回想の内村鑑三』、岩波書店、一九六二年）。

さらにコールが驚いたことは、アーモストの知名度の高さである。「彼は日本をひとわたりまわってみて、至るところでアーモストと日本の関係が浮び上るのに驚いてしまった」。W・S・クラークを札幌に送ったことに加えて、新島襄、内村鑑三、神田乃武《ないぶ》、樺山愛輔《あいすけ》の母校であることが主な要因であるが、なかでも内村の存在が圧倒的に大きい、とケーリは見る（O・ケーリー「アーモストのシーリーと内村鑑三」一五五～一五六頁、『回想の内村鑑三』）。

知名度はともかく、新島と内村は同信の信徒としてばかりか、同郷の誼《よしみ》から生涯を通じて厚誼が継続してもおかしくなかった。しかし現実には、内村が帰国直後に越後で引き起こした北越学館事件を境に、両者の交流は徐々に軋《きし》み始め、ついには断絶に至る。この事件は、新島が同校教頭として送り込んだ内村、ついで松村介石が引き起こした同種の学校騒動である。

ある時の懇談会で、内村と松村がともに座興的にそれぞれの越後時代を暴露合戦よろしく追憶し合っている。参加者の筆記録にはこうある。先行は松村である。

「〔内村君は〕明治二十一〔一八八八〕年五月、〔アーモスト大学を卒業して〕洋行から帰って帰って間もなく、〔新島の推薦を受けて〕新潟の北越学館教頭として招聘されて行ったのであるが、数か月後、宣教師と衝突し、ホウホウの体《てい》で同年十二月、東京へ逃げ帰ったという次第である」。

ついでこれを受けて内村が、「ヨシ、仇討《あだう》ちに、松村君の批評をしてやる」と切り出して、次のように「攻撃を加えた」という。

「ここに一種のゴロツキ型の変な人物がある。そして、平素、清濁併せ呑《の》むと口癖のように云って、寛大な雅量を誇っているが、実は清の方はゼロで、濁だけを大量に呑んで、得々として居る。此人物こそ、松村君である。

私が北越学館教頭を辞して、東京に帰ると、松村君が、おれが立派にやって見せると称し、私の替りに新潟へ行き、最初は一寸《ちょっと》調子が良かったようであり、同地の東北日報という新聞に、内村君の教育方針は注入主義であるが、私の教育方針は開発主義だと宣言し、数日に渉りその論文を同新聞に発表したので、一時歓迎を受けたのであるが、その後、化《ばけ》の皮が顕れて、遂に宣教師その他有志の人々から追放され、スゴスゴと東京へ帰って来たという人物である」（『内村鑑三日録　一八九七〜一八九〇』一八三〜一八四頁）。

新島は一時、内村を見込み、同志社教員に招聘する気持ちも強かったが、内村はそのオファーを拒否している。北越学館事件を思うと、両者にとってこの人事は恵まれていたとは、とうてい言えそうにもない。そもそも、内村は総じて同志社や組合教会には点が辛い。後半生では、新島や「熊本バンド」への批判が目立つようになる。

薩長に敵対

上州人の内村鑑三は、九州人にはことさら距離をおいた。薩長嫌いは有名であった。とりわけ、薩摩は目の敵にした。「我国に於て最も野蛮人の気風あるは、薩摩人士なり」と言って憚らなかった（『内村鑑三全集』五、八四頁）。

内村が槍玉に上げる人物は、薩摩出身では松方正義（総理大臣）、西郷従道《つぐみち》（海軍大臣）、高島鞆之助《とものすけ》（陸軍大臣）ら、そして長州出身としては伊藤博文、井上馨らが筆頭である。いずれも藩閥政府の錚《そう》々たる重鎮である。「このほか、あらゆる省、庁、またその下のあらゆる部局に、無数の薩摩人、長州人、小伊藤、小松方がいて、すべてのことに光彩を発している」と非難する（亀井俊介訳『内村鑑三英文論説翻訳篇』上、一四七頁、岩波書店、一九八四年）。

在日二十五年を越えるある宣教師が、薩長に関してした発言を内村は肯定的に引用する。「日本人の宗教的感覚は、西南へむかうにつれて減少する」と。内村は自身、次のように言い換える。九州と長州では、「人々が宗教に耳を傾け、生命と永世の問題を真剣に考える気質は最小となる」。

これが、「東北へ行くと、まったく違う。越後人の宗教的情熱は、よく知られている。キリスト教に対する彼らの反感は、九州人の場合のような不誠実さのためではなく、彼らが採用した信仰〔佛教〕に対する強い執着のためである。

ギリシア正教会宣教団は、仙台とその周辺で強力である。青森県は、米国メソジスト監督教会宣教団の活動にこたえて、すぐれた説教者や学者を生んだ。日本の東北部半分で、道徳的要素が優越していることは、疑いないように思われる」（同前上、一四七〜一四八頁）。

いわば「東高西低」と言わんばかりに、東日本（北日本）と西日本（南日本）を差別する彼の志向は、出自（高崎藩）が戊辰戦争における負け組であったことや、札幌農学校で学んだこととは無関係ではないであろう。興味深いことに、彼自身が北越学館事件で痛い目にあった越後が、東日本の中でもきわめて優遇されている。勝ち組への怨念が底流にあったのであろうか。

肥後人

内村が嫌う西日本出身者の中では、肥後人（熊本県人）が薩長人に続く。内村にとって「肥後偽善」は、「薩長政府」や「奴隷根性」と並ぶほどの日本三大偽悪であった（『内村鑑三英文論説翻訳篇』上、一四三頁）。

波長が合わない肥後人に対して、内村が攻撃的な姿勢をとったことは、キリスト教界でも見受けられた。キリスト者として内村は、「熊本バンド」を信用しなかった。

実は内村は、肥後人一般を嫌ったわけではない。彼は肥後人を二分し、「熊本バンド」に代表される「同志社出身の肥後人」こそ、「肥後の肥後臭きもの」であり、「真正の肥後人」とは峻別すべきであると考えた（『内村鑑三日録　一八九七〜一八九〇』一八六頁）。

その点は、内村の「肥後人とキリスト教」と題するコラム記事からも明瞭である。内村はこう主張する。

「キリスト教にとって、日本におけるその最初の使徒たちが、肥後という非凡な地方の出身者であったことは、非常に幸福なことでもあり、また非常に不幸なことでもあった」。肥後は「全国でも最も優れたラッパ吹きの産地」であり、教会も「肥後人の吹聴的奉仕」を盛んに活用した。

しかし、「ラッパを吹くだけで日本を永久にキリスト教と組合教会主義の陣営にもたらすことはできないのだ。ラッパ吹奏形式の福音運動で獲得した土地は、すぐに異教主義に奪回されてしまった」、「ラッパの名手である牧師たちが、また元の異教の道にかえったという幾つかの事例が、全宗教界において、深く悲しまれている」と（『内村鑑三英文論説翻訳篇』下、四八〜四九頁）。

ラッパ伝道師として、まっさきに糾弾されるべき筆頭は、さだめし金森通倫であろう。

横井時雄が同志社社長であった時に「同志社通則」の改訂をめぐって同志社紛争が発生し、他教派の指導者からも厳しい批判が寄せられたことがある。糾弾者は内村鑑三だけでなく、植村正久もそのひとりである。この点では内村にしては珍しく、植村と共同戦線を張ったわけである。

「同志社は、世間周知の結末をむかえた。この種の問題についてわが国で最もとびぬけて健全な判断力を持つ植村〔正久〕師の言葉を借りれば、『同志社――は背徳を極め、内外に向って信義を蹂躙《じゅうりん》し、日本基督教の体面を汚し、延いて國際の友誼をも破り、基督の精神に悖戻《はいれい》したるものと謂はざるべからず』といった次第だ」（同前上、二七三〜二七四頁）。

両者の主張はともかく、その背景は微妙に違う。つまり、内村の批判の底流には彼の肥後嫌いが潜伏している。当時の同志社理事会の中軸は、横井を始め、金森通倫、市原盛宏、宮川経輝、徳富蘇峰、それに原田助といった肥後人が占めていた（『内村鑑三日録　一八九七〜一九〇〇』一四四〜一四五頁）。

相前後して内村は『万朝報《よろずちょうほう》』で、「キリスト教を捨てた著名な日本人」と題して英文コラムを綴っている。取り上げられた人物（元信徒）は四十人に上るが、そのうち同志社関係者が実に十二人を占めた。なかでも八人の「熊本バンド」が槍玉に上げられているのが、目を引く。その筆頭が金森である（『内村鑑三英文論説翻訳篇』下、一五六〜一六五頁。拙著『新島襄の交遊』八三頁）。

参考までに取り上げられた人物の順番と共に、十三人の名前を列挙する。

（一）金森通倫、（二）市原盛宏、（三）元良《もとら》勇次郎、（四）蔵原惟郭《これひろ》、（九）徳富蘇峰、（十）古荘三郎、（十二）加藤勇次郎、（二十三）成瀬仁蔵、（二十四）家永豊吉、（二十五）増野悦興《よしおき》、（二十八）三好文太、（二十九）不破唯次郎、（三十一）中西牛郎。

以上のうち、元良、成瀬、増野、三好、中西を除く八人が「熊本バンド」である。このリストから漏れた「大物」は、横井時雄である。

なぜ彼が、内村の選から漏れたのか、ふしぎである。

ひとつには、横井は内村にとっては、キリスト教界では数少ない友人であったからであろうか。内村は不遇の時代に本郷教会（現弓町《ゆみちょう》本郷教会）の横井から救いの手を差し伸べられたことがある。そのため、横井への追悼演説の中で、内村は厳しい評価を一方で下すものの、他方で恩義を受けたことが忘れられなかったためか、その語調はどこか温かい。こうである。

「横井氏は学者として失敗し、宗教家として失敗し、また、政治家として失敗した。氏は、何事にも貫徹せずして、其の一生を終った」。要するに「正直と愛国と信仰、此の三つが君の特性」であったので、政界入りも不幸であった。

「横井君が日本の政界に入りしは、多摩川の鮎が、過《あやま》って東京市内の溝泥《どぶどろ》に落ちたと同じであります。鮎は死なざるを得ません。正直なる横井君は、瀕死の状態に陥りました」（拙著『徳富蘇峰の師友たち』二三七頁）。

内村対蘇峰

徳富蘇峰もまた内村から糾弾された「熊本バンド」のひとりである。蘇峰も内村に対しては、自社発行の雑誌などに発表の機会を与えたり、側面からの支援を惜しまなかったりした。蘇峰の次の追憶は、さだめし「熊本バンド」に共通する内村観であろう。

「内村さんから肥後人、肥後イズムといってひどくにくまれたが、肥後イズムというのは徳富一人ではなく、横井時雄、金森通倫、蔵原惟郭、市原宏盛などを一まとめにして指したものであったろう。まあ私が〔薩摩出身の〕松方〔正義の〕内閣に入って役人になったりしたことが、気に入らなかったのだろう。

いろいろ意見も対立したが、会って話せば確かに内村も、私の気持はわかってくれたのだろうと思う。その後、丸善の二階で偶然二人が出会った時に、内村君は『めずらしいね、徳富君もこういう所にくるのかね』と声をかけた。内村君は私を丸善なんかに縁のない世俗の人間だと思っていたらしいね。『私だって来ますよ』と云って、その場は別れてしまった。

晩年、霊南坂の教会〔霊南坂教会〕で小崎弘道君の按手礼五十年の祝会があって、私も内村君も一番前の列にならんでいた。その時、私も祝辞を述べたかどうかは、はっきりおぼえていないが、内村君は壇上に立って祝賀の言葉を述べ、最後に『私を天下の文壇に紹介したのは、ここに腰掛けていられる徳富君である。私もずいぶん悪口を云ったが、今から考えると、感謝の情に堪えぬ』といった。

私は壇から下りる内村君を迎えて、手をしっかりと握りあった。私は愉快に思うたね。この事は内村も年をとって訳がわかった、という言葉でも説明出来ようし、私の生涯を長くみてくれれば、この男も一種の眼をもっているということが、わかってくれたのだろうと思う。これが内村君との最後の別れとなった」（徳富蘇峰「思い出」六〜七頁、鈴木俊郎編『回想の内村鑑三』岩波書店、一九五六年）。

「私もずいぶん〔蘇峰の〕悪口を云った」と自身で公言する通り、内村は公開の席上で、しかも蘇峰の面前で辛辣な蘇峰評を繰り返す。その転機は、蘇峰が内務省勅任参事官（副大臣格）になった一八九七年八月二十六日である。

すかさずその五日後に、内村は「日本の実質上の支配者」と題した英文コラム記事を新聞紙上に載せ、蘇峰が黒幕のひとりであることを非難した。

「彼は肥後人で、亡き新島博士の熱心な生徒であり崇拝者である。彼の生まれつきの肥後イズム（読者なら何を意味しているのか、ご存知のはず）は、彼がキリスト教の尊敬すべき教師や大家から受けたキリスト教が何であれ、こうして和らげられた。けれども、彼が最近、政府高官に指名されたことは、彼を最も好く知る人には、けっして不思議ではない」（『内村鑑三全集』五、四一～四二頁、本井訳）。

内村は、ここぞとばかり追撃の手を緩めない。

六日後（九月二日）には、この十年間、「平民の友」を任じて平民主義を呼号してきた民友社社長が、ここに来て「変節」し、「藩閥政府の官吏」となって、自己の新聞、『国民之友』を「藩閥政府の機関」とする。同社は「官友社」と改称すべきだ。「民を欺き、終に藩閥政府に降る」のは、「民に対する不敬罪」にほかならない。

「故新島襄氏の大なりしは、彼が官職に誘惑を斥けしが故にあらずや。而して彼の崇拝家たる徳富氏にして、終《つい》にこの誘惑に勝つ能はず。弟子は到底、師より大なる能はざる也」と手厳しい（同前五、四三～四四頁）。九月四日には、「新島崇拝は、清士として世に知られんが為の偽善」と追い撃《う》ちをかける（同前五、四九頁）。

こうした一連の記事が、以後の蘇峰攻撃の始まりとなった。内村からすれば、勅任参事官就任は、それまで平民主義を主唱していた蘇峰の変節にほかならず、藩閥政府への屈服と取り込み、あるいは「平民」への裏切り行為であった（鈴木範久『内村鑑三日録　一八九七～一九〇〇』八四頁、教文館、一九九四年）。続いて九月十六日には、内村は「新島博士の愛弟子」を公表した（『内村鑑三英文論説翻訳篇』上、二二九～二三〇頁）。

「日本へ遣わされたキリスト教の最初にして最大の使徒たる新島〔襄〕博士は、いまや『閣下』たる身の徳富猪一郎〔蘇峰〕氏を愛弟子としていた。キリスト信徒の故博士の使い古した聖書は、彼の精神的な子供のうち、最大最善の者に対する最深の師弟愛の記念として、この愛弟子の手に渡ったという。

だが、われわれにどうしてもよく分からないのは、弟子が師にいっこう似ていないことだ。弟子はキリスト教信仰のゆえに、たいそう有名なわけではない。また、彼の新聞を通して、師の称賛を吹聴したことを別にすれば、博士がすべての注意を集中していたに相違ない目的のために、彼が熱心だったという話は、まず聞かない。

師が盲目で私生児を嫡子《ちゃくし》と取り間違えたのか、さもなければ、弟子は師を正しく反映しているのであり、ただ盲目の世間がこの師を聖徒、使徒と取り違えていたんだということになる。もし、木はその実によって知られるとすると、聖なる博士先生は同志社と徳富猪一郎とによって、あまり有難い結果は得られそうにもない」。

こうした内村・蘇峰間の冷戦は、十月についに熱戦にまで発展した。蘇峰（民友社社長）への執拗な非難・罵倒を内村が繰りかえすことに憤った、蘇峰の部下（民友社社員）、山路愛山が、ついに内村に暴力を振るうという事件が発生した。

都電でたまたま内村と乗り合わせた山路は、「内村君、君は無頼漢《ごろつき》新聞（『万朝報』）で箆棒《べらぼう》なことを書いてゐるぢゃないかとやった。其《そ》うすると、内村もぐっと癪に障《さわ》って、何だと立ち上がる。其処《そこ》で上よ下よの掴み合ひ、愛山は有り合はせた洋杖《ステッキ》でしたたか内村の横鬢《よこびん》を殴ぐり附けた相だ」（『内村鑑三日録　一八九七〜一九〇〇』九四頁）。

一説には、内村はこの時、無抵抗であったともいう。内村は殴られた原因を、「僕があまり徳富さんを悪く言ったから、山路が怒ったのサ」と受け取っていた（同前、九五〜九五頁）。

それでも内村は蘇峰攻撃を緩めない。

徳富とは「徳ならざることに富む」輩、すなわち「不徳富」にほかならないとまで揶揄《やゆ》する（『内村鑑三英文論説翻訳篇』上、二六一頁）。「似而非《えせ》キリスト教大学」（同志社大学）設立に絶大な役割を果した蘇峰が、いまや薩摩内閣の建設という危険な役割を果しつつあるのには、「身ぶるいせざるをえない」。「彼はすでに一大学を誤った。彼は一国家も謝ろうとしているのだろうか」（同前上、二七五〜二七六頁）。

他の門下生とは違って、蘇峰その人は内村からこうした厳しい冷評を受けても、報復的な言辞や態度はとらなかった、いや、正反対の姿勢を貫いた、と自身では証言する。「私と内村さんとのいろいろといわれるけれど、内村さんの私に対する考え方が変ったので〔あって〕、私の内村さんに対する考え方は、終始一貫して来たつもりだ。〔中略〕

私は内村さんと立場も違ったが、云い方はわるいが、内村さんを一生保護したといおうかね。いや、保護したものだよ。だから、私の書いたもので内村さんの悪口を云ったものは、一つもないつもりだ。そうだろう。私は心で本当に尊敬していた。〔中略〕。

そりゃ、内村さんはしたい放題のことをしたり、いいたい放題のことを云ったりしていた。それで、友人、親戚にずいぶん迷惑をかけたらしいが、私のみたところによると、最も多く自分自身に迷惑をかけたんじゃないかな。私は自分では天才だと思っていないが、内村さんはたしかに天才だったと思う」（徳富蘇峰「思い出」三〜四頁）。

狂気の体《てい》

蘇峰による内村評価は、実に高い。

「何といっても、内村さんは非常な天才だね。クリスチャンであって、ニイチェのような所があった。お子さん〔内村祐之《ゆうし》〕は精神病のお医者さんだそうだが、内村さんにはまあ、息子さんの病院に入れなければならないようなところがあったね。しかし、内村というひとは、クリスチャンを以ってはじまり、クリスチャンをもって終った人で、クリスチャンとして一貫した脊椎骨をもっていた人だ」（同前、五頁）。

蘇峰の内村評には、時に皮肉が混じる。天才とは言え、精神科医の息子が治療すべき患者扱いをする。この点は、ほかにも同じような見方をする人物がいる。たとえば、蘇峰の恩師、新島襄である。内村が宣教師たちを攻撃して発生した北越学館事件の渦中、双方から調停役を期待された新島であるが、内村を「一種奇体の人物」とか、「狂気之体《てい》」と捉えていた（『新島襄全集』三、五九六頁、同前四、二二三頁。詳しくは拙稿「新島襄と加藤勝弥」、『同志社談叢』創刊号、一八八一年）。

内村がもっとも信頼するS・H・シーリー学長（アーモスト大学）もまた、北越学館事件を伝え聞いて、内村の行動をこう評した。「精神のバランスを失ったこと」、「精神に変調を来たした」ことが最大の要因である、と（拙著『新島襄と明治のキリスト者たち』三五五～三五六頁）。

けれども、新島はその内村を高く買い、一時は同志社へ招くことを考えた。これには蘇峰にも証言がある。

「内村さんを始めて知ったのは、新島先生を通じてであり、新島さんは内村の学識、人物、気骨に惚れこんで、何とか同志社に呼びたかったらしい。だが、内村さんはガンとして応じなかった。その頃から内村さんという人を私は記憶していた」（徳富蘇峰「思い出」三頁）。

その他、内村が苦境の時に教員として内村を招いた者に、宮川経輝（大阪・泰西学館）、蔵原惟郭（熊本英学校）などがいる。けれども、内村の後援者と言えば、「熊本バンド」の後裔とも言うべき佐伯理一郎であろう。

佐伯は同志社系の病院（同志社病院）や看護学校（京都看病婦学校）を支えた医師のひとりで、同志社がこれらの施設を手離した時に、施設を買収し、事業を継続した信徒である。内村の生涯の中で、もっとも貧窮した京都時代の彼を経済的に支えたのも、便利堂（本屋）とともに佐伯であった。

佐伯理一郎との交流

内村と佐伯の出会いは、意外に早い（以下、拙稿「佐伯理一郎と内村鑑三」、『同志社談叢』一九、一九九九年三月に基づく）。内村は札幌農学校を経て、そして佐伯は熊本医学校を出て、それぞれ二十歳代で東京に出る。ふたりは、一八八四年一月二十六日に築地の親睦会で邂逅する。当時、小崎弘道と長田《おさだ》時行が、杉田玄端《げんたん》の出張所（尊生舎）を会場にして開いていた集会（東京第一基督教会講義所。現霊南坂教会）を内村は助けていたが、小崎から洗礼を受けた佐伯もこの群れに加わったようである。佐伯の日記には、この集会では「内村氏、最モ勉ム」とある。

記録が残る次なる交流は、三年後の一八八七年である。佐伯は内村に二年遅れて、海軍医として渡米し、フィラデルフィア医科大学で医学の研修を積む。翌年夏に、ノースフィールドで開催されたムーディ（D. L. Moody）――新島との交流もあった――の夏季学校に参加するが、この地でアーモスト大学に留学中の内村と再会できた模様である。

夏季学校終了後の七月七日、佐伯は同じく参加者の三島弥太郎（アーモスト大学に留学中。後の日本銀行総裁）と連れだって、アーモストを訪ねた。内村は、先にアーモスト大学に戻っていた。この年の七月十二日に内村と共に撮った写真が、佐伯家に残されているので、佐伯はしばらくアーモストに滞在して、内村らとの交流を深めたと思われる。

帰国後の両者の交流の詳細、とりわけ前半部は不透明である。交流が本格化するのは、内村が京都に転居してからである。

内村は、一八九三年末に京都の判事、岡田透の娘（しづ）と結婚し、翌年八月から京都に移り住んだので、以後、佐伯との交際が復活した。内村の京都時代はこれより一八九六年まで、およそ二年間にわたる。彼の生涯の中では、稀にみる貧窮生活の時代で、京都の書店、便利堂と共に、佐伯は内村家の経済的な苦境を救う有力な支援者となった。

内村の京都時代で特筆すべき私的な出来事は、娘（ルツ子）の誕生である。ルツ子は、一八九四年三月十九日、内村の借家で生まれた。佐伯は、産科医であったので、あるいは出産に立ち会ったかもしれない。

残念なことに、この年の佐伯日記と佐伯病院帳簿が所在不明であるので、記録的には実証ができない。しかし、それまでの内村・佐伯の交流からしても、十分に考えられる。とりわけ、佐伯は後に日本婦人科学会会長に就任するほどの斯界《しかい》の権威であったことを想うと、ルツ子の出産に立ちった可能性は、きわめて高い。

内村夫人（しづ）が、翌年（一八九七年）に佐伯病院で治療を受けた記録は存在する。この年の同病院「産科婦人科外来患者目録」によると、八月六日の条に、「新町竹屋町下《さが》ル　鑑三妻　内村シヅ　二三」とある。したがって、妊娠中の夫人が、佐伯の診察を受けていたことも、確実であろう。

なお、岡田家も同志社と多少の繋がりがある。しづの父、岡田透は、息子の八雲とともに弓道の指導者であった。娘の結婚から十数年後のことではあるが、一九〇九年四月に創部された同志社の弓術部（弓道部）に最初の師範として呼ばれ、部員たちを指導した。当初、師範就任要請を持ち込まれた際、彼は就任に躊躇し、北垣国道知事（元京都府知事）に相談したところ、「他の学校ならばともかく、同志社ならきっと成功するよ」と激励されたという。

内村・佐伯間の往復書簡も、一九一一年以降のものが、残されている。内村から佐伯に宛てたものは二十九通にも及ぶが、全部が『内村鑑三全集』に収録されている。そこから判明することをまとめると、以下の通りである。

（一）佐伯は、内村の事業のよき理解者、支援者である。
（二）交際は家族ぐるみである。

（三）佐伯宅では内村の集会が開催されている。後の同志社大学学長、田畑忍も中学三年生で参加している。
（四）佐伯は内村に経済的支援（特にクリスマス・プレゼント）を施している。「佐伯家日々雑費録」中の「支払帳」によると、一九一四年と一九一五年の場合、それぞれ二十円である。

以上の交際の中から、副産物のように生みだされたのが、内村の寄稿である。すなわち、佐伯が経営する京都産婆学校の同窓会が出す機関誌、『助産の友』に内村は数回、宗教的な所感や奨励を寄稿している。

ほかにも同誌（三の八）には、佐伯の母（志壽）の葬儀で内村が担当した告別説教（梗概）も掲載されている。「説教は、自己の病気を厭はず、態々《わざわざ》会葬された内村鑑三氏であった。真に霊慰と励とに充満せし集であった」と評されている（以上、詳しくは拙稿「佐伯理一郎と内村鑑三」を参照）。

ところで、内村は「同志社の母」とも言うべき宣教師のデントン（M. F. Denton）とも交流があった。彼女は、佐伯とは入魂《じっこん》の仲であった。同志社とミッションとの間で紛争が起き、宣教師が同志社から引き揚げた際、デントンは、東京でキングスレー館や富士見町教会などを手伝ったことがあった。一八九七年十月九日、内村は、富士見町教会で日曜学校を担当していたデントンと会っている（『内村鑑三日録　一八九七〜一九〇〇』九一頁）。

ふたりの交際はその後も続いたようで、二年後の一八九九年八月に、佐伯が貧しい妊婦たちのために京都参院を同志社病院内に設置した時、内村は、デントンともども設立に協力したと言われている。ただし、詳細は不明である。

当時の新聞報道では、支援者として五人の名前が挙がっており、そのうち、ふたり――東京赤坂病院のW・N・ホイットニー（W. N. Whitney）と松江在住の宣教師、B・F・バックストン（B. F. Buxton）――は寄付者として、残り三人（デントン、内村、エディンバラの医師）は「之を成立せしむるに與《あた》りて力ありし」と紹介されている（『基督教新聞』一八九九年八月一八日）。

V　家族（資料と講演）

第一章　山本覚馬

新島襄の義兄、山本覚馬については、研究が意外に進んでいない。私的には、本書前篇とも言うべき拙著『新島襄の交遊――維新の元勲・先覚者たち――』で早くに概説したことがある。同書は、宗教的な世界とは異質のセキュラーな（政財官界などで活躍した）人物との交遊を取り上げるのが主旨であったので、信徒は分析対象から除外した。

　けれども、唯一、信徒でありながら例外的に取り上げたのが、覚馬であった。それだけの内容のある人物と判断したからである。ひとわたりの紹介は、すでに済ませてはいるが、本書でもあらためて取り上げた理由は、ふたつある。

　ひとつは、彼は世俗的な世界ばかりか、同時に、キリスト教世界に足場を置く有力な同志（とりわけ、新島にとっての）であること。いまひとつは、新知見の出現である。

　NHK大河ドラマ、「八重の桜」（二〇一三年）の全国放映のおかげで、覚馬は八重の先夫（川崎尚之助）と同様にその名が全国に知れ渡り、研究者にもいくつかの刺激が与えられた。しかし、川崎の場合に比べると、新資料は予期したほどには発掘されずに終わった。

　それでも、さすがに注目度は上がった。たとえば、最近の『明治時代史大辞典』（吉川弘文堂）である。第三巻（二〇一三年）には、山本覚馬が立項されている（執筆者は、竹中暉雄《てるお》）。私も、NHK大河ドラマ「八重の桜」に絡めて、『新島襄の交遊』以後の追究として、（以下の著作の中の）何編かの新稿で取り上げたり、最近の研究動向にも触れたりした。

「維新の星　京都の近代化と山本覚馬」（拙著『マイナーなればこそ――新島襄を語る（九）――』、思文閣出版、二〇一二年）

「兄・山本覚馬」（拙著『日本の元気印・新島八重――新島襄を語る・別巻（一）――』、二〇一二年）

「山本覚馬の再デビュー」（拙著『八重の桜・襄の梅――新島襄を語る・別巻（三）――』、二〇一三年）

「覚馬の全国デビュー」（拙著『襄のライフは私のライフ――新島襄を語る・別巻（四）――』、二〇一四年）

以上の拙稿は、簡単にアクセスできるので、本書には再録しない。その代わり、ここでは、『新島襄の交遊』に収録しなかった拙稿一遍と、あまり知られていない覚馬の資料を四点、補遺として収録する。

（一）本井康博「解説」、青山霞村《かそん》『山本覚馬』（復刻版、大空社、一九九六年一〇月）
（二）藤田天民「山本覚馬先生」（『日本及日本人』五五〇、七一〜七七頁、一九一一年一月一五日）
（三）柏木義円「山本覚馬翁」（『新生命』一九三七年四月三〇日）
（四）田中緑紅《りょっこう》「山本覚馬氏」『明治文化と明石博高《ひろあきら》翁』（八〜一〇頁、明石博高翁顕彰会、一九四二年六月二〇日）
（五）「山本覚馬先生追悼会」（『基督教世界』一九二九年二月七日）

以下、それぞれの資料について、あらかじめ背景説明をしておきたい。まず、（一）であるが、原著である『山本覚馬』（一九二八年）は、覚馬に関する最初の本格的な評伝である。そればかりか、いまだに覚馬研究にとっては価値が高く、手引き書としては他に代えがたい。

それだけに刊行より半世紀後に、改訂増補版が出た。田村敬男編・住谷悦治校閲『改定増補　山本覚馬傳』（京都ライトハウス、一九七六年）がそれである。書名が変更されているが、原著の補訂版で、杉井六郎《むつろう》により資料（写真も含めて）の補遺、ならびに詳しい注が施されている。

さらにそれから二十年後の一九九六年に、「伝記叢書」二二三として、大空社から（『改定増補　山本覚馬傳』ではなくて）原著の復刻版が出版された。これには新たに「解説」が加えられた。それがここに収録する拙稿である。収録に際しては、あらたに小見出しをつけたほか、本文にも加筆を行なった。

次に（二）の「山本覚馬先生」であるが、著者の藤田天民については、不詳である。内容からして、覚馬本人から聞き出した事柄が含まれているので、彼の周辺にいた人物であることは、確かである。覚馬が永眠してから十九年後にまとめられた評伝で、同時代人による論考としては極めて早い。今回、便宜的に小見出しをつけた。

内容的には、会津時代と京都時代（特に戊辰戦争）のそれぞれに目配りされており、バランスのとれた仕上りになっている。それだけに、本稿が初めて明らかにする事柄も、いくつか含まれる。たとえば、新島襄との関連で言えば、会津藩が江戸に設けた「蘭学講習所」の教師に招かれたのが、神田孝平であるとの指摘である。新島は神田孝平・乃武《ないぶ》父子と交流があったが（拙著『襄のライフは私のライフ』二〇六〜二〇八頁）、覚馬の方が先に孝平に接触をしているとすると、実に興味深い。

（三）は、新島の愛弟子とも言うべき柏木義円（群馬県・安中《あんなか》教会牧師）が、自ら主筆を務めた新聞に掲載した覚馬に関する回想記事である。柏木が同志社在学中に覚馬と個人的な接触があったことが、記事から窺える。マイナーな新聞だけに、これまで研究者の目にも触れることがほとんどなかった。

（四）は、田中緑紅『明治文化と明石博高翁』の一節（八～一〇頁）である。田中緑紅（一八九一年～一九六九年）は京都在住の郷土史家で、本名は田中俊二という。生家が代々、医師であったので、俊二もまた医師を目指すが、病弱のため断念し、生花業に転じる。その折に明石国助（博明の七男）との交遊を通して、郷土史に目が開かれたという。

一九一七年、郷土趣味社を設立し、機関誌『郷土趣味』を発行するに至る。戦後には「京を語る会」を主宰した。そこで語られた話は、『緑紅叢書』（全五三冊、一九五七年～一九七二年）として刊行された。

以上からも判かるように、緑紅は覚馬をあくまでも明石に感化を及ぼした指導者として位置付けているので、本書では付随的な言及に留められている。緑紅は、維新以後の京都の近代化に大なる貢献を果たした「三羽烏」として、槇村正直、明石博高、そして山本覚馬を挙げる。

（五）は、山本覚馬永眠三十五年を記念して、同志社が開催した追悼会・講演会に関する報道記事である。覚馬なくして開校はありえなかった、と評価する同志社は、学内のチャペルで記念集会を開いた。

記事の中にある次の指摘、すなわち「新島先生と協力して地所〔薩摩藩邸跡地〕を得」たこと、ならびに「自ら命名されし此の同志社」は、重要である。同志社の命名に関しては、これまでは覚馬が「英学校を建て、名づけて同志社となさいました」との記録がある程度であった（『山本覚馬伝』改訂増補版、三五一頁）。

なお、この催しについては、『同志社新聞』三四（一九二九年一月一五日）にも報道記事がある（後に『追悼集』四、三七〇～三七一頁、同志社社史資料室、一九九一年、にも再録）。また、当日、講演をした西田直二郎（京都帝国大学教授）、新城《しんじょう》新蔵（同前、京都会津会代表）、林権助（外交官、男爵）の講演筆記は、『山本覚馬』改訂増補版（三四一～三六八頁）に掲載されている。

ちなみに、『同志社新聞』の記事は、「山本翁逝いて三十五年――初めての追悼会」と題されている。もし、「初めて」が事実ならば、それまでは、覚馬に対する顕彰の気持ちが同志社においては案外薄かったことになる。

では、なぜこの時機に追悼会が三十五年振りに開催されたのか。その要因を探ると、これより一か月前（一九二八年十二月二十日）に、青山霞村『山本覚馬伝』が出版されたことが、最大の契機となったようである。

（一）本井康博「解説」（青山霞村『山本覚馬』）

西京復興プロジェクト

同志社（大学）といえば、新島襄である。たしかに彼の働き抜きには、この学園（当初は男子校の同志社英学校）の創設はありえなかった。

　ところが、同志社の発足を子細に見れば、当初は新島と山本覚馬とが二人で「結社」した組織であることが、判明する。けっして新島単独の事業ではない。そのうえ、校名の命名も覚馬である、と伝承されている。一方の新島が命名したとの記録や伝承は、いっさいない。これを見ても、覚馬が同志社の創設に果たした役割は、意外に大きいのである。そのあたりの消息は当時の仏教系の新聞、『明教新誌』（一八七五年一二月二八日。同志社開校のちょうど一か月後である）の報道からも窺える。

　「京都〔丸太町〕寺町通りの中井の村〔中井屋敷〕にて、山本覚馬をはじめ数名にて、同志社といふ社を結び、久しくアメリカに在りて修業したる耶蘇教《やそきょう》の信者、新嶋襄といふ人を社長として、先月〔十一月〕二十九日より耶蘇教の説教を始め、日曜日に八米国の耶蘇教師デビスといふ人も出席して説教をする由〔後略〕」。

　これは同志社の開校を伝える最初の報道としても貴重である。当時の仏教関係者の目には、同志社イコール耶蘇教会と映っていたようである。同時に注目したいのは、土地の人たちには関東人（上州安中藩出身で江戸生まれ）の新島よりも、京都に在住する覚馬その人の存在の方が大きく、あたかも彼が新島を「招聘」して同志社を開いたかのような印象さえ、与えていることである。

　会津藩士の覚馬は、戊辰戦争での敗者であったにもかかわらず、維新後の京都に残り、槇村正直京都府知事の補佐役として府の顧問を務めていた。その彼が、関西に学園設立の候補地を探していた新島の企てに共感を覚え、自己の所有地（現在の今出川キャンパスの中央部）を快く提供した。この結果、新島はキリシタン禁制が撤回された直後であるにもかかわらず、一人も知己を持たぬ京都に、それも「宗教的首都」とも言える地にキリスト教主義の学園を創設する、という破天荒な一大事業《プロジェクト》に思いがけなくも成功することができた。新島にとって幸運だったことはもちろん覚馬の存在であるが、それだけではなく、実はその背景に、京都府政の「西京《さいきょう》」復興プロジェクト、とでも言うべき京都再生・開発政策があったことを看過してはならない。

　つまり、維新後、天皇と首都《ミヤコ》とを「東京」に奪われた京都としては、なお、「西の都」（西京）としての新都市建設に取り組み、「第二の奈良にするな」を合言葉に、遷都後の衰退や没落をなんとしても防止する必要があった。その際、事業のブレーンとしてその中核に位置していたのが、覚馬である。視覚障がい者であることを全く感じさせない、その開明性と視野の広さ、そして行動力の大きさは、本書〔『山本覚馬』を指す。以下同〕からも十分に窺える。なかでも彼が著した（口述筆記させた）小冊子『管見』（本書に収録）は、彼の先見性を物語ってあまりある。

宗教や外国人に対する態度も、そうである。京都博覧会（これまた「西京」復興プロジェクトの一環である）の見物に京都を訪れた阪神地方在住の宣教師にも進んで会見した。その際に、宣教師から贈られた漢文のキリスト教入門書（『天道溯原《そげん》』。本書一七八頁の「天道遡源」は誤植）を通してキリスト教の疑問を「氷解」してくれたという。一八七五年春のことで、奇しくも覚馬が新島に邂逅する直前のことであった。覚馬とキリスト教については、後述する。

開明性と先駆性

覚馬は新島が目指す学校が耶蘇教主義であるにもかかわらず、いや、一面では同主義だからこそ、教育の近代化の一環として、外国人教師（宣教師）を多数、擁する計画の新島の学校をあえて京都に「誘致」することを決断したのである。さらに彼は、すでに京都初の女学校（女紅場《にょこうば》）をいち早く設置し、妹の八重などを教師にして、女子教育に取り組んでいたが、さらにそれを一歩進めて、キリスト教系の女学校の必要性さえ実感していた。入京してきた宣教師に向かって「今すぐにでもキリスト教の女学校が京都に出来たら、どんなにうれしいことか」とその心中を吐露したという（J. D. Davis to Young Ladies for the Japan Mission, 1875, Kiyoto）。驚くべき卓見である。彼のこの夢は、その後、キリスト教に入信した八重（後の新島襄夫人）によって一部は実現される（彼女については、本シリーズ「伝記叢書」二三八の永澤嘉巳《かみお》男編『新島八重子回想録』復刻版に付した拙稿「解説」を参照されたい。本書四〇〇頁以下にも収録）。

この点、覚馬は（とりわけ眼と脚とに障害を持つようになってからは）外国はもちろん、国内での行動範囲はおのずと限定されてはいたが、その眼は日本、いや世界を見据えていた、と言えよう。おそらく、そうした点が、『国際人事典―幕末・維新―』（六一五頁、毎日コミュニケーションズ、一九九一年）にその名が立項される所以《ゆえん》であろう。ちなみに同書では、京都で最初の演説会を同志社が開催するのに、覚馬の功績が大きかった（彼自身も身体の不自由を押して、出演までしている）ことが、例証として紹介されている（詳細は拙稿「同志社演説会」、『キリスト教社会問題研究』三九、同志社大学、一九九一年を参照）。

ところで、覚馬が新島に寄せた信頼は、校地（学園予定地）の提供だけではない。大阪から居を京都に移した新島をしばらく自邸に仮寓させたばかりか、同志社の開校直後には妹の八重を新島に嫁がせ、自ら新島の義兄となった。要するに、同志社は一面から見れば、覚馬兄弟の事業であった。

のちに同志社が一八八〇年代の後半に大学設立運動を展開したとき、彼ら兄弟に協力の手を差し伸べたのは、地元の政財界の資産家や重鎮ばかりか、府議会議員を中心に「覚馬派」とでもいうべき覚馬の門下生たちであった。彼らは同時に、府知事の北垣国道が政治生命をかけて取り組んだ、「西京」復興プロジェクトの中軸ともいうべき「琵琶湖疏水」事業の推進母体でもあった。

蘆花の見た覚馬

さて、この覚馬と交流した同志社学生のうち、もっとも名が知られたのが、若き徳冨蘆花（健次郎）であった。彼は、覚馬の娘（山本久栄《ひさえ》）と同志社在学中に「恋愛騒動」をしたことを新島校長夫妻などから咎められて、自ら同志社から出奔し、学校を退学した。当時の恋愛を扱った蘆花の自伝的小説、『黒い眼と茶色の目』には、覚馬は「山下勝馬」、八重は「飯島夫人」、そして新島は「飯島先生」という名で登場する。

そこには覚馬の経歴が、次のように披瀝されている。

「今年〔一八八七年〕六十歳、両眼盲ひ脚萎《な》えた不自由な體を河原町の暗い奥の間に寝たり起きたりして、名士勘と呼ばれて居た。会津の藩士、佐久間象山の砲術の門人、大砲頭取となって元治元年〔一八六四年〕七月、長州兵が禁闕《きんけつ》に迫ったのを、蛤《はまぐり》御《ご》門《もん》に打破った當年の勇士。

慶應の末年、眼病で失明し、維新の際は一方会藩の士を諭し、一方朝廷に会藩の為、辯疎せんとして、薩兵に捕へられ、一時入獄の身となったが、獄中意見書〔『管見』〕を草して岩倉具視《ともみ》に識られ、又雄〔横井時雄〕さんの阿父《おとうさん》の沼南〔横井小楠《しょうなん》〕先生が、参与の職で退朝の途を寺町〔丸太町下《さが》ル〕で刺客の難に果敢《はか》なくなった明治二〔一八六九〕年に、新政府に抜擢されて京都府の顧問になった。明治八〔一八七五〕年には新帰朝の飯島〔新島〕先生と意気投合して、共に協志社〔同志社〕を起し、〔中略〕妹お多恵〔八重〕さんを先生に妻《め》あはせ、其の後は京都府会議長として、府知事の顧問、當代の山本勘助と云はれて、知嚢《ちのう》の名が高かった」（四三～四四頁、新橋堂、一九一四年）。

また、蘆花が覚馬に直接に面談した時の消息も、小説はこう描写する。「敬二〔蘆花〕は、はたと当惑した。其名は久しく聞いた名士、盲目しても人の胸中や人物を見抜くは、造作《ぞうさ》もあるまい。二心の敬二は、盲士の眼を恐れた」（三五一頁）とか、「敬二は、其きょろきょろ転《まろ》ぶ眼の球に視力がないとは、如何《どう》しても信ずる事が出来なかった。眼がきょろりする毎《たび》に、冷やりとした」（三五三頁）とか、若者は生々しく回想する。さながら「心眼」に射《い》竦《すく》められたかのごとき印象を受ける。

社会科学への関心

さて、その覚馬であるが、出身地の会津でも、そして後半生を送った京都でも、知名度はさして高くはない。とりわけ、京都では「京都の恩人」（本書『山本覚馬』二九一頁）であるにもかかわらず、である。ひとつには視力を失なったことも手伝って、著書を残さなかったことが響いているであろう。現在、手にすることができるのは、本書（『山本覚馬』）に「附録」として収録された『管見』ほか三編の小文に限られている。

その後に発掘されたものをひとつ紹介すると、「紙幣論」がある。これは京都の「叡麓社」（編集は漢学者の村上作夫）が出していた雑誌、『水雲館雑誌』第七号（一八七九年五月二二日）に覚馬が寄稿したもので、同社の若松雅太郎に口述筆記させた。覚馬はとりわけて財政思想に明るく、早くから中央銀行の設立や金本位制度の主唱者であった。その点は、本書（『山本覚馬』二〇七頁以下）にも指摘されている通りで、彼の財政通は大蔵卿の松方正義をも心服させるほどであった。

「紙幣論」に限らず、総じて覚馬は社会科学に関心が高く、造詣も深かった。一八六八年の戊辰戦争の際にも、薩摩藩への上申書で、「萬国公法ノ如ク正大公明之御取扱ヲ以テ」敗者を遇するように、と申し入れている（本書『山本覚馬』二六二頁）。

これは前年に、坂本龍馬が「いろは丸」事件の解決にあたって、万国公法（国際法）を盾にとったこと等と並んで、日本で万国公法が説かれた数少ない初期の例とされている（松本健一「近刊・私の収穫」、『朝日新聞』一九九五年四月二三日）。

覚馬はまた、一八七五年に京都の華族学校（分局）で一時、「万国公法」を講じたことがある（『華族会館誌』下、五一四頁、霞会館、一九八六年）。彼は同法条文の大体を暗唱するほど、かなり早い時期から万国公法に親しんでいたようで、晩年は「朗誦以て教ゆる処のものありし」と言う（『山本覚馬傳』三三七頁）。

ただし、同年末に開校した同志社では、社会科学を講じたD・W・ラーネッドのような宣教師がいたためか、社会科学に限らず、自ら教壇に立つことは一切なかった。

キリスト教信仰

本書の最大の欠陥は、覚馬とキリスト教との関連記述が、きわめて希薄なことである。信徒としての覚馬は、彼を理解するうえで、不可欠の視点であるので、ここで補足しておきたい。

覚馬がキリスト教（プロテスタント宣教師）に初めて直接に触れたのは、維新直後であった。一八七二年のことで、京都ではもちろん先駆者である。政府諜報員によるキリスト教探査では、覚馬はすでに「異徒」とさえ見られている（詳しくは、拙著『京都のキリスト教』八頁以下）。

この間の出来事で有名なのは、覚馬が（中国在住のアメリカ人宣教師）ウィリアム・A・マーティン（中国名は丁韙良）が漢文で書いた『天道溯原』を（大阪から京都に来ていた）宣教師のM・L・ゴードンから贈られて、これを読んだことである。

後に京都で新島と初めて対面した時に、覚馬は「その本は、私にとっても有益であった。キリスト教についての多くの疑問を氷解してくれたし、長年私を苦しめてきた疑問をも解いてくれた」と新島に語ったことでもよく知られている（同前、一七頁以下）。

したがって、『天道溯原』を入手したことについては、さすがに本書も言及する。本書が触れる唯一と言ってもいいキリスト教情報である。同書は、中国で伝道するアメリカ人宣教師、E・C・ブリッジマン（中国名は裨治文）が漢文で著したアメリカ合衆国に関する『連邦志略』に匹敵するキリスト教入門書である。新島がこれを読んで、「脳がとろけ出る」ほどのカルチャーショックを受けた話は、新島伝を飾るエピソードのひとつである。

　キリスト教への接近は人より早かった覚馬であるが、実際に洗礼を受けて、正規の信徒となったのは、意外に遅く、五十七歳の時であった。宣教師や聖書に触れてから、十三年の時が流れていた。むしろ、覚馬から求道を勧められた八重の受洗の方が圧倒的に早く、兄より十年も早い一八七五年であった。一説には、「〔山本覚馬〕先生、自ら基督《キリスト》教の信者となり、為めに槇村知事と疎隔するに至った」とも言われる（本書三九五頁参照）。

　官立学校や政官界で活躍したり、出世を期す場合、洗礼を受けたことを隠匿、否定するばかりか、積極的にキリスト教を排斥する信徒も往々にして見受けられた時代であるので、知事顧問の覚馬も知事や府庁高官の手前、大ぴらな受洗を憚ったのかもしれない。

　覚馬の洗礼式は、一八八五年五月十七日に京都第二公会（翌年六月に同志社教会と改称される。現日本キリスト教団同志社教会）で行なわれ、妻（時栄《ときえ》）も同時であった。授洗者はD・C・グリーンであった。おりしも新島は渡米中で、義兄の受洗を八重から伝えられた（『京都のキリスト教』一六〇頁）。その折の返信に新島は喜びをこう認める。「御兄ニハ此度、洗礼御望みのよし、珍重――日本を出しより、是程《これほど》喜はしき新聞〔ニュース〕ハ未た承り不申候」、「京都府下の人々に大関係をも生す事」と期待する（『新島襄全集』三、三四三頁）。

　新島はさっそく祝いの手紙（所在不明）を当の本人にアメリカから送った。その返事（口述筆記であろう）に覚馬はこう記す。「是迄尊下、及ビ諸兄〔とりわけ神学生〕より主ノ救、道ヲ被説已□十年ニ星霜ヲ相経候処、近来ニ至リ、□リニ良心、洗礼ヲ受ン事ヲ望ミ、神誘日夜ニ加ハハリテハ、断シテ此礼ニ預ラズンバ、心中不安ノ思ヲ起シ来ルニ付、此度受洗仕候」（拙著『襄のライフは私のライフ』二四八頁）。

　覚馬の洗礼が遅れたのは、（府庁との関係のほかにも）身体的な障がいがネックになったと思われる。歩行に障がいがあるために、礼拝や祈祷会、聖書研究会といった教会集会へ定期的に出席することは、まず無理であったと思われる。同様に、失明のために独力で自由に聖書やキリスト教書籍を読んだり、キリスト教を研究したりすることができにくかったことも、一因ではなかったか。それだけに、信仰の確信を得るには、それなりの時間がかかったと思われる。

　求道中（一八七九年）、覚馬は宣教師のデイヴィスに対して、「新島が留守（京都に不在）の時は、日曜毎に自宅に来て、一緒に語り、祈ってほしい」と要請している。初期の同志社入学生の中島力造（後の帝国大学教授）は、在学中、毎月一回は覚馬の自宅を訪ね、新聞を読んだり、話し相手になったりしたという。宗教的な話題や信仰問答も交わされたであろう（『京都のキリスト教』一五九頁）。そうした努力をする覚馬を見てデイヴィスは、「山本は、福音をしっくりと心で受け止められないので、大変悩んでいる」と受け止めている（『新島襄の交遊』一四六頁）。

受洗の時機に関しては、ふたつの出来事が契機になったのではなかろうか。ひとつは、一八八三年二月に至って、同志社の理事（当時は社員）の定員が二名（新島と覚馬）から五名に増員されたこと。あらたに増えた伊勢（横井）時雄、中村栄助、松山高吉の三名は、いずれも牧師か信徒である。つまり社員五名中、未信徒は覚馬だけであった。ついで、一八八四年四月から新島が欧米旅行（一年半）に出かけた留守の間、覚馬は新島校長・社長の代理（内務は市原盛宏、外務は新島公義が担当）を務めることになった（『同志社年表（未定稿）』一七頁、同志社社史史料編集室、一九七九年）。一年半にわたる新島の不在は、覚馬に大きな圧力となったはずである。

いずれにしろ、覚馬が洗礼を受ける決断を下した背景には、内心の動機だけではなく、外的な要因も考慮に入れるべきであろう。ただし、この当時は、知事顧問のポストからは解職されているので、府庁への配慮はまったく不要となっていた。

帰国した新島は、覚馬の信仰を養うために同志社神学生（松尾音次郎）を三年間、覚馬邸へ差し向けた。毎週日曜の午後に一時間ばかり、ひたすら覚馬に新約聖書を読み聞かせた。しかし、最後まで通読する前に松尾が卒業を迎えたので中断に及んだ、という（『京都のキリスト教』一六〇頁）。

その後の経緯であるが、覚馬は新島の死後、同志社教会から転出した。最晩年（亡くなる数か月前）に京都三条のカトリック教会に転入会している（拙著『八重の桜・襄の梅』一八五頁、二一一頁）。なぜ、プロテスタントからカトリックに改宗したのかは、謎である。覚馬の信仰を究明することは、今後の課題である（拙著『襄のライフは私のライフ』二四七～二五三頁）。

覚馬の研究書

ところで、覚馬の研究書に関して言えば、本格的なものは一冊もない。それどころか、研究論文にも恵まれない。それだけに本書の価値は、今なお極めて高い。文献目録としては、河野仁昭編「山本覚馬・新島八重子文献目録」（『同志社談叢』第一一号、同志社社史資料室、一九九一年）がある。研究書とは別に、覚馬を主人公とした小説があるのが、覚馬らしい。吉村康『心眼の人山本覚馬』（恒文社、一九八六年）がそれである。

なお、本書、『山本覚馬』にはその後、改訂版が出る。田村敬男編・住谷悦治校閲『改定増補 山本覚馬傳』（京都ライトハウス、一九七六年）である。この新版は、復刻版ではなく、『山本覚馬』の本文にかなり手を入れた現代語訳版である。

写真を何枚か新たに加えたこともあって、全体の分量はおよそ三十パーセント増となっている。特筆すべきは、同書には「補遺編・年譜」（杉井六郎執筆）があらたに付せられたことで、貴重な伝記的な資料が多く収録されている。

最後に本書『山本覚馬』の著者、青山霞村の紹介である。彼は本名、青山嘉二郎（一八七四年六月七日～一九四〇二月二七日）といい、一八八八年、同志社に入学するものの中途退学し、関西学院、ついで早稲田大学に学ぶ。のち、渡米し、スタンフォード大学で学ぶ。

しかし、病のために一九〇五年に帰国し、以来、深草（京都市南郊）の自宅で病を養いつつ、文筆活動に従事する。とりわけ「口語歌」運動に熱心で、歌集『池塘集』（一九〇六年）を世に問うた。歌集や本書のほか、『深草の元政』、『元政上人伝』、『香川景樹』などの著作がある。

一九二五年、同志社卒業生が組織する同志社校友会に入会し、校史の編纂にも従事する。その成果は『同志社五十年裏面史』（一九三一年、からすき社）として結実する。

晩年は短歌雑誌『からすき』を独力で創刊し、社中を主宰した。京都教会（現日本キリスト教団）での葬儀（一九四〇年三月七日）には永井柳太郎が長文の弔辞を、そして佐々木信綱が追悼の歌を寄せた（『追悼集』七、七三～七四頁、同志社社史資料室、一九九四年、『改定増補 山本覚馬傳』奥付け）。

（二）藤田天民「山本覚馬先生」

会津時代の覚馬

先生の家は会津藩の中士であったが、家格に比しては禄薄く、切米取《きりまいとり》であるから、生計頗る貧しかった。年少の頃は、倜儻不覊《てきとうふき》で、豪氣不群、専ら武藝に志し、撃剣を学び、槍術を習ひ、尚武の気風が盛な会津藩中に於《お》いて、幾《ほとん》ど対抗する者がなく、殊に槍術は精妙の境に入り、後年に至っても頗る得意で、自負されたほどである、齢弱冠〔二十歳〕を過ぐるまで、純然たる武人で、武技を以て世に立つ考へであったらしい。

文弱は先生が輕蔑して、読書子《どくしょし》、能《よ》く何をか爲さん、といふ意気であったから、藩学〔藩校〕日新館に在りても、書を読み文を学ぶことは、されなかった。後、兵学を講ずるに及び、長沼流の講義を聴き、解《げ》せぬ所があるので、文字を知るの必要を悟り、茲《ここ》に始めて節を折って書を読んだ、と先生自ら語られた。

豪膽不敵で如何なる大事に遇うても、泰然動かぬといふ資性、殊に会津流の武士気質の中に生《おい》立ったので、先生の半生は好個武人の典型であった。

頭には総髪の大束髻《だいそくはつ》を戴き、月代《さかやき》を剃《そ》らず、ツンツルテンの袴を穿《うが》ち、木綿のブ裂《ぶっさき》羽織を抜き、腰に太刀造りの大剣を帯び、手に鐵扇《てっせん》を把って街衢《がいく》を闊歩するさま、威風あたりを払った、と先生の壮時を知る者が語ったのを記憶する。

先生が二十歳ばかりの時、杉本といふ美少年の家を訪ひ、夜談をして居る所へ、一友人が遣《や》って來て、杉本を門前に呼出し、其《その》違盟を責めて、一刀の下に斬殺した。先生聲を聴きて立出で、秋毫惶遽《しゅうごうこうきょ》せず、徐《おもむろ》に其事由顛末を問ひ、加害者を其家まで送届けた。其挙動、武士たる者の道に適ふたとあって、何等の咎も受けずにすんだとの事である。

二十五、六歳の時であったらう。一夜、風呂屋に入浴して居ると、一個の無頼漢が先生を輕蔑して、散々侮辱を加へた。先生大に憤り、手早く衣を纏《まと》って戸外に出で、無頼漢の帰るのを要し、腰なる大剣放く手も見せず、肩頭から斬下げて、一刀の下に殺された。當時は斬棄《きりすて》御免の特権ある時代だから、武士に対して無礼を加へたるに因って手討に及んだ、此《この》段御届に及ぶ、とお目附まで届出でただけで、何事もなく相済んだ。誠に簡単至極なものである。

今の林全権大使の父、権助は会津藩の俊傑で、有爲の子弟を提《てい》撕《せい》した。先生も其指導を受けた一人で、其出府の時、随行して江戸に出で、専《もっぱ》ら砲術を研究された。是《これ》は安政の頃で、當時江戸には蘭学者もあり、砲術家もあったから、先生は諸家の門を叩いて、洋式の兵学を修め、自ら砲銃の鋳造製法までも実習し、努めて実用に施すことを期せられたのである。

当時の兵学家、江川太郎左衛門、佐久間象山、勝海舟、其他の先輩を歴訪して其説を聴かれたが、洋式の兵術を講ずるには、原書を読まなければ駄目だと悟り、発憤して蘭学を始め、日夜アベセの誦読に精力を注がれた。

けれども晩学のことではあり、禀性〔禀性《ひんせい》〕穎敏《えいびん》と云ふよりも遅重の方だから、骨を折られた割合には学業が進まなかったらしい。

先生の兵学は、三兵〔歩兵、騎兵、砲兵〕答古知機《たくちき》（騎砲歩のタクチック）などいふ翻訳書に依り、多くは諸家の口授直伝に得られたものである。夫れだが、今日の所謂《いわゆる》実科の方は造詣頗る深く、操練は勿論《もちろん》、大砲小銃の射的は巧妙の境に達し、ゲベル（銃名）を執って三百碼《ヤード》の距離なら、百中八十五まで命中す、と語られたのを記憶する。

当時、攘夷論が盛んで、海内《かいだい》の雄藩は専ら剣槍を奨励し、進歩主義の鍋島閑叟《かんそう》〔直正〕公すら「海島結団意気豪宝刀飽膏日本刀」といふ詩を唫《ぎん》ぜられた時代だから、僻遠《へきえん》の会津などは、尚更、頑固極まるもので、自慢の宝蔵院流の槍鋒で、洋人の堅陣を突崩さんとの意気込鋭く、兵制の改革、洋式の採用、ソンナ説に耳を傾くる者はなかった。

幸ひ家老の中に達見な人物もあり、林権助首《はじ》め、時勢を看破した者もあったので、先生の意見が採納され、先づ日新館に射的場を作り、士分以上の者に洋銃の射的を課することになった。其銃は江戸で製造されたゲベル、ミユニヘールの類であったが、後、先生が会津の鍛冶工に伝授して作られるに至った。

従来、銃隊は足軽に限ったものだのに、有事の日、上士までも操銃することになったのは、全く先生の首唱建言に因ったので、先生は会津藩洋式の開祖である。

先生、江戸より下り、自ら師範となって射的を諸士に教授されたが、気を負ひ勇を恃《たの》む先生の旧友、多く先生の洋化を喜ばず、中には議論を吹掛け、鐵砲は軽卒の武器だ、夷狄《いてき》の兵法何にかなる。短兵接戦は日本の長所、此長所を捨てゝ、彼が短所を学ぶのは、愚の至りじゃないか、と詰寄る者もあった。

先生、卿等《なんじら》は剣槍の鋭を知って、未だ砲銃の利を知らぬから、ソンナことを言ふのだ。吾は両方を比較研究した上、西洋の兵術が勝《まさ》ってることを確めたのである。剣術でも槍術でも來い、試に技を闘はさう、と言はれるので、彼等一言も返へす辞がなかった。頑固な武人も抗争せず、兵器改革の行はれたのは、先生が固有の武芸に於《おい》て卓絶し、徒《いたずら》に口舌を弄して、新奇に趨《はし》ったのでないから、反対派を心服せしむることが出來たのである。

蘭学を会津藩に輸入したのも、先生である。先生自ら子弟を集めてガラマチカル〔文典〕などを教へられた。江戸邸にも蘭学講習所を設け、教師を聘して有志の子弟に学ばせられたが、教師は毎日、時間を定めて通って来るので、其報酬が僅に五人扶持、夫れで此聘に応じ、日々「デ、ウォールデン、辞が」などゝと訳読を授けたのが、後に名聲の轟いた神田孝平翁であった。

京都における戊辰戦争

結局は愈〻艱難《がんなん》を告げ、京都には諸藩の勤王家が入込んで盛に尊攘の義を唱へ、過激の徒は公卿の門に出入して、討幕の挙に出でんとする形勢となった。ソコデ会津藩が幕命を受け、〔京都〕守護職として京郡に在勤し、物情を鎮圧するの重任に当ることゝなり、先生も京都詰を命ぜられた。

此際、長州其他の勤王諸藩は、兵を擁して京都に在り、戦乱今にも起らんとする形勢なので、先生の建策に依り、壮年の勇敢なる者を選抜して大砲隊を編成し、日々訓練して、速成的に操砲を学ばせた。当時、諸藩より兵を出して、御所の九門を警衛したが、洋式の砲兵は長州と会津ばかりであった。

文久三〔一八六三〕年、先帝警衛諸藩の兵を御所に召して、演武の上覧遊ばされた時、諸藩の兵、皆旧式で、甲州流、長沼流などの備立《そなえだて》をなし、甲冑《かっちゅう》を擐《かん》し、長槍を執り、御門の前を押行いたさま、如何にも花やかであった。其中で独り薩藩のみは、武者人形的の形式を破り、素肌で各自洋式の銃を担《にな》って居ったと聞く。

其年夏、御所に大変革が行はれ、三條〔実美〕公以下、勤王の諸卿は朝参を停《と》められ、長人は御所の警衛を免せられた。

其時、長人激昂して朝命を拒まんとする模様が見えたので、先生大砲を引いて長人の警衛して居た堺町御門に向ひ、イザと云はば打拂はんず擬勢を示された。幸ひ此時は事なくすんで、七卿落《おち》となり、長人怒を忍んで、京都を引揚げたが、翌元治甲子の変〔蛤御門の変〕を激成したのは、茲《ここ》に原由するのである。

翌年、長藩の三家老、国司《くにし》信濃〔親相《ちかすけ》〕、福原越後〔元僴《もとたけ》〕、益田左衛門等が、長兵及び諸藩の浪士を率ゐて、京都に押登り、嵯峨、山崎、伏見に陣取って、今日の語で云へば、大に示威《じい》運動の挙に出でた時、朝野震駭《しんがい》し、京都の市人、荷担《かたん》して起つに至った。

当時、佐久間象山、蟄居《ちっきょ》を赦され、徴《め》されて京都に在ったので、先生屢々其寓《やど》を訪ひ、時勢を談ぜられた。象山の識見は時流に超越し、今日は勤王佐幕の争ひに国力を消耗すべき時勢でない、列国の軍艦、東洋の諸港に碇泊し、機を見て動かんとする場合である、然るに長人が兵力を用ゐて、其意見を貫かんとし、爲に内乱を醸《かもし》だすに至ったは以ての外だ、幕使としては効がなからうから、朝命を帯び、勅使となって彼の陣に趣き、時勢を説き、利害を諭して兵を解しめたい、といふ意見であった。

先生深く此説に服し、公武の間に周旋したが行はれなんだ、と語られた。象山の識見は、勤王佐幕両党の豪傑を抜くこと一等であったらしい。

時に一橋中納言〔徳川前将軍慶喜公〕御所に詰切り、会津、桑名の諸侯と共に防禦策《ぼうぎょさく》を講じ、諸藩の兵を伏見街道、桂川橋、嵯峨街道に配置し、長軍倒らば邀撃せんと準備怠りなく、昼夜警戒して居た。長軍は七卿の特赦、毛利侯の勅勘御免を要求し、三方より犄角の勢をなし、願意聴かれねば、兵力に訴へて其目的を達せんず擬勢を示したのである。

両軍対陣し、物情恟々《きょうきょう》たる際、先生一友と相携へて偵察に出掛け、鳥羽街道から淀を過ぎ、男山八幡《はちまん》〔石清水八幡宮〕に詣うでた。時に長人は三々五々参詣し、矢を献じて戦勝を祈ってる者もあり、茶店に腰打掛けて談論してる者もあり。

若《も》し会津人の偵察と知ったら、萬生還《ばん》の理がないのに、先生は平然として毫《ごう》も恐るゝ色なく、敵の中をブラリブラリ闊歩し、山崎の渡頭《ととう》までも徘徊し、日暮に及んだので、八幡村に一泊して、翌日京都に帰られた。

先生此時の事を語り、余り大胆な動作だから、長人もマサカ明日にも戦端を開かうとして居る敵が、ノソノソ遣《や》って來てゐるとは思はなんだであらう。吾々は此境に臨んでも、別に危険を感じなかった、と言はれたが、先生の沈勇、類《おおむ》ね此の如くである。

斯《か》くて長軍、期を約して、三方から京都に攻寄せたが、伏見の分遣隊、大垣藩の一斉射撃に遇うて敗走し、嵯峨の軍進んで、中《なか》立売御門《だちゅうり》を入り、御台所御門の前面まで追った。けれども、薩兵の横撃に追捲くられ、鷹司邸に立籠りたる所へ山崎の軍も馳加った。会津、越前、彦根藩の兵、之を囲んだが、四方の壁高く、容易に乗入れない。先生、砲隊を指揮し、壁角に向かって、アメリカ・ボード〔滑膛《かっこう》六斤砲、即ち施條《ライフリング》せざるもの〕を連発し、暫時に破壊した。諸軍此処より突入し、難なく鷹司邸を陥れることが出来た。

長軍囲を潰して南方に逃れたが、久阪義甫〔久坂玄瑞〕等名ある人物の留まって自尽《じじん》したものも少くない。夫《それ》から諸藩の兵、之を尾撃《びげき》し、市中に匿《かく》れてるかも知れぬといふので、大砲を放って民家を焼捲った。ドンドン焼として、今日まで伝わってるのは、即ち此時の兵燹《へいせん》である。

翌日、幕軍山崎に攻寄せ、四方の剣客を以て組織した新選組、近藤勇、土方《ひじかた》歳三の指揮下に、先鋒となって山に登った。先生、会津藩の一隊に加はって寄手に在り、妄進するのは危険だと言ったが、気を負ひ、勇を恃《たの》む壮士等、何條聴入るべき、冷笑しながら、大刀を抜連れ、勢込んで猛進した。スルト、長人間近に引寄せて、拳下《こぶし》がりに一斉射撃を食《くら》はしたので、流石《さすが》の新選組も、雪崩を打って逃下った。

先生、酒後、此時の談をなし、如例なる勇者も鐵砲の標的となって、味方から一発も打返へすことが出來んでは、猛進し得らるゝものでない、と笑はれた。此戰にも先生挺身、銃隊を□いて攻登られたので、長軍敗走し、眞木《まき》和泉以下の勤王家、踏留って自殺したのである。

甲子の役後は洋式の利が明瞭となったから、各藩競って兵制を改革すること、なり、頑固なる会藩の當局者も自覚するに至った。先生も、我時到れり、と鋭意、軍隊の訓練に従はれた。洛東丸太町橋の東詰なる畑地を買収して、操練場とされたのも、此際の事である。斯《か》く先生は、一面、藩の兵事に力を尽くすと同時に、他の一面には時の俊傑と交り、国家の前途に就き、講究もし、画策もされた。

勝海舟は幕府の海軍を建造し、識見超凡、第一流の人物として名声高かったが、当時の幕閣に忌《にく》まれて閑地に居り、京郡にも往來してゐた。先生江戸での旧知であるから、屡々会見して時事を談ぜられた。会々《たまたま》、長州再征の師が敗走し、馬関海峡、長軍に制せられて、九州米の輸送杜塞《とそく》し、京阪地方米穀の供給乏しく、米価騰貴して民心恟々《きょうきょう》といふ形勢切迫の際、海舟一日、先生に向ひ、長州人も余り大人気ない、外国の侮《あなどり》を受けて、国歩艱難の場合、内訌《ないこう》は好い加減《よ》に止めれば好い、征長には予が反対であるが、ア、猖獗《しょうけつ》では困まる、予は軍艦で以て馬関を砲撃して遣《や》らうかと思ふ、君も五百ばかりの精鋭を率ゐて、軍艦に乗込まぬか、彼が鼻を挫《くじ》いて遣らぬと収まりが付かぬよ、と語ったことがある。先生も同意されたけれど、幕議因循《いんじゅん》で行れなかった。

佐久間象山は、先生が最も私淑し、景慕された人物である。先生、常に曰はれた。象山は人中の龍だ。吾、平生人を閲《けみ》することが多いけれども、アレほど気高い、威容の備った者は見ぬ。卓見深識と云ふに至っては、實に一代を曠《むな》うし、対等の議論をなし得る者は幾《ほと》ど絶無である。

象山が平常、黒羽二重《はぶたえ》の紋付を着し、儼然《げんぜん》と構へた態度は、百萬石の重臣と見える。迚《とて》も松代《まつしろ》あたりの藩士とは思はれぬ。其暗殺に遭った時、一番に木屋町の旅宿に駈けつけたが、最早、事すんだ後で及ばなんだ。

世局転遷して、大政返上の場合となった時、会桑諸藩の憤激は非常で、二條城の評議には、猛烈當るべからざる意見が出でた中にも、近藤勇など剣を按して、主上幼沖《ようちゅう》に在らせらるのに、薩長が諸藩の公議も待たず、擅《ほしいまま》に摂関を廃し、大改革を行ふたのは、僭越極まる。事茲《ここ》に及んでは、傍観するに忍びぬ。今夜御所を襲ひ、火を放って焦土となさん、と主張するに至った。

先生の意見は頗る公平で、長討つべからす、薩憎むべからず、といふのであったから、会藩の過激なる徒は、先生に対し、口々に此極に至っても、薩長の奴輩は憎くないかと慢罵《まんば》した。けれども先生泰然として、世界の形勢、国家の大計は公等が知る所でないと対手にならなかった、と物語られた。

是《これ》より先き、眼を患ひ、視力漸次衰へ、加ふるに脊髄病に罹り、歩行が自由ならんので、人に扶《たす》けられ、ヤット出入する状態であったが、時局切迫、臥して病を養ふことが出来ないので、人の肩に縋《すが》って東奔西走された。

慶應三〔一八六七〕年十二月、将軍、幕兵及び会桑諸藩を引率して、大阪に退かれた。是は御所と二條城との間、對陣の形勢となり、薩長の士卒と佐幕諸藩士と途上に相遇へば、忽《たちま》ち闘争するに至り、今にも一大衝突を生ずるの虞《おそれ》があるので、夫《そ》れを避けられたものだ。先生、幕閣の達識家と事を謀り、其意見を熟知して居られた。

将軍の明敏、能く時勢を看破し、政令二途に出でゝは、到底国家の統一が出來ぬといふ所から、非常の果断を以て大政奉還の挙に出てられた上は、戦意ある筈なしと推定し、独り京都に留まって形勢を窺はれた。

大阪城に於ても、平和派と主戦党との間、激論があって、容易に決せなかったさうだが、竟《つい》に過激な説が勝を制し、将軍上洛、会桑先鋒といふことになって、夫《そ》の伏見鳥羽の戦争が起ったのである。先生之《これ》を聞き、コハ一大事と急に出発し、竹田街道を下《くだ》られたが、途塞《みちふさ》がって進むことが出来ず、空《むな》しく京都に引返へされた。スルト朝敵の残党と目され、捉へて薩邸に送り、獄に投ぜられた。危く斬られる所であったが、先生交際広く、薩長士勤王諸藩の有力者に知友もあり、名声も聞へて居ったから、解する者も出で、間もなく放免された。

先生は、外商と交際があった、独逸人レーマン・ルードルフ〔H. R. F. Lehmann〕など、最も親しかった。維新前、会藩に説いて、一萬五千挺のスナイドル銃を独逸に注文されたのも、確かレーマンの手であった。是は我邦最新の後装銃らしいやうだ。戊辰の役には敵味方とも先込《さきごめ》のゲベル銃が多かった。此スナイドルは伏見戦後に到着し、紀州藩が引取って奥羽征討に使用したから、敵に糧を供したやうなものである。

当時の進歩派、即ち開港家の中には、洋学者が多かった。先生は西周《あまね》、津田眞道《まみち》、神田孝平等の学者仲間に交際あり、政治家を以て任ずる諸藩の名士とも往來されたので、見識が卓《たか》く、封建思想の佐幕論、勤王説を抜くこと数等、専ら対外的政策を標準として、説を立てられた。

維新の際に於ける進歩派の理想は、天皇の下に聯邦制度を立つるといふに在ったと語られた。無論、独逸を学ぶ考へであったと思はれる。

維新後の覚馬

明治三〔一八七一〕年、京都府の顧問といふ資格で、官名を附せず、四十五円ばかりの給料を給され、官庁に出勤せず、家に臥したまゝ諮問に応ずることゝなられた。当時の府知事は長谷信篤《ながたにのぶあつ》、大参事が槇村正直、権《ごん》大参事が馬場某〔氏就〕、國重《くにしげ》半山〔正文〕が七等出仕であった。此顧問は九〔一八七六〕年まで続いたかと記憶する。

維新後、欧米文明の輸入といったら、凄じいもので、疾風枯葉を払ふの勢ひで、旧物を破壊し、ドシドシ洋式を模倣した。所が西洋の事情に通じたものは、極めて少ない。偶《たまた》まあっても皆、中央政府に重用せられて、京阪地方に居る者はない。ソコデ、盲目の腰が脱けた先生に就いて、百事指導を仰ぐ者が多かった。

槇村知事（長谷に代れり）、急激な進歩主義の人物で、一直線に文明の政を行はんとし、幾《ほとん》ど毎日、先生の家に詰掛け、萬般の計画を立てた。

当時、京都府には数十萬円の勧業資金があり、娼妓の賦金（知事限り随意に使用し得るもの）も、毎年巨額の収入あり、財力が裕であるから、率先して小学校を建て、英仏独の三教師を聘して、各個独立の語学校を設くるなど、専ら教育を盛にし、別に舎密《せいみ》局を置き、理化学の応用に資するといふ勢ひであるから、京都府は他の地方の模範として、名声遠近に聞えた。

夫《そ》れから独逸の医師を招いて、府立病院を建てる。勧業の方では、明治六〔一八七三〕年、御所に博覧会を開く、物産陳列所を設くる、洛東に牧場を設けて、洋牛、綿羊を飼養し、米国から教師を呼んで農業を研究する、梅津に製紙場を起こす。桂川附近に製革場を開く。製靴場、養蚕所、凡《およ》そ有《あ》らゆる生産事業、手を着けざるなく、起與せざるはなしといふのが、槇村式の急進的施設で、其参画者は実に先生であった。此等の新事業は、寧ろ先生の方寸から出たと謂《い》っても過言ではあるまい。

京都府の文明的事業が都鄙《とひ》の評判となるに伴ひ、其背後に居るのは山本翁だといふ所から、先生の名声が著るしく揚《あが》り、時の滋賀県令松田道之、大阪府大参事藤村紫朗《しろう》など、時々先生の家を訪ひ、各種の諮問をなし、進歩的事業に資するに至った。

当時、木戸〔孝充〕、井上〔馨〕等、長州出身の顕官にも重んぜられ、京都に来る毎に引見して時勢を談じ、相応の敬礼を払はれたやうである。

明治六年であったと憶ふ。有名な小野組破産〔転籍〕事件が起り、槇村知事が其東京に転籍するのを拒んだといって、時の東京裁判所長北畠治房《はるふさ》が槇村知事を拘留した。乱暴な時代であるから仕方がない。

其時、京都府の周章狼狽は譬ふる物なしで、只管《ひたす》ら先生に其救解を依頼した。先生此際、脚も腰も起《た》たんが、急行上京して木戸其他の顕官に就き、知事監禁の不可を論じたので、間なく放免され、竟《つい》に事なきを得た。此一事、先生が中央政府の権勢ある側にも、抗礼《こうれい》して下らなかったことが知らるゝ。
先生無聊《ぶりょう》なるまゝ客を好み、何人でも延接して懇切談話し、曾《かつ》て倦《う》む色がなかった。有志の士、争うて其門を叩き、蒙を啓《ひら》いた。中にも一場の談話で満足せず、講義を聴く者も出来て、当時の翻訳書、国法汎論《はんろん》〔万国公法〕などを講ぜられた。先生後進の誘掖《ゆうえき》に力を尽くされ、其指導に依って材器を成就し、有用の人物となった者も少なくない。其推挽《すいばん》に由って官職、又は事業に就き、大に発跡《はっせき》を遂げた者〔いわゆる覚馬派〕も多い。

家は京都河原町常磐《ときわ》ホテルの筋向《すじむかい》で、百坪ばかりの敷地に台所を除き四間の矮陋《わいろう》なる建物、維新後間もなく三十六円で購買されたもの。生活も至って質素、なかなか倹約家であったから、収入も少く、食客も絶えなかったが、余財を積んで、後には細々ながら独立の出来るまでに至ったやうである。先生は何の道楽もなく、言はゞ国事道楽であったらう。

明治八年、新島襄が同志社を創立する際、先生賛助の功が多きに居ること、先生自ら基督教《キリスト》の信者となり、為めに槇村知事と疎隔するに至ったこと、十二年、府県会創設の時、盲目ながら府会議長に挙げられたことなどは、世に知らるゝ事実であるから茲《ここ》に省略する。

予が知れる限りに於て、先生は豪胆な、器局の大なる識見の高い人で、維新前後の時勢に適応した一個の傑物と謂ふべきである。学殖が深いこともない。才鋒の鋭い方でもない。

（三）柏木義円「山本覚馬翁」

山本覚馬翁は新島襄先生夫人、八重子刀自《とじ》の実兄にて、初めは猛烈なる攘夷論者なりしが、一旦佐久間象山に説破されて開国論者となり、会津公の京都所司代〔京都守護職〕時代には之《これ》を輔佐して活動されたが、維新の際には既に目盲して脚立たず為に、其身は無事なるを得られた。

京都市〔京都府〕会議長時代には夫人に負はれて議長席に上られ、新島先生と共に同志社を創立し、先生に後《おく》れて逝かれた。

嘗《かつ》て木戸孝充公が、一記者をして翁に其意見を公にせん事を求めらるゝや、翁は之に答へて、「予が若《も》し忌憚なき意見を公にしたならば、捕縛禁錮は蓋《けだ》し免れざる可し」と申され、西南役の当初に、翁は又木戸公に対して「これにて維新の統一が出来て、甚だ結構なり。おそくも、戦争は十一月までならん」と申され候。其卓見、驚く可し。

翁に明治十〔一八七七〕年頃、既に金貨本位、中央銀行創立、兌換《だかん》紙幣論などを主張せられ、明治十五年、日本銀行条例出るや、京都の名士浜岡光哲氏を介して松方〔正義〕侯に、「紙幣が予の首を斬るか、予が紙幣の首を斬るか」だと言はしめられた〔当時の紙幣は不換紙幣〕。嘗て記者〔柏木義円〕が〔与板出身の〕越後人だと云ふので、越後の東の国境は皆山で、木の実が豊富無尽だから、其れを用ひて…など諄々説示された事もあった。

(四) 田中緑紅「山本覚馬氏」

山本覚馬氏

名を良晴と云ひ、号を相応斉と云った。

文政十一〔一八二八〕年一月十一日、会津藩砲術の家に生れ、夙《つと》に文武両道に秀で、蘭学を善《よ》くし、佐久間象山に従ひて火技を学び、著発銃〔着発銃〕を発明す。

会津藩士砲術教授を担当し、藩主松平容保《かたもり》が京都守護職として元治元年、京に封任する時、随行し、蛤《はまぐり》御門《ごもん》の戦、其他幕末の騒擾には、常に参加して勇名を轟かせてゐたが、慶應の初め、ふと悪性の眼疾を患ひ、途に盲目となってしまった。

戊辰の役当時は、寺町広小路上ル清浄華院《しょうじょうけいん》に眼の療養のため引籠ってゐたが、此時愈《いよいよ》討幕の為め、小松宮彰仁親王《あきひとしんのう》、総帥として御出発遊さるゝとき、、藩主等が大義名分を誤り、賊軍の汚名を蒙らんことを〔覚馬は〕憂ひ、伏見山科間を奔走し、遂に官軍に捕へられて、薩摩屋敷に幽閉されてしまった。

其間に烈々たる憂国の至情を「管見」と題し、政治、経済、社会、教育、衛生、議院、貨幣、製鉄、暦日、衣食、斬髪《ざんぱつ》、醸酒等、百般の制度に対しても昭々乎《しょうしょうこ》たる卓抜なる改革意見を陳述して、島津侯に上った。西郷隆盛、小松帯刀《たてわき》等、この「管見」を一読して敬服し、特に監禁の待遇を改めさしたと云はれる。

明治維新後、京都府顧問となり、京都の文化に、槇村知事を補《たす》け種々計画を立てられた事は、有名な事実である。

明治八〔一八七五〕年十一月には新島襄氏を助け、〔発起人として〕両名の名で同志社を起し、まだ耶蘇《やそ》的な風習の入らなかったこの頃、基督《キリスト》教を標榜されたのである。

又、明治十二年、京都に始めて府会が組織された時、盲目、躄《へき》のまゝ第一次の府会議長にあげられ、議事を巧みに処理せられた。後、京都商業会議所会頭に挙げられた。

晩年は基督教信者として、同志社の事業に熱心に尽力せられ、明治廿五年十二月二十八日、六十五歳で永眠せられ、若王寺《にゅくおうじ》山基督墓地に葬った。

大正四年十一月、従《じゅ》五位を贈られた。

氏の門下生の中には、中村栄助、浜岡光哲、田中源太郎、雨森菊太郎、大沢善助、垂水新太郎の諸氏があり、何れも京都府市の為には懸命に尽瘁《じんすい》した名士である。

(五)「山本覚馬先生追悼会」

〔一九二九年〕一月廿七日午後一時、同志社チャペルに於て京都市の恩人、日本の先覚者、山本覚馬先生の追悼会が催された。

覚馬先生は、人も知る会津藩の家に生まれ、後砲術の研究、蘭学の探究、続いて泰西の文明に早くより接触された。併《しか》し我々として、最も深く感恩の情に迫められるものは、先生が新島襄先生を助けて、同志社の創立を為さしめし事である。

小学校、中学校、英学校、独乙《ドイツ》語 仏《フランス》語学校を創設し、且《かつ》は各種病院等、社会的設置を京都に与へられた先生が、尚盲目の巨体を京都府会議長の席に運び、京都府政の上に、吾国民権伸張の上に種々尽力せられし事は、我々一同の今尚、先生を偲びて忘れ得ざる処である。

今先生の尽力に依って育てあげられた京都市に於て、而《しか》も新島先生と協力して地所を得、自ら命名されし此の同志社に於て、廿七年目の追悼会を持つ事の出来るのは、意義深い事である。

山本覚馬氏の門弟諸氏の追悼演説ありし時、我等一同、如何に先生が門弟に対して親切であられた事を深く感じたのであった。会する者百名余、深く先生を偲びつゝ、散じたのは午後四時であった。尚講演会が同夜六時卅分より同志社公会堂に於て開かれた。

西田直二郎氏は、幕末から明治維新にかけての「文明」に付いて説明し、山本覚馬先生が教育事業に依って、又商業、工業に関する事業に依って、如何に貢献せられしかを述べ、之は実に明治大帝五ヶ條の御誓文に良く適へる事である、と述べられた。

次に新城〔新城新蔵〕博士は、科学者として、思想国難に対し、単なる思想の圧迫を避けて、真の思想善導を叫び、明治維新に於て思想方面に尽くされし山本先生の偉徳を悼ばれた。

次に森権助《ごんすけ》〔林権助〕氏は、且《かつ》て若くして前途の方針に迷へる時、山本先生に依りて外交官たる事を奨められた事を述べて、当時、既に将来の日本に外交方面の人物の輩出せん事を望みおられし慧眼《けいがん》を述べ、当時の日本の支那に於ける外交上の危期に及び、山本覚馬先生の政治的方面の貢献を述べられた。

かくして九時、一同散会した。会する者約三百五十名。

第二章　新島八重

新島八重（一八四三年〜一九三二年）は、つい最近まで全国的には無名であった。それがこの数年で、知名度は飛躍的に向上した。ＮＨＫテレビで二度にわたって取り上げられたからである。ひとつは、「歴史秘話ヒストリア」（二〇〇九年四月二十二日）、もうひとつは、大河ドラマ「八重の桜」（全五十回。二〇一三年一月〜十二月）である。

両番組以前の新島八重に関する関心と研究は、きわめて低レベルであった。せいぜいマンガや小説で取り上げられる程度で、まっとうな研究論文は、まず見当たらなかった。資料集に関しても、同志社でもわずかなものしか出版されていなかった、という状態であった。

私個人にしても、ＮＨＫの番組で八重が取り上げられるまでは、正面から取り組んでこなかった。たとえば、本書の前編とも言うべき『新島襄の交遊』では、兄の山本覚馬に添える形でわずか二頁、言及しているにすぎない。

その後の、『新島襄と建学精神』（同志社大学出版部、二〇〇五年）も大同小異で、断片的に数か所で触れている程度である。そうした状況を打開する手助けとなったのが、ＮＨＫからの協力要請であった。先のふたつの番組制作を陰で手助けしたことが、八重研究に目を開く契機となった。

八重研究が遅れた要因は、単なる資料不足という制約だけではない。関心の欠如も大きかった。そもそも八重は研究に値する人物か、という根本的な疑問も無視できない。

しかし、新島襄や山本覚馬との関連だけを見ても、無関心、軽視、ないし無視というこれまでの事態は、好ましいものではない。私的には遅まきながら、いわば「新島八重を語る」シリーズとして、八重に関する講演集をこれまでの四年間で四冊、出版することができたのが、せめてもの償いである。そうした研究上の推移が窺える点からも、時間をおいて作成したその他の拙稿を四編、ここでは紹介（転載）したい。

まずは、（一）「伝記叢書」二三八として出版された永澤嘉巳男《かみお》編『新島八重子回想録』（復刻版、大空社、一九九六年一〇月）に付設した「解説」である。

原著は一九七三年の刊行（同志社大学出版部）で、晩年の八重から一学生（永澤）が直接に聞き書きをした、という貴重なデータ集である。読み物として興味深いばかりか、参考資料としても、いまも内容がもっとも豊富である。八重関連書として、まっさきに復刻された意味は大きい。

つぎに、（二）は「歴史秘話ヒストリア」というシリーズ番組の一環で、「明治悪妻伝説　初代ハンサムウーマン　新島八重の生涯」と題して八重が四十五分間、全国放映された直後に執筆した拙稿である。この番組は、いわば、八重の「全国デビュー」とも言うべき作品で、以後、八重の名前はじょじょに世間や同志社の学内で認知され始めた。

本稿は、二〇〇九年十一月二十三日に行なった講演要旨で、原題は八重の言葉から「美徳を以って飾りと為す」であった。今回、「美徳、以て飾りと為せ」に改めた。

三番目は、「八重の桜」の放映開始から、およそ三か月を経た時点での拙稿である。（三）「新島襄・八重のライフスタイル――襄と八重の上州展に寄せて」との題から窺えるように、展示パンフレットへの寄稿文である。八重の大河ドラマ放映を受けて、新島家の出身地、群馬県、とくに安中《あんなか》市は熱気に包まれた。

さっそく、群馬県立土屋文明記念文学館（高崎市）は、「襄と八重の上州――新島襄がこの地に播《ま》いた種」と題する企画展（二〇一三年四月二〇日～六月一六日）を大河ドラマに合わせて開催した。

（四）で紹介するのは、大河ドラマの終盤（二〇一三年十一月十九日）に同志社の学内で披露した講演、「八重の桜・襄の梅――ハンサム・カップルのライフスタイル」の要旨である。「ハンサム」という言葉が、八重に関してかなり知られてきたことが、窺える。

（五）は、拙稿「八重の精神性」で、「八重の桜」が完結してから七か月後に書き下ろしたものである。「大河ドラマ効果」とも言うべき突発的な現象により、八重に関する資料や、八重自身の手になる資料が、あちこちで散発的に発見されたことを受けて、それまで不明であった八重の特性を解明しようと試みた。

最後に（六）として、「『八重の桜』散る」を収録する。大河ドラマが完結した八か月後に開催された同志社新島研究会（略称）の集会席上で行なった「八重の桜」の総括（講演要旨）である（『新島研究』一〇五、二〇一五年二月、所収）。

参考のために、その後、番組に関連した批判的な報道記事に接したので、それについての印象的な私的コメントを末尾に付記した。

（一）本井康博「解説」（永澤嘉巳男編『新島八重子回想録』）

八重の略歴

新島八重（八重子は通称）は長寿を楽しんだ。過去を振り返る余裕は人一倍あったはずだが、文字に残すことはわずかの和歌以外、しなかった。その点、本書（『新島八重子回想録』、以下同）は貴重な文献資料である。しかし、これとて自ら筆をとって書き下ろしたものではなく、一九二八年、八十四歳の折りに同志社大学の一学生（永澤嘉巳男）の要請で、彼に口述筆記をさせたものである。

本書では、八重自身のことよりも新島襄、つまり同志社創立者の、しかも家庭人としての知られざる一面が活写されている。それだけに、兄の山本覚馬について、ほとんど口述されていないのは残念である。

本書にも簡単な年譜（省略）が付けられているが、彼女の人となりを見るには次の略歴が手頃である。彼女の告別式（一九三二年六月十七日）で牧野虎次（後に同志社総長）が朗読したもので（『同志社校友同窓会報』一九三二年七月一五日）、要点を摘記してみたい。

〔前略〕刀自《とじ》は弘化二〔一八四五〕年十一月三日朝、会津藩士山本家に生る。父は権八氏、母はさく子〔佐久〕。家は甲州の軍師山本勘助の後なりと云う。

明治元年秋、会津籠城の際、刀自は二十四歳のうら若き身ながら、矛を取りて故国の難に参加し、専ら後方勤務に従ひしが、其開城に際しては、痛憤禁ぜざるものあり、一首を城壁に題して曰く、

明日の夜は何国の誰か眺むらむ　なれしお城に残す月かげ

二十七歳にして兄覚馬に招かれ、母と姪とを伴ひ、健気にも会津より京都に移れり。覚馬氏は曾て公武合体論を以て、藩主松平容保《かたもり》侯を輔け、京洛の地に活躍せし志士なり。

明治年代に移り、病を養ひ閑居の後も、隠然朝野の間に重んぜられ、廟堂諸公の諮問に応じ、盲目躄者《へきしゃ》の身を以て、京都府会議長となれり。

而して刀自は雄々しくも躬《みず》から令兄を負ひ、出入毎に影の形に伴ふ如く斡旋看護到らざる処なかりき。加之《これに加えて》、刀自親《みず》からも府立第一高等女学校〔現京都府立鴨沂《おうき》高校〕の前身たる女工場《にょこうば》に教ゆること、約四年に及べり。

新島襄先生新帰朝の身を以て、明治八年夏、京都に来たり、覚馬氏と一見舊知の交りを結び、相協力して同志社を創設せらるゝに当り、幾許《いくばく》もなくして刀自との婚約成り、翌九年一月二日〔実

は三日〕デヴィス博士の司式の許に、結婚式を挙げらる。

司式の前〔同月二日〕に刀自の受けられたる洗礼式と、基督《キリスト》教的結婚式とは共に京都基督教界に於る『レコード』なりき。

以来、先生在世中の十五年間は、伉儷《こうれい》甚だ篤く、琴瑟《きんしつ》相和し、刀自内助の功頗る多し。殊に学生を愛撫し、門下に出入する多くの青年男女を薫陶し、先生の感化を洽《あま》ねからしめたること尠少《せんしょう》ならざりしなり。

明治二十三年一月二十三日、先生大磯の客舎に逝かる。刀自時に齢四十六。以来刀自は独りその旧居を守り、夫君を偲びて、側々遺る瀬なきもの如し。当時の述懐に曰く、

心あらば立ちなかくしそ春霞　み墓の山の松のむらたち

刀自に子なく、先生亦嗣を立つるの意なし。同志社を家となし、門下生を児となすとの先生の遺志を承け、刀自は遺産全部を挙げて、これを同志社に寄與せられたり。〔中略〕

先生の没後、刀自は日本赤十字社に関係し、日清日露の戦役には、篤志看護婦として傷病兵の看護に従事し、殆んど寝食を忘る。功に依りて叙勲の恩命に浴し、従軍徽章を拝受せらる。往年、世を憂い国に殉ぜんと覚悟せし女丈夫《ますらお》の面影は、斯《か》くも刀自の終生身を終わる迄躍如たるものありたるなり。

刀自は晩年、茶事を嗜《たしな》み、殆んど脱俗の感あり。

されど同志社に事ある毎に、憂心禁ぜざるもの丶如く、屢々門下の故旧に対して訓諭せらる丶所ありしが、謹んで当局処置に対する批判的態度を避けられたり。殊に同志社女学校の如きは、創設の際のみならず、其後教鞭を執られたることあるにも拘わらず、常に自らの分を守り、毫も干渉け間敷《かんしょうがましき》言動に出られたることなく、只管《ひたすら》至誠を以て天父に悃禱《こんとう》せらる丶外、又余念なかりしなり。

〔中略〕

大正十三年十二月、時の〔貞明〕皇后陛下、同志社女学校行啓《ぎょうけい》の砌《みぎり》には、特に単独拝謁を許され、親しく有難き御詞を賜はりたり。刀自の光栄は元より、実に我同志社の誉と云うべし。

刀自、性来健康の体質を受け、老ひて益々矍鑠《かくしゃく》たるものありしが、昨年〔一九三一年〕夏以来、胆嚢《たんのう》と十二脂腸とを患はれ、病勢一進一退、捗々敷《はかばかし》からず。

されど元来快活にして物に拘泥せられざる風は、疾病に対しても同様なるものあり。最後に至る迄、嗜《たしな》める茶道三昧に日を過し、興到れば時に心身の運動其度を過して顧みず、以て逝去の前日に至れり」。

以上、牧野が朗読した八重の略歴である。

会津から京都へ

八重の略歴中、彼女の挿話としてまず見るべきは、会津落城の際のものであろう。蘆花によれば、東海散士（柴四朗）『佳人之奇遇』（巻之二、博文館、一八八五年）で取り上げられたために、

同志社の当時の学生の間でもよく知られたという。

蘆花の後年の小説では、「会津落城に一花咲かせた飯島〔新島〕先生の夫人《おくさん》は、月夜城壁に歌を書いた次第を挿絵にされて、『会津城中に烈婦和歌を題す』と畫《え》ときが入っていた」。ただし、その後は「髪を薙《な》いで、終生死者の冥福を祈れり」とある。本文（原文には「終生」の文言はない）とは裏腹に、会津から京都へ同志社社長夫人として「帰り咲きした」、と蘆花は見る（『黒い眼と茶色の目』一八六頁、新橋堂、一九一四年）。

青年たちの心を熱くした八重を描いた「挿絵」（現物は見開き二頁にわたる大きさ）は、これまで紹介されることがなかったので本書に別掲〔ここでは省略〕しておきたい。

さて、京都に移った八重は結婚前、おそらく兄の勧めから、京都の女紅場で舎監（権舎長兼教道試補）を務めていたが、一八七五年の秋、新島襄との婚約を契機（実は理由）に辞職に追いやられた。

ついで、翌年の一月二日に同志社教員のJ・D・デイヴィスの自宅（現京都迎賓館の一部）で新島襄から洗礼を受け、翌日、同じ場所で新島との結婚式（もちろんキリスト教式で）をあげた。洗礼、結婚ともに、キリスト教（プロテスタント）に基づく式典としては京都における嚆矢である。八重は古都におけるトップ・レイディであった。

この時の結婚では、八重は三十を越えていた。公刊された新島伝ではあまり触れられていなかったが、実は再婚である。今回の大河ドラマでは、むしろ二度の結婚が大いに話題にされたので、再婚はすっかり周知の事実となった。

かつて、八重の離婚に触れた数少ないものとしては、和田洋一『新島襄』（日本基督教団出版局、一九七三年）くらいであった。そこでは、八重は「会津で一度不幸な結婚生活を送ったのち離婚し、京都の兄の家に世話になっていた」と指摘されていた（同書、一九〇頁）。

「不幸」であったかどうかは判然としないが、前夫は川崎尚之助と言い、明治維新を迎えた一八六八年に協議離婚をしている。『会津戊辰戦史』にも「川崎尚之助の妻八重子は、山本覚馬の妹なり」と明記されている（徳富猪一郎『我が交遊録』三〇三頁、中央公論社、一九三八年）。

校長夫人として

ところで、京都では校長夫人としての働きが期待された八重であるが、子どものいない家庭だけにたびたび同志社の学生たちを自宅に招き入れ、接待に努めた。にもかかわらず、一部の学生の間では、評判がよくない。徳富兄弟がその典型で、蘇峰（猪一郎）は、夫人の風采が「日本ともつかず、西洋ともつかず、所謂《いわゆ》る鵺《ぬえ》の如《ごと》き形」であったこと、および自分たちが敬愛している校長に対して、学生の前ですら「余りに馴れ馴れしき」態度をとったことに立腹している（『蘇峰自伝』八五頁、中央公論社、一九三五年）。

弟の蘆花（健次郎）もまた、夫人を「脂ぎった赤い顔」で「ねちねちした会津弁」を喋る「相撲《すもう》取りの様に肥えた躰」の持ち主、と揶揄《やゆ》する。彼によれば、八重は「鵺」の異名をとったという。その謂《いわ》れは、「髪を只中から二つに分けて西洋婦人の様に大きな飾付きの夏帽をかぶり、和服に靴をはいて、帯の上に時計の鎖を見せた折衷姿」だったからとある。学生の中には「新島先生の結婚は生涯の失望である」とまで酷評する者さえいたという（『黒い眼と茶色の目』一七、一三一、一八七頁）。

なお、八重は同志社の男子校（英学校）には直接、係わりをもたなかったが、女子教育には早くから手を染めている。

すなわち、彼女は独身女性宣教師、A・J・スタークウェザーが入洛して、「京都ホーム」という名の女子塾（同志社女学校の前身）を開く前に、E・T・ドーン夫人と共に自宅（新島と結婚した当時の借家）で女子塾を開いたという。早くからキリスト教系の女学校を欲しがった兄の覚馬の奨励と協力とが、陰に日に見られたに相違ない。

その後、「京都ホーム」は同志社に吸収され、同志社女学校の源流となる。同校で八重は、母親（山本佐久）と共に主として寄宿舎で生徒たちの指導にあたった。

従来、知られていなかったことであるが、教育方法・方針をめぐって、この母子は、外国人教師（女性宣教師）たちとの間で、熱き「女の闘い」を繰り広げている（坂本清音「アメリカン・ボードの側からみた同志社女学校『明治一八年事件』」、『総合文化研究所紀要』一〇、同志社女子大学、一九九三年）。

生来の戦闘家とでもいうべき八重は、夫の死の直後に開設された帝国議会にも出向いている。すなわち、一八九〇年十一月に開かれた第一回の通常議会では、十二月二日から国民の傍聴が許されたので、十七日には六名の女性が傍聴している。そのひとりが八重である。衆議院議員の山田武甫《たけとし》の紹介によって実現した（野口孝一「女性初の国会傍聴者」、『中央』七一九号、東京都中央区、一九九五年一二月一五日）。

この山田はかつて熊本県が維新後に熊本洋学校を設立した時の県参事であった。八重との繋がりは不詳であるが、第一回議会には京都からも同志社関係の人物が三名（浜岡光哲、中村栄助、田中源太郎）当選しているにもかかわらず、八重はその伝《つて》を使わなかったことになる。それにしても薩長人脈が牛耳る維新政府に対して、彼女はどんな想いに捕らわれたことであろうか。

最後に八重の文献目録である。同志社が出したものに河野仁昭「山本覚馬・新島八重文献目録」（『同志社談叢』一一、同志社社史資料室、一九九一年）がある。「八重の桜」以前に八重を扱った小説には、福本武久『会津おんな戦記』（筑摩書房、一九八三年）、ならびに同『新島襄とその妻』（新潮社、一九八三年）がある。資料集としては、同志社社史資料センター編『新島八重関連書簡集』、同志社社史資料センター、二〇一四年）が新たに出版された。

（二）「美徳、以て飾りと為《な》せ
――ハンサムに生きた新島八重」

ハンサム・レイディ

ＮＨＫの「歴史秘話ヒストリア」が、新島八重を取り上げた。昨年〔二〇〇九年〕四月の放映以来、八重はちょっとした「全国区」になった。私的には番組の制作を手伝った折、インタビューも撮られたので、思わぬ方から「見ましたよ」と声をかけられるようになった。

いろいろの反応があるなかで、一番うれしかったのは、「私も八重さんのようにハンサムに生きたい」と言ってくれた卒業生からのメールだった。たしかに、八重はハンサムに生きたレディであった。

女性に「ハンサム」という言葉を使うのは、日本人には意外である。しかし、例がないわけではない。その好例は、佐藤多佳子『ハンサムガール』（理論社、一九九三年）という童話である。少年野球チームで頑張るただ一人の女の子が主人公であるが、エースピッチャーなので、男勝《まさ》りの威勢のいい少女のイメージが強い。

アメリカではそうした用例ではなくて、単純に「可愛い」、「きれい」という意味で女性に対しても使われる。アメリカ留学が長い新島は、おそらくこれを承知していたのであろう。婚約したばかりの山本八重の写真を同封して、旧知のアメリカ人宛てに「もちろん、彼女は決してハンサムではありません。しかし、私が知る限り、ハンサムな生き方をする人です」と報じる。

これは、新島が八重の容姿について述べた唯一の例である。ここに目をつけたＮＨＫの女性ディレクターの眼力《がんりき》はさすがで、画面上の八重像は実に新鮮である。ディレクターが、番組のタイトルを「初代ハンサム・レイディ、新島八重の生涯」としたのも、卓見である。

「心によって見る」

さて、新島の女性観で注目すべきは、八重と婚約する半年前に彼が吐露した理想の伴侶像である。

「小生ハ決し而《て》、顔面の好美を不好《このまず》。唯、心の好《よ》き者ニし而《て》、学問のある者を望み申候《もうしそうろう》」と断言する。「顔よりも心の美しさ」優先である。

『旧約聖書』にも、「人は外の顔かたちを見、主《しゅ》〔神〕は心を見る」（「サムエル記」上、十六章七節）とある。最近の日本語訳（新共同訳）では、「主は心によって見る」となっている。

新島もおそらく、この箇所が脳裏《のうり》に浮かんでいたのではないか。八重の「心を見る」、あるいは、「心によって」八重を見ていたのであろう。いずれにせよ、「顔よりも心の好き者」という日本語が、「生き方がハンサム」という英語と同じ内容である、とするならば、八重は新島にとって理想の女性、妻であったことになる。

「美徳で飾る」

一方、八重自身はどう思っていたのか。故郷の会津若松に残る彼女の揮毫のひとつに、「美徳、以て飾りと為せ」というのがある。晩年の作品で、外側を飾るだけではなく、内面を飾ることが大切だ、と忠告している。飾るなら美徳で、という姿勢である。

ちなみに、新島が使った「ハンサムな生き方」の原語は、do handsome である。直訳すると、「麗しい行為をする」である。八重の「美徳」は、まさに「麗しい行為」なのである。

新島が使用したこの英語は、「潔《いさぎよ》く生きる」とか、「麗《うるわ》しく生きる」、あるいは「凛々《りり》しく生きる」と意訳してもよさそうである。八重には、番組で描かれていたように、男性顔負けの凛々しさが備わっている。

新島と婚約したばかりに、府立女学校（女紅場）教員を解職されるが、少しも動じない。「これで聖書の勉強が存分にできる」と前向きに受け止める。在職中も、女学校の問題点や要求を知事のところへ直接談判に行くのは、彼女だけであった。

ＮＨＫの番組を契機に、これから、「ハンサム」という語は、流行《はや》るであろう。いや、流行らせたいと思う。一人でも多くの女性が、ハンサムな生き方に目を開いてもらえるために、である。

（三）「新島襄・八重のライフスタイル
——八重展に寄せて」

会津魂を胸に戦う女兵士

これまで新島八重（山本八重子）は、無名であった。「上毛かるた」の読み札、「平和の使徒《つかい》　新島襄」であまねく知られる新島襄の故郷でも、いや、彼女の出身地の会津や、同志社においても、そうである。

それが、ＮＨＫ大河ドラマ、「八重の桜」のおかげで、いまや「全国区」である。彼女のキャラクターは、女性の中でも群を抜く。進取の気性、開拓者精神、奉仕の気持ち、そして耐久力、いずれをとっても、むしろ、時代を先駆けている。

彼女の生涯は、長さにして襄の倍近くもあり、八十六年にも及ぶ。まず、第一ステージは会津時代（一八四五〜一八七一年）である。

この期で目立つのは、戊辰戦争（会津戦争）での従軍、さらには白虎隊士への銃指導である。男装して籠城し、「女だてらに」鉄砲と大砲を操って銃撃戦を展開した女性は、他にはいない。「戦いは面白い」と豪語するあたり、並みの女性ではない。

時には城を出て、夜襲さえかけている。ここでも「女性では私ひとり」だった、と自負、断言もする。まさに「会津のジャンヌ・ダルク」である。

この戦いで、八重は弟と父を失ない、夫（川崎尚之助）とも、生き別れた。敗戦の結果、薩長主体の勝者からは、「朝敵」、「逆賊」のレッテルを貼られたうえ、一家離散とも言うべき境遇に追いやられた。

京都で「ハンサム・ウーマン」に再生

第二ステージは、京都時代の前半である。兄の山本覚馬が京都で生きていることを知らされた八重は、一時避難していた米沢から家族と共に京都に転じた。

兄は、藩主・松平容保《かたもり》が、幕末に新設された京都守護職に就任したのに伴い、会津から京都に転じていた。覚馬は、鳥羽伏見の戦い（京都）で薩摩軍に捕えられ、幽閉された。

その間に作成した「管見」（建白書）が、開明性と国際性に富んでいることが勝ち組に評価され、京都府顧問（知事のブレーン）に抜擢されていた。

彼は、首都を東京に奪われた古都の再生策を府知事に進言して、「町おこし」のために種々の近代化政策を立案、実施した。とりわけ、教育面での貢献は、大きかった。小学校や各種の洋学校の発足を始め、日本初の公立女学校を立ち上げ、妹の八重を教員に加えた。かくして八重は、「キャリア・ウーマン」の先駆けとなった。

新島襄を支援して、キリスト教学校（同志社）を共に設立したのも、覚馬である。京都府が同志社をいわば「誘致」した形になる。誘致抜きには、キリスト教学校が、伝統的宗教の拠点であり、宗教的首都とも言うべき京都に進出できる道は、ありえなかった。

八重は、兄の勧めでお雇い外国人のイギリス人から英語を習い、またアメリカ人宣教師からキリスト教を学んだ。再婚も兄の働きが大きい。

宣教師から洗礼を授けられた翌日、新島と結婚式を挙げた。プロテスタントとして、いずれも京都で初のケースである。「キリシタンはバテレン」と恐怖視されていた時代と場所において、八重はここでも果敢な先駆者となった。

そうした彼女を待っていたのは、社会的なペナルティーと差別であった。牧師の新島と婚約しただけで、四年間務めた女学校教員を知事から突然、解雇された。

だが、彼女は負けていない。「戦争上がりのお転婆娘」を自称するとおり、武勇談を地で行くような人生を送る。彼女は、いつも「闘う女」を強いられた。

同志社の学生や市民から、絶えず好奇の目で見られた。敵意、無視、差別、あるいは冷笑は、珍しくもなかった。「悪妻」呼ばわりもされた。だが、平気であった。

そうした八重を背後から精神的に支えたのが、新島である。この間の八重は、一方で会津魂、他方でキリスト教という、一見相対立する精神性の狭間《はざま》で、揺れた。

　しかし、新島と共に歩む限り、校長夫人、牧師夫人として「クリスチャン・ホーム」を築くために努力した。襄は、八重に「生き方がハンサム」であることを期待した。

　新島との結婚生活は、わずか十数年（一八七五～一八九〇年）で終わった。しかし、相互に信頼と愛に結ばれた、似会いのカップルであった。病身の夫は、四十四歳の八重を残して、旅先で死去した。以後、八重は第三ステージを迎える。自宅で永眠するまでの独居生活（一八九〇～一九三二年）である。

　この期の特徴のひとつは、日清・日露戦争中、広島と大阪へ篤志看護婦（ボランティア・ナース）として出向いたことである。これまた、ボランティア活動の先駆けである。

　看護の資格は、新島の死後に日赤で講習を受けて、取っていた。彼女の活動は、後に政府によって評価され、宝冠章（勲七等、ついで勲六等）を授与された。八重たちは、民間女性が叙勲された最初のケースとなった。平時での赤十字社活動を含めて、彼女の働きは、時に「日本のナイチンゲール」と呼ばれる。

　チャリティやボランティア活動をする一方で、八重が熱中したのは、茶道《ちゃどう》（裏千家）である。当時の茶の世界は、「数奇者《すきもの》」と呼ばれる男性のものであった。そこへ八重は、「女だてらに」乗り込んだ。

　精進の結果、男性並みの師匠格に上り詰め、女性の弟子をとった。当時の家元や八重たちの功労で、いまや、茶道の世界は、圧倒的に女性上位である。八重が入門した時期と、まさに逆である。

　ここでも、八重は開拓者であった。彼女の茶道は開拓だけで終わらず、お茶三昧の生活は終生、続いた。亡くなる前日も茶会であった。

　最晩年に八重は、亡き襄を偲んでこう言う。「襄のライフは、私のライフ」。かく言わしめた襄は凄い。だが、八重もまた凄い。

　襄は、生前も、そして死後も八重の人生にとっては、かけがえのないロールモデルであった。

(四) 講演「八重の桜・襄の梅 ——ハンサム・カップルのライフスタイル——」

逆転現象

大河ドラマ「八重の桜」では、「三・一一」後の東北復興を祈って、桜が復興のシンボルとして、イメージされている。「春はきっと来る、桜は必ず咲く」という激励と希望のメッセージを発信するのが、今年（二〇一三年）の大河ドラマの狙いである。

「八重の桜」効果で、新島襄や同志社のイメージも、どことなく桜っぽくなってきた。たとえば、福島県から依頼されたピンクのノボリが、何本も風にはためき、キャンパスを彩るといった景観や、今出川キャンパス中央に立つチャペル付近の植栽がそうである。

すぐ脇の広場（サンクタス・コート）には、「容保桜《かたもり》」が二本、今春、植樹された。将来、立派な大木になり、花見が楽しめそうである。

さらに、「新島旧邸」に隣接する新島会館の庭にも、同志社校友会が「新島八重の桜」だけでなくて、「新島襄の桜」を植える計画があると聞いている（後日、実現した）。

襄は梅

今回、八重はＮＨＫにより、桜に擬せられたが、実は一方の襄は梅の色彩が濃厚である。寒梅が大好きで、寒梅に関する漢詩二編を残している（本書八頁参照）。

したがって、同志社チャペルの前には紅梅と白梅が植えられ、その脇には、「寒梅」の歌詞を彫った石碑が立てられている。校舎にも「寒梅館」や「寒梅軒」と命名されたのがある一方、桜の文言が入った校舎や施設名は、皆無である。

桜と梅（寒梅）では、開花の仕方がまるで違う。桜は春の陽気に誘われて、花をつけるが、梅は逆である。春になる前から開花しようとする。新島の作詞を使えば、寒梅は「敢えて風雪を侵して開く」。

つまり、周囲の環境や条件が満たされていないにもかかわらず、「敢えて」咲こうとするのが、梅である。寒いうちに咲くので、人間に当てはめると、咲こうとする意思や決意、さらには努力を必要とする。

新島はこうした寒梅の開花姿勢に自分の人生を重ねているようである。寒梅のように生きたいと願う気持ちは。どちらかというと人が避けたがるものなので、マイナーである。

新島は自分がそうありたいと願うだけでなく、他者に対してもそれを期待する。学生の進路に関しても、「迷う場合は、難の方を」と進言する。彼の「遺言」にある「倜儻不羈《てきとうふき》な青年を圧束せず」という教職員への勧めからも、それが窺える。

とにかく人目や評判を気にせずに、「気骨」ある生き方、敢て信念を貫くライフ・スタイルを好んだ。それは新しい世界を切り拓く開拓者の生き方でもあった。

八重も梅

実は八重もまた、桜よりも梅の要素が強い。なぜか。晩年、「裏のライフは私のライフ、そしてそれが同志社のライフ」と言い残している。「裏のライフ」とは、もちろん寒梅的な人生を指す。最期までそれが八重の生き方のモデルであったことが、先の言葉から判明する。

会津での戦闘を見ても、八重はもともと「気骨」ある生き方、あるいは信念を貫くライフ・スタイルを身に着けていた。京都に移ってからも、自己を通そうとしたはずである。しかし、襄の感化を受けてからというもの、さらにそれに磨きがかかったのではなかろうか。自覚的になった、と言ったほうが、正確か。

彼女もまた、襄のように敢えてマイナー（少数派）、あるいは「難しい方」（開拓者派）を選び取る人生を志向した。時流に流されず、流れに竿《さお》をささないという「寒梅」精神を発揮した生き方を好んで選択した。

「ハンサム・ウーマン」

「ハンサム・ウーマン」は、八重の枕詞のような広がりを見せている。言葉自体は、四年前のＮＨＫテレビ番組、「歴史秘話ヒストリア」（二〇〇九年四月二十二日）で八重を取り上げたディレクターの造語である。その時の番組タイトルは人目を引くような「明治悪妻伝説　初代ハンサム・ウーマン　新島八重の生涯」であった。それ以来、この言葉はじょじょに社会に浸透し、今年の大河ドラマにいたって、定着した感がある。

「八重の桜」第一回が放映された三日後の一月九日に再放送された。ただし、タイトルを「ハンサム・ウーマンがゆく――新島八重　不屈の会津魂――」と会津寄りに変えたうえ、中身も多少、リメイクされていた。来る十二月十五日の大河ドラマ最終回の前の週（十二月八日）にも、またまた放映される予定である。

変身ものがたり

「八重の桜」の筋を乱暴に言ってしまえば、ジャンヌ・ダルクからハンサム・ウーマンへの変身ものがたりである。新島は婚約時代の八重を「見た目はちっともハンサムではないが、生き方がハンサム」とアメリカの知人に英語で紹介している。

「生き方がハンサム」という言葉は、「見た目よりも中身」、「外見よりも内容」といった意味の英語の諺に使われている。新島がハンサムと言った場合、この諺を下敷きにしていると考えられる。要するに、新島の女性観は、「容姿よりこころ」である。聖書の言葉（「コリントの信徒への手紙Ⅱ」）を借りて言えば、「外なる人」ではなく「内なる人」を、「見えるもの」よりも「見えないもの」を大事にする人であった。

ハンサムに生きる

その意味では、「ハンサムな生き方」とは、一種宗教的なライフ・スタイルとも言える。会津時代、敵を憎み、敵をやっつけることを使命と信じて疑わなかったかつてのジャンヌ・ダルクは、京都でキリスト教に出会ってから、隣人愛に目覚める。敵を赦し、敵を愛する襄の愛にカルチャーショックを受けたことであろう。ドラマの台本では、臨終を迎えた襄に八重は最期の言葉を泣きながらこう伝える。

「襄、ありがとなし、私を妻にしてくれて。いくさの傷も、犯した罪も、いっしょに背負ってくれて、私を愛で満たしてくれた」。

八重の台詞の真相は置くとして、襄の生き方と愛が、八重を変身させたことは事実である。八重は、襄が追及した「ハンサムに生きる」姿勢を「美徳、以て飾りと為せ」と書き直す（本書四〇四頁以下を参照）。

この文言を裏づけてくれる彼女の揮毫、「キリストの心を心とせよ」が最近、群馬県で見つかった。「キリストの心」とは、「襄の心」の源泉にほかならない。ここでも八重は、心や魂といった内面性が最も肝心と受け止めている。

ハンサム・カップル

八重はそうした「こころを飾る」生き方を襄から学んだ。その意味では、ふたりは、まさに似た者夫婦、「ハンサム・カップル」であった。あとに続く者たちも、夫妻にならってハンサムに生きたい。

今回のドラマでは、十二月十五日の最終回でも八重はまだ五十代の中盤である。八重は中年女性のまま、ドラマを終えることになる。それ以後の晩年の三十年間は、全面的にカットされる。

したがって、八十六歳で亡くなったという事実は、番組最後に置かれた、ゆかりのスポットをめぐる「八重の桜紀行」で知らせる、という形がとられる。

最終回の「八重の桜紀行」、それも最後のシーンは、八重の葬儀（同志社葬）となる予定である。式場となったのは、キャンパス内の栄光館（ファウラー講堂）である。そのシーンのためのロケ（十月十日）は、同志社女子高校の賛美礼拝の日であった。「八重の桜」のトリを飾るかのように、栄光館も八重と共に全国デビューする。

（五）「八重の人間性」

NHKのテレビ番組、「八重の桜」効果で、この三年間で八重に関する思わぬ資料や彼女の遺品が続出した。現時点で、それらの新データから彼女のイメージがどう変わるのか、何が新たに判明したのか、をめぐって究明を試みてみたい。

これまで、八重が書いたものは、少数の手紙や和歌の揮毫くらいしかなかった。それが、和歌はもちろん、手紙や書、書き込み、写真など各種の資料がいくつも発見されるに至った。そこで、本稿は、書に限定して、八重の人間性を考察してみたい。

従来から知られた八重の書としては、「心和得天真」（心和して天真を得る）、「美徳以飾為」（美徳以飾為）など、夫であった新島襄が愛唱したり、揮毫したりしたのを、自分自身でも真似る、というパターンが目立った。

さらに書とは言えないまでも、聖書や讃美歌の表紙裏面などに求められて記す言葉は、聖書の文言（聖句）が多いことも、分かってきた。たとえば、群馬県で発見されたものである。「神のよき友となれ」や、「キリストの心をもて心とせよ」のように、襄が愛唱している聖句が含まれる。すなわち、襄を経由してではあるが、八重がキリスト教に対して、晩年まで心をつないでいたことが、明白となった。

これに対して、和歌については、襄を偲ぶものや、故郷の会津に想いを馳せるものが主流である。反面、キリスト教や聖書、信仰について詠ったものは、皆無である。

こうした和歌に準じるのが、揮毫である。たとえば、同志社（八重）が従来から所蔵していた「清風在竹林」は、もともとは茶道では良く知られた禅語である。後半生の八重が、お茶三昧の生活を送ったことは、よく知られている。指導を受けた竹田黙来和尚にしても、建仁寺管長（禅宗）である。

「清風在竹林」も、そうしたお茶席に深く関係する「お軸」である。茶道の軸物は、禅宗僧侶の書いた禅語が用いられることが普通で、この言葉も風炉《ふろ》の季節、六月ころに茶房に掛かる禅語である（筒井紘一『新島八重の茶事記』七七頁、小学館、二〇一三年）。この文言は今でも人気のある軸で、街のネットオークションでは僧侶が手がけた作品が、盛んに売られている。

八重の揮毫で「日日是好日《にちにちこれこうにち》」も新たに見つかった。これも禅語である。八重がモデルにしたかも知れない裏千家家元の作品が、同家に残されている（『元伯宗旦《げんぱくそうたん》』一六頁、「裏千家今日庵歴代」第三巻、淡交社、二〇〇八年）。

「萬歳萬歳万々歳」もそうである。八重が会津で仕えた殿（松平保容）の孫にあたる勢津子《せっこ》姫の皇室入りを祝して八重が書いたものが今回見つかったが、もともと、裏千家家元が記した文言である（『又妙斎直叟《ゆうみょうさいじきそう》』一二頁、「裏千家今日庵歴代」第一二巻、淡交社、二〇〇九年）。

以上の三点から判明することは、八重は茶道に絡む文言を揮毫することが好きであった。ただし、だからと言って、いきなり八重は禅宗に深い理解を示していた、と結論づけることは、早計であろう。

しかし、彼女が禅宗に心を寄せていたことは、十分に窺える。その意味では、先に見た新島絡みのキリスト教や聖句ともども、八重の精神性を形成したひとつの有力な源流であったことは、否定できない。

八重が京都に移転してまもなく、キリスト教や聖書に触れて入信（受洗）したことは事実である。しかし、その後の五十数年間、信仰を一貫したかどうかは、議論が分かれる。その典型が、禅宗への「改宗」騒動（スキャンダル）である（拙著『襄のライフは私のライフ』二六八頁）。

ただし、兄（山本覚馬）や姪（山本久栄）のように、最後にはカトリックに改宗するようなことはなかった。一貫して、夫が自宅に開いた教会（後の同志社教会）の会員であった。

以上、八重が残した遺品や書から、彼女の精神性の骨格が多少とも窺えるようになった。すなわち一方で信徒、他方で茶人、そしてその基底に会津人意識といった特異なメンタリティが、浮かび上がってきた。

（六）講演「『八重の桜』散る」

一日研究会

今日は、新島八重を主題にした同志社新島研究会「一日研究会」の第三回目である。一年目（二〇一二年八月）の研究会は、大河ドラマ「八重の桜」（二〇一三年）の放映を十か月後に控えて、「八重の桜」目当ての八重本が、何冊も出始めたころだった。当日は、そのうちから十冊を取り上げ、一冊ずつ、会員が分担して紹介やら分析、検討を行なった。それぞれの書評報告は、二〇一三年二月刊行の『新島研究』一〇四号に収録された。

二年目（二〇一三年八月）の研究会は、「八重の桜」放映真っ盛りの夏で、三人の会員が、会津の視座から八重を取り上げた。当日は、たまたま並行してNHKテレビ「土曜スタジオパーク」の生放送が同志社大学内の寒梅館ハーディホールで行なわれたので、出演のために新島襄夫妻役の綾瀬はるかさんとオダギリジョーさんも来学された。

私自身は、その日、大分県で八重講演をする約束を早くからしていたので、番組中継にも研究会にも参加できなかった。研究会の中身は、後日、『新島研究』一〇五号（二〇一四年二月）に掲載された報告書で知ることができた。

そして三回目は、大河が終わって八か月が経った今日（二〇一四年八月九日）である。かねてからの研究会の予定では、「八重特集を三年連続シリーズで行なう」であったので、これが最終回となる。しかし、準備する段階の運営委員会では、「もう特集は、いいのではないか」との声がここに来て、出た。

私もそれに同意したかったが、一方では「総括」を『新島研究』一〇六号（二〇一五年二月刊行予定）に記録として残しておきたい、との強い要望が出て、結局、私に発表のお鉢が廻ってきた。最終的には、八重に関して複数のスピーカーが論戦する、というかねて予定していた特集ではなくて、ただ一篇の「総括」で済ます、という妥協案に落ち着いた。

実は私は、個人的には今から三か月前の五月に、七冊目の八重本、『裏のライフは私のライフ――新島襄を語る・別巻四――』（思文閣出版、二〇一四年五月）を出して、すでに「総括」を済ませている。とくに同書の冒頭の一篇、「『八重の桜』時代考証を終えて――大河ドラマのウラ・オモテ――」がそれなので、二番煎じというか、「屋上屋を架す」ことにもなりかねない今日の発表は、正直、まことに気が重い。

もうひとつ、心にひっかかる要因がある。芸能番組ならいざしらず、歴史研究を本筋とするこの種の研究会で、ドラマという娯楽番組（エンターテインメント）を歴史的、あるいは学術的な視点から取り上げるだけの意味が、いったいあるだろうか、という素朴な疑問がある。この研究会の会員の中にも、「八重は研究に値しない」との辛口の評を出す人がいることも、事実である。

ドラマの虚構性

前口上はこれくらいにして、総括に移る。大河ドラマの時代考証をやってみた結果、行き着いた結論は、「ドラマはドラマだ」という当たり前の命題である。

ドラマは論文や記録と違って、作り物であり、フィクションである。強烈な言い方をすると、虚構、いや虚偽《うそ》である。逆から言えば、ウソだから面白い。ウソをいかにもっともらしく見せるか、そこに脚本家やディレクター、役者の腕前が問われる。

創作として見た場合、「八重の桜」はとてもよくできたドラマだと言える。このことは、「身内意識」を多少、割り引いても、断言できる。名作の部類に入ると思われる。その反面、史実に基づいた「歴史」ドラマとして見る場合は、問題点を含んでいる。

歴史学（論文や著作）では、「ねつ造」や「改ざん」、「盗作」（いわゆるコピぺも含めて）は、タブー、いや犯罪と見なされる。しかし、ドラマの世界では、それほど忌み嫌われているわけではない。むしろ、有効な手段である、当然の手法、と肯定、認知されているとも言えよう。

「八重の桜」の台本をチェックしながら、あるいはそれぞれの場面の時代考証をしながら、「そうか、こう来るか」と脱帽したくなるような文学的、だから非歴史的な発想や展開に何度も直面した。

史実でないことや歴史に反することが、まるで事実のようにもっともらしく仕立て上げられたシーンが、いくつも出てくる。その場合、それらをどう「考証」するか、これは難問である。こうしたシーンは、たいていの場合、ドラマ（物語）としては、史実を羅列したり、そのまま使ったりするよりも、困ったことにはるかに面白い展開となる。

たとえば、離縁後の尚之助・八重が、浅草で再会するシーンがその好例である。これを見て、号泣する女性がたくさんいたという。ドラマ後半のハイライトとなって、おおいに視聴率を稼いだのだが、ふたりがどこであれ再会したという記録は、皆無である。つまり創作である。だから、面白い。

「このドラマはフィクションです」

時代考証とは、ドラマの虚構性と歴史学の実証性の狭間で、オーバーに言えば身を裂かれるような仕事である。片方の世界だけに軸足を置くことが許されない仕事である。だから、股裂きのような現象は、避けられない。

視聴者の誤解を避けるためには、番組の最後で、「このドラマはフィクションです」と入れてもらうのが、もっとも良心的なやり方であろう。しかし、大河ドラマでは、どうやらこれは禁句らしい。

その点、同じNHKでも「朝ドラ」は、違う。実在の人物を取り上げながらも、この文言が、堂々と使われている。たとえば、今年の「花子とアン」で言えば、村岡花子が実際に洗礼を受けた甲府教会は「阿母里基督教会」、通った東洋英和女学校は「私立修和女学校」という名前に替えられている。フィクション性を高めるための処置であるし、現実や史実に必要以上に引きずられないためである。

これが、大河ドラマになると、別である。同志社女学校を「今出川女学校」とするわけにはまいらない。同様に、実名はいじれない。山本八重を「山本梨花」に、新島襄を「新島翔《しょう》」に改称することは、どだい無理である。

実名と言えば、こういう悩ましい問題もあった。新島の母校、Amherst College を日本語でどう呼ぶか、である。世間的には、「アマースト」で通っている。だから、NHKが用意した台本でも、そうなっていた。

これに対して私は、「同志社ではアーモストが主流」と主張して、替えてもらった。もちろん、学内にも「アマースト派」が存在するのは承知している。しかし、アーモスト大学から寄贈された建物を「同志社アーモスト館」と命名している以上、アマーストを使うという二刀流は、反則技であると思われる。

このように実名の読み方や呼称ひとつをとってみても、大河ドラマは意外に気を使っている。ことしの大河、「軍師官兵衛」で言えば、時代考証者により、秀吉の正妻はこれまでの「ねね」から「おね」に「変身」している。

大河の場合は、歴史研究の成果があんがい物を言うので、純粋な創作ドラマと違って、本物や事実をまったく無視して、自由に空高く飛翔することには、ある程度のブレーキがかけられる。そのため、同志社情報が薄い視聴者の場合、画面に映し出される映像が、そのまま歴史的な同志社である（に違いない）、と即断、いや誤解されやすい。

八重の虚像

八重の扱いもそうである。ドラマは展開をドラマチックにするために、虚構を巧みに駆使する。それゆえ、ストーリーも登場人物も、必然的に史実とは異なる虚像になる。主役（八重役の綾瀬はるかさん）を毎回、前面に押し出すために、ストーリーが作られて行くので、どうしてもフィクションが混ざる。

実際にドラマのどこが虚構か、に関しては、拙著『襄のライフは私のライフ』（二〇一四年）でいくつかの例をあげて、いわゆる「ネタバレ」を試みた。先述の浅草での再会のほかにも、顕著な例をあげれば、例の「自責の杖」事件を取り上げた回が、そうである。最初にもらった台本（台本は毎回、三冊作り替える）では、この回のテーマは「ウソから出たマコト」だった。

これなど、テーマからして、話自体がウソであることを、NHK自身が暴露、いや暗示しているような印象さえ受けた。事件の要因を作ったのは八重のウソだ、という設定である。ならば、完全な虚構（ウソ）になる。事件の発生と八重とは、本来、なんの関係もない。

ところが、最終的な台本でも、両者は深く繋がっているという設定になった。テーマ自体も、その点を露骨にアピールするために、「ウソから出たマコト」から「八重のはったり」へと強引に変更された。つまり、事件は八重の虚言から始まったことを、テーマそのもので「予告」したい、という大胆な発想である。

それでなくとも、ドラマの中で八重は学園に顔を出し過ぎである。いかに校長夫人とは言え、授業や校務にあれほど携わることは、ありえなかったはずである。しかし、主役抜きにドラマが作れない以上、これはやむをえないことだった。

八重が同志社英学校（男子校）と無縁であった証言をひとつだけ紹介する。同志社に最初に入学した本間重慶の回想である。

「同〔新島〕夫人ハ、小生等ヨリハ同志社ヘハ新入ノ〔遅れて関わった〕人ニシテ、寺町〔寺町通丸太町上《あが》ル〕ノ〔同志社英学校ヘハ一度モ来校セラレタルヲ見受タルコトナシ。当時、夫人ハ重《おも》ニ府立女学校〔女紅場《にょこうば》〕ニ勤務セラレテ、自然、同志社ヘハ来校ノ余暇、ナカリシコトト思ハル」と断言している（海老名弾正宛本間重慶書簡、一九二六年六月七日、同志社社史資料センター蔵）。

男子校が寺町通りに開校されていた期間は、わずか半年余だった。その後、八重は女紅場教員を解雇されたり、男子校も今出川に移転したりするが、事情は変わらなかったはずである。

ごく初期の今出川時代に、新島は八重に「聖書」の素養を身に着けさせるために、関連する授業に出席を勧めたことがある。しかし、彼女の受講は、男尊女卑の「熊本バンド」の学生たちから猛反発を受けて、頓挫した。だから、八重が学校（特に男子校）にタッチすることは、公私共に歓迎されていなかったことが、窺える。

これが事実なのに、ドラマ上の八重は同志社女学校はもちろん、男子校にもしばしば乗り込む。こうした史実無視を察知する研究者や同志社卒業生などから、「時代考証を引き受けながら、なぜNHKの暴走をお前は止めなかったのか」とお叱りを受けかねない。自己弁護すると、八重の出番を多くするための虚構作り、つまりはドラマ性を優先する道を選択したためである。

私がそういう決断を迫られたのには、理由《わけ》がある。同志社女学校に「小松リツ」という女子学生が登場した回（タイトルは「薩摩の女学生」）の時である。あらかじめスタッフから、「架空の生徒を入れますから」との断りの連絡があった。実在しない、架空の生徒の「時代考証」は、私にはできない。ドラマであることを思い知らされた一瞬だった。

乱暴な言葉を使えば、小松リツに関して、制作スタッフは「やりたい放題」が可能となる。印象的なのは、リツに対して八重が土下座して謝ったシーンだった。「やりすぎ」とか、「よくやった」とか、賛否両論が渦巻くという、スタッフの思惑通りの反応が返ってきた。

視聴者が、番組の「仕掛け」にみごと乗せられたわけである。ドラマ的には大成功である。それを承知するはずがない同志社女子大学の卒業生の中には、あわてて卒業生名簿をくって小松リツを探した人がいた、という。

小松リツほどの奔放さや徹底さはないものの、八重にしても、虚像である点では、ドラマ上、小松と大同小異である。

八重の実像

「八重の桜」がもたらした最大のメリット（効果）は、なにか。八重はもちろん、川崎尚之助、山本覚馬、新島襄といった名前はもとより、同志社の校名が全国区になったことである。しかし、一方でその現象を裏から冷静に眺めると、それぞれの虚像が拡大、拡散されたことにほかならない。つまり、虚像が広がったという点では、大河ドラマは大きなデメリット（弊害）を研究上、生み出した。

この点、「花子とアン」は好例である。この「朝ドラ」は、モデルとなった村岡花子の孫にあたる村岡恵理が書いた『アンのゆりかご——村岡花子の生涯』（二〇〇八年）が原作（タネ本）である。その原作者は、ドラマを見てこう嘆く。

「ドラマですから、フィクションの部分もかなり多く、生い立ちや家庭構成の設定で、誤解が生じる部分もあります」。

「ドラマを鵜呑みにする方はいないと思うのですが、『本当に貧しくて大変だったんですね』とか、『お酒がお好きだったんですか』と言われると、苦笑してしまうことは、もちろんあります」。

花子の実像しか知らない身内は、虚像が一人歩きすることに困惑せざるをえない。貧困や飲酒以上に大きな不満がさらにある。「特にキリスト教的な部分は、ドラマではほとんど排除されています。例えば、ミッションスクールでの礼拝シーンは、あまりありませんでしたし、教師時代も、本当は山梨英和女学校の先生をしていたのですが、これが〔公立の〕尋常小学校になっています。


本当は、キリスト教のヒューマニズムなしには村岡花子はありえないわけです。それがなくなったら空っぽになってしまうぐらい、キリスト教のヒューマニズムに満ちた人でした。それを宗教色ではない形ででも、表現していただきたいと思います」（以上、村岡恵理「花子とアンとキリスト教」、『キリスト新聞』二〇一四年六月二八日）。

「花子とアン」の原作者が抱く不満や失望は、原作者がいないとはいえ、八重にもそのまま当てはまる。当人に関して「誤解が生じる部分」は多々見受けられる。それに、「キリスト教のヒューマニズムなしには新島八重はありえない」点でも同様である。八重の実像を捉えるには、会津魂だけじゃ足りない。キリスト教抜きには、八重は語りえない。

これからの課題

「八重の桜」で拡散した八重の虚像を実像に近づけて行く、あるいは、虚像と実像を取り換える、それが、研究者や私たちの研究会に残された今後の課題である。「八重の桜」が散った今、掃除や手入れといった後始末が待っている。その作業は、およそドラマには成り難い、地味で退屈な仕事である。満開の桜が持っている、人々を惹きつけるような魅力は、そこにはない。

八重の実像に迫るには、私的には、キリスト教の視点から八重を読み解くことが、どうしても必要だろう、と思われる。私自身、すでに試論は手掛けている。拙著『八重さん、お乗りになりますか』（二〇一二年）に収録した「新島八重とキリスト教」と題した小論三篇がそれである。

「八重の桜」では、キリスト教のことは、あまり触れられなかった。そこは、公共放送であるＮＨＫの限界でもあるが、当初に私が想定した以上に、ＮＨＫは宗教色を出した。ギリギリの線、という程度にしろ、最近のドラマの主役（新島八重、黒田官兵衛、村岡花子）が、そろってクリスチャン（キリシタン）であることに、一部の「世論」は快く思っていない。「ＮＨＫは、外国にところを売ったのか」との批判が、寄せられたりすると聞く。

八重の宗教性を始めとして、ドラマで欠如した諸側面は、今後、積極的に発掘、調査を心がけなければならない。ドラマで拡散された虚像を修正、補訂するだけでなく、実像を鮮明に前面に打ち出して行く必要がある。この二、三年で八重に関する啓蒙書が三ケタになるほど出版されたにもかかわらず、学内関係者の取り組みは、少数の例外を除けば、全体的には実にお寒い状況に終わった。こういう現状は打ち破らなければならない、という「発破をかける」アピールを締めにして、私なりの「八重の桜」総括としたい。

《追記》『週刊ダイヤモンド』の報道をめぐって

今年八月の研究会が終わった二か月後に、八重と同志社に関する記事が、突然、週刊誌に出た。タイトルは「看護学部新設の同志社で新島八重を巡る内輪もめ」というなにやら物騒なものである（『週刊ダイヤモンド』五六頁、二〇一四年一〇月一八日号）。

新聞広告に釣られて、さっそく読んでみた。たしか、広告では、「内紛の火種」とあったが、実際の本文では、「内輪もめ」に変っていた。

リードの部分をそのまま引いてみたい。

「医学部設立への布石なのか、同志社女子大学が二〇一五年に看護学部の開設を予定する。学生人気は期待できそうだが、そのやり口に同志社内部から疑問の声が上がっている」。

これに続く本文では、同志社女子大学はＨＰで、看護学部の受験生に向けて、八重を「学びのルーツ」と位置づけている。このことに対して、ある「同志社関係者」が、「史実と異なると指摘する」ので、その声を紹介する、とある。

「新島襄が同志社病院、京都看護病学校〔京都看病婦学校のミス・本井〕を設立したのは事実だが、八重が関わったという資料はない。また、八重は日露戦争などで従軍看護婦として活躍したが、それは夫が亡くなって同志社との関係を断ってからのこと。にもかかわらず、一部の〔大学受験生〕募集資料には、まるで八重の遺志を継いで看護学部をつくったと思わせるようなものがある。史実を無視して強引にこじつけている」。

「学内では医学部を本当につくる必要があるのかという意見が持ち上がっているが、総長派〔推進派〕はとにかく〝新島襄の夢をかなえる〟の一点張りで、医学部設立を水面下で進めている」。「八重をシンボルにした看護学部設立はその布石だった。恥ずかしい話だが今、同志社には史実をねじ曲げてでも、八重をとことん利用しようという風潮がある」と結論づける。

以上が、どうやら内部の「同志社関係者」の発言のようである。

記事の最後は、記者によって次のように締められている。

「『虚言をいふ事はなりませぬ』という一節もある会津藩の『什《じゅう》の掟』をそらんじていたという新島八重は、この騒動をどう思うのか」。

同志社をすでに退職している私は、確実な情報の不足のために学園の「内乱」のことは、この記事によって初めて知った。「八重の桜」が、学園の「内紛の火種」になっているとの報道は、私にはまったく想定外のことであった。だから、「同志社には史実をねじ曲げてでも、八重をとことん利用しようという風潮がある」との指摘に対しても、資料や材料は何も持ち合わせていないので、正当な判断が下せない。

印象的に言わせてもらうならば、もしも言われるような「風潮」が学内にあったとするならば、いま少し、八重が話題になったり、研究が進んでいたりしてもおかしくはなかった。研究上の八重効果は、実に限定的であった。

ただ、研究領域に特化して、改めて思うのは、八重に限らず、事実の牽強《けんきょう》付会《ふかい》は避けるべし、との自戒である。「史実をねじ曲げる」ことが許されるのは、ドラマや小説のジャンルであって、研究領域ではないことを胸に刻むべきである。

同志社新島研究会の会員としては、史実や実像を追求することに、いっそう尽力しなければ、と改めて決意させられた。(二〇一四年一〇月二三日)

「八重之像」(会津若松市)
大河ドラマ「八重の桜」を記念して、山本八重の像が鶴ヶ城城址公園三の丸に建てられた。除幕式は2013年9月7日に行なわれた(2016年9月10日、大神あずさ撮影)。

第三章　新島公義

（一）新島襄と新島公義

江戸における少年・新島襄の家族構成は、両親（民治《たみじ》・登美《とみ》）と四人の姉、ならびに弟ひとりである。そのうち、弟の双六《そうろく》とは、齢が四才しか離れていなかったので、相互に親しい関係が保てた。しかし、双六は、襄のアメリカ留学中に若死にしたので、兄弟としての交流は襄の密出国前の十数年間にとどまった。つまり、成人してからの交流は、さほど深くはなかった。それでも、アメリカから双六に宛てた書簡が僅かではあるが残されているので、多少の兄弟関係は窺うことができる。

それに対して、四人の姉との交流は、ほとんど知る手がかりがない。たとえあるとしても、もっぱら私的な関係である。時間だけで言えば、襄との交流期間がもっと長いのが、四番目（すぐ上）の姉、美代である。

アメリカ留学から帰国後のこととなると、あらたに甥（正確に言えば、義理の甥）の公義《こうぎ》が加わる。京都に居を構えて定住した際、襄は両親や美代、ならびに公義を安中から呼び寄せた。とくに美代に関しては、彼女の死まで実質的に同居して、生活の面倒を見た。美代は三人の姉と違って生涯、独身で、しかも忠実な信仰生活を送ったので、牧師の襄としては、美代への個人的な信頼は篤かったと思われる。

社会的な交流という点では、なんと言っても新島公義である。彼に関しては、注目されることが少ないために、研究はもちろん、その発言や事績は、不透明のままである。伯父にあたる襄との交流は、いろいろな面で今すこし注目されてもよい。

帰国後の襄は、両親や姉と同様に、公義の生活の面倒をも全面的に見る立場に立たされた。ただし、その資金は、ミッションを通じて、「アメリカの父母」たるA・ハーディ夫妻が支弁した。しかし、公義にとっては、襄が実質的には親代わりであった。それだけに新島家の家族間の手紙のやりとりの中では、後述するように襄と公義の交信が、群を抜いて多い。

ふたりの間には、血のつながりはない。一八六四年、襄が函館から海外を目指して出奔したために後継ぎを失った新島家は、次男の双六を嫡男に立てた。しかし、襄の留学中（一八七一年）に双六が病に罹り、回復の見込みが立たないために、急遽、三月二十一日、植栗家から義達（安中藩中小姓）の次男、梂弥（数えで十二歳）を養子に迎えた。双六が逝去したのは、それより六日後の三月二十七日であった。もちろん、新島の帰国前のことである（『新島襄全集』三、七四三頁、七五四〜七五五頁、同前八、七一頁、同朋舎出版、一九八七年、一九九二年）。

公義は京都に引き取られた後は、伯父が校長をする同志社英学校に学んだ。卒業後は同志社の職員（庶務主事）として、襄を助けて同志社大学設立運動などに従事する。公義は、新島家の当主として襄の代行や身代わり役を期待されたが、募金活動に関してもさしたる成果を上げられなかった。むしろ、金森通倫や徳富蘇峰、中村栄助らが襄に代わって前面に立つケースが多かった。

そのためもあり、また本来の志望からも、その後、襄に倣うかのように伝道師に転身し、三重県津、奈良県大和郡山、ついで同県片原村・水門村（現奈良市高畑町、同水門町）、長野市、新潟県長岡などで伝道に励んだ。

このうち、津に関しては、詳細が不明である。一八八六年の夏、同地へ夏季伝道に赴いた同志社神学生（望月興三郎）の情報が知られている程度である。「津には年老たる五人の信者あり。当春、新島公義氏、ガードナル〔F. A. Gardner〕女教師至り、講義所〔伝道所〕を開かる。日曜の説教には平均《ならし》五、六十名の聴衆《ききて》あり。余の到着後、直《すぐ》に其近辺に二、三の刺病《コレラ》患者を生ぜしを以て、聴衆集らず…」（『基督教新聞』一八八六年十月六日）。

それに対して、奈良の消息は比較的わかっている。奈良では二度目の転宅先（水門村四番地）が清潔、閑静なので、襄の保養先にも相応しい、と判断し、襄にも勧めている。洋食派の襄に対して、牛肉、牛乳、鶏卵も入手できる、と伝えることも忘れはしなかった（同前九上、六〇三頁）。

奈良伝道（郡山、奈良）は足掛け四年間にわたったが、その間、襄が出向いて激励やら応援したことは、言うまでもない。一八八七年五月の場合など、滞在は一週間に及んでいる。もっとも学校日誌に記述されるところからも、大学設立運動関連の出張が主たる目的であったと思われる（同前三、四六一頁、同前一、二八一頁）。

公義の奈良伝道も、それなりの成果を上げている。公義が襄に報じたところによれば、「殆ド五十人計リノ信徒ヲ導キ、已《すで》ニ会堂ノ地面ト現金百五十円計リヲ相集メ、正ニ会堂築造ノ望モ相立チ候」という。その後の進路については、「少シク望ミアル地」に転出して伝道を継続するか、思い切って伝道界を去って新聞事業に転出するかの選択に迷った。公義が言うには、マスコミの世界で「徳富〔蘇峰〕先輩等ト相提携シテ頑才ヲ尽スベキ乎《か》」との希望を抱く半面、「小子、伝道ノ志シナキニ非レバ、熟考中」という（同前九下、一一二〇頁）。

こうした進路選択のことは、これ以前から襄には伝わっていたのか、先の手紙（十一月）より四か月も早い七月の時点で、襄は蘇峰に公義の進路について意見を求めている。襄としては、公義が「熊本バンド」の先輩（組合教会を牛耳る指導者たち）から「一切、容ラレ」ていないという現状認識から、彼らの「直轄ヲ脱セシ方、同人ノ幸ナルヘシト存候」と判断する。

そこで、「断然、伝道ハ止メサセ度候」と思うが、さりとて何が適職かは不明である。「新聞之探報位」（記者）ならできそうだが、それも無理なら「商法」（会社務め）はどうであろうか。貴兄の意見を聞きたい、との問い合わせである（同前四、一七七頁）。

結局、新聞記者への転身はなかったものの、襄の見るところ、公義の文筆はそれなりのレベルに達していた。その証拠に、襄はある本の序文を依頼された時、仕上がりに「甚面白カラヌ所」があるにもかかわらず、推敲に自信がないので、公義に推敲を依頼している。「足下《そっか》、何卒《なにとぞ》之ヲ御添削アリ、不都合ノ所ヲ改メ、先ツ一ト通《ひととう》リノ文ニ相成候ハハ宜シク候」との要請である。

ちなみに襄の周辺での文筆家と言えば、同志社教員を務めている漢学の岡本巍《たかし》か、歴史学の浮田和民である。しかし、前者の場合「先生ノ文ハ、漢学家古風ノ文」のために満足できない。後者の場合も「同氏ハ必ラス遠慮シテ決シテ添削セサルベシ」であった。「依テ不得止《やむをえず》、足下ニ御依頼申候」と事情を述べるが、一方ではそれなりの信頼感を有していたことが窺える（同前三、四六二頁）。

外部のジャーナリストなら、もちろん徳富蘇峰である。そもそも襄は自己の日本語表現力に自信がもてなかったので、有名な「同志社大学設立の旨意」の場合など、襄が提供した材料（マテリアル）を蘇峰が名文に仕上げたものであることは、よく知られている。別の本の序文執筆の場合も、襄は蘇峰に「御添削」を依頼している。「サット一文ヲ綴リ申候処、御存知之通、小生之文ハ甚不規則ニシテ、見ルニ足ルヘキモノニアラス。依て恐入候得共、御加筆被下」と低姿勢である（同前四、二〇九頁）。

蘇峰は、同志社在学中の付き合いから、下級生の公義の文章力をほぼ把握していたであろう。襄からの就職幹旋についての問い合わせに対して、三十円位の俸給でよければ、いつでも新聞記者か教員のポストは幹旋できる、必要ならば自分が「後見人」となってもよい、という好意的な返事を恩師に寄こした（同前九下、九八六頁）。

新聞記者への転職は、実現しなかった。公義自身が伝道にこだわりを見せたことが一因である。この間、新島襄・公義と「熊本バンド」間の確執を一層悪化させたものがあった。公義と八重をめぐる「けしからぬ噂」の流布である（拙著『新島襄と徳富蘇峰』一一六頁以下を参照）。

このため、公義を遠く日向伝道に従事させようとする話しが「熊本バンド」の中で水面下に進められたという（拙著『八重さん、お乗りになりますか』五二頁以下を参照）。こうした動向に新島は激怒した。

結局、この時の公義の進路は襄の希望もあって、奈良から長野へ移り、ついで越後（長岡）に転じて伝道師を継続した。その後は、伝道師を辞めて、再度、同志社に職員として復職したが、永続せず、実業界に転じた。校務からもキリスト教の第一線からも退いたわけである。

けれども、会社務めも特定の会社に留まることはなかった。現実には転職を繰り返し、いずれも成功することなく終わった。一九二四年、関東大震災の怪我が原因で、死去した（拙稿「明治長岡の社会と文化――キリスト教を通して見た――」九六〜九八頁、本井康博・西八條敬洪《たかひろ》編『長岡教会百年史』日本キリスト教団長岡教会、一九八八年）。

新島襄・八重には実子がなかったので、公義の没後、新島家を継いだのは、長男の得夫である。現在はその長男、公一氏（千玄室氏、江崎玲於奈《れおな》氏らと共に、同志社社友のひとり）が当主を務める（「新島家の子孫たち」、とくに公義の略歴については、拙著『八重の桜・襄の梅』二三〇〜二四五頁参照）。

（二）襄と公義の交信

襄と公義が交わした書簡（家族宛の連記は省く）は、相当数に上る。現在、『新島襄全集』に収録されているものだけでも、六十通におよぶ。内訳は、新島書簡が四十二通、新島公義書簡が十八通である。

ただし、その中には、森中章光による写しが三通含まれるので、自筆の原簡は五十七通である。参考までに、すでに活字になっている往復書簡の明細を一覧表（発信日順）にしてみる。

襄から公義へ（一八七八年二月五日）『新島襄全集』第三巻、一五一頁（以下、③一五一）
襄から公義へ（一八八四年四月八日）③二六九
襄から公義へ（一八八六年二月二十日）③三九〇
襄から公義へ（一八八六年三月九日）③三九九
襄から公義へ（一八八六年五月五日）京都から三重へ（③四〇七）
襄から公義へ（一八八六年七月十六日）③四一五
襄から公義へ（一八八七年一月二十五日）京都から奈良片原へ（③四四〇）
襄から公義へ（一八八七年一月二十七日）③四四一
襄から公義へ（一八八七年二月十六日）③四四六
襄から公義へ（一八八七年二月二十一日）③四四七
襄から公義へ（一八八七年三月二日）③四五一
襄から公義へ（一八八七年三月十九日）③四五五
襄から公義へ（一八八七年四月一日）③四五七
襄から公義へ（一八八七年五月二十八日）京都から大和国奈良（生駒郡平群《へぐり》町大字椿井《つばい》丁　大森方（③四六一）
襄から公義へ（一八八七年五月三十一日）③四六四
襄から公義へ（一八八七年六月十二日）③四六五
襄から公義へ（一八八七年六月二十日）③四六九

裏から公義へ（一八八七年七月八日）③四七二
裏から公義へ（一八八七年九月二十五日）③四八〇
裏から公義へ（一八八七年十月二日）③四八〇
裏から公義へ（一八八七年十一月十八日）③四九〇
裏から公義へ（一八八八年一月六日）③五〇八
裏から公義へ（一八八八年一月十一日）③五一二
裏から公義へ（一八八八年一月十七日）③五一四
公義から裏へ（一八八八年一月二十一日）北丹波から寺町一九三へ（⑨上、三四四）
公義から裏へ（一八八八年二月二十一日）平城水門村から寺町二〇五へ（⑨上、三六〇）
裏から公義へ（一八八八年二月三日）③五一九
裏から公義へ（一八八八年三月一日）森中写（③五二九）
公義から裏へ（一八八八年三月六日）奈良から寺町二一五へ（⑨上、三七二）
公義から裏へ（一八八八年四月七日）奈良水門から寺町二三五へ（⑨上、三九六）
裏から公義へ（一八八八年四月五日）森中写（③五五〇）
裏から公義へ（一八八八年四月八日）③五五四
裏から公義へ（一八八八年四月二十九日）③五六二
裏から公義へ（一八八八年五月十三日）③五七一
裏から公義へ（一八八八年六月二十九日）③五九九
裏から公義へ（一八八八年七月二十一日）③六〇六
裏から公義へ（一八八八年九月八日）③六三三
裏から公義へ（一八八八年九月十六日）③六三五
裏から公義へ（一八八八年九月二十日）③六三五
裏から公義へ（一八八八年十月二十九日）③六六一
裏から公義へ（一八八八年十月三十日）③六六四
公義から裏へ（一八八八年十一月二十三日）大阪から寺町三二九へ（⑨上、五二六）
公義から裏へ（一八八八年十一月二十三日）大阪から寺町三三〇へ（⑨上、五二六）
公義から裏へ（一八八八年、日月不詳。一月か）奈良水門村から寺町三八三へ（⑨上、六〇三）
裏から公義へ（一八八九年一月七日）④九
裏から公義へ（一八八九年一月十日）神戸諏訪山から奈良水門村へ（④一〇）
公義から裏へ（一八八九年一月十七日）奈良水門村から神戸諏訪山四一八へ（⑨下、六五一）
公義から裏へ（一八八九年二月十五日）奈良水門村から神戸諏訪山四六八へ（⑨下、七一七）
裏から公義へ（一八八九年二月、日不詳）森永写し（④六二）
公義（三峯逸人）から裏へ（一八八九年二月十五日）奈良水門村から神戸諏訪山五二〇へ（⑨下、七八九）
裏から公義へ（一八八九年三月二日）④六六
公義から裏へ（一八八九年三月十五日）寺町から神戸諏訪山五二

六へ（⑨下、七九五）
襄から公義へ（一八八九年五月五日）④一一四
襄から公義へ（一八八九年七月一日）④一六九
襄から公義へ（一八八九年八月四日）④一八七
公義から襄へ（一八八九年八月十一日）有馬から垂水六八三へ（⑨下、一〇一一）
公義から襄へ（一八八九年八月十一日）有馬から垂水六八七へ（⑨下、一〇一五）
公義から襄へ（一八八九年八月二十三日）京都から有馬郡湯山町七〇〇へ（⑨下、一〇三七）
公義から襄へ（一八八九年十一月二日）奈良水門村から東京数寄屋橋七六〇へ（⑨下、一一一九）
公義から襄へ（一八八九年十二月十八日）奈良水門村から東京南鍛治町八〇五へ（⑨下、一一八九）
襄から公義へ（一八八九年十二月十四日）④二六四
襄から公義へ（一八八九年十二月二十二日）④二七七
襄から公義へ（一八八九年十二月二十二日）④二七八
襄から公義へ（一八八九年十二月三十日）大磯から奈良水門村へ（④三〇〇）
襄から公義へ（一八九〇年一月一日）大磯から奈良水門村へ（④三一四）
公義から襄へ（一八九〇年一月三日）奈良水門村から大磯八三〇へ（⑨下、一二二七）
公義から襄へ（一八九〇年一月三日）奈良水門村から大磯八三一へ（⑨下、一二二九）
襄から公義へ（年次不詳十二月二十五日）④三八〇
襄から公義へ（年月日不詳）④三八三
襄から公義へ（年月日不詳）④三八三

（三）一致教会（長老派）との競合

以上の一覧表から判明することは、両者の交信が密である点である。残された書簡から見る限り、家族の中でもっとも襄と連絡を密にしたのが、八重を除くと公義である。

ただし、交信時期は、一八七八年から一八九〇年までの十余年間に及ぶものの、両車の交信には時期的に極端な偏《かたよ》りが見られる。最初の二通を除いて、すべては、襄が二度目の欧米旅行から帰国した一八八五年から襄が永眠する一八九〇年までの数年間に集中する。その間の前半では、公義は同志社を卒業後、同志社職員として同志社大学設立運動に従事しており、後半は、伝道師として各地を巡歴する。

手紙での話題は、種々雑多で、近況報告を始め、同志社のことや旅中の報告、教会合同運動、地方伝道のことなどに及ぶ。重要度から言えば、伝道に関する内容である。

襄は、自分の後継者のひとりになってもらいたい、との期待から、甥に対してあれこれ指示や支援を施していた。

たとえば、一八八六年二月、伝道地として初陣にあたる三重県津へ赴任する公義には、こう忠告する。「何卒《なにとぞ》謙遜ト堪忍ト勉強ト活ケル信仰ト人ヲ区別セサル博愛等ヲ以て主之御旗ニ随ひ、忠僕之為すへき勤を尽し賜ハん事を切望仕候」と。末尾には、四月の春休みには、何とか都合をつけて八重と共に津まで「御見舞」に出向きたい、と激励する（『新島襄全集』三、三九一頁）。

ちなみに、襄がここで指摘する、良き伝道者になるために必要ないくつかの要素は、すべて襄本人が、平素心がけているものにほかならない。とりわけ、「人ヲ区別セサル博愛」がそうである。日ごろから「一視同仁」に徹する襄らしい教訓である。

公義の赴任地選択にあたっては、襄は「熊本バンド」との確執上、小崎弘道や海老名弾正などの指導者に頼らず、自ら主導的に働からざるをえなかった（襄と「熊本バンド」との確執については、拙著『新島襄と徳富蘇峰』一一六～一二二頁、ならびに同『八重の桜・襄の梅』二四一頁以下を参照）。

それゆえに、襄が勧める赴任候補地は、いずれも伝道困難地であった。組合教会の本拠とも言うべき京阪神をあえて避けた感がある。というのも、「熊本バンド」が支配する組合教会の拠点ともいうべき「大坂、京都辺《あたり》之管轄下ニアルハ、チト面白からぬ所も有之候間、少し土地之懸隔シテ、自由自在ニ伸張シツツ、今一運動ヲ試候」と公義に進言しているからである（『新島襄全集』四、三〇一頁）。推薦を受ける公義もまた、そのあたりの事情は認識済である。ある時など、その件を公義から手紙で知らされて、襄は苦笑せざるをえなかった。襄はこう返信する。

「廿八日付之華書、本日来着、行々読ミ下さすに、伊セ之山田（宇治山田）、大和之奈良、信濃之善光寺とて如何ニも貴君之趣キ伝道さるるの地、神仏ニ縁因あり。従而《したがって》速ニ好果を見さるの恐も抱かれ候は、実ニ御尤千万之事共なりと奉存候」（『新島襄全集』四、三〇〇頁）。

襄は結局、伊勢には「御見舞」に行く機会はなかったものの、公義の次の赴任地、奈良には出向いている。一八八七年五月のことで十八日から二十六日までの行程であるので、現地には一週間ほど滞在している。同志社の記録には「奈良地方」とあるだけで、出張目的も不明である（同前一、二八一頁）。あるいは、同志社大学設立募金活動の一環かとも思われる。その場合でも、仕事の合間を縫って、公義とも面談できたはずである。帰宅後、襄は公義に宛てて、「貴地滞在中ハ漸次なり共、御面接を得《え》而《て》、甚相楽しみ申候」と報じている（同前三、四六一頁）。

確かに公義は、伝道困難な未開拓地へ送り込まれたことになる。それは「熊本バンド」の存在だけではなく、同志社系の教派たる会衆派（組合教会）が、最大のライバルである長老派（一致教会）と競合関係にあったことも一因であった。すなわち、一致教会の重鎮、植村正久は組合教会との合同運動が失敗に帰したのは、新島襄らの反対運動によると結論づけていた。そこで植村は、新島の対応を妨害運動と捉え、新島に怒りをぶつけるかのように、組合教会に対して報復的になり、がぜん攻勢に転じた。新島による地方伝道（とりわけ長野や長岡の場合）をめぐる人事案は、植村構想《プラン》への対抗策でもあった（植村の方針転換について詳しくは、拙著『新島襄と明治のキリスト者たち』二六〇～二六二頁を参照）。

新島には一致教会、というよりは植村が合同運動の挫折理由を自分（新島）に被せた結果、協調路線から競合（敵視）路線へと方針を大転換させて、地方伝道の勢力範囲を拡大してくることが十分に想定できた。新島はそうした見通しを公義にこう伝える。

「御存之通、組合、一致両会之合併ハ、多分、水泡ニ属スヘキトセハ、将来必ラス一致会ニハ、非常ノ勢力ヲコメ、我党〔組合教会〕ト競争セラルベキハ、必然ノ事ニテ、已ニ近比、該会伝道委員ハ新潟県下ヲ経歴シ、無礼ニモ長岡町ヲ侵掠セント計らるる由」と憂慮する（同前四、二六四頁、傍点は本井）。

長岡とともに長野もまた、一致教会から標的とされ始めた。そのため、襄は公義を信州伝道の中軸的な拠点となるべき長野市へ派遣したいと望むに至った。彼の脳裏には、一致教会側の動向がすでに予測されていた。「一致会〔一致教会〕ニハ、近々上田ノ伝道者ヲ長野ニ出張〔転出〕セシムルト申ス事ハ、已《すで》ニ吾人ノ耳朶《じだ》ニモ達シタレハ、吾カ輩ヨリハ速ニ常住伝道者ヲ以テ其ノ中央ニ飛入リ、先ツ自由ノ白旗ヲ善光寺門前ニ立ツルハ、勝ヲ信州一円ニ占ムルノ吉兆ト云ハスシテ何ソ」と公義に発破をかける（同前四、三〇〇～三〇一頁）。

これ以前に襄は公義に対して、越後長岡へ赴任する意思があるかどうかを打診している。これまた、一致教会への警戒心からである。長岡から新島へ流された情報によると、「一致会ヨリハ、一ノ伝道者ヲ該地ニ送り、弥《いよいよ》侵掠ノ手段ヲ施シ候よし」、「是レ我党ニ向ヒ為ス可カラサルノ所為ナリ、聞ク所ニヨレハ、植村氏ノ遣セシ所ノモノナル由」という（同前四、二七八頁、傍点は本井）。植村への敵愾心が露骨に表明されているのは、相手（公義）が身内だからとの安心感があったからこそ、と推測できる。

身内の気楽さで言えば、新島は「馬鹿」とか「馬鹿者」といった言葉を、公義宛ての手紙の中で用いることがある（同前四、一〇～一一頁）。植村に対する不満も同根であろうか。新島にしてみれば、植村の大人らしくない報復は許し難かった。礼を失したやり方と受け止めた。

公義が奈良伝道に従事していたとき、監督教会が同地の伝道に割り込んできたことがあった。それに対して襄は、「願クハ監督ト競争セサル様」と忠告をしている。「彼等之近傍ニ於テセス、少々隔リタル場所を撰フハ、先方ニ対スル礼ナリト存候」と分をわきまえるように進言している（同前三、五二九頁）。教派の競合に際しても、「先方ニ対スル礼」を失わなかった新島にしてみれば、植村の態度はそのまま見過ごすわけにはいかなかった。

その一方で、教会を防御する必要は感じていた。長野にしろ、長岡にしろ、新島はかの派の「侵掠」を前線で防ぐ尖兵の働きを公義に期待した。最終的に公義は、襄の誘いを受けて、襄の死後、長野から越後へ移っているが、その際の差配も、主として襄の手に依ったことが、残された書簡から判明する（『長岡教会百年史』

九六～九八頁)。

一転して攻勢に転じた植村は、新島の死後も手を緩めず、いよいよ京都に教え子の坂口(村岡)菊三郎を送りこんできた。新島の生前は、一致教会から見ても京都は組合教会のサンクチャリー、つまり「組合教会の縄張り圏内」(坂口)と見なされていて、これがキリスト界では暗黙の了解であった。それを破って、一致教会系の神学校、明治学院の卒業生、坂口が新島の葬儀が終わってからわずか三か月後に京都の西陣(同志社の近隣である)で開拓伝道に取り組み始めた。新島が存命なら、さだめし歯ぎしりをして悔しがったはずである(拙著『京都のキリスト教』二三二頁以下を参照)。

(四)　新資料の出現

『新島襄全集』に収録された以上の書簡のほかに、近年、存在が判明した書簡が一通ある。古書市場に出た新島書簡である。『思文閣古書資料目録』二〇八号(二二一頁、思文閣出版社、二〇〇八年七月)に写真で収められているのをここに転載する。販売価格が二百五十万円、というあまりの高値であったので、同志社大学は購入できなかった。

目録によると、書簡の大きさは、縦十七ミリ、横四十三・八ミリ、箱帙入である。封筒付で、宛先は奈良県の椿井町に住む新島公義。裏面には「京都　新島襄」とある。まずは、露口卓也教授(同志社大学文学部)による読み下しを紹介する(拙稿「新島襄に関する新資料の紹介」九三～一〇〇頁、『同志社談叢』二九、同志社社史資料センター、二〇〇九年三月)。改行と句読点は、本井による。

余之友人、米国馬邦之一牧師ブランチャルド氏夫婦、其令嬢外二人同行ニて、奈良ニ遊覧之為参上可申候間、例之有名ナル古物器等拝観之相叶候様、御周旋被下度、此段御依頼申入候也　早々頓首

一月卅一日　襄

公義君

書簡の内容は、訪日中のアメリカ人友人一家を奈良で接待してくれるように、との依頼である。同書を認めた日(一月三十日)は明記されているものの、年次の記入はない。特定する手がかりは、次の四点である。

一、受信人の公義が、奈良に在住していた期間は、一八八七年から一八九〇年までの足かけ四年間である。

二、封筒裏面に「京都　新島襄」とある。

三、新島が発信日の一月三十一日に在宅していたのは、一八八七年と一八八八年である。

四、一八八九年の新島は、神戸諏訪山の和楽園に避寒中であった。

以上のことから、一八八七年でなければ、一八八八年に書かれ

たものと確定することが可能である。そのどちらかであるかを決定する決め手は、「馬邦」の「ブランチャルド」牧師（スペルは、Blanchardか）である。

「馬邦」が「マサチュセッツ州」を意味すれば、また新島が「余之友人」の牧師と断定している以上、会衆派系の牧師である可能性が、極めて高い。けれども、これだけでは、人物の特定には至らない。

たとえば、アンドーヴァー神学校出身の先輩にジョナサン・ブランチャード（Jonathan Blanchard）なる人物がいる。生年が一八一一年、没年が一八九二年であるので、新島と同時代である。イリノイ州のあるカレッジ（Wheaton College）の学長経験者である。しかし、同大学のアーキビストの調査によれば、外国伝道に関心はあったものの、日本を訪ねたことはないという。他には、似たような経歴の牧師は新島周辺に見当らない。その素性や日本での動向が不明である以上、この面から執筆時期を特定するのは、困難である。

（五）新情報

最後に公義に関して、これまで知られていない情報を三つ提供する。

ひとつは、最初の婚約者についてである。奈良で伝道を展開していたおり、公義は地元の有力者（河合淡）の娘との婚約が成立した。しかし、彼女の急死により、破談となった。

この件に関し、以前私は、結婚したものの折り合いがうまくいかず、破局したと指摘したことがある（『新島襄と徳富蘇峰』一一九頁、晃洋書房、二〇〇二年）。ここで訂正しておきたい。公義はその後、滋賀県の福谷かずと結婚し、得夫を設けた（拙著『八重さん、お乗りになりますか』二三六頁、拙著『八重の桜・襄の梅』二三六～二四〇頁）。

いま、ひとつは、先述した「密通」風評である。しかも、その相手が八重であるとの噂が、広がっていたという。これに関しては、事実はもとより不明であるが、襄自身は頭から否定し、あくまでも公義の身の潔白を確信する（拙著『八重さん、お乗りになりますか』五三～五六頁）。

この背景には、襄と「熊本バンド」との対立、とりわけ両者が教会合同運動で立場を異にしたことが、多分に影響している、と襄は踏む。合同に批判的な襄に対して、総じて賛成派に廻ったのが、襄の教え子である「熊本バンド」の面々であった。彼らすれば、強力な恩師に対抗する代わりに、攻めやすい甥の公義を攻撃相手に据える、という戦法をとった、と襄は推測する。

公義にすれば、飛んだトバッチリである。こうして、公義はあることないこと、あれこれ噂を立てられ、風評被害に苦しまされたり、進路（伝道地の選択）に関しても、有力な牧師たちから理不尽な取り扱いや不当な差別を受けたりした、というのである。

それが事実とすれば、「江戸の仇を長崎で」討たれたようなものである（拙著『新島襄と徳富蘇峰』一一六〜一一九頁、晃洋書房、二〇〇二年）。

最後の情報は、襄の臨終と遺言である。公義が金森通倫や中村栄助、横田安止《やすただ》らとともに神奈川県大磯に駆けつけたのは、襄が亡くなる前日（一八九〇年一月二十二日）のま夜中（午後十一時ころ）であった。彼らが来ることをあらかじめ聞かされていた襄は、周囲の者にこう忠告した。「公義等来らば、決して涙を為さゞる様すべし、と告げよ。余も人間なれば、傍に涙を流す者あれば、自然、感情を動かさゞるを得ず」と（池本吉治編『新嶋先生就眠始末』一〇頁、福音社、一八九〇年）。

見舞いの一群が到着すると、襄は最後の力を振り絞るかのように、一人ひとりの手を握り、挨拶をした。とりわけ横田と公義に対しては、「種種、諭す所ありき」であったという（同前）。この時、襄が公義に言い残した文言が伝わっている。残念ながら、典拠不明であるので、信憑性に関しては多少、問題を残すが、参考までに引いておく。

「〇　天国の楽

先生、死前一日、新島公義氏を〔枕辺に〕呼び、告て曰く、若《も》し天国の楽ハ容易に得らるゝものに非ず、神は天国の楽を得させんが為に此苦に於て修練を為させ給ふ。

然《しか》れども、神ハ悪《にく》んで之を為し給ふに非ず。愛して下し給ふなり。故に天国の楽ハ、容易に得らるべしと思ふ勿《なか》れ。此際に臨んで、此信仰分一厘も動かざるなりと」（石塚正治編『新島先生言行録』八五頁、福音社、一八九一年）。

初出一覧

Ⅰ　新島襄

第一章　略歴
「新島襄」（『日本「キリスト教」総覧』新人物往来社、一九九六年）
「新島襄の生涯」（『新島襄の生涯』第二回企画展図録、安中市ふるさと学習館、二〇〇二年）
「新島襄」（『群馬新百科事典』上毛新聞社、二〇〇八年）
「新島襄」（『明治時代史大辞典』第三巻、吉川弘文館、二〇一三年）

第二章　思想・行動の特色
「寒梅――新作能『庭上梅』に寄せて――」（拙著『敢えて風雪を侵して――新島襄を語る（四）――』思文閣出版、二〇〇七年）

第三章　キーワード
「アメリカン・ボード」（『日本歴史事典』一、小学館、二〇〇〇年）
「同志社大学」（『明治時代史大辞典』第二巻、二〇一三年）
「同志社女学校」（『明治時代史大辞典』第二巻）

Ⅱ　アメリカ人との交流

第一章　総説　書き下ろし
第二章　H・ハーディ
「同志社の創立者たち――ハーディー家の人びと」一、二（『同志社教会月報』二七七、二七八、日本キリスト教団同志社教会、二〇〇七年一〇月、一一月）
第三章　N・G・クラーク　　書き下ろし
第四章　J・M・シアーズ夫妻
「シアーズを知っていますか」（『同志社教会月報』二三八、二〇〇四年四月）
「新島襄とシアーズ家の人びと」（『同志社談叢』二六、同志社社史資料センター、二〇〇六年三月）
第五章　S・H・テイラー　書き下ろし
第六章　J・H・シーリー　書き下ろし
第七章　ミッションの「文明化派」　書き下ろし
第八章　E・A・パーク
「新島襄の恩師たち（留学編）――新島伝の謎『授洗者は誰か』を解く」（『同志社時報』一四一、学校法人同志社、二〇一六年三月）
第九章　W・H・ノイズ　書き下ろし
第十章　J・C・ベリー
「同志社病院の院長――J・C・ベリー」（『同志社大学広報』

三一九、一九九九年五月）

「J・C・ベリー――同志社病院の院長」（編集委員会編『同志社山脈――一一三人のプロフィール』晃洋書房、二〇〇三年）

第十一章　L・リチャーズ

「日米看護婦の母――L・リチャーズ――」（『同志社大学広報』三三〇、一九九九年七月）

「L・リチャーズ　――日米看護婦の母」（『同志社山脈』）

第十二章　L・L・ジェーンズ

「大阪時代のL・L・ジェーンズ――熊本洋学校辞任から帰国まで――」（『英学史研究』二一、日本英学史学会、一九八八年）

「熊本バンドのインストラクター――ジェーンズとデイヴィス」（『同志社スピリット・ウイーク講演集　二〇〇六年秋学期』、同志社大学キリスト教文化センター、二〇〇八年）

「ジェーンズと熊本バンド」（『熊本洋学校におけるジェーンズの教育と日米関係』熊本日米協会、二〇〇七年二月）

Ⅲ　組合教会派との交流

第一章　澤山保羅

「アメリカン・ボード北日本ミッションと澤山保羅――新潟伝道の開始から教会設立まで――」（『澤山保羅研究』六、梅花学園澤山保羅研究会、一九七九年）

「澤山保羅による新潟伝道」（拙著『近代新潟におけるプロテスタント』思文閣出版、二〇〇六年）

第二章　成瀬仁蔵

「日本女子大学と同志社――成瀬仁蔵と新島襄が蒔いた種」（『成瀬仁蔵記念館』一七、日本女子大学、二〇〇二年）

「新島襄書簡三通」（『同志社談叢』二四、二〇〇四年三月）

「成瀬仁蔵――新島襄との交遊」（日本女子大学成瀬研究会編『日本女子高等教育の父　成瀬仁蔵　あなたは天職を見つけたか』日本女子大学、二〇〇八年）

第三章　松山高吉　書き下ろし

第四章　湯浅治郎

「湯浅治郎――『縁の下の力持ち』に終始」（『同志社山脈』）

「湯浅治郎」（伊藤隆・季武嘉也《すえたけよしや》編『近現代日本人物史料情報辞典』三、吉川弘文堂、二〇〇七年）

第五章　大沢善助

「大沢善助と会津の小鉄」一、二（『同志社教会月報』九八、九九、一九九一年八月、九月）

「大沢善助と徳富蘇峰」（『同志社教会月報』一二四、一九九三年一〇月）

「大沢善助と会津の小鉄」（『京都のキリスト教――同志社教会の十九世紀――』日本キリスト教団同志社教会、一九九八年）

「大沢善助——電気事業の先覚者」（『同志社山脈』）
第六章　中村栄助
「大沢善助と中村栄助」（『同志社教会月報』一二三、一九九三年九月）
第七章　柴原宗助
「資料紹介・新島襄書簡（三通）」（『同志社談叢』二四、二〇〇四年三月）
第八章　柚木吉郎
「新出・新島襄書簡五通（柚木吉郎宛）」（『同志社談叢』三二、二〇一二年三月）
第九章　大村達斎
「新島襄と大村達斎——新出書簡を巡って——」（『同志社談叢』二八、二〇〇八年三月）
第十章　佐伯理一郎
「同志社病院と京都看病婦学校の継承者——佐伯理一郎——」
（『同志社大学広報』三一八、一九九九年四月）
「佐伯理一郎——同志社病院と京都看病婦学校の継承者」
（『同志社山脈』）、
「佐伯理一郎——同志社医学の支柱『熊本バンド』の後裔——」（『同志社時報』一二六、二〇〇八年一〇月）
第十一章　堀俊造
「堀俊造——医学部を夢見たクリスチャン・ドクター——」
（『同志社時報』一三二、二〇一一年一〇月）
第十二章　土倉庄三郎
「土倉家の人びと」（『同志社談叢』二五、二〇〇五年三月）

Ⅳ　他教派との交流

第一章　第三回全国基督教徒大親睦会　書き下ろし
第二章　津田仙
「同志社と学農社」（『キリスト教社会問題研究』四九、二〇〇〇年一二月）
「新島襄と津田仙」（『キリスト教社会問題研究』五〇、二〇〇一年一二月）
第三章　勝海舟
「新島襄と津田仙」（『同志社時報』一三三、二〇一二年三月）
「『同志社の完成は二百年』発言の真相——新島伝説を解く」
（『同志社時報』一四二、二〇一六年一〇月）
第四章　新渡戸稲造
「新島襄から同志社に誘われる——新渡戸稲造——」（『同志社大学広報』三一四、一九九八年一一月）
「新渡戸稲造と同志社」一～四（『太平洋の橋』一六～一九、新渡戸稲造会、二〇〇八年三月～二〇〇九年三月）
第五章　内村鑑三
「佐伯理一郎と内村鑑三」（『同志社談叢』一九、一九九九年三月）

Ⅴ　家族（資料と講演）

第一章　山本覚馬

（一）「解説」（青山霞村『山本覚馬』復刻版、大空社、一九九六年）

（二）藤田天民「山本覚馬先生」（『日本及日本人』五五〇、一九一一年一月一五日）

（三）柏木義円「山本覚馬翁」（『新生命』一九三七年四月三〇日）

（四）田中緑紅編著『明治文化と明石博高《ひろあきら》翁』（明石博高翁顕彰会、一九四二年）

（五）「山本覚馬先生追悼会」（『基督《キリスト》教世界』一九二九年二月七日）

第二章　新島八重

（一）「解説」（永澤嘉巳男《かみお》編『新島八重子回想録』復刻版、大空社、一九九六年一〇月）

（二）「美徳、以て飾りと為せ」（『清風』八九、同志社女子中高父母の会、二〇一〇年二月）

（三）「新島襄・八重のライフスタイル――襄と八重の上州展に寄せて」（『襄と八重の上州』展示目録、群馬県立土屋文明文学館、二〇一三年四月）

（四）「八重の桜・襄の梅――ハンサム・カップルのライフスタイル」（『清風』一〇〇、二〇一四年二月）

（五）「八重の精神性」（書き下ろし、二〇一四年七月）

（六）「『八重の桜』散る」（『新島研究』一〇六、二〇一五年二月）

第三章　新島公義

「新島襄に関する新資料の紹介」（『同志社談叢』二九、二〇〇九年三月）

おわりに

■私の好きなマックス・ウェーバーの名言です。

ひとつは、「自己を滅して己の課題に専心する人こそ、その仕事の価値の増大とともにその名を高める結果を得る」。

いまひとつは、「不可能に思えることに粘り強く挑戦する者でなければ、達成可能に思えることも成し遂げることはできない」。

学生時代にウェーバーに巡りあい、その文明観や経済思想を修士論文で取りあげて以来、私の研究生活の基底にあり続ける金言です。とりわけ、生涯を通して私の研究テーマとなった新島研究を今でも心底で支えてくれる言葉です。思い返すたびに、前に一歩進む力が与えられます。

ただし、「自己を滅して」やるべき「課題に専心」出来ない時、あるいは研究の将来が読めない時には、茫然とした心境に追いやられるのも事実です。

「はたして達成可能なのか」と自信喪失になりがちです。「不可能に思えること」とは、いわば「高嶺の花」です。けれども「かなわぬこと」への挑戦をウェーバーはあえて奨励します。しかも、「粘り強く」と、発破をかけます。

■半世紀におよぶ私の新島研究は、時間こそ長いものの、「大成」からは程遠く、その成果はたかだか知れています。それでも、十二年前（二〇〇四年）にいきなり神学部教授に呼ばれてからは、研究環境が桁《けた》違いに整備され、研究にも拍車がかかりました。ただ、その間、回り道やら道草が生じたことも事実です。その典型が、啓蒙書の出版です。

教授就任を契機に、研究書のほかに新島襄を分かりやすく一般の読者に伝えることにも使命を覚え、啓蒙書の出版を思い立ちました。全十巻（本巻）におよぶ話し口調の講演集、「新島襄を語る」シリーズです。二〇〇五年に初巻を出してから、二〇一四年に完結させるまで、ちょうど十年かかりました。

その間、大河ドラマ「八重の桜」関連の仕事（時代考証や執筆、講演活動など）が割り込んできたために、スピンオフ作品として「新島八重を語る」とでも言うべきシリーズを別巻（四巻まで刊行済）として追加する、というハプニングもありました。だから、その間、専門書の刊行は後回しに追いやられました。

大学を定年退職した二〇一三年三月末は、いまだ「八重の桜」

が放映中でしたので、以後しばらくは、「新島襄（八重）を語る」シリーズ最後の三巻（三冊）の刊行に追われました。それでも、その間に、啓蒙的な講演集と並行して、研究書の『徳富蘇峰の師友たち』を世に問うことができたのは、幸いでした。

■それに続くのが、今春、陽の目を見た『新島襄と明治のキリスト者たち』です。これを皮切りに、先延ばしにしていたライフワークの締めにかかろうと決断いたしました。最終的な目標は、「新島襄交遊録」です。完結すれば、壮大なシンフォニーのような「大作」（頁数から言って）になりそうです。全体の構想は六冊構成を考えています。本書が五冊目ですから、残るはあと一冊です。既成作品をラインアップしてみますと――

（一）『新島襄と徳富蘇峰――「熊本バンド」、福沢諭吉、中江兆民をめぐって――』（晃洋書房、二〇〇二年）

（二）『新島襄の交遊――維新の元勲・先覚者たち――』（思文閣出版、二〇〇五年）

（三）『徳富蘇峰の師友たち――「神戸バンド」と「熊本バンド」――』（教文館、二〇一三年）

（四）『新島襄と明治のキリスト者たち――横浜・築地・熊本・札幌バンドとの交流――』（教文館、二〇一六年）

（五）『新島襄の師友たち――キリスト教界における交流――』（思文閣出版、二〇一六年）

■残る一冊は、（六）『新島襄の教え子たち』（仮称）にしようと考えています。順調に行けば来年、遅くとも二〇一八年には上梓《じょうし》できると思います。

未刊の（六）は、（一）、（三）、（五）の流れを汲む《同志社編》交遊録の最終巻になります。教派で言えば、組合教会派編、あるいは会衆派編です。

それに対して（二）は《世俗編》、（四）は《他教派編》に分類できます。それぞれが、「新島襄交遊録」を構成する不可欠のパートです。

以上の六冊で取り扱う人物は、軽く百名を越えます。歴史的に有名、無名を問わず、新島伝に登場する主要人物は、あらかた網羅されます。

■「新島交遊録」が完結した後のことですが、次なる目標はいよいよ新島その人に関する個人研究のまとめです。既発表の各論を集大成する研究書を複数冊、上梓します。

それと並行して、同じく初期同志社史に関連する個別論文をまとめて、一冊の歴史書に仕立てることにも取り組みたいと考えています。

そのためには、ウェーバーが言う「粘り強く挑戦」する覚悟と熱意が引き続き不可欠です。飽くなき姿勢が継続するように、読者や識者の方々から、引続き叱咤激励やら指導教示がお願いできれば、幸いです。

■十二年前の今日（八月十一日）、本書の「はじめに」で触れた拙著『新島襄の交遊』の「まえがき」を認《したた》めていました。その日が今年は、特別な日になりました。初の「山の日」です。

日頃、山とは無縁の私ですが、「古書市」で賑わう糺《ただす》の森（下鴨神社）を散策しながら、せめて気分だけでも俄《にわ》かアルピニストになって、こう念じました。あらたな頂上を目指して、ずしりと重いザックを背にかつぎ、さっそうと次の一歩を踏み出す日にしたい、と。

大いなる神の恵みにあずかれる幸いを祈りつつ、気持ちもあらたに今日から再出発いたします。

二〇一六年八月十一日

本井康博

新島襄《にいじまじょう》の師友《しゆう》たち―キリスト教界《きょうかい》における交流《こうりゅう》―

2016年10月1日　初版発行

定価：本体4,200円（税別）

著　者　本井康博
発行者　田中　大
発行所　株式会社思文閣出版
605-0089　京都市東山区元町355
電話　075-533-6860（代表）

印　刷
製　本　株式会社 図書印刷 同朋舎

©Printed in Japan　ISBN 978-4-7842-1867-7 C1016

■著者紹介・本井康博（もとい・やすひろ）

神学博士。元同志社大学神学部教授。1942年、愛知県生まれ。同志社中高卒。同志社大学大学院経済学研究科修士課程修了。専門は、近代日本プロテスタント史、とくに組合教会（会衆派）系の教会、学校、人物、ミッションなどの研究。同志社・新島研究会の元代表や、NHK 大河ドラマ「八重の桜」（2013年）の時代考証を務めた。これまでに、「新島研究功績賞」（３回)、「新島研究論文賞」（１回）を受賞。著作は共編著を含めて、50冊を超える。

■著書（単著）

『回想の加藤勝弥─クリスチャン民権家の肖像─』（キリスト新聞社、1981年）
『写真で見る新潟教会の歩み』（日本キリスト教団新潟教会、1986年）
『京都のキリスト教─同志社教会の十九世紀─』（日本キリスト教団同志社教会、1998年）
『新島襄と徳富蘇峰』（晃洋書房、2002年）
『新島襄と建学精神』（同志社大学出版部、2005年）
『新島襄の交遊』（思文閣出版、2005年）
「新島襄を語る」シリーズ14巻（本篇10巻、別巻４巻、思文閣出版、2005年～2014年）
『近代新潟におけるプロテスタント』（思文閣出版、2006年）
『近代新潟におけるキリスト教教育─新潟女学校と北越学館─』（思文閣出版、2007年）
『アメリカン・ボード二〇〇年 --- 同志社と越後における伝道と教育活動 ----』（思文閣出版、2010年）
『徳富蘇峰の師友たち』（教文館、2013年）
『新島襄と明治のキリスト者たち─横浜・築地・熊本・札幌バンドとの交流─』（教文館、2016年）ほか

■共同論文集

『新島襄の世界』（北垣宗治編、晃洋書房、1990年）
『新島襄　近代日本の先覚者』（同志社編、晃洋書房、1993年）
『近代天皇制とキリスト教』（同志社大学人文科学研究所編、人文書院、1996年）
『日本プロテスタント諸教派史の研究』（同志社大学人文科学研究所編、教文館、1997年）
『新島襄全集を読む』（伊藤彌彦編、晃洋書房、2002年）
『アメリカン・ボード宣教師─神戸・大阪・京都ステーションを中心に、1869～1890年─』（教文館、2004年）ほか

■共編著

『現代語で読む新島襄』（丸善、2000年）
『同志社山脈─113人のプロフィール─』（晃洋書房、2003年）
『新島襄の手紙』（岩波書店、2005年）
『新島襄　教育宗教論集』（岩波書店、2010年）
『新島襄自伝』（岩波書店、2013年）ほか

人名索引

A

B

C

D

E

F

G

H

M

N

O

P

R

S

T

U

W

Y